中国社会科学院创新工程学术出版资助项目

中国社会科学院文库·文学语言研究系列
The Selected Works of CASS · Literature and Linguistics

中国民族语言文字研究史论

第三卷 索引卷

THEORY ON HISTORY OF CHINA'S MINORITY LANGUAGES RESEARCH: Index Volume

朝克 李云兵 等著

中国社会科学出版社

图书在版编目(CIP)数据

中国民族语言文字研究史论·第三卷·索引卷/朝克，李云兵等著．
—北京：中国社会科学出版社，2013.3
ISBN 978-7-5161-1905-1

Ⅰ.①中… Ⅱ.①朝…②李… Ⅲ.①少数民族—民族语—研究—中国—索引 Ⅳ.①H2

中国版本图书馆 CIP 数据核字(2012)第 297985 号

出版人	赵剑英
责任编辑	郭沂纹
特约编辑	刘晓红
责任校对	林福国
责任印制	李 建

出　版	中国社会科学出版社
社　址	北京鼓楼西大街甲 158 号（邮编 100720）
网　址	http://www.csspw.cn
中文域名	中国社科网　010-64070619
发行部	010-84083685
门市部	010-84029450
经　销	新华书店及其他书店
印刷装订	北京一二零一印刷厂
版　次	2013 年 3 月第 1 版
印　次	2013 年 3 月第 1 次印刷
开　本	710×1000　1/16
印　张	41.5
插　页	2
字　数	711 千字
定　价	99.00 元

凡购买中国社会科学出版社图书，如有质量问题请与本社联系调换
电话：010-64009791

版权所有　侵权必究

《中国社会科学院文库》出版说明

　　《中国社会科学院文库》（全称为《中国社会科学院重点研究课题成果文库》）是中国社会科学院组织出版的系列学术丛书。组织出版《中国社会科学院文库》，是我院进一步加强课题成果管理和学术成果出版的规范化、制度化建设的重要举措。

　　建院以来，我院广大科研人员坚持以马克思主义为指导，在中国特色社会主义理论和实践的双重探索中做出了重要贡献，在推进马克思主义理论创新、为建设中国特色社会主义提供智力支持和各学科基础建设方面，推出了大量的研究成果，其中每年完成的专著类成果就有三四百种之多。从现在起，我们经过一定的鉴定、结项、评审程序，逐年从中选出一批通过各类别课题研究工作而完成的具有较高学术水平和一定代表性的著作，编入《中国社会科学院文库》集中出版。我们希望这能够从一个侧面展示我院整体科研状况和学术成就，同时为优秀学术成果的面世创造更好的条件。

　　《中国社会科学院文库》分设马克思主义研究、文学语言研究、历史考古研究、哲学宗教研究、经济研究、法学社会学研究、国际问题研究七个系列，选收范围包括专著、研究报告集、学术资料、古籍整理、译著、工具书等。

中国社会科学院科研局
2006 年 11 月

目 录

上 部　北方民族语言文字研究论著索引 ……………………… (1)
　蒙古语族语言文字研究论著索引 …………………………………… (3)
　　蒙古语言文字研究论著索引 ………………………………………… (8)
　　达斡尔语研究论著索引 …………………………………………… (106)
　　土族语研究论著索引 ……………………………………………… (109)
　　东部裕固语研究论著索引 ………………………………………… (110)
　　东乡语研究论著索引 ……………………………………………… (111)
　　保安语研究论著索引 ……………………………………………… (112)
　　康家语研究论著索引 ……………………………………………… (112)
　　莫戈勒语研究论著索引 …………………………………………… (113)
　突厥语族语言文字研究论著索引 ………………………………… (114)
　　突厥语族语言语音研究论著索引 ………………………………… (114)
　　突厥语族语言语法研究论著索引 ………………………………… (120)
　　突厥语族语言词汇研究论著索引 ………………………………… (145)
　　突厥语族语言方言研究论著索引 ………………………………… (147)
　　突厥语族语言文字研究论著索引 ………………………………… (152)
　　突厥语族语言文献研究论著索引 ………………………………… (155)
　　突厥语族语言辞书及研究成果索引 ……………………………… (181)
　　突厥语族语言比较研究论著索引 ………………………………… (201)
　　突厥语族语言使用研究论著索引 ………………………………… (206)
　满通古斯语族语言文字研究论著索引 …………………………… (238)
　　满通古斯语族研究论著索引 ……………………………………… (238)
　　女真语言文字研究论著索引 ……………………………………… (242)
　　满族语言文字研究论著索引 ……………………………………… (250)
　　锡伯语言文字研究论著索引 ……………………………………… (280)
　　鄂温克语言文字研究论著索引 …………………………………… (285)

鄂伦春语言文字研究论著索引 ……………………………… (289)
　　赫哲语言文字研究论著索引 ……………………………… (290)
　朝鲜语言文字研究论著索引 ………………………………… (292)
　　朝鲜语语音研究论著索引 ………………………………… (292)
　　朝鲜语语法研究论著索引 ………………………………… (294)
　　朝鲜语词汇研究论著索引 ………………………………… (299)
　　朝鲜语词典、方言、翻译及社会语言学等研究论著索引 … (302)

下　部　南方民族语言文字研究论著索引 …………………… (309)
　藏缅语族语言文字研究论著索引 …………………………… (311)
　　藏语言文字研究论著索引（藏文）………………………… (311)
　　错那门巴语、仓洛门巴语研究论著索引 ………………… (339)
　　白马语研究论著索引 ……………………………………… (340)
　　彝语言文字研究论著索引 ………………………………… (342)
　　傈僳语言文字研究论著索引 ……………………………… (364)
　　哈尼语言文字研究论著索引 ……………………………… (365)
　　拉祜语言文字研究论著索引 ……………………………… (368)
　　纳西语言文字研究论著索引 ……………………………… (370)
　　白族语言文字研究论著索引 ……………………………… (381)
　　基诺语、毕苏语、桑孔语、卡卓语研究论著索引 ………… (408)
　　土家语研究论著索引 ……………………………………… (411)
　　柔若语研究论著索引 ……………………………………… (417)
　　怒语研究论著索引 ………………………………………… (417)
　　羌语言文字研究论著索引 ………………………………… (418)
　　普米语研究论著索引 ……………………………………… (427)
　　嘉戎语研究论著索引 ……………………………………… (430)
　　尔苏语研究论著索引 ……………………………………… (433)
　　木雅语研究论著索引 ……………………………………… (434)
　　尔龚语、道孚语研究论著索引 …………………………… (434)
　　贵琼语研究论著索引 ……………………………………… (435)
　　扎巴语研究论著索引 ……………………………………… (435)
　　纳木义语研究论著索引 …………………………………… (435)
　　史兴语研究论著索引 ……………………………………… (436)
　　拉坞戎语、却域语研究论著索引 ………………………… (437)

景颇语言文字研究论著索引 ………………………………… (437)
　　独龙语言文字研究论著索引 ………………………………… (440)
　　崩尼—博嘎尔珞巴语研究论著索引 ………………………… (442)
　　阿侬语、义都珞巴语、苏龙语、达让僜语、
　　　　格曼僜语研究论著索引 ………………………………… (444)
　　载瓦语、阿昌语、浪速语、波拉语、勒期语、
　　　　仙岛语研究论著索引 …………………………………… (445)

壮侗语族语言文字研究论著索引 …………………………… (447)
　　壮侗语族语言文字综合研究论著索引 ……………………… (447)
　　壮语言文字研究论著索引 …………………………………… (545)
　　傣族语言文字研究论著索引 ………………………………… (565)
　　布依语言文字研究论著索引 ………………………………… (576)
　　侗语言文字研究论著索引 …………………………………… (584)
　　水族语言文字研究论著索引 ………………………………… (592)
　　仫佬族语言文字研究论著索引 ……………………………… (600)
　　毛南族语言文字研究论著索引 ……………………………… (601)
　　拉珈语研究论著索引 ………………………………………… (602)
　　黎语语言文字研究论著索引 ………………………………… (603)
　　临高语、仳僙语、莫语、村语、标话、
　　　　五色话、茶洞话研究论著索引 ………………………… (605)

苗瑶语族语言文字研究论著索引 …………………………… (607)
　　苗瑶语族语言文字综合研究论著索引 ……………………… (607)
　　苗语言文字研究论著索引 …………………………………… (611)
　　瑶语（勉语）言文字研究论著索引 ………………………… (629)
　　布努语研究论著索引 ………………………………………… (635)
　　巴哼语、炯奈语、优诺语、坝那语研究论著索引 ………… (635)
　　畲语研究论著索引 …………………………………………… (636)

仡央语群语言研究论著索引 ………………………………… (638)

南亚语系语言文字研究论著索引 …………………………… (641)

中国南岛语系语言研究论著索引 …………………………… (648)

上 部

北方民族语言文字研究论著索引

蒙古语族语言文字研究论著索引

[波兰] G. J. 兰司铁：《阿尔泰语言学导论》，周建奇译，呼和浩特：内蒙古人民出版社 2004 年版。

[波兰] W. 科特维奇：《阿尔泰铢语言研究》，哈斯译，呼和浩特：内蒙古人民出版社 2004 年版。

[美] N. 鲍培：《阿尔泰语比较语法》，周建奇译，呼和浩特：内蒙古人民出版社 2004 年版。

[美] N. 鲍培：《阿尔泰语言学导论》，周建奇译，呼和浩特：内蒙古人民出版社 2004 年版。

[美] N. 鲍培：《蒙古语比较语法》（油印本），周建奇译，呼和浩特：内蒙古大学，1955 年。

[苏联] H. A. 巴斯卡科夫：《阿尔泰语系语言及其研究》，周建奇译，呼和浩特：内蒙古人民出版社 2004 年版。

[苏联] 桑席耶夫：《蒙古诸语言比较语法》，北京：民族出版社 1959 年版。

[苏联] 托达耶娃：《中国蒙古语方言土语基本特点和其与喀尔喀蒙古标准语的比较》（蒙文），《蒙古语文》1956 年第 10 期。

陈乃雄：《陈乃雄文集》，呼和浩特：内蒙古教育出版社 1995 年版。

第五调查队：《蒙古语调查总结》（油印本），北京：中国社会科学院民族研究所，1957 年。

第五调查队：《蒙语方言调查报告（初稿）》（油印本），北京：中国社会科学院民族研究所，1959 年。

符拉基米尔佐夫：《蒙古书面语与喀尔喀方言的比较研究》，西宁：青海人民出版社 1988 年版。

呼格吉勒图、萨如拉：《八思巴字蒙文文献汇编》，呼和浩特：内蒙古人民出版社 2004 年版。

呼格吉勒图：《蒙古语族语言基本元音比较研究》，呼和浩特：内蒙古人民出版社 2004 年版。

内蒙古大学蒙古语教研室：《现代蒙古语》（上、下）（蒙文），呼和浩特：内蒙古人民出版社 1964 年版。

清格尔泰、索德那木、那顺巴雅尔：《蒙语族语言和方言调查》（油印本），北京：中国社科院民族所内部资料 1956 年版。

清格尔泰：《关于蒙古语族语言之间的关系》，转引自《语言文字论集》（蒙文），呼和浩特：内蒙古大学出版社 1997 年版。

清格尔泰：《中国蒙古语族语言和蒙古语方言土语概况》（蒙文），《蒙古语文》1957—1958 年。

清格尔泰、刘照雄：《阿尔泰语文学概述》，《民族语文》杂志社编辑《民族语文研究文集》，西宁：青海民族出版社 1982 年版。

清格尔泰：《关于蒙古语族语言及其研究》，《内蒙古大学学报》1985 年第 4 期。

清格尔泰：《论蒙古语族语言之间的关系》（蒙文），《内蒙古大学学报》1989 年第 4 期。

斯钦朝克图：《康家语研究》，上海：上海远东出版社 1999 年版。

喻世长：《元音和谐中的三足鼎立现象》，《民族语文》1981 年第 2 期。

喻世长：《蒙古语族语言的形成和发展》，北京：民族出版社 1984 年版。

巴达荣嘎：《达斡尔语、满洲语、蒙古语的关系》，《内蒙古社会科学》1982 年第 2 期。

布和：《阿富汗莫戈勒语语音学——兼述莫戈勒语研究概况》（蒙文），《内蒙古大学学报》1987 年第 3 期。

布和：《蒙古语族语言数词的一些问题》（蒙文），《内蒙古大学学报》1988 年第 1 期。

陈乃雄：《阿尔泰语系语言人口概况》，《蒙古学情报与资料》1985 年第 1 期。

陈乃雄：《河西语中的阿尔泰语成分》，《中国语言学报》1983 年第 1 期。

陈乃雄：《蒙古语族语研究概况》，《民族语文》1987 年第 4 期。

陈乃雄：《五屯话初探》，《民族语文》1982 年第 1 期。

陈乃雄：《蒙古亲属语言的祈使式动词》，《民族语文》杂志社编辑《民族语文研究文集》，西宁：青海民族出版社 1982 年版。

陈乃雄：《中国蒙古语族语言的构词附加成分》，《内蒙古大学学报》1985年第4期。

德力格尔玛、波·索德：《蒙古语族语言概论》，北京：中央民族大学出版社2006年版。

额尔登泰、乌云达赉、阿斯拉图：《〈蒙古秘史〉词汇选释》，呼和浩特：内蒙古人民出版社1980年版。

哈斯巴特尔：《阿尔泰语系诸语言四季名称来源》，《黑龙江民族丛刊》1999年第3期。

哈斯巴特尔：《关于满语从比格词缀和蒙古语从比格词缀的比较》，《满语研究》1994年第2期。

哈斯巴特尔：《关于满语和蒙古语陈述式词缀 – mbi 和 – mui（– müi）、– mu（– mü）的比较》，《满语研究》1999年第2期。

哈斯巴特尔：《关于满语和蒙语某些辅音的比较》，《满语研究》1992年第2期，1993年第1期。

哈斯巴特尔：《关于满语领造格词缀和蒙古语领属格词缀宾格词缀的比较》，《满语研究》1993年第2期。

哈斯巴特尔：《关于蒙古语和满语某些复数词缀》，《内蒙古大学学报》1991年第3期。

哈斯巴特尔：《蒙古语词和朝鲜语词比较》，《民族语文》1993年第4、5期。

哈斯巴特尔：《蒙古语和满语第二人称代词比较》（蒙文），《内蒙古大学学报》1994年第4期。

哈斯巴特尔：《蒙古语和满语第三人称代词比较》（蒙文），《内蒙古大学学报》1993年第3期。

哈斯巴特尔：《蒙古语和满语第一人称代词比较》（蒙文），《内蒙古大学学报》1992年第3期。

哈斯巴特尔：《蒙古语和满语研究》（蒙文），呼和浩特：内蒙古大学出版社1991年版。

和希格：《论蒙古语和满语的书面语比较》（蒙文），《蒙古语言文学》1981年第4期。

马树均：《汉语河西话与阿尔泰语言》，《民族语文》1984年第2期。

孟达来：《北方民族历史接触与阿尔泰语系语言共同性的形成》，北京：社会科学文献出版社2000年版。

米济生：《美国蒙古语族语言研究概况》，《内蒙古社会科学》1981年第3期。

那·巴图吉日嘎拉：《论蒙古语族语言之间的关系》（蒙文），《语言与翻译》1987年第2期。

普尔布杰：《蒙古语、维吾尔语的某些附加成分和词的比较》（蒙文），《内蒙古社会科学》1983年第2期。

确精扎布：《从库库门恰克语与蒙古语元音比较看蒙古语语音史的一些问题》，《民族语文》1985年第2期。

确精扎布：《库库门恰克人及其语言——操突厥语族语言的蒙古人》（蒙文），《内蒙古大学学报》1981年第2期。

确精扎布：《试论库库门恰克语中的蒙古语借词》（蒙文），《内蒙古大学学报》1981年第2期。

司提反·米勒：《阿尔泰语系蒙语族语言语法比较研究》，中央民族大学博士论文，2005年。

沃彩金：《关于蒙古语、达斡尔语、鄂温克语动词形态的表达》，《西北民族学院学报》1984年第2期。

照日格图：《蒙古语族语与突厥语族语词汇比较研究》（蒙文），呼和浩特：内蒙古教育出版社2000年版。

敖·呼日勒巴特尔：《论蒙古语族语言、方言的动词假定副动词和让步副动词的历史关系》（蒙文），《内蒙古大学学报》1988年第4期。

包·吉仁尼格：《蒙语族语言动词态诸形态比较》（蒙文），《内蒙古大学学报》1982年第3期。

斌巴：《关于蒙语族语言人称代词的几个问题》（蒙文），《内蒙古大学学报》1982年第3期。

哈斯巴特尔：《关于蒙古语族语言格的范畴》（蒙文），《内蒙古大学学报》1982年第3期。

呼和巴日斯：《蒙语族语言名词反身范畴的比较》（蒙文），《蒙古语言文学》1986年第5期。

呼和巴日斯：《蒙古语族语言名词附加成分派生的"数"》（蒙文），《蒙古语文》1984年第6期。

呼和巴日斯：《蒙古语族语言数范畴的比较》（蒙文），《蒙古语文》1985年第5期。

呼和巴日斯：《探索蒙语语言复数附加成分的起源》（蒙文），《内蒙古师范大学学报》1983年第4期。

乐·色音额尔敦：《关于蒙语族语言副动词》（蒙文），《内蒙古大学学报》1982 年第 3 期。

刘照雄：《浅谈蒙古语族语言动词的特点及其句法功能》，《语言研究》1982 年第 2 期。

拿木四来：《蒙古语族语言的人称代词》（蒙文），载内蒙古社科联编《内蒙古社科联各学会 1981 年度论文选编》，呼和浩特，内部印刷，1982 年。

森格：《蒙古语族语言动词的否定、禁止意义的表示方法与特点》（蒙文），《内蒙古大学学报》1987 年第 2 期。

王鹏林：《关于蒙古语族"格附加成分"的问题》，《民族语文》1983 年第 1 期。

王鹏林：《蒙古语族的"宾格附加成分"考察——根据达斡尔语的材料》，《内蒙古师范大学学报》1983 年第 4 期。

包力高：《关于蒙古语族语言词首辅音 h》（蒙文），《蒙古语言文学》1990 年第 5 期。

包力高：《关于蒙语族语言长元音和复合元音》（蒙文），《内蒙古大学学报》1982 年第 3 期。

哈斯巴根：《关于蒙古语族语言词首复辅音》（蒙文），《蒙古语言文学》1998 年第 6 期。

哈斯巴根：《蒙古语族语言语音比较研究》（蒙文），呼和浩特：内蒙古人民出版社 2001 年版。

哈斯巴根：《蒙语族语言中"i 的转折"特点》（蒙文），《内蒙古师范大学学报》2001 年第 4 期。

刘照雄：《我国蒙古语族语言的语音对应》，《民族语文》1984 年第 6 期。

清格尔泰：《蒙古语族语言语音音势结构》（蒙文），《蒙古学研究》1990 年第 2 期。

森格：《蒙古语族语言辅音比较》（蒙文），《内蒙古大学学报》1982 年第 3 期。

孙竹：《蒙古语族语言研究》，呼和浩特：内蒙古大学出版社 1996 年版。

武·呼格吉勒图：《蒙古书面语元音 a 与蒙古语族语（方言）语音比较》（蒙文），《蒙古语文》1985 年第 6 期。

武·呼格吉勒图：《蒙古书面语元音 e 与蒙古语族语（方言）语音

比较》（蒙文），《蒙古语文》1986 年第 11 期。

武·呼格吉勒图：《蒙古书面语元音 i 与蒙古语族语（方言）语音比较》（蒙文），《蒙古语言文学》1989 年第 3 期。

武·呼格吉勒图：《蒙古语族语言基本元音的比较》（蒙文），《内蒙古大学学报》1982 年第 3 期。

孙竹等：《蒙古语族语言辞典》，西宁：青海人民出版社 1990 年版。

（曹道巴特尔）

蒙古语言文字研究论著索引

蒙古语语音研究论著索引

阿·鲁塔杰尔嘎拉：《关于现代蒙古语音位 n 和 ng》（蒙文），《蒙古语文》1990 年第 12 期。

昂儒布：《蒙古语语音发展史概要》（蒙文），《蒙古语言文学》1981 年第 3 期。

敖·朝克：《关于蒙语和满洲语同根词元音对应关系》（蒙文），《蒙古语文》1989 年第 3 期。

敖·斯琴巴特尔：《蒙古书面语中的长元音形式及其教学法》（蒙文），《昭蒙师专学报》1990 年第 4 期。

巴·查干：《阴阳元音交替构词法》（蒙文），《蒙古语文》2001 年第 10 期。

嘎拉桑：《蒙文诠释》（蒙文），呼和浩特：内蒙古人民出版社 1979 年版。

巴·达瓦达格巴主编：《蒙古语研究论文集》（蒙文），呼和浩特：内蒙古人民出版社 1987 年版。

巴·斯钦巴特尔：《蒙语文研究资料》（二）（蒙文），呼和浩特：内蒙古人民出版社 1985 年版。

巴根：《书面语 č 和 j 的和谐》（蒙文），《蒙古语文》1987 年第 9 期。

巴图巴雅尔：《初级蒙古语语法》（蒙文），呼和浩特：内蒙古人民出版社 1960 年版。

巴图赛恒：《关于蒙古书面语词正音问题》（蒙文），《蒙古语言文学》1986 年第 1 期。

巴图赛恒：《关于蒙古语词根元音脱落问题》（蒙文），《内蒙古社会科学》1988 年第 5 期。

巴图赛恒：《关于书面语非词首音节 o 和 ö 的位置》（蒙文），内蒙古社会科学院《蒙古语研究论文集》（1），呼和浩特，1985 年。

巴音巴特尔：《关于中世纪蒙古语词首辅音 h 的由来及其消失原因》（蒙文），《内蒙古师范大学学报》1987 年第 2 期。

巴扎尔嘎日迪：《古代蒙古语词重音》（蒙文），《内蒙古师范大学学报》1998 年第 1 期。

白福生：《关于蒙古语 i 元音的使用法》（蒙文），《黑龙江蒙古语文》1990 年第 2 期。

白音朝克图：《巴林、察哈尔土语的前化元音》（蒙文），《内蒙古大学学报》1962 年第 1 期。

白音朝克图：《关于蒙古语 i 元音》（蒙文），《内蒙古大学学报》1981 年第 2 期。

白音朝克图：《关于蒙古语的词重音》（蒙文），《内蒙古大学学报》1987 年第 1 期。

白音朝克图：《关于书面语非词首音节圆唇元音》（蒙文），《内蒙古大学学报》1981 年第 1 期。

白音朝克图：《蒙古语元音的松紧问题》（蒙文），《内蒙古大学学报》1982 年第 1 期。

白音门德：《巴林、察哈尔、科尔沁土语前化元音的试验语音学比较》（蒙文），《内蒙古大学学报》1998 年第 4 期。

白音门德：《巴林土语研究》（蒙文），呼和浩特：内蒙古人民出版社 1997 年版。

白音门德等编：《探索与硕果——献给蒙古语文研究所建所 40 周年》（蒙文），呼和浩特：内蒙古大学出版社 2002 年版。

包·吉仁尼格：《关于蒙古语连接元音——计算机动词判别条件》（1）（蒙文），《蒙古语文》1989 年第 3 期。

包力高：《关于蒙古书面语的口语读法》（蒙文），《蒙古语言文学》1985 年第 4 期。

包力高：《蒙古书面语元音间未脱落的辅音 γ ~ g》，《民族语文》1985 年第 1 期。

包力高：《蒙古语长元音的形成与发展》（蒙文），《蒙古语文》1983 年第 6 期。

包力高：《蒙古语族语言长元音比较》（蒙文），《内蒙古大学学报》1982年第3期。

宝力巴苏日勒：《论蒙古语送气辅音 n》（蒙文），《蒙古语文》1985年第1期。

宝力格：《蒙古语 va 的读法》（蒙文），《内蒙古社会科学》1992年第3期。

鲍怀翘、吕士楠：《蒙古语察哈尔话元音松紧的声学分析》，《民族语文》1992年第1期。

博·仁亲：《蒙古语书面语法》（蒙文），呼和浩特：内蒙古人民出版社1988年版。

布和吉日嘎拉、恩和：《蒙古语语法》（蒙文），呼和浩特：内蒙古人民出版社1978年版。

布和吉日嘎拉：《关于蒙古语减音问题》（蒙文），《蒙古语文》1956年第3期。

布林特古斯：《蒙古语正音正字词典》（蒙文），呼和浩特：内蒙古教育出版社1979年版。

曹道巴特尔、孔江平：《八十四名蒙语发音人的声门阻抗信号研究》（英文），载《第四届全国现代语音学学术会议论文集》，北京：金城出版社1999年版。

曹道巴特尔：《蒙古书面语 i 元音在阿鲁科尔沁土语中的状况》（蒙文），《昭蒙师专学报》1994年第1期。

策·普日布：《古蒙语语音系统演化的基本原因》（蒙文），《蒙古语言文学》1981年第1期。

查干哈达：《科尔沁土语元音和谐律的特点》，《民族语文》1979年第4期。

查干哈达：《再论科尔沁土语的元音和谐》，《民族语文》1981年第4期。

达·巴特尔：《试论蒙古语元音 i 的构词功能》（蒙文），《内蒙古师范大学学报》1985年第4期。

达·高娃：《蒙古语满洲语元音和谐比较》（蒙文），《蒙古语文》1996年第2期。

道布：《蒙古语巴林土语的复辅音、过渡性元音和音节结构》，《民族语文研究文集》，西宁：青海人民出版社1982年版。

道布：《蒙古语的元音和谐与元音音位对立的中和》，《民族语文》

1984 年第 2 期。

道布：《蒙古语口语中的词首辅音弱化现象》，《民族语文》1981 年第 1 期。

道布：《蒙古语族语言研究》，《中国民族研究年鉴·2001 年卷》，北京：民族出版社 2002 年版。

道尔吉：《关于蒙古语收尾 i 的减音》（蒙文），《蒙古语文》1989 年第 1 期。

额尔德穆巴特尔：《蒙古语长辅音和语音重叠》（蒙文），《蒙古语文》1956 年第 1 期。

额尔德穆巴特尔：《蒙古语的语音简化现象》（蒙文），《蒙古语文》1956 年第 2 期。

额尔德穆巴特尔：《蒙古语减音现象》（蒙文），《蒙古语文》1956 年第 2 期。

额尔敦巴根：《蒙古语基础知识》（蒙文），呼和浩特：内蒙古教育出版社 1975 年版。

额尔敦楚古拉：《关于现代蒙古语词重音的性质与作用》（蒙文），《蒙古语言文学》1998 年第 3 期。

额尔敦楚古拉：《论蒙古语长元音的生成问题》（蒙文），《内蒙古社会科学》2002 年第 2 期。

额尔敦其木格：《关于现代蒙古语弱化元音的某些问题》（蒙文），《内蒙古社会科学》1988 年第 2 期。

［日］服部四郎：《蒙古诸语 "ḑI 的转变"》，《民族语文研究情报资料集》第 3 辑，1984 年。

福珠：《土语辅音 x、t、č 的条件变化》（蒙文），《内蒙古民族师范论文集》，1987 年。

付令阿：《蒙古文结尾辅音及辅音音节之概述》（蒙文），《蒙古学研究》2000 年第 3 期。

嘎·包音图：《关于蒙古书面语语音脱落》（蒙文），《昭蒙师专学报》1988 年第 4 期。

嘎日迪：《词首 u/ü 元音的一个历史演变》（蒙文），《蒙古语文》1999 年第 10 期。

嘎日迪：《也谈现代蒙古语长元音的形成问题》（蒙文），《内蒙古师范大学学报》1999 年第 3 期。

嘎日迪：《由语音变化导致的形态内涵变化》（蒙文），《内蒙古师范大学学报》2001 年第 1 期。

嘎日迪：《中古蒙语词首元音 u/ü 的条件变化规则》（蒙文），《蒙古语文》1996 年第 3 期。

嘎瓦：《对蒙古语辅音和谐律的商榷意见》（蒙文），《赤峰日报》1987 年 11 月 21 日。

高·照日格图：《以元音交替法分析蒙古语与突厥语的相关词》（蒙文），《内蒙古大学学报》2000 年第 2 期。

格·海日汗：《关于蒙古语词首音节与重音》（蒙文），《蒙古语言文学》1989 年第 6 期。

格日勒玛：《关于正音法的一些问题》（蒙文），《语言与翻译》1986 年第 3 期。

古日班：《对 ua、u－a 是否二合元音之我见》（蒙文），《兴安蒙古语文》1984 年第 1 期。

官其格苏荣：《关于中世纪以来蒙古语语音系统所发生的各重要现象》（蒙文），《蒙古语文》1981 年第 6 期。

哈斯巴根：《关于蒙古语族各方言中 b 辅音》（蒙文），《蒙古语言文学》2000 年第 3 期。

哈斯巴根：《关于中世纪蒙古语元音的圆唇和谐》（蒙文），《蒙古语言文学》1988 年第 1 期。

哈斯巴根：《蒙古语阳性元音 i》（蒙文），《蒙古语文》2002 年第 1 期。

哈斯巴根：《蒙古语元音和谐律与元音变化》（蒙文），《内蒙古师范大学学报》2002 年第 2 期。

哈斯巴根：《蒙古语元音系统的演变特点》（蒙文），《内蒙古师范大学学报》2001 年第 2 期。

哈斯巴根：《蒙古语族语言 n 辅音的演变》（蒙文），《内蒙古师范大学学报》2000 年第 2 期。

哈斯巴根：《蒙古语族语言词首 h 辅音的演变》（蒙文），《内蒙古师范大学学报》2000 年第 3 期。

哈斯巴特尔：《蒙古语和满洲语研究》（蒙文），呼和浩特：内蒙古大学出版社 1991 年版。

哈斯额尔敦、那仁巴图：《对我国蒙古语方言划分的意见》（蒙文），《内蒙古师院学报》1978 年第 1 期。

哈斯额尔敦、那仁巴图：《我国蒙语基础方言和标准音问题》（蒙文》,《内蒙古师院学报》1978 年第 1 期。

哈斯额尔敦、那仁巴图:《蒙古语基础》(蒙文),长春:吉林人民出版社 1978 年版。

哈斯额尔敦:《察哈尔土语语音系统》(蒙文),《内蒙古师院学报》1980 年第 3 期。

哈斯额尔敦:《鄂尔多斯土语的语音特点》(蒙文),《蒙古语文》1959 年第 1 期、第 4 期。

哈斯额尔敦:《蒙古语历史发展中的减音现象》(蒙文),《蒙古语文》1995 年第 1 期。

哈斯额尔敦:《蒙古语逆同化型元音和谐律》(蒙文),《蒙古语文》1980 年第 5 期。

哈斯额尔敦:《蒙古族书面语的读音与口头语言的读音比较》(蒙文),《内蒙古民族师大学报》2000 年夏季号。

哈斯额尔敦:《有关蒙古语逆同化型元音和谐律的几个问题》(蒙文),《内蒙古师范大学学报》1984 年第 1 期。

哈斯额尔敦:《语音的三个特征和蒙古语的吐气与不吐气辅音》(蒙文),《蒙古语文》1958 年第 12 期。

哈斯额尔敦:《语言学基础》(蒙文),呼和浩特:内蒙古人民出版社 1979 年版。

何日莫奇:《试论现代蒙古语短元音的逆同化现象》,《黑龙江民族丛刊》1986 年第 1 期。

呼尔查:《有没有必要区分 n 和 ng》(蒙文),《蒙古语文》2002 年第 2 期。

呼和、曹道巴特尔:《察哈尔土语词末短元音》(蒙文),《内蒙古大学学报》1996 年第 3 期。

呼和、陈嘉猷、郑玉玲:《蒙古语韵律特征声学参数数据库》,《内蒙古大学学报》2001 年第 1 期。

呼和、确精扎布:《蒙语语音声学分析》(蒙文),呼和浩特:内蒙古大学出版社 1999 年版。

呼和:《关于察哈尔土语双音节词第二音节短元音》(蒙文),《内蒙古大学学报》1996 年第 1 期。

呼和:《关于蒙古语的音节问题》,《民族语文》1998 年第 4 期。

呼和:《关于现代语音学》(蒙文),《蒙古语文》1998 年第 4 期。

呼和:《关于用声学语音学的理论和方法研究蒙古语辅音的问题》

（蒙文），《内蒙古大学学报》1998年第4期。

呼和：《蒙古语 r 辅音的声学分析》（蒙文），《内蒙古大学学报》1996年第6期。

呼和：《蒙古语元音的声学分析》，《民族语文》1999年第4期。

呼和巴日斯：《蒙古语语音组合方式与语音结构特点》（蒙文），《内蒙古师范大学学报》1996年第6期。

呼和巴日斯：《蒙古语元音系统》（蒙文），《蒙古语文》1999年第12期。

呼和巴日斯：《现代蒙古语元音和谐律原理》（蒙文），《内蒙古师范大学学报》2001年第3期。

呼和巴日斯：《元音和谐律的系列与层级性》（蒙文），《蒙古语文》1995年第3期。

黄·那顺巴雅尔：《gua、huar、gou-a 等词是否二合元音词?》（蒙文），《巴彦淖尔蒙古语文论文集》1985年第1辑。

吉·吉仁尼格：《关于蒙古书面语二合元音的一些问题》（蒙文），《蒙古语言文学》1985年第2期。

吉木斯特·额尔敦陶克套：《中国蒙古学研究概论》（蒙文），沈阳：辽宁民族出版社2002年版。

吉儒木图：《关于蒙古书面语辅音和谐律学习札记》（蒙文），《鄂尔多斯》1987年第1期。

金刚：《当代蒙古语韵律特征》（蒙文），《蒙古语文》1982年第2期。

金刚：《18世纪蒙古语语音学理论论纲》，硕士学位论文，中央民族学院，1982年。

孔江平：《论语言发声》，北京：中央民族大学出版社2001年版。

拉·敖特根：《关于博尔塔拉察哈尔方言阴性词中出现的辅音 x》（蒙文），《语言与翻译》2002年第3期。

乐·陶格敦白乙拉：《蒙语族语言词重音分析》（蒙文），《内蒙古大学学报》2002年第2期。

[日] 栗林均：《再论蒙古语 i 元音屈折》（蒙文），《蒙古语文工作参考》1986年。

刘照雄：《我国蒙古语族语言的语音对应》，《民族语文》1984年第6期。

孟和宝音：《蒙古语复元音的形成和发展》（蒙文），《内蒙古师范大学学报》2000 年第 3 期。

孟和宝音：《蒙古语派生长元音的长元音形式及其教学法》（蒙文），《昭蒙师专学报》1990 年第 4 期。

孟和宝音：《蒙古语元音的弱化和复辅音的形成》（蒙文），《内蒙古师范大学学报》2002 年第 2 期。

孟和宝音：《蒙古语元音同化》（蒙文），《蒙古语文》2001 年第 7 期。

孟和宝音：《蒙古语原始长元音》（1）（蒙文），《蒙古语文》2000 年第 10 期。

孟和宝音：《蒙古语原始长元音》（2）（蒙文），《蒙古语文》2000 年第 12 期。

孟和宝音：《蒙古语语音史研究》（蒙文），呼和浩特：内蒙古教育出版社 2002 年版。

莫德勒图：《论现代蒙古语音位》（蒙文），《昭蒙师专学报》1988 年第 2 期。

内蒙古大学蒙语室：《现代蒙古语》（蒙文），呼和浩特：内蒙古人民出版社 1964 年版。

内蒙古蒙古语专科学校：《蒙古语自学读本》（蒙汉对照），呼和浩特：内蒙古人民出版社 1975 年版。

内蒙古语委科研处：《关于我国蒙古语标准音》（蒙文），《蒙古语文》1980 年第 2 期。

内蒙古语委科研处：《关于我国蒙古语标准音音位系统》（蒙文），《蒙古语文》1980 年第 5 期。

内蒙古语言文学历史研究所整理：《21 卷本辞典》（蒙文），呼和浩特：内蒙古人民出版社 1977 年版。

内蒙古语言文学研究所：《蒙古语文研究资料》（蒙文），呼和浩特：内蒙古人民出版社 1983 年版。

那·格日勒图：《蒙古语前化短元音比较》（蒙文），《语言与翻译》1988 年第 4 期。

那达米德：《蒙古书面语二合元音与口语比较》（蒙文），《西北民族学院学报》1988 年第 2 期。

奈曼·达日玛：《略谈语音和谐》（蒙文），《蒙古语文》1988 年第 12 期。

诺尔金：《察哈尔土语音位系统特点》（蒙文），《内蒙古师院学报》

1981 年第 1 期。

诺尔金：《论蒙古语元音与蒙古文元音字母的对应》（蒙文），《学术论文集》，1986 年。

诺尔金：《论现代蒙古语元音的功能》（蒙文），《内蒙古社会科学》1991 年第 5 期。

诺尔金：《蒙古语长元音的书写规则》（蒙文），《蒙古语文》1989 年第 1—2 期。

诺尔金：《蒙古语音节构成律的演变——辅音结合律》（蒙文），《蒙古语文》1998 年第 9 期。

诺尔金：《蒙文原理》（蒙文），呼和浩特：内蒙古教育出版社 1987 年版。

清格尔泰、新特克：《关于蒙古语基本元音》（蒙文），《内蒙古大学学报》1959 年第 2 期。

清格尔泰：《关于元音和谐律》（蒙文），《内蒙古大学学报》1982 年第 1 期。

清格尔泰：《蒙古语巴林土语的语音和词法》（蒙文），《内蒙古大学学报》1959 年第 1 期。

清格尔泰：《蒙古语塞音 q、k 的历史演变》，《民族语文》1985 年第 3 期。

清格尔泰：《蒙古语语音系统》（蒙文），《内蒙古大学学报》1963 年第 2 期。

清格尔泰：《现代蒙古语》（蒙文），呼和浩特：内蒙古人民出版社 1980 年版。

确精扎布、清格尔泰：《关于蒙古语的辅音》（蒙文），《内蒙古大学学报》1959 年第 1 期。

确精扎布：《关于蒙古文学语言的音位及其现行书写法》（蒙文），《蒙古语文》1957 年第 8 期。

确精扎布：《关于蒙古语的长元音和复元音》（蒙文），《蒙古语文》1954 年第 2 期。

确精扎布：《关于卫拉特语音系统》（蒙文），《蒙古语言文学历史》1959 年第 3 期。

确精扎布：《用实验语音学方法研究蒙古语察哈尔土语元音的结果》（蒙文），《蒙古学研究》1990 年第 3 期。

仁钦道尔吉：《〈蒙古秘史〉的语言具备了形成长元音的条件》（蒙

文),《蒙古语言文学历史》1960年第4期。

容舟:《蒙古语中的吸气音》,《民族语文》1980年第1期。

萨日娜、阿拉坦苏和:《浅谈口语长元音与蒙古书面语元音的对应》(蒙文),《包头星火》1986年第3期。

森格:《蒙古语族语言辅音比较》(蒙文),《内蒙古大学学报》1982年第3期。

双福:《关于八思巴字语音》(蒙文),载蒙古语言学会1981年年会《学术论文集》。

双福:《中古蒙古语辅音体系》(蒙文),《蒙古语言文学》1987年第4期。

松日布:《蒙古语语法知识》(蒙文),黑龙江人民出版社1976年版。

孙竹:《现代蒙古语的弱化元音》,《民族语文》1981年第1期。

涛高:《关于蒙古语正音法》(蒙文),《蒙古学研究》1990年第3期。

陶·那木吉拉旺楚格:《对蒙古语e音的性范畴分析》(蒙文),《内蒙古社会科学》2001年第1期。

天峰:《蒙古语圆唇元音和谐的产生和发展》(蒙文),《蒙古语言文学》1986年第1期。

瓦·斯钦:《〈书面语ǰ和j的和谐〉之辨》(蒙文),《蒙古语文》1988年第1期。

文凯:《关于语音与文字的关系——评贾木查同志〈托忒文正字法〉》(蒙文),《卫拉特研究》2002年第4期。

乌·满达夫:《关于蒙古语音五行学分类法》(蒙文),《内蒙古大学学报》1980年第2期。

乌·满都夫整理校注:《蒙古译语词典》(蒙文),北京:民族出版社1995年版。

乌力吉布仁:《蒙古语吸气音》(蒙文),《蒙古语文》1996年第6期。

乌力吉达来:《若干长元音的由来》(蒙文),《内蒙古社会科学》2003年第2期。

吴俊峰、索德那木:《蒙古书面语口语化读法指南》(蒙文),《蒙古语言文学历史》1959年第1期。

吴俊峰:《论汉语借词的读法》(蒙文),《蒙古语言文学历史》

1959 年第 9 期。

武·呼格吉勒图:《〈蒙古语族语言基本元音比较〉概要》(蒙文),《内蒙古大学学报》1982 年第 3 期。

武·呼格吉勒图:《元音 i 对蒙语族语言或方言语音演变影响初探》,载《中国民族语言论文集》,1986 年。

谢德全:《关于蒙古语元音分类之我见》(蒙文),《吉林蒙古语文》1990 年第 1 期。

新特克:《中性元音在传统蒙文中究竟存在与否》(蒙文),《蒙古语言文学》1998 年第 1 期。

亦邻真:《畏吾体蒙古文和古蒙语语音》,《内蒙古大学学报》1976 年第 2 期、1977 年第 2 期、1978 年第 1 期。

玉荣:《口语的元音和谐律》(蒙文),《蒙古语言文学》2001 年第 5 期。

喻世长:《论蒙古语族的形成和发展》,北京:民族出版社 1983 年版。

扎·宝鲁朝鲁:《蒙语鼻化元音与辅音 n 和 /》(蒙文),《蒙古语言文学历史》1960 年第 4 期。

蒙古语语法研究论著索引

内蒙古自治政府教育部:《蒙语语法》(蒙文),1950 年。

阿·陶克陶夫:《论蒙古语方向格附加成分》(蒙文),《蒙古语言文学》1987 年第 3 期。

阿拉坦其木格:《蒙古语有些词根的探讨》(蒙文),《内蒙古民族师院学报》1998 年春季号。

敖·呼日勒巴特尔:《对蒙古语两个使动态附加成分争论的商榷意见》(蒙文),《蒙古语言文学》1987 年第 6 期。

敖·呼日勒巴特尔:《关于中世纪蒙古语被动语态后缀的语义分析》(蒙文),《内蒙古大学学报》1990 年第 2 期。

敖·呼日勒巴特尔:《关于中世纪蒙语动词态的某些问题》(蒙文),《内蒙古大学学报》1986 年第 4 期。

敖·呼日勒巴特尔:《现代蒙古语形容词级范畴》(蒙文),《蒙古语言文学》1986 年第 6 期。

敖斯尔:《关于蒙古语根词定义》(蒙文),《蒙古语言文学》1998 年第 6 期。

敖特·额尔德尼：《论蒙古语拟声动词的构成》（蒙文），《蒙古语言文学》1988 年第 5 期。

敖特·额尔德尼：《正确使用附加成分 ti》（蒙文），《蒙古语言文学》1980 年第 1 期。

敖特根：《要正确使用动词态形态》（蒙文），《蒙古语文》1985 年第 4 期。

巴·达瓦达格巴：《有关蒙语主格的几个问题》（蒙文），《内蒙古大学学报》1988 年第 4 期。

巴·达瓦达格巴主编：《蒙语研究论文集》（蒙文），呼和浩特：内蒙古人民出版社 1987 年版。

巴图巴雅尔：《初级蒙古语语法》（蒙文），呼和浩特：内蒙古人民出版社 1960 年版。

巴图巴雅尔：《评带 γči～gči 的词的各种意见》（蒙文），《蒙古语文》1957 年第 5 期。

巴图格日勒：《关于蒙古语感叹词》（蒙文），《西北民族学院学报》1988 年第 2 期。

巴图格日勒：《论词义诸方关系》（蒙文），《语言与翻译》1998 年第 3 期。

巴图格日勒：《蒙古语词的义位系统》（蒙文），《内蒙古民族师院学报》1998 年秋季号。

巴图赛恒：《对蒙古语词根、词干的定义与解释的有关问题》（蒙文），《蒙古语言文学》2000 年第 3 期。

巴图赛恒：《蒙古书面语非词首音节 uu～üü 之后加接附加成分所发生的诸变化》（蒙文），《蒙古语文》1987 年第 1 期。

巴图赛恒：《蒙古与部分词根的由来》（蒙文），《蒙古语文》1989 年第 2 期。

白俊瑞：《蒙古语动词祈使式形态及其演变》（蒙文），《内蒙古大学学报》1986 年第 2 期。

白俊瑞：《中世纪蒙古语祈使式动词形态的发展与演变》（蒙文），《内蒙古大学学报》1986 年第 2 期。

白音门德：《中世纪蒙语形动词形态及其演变》（蒙文），《内蒙古大学学报》1986 年第 1 期。

包·赛音巴图：《托忒文和胡都木文名词形态变化形式比较》（蒙文），《语言与翻译》1987 年第 2 期。

包文成：《关于现代蒙古语构词附加成分》（蒙文），《内蒙古大学学报》1990年第4期。

宝力道：《蒙古语量词探析》（蒙文），《兴安蒙古语文》1988年第1期。

宝音、赛音：《蒙古语语法基础知识简编》（蒙文），长春：吉林人民出版社1977年版。

宝音乌力吉：《蒙语附加成分–s和–sqi～–ski》（蒙文），《科尔沁蒙古语文》1987年第1期。

宝玉：《浅析蒙古语一些动词态形态的附加成分使用情况》（蒙文），《黑龙江蒙古语文》1990年第2期。

宝玉柱：《现代蒙古语动词句研究》（蒙文），北京：民族出版社1995年版。

葆禄：《论词汇结构分析法》（蒙文），《蒙古语文》1988年第10期。

葆禄：《蒙古语构词法研究参考》（蒙文），《内蒙古大学学报》1979年第1、2期。

宾巴：《蒙古语附加成分tai～tei的意义和功能》（蒙文），《语言与翻译》1989年第2期。

波·索德：《蒙古书面语和满洲语一些构词附加成分比较》（蒙文），《内蒙古民族师院学报》1989年第3期。

卜·图力更等：《现代蒙古语研究概论》（蒙文），呼和浩特：内蒙古人民出版社1988年版。

布和吉日嘎拉、恩和：《蒙古语语法》（蒙文），呼和浩特：内蒙古人民出版社1978年版。

布和吉日嘎拉、恩和：《关于蒙古语词类划分原则问题》（蒙文），《蒙古语文》1988年第11期。

策·普日布：《策·普日布蒙古书面语研究》（蒙文），呼和浩特：内蒙古人民出版社1997年版。

陈乃雄：《蒙语的格及其在汉语中的表达方法》（蒙文），《内蒙古大学学报》1963年第2期。

达·额尔德尼：《蒙古语数词种类新探》（蒙文），《语言与翻译》1989年第2期。

达·青格勒图：《辨明名词+动词结构复合词的几种方法》（蒙文），《蒙古语言文学》2000年第1期。

达·青格勒图:《关于蒙古语复合词的若干问题》(蒙文),《内蒙古大学学报》1998年第4期。

达·青格勒图:《关于蒙古语名词附加成分的功能及其分类》(蒙文),《蒙古语文》1998年第1期。

达·青格勒图:《蒙古语文惯用词组研究》(蒙文),《内蒙古师范大学学报》1998年第3期。

达·乌嫩奇:《动态与被动态》(蒙文),《蒙古语文》1988年第3期。

达胡白乙拉:《结构分析中的词干排序问题》(蒙文),《蒙古语文》2000年第5期。

达兰泰:《主语》(蒙文),《蒙古语言文学历史》1960年第8期。

达木丁:《关于蒙古语凭借格附加成分的隐现》(蒙文),《语言文学论文集》,1989年。

达木丁:《造格附加成分的省略》(蒙文),《蒙古语文》1957年第4期。

达瓦:《蒙古语词类简便分类法》(蒙文),《内蒙古民族师院学报》1988年第3期。

达瓦达格巴:《二十年来内蒙古大学的蒙古语语法研究》(蒙文),《内蒙古大学学报》1977年第2期。

达瓦达格巴:《情态词》(蒙文),《内蒙古大学学报》1960年第1期。

达希尼玛:《摹仿词》(蒙文),《内蒙古大学学报》1962年第1期。

道布:《蒙古语概况》,《中国语文》1964年第3期。

道布:《蒙古语简志》,北京:民族出版社1983年版。

道布:《蒙古语句子结构的分析》,《民族语文》1979年第2期。

德力格尔玛:《辨析义位移用和转义》(蒙文),《蒙古语文》1993年第7期。

德力格尔玛:《词义可变性的修辞作用》(蒙文),《蒙古语文》1987年第9期。

德力格尔玛:《论蒙古语补语》(蒙文),《语言与翻译》1991年第3期。

德力格尔玛:《论蒙古语构形法的归属问题》,《中央民族大学学报》2001年第5期。

德力格尔玛：《论蒙古语语义特征》（蒙文），《内蒙古社会科学》1995年第1期。

德力格尔玛：《论现代蒙古语复句》（蒙文），《内蒙古社会科学》1990年第1期。

德力格尔玛：《论现代蒙古语形容词谓语句的宾语》（蒙文），《内蒙古社会科学》1986年第1期。

德力格尔玛：《论现代蒙古语形容词谓语句的宾语》（蒙文），《吴云图力呼尔》1986年第3、4期。

德力格尔玛：《论现代蒙古语形容词谓语句的句义》（蒙文），《内蒙古社会科学》1991年第4期。

德力格尔玛：《论语义的模糊性》（蒙文），《内蒙古社会科学》1994年第1期。

德力格尔玛：《蒙古语构形法在句法学中的地位》（蒙文），《蒙古语言文学》1997年第5期。

德力格尔玛：《蒙古语句义关系初探》（蒙文），《蒙古语言文学》1994年第4期，1995年第1期。

德力格尔玛：《蒙古语句义间的同义关系初探》，《民族语文》1996年第1期。

德力格尔玛：《蒙古语句子成分的分类问题》（蒙文），《内蒙古社会科学》1999年第6期。

德力格尔玛：《蒙古语研究新探》（蒙文），沈阳：辽宁民族出版社1995年版。

德力格尔玛：《蒙古语义位之间的组合规则初探》（蒙文），《内蒙古社会科学》1998年第2期。

德力格尔玛：《蒙古语语义研究概述》（蒙文），《蒙古语文》2001年第3期。

德力格尔玛：《现代蒙古语的状语》（蒙文），《蒙古语文》1986年第8期。

德力格尔玛：《现代蒙古语动词的分类问题》（蒙文），《蒙古语言文学》1994年第3期。

德力格尔玛：《再论蒙古语语素》（蒙文），《内蒙古社会科学》2001年第1期。

德力格尔玛：《综述蒙古语语义学研究》（蒙文），《蒙古语文》2001年第3期。

额·宝音乌力吉：《关于〈格斯尔〉中的从格附加成分》（蒙文），《内蒙古大学学报》1990年第2期。

额·宝音乌力吉：《关于蒙古语的语气词 ber》（蒙文），《内蒙古社会科学》1989年第5期。

额·宝音乌力吉：《关于现代蒙古语附加成分 -qan~-ken》（蒙文），《蒙古学研究》1990年第1期。

额·宝音乌力吉：《论序数词和序数及其有关标点符号问题》（蒙文），《语言与翻译》1998年第2期。

额·普日布扎布：《关于蒙古语附加成分 čin》（蒙文），《蒙古语文》1989年第1期。

额尔德穆巴特尔：《关于蒙语部分附加成分的概念》，《蒙古历史语文》（蒙文）1958年第11期。

额尔德穆巴特尔：《论代动词 ge》（蒙文），《蒙古语文》1957年第4期。

额尔德尼：《数词》（蒙文），《内蒙古大学学报》1962年第1期。

额尔敦巴根：《蒙古语语法基本知识》（蒙文），呼和浩特：内蒙古人民出版社1975年版。

额尔敦朝鲁：《论蒙古语语义研究》（蒙文），《蒙古语文》2004年第7期。

额尔敦楚古拉：《关于现代蒙语动词种类》（蒙文），《内蒙古民族师院学报》1989年第1期。

额尔敦楚古拉：《蒙古语动词的支配功能》（蒙文），《内蒙古社会科学》2000年第2期。

额尔敦楚古拉：《语义模糊性》（蒙文），《内蒙古社会科学》1988年第5期。

额勒森其其格：《蒙古语被动态动词的物主的格变化》（蒙文），《内蒙古社会科学》2000年第4期。

恩和：《浅谈蒙古语副词》（蒙文），《蒙古语文》1985年第2期。

福珠：《数词的模糊语义》（蒙文），《蒙古语文》1988年第11期。

嘎日迪：《人称代词 anu、inu 及其演变探考》（蒙文），《内蒙古师范大学学报》1993年第1期。

嘎日迪：《中世纪蒙古语 γda/gde、da/de 形态》（蒙文），《蒙古语言文学》1987年第3期。

高·照日格图、额勒森其其格：《蒙古语格研究》（蒙文），呼和浩特：内蒙古教育出版社 2001 年版。

高·照日格图、额勒森其其格：《关于蒙古语定格》（蒙文），《内蒙古大学学报》1987 年第 2 期。

高·照日格图、额勒森其其格：《关于蒙古语语气词 mini、čini、ni 的意义和功能》（蒙文），《内蒙古大学学报》1990 年第 2 期。

高·照日格图、额勒森其其格：《论蒙古语的双重格》（蒙文），《内蒙古大学学报》1998 年第 3 期。

高·照日格图、额勒森其其格：《中国蒙古语族语言研究概况》（蒙文），《内蒙古社会科学》1993 年第 5 期。

高·照日格图、额勒森其其格：《中世纪蒙古语格范畴及演变》（蒙文），《内蒙古大学学报》1988 年第 4 期。

高娃：《蒙古语附加成分的基本类型》（蒙文），《蒙古语研究论文集》（1），1985 年。

高娃：《蒙古语构词复合附加成分的构成规律》（蒙文），《学术论文集》，1986 年。

戈瓦：《我对带 γči～gči 的词的看法》（蒙文），《蒙古语文》1957 年第 2 期。

格日勒图：《蒙古书面语语法研究》（蒙文），呼和浩特：内蒙古大学出版社 1998 年版。

官其格苏荣：《论词的语义学》（蒙文），《内蒙古日报》1985 年 5 月 25 日。

官其格苏荣：《新时代蒙古语言学研究简史》（蒙文），《蒙古语文》1998 年第 4 期。

哈斯巴根：《关于蒙古语代词的分类问题》（蒙文），《内蒙古社会科学》1991 年第 5 期。

哈斯巴根：《中世纪蒙古语构词附加成分》（蒙文），《内蒙古师范大学学报》1986 年第 4 期。

哈斯巴根：《中世纪蒙古语构词附加成分的演变》（蒙文），《内蒙古大学学报》1986 年第 3 期。

哈斯额尔敦：《汉蒙语法比较》（蒙文），呼和浩特：内蒙古人民出版社 1975 年版。

哈斯额尔敦等：《现代蒙古语》（蒙文），呼和浩特：内蒙古教育出版社 1996 年版。

韩·巴雅尔：《辨别句子中并列谓语、复合谓语、状语+谓语的简便方法》（蒙文），《蒙古语言文学》1998 年第 1 期。

韩·斯钦：《关于蒙古语附加成分 – ki ~ – kin》（蒙文），《蒙古语文》1998 年第 3 期。

浩斯宝力高：《关于蒙古语语气词 ba 的特点》（蒙文），《黑龙江蒙古语文》1989 年第 2 期。

何莲喜：《蒙古语比义和转义之别》（蒙文），《蒙古语文》1984 年第 6 期。

何莲喜：《蒙古语词多义的产生和发展基本规律》（蒙文），《蒙古语言文学》1985 年第 1 期。

何莲喜：《命名学中的民族特点——论用五种牲畜名称命名植物的现象》（蒙文），《内蒙古社会科学》1999 年第 6 期。

侯万庄：《关于蒙古语实词和虚词的某些问题》（蒙文），《蒙古语文》1990 年第 9 期。

侯万庄：《论蒙古语式动态句的语法结构与语义结构》（蒙文），《蒙古语文》1990 年第 1 期。

呼和巴日斯：《词有关涉语法学和词汇学双重性质》（蒙文），《内蒙古师范大学学报》2000 年第 1 期。

呼和巴日斯：《关于蒙语词类和划分词类标准问题》（蒙文），《内蒙古师范大学学报》1995 年第 3 期。

呼和巴日斯：《关于蒙古语时位词的词形变化》（蒙文），《内蒙古师范大学学报》1992 年第 3 期。

呼和巴日斯：《关于蒙古语曾有的数和谐及其消失》（蒙文），《蒙古语文》1990 年第 11 期。

呼和巴日斯：《蒙古语被动句的构成》（蒙文），《蒙古语言文学》2000 年第 1 期。

呼和巴日斯：《蒙古语词组和词的组合方式》（蒙文），《蒙古语言文学》1996 年第 1 期。

呼和巴日斯：《蒙古语从格表达的比较意义》（蒙文），《内蒙古师范大学学报》1999 年第 4 期。

呼和巴日斯：《蒙古语句法学分析方法》（蒙文），《内蒙古师范大学学报》1994 年第 3 期。

呼和巴日斯：《蒙古语句子结构与句子成分》（蒙文），《内蒙古师范大学学报》1998 年第 3 期。

呼和巴日斯：《蒙古语名词词干派生的"数"》（蒙文），《蒙古语论文集》（一），北京：民族出版社 1998 年版。

呼和巴日斯：《蒙古语摹拟词》（蒙文），《蒙古语文》1999 年第 9 期。

呼和巴日斯：《蒙古语祈使句的构成》（蒙文），《蒙古语言文学》1999 年第 4 期。

呼和巴日斯：《蒙古语人称范畴与人称代词》（蒙文），《蒙古语言文学》1997 年第 3 期。

呼和巴日斯：《蒙古语时间和动词的时态》（蒙文），《内蒙古师范大学学报》1999 年第 2 期。

呼和巴日斯：《蒙古语语法单位及其系统》（蒙文），《蒙古语言文学研究》，内蒙古文学出版社 1997 年版。

呼和巴日斯：《现代蒙古语被动语态的构成》，《蒙古语言文学》2001 年第 1 期。

呼和巴日斯：《现代蒙古语词的结构》（蒙文），《内蒙古师范大学学报》1993 年第 3 期。

吉·吉仁尼格：《关于蒙语名词单数形式的某些问题》（蒙文），《蒙古语文》1985 年第 5 期。

吉·吉仁尼格：《关于书写时舍弃属格附加成分的现象》（蒙文），《蒙古语文》1986 年第 12 期。

吉·吉仁尼格：《是态形态还是数范畴？》（蒙文），《蒙古语文》1989 年第 12 期。

吉木斯特·额尔敦陶克套：《中国蒙古学研究概论》（蒙文），沈阳：辽宁民族出版社 2002 年版。

吉儒木图：《关于中世纪蒙古语中的"丿"》（蒙文），《蒙古语言文学》1990 年第 1 期。

季荣：《关于后置词界定》（蒙文），《蒙古语言文学》1990 年第 5 期。

季荣：《蒙古语状语、非直接宾语、补语成分的区别》（蒙文），《内蒙古社会科学》1994 年第 1 期。

贾晞儒：《蒙古语并列结构的语义关系》，《民族语文》1983 年第 4 期。

贾晞儒：《蒙古语复合词语义结构分析》，《民族语文》1987 年第 4 期。

贾晞儒：《试论语义的民族性》，《青海民族学院学报》1980 年第

2 期。

贾晞儒：《论 vsan、gsen》（蒙文），《蒙古语文》1980 年第 1 期。

金虎：《蒙古语族语言现在将来时副动词》（蒙文），《蒙古语文》2000 年第 1 期。

乐·巴拉登：《关于现代蒙古语动词的修辞问题》（蒙文），《昭蒙师专学报》1985 年第 1 期。

乐·色音额尔敦：《蒙语语法学习和运用》（蒙文），呼和浩特：内蒙古人民出版社 1979 年版。

乐·斯钦巴特尔：《关于蒙古语构词法》（蒙文），《蒙古语言文学》1990 年第 3 期。

乐·斯琴毕力格：《关于蒙古语派生量词》（蒙文），《蒙古语文》1985 年第 1 期。

乐·陶格腾巴雅尔：《关于分析蒙古语词的构造时牵涉的一些问题》（蒙文），《蒙古学研究》2000 年第 2 期。

乐·陶格腾巴雅尔：《满、蒙古语第一人称代词比较研究》（蒙文），《蒙古语言文学》1994 年第 2 期。

罗·格日勒：《探索蒙古语动词语态范畴》（蒙文），《蒙古语言文学》2000 年第 1 期。

莫·巴特尔：《中世纪蒙古语 tan 形态》（蒙文），《蒙古语文》1989 年第 4 期。

莫·巴特尔：《中世纪蒙古语数范畴及其演变》（蒙文），《内蒙古大学学报》1990 年第 2 期。

满都拉：《关于词根尾辅音 –n 的演变问题》（蒙文），《蒙古语文》1998 年第 6 期。

门都：《关于蒙语的几个构词附加成分》（蒙文），《内蒙古师范学院学报》1960 年第 1 期。

门都：《关于形动词变格所表达的意义》（蒙文），《内蒙古师范大学学报》1988 年第 3 期。

孟·格日勒：《试论蒙语量词表述方法与特点》（蒙文），《内蒙古大学学报》1998 年第 4 期。

孟克纳钦：《关于在书面语如何正确使用名词非连写变形附加成分问题》（蒙文），《包头星火》1985 年第 2 期。

孟克纳钦：《蒙古语动词的态形态》（蒙文），《蒙古语文》1985 年第 4 期。

莫·斯日布扎布：《蒙语法存在的几个问题及其纠正》（蒙文），《阿拉善语》1986年第1期。

内蒙古语言文学研究所：《蒙古语言文学（论文选）》（蒙文），1976年。

那·额尔敦巴图：《论蒙古语双根词》（蒙文），《蒙古语文》1986年第10期。

那·格日勒图：《关于蒙语词的结构分析问题》（蒙文），《内蒙古大学学报》2000年第4期。

那·格日勒图：《关语蒙古语数范畴的单数和复数》（蒙文），《内蒙古大学学报》1998年第3期。

那·格日勒图：《浅析与时位名词有关的两个问题》（蒙文），《内蒙古大学学报》1995年第3期。

那·格日勒图：《细究动词使动态附加成分——gul/gül所表示的语法意义》（蒙文），《蒙古语文》1996年第9期。

那·格日勒图：《再论"后置词"》（蒙文），《内蒙古大学学报》1999年第4期。

那达米德：《关于蒙古语人称代词的词形变异问题》，《西北民族学院学报》1984年第1期。

那森柏等：《现代蒙古语》（蒙文），呼和浩特：内蒙古教育出版社1982年版。

那顺乌日图：《关于现代蒙古语定格的某些问题》（蒙文），《蒙古语文》1986年第1期。

那顺乌日图：《中世纪蒙语动词词根 bü-、a-及演变》（蒙文），《内蒙古大学学报》1989年第3期。

娜仁高娃：《关于蒙古语后缀 hi、hin》（蒙文），《内蒙古大学学报》2000年第3期。

倪申源：《关于蒙古语的定语从句》，《东方研究论文集》1982年第4期。

倪申源：《蒙古语条件副动词》（蒙文），《蒙古语文》1986年第5期。

诺尔金：《词根变体》（蒙文），《内蒙古大学学报》1988年第2期。

诺尔金：《蒙古语词法研究的理论依据》（蒙文），《内蒙古社会科学》1987年第1期。

普日布：《对〈我对带 γči～gči 的词的看法〉一文的意见》（蒙文），《蒙古语文》1957 年第 2 期。

其·斯钦：《中世纪蒙古语陈述式附加成分 ji－i 的原形与性质》（蒙文），《蒙古语言文学》1990 年第 4 期。

青格勒图：《不完整句子的表层结构和深层结构》（蒙文），《蒙古语文》1997 年第 3 期。

清格尔泰：《论蒙古语动词》，《内蒙古大学学报》1960 年第 2 期。

清格尔泰：《论蒙古语助动词》（蒙文），《内蒙古大学学报》1965 年第 1 期。

清格尔泰：《蒙古语语法》，呼和浩特：内蒙古人民出版社 1991 年版。

清格尔泰：《蒙文文法》（蒙文），内蒙古自治政府教育部 1950 年版。

清格尔泰：《现代蒙古语语法》（蒙文），呼和浩特：内蒙古人民出版社 1980 年版。

清格尔泰：《中国境内蒙古语族语言及蒙古语方言概况》（蒙文），《蒙古语文》1957 年第 11、12 期，1958 年第 1—4 期、第 6、7、12 期。

确精扎布：《关于蒙古语词类》（蒙文），《内蒙古大学学报》1963 年第 2 期。

确精扎布：《论 ge》（蒙文），《蒙古语文》1957 年第 6 期。

确精扎布：《蒙语语法研究》（蒙文），呼和浩特：内蒙古大学出版社 1989 年版。

确精扎布：《有关蒙古语词组的几个问题》（蒙文），《内蒙古大学学报》1963 年第 1 期。

仁钦：《论主语、补语融合于谓语》（蒙文），《蒙古语文》1957 年第 5 期。

叁丕拉：《论蒙古语副动词的特点及其形态范围》（蒙文），《蒙古语言文学》1989 年第 5 期。

色登：《论主语和补语融合于谓语》（蒙文），《蒙古语文》1957 年第 1 期。

森格：《关于蒙古语形动词的意义问题》（蒙文），《蒙古语文》1986 年第 11 期。

森格：《关于蒙古语形动词附加成分 -γsan～-gsen》（蒙文），《蒙古语文》1985 年第 6 期。

森格：《有关蒙语形动词数范畴的几个问题》（蒙文），《内蒙古大学学报》1988年第4期。

舍·罗布苍旺丹：《现代蒙古语》（蒙文），呼和浩特：内蒙古人民出版社1982年版。

石新安：《关于联系动词的基本词义与基本语法功能》（蒙文），《蒙古语文》1985年第1期。

双福：《关于中世纪蒙古语属格附加成分》（蒙文），《蒙古语言文学》1990年第5期。

双福：《论 eče～teče》（蒙文），《蒙古语文》1985年第3期。

斯·彻根、额·宝音乌力吉：《关于现代蒙古语附加成分 tai～tei／dai～dei 的功用》（蒙文），《内蒙古大学学报》1989年第2期。

斯钦巴特尔：《蒙古语构词法发展历史概况》（蒙文），《蒙古语文》1985年第4期。

斯钦巴图：《蒙古语没有以 -／起首的附加成分》（蒙文），《蒙古语文》1998年第1期。

斯钦朝克图：《蒙古语附加成分小议》（蒙文），《蒙古语言文学》1980年第1期。

斯琴、德力格尔玛：《语义学》（蒙文），呼和浩特：内蒙古人民出版社1996年版。

斯琴：《现代蒙语格范畴的意义和作用》（蒙文），《内蒙古师范大学学报》1986年第4期。

斯琴巴特尔：《说蒙古语附加成分 sil、gel》（蒙文），《蒙古语言文学历史》1960年第8期。

斯仁：《现代蒙语名词词尾 -n 的种类和性质》（蒙文），《内蒙古大学学报》1987年第1期。

松日布：《蒙古语语法知识》（蒙文），哈尔滨：黑龙江人民出版社1976年版。

塔格塔：《关于附加成分 tai～tei 的构词功能和肯定语气词性质》（蒙文），《蒙古语文》1987年第12期。

涛高：《蒙古语类属词》（蒙文），《内蒙古民族师范学院学报》1989年第4期。

涛高：《论现代蒙古语词根、词干和附加成分》（蒙文），《内蒙古民族师范学院学报》1985年第2期。

涛高等：《现代蒙古语》（蒙文），内蒙古少年儿童出版社1993年版。

陶·哈斯巴根：《格附加成分的地位》（蒙文），《蒙古语文》1987年第1期。

特克希都楞：《蒙古语附加成分的区别》（蒙文），《蒙古语言文学历史》1960年第1期。

特图克：《关于句子分析方法》（蒙文），《内蒙古民族师院学报》1987年第1期。

特图克：《关于蒙古语句子结构》（蒙文），《蒙古语言文学》1986年第6期。

特图克：《关于蒙古语语法基本范畴》（蒙文），《蒙古语言文学》1998年第3期。

特图克：《论蒙古语句法研究的对象》（蒙文），《内蒙古民族师院学报》1998年冬季号。

特图克：《蒙古语并列复句分析》，《民族语文》1982年第1期。

特图克：《蒙古语名动词》（蒙文），《内蒙古大学学报》1965年第1期。

特图克：《蒙古语时间范畴》（蒙文），《蒙古语文》1980年第4期。

特图克：《蒙古语状态词》，《民族语文》1980年第1期。

特图克：《现代蒙古语代词的几个问题》（蒙文），《内蒙古大学学报》1963年第1期。

特图克：《语言学概要》（蒙文），呼和浩特：内蒙古大学出版社1988年版。

天峰：《论蒙古语名词词尾的 – n》（蒙文），《包头星火》1985年第3期。

图力固尔：《蒙古语词的结构》（蒙文），《内蒙古师范大学学报》1988年第4期。

图门吉日嘎拉：《关于蒙古语族语言词结构研究概况》（蒙文），《内蒙古大学学报》2001年第3期。

图门吉日嘎拉：《关于现代蒙古语附加成分 tai～tei》（蒙文），《语言与翻译》1990年第1期。

图们其其格：《中世纪蒙古语陈述式诸形态及其演化》（蒙文），《内蒙古大学学报》1990年第3期。

图雅：《关于蒙古语拟声词特殊性的初探》（蒙文），《内蒙古大学学报》2000年第1期。

瓦·斯钦：《蒙古语法知识》（蒙文），呼和浩特：内蒙古教育出版社1993年版。

王秀珍：《存在句在蒙古语中的分析法》（蒙文），载《内蒙古蒙专建校30周年（1953—1983）》，呼和浩特：内蒙古教育出版社1983年版。

王玉明：《试谈蒙古语几类词的重叠》，《西北民族学院学报》1981年第3期。

旺顺扎布：《书面语后缀概述》（蒙文），《内蒙古大学学报》1977年第2期。

旺顺扎布：《数的范畴》（蒙文），《内蒙古大学学报》1962年第1期。

乌·朝鲁：《中世纪蒙古形容词及其演变》（蒙文），《内蒙古大学学报》1989年第2期。

乌力集布仁：《中世纪蒙古语附加成分run》（蒙文），《蒙古语文》1985年第9期。

乌云其其格：《关于在托忒文中正确区分使用胡都木文附加成分u～ü和ni问题》（蒙文），《语言与翻译》1998年第3期。

新特克：《论词的创造性功能》（蒙文），《内蒙古社会科学》1992年第6期。

新特克：《蒙古语词义体系问题探索》（蒙文），《内蒙古大学学报》1982年第4期。

旭仁夫、吴英哲：《关于蒙古语领属范畴》（蒙文），《蒙古语文》1998年第6期。

玉荣：《现代蒙古语单部句研究》（蒙文），《内蒙古大学学报》1998年第2期。

援朝：《论蒙古语双根词》（蒙文），《蒙古语言文学》1986年第5期。

扎·钦柏：《由音变构成的动词及其语法特点》（蒙文），《蒙古语文》1988年第2期。

扎·义兰：《蒙古书面语构词附加成分的变体》（蒙文），《蒙古语文》2000年第1期。

扎·义兰：《蒙古语构词附加成分研究概况》（蒙文），《内蒙古大学学报》2001年第4期。

蒙古语词汇研究论著索引

阿拉坦格日勒：《蒙古族姓氏录》（蒙文），赤峰：内蒙古科技出版社 1996 年版。

敖斯尔：《现代蒙古语对偶词的某些问题》（蒙文），《蒙古语研究论文集》，1987 年。

敖斯尔：《现代蒙古语对偶词结构》（蒙文），《蒙古语言文学》1985 年第 3 期。

敖斯尔：《现代蒙语对偶词结构及范围》（蒙文），《蒙古语研究论文集》（一），1985 年。

敖特根：《关于蒙古语外来词问题》（蒙文），《蒙古语文》1989 年第 11 期。

巴·白音都楞：《蒙古语敬词与语法的联系问题》（蒙文），《吉林蒙古语文》1988 年第 1 期。

巴·达木丁：《蒙古语基本词汇解释》（蒙文），《内蒙古师范大学学报》1985 年第 1—3 期，1986 年第 1 期。

巴·斯钦巴特尔：《关于汉语和藏语中的蒙古语词》（蒙文），《内蒙古社会科学》1985 年第 6 期。

巴·旺其格：《论 bodunčar mungqaɣ 之 mungqaɣ》（蒙文），《蒙古语文》1989 年第 5 期。

巴特尔：《关于蒙古语同义词（近义词）》（蒙文），《蒙古语言文学》1986 年第 6 期。

巴图格日勒：《关于阿拉善蒙古人敬称》（蒙文），《内蒙古社会科学》1986 年第 2 期。

巴图格日勒：《论词义诸方关系》（蒙文），《语言与翻译》1998 年第 3 期。

巴图格日勒：《蒙古语词的义位系统》（蒙文），《内蒙古民族师院学报》1998 年秋季号。

巴彦巴图：《关于"乌梁海"和"图瓦"名称》（蒙文），《语言与翻译》1986 年第 3 期。

巴彦和希格：《"成吉思"一词考》（蒙文），《内蒙古社会科学》1990 年第 4 期。

巴彦和希格：《蒙古语 ača 一词含义》（蒙文），《语言与翻译》1988 年第 4 期。

巴彦吉日嘎拉：《有关"成吉思汗"名称的解释与我的浅见》（蒙文），《成吉思研究》1987年第1期。

白喜柱：《关于"台吉"一词》（蒙文），《昭蒙师专学报》1985年第1期。

白喜柱：《关于mav–a一词》（蒙文），《蒙古语文》1985年第3期。

白音门德：《论蒙古语的借词》（蒙文），《蒙古语文》1989年第4期。

包格：《蒙古语词汇研究概述》（蒙文），《蒙古语文》1989年第10期。

包志宏：《蒙古语反义词浅探》，《民族语文》1985年第1期。

宝力高：《汉蒙成语小词典》（汉蒙对照），呼和浩特：内蒙古人民出版社1973年版。

宝音套克陶：《关于蒙古语同形词》（蒙文），《蒙古语言文学》1989年第2期。

葆禄：《蒙古语仿造对偶词的特点》（蒙文），《语言文学论文集》，1989年。

布林特古斯：《词汇研究对蒙古语言学的重要意义》（蒙文），《蒙古语文》1988年第11期。

布仁巴图：《〈蒙古秘史〉第275节中出现的两段成语的新释》（蒙文），《蒙古语文》1994年第4期。

布仁巴图：《〈蒙古秘史〉汉音译本中氏名"速客该"误译讹传及有关问题》（蒙文），《内蒙古大学学报》1992年第4期。

布仁巴图：《〈蒙古秘史〉中一则成语之释》（蒙文），《内蒙古社会科学》1992年第5期。

布仁巴图：《〈蒙古秘史〉中的"哈勒哈孙格儿"考》（蒙文），《蒙古语文》2000年第10期。

布仁巴图：《〈蒙古秘史〉中人名yalawača书写形式探源》（蒙文），《内蒙古大学学报》1993年第4期。

布仁巴图：《〈蒙古秘史〉中隐喻"死亡"的两个词语》（蒙文），《内蒙古大学学报》1995年第1期。

布仁巴图：《关于〈蒙古秘史〉中无旁译的三个词》（蒙文），《内蒙古大学学报》1999年第1期。

布仁巴图：《历代部族名称诠释举隅》（蒙文），《内蒙古社会科学》

1991 年第 6 期。

布仁德里格尔：《蒙古族人名的意义和写法》（蒙文），《科尔沁蒙古语文》1989 年第 1 期。

曹都毕力格：《略谈蒙古语成语》（蒙文），《曹都文集》，呼和浩特：内蒙古教育出版社 1985 年版。

策·诺尔金：《aiiqu 与 ayuqu》（蒙文），《蒙古语言文学》1989 年第 4 期。

查干夫：《蒙古语敬词小议》（蒙文），《内蒙古社会科学》1985 年第 5 期。

陈乃雄：《蒙古语文中的同形词》，《民族语文》编辑部编《民族语文论集》，北京：中国社会科学出版社 1981 年版。

陈乃雄：《蒙文同形词》，呼和浩特：内蒙古教育出版社 1982 年版。

楚勒特穆：《"蒙古"一词来源》（蒙文），《启明星》1985 年第 4 期。

楚伦巴根：《关于蒙古语中梵藏借词较多的原因》（蒙文），《蒙古语言文学》1989 年第 4 期。

达·巴特尔：《呼和浩特蒙古人三代人名》（蒙文），《蒙古语言文学》1986 年第 5 期。

达·拉木苏荣：《关于蒙古语五畜名称》（蒙文），《蒙古语言文学》1986 年第 4 期。

达·拉木苏荣：《关于蒙古语五畜器官名称》（蒙文），《蒙古语文》1989 年第 12 期。

达·乌嫩齐：《关于蒙古语复合词语法化问题》（蒙文），《蒙古语言文学》1987 年第 5 期。

道·嘎拉丹：《土尔扈特名称新考》（蒙文），《语言与翻译》1988 年第 1 期。

额·宝音乌力吉：《谈对偶词后缀》（蒙文），《蒙古语文》1989 年第 7 期。

额尔德木巴特尔：《关于阿拉善的名称》（蒙文），《阿拉善语》1990 年第 1 期。

额尔敦朝鲁：《论蒙古语语义研究》（蒙文），《蒙古语文》2004 年第 7 期。

额尔敦楚古拉：《语义模糊性》（蒙文），《内蒙古社会科学》1988 年第 5 期。

额尔敦陶克陶：《蒙古语的丰富与固定对偶词》（蒙文），《额尔敦陶克陶文选》，北京：民族出版社1988年版。

法·特古斯：《论几则熟语》（蒙文），《内蒙古民族师院学报》1987年第4期。

福珠：《数词的模糊语义》（蒙文），《蒙古语文》1988年第11期。

哈尔努特·固尔沁：《"蒙古"一词来源与含义》（蒙文），《阜新民族生活》1987年第1期。

哈斯巴特尔：《〈蒙古秘史〉语言中的"门"一词》（蒙文），《蒙古语文》1993年第3期。

哈斯巴特尔：《关于蒙古语集合数词缀 -γula, -güle 词源》（蒙文），《内蒙古大学学报》2001年第6期。

哈斯巴特尔：《关于蒙古语数词"一"的起源》（蒙文），《民族语文》1995年第2期。

哈斯巴特尔：《蒙古语数词"二"的词源》，《民族语文》2003年第2期。

哈斯额尔敦：《略论蒙古语的成语》（蒙文），《内蒙古师院学报》1960年专刊。

哈寨：《赛里木湖名称确切含义》（蒙文），《语言与翻译》1990年第2期。

何莲喜：《蒙古语词汇研究概述》（蒙文），《内蒙古社会科学》1987年第3期。

呼·库叶：《卫拉特名称含义》，《新疆日报》1988年1月16日。

呼和台：《关于"成吉思"一词》（蒙文），《包头星火》1985年第2期。

呼和台：《论名称词 qabčiq soyolang》（蒙文），《蒙古语文》1989年第4期。

胡振华：《"卡伦"词源考》，《民族语文》1980年第3期。

吉·吉仁尼格、丹森：《"蒙古"一词由来》（蒙文），《内蒙古社会科学》1986年第4期。

老斯尔、宝·呼格吉勒：《关于霍林河名称之含义》（蒙文），《内蒙古民族师院学报》1987年第4期。

玛·丹巴：《"额尔古纳昆"之词义》（蒙文），《蒙古语言文学》1987年第2期。

芒·牧林：《关于蒙古语借词的来源》（蒙文），《蒙古语言文学》

（蒙文）1986年第1—2期。

芒·牧林：《论蒙古语外来词范围》（蒙文），《蒙古语文》1980年第2期。

芒·牧林：《论蒙古语外来词拼写规则》，《民族语文》编辑部编《民族语文研究文集》，西宁：青海民族出版社1982年版。

芒·牧林：《蒙古语外来词词汇规范问题》（蒙文），《内蒙古师范大学学报》1984年第2期。

芒·牧林：《蒙语外来词读音和书写形式规范问题》（蒙文），《内蒙古师范大学学报》1983年第1期。

孟根：《蒙古语反义词和逆义词》（蒙文），《蒙古语言文学》1986年第3期。

莫德勒图：《论蒙古语熟语》（蒙文），《昭蒙师专学报》1987年第1—2期。

莫德勒图：《蒙古语词汇的发展变化》（蒙文），《蒙古语言文学》1985年第2期。

那达米德：《论蒙古语词汇的来源和某些词根》（蒙文），《蒙古语文》1980年第5期。

那木吉拉：《关于蒙古语典故》（蒙文），《蒙古语言文学》1988年第5期。

那钦雄呼尔：《关于蒙古人藏名》（蒙文），《蒙古语文》1989年第7期。

那顺巴特尔：《关于蒙古语的借词》（蒙文），《学术论文集》1986年。

纳日碧力戈：《姓名》，北京：中央民族大学出版社2000年版。

尼·苏荣：《关于卫拉特蒙古人名》（蒙文），《语言与翻译》1987年第1期。

倪申源：《蒙古语中的押韵对偶词》（蒙文），《学术论文集》，1986年。

诺尔金：《构词法在词汇发展中的作用》（蒙文），《蒙古语言文学》1981年第1期。

诺尔金：《同义异体词意见》（蒙文），《语言文学论文集》，1976年。

齐寿山：《从古典文献提炼成语问题》（蒙文），《蒙古语文》1987年第8期。

其·斯钦：《关于蒙古书面语bulai的结构及由来》（蒙文），《蒙古语文》1989 年第 8 期。

乔丹德尔：《额济纳蒙古人敬称之缘由》（蒙文），《蒙古语文》1985 年第 5 期。

乔丹德尔：《关于有关"死亡"的避讳词》（蒙文），《新疆蒙古语文》1985 年第 1 期。

青龙：《蒙古语复合词探究》（蒙文），《内蒙古民族师院学报》1987 年第 2 期。

青龙：《浅谈蒙古语复合词》（蒙文），《科尔沁蒙古语文》1987 年第 1 期。

仁钦格瓦：《蒙古语外来词辑录》（蒙文），《内蒙古日报》连载，1990 年 1—12 月。

萨仁格日勒：《关于蒙古语近义词来源》（蒙文），《昭蒙师专学报》1986 年第 1 期。

赛希雅勒：《若干历史名称初探》（蒙文），《内蒙古社会科学》1989 年第 6 期。

沙·格嫩达日玛：《关于蒙古语地名》（蒙文），《蒙古语文》1987 年第 12 期。

双福：《关于"成吉思"名称》（蒙文），《蒙古语言文学》1985 年第 4 期。

斯·苏日图：《略谈以人名命名的土默特人村名》（蒙文），《蒙古语言文学》1986 年第 4 期。

斯登那木吉拉：《关于"成吉思"称号新见》（蒙文），《蒙古语文》1986 年第 2 期。

斯钦朝克图：《关于 jiv－a 一词》（蒙文），《蒙古语文》1985 年第 5 期。

索德那木永荣：《十年来蒙古语词汇的丰富和发展》（蒙文），《蒙古语研究论文集》，呼和浩特：内蒙古人民出版社 1987 年版。

索德纳木道尔吉：《初探蒙古人的同名》（蒙文），《内蒙古师范大学学报》1989 年第 4 期。

涛高：《关于复合词与词组的区别》（蒙文），《蒙古语言文学》1990 年第 5 期。

涛高：《蒙古语熟语的特点》（蒙文），《智慧钥匙》1986 年第 1—2 期。

特·图尔孟和：《赛里木湖名称由来》（蒙文），《语言与翻译》

1989 年第 3 期。

特日毕石：《关于蒙古语的避讳词》（蒙文），《语言与翻译》1987 年第 2 期。

天峰：《蒙古语熟语及其传统与发展》（蒙文），《蒙古语文》1989 年第 6 期。

图力古尔：《蒙古语同音词与同形词研究》（蒙文），《内蒙古民族师院学报》1988 年第 3 期。

图力古尔：《学界对"蒙古"一词来源的不同解释》（蒙文），《内蒙古民族师院学报》1986 年总第 19 号。

图们：《蒙满语共有家畜、野生动物名称词》（蒙文），《内蒙古师范大学学报》1989 年第 4 期。

瓦·那木吉拉苏荣：《蒙古语家畜耳记及其名称》（蒙文），《蒙古语文》1990 年第 7 期。

旺吉拉：《"孛端察儿"词义》（蒙文），《蒙古语言文学》1987 年第 3 期。

旺吉拉：《关于"成吉思"一词的浅见》（蒙文），《蒙古语言文学》1984 年第 4 期。

乌·布尔固德：《关于杜尔伯特名称》（蒙文），《黑龙江蒙古语文》1988 年第 2 期。

乌·满达夫：《蒙古语研究》（蒙文），呼和浩特：内蒙古教育出版社 1990 年版。

乌力吉：《论蒙古族借用藏语词的经验》（蒙文），《蒙古语文》1990 年第 6 期。

谢德全：《关于蒙古语同音词》（蒙文），《蒙古语言文学》1987 年第 3 期。

新特克：《从语言词汇的宝藏出发》（蒙文），《蒙古语文》1980 年第 4 期。

新特克：《蒙古语词典学的起源》（蒙文），《蒙古语言文学》1986 年第 3 期。

新特克：《蒙古语词汇研究》（蒙文），呼和浩特：内蒙古大学出版社 1991 年版。

新特克：《蒙古语词汇研究历史概述》（蒙文），《内蒙古大学学报》1980 年第 1 期。

新特克：《蒙古语词义体系问题探索》（蒙文），《内蒙古大学学报》

1982 年第 1 期。

新特克：《探究同根于 qujavur 的词结构与特点》（蒙文），《蒙古语文》1990 年第 2 期。

新特克：《以词汇为基础、增强语言能力》（蒙文），《蒙古语文》1980 年第 4 期。

叶尔巴石：《关于 qošiyat、qošiγut、qošot》（蒙文），《新疆蒙古语文》1985 年第 1 期。

永红：《蒙古语和哈萨克语的共有词》（蒙文），《语言与翻译》1990 年第 1 期。

照日格图：《关于蒙古语借词的商榷》（蒙文），载《中国蒙古语文学会学术论文集》（1），1988 年。

珠荣嘎：《蒙文梵语借词选释》，《民族文献研究》1990 年第 1 期。

蒙古语方言研究论著索引

《民族语文》编辑部：《民族语文研究文集》，西宁：青海人民出版社 1982 年版。

阿·楚伦巴根：《关于科尔沁土语特殊的几个词》（蒙文），《内蒙古民族师院学报》1987 年第 3 期。

阿·尼玛策仁：《关于卫拉特方言联合格后缀》（蒙文），《语言与翻译》1989 年第 3 期。

敖·白音查冈：《浅谈卫拉特方言对偶词特殊性》（蒙文），《语言与翻译》1990 年第 4 期。

敖·策楞东都布：《青海蒙古土语分别称呼人和牲畜的专用词》（蒙文），中国蒙古语言学会。

青海分会：《中国蒙古语言学会青海分会论集》，西宁，1987 年。

奥云策策格：《阿拉善话词语杂录》（蒙文），《巴彦松布尔》总第 7 期。

巴·达瓦达格巴主编：《蒙语研究论文集》（蒙文），呼和浩特：内蒙古人民出版社 1987 年版。

巴·额尔德木图：《试论阿鲁科尔沁蒙古族土语的某些特点》（蒙文），《昭蒙师专学报》1989 年第 3 期。

巴·斯钦巴特尔：《巴林土语中的某些古蒙古语特点》（蒙文），载内蒙古社会科学院编《蒙古语研究论文集》（1），呼和浩特，1985 年。

巴·斯钦巴特尔：《关于巴林土语》（蒙文），《蒙古语言文学历史》

1956 年第 6 期。

巴登其其格：《浅谈卫拉特方言特殊词汇》（蒙文），《语言与翻译》1998 年第 2 期。

巴图格日勒：《阿拉善土语的辅音结合》（蒙文），《西北民族学院学报》1985 年第 1 期。

巴图格日勒：《关于阿拉善土语辅音》（蒙文），《巴彦松布尔》总第 12 期。

巴图格日勒：《关于阿拉善土语语音的某些变化》（蒙文），《阿拉善语》1987 年第 2 期。

巴图格日勒：《论阿拉善土语元音和谐律》（蒙文），《巴彦松布尔》总第 8 期。

巴图吉日嘎拉：《论察哈尔土语格附加成分》（蒙文），《蒙古语言文学》1987 年第 4 期。

巴图吉日嘎拉：《试论鄂尔多斯土语重音》（蒙文），《蒙古语言文学》1981 年第 3 期。

巴图吉雅：《鄂尔多斯地方话初探》（蒙文），《鄂尔多斯》1987 年第 1 期。

白斯嘎勒：《关于柴达木口语中的 k、x 辅音》（蒙文），载中国蒙古语言学会青海分会编《中国蒙古语言学会青海分会论文集》，西宁：青海民族出版社 1987 年版。

白斯嘎勒：《蒙古语青海土语词典》，西宁：青海民族出版社 2000 年版。

白音朝克图：《关于科尔沁土语语音体系》（蒙文），《蒙古语文》2001 年第 1 期。

白音朝克图：《科尔沁土语研究》（蒙文），呼和浩特：内蒙古大学出版社 2002 年版。

白音门德：《巴林土语研究》（蒙文），呼和浩特：内蒙古人民出版社 1997 年版。

白音门德：《蒙古语方言研究概况》（蒙文），《蒙古语文》1995 年第 1 期。

班斯尔嘎日迪：《保留古代蒙古书面语特点的鄂尔多斯土语》（蒙文），《蒙古语言文学》1989 年第 1 期。

包格：《科尔沁土语的方位格》（蒙文），《蒙古语文》1989 年第 6 期。

包祥、吉仁尼格：《巴尔虎土语》，呼和浩特：内蒙古大学出版社1995年版。

包祥、武达、吉仁尼格：《陈巴尔虎土语格附加成分－saa》，《内蒙古大学学报》1981年第2期。

包祥：《陈巴尔虎口语中残存的古语词》，《内蒙古大学学报》1990年第2期。

包祥林：《蒙古书面语元音i在杜尔伯特方言中的演变》（蒙文），《中央民族学院学报》1985年第4期。

宝·赛音巴图：《标准音与卫拉特方言中某些同音词的词义比较》（蒙文），《语言与翻译》1989年第1期。

宝恩达：《卫拉特方言与文学语言特色》（蒙文），《语言与翻译》2003年第2期。

宝音乌力吉：《关于卫拉特方言从格附加成分》（蒙文），《语言与翻译》1989年第4期。

宝音乌力吉：《关于卫拉特方言形容词程度范畴》（蒙文），《语言与翻译》1990年第3期。

鲍·斯仁敖力布：《鄂尔多斯土语的e、i》（蒙文），《蒙古语文》1997年第2期。

鲍·斯仍淖日布：《关于鄂尔多斯土语的某些语音现象》（蒙文），《内蒙古大学学报》1986年第2期。

宾巴：《和布克赛尔土尔扈特土语元音和谐律》（蒙文），《语言与翻译》1986年第1期。

波·索德：《科尔沁土语变异》（蒙文），《内蒙古民族师院学报》1996年第4期。

波·索德：《科尔沁土语目的副动词附加成分hue》（蒙文），《蒙古语文》1990年第1期。

波·索德：《科尔沁土语的多元性》（蒙文），《内蒙古民族师院学报》（蒙文版）1994年第1期。

波·索德：《科尔沁土语中的动词附加成分－aateg》（蒙文），《内蒙古民族师院学报》1997年第3期。

波·索德：《科尔沁土语中的满语借词》（蒙文），《蒙古语文》1983年。

波·索德：《农业文化和科尔沁土语》（蒙文），《蒙古语文》2001年第8期。

卜·图力更:《关于我国蒙古语方言划分及其基础方言和标准音问题》(蒙文),《内蒙古教育》1977年11—12月。

卜·图力更:《现代蒙古语察哈尔标准音音位结构》(蒙文),《蒙古语文》1985年第2、3期。

才仁巴力:《科尔力格蒙古语语音系统分析》,《青海民族学院学报》1985年第1期。

曹道巴特尔:《喀喇沁方言词法学特征》(蒙文),《内蒙古社会科学》1998年第5期。

曹道巴特尔:《喀喇沁方言复合元音》(蒙文),《内蒙古社会科学》2000年第1期。

曹道巴特尔:《喀喇沁土默特蒙古语方言的舌尖辅音》(蒙文),《蒙古语文》2004年第5期。

曹道巴特尔:《喀喇沁—土默特土语长元音》(蒙文),《蒙古语文》2000年第11期。

曹道巴特尔:《喀喇沁—土默特土语词汇成分》(蒙文),《蒙古语文》2003年第8期。

曹道巴特尔:《喀喇沁—土默特土语短元音》(蒙文),《蒙古语文》2001年第11期。

曹道巴特尔:《喀喇沁土语非词首短元音》(蒙文),《蒙古语文》1999年第1期。

曹道巴特尔:《喀喇沁土语同蒙古书面语和基础方言的比较研究》(蒙文),硕士学位论文,中央民族学院,1993年。

曹道巴特尔:《蒙古书面语i元音在阿鲁科尔沁土语中的状况》(蒙文),《昭蒙师专学报》1994年第1期。

曹道巴特尔:《蒙古语方言土语的划分和喀喇沁—土默特土语研究》,《满语研究》1999年第2期。

曹道巴特尔:《蒙古语喀喇沁—土默特土语的辅音 j、č、x》,《满语研究》2000年第1期。

曹道巴特尔:《喀喇沁蒙古语研究》,北京:民族出版社2006年版。

策·那森:《关于阿拉善土语词汇》(蒙文),《蒙古语言文学》1987年第3期。

策·诺尔金:《陈巴尔虎方言中的特殊长元音》,《蒙古语言文学》2003年第2期。

策·萨日娜:《阿拉善土语的特殊词汇》(蒙文),《阿拉善语

1987 年第 2 期。

查干哈达：《科尔沁土语词汇简论》，转引自《民族语文》编辑部编《民族语文论集》，北京：中国社会科学出版社 1981 年版。

查干哈达：《蒙古语科尔沁土语的人称代词》，《民族语文》1992 年第 5 期。

查干哈达：《蒙古语科尔沁土语的形容词》，《民族语文》1982 年第 6 期。

查干哈达：《蒙古语科尔沁土语的语气词》，《民族语文》1991 年第 2 期。

查干哈达：《蒙古语科尔沁土语研究》，北京：社会科学文献出版社 1995 年版。

查干哈达：《蒙古语青海土语的语音特点》，《民族语文》1985 年第 4 期。

查干哈达：《青海土语的某些特殊词汇》（蒙文），《蒙古语言文学》1986 年第 3 期。

查干哈达：《再论科尔沁土语的元音和谐》，《民族语文》1981 年第 4 期。

长山：《关于科尔沁方言所保留的中古时期若干词汇》（蒙文），《蒙古语言文学》2002 年第 1 期。

朝·额尔敦巴雅尔、达·巴图扎布：《厄鲁特土语中 n～l＞j 现象》（蒙文），《蒙古语文》1988 年第 11 期。

朝格巴雅尔：《苏尼特方言的代词》（蒙文），《蒙古语言文学》2001 年第 6 期。

朝格巴雅尔：《苏尼特土语语音系统》（蒙文），《蒙古语言文学》1989 年第 4 期。

陈·阿拉坦巴根：《乌拉特蒙古方言特点试议》（蒙文），乌拉特中旗政协《乌拉特中旗史料》第一辑，乌拉特中旗政协内部印刷。

崇克尔哲：《青海蒙古族土语元音与标准音元音之间的比较》（蒙文），载中国蒙古语言学会青海分会编《中国蒙古语言学会青海分会论文集》，西宁：青海民族出版社 1987 年版。

达·查干：《解释〈喀喇沁婚礼〉中的一些名词术语和土语词》，《蒙古语文》2002 年第 7 期。

达·巴图扎布：《卫拉特方言特殊语音与标准音的比较研究》（蒙文），《语言与翻译》1987 年第 3 期。

达·塔亚：《对和布克赛尔土尔扈特土语某些音位特点浅见》（蒙文），《语言与翻译》1987年第4期。

达古拉：《关于科尔沁土语语气词》（蒙文），《蒙古语文》1988年第6期。

丹巴：《试论蒙古语词汇的丰富与青海蒙古土语的关系》（蒙文），载中国蒙古语言学会青海分会编《中国蒙古语言学会青海分会论文集》，西宁：青海民族出版社1987年版。

道布：《蒙古语巴林土语的复辅音、过渡性元音和音节结构》，载《民族语文》编辑部编《民族语文研究文集》，西宁：青海人民出版社1982年版。

道尔吉巴勒：《卫拉特方言一些附加成分的特点》（蒙文），《语言与翻译》1987年第1期。

道尔吉仓：《青海蒙古族方言语音结构概述》（蒙文），载中国蒙古语言学会青海分会编《中国蒙古语言学会青海分会论文集》，西宁，1987年。

德格吉勒夫：《略探阿鲁科尔沁方言特点》（蒙文），《昭蒙师专学报》1989年第4期。

额·贺希格图：《科尔沁土语的某些特点》（蒙文），《内蒙古民族师院学报》1989年第2期。

额德虎日亚奇：《蒙古贞口语的外来语规则》（蒙文），《阜新民族生活》1988年第4期。

额德虎日亚奇、乌日娜：《蒙古贞土语语音初探》（蒙文），载《辽宁省蒙古语文论文集》（2），辽宁省民委内部印刷1988年版。

额尔敦巴特尔：《鄂尔多斯土语词汇的语音变化与读写问题》（蒙文），《蒙古语言文学》1998年第2期。

额尔敦孟和：《关于鄂尔多斯土语元音*i》（蒙文），《蒙古语文》1987年第2期。

额尔敦孟和：《鄂尔多斯土语语音系统》（蒙文），《蒙古语言文学》1986年第4期。

额尔敦孟和：《关于鄂尔多斯土语联合格附加成分laar》（蒙文），《内蒙古大学学报》1986年第3期。

额尔敦孟和：《关于鄂尔多斯土语特殊词》（蒙文），《蒙古语文》1990年第11期。

额尔敦孟和：《关于鄂尔多斯土语中的古蒙古语词汇》（蒙文），

《内蒙古师范大学学报》1990年第2期。

额尔敦孟和:《关于鄂尔多斯土语中的异音词》(蒙文),《内蒙古社会科学》1990年第3期。

嘎拉桑:《科尔沁土语附加成分næran》(蒙文),《蒙古语文》1988年第6期。

嘎日迪:《新疆巴音郭楞土尔扈特土语辅音系统》(蒙文),《西北民族学院学报》1988年第1期。

格·海日罕:《蒙古书面语i元音在科尔沁土语中的屈折》(蒙文),《蒙古语文》1990年第6期。

格·海日罕:《奈曼土语反转连词dælai》(蒙文),《蒙古语文》1988年第8期。

格日乐:《巴林方言的前化元音》(蒙文),《内蒙古社会科学》2003年第1期。

贡布策仍:《关于卫拉特方言的特点》(蒙文),《内蒙古民族师院学报》1987年第1期。

哈申格日勒:《关于科尔沁方言的先行副动词》(蒙文),《蒙古语言文学》2000年第3期。

哈申格日勒:《关于科尔沁土语中与时间有关的几种副动词》(蒙文),《内蒙古大学学报》2001年第2期。

哈斯巴根:《察哈尔土语音位系统某些特征》(蒙文),《内蒙古师范大学学报》1990年第4期。

哈斯巴特尔:《喀喇沁土语某些语音特点》(蒙文),《内蒙古大学学报》2002年第4期。

哈斯额尔敦、那仁巴图:《关于我国蒙语基础方言和标准音问题》(蒙文),《内蒙古日报》1978年6月20日。

哈斯额尔敦:《标准音与鄂尔多斯方言比较》(蒙文),《蒙古语言文学》1985年第3期。

哈斯额尔敦:《察哈尔土语语音系统》(蒙文),《内蒙古师院学报》1980年第3期。

哈斯额尔敦:《鄂尔多斯土语语音特点》(蒙文),《蒙古语文》1959年第1、2期。

哈斯额尔敦:《蒙古书面语长元音音节与方言土语长元音比较》(蒙文),《通辽师院学报》1981年第2期。

哈斯额尔敦:《蒙古书面语与标准音词汇读音比较》(蒙文),《内蒙古民族师院学报》2000年第2期。

哈斯额尔敦：《蒙古书面语与方言辅音比较》（蒙文），《蒙古语言文学》1984年第3期。

哈斯额尔敦：《蒙古书面语与方言土语的短元音比较》（蒙文），《蒙古语言文学》1981年第1期。

哈斯额尔敦：《蒙古书面语与方言土语复合元音比较》（蒙文），《包头星火》1982年第7期。

哈斯额尔敦：《肃北蒙古口语语言与标准音比较》（蒙文），《蒙古语文》1990年第9期。

哈斯格日勒：《科尔沁方言联合副动词》（蒙文），《内蒙古社会科学》2000年第3期。

哈斯格日勒：《科尔沁土语假定副动词》（蒙文），《蒙古语文》2001年第8期。

海忠岩：《标准音与蒙古贞土语元音音位比较》（蒙文），载《辽宁省蒙古语文论文集》（2），辽宁省民委内部刊印1988年版。

韩古尔沁：《蒙古贞土语某些词汇初探》（蒙文），《阜新民族生活》1985年第2期。

浩·巴特巴雅尔：《阿拉善土语词组》（蒙文），《巴彦松布尔》总第9期。

呼和：《关于科尔沁土语的指示代词 mun》（蒙文），《蒙古语文》1988年第12期。

呼和巴日斯等：《乌珠穆沁土语》（蒙文），呼和浩特：内蒙古大学出版社1997年版。

呼日勒：《乌拉特土语与察哈尔标准音语音之比较》（蒙文），《包头星火》1986年第1期。

华·巴雅尔：《阿拉善口语讽刺词语浅探》（蒙文），《阿拉善语》1986年第2期。

吉米斯：《科尔沁土语摹拟词分类问题》（蒙文），《蒙古语文》1998年第5期。

贾汗岱：《阿拉善土语中的古蒙古语词汇初探》（蒙文），《蒙古语言文学》1986年第4期。

贾拉森：《阿拉善口语方向格后缀的特点》（蒙文），《内蒙古大学学报》1979年第1—2期。

贾晞儒：《海西蒙古语的数范畴》，《青海民族研究》第1辑。

贾晞儒：《乌图美仁土语 k 辅音的演变》，《青海社会科学》1980 年第 2 期。

贾晞儒：《乌图美仁土语中的 i 元音考》，《青海民族学院学报》1981 年第 2 期。

拉·敖特根：《关于博尔塔拉察哈尔方言阴性词中出现的辅音 x》（蒙文），《语言与翻译》2002 年第 3 期。

乐·色音额尔敦：《关于新疆卫拉特方言中"胡都木"一词的含义》，《民族语文》1983 年第 2 期。

莫·巴特尔：《鄂尔多斯方言人称代词的特点》（蒙文），《蒙古语言文学》2000 年第 2 期。

莫·巴特尔：《鄂尔多斯土语语气词研究》（蒙文），《内蒙古师范大学学报》2000 年第 1 期。

莫·巴特尔：《关于鄂尔多斯土语方向格》（蒙文），《内蒙古师范大学学报》1990 年第 4 期。

莫·巴特尔：《关于鄂尔多斯土语形态成分 ya》（蒙文），《内蒙古教育学院学报》1990 年第 1 期。

莫·巴特尔：《论鄂尔多斯土语叹词》（蒙文），《内蒙古师范大学学报》2001 年第 1 期。

莫·巴特尔、森格：《鄂尔多斯土语研究》（蒙文），呼和浩特：内蒙古大学出版社 2003 年版。

玛·策登巴尔：《阿拉善土语熟语探索》（蒙文），《蒙古语言文学》1990 年第 2 期。

玛·色日布扎布：《阿拉善方言特殊词注解》（蒙文），《阿拉善语》1986 年第 3 期。

玛·哲勒策布：《卫拉特方言中某些名词词尾 –n 的脱落原因》（蒙文），《语言与翻译》1987 年第 2 期。

孟克宝音：《鄂尔多斯土语音位系统》（蒙文），《蒙古语文》1990 年第 3 期。

那·格日勒图：《阿拉善口语名词的词法特征》（蒙文），《内蒙古大学学报》1988 年第 2 期。

那·格日勒图：《阿拉善土语的构词附加成分》（蒙文），《巴彦松布尔》总第 17 期。

那·格日勒图：《阿拉善土语动词的词法特征》（蒙文），《巴彦松布尔》总第 13 期。

那·格日勒图：《阿拉善土语名词的数范畴、格范畴及领属范畴》（蒙文），《巴彦松布尔》总第 9 期。

那·格日勒图：《阿拉善土语式动词》（蒙文），《西北民族学院学报》1988 年第 1 期。

那·格日勒图：《阿拉善土语形容词、数词的词法特征》（蒙文），《巴彦松布尔》总第 10 期。

那·格日勒图：《阿拉善土语元音系统》（蒙文），《西北民族学院学报》1985 年第 1 期。

那·格日勒图：《阿拉善土语助词、代词的词法特征》（蒙文），《巴彦松布尔》总第 11 期。

那·格日勒图：《关于阿拉善土语基本辅音》（蒙文），《蒙古语文》1986 年第 4 期。

那·格日勒图：《论阿拉善土语虚词的特征》（蒙文），《巴彦松布尔》总第 14 期。

那·格日勒图：《论卫拉特方言前化元音》（蒙文），《蒙古语言文学》1999 年第 6 期。

那·格日勒图：《书面语元音、长音节与阿拉善土语元音的对应关系》（蒙文），《巴彦松布尔》总第 12 期。

那达米德：《蒙古语察哈尔土语元音和辅音》，《民族语文》1986 年第 5 期。

那达米德：《内蒙古正兰旗土语辅音结合》，《西北民族学院学报》1984 年第 4 期。

那达米德：《正兰旗口语语音系统》（蒙文），《内蒙古大学学报》1978 年第 3 期。

那木苏荣：《卫拉特习语》（蒙文），《语言与翻译》2003 年第 1 期。

尼·苏荣：《试论卫拉特方言词汇特点》（蒙文），《语言与翻译》1998 年第 1 期。

尼·苏荣：《土尔扈特土语中的时位助词的特点》（蒙文），《语言与翻译》1988 年第 2 期。

诺尔金、乔丹德尔等：《方言词典》（蒙文），北京：民族出版社 1992 年版。

颇·达姆林扎布：《以卫拉特方言词汇为书面语进行增补》（蒙文），《语言与翻译》1988 年第 3 期。

其·乌日图那顺：《标准音与土尔扈特土语语音比较》（蒙文），《语言与翻译》1988年第1期。

其木格：《乌珠穆沁土语特殊词汇的特点》（蒙文），《蒙古语言文学》1988年第6期。

奇·宝力道巴图：《关于和布克赛尔土尔扈特土语特殊词汇的特点》（蒙文），《蒙古语言文学》1989年第2期。

奇·宝力道巴图：《可吸收为书面语词汇的卫拉特方言词及词汇特点》（蒙文），《语言与翻译》1987年第1期。

奇·斯钦：《鄂尔多斯方言中的特殊元音 u＋u 和 ü＋ü 成因分析》（蒙文），《蒙古语言文学》2002年第5期。

乔丹德尔、斯琴格日勒：《额济纳土尔扈特土语特殊词简明注解》（蒙文），《阿拉善语》1986年第2期。

乔丹德尔：《关于额济纳土尔扈特土语特殊对偶词》（蒙文），《蒙古语文》1988年第6期。

乔丹德尔：《关于文学语言吸收额济纳土尔扈特土语词汇问题》（蒙文），《蒙古语言文学》1985年第4期。

清格尔泰：《中国蒙古语方言的划分》（上、下），《民族语文》1979年第1—2期。

确精扎布、格日勒图：《卫拉特方言词汇》，呼和浩特：内蒙古大学出版社1998年版。

确精扎布：《关于蒙古语基础方言和标准音的几个问题》（蒙文），《内蒙古大学学报》1978年第3期。

确精扎布：《科尔沁土语元音音位的某些特点》（蒙文），《内蒙古大学学报》1982年第2期。

确精扎布等：《卫拉特方言话语材料》，呼和浩特：内蒙古人民出版社1987年版。

赛音巴特尔：《阿拉善土语某些特征与现代蒙语比较》（蒙文），《阿拉善语》1986年第2期。

赛音布拉格：《关于用胡都木文如何正确书写卫拉特方言特殊词汇》（蒙文），《语言与翻译》1988年第2期。

三月：《阿巴嘎土语语音特点》（蒙文），《蒙古语文》2002年第7期。

桑都仍、策根：《奈曼土语语音系统》（蒙文），《内蒙古大学学报》1989年第1期。

森格：《鄂尔多斯土语里的中世纪蒙古语附加成分－ai／－ei》（蒙文），《蒙古语文》1994年第7期。

森格：《关于鄂尔多斯土语的地名》（蒙文），《蒙古语文》2000年第11期。

森格：《关于鄂尔多斯土语的方位格》（蒙文），《内蒙古大学学报》1979年第3期。

森格：《关于鄂尔多斯土语动词变位形式》（蒙文），《内蒙古大学学报》1990年第4期。

森格：《关于鄂尔多斯土语概称小品词－jan》（蒙文），《蒙古语文》1997年第11期。

舍那木吉拉：《中国民族语文工作的创举，蒙古语文"八协"工作20年回顾》，沈阳：辽宁民族出版社2000年版。

石桩子：《关于科尔沁土语中亲属称呼词》（蒙文），《内蒙古民族大学学报》2001年第1期。

斯·敖力玛扎布：《关于喀喇沁土默特土语辅音x》（蒙文），《蒙古语文》1986年第10期。

斯·敖力玛扎布：《关于喀喇沁土默特土语辅音x的发展变化规律》（蒙文），《内蒙古大学学报》1991年第4期。

斯·巴特特木尔：《厄鲁特次土语复数特殊后缀》（蒙文），《蒙古语文》2000年第3期。

斯钦巴特尔：《关于察哈尔土语的人称代名词》，《蒙古语文》1998年第5期。

斯钦朝克图：《关于巴林土语特殊词汇》（蒙文），《蒙古语言文学》1988年第4期。

斯钦朝克图：《论巴林土语递进副动词及其来源》（蒙文），《蒙古语文》1989年第11期。

斯琴主编：《蒙古语方言学》（蒙文），北京：中央民族大学出版社1998年版。

松儒布：《阿拉善土语音位与书面语音位的比较》（蒙文），《蒙古语文》1985年第2期。

松儒布：《关于阿拉善土语中的敬词》（蒙文），《蒙古语言文学》1987年第6期。

松儒布：《论阿拉善土语的同义词与近义词》（蒙文），《蒙古语文》1988年第4期。

苏力德：《蒙古贞口语元音系统》（蒙文），《内蒙古社会科学》1992年第1期。

苏荣：《谈卫拉特方言语法特征》（蒙文），《卫拉特研究》1998年第1期。

孙竹：《关于国内蒙语方言划分和标准音问题》（蒙文），《蒙古语言文学》1976年第1期。

孙竹：《蒙古语察哈尔方言与书面语语音的比较》，《民族语文》1983年第2期。

孙竹：《蒙古语文集》，西宁：青海人民出版社1985年版。

索那木：《简论青海蒙古族口语中的复数附加成分》（蒙文），载中国蒙古语言学会青海分会编《中国蒙古语言学会青海分会论文集》，西宁，1987年。

索那木：《浅论青海蒙古土语辅音v》（蒙文），《蒙古语言文学》1985年第4期。

涛高：《关于科尔沁土语与书面语近义词》（蒙文），《内蒙古民族师院学报》1987年第3期。

涛高：《关于科尔沁土语与书面语的同义词》（蒙文），《蒙古语文》1987年第11期。

涛高：《科尔沁土语的发展与科尔沁历史社会发展之间的关系》（蒙文），《科尔沁蒙古语文》1987年第1期。

涛高：《科尔沁土语的语法特点》（蒙文），《蒙古语言文学》1988年第4期。

涛高：《科尔沁土语旧词选》（蒙文），《科尔沁蒙古语文》1989年第1期。

涛高：《科尔沁土语特殊词汇构成情况》（蒙文），《内蒙古民族师院学报》1988年第3期。

涛高：《科尔沁土语特殊词汇的使用特点》（蒙文），《蒙古语文》1986年第4期。

涛高：《谈谈我国蒙古语方言划分和基础方言标准音问题》（蒙文），《通辽师院学报》1979年第1期。

陶·布力格：《关于土尔扈特口语中表示过去时的一种形式》（蒙文），《语言与翻译》1989年第1期。

陶·布力格：《卫拉特方言程度格初探》（蒙文），《语言与翻译》1987年第1期。

陶·布力格：《蒙古语卫拉特方言研究》，乌鲁木齐：新疆人民出版社 2005 年版。

天晓：《国内卫拉特方言研究成果概述》（蒙文），《内蒙古民族师院学报》1998 年春季号。

佟金荣：《科尔沁土语某些元音特殊变化》（蒙文），《蒙古语言文学》1998 年第 3 期。

图力更：《察哈尔语音与蒙古与标准音的关系》（蒙文），《内蒙古日报》1980 年 8 月 26 日。

图力古尔：《科尔沁土语的比较选择格》（蒙文），《蒙古语言文学》1988 年第 5 期。

图雅：《乌拉特土语语气词》（蒙文），《内蒙古大学学报》1995 年第 1 期。

图雅：《乌拉特土语感叹词》（蒙文），《内蒙古大学学报》1995 年第 1 期。

托达耶娃：《中国蒙古语方言土语基本特点和其与喀尔喀蒙古标准语的比较》（蒙文），《蒙古语文》1956 年第 10 期。

瓦·斯钦：《阿鲁科尔沁口语的元音与辅音音位》（蒙文），《蒙古语言文学》1988 年第 2 期。

瓦·斯钦：《阿鲁科尔沁土语词汇特点》（蒙文），《蒙古语文》2002 年第 6 期。

瓦·斯钦：《巴林、阿鲁科尔沁、奈曼口语比较研究》（蒙文），《蒙古语言文学》2000 年第 2 期。

瓦·斯钦：《蒙古语标准音与卫拉特方言音位比较》（蒙文），《内蒙古师范大学学报》1989 年第 2 期。

瓦·斯钦：《蒙古语方言学概要》，呼和浩特：内蒙古大学出版社 1998 年版。

瓦·斯钦：《谈阿鲁科尔沁口语亲属称呼》（蒙文），《内蒙古师范大学学报》2000 年第 1 期。

瓦·斯钦：《卫拉特方言中的古蒙古语词汇》（蒙文），《内蒙古师范大学学报》1987 年第 1 期。

瓦·斯钦：《我国蒙古语方言研究概况》（蒙文），《蒙古语文》1998 年第 10 期。

温都苏：《前郭尔罗斯土语初探》（蒙文），《前郭尔罗斯蒙古语》1988 年第 1 期。

乌·那仁巴图：《蒙古语、察哈尔土语及蒙古语规范》（蒙文），《上都之流》1987年第2期。

乌·那仁巴图：《乌拉特土语的某些构词附加成分》（蒙文），《蒙古语文》2001年第11期。

乌力吉布仁：《苏尼特口语的辅音系统》（蒙文），《蒙古语言文学》2001年第1期。

乌力吉布仁：《苏尼特土语元音系统》（蒙文），《蒙古语文》2000年第10期。

乌力吉布仁：《扎赉特土语语音系统》（蒙文），《内蒙古师范大学学报》1998年第2期。

乌仁其其格：《关于卫拉特方言口语附加成分－see》（蒙文），《语言与翻译》1998年第2期。

乌云达来：《关于黑龙江蒙古族及其语言》（蒙文），《蒙古语文》1988年第1期。

乌云达来：《论黑龙江蒙古族语言》（蒙文），《蒙古语文》1990年第7期。

乌云其其格：《阿拉善土语副词的一些特点》（蒙文），《蒙古语文》2000年第3期。

乌云其其格：《关于青海蒙古土语中的古蒙古语词汇》（蒙文），《蒙古语文》1988年第8期。

乌云其其格：《青海蒙古方言词汇特征》（蒙文），《卫拉特研究》2003年第3期。

乌云其其格：《青海蒙古方言科尔力格土语元音特点》（蒙文），《蒙古语文》1986年第9期。

乌云其其格：《青海蒙古土语的特殊辅音》（蒙文），《蒙古语言文学》1987年第2期。

吴·巴彦吉日嘎拉：《关于鄂尔多斯土语的动词》（蒙文），《乌仁图石》1986年第1期。

吴满仓：《蒙古贞土语元音独特现象》（蒙文），《内蒙古民族师院学报》1998年冬季号。

吴英哲：《科尔沁土语疑问语气词》（蒙文），《蒙古语文》1998年第4期。

武·呼格吉勒图：《蒙古语喀喇沁土语语音系统》，《民族语文》1987年第4期。

武达等:《巴尔虎土语词汇》,呼和浩特:内蒙古人民出版社1985年版。

武达等:《巴尔虎土语话语材料》,呼和浩特:内蒙古人民出版社1984年版。

新吉日嘎拉:《关于卫拉特口语指示称谓的小品词》(蒙文),《语言与翻译》1989年第3期。

新特克:《巴尔虎—布里亚特方言词汇特点》,《内蒙古大学学报》1987年第3期。

秀花:《关于蒙古语库伦方言的短元音》(蒙文),《内蒙古民族大学学报》2002年第2期。

援朝:《关于蒙古语库伦旗口语语音及其规范问题》(蒙文),《内蒙古民族师院学报》1985年第2期。

援朝:《蒙古语库伦口语元音与书面语元音比较》(蒙文),《内蒙古民族师院学报》1981年第2期。

扎·道森:《卫拉特方言后缀–su的特点》(蒙文),《语言与翻译》1989年第1期。

扎·伦图:《关于托忒文第八元音提法》(蒙文),《蒙古语文》2001年第6期。

扎·伦图:《卫拉特方言词汇汇编》,呼和浩特:内蒙古大学出版社1994年版。

扎·伦图:《卫拉特方言某些特殊词汇》(蒙文),《西北民族学院学报》1985年第1期。

扎·伦图:《卫拉特方言元音与蒙古书面语元音之比较》(蒙文),《西北民族学院学报》1988年第2期。

扎·普力杰:《标准音音位系统问题》(蒙文),《蒙古语文》2001年第9—10期。

扎·伊兰、萨仁:《哲里木口语语音对应的多样性》(蒙文),《蒙古语文》1998年第5期。

扎勒其布:《巴林土语的复合元音和长元音》(蒙文),《内蒙古大学学报》1962年第1期。

张玉春:《关于青海海西蒙古族口语中的ju》(蒙文),载中国蒙古语言学会青海分会编《中国蒙古语言学会青海分会论文集》,西宁,1987年。

中国蒙语文学会:《中国蒙语文学会学术论文集》(1)(蒙文),北京：民族出版社 1988 年版。

蒙古语文字学研究论著索引

《蒙古文正字法词典》编委会：《蒙古文正字法词典》（上下册）（蒙文），呼和浩特：内蒙古人民出版社 1999 年版。

阿·泰柏：《关于书写托忒文某些词汇的商榷意见》（蒙文），《语言与翻译》1987 年第 3 期。

昂奇：《八思巴蒙古文 凹 字母及语之相关的几个问题》（蒙文），《内蒙古社会科学》1981 年第 2 期。

敖·呼日勒巴特尔：《对研究八思巴字 凹 字母的几点意见》（蒙文），《蒙古语言文学》1989 年第 4 期。

敖·呼日勒巴特尔：《论八思巴字元音字母的基本特点》（蒙文），《蒙古语文》1989 年第 3 期。

奥登：《把传统蒙文字母 g 视为元音或辅音的原因》（蒙文），《昭蒙师专学报》1985 年第 1 期。

巴·达木丁：《正字法参考》（蒙文），《内蒙古师范学院学报》1963 年第 1 期。

巴·达瓦达格巴主编：《蒙语研究论文集》（蒙文），呼和浩特：内蒙古人民出版社 1987 年版。

巴·斯钦巴特尔：《蒙文研究资料》（二）（蒙文），呼和浩特：内蒙古人民出版社 1985 年版。

巴图夫：《托忒文正字法中存在的某些问题》（蒙文），《语言与翻译》1990 年第 3 期。

巴音：《蒙古文字史上的重大改革——八思巴字》（蒙文），《民族团结》1988 年第 11 期。

包力高：《蒙古文》，《民族语文》1980 年第 2 期。

包力高：《蒙古文字发展概述》（蒙文），《内蒙古社会科学》1984 年第 3 期。

包力高：《蒙古文字简史》（蒙文），呼和浩特：内蒙古人民出版社 1983 年版。

包祥：《1340 年昆明蒙文碑铭再释读》，《民族语文》1980 年第 4 期。

包祥：《蒙古文字的起源问题》（蒙文），《内蒙古大学学报》1982 年第 4 期。

包祥：《蒙古文字学》（蒙文），呼和浩特：内蒙古教育出版社1984年版。

包祥：《也谈蒙古文字史中的诸问题》（蒙文），《内蒙古大学学报》1981年第2期。

卜·图力更等：《现代蒙古语研究概论》（蒙文），呼和浩特：内蒙古人民出版社1988年版。

布和吉日嘎拉：《改进正字法，做好文字规范化》（蒙文），载内蒙古蒙古语专科学校编《内蒙古蒙古语专科学校论文集》，呼和浩特，1987年。

布和吉日嘎拉：《回鹘蒙古文及其正字法》（蒙文），《蒙古语文》1981年第1期。

布和吉日嘎拉：《论蒙文书写规范》（蒙文），《蒙古语文》1988年第2期。

布和吉日嘎拉：《论蒙文正字法的改进和规范化问题》（蒙文），《内蒙古社会科学》1983年第3期。

布和吉日嘎拉：《蒙文正字法》（蒙文），呼和浩特：内蒙古人民出版社1977年版。

布林特古斯：《蒙语正音正字词典》（蒙文），呼和浩特：内蒙古人民出版社1979年版。

蔡美彪：《北京大学文科研究所所藏元八思巴字碑拓序目》，《国学季刊》1952年第3期。

蔡美彪：《蒙古文字》，《百科知识》1984年第6期。

蔡美彪：《永嘉发现元代蒙文印考释》，《文物参考资料》1958年第1期。

蔡美彪：《元代圆牌两种之考释》，《民族语文》1980年第4期。

策·额尔敦巴雅尔：《关于托忒文研究中的某些问题》（蒙文），《内蒙古师范大学学报》1986年第2期。

策·额尔敦巴雅尔：《托忒文书写规则》（蒙文），《蒙古语文》1987年第2期。

策·额尔敦巴雅尔：《托忒文研究成果与我的意见》（蒙文），《蒙古语言文学》1987年第4期。

策·诺尔金：《蒙文原理》（蒙文），呼和浩特：内蒙古教育出版社1987年版。

策·普日布：《蒙古文正字法》（蒙文），呼和浩特：内蒙古人民出版社 1980 年版。

陈乃雄：《蒙文初程》，呼和浩特：内蒙古人民出版社 1965 年版。

达赖、孟根桑：《不固定收尾辅音 – n 与正字法的关系》（蒙文），《智慧之钥匙》1985 年第 2 期。

丹巴仁钦：《蒙文正字法参考》（蒙文），呼和浩特：内蒙古人民出版社 1958 年版。

丹森：《〈塔塔通阿专〉中的有关蒙古文字的资料考》（蒙文），《蒙古语文》1986 年第 6 期。

丹森：《关于正字法基本规则》（蒙文），《蒙古语文》1987 年第 10 期。

丹森：《回鹘蒙古文字》（蒙文），载《内蒙古师大蒙古语研究生学术论文集》，1990 年。

丹森：《蒙古高原古文字》（蒙文），《科学与生活》1985 年第 1 期。

丹森：《蒙古文字起源年代考》（蒙文），《内蒙古师范学院学报》1987 年第 1 期。

道布：《回鹘式蒙古文〈云南王藏经碑〉研究》（蒙文），《蒙古语文》1979 年第 2 期。

道布：《回鹘式蒙古文及其文献》，《中国史研究动态》1982 年第 12 期。

道布：《回鹘式蒙古文研究概况》（蒙文），《蒙古语言文学》1981 年第 2 期。

恩和：《从蒙古语所别字的某些问题谈起》（蒙文），《包头星火》1987 年第 1 期。

付令阿：《蒙文正字法规则》（蒙文），《内蒙古师范大学学报》1988 年第 1 期。

付令阿：《正字法知识》（蒙文），长春：吉林人民出版社 1979 年版。

嘎拉桑：《蒙文诠释》（蒙文），呼和浩特：内蒙古人民出版社 1979 年版。

嘎日迪：《元代蒙文词语在现代正字中的变异》（蒙文），《内蒙古师范大学学报》1989 年第 4 期。

官其格苏荣：《改进蒙语部分词正字问题》（蒙文），《内蒙古师范大学学报》1988 年第 1 期。

官其格苏荣：《论蒙古语正字法的某些问题》（蒙文），《内蒙古师范学院学报》1977 年第 1 期。

衮桑淖尔布：《关于改进蒙古文字的意见》（蒙文），《蒙古语文》1986 年第 9 期。

郝苏民：《对西藏元代八思巴字蒙古语圆牌的译释兼论其意义》，《西北民族学院学报》1979 年第 1 期。

郝苏民：《扬州发现元代圆牌八思巴字和波斯文释读》，《西北民族学院学报》1985 年第 1 期。

贾拉森：《有关八思巴字与印藏文字关系的几个问题》（蒙文），《内蒙古大学学报》1988 年第 3 期。

贾融、布仁芒来：《蒙语会话读本》（蒙汉对照），呼和浩特：内蒙古人民出版社 1963 年版。

贾晞儒：《蒙古文字的演变及其改革》，《青海民族学院学报》1978 年第 4 期。

库叶：《托忒文创制年代及其作者新探》（蒙文），《内蒙古社会科学》1986 年第 1 期。

拉希斯楞：《古蒙古文的字形符号 F》，1988 年。

李·桑布：《论蒙古语收尾辅音字母》（蒙文），《内蒙古师范学院学报》1987 年第 4 期。

刘蒿柏：《谈蒙古族文字》，《工人日报》1979 年 7 月 28 日。

刘如仲：《勐往甸军民官印》，《民族文化》1984 年第 5 期。

罗常培：《论龙果夫的〈八思巴字古官话〉》，《中国语文》1959 年第 2 期。

玛·色日布扎布：《关于蒙文字素与笔划的解释》（蒙文），《阿拉善语》1987 年第 1 期。

玛·色日布扎布：《蒙文正字法探究》（蒙文），《蒙古语文》1986 年第 5 期。

内蒙古大学编：《蒙汉辞典》，呼和浩特：内蒙古人民出版社 1977 年版。

内蒙古大学：《现代蒙古语》（蒙文），呼和浩特：内蒙古人民出版社 1964 年版。

内蒙古社会科学院编：《汉蒙词典》，呼和浩特：内蒙古人民出版社 1983 年版。

那森柏等：《现代蒙古语》（蒙文），呼和浩特：内蒙古教育出版社

1982年版。

诺尔金：《蒙古文正词法研究目前的结论》，《蒙古语言文学》1982年第2期。

诺尔金：《蒙古文正词法总则》（蒙文），《蒙古语言文学》1982年第3期。

诺尔金：《蒙文正字法发展概述》（蒙文），《内蒙古师范学院学报》1978年第1期。

诺尔金：《正字法研究与书写规范》（蒙文），《蒙古语文》1980年第1期。

清格尔泰：《蒙古语语法》（汉文），呼和浩特：内蒙古人民出版社1991年版。

确精扎布等：《蒙古文和托忒蒙文》（蒙文），乌鲁木齐：新疆人民出版社1976年版。

确精扎布等：《蒙古文和托忒蒙文对照蒙语辞典》（蒙文），乌鲁木齐：新疆人民出版社1979年版。

仁钦：《蒙古语借词的正字法》（蒙文），《蒙古语言文学历史》1959年第6期。

双福：《回鹘蒙古文字沿革史略》（蒙文），《内蒙古社会科学》1989年第6期。

斯·巴雅尔：《关于如何书写蒙古语词首元音e》（蒙文），《语言与翻译》1990年第4期。

苏鲁格、双福：《有关八思巴字研究的几个问题》（蒙文），《蒙古语言文学》1989年第1期。

孙竹：《论蒙古族文字》，《社会科学动态》1983年第6期。

孙竹：《现代蒙古语规范问题》，《内蒙古日报》1963年4月13日。

涛高：《蒙古语正字法》（蒙文），《哲里木民族教育》1985年第3期。

特格希都楞：《试论蒙文正字法的一些问题》（蒙文），《内蒙古大学学报》1965年第1期。

特格希都楞：《正字法与长元音的关系》（蒙文），《蒙古语文》1988年第6期。

特图克：《语言学概要》（蒙文），呼和浩特：内蒙古大学出版社1988年版。

乌·满达夫：《八思巴喇嘛和八思巴字》（蒙文），《内蒙古大学学报》1987 年第 2 期。

乌·满达夫：《论蒙古文元音字母、辅音字母和收尾辅音字母》（蒙文），《内蒙古大学学报》1985 年第 1 期。

乌·满达夫：《蒙古语的发展与规范》（蒙文），呼和浩特：内蒙古教育出版社 1983 年版。

乌·满达夫：《蒙古语研究》（蒙文），呼和浩特：内蒙古教育出版社 1990 年版。

乌云格日乐：《谈历史上蒙古文使用梗概》（蒙文），《吉林蒙古语文》1988 年第 1 期。

希·淖日布：《胡都木、托忒文创制和托忒文文献》（蒙文），《语言与翻译》1986 年第 4 期。

新特克：《对蒙古文及正字法的改进》（蒙文），《蒙古语文》1986 年第 1 期。

新特克：《对蒙文整体词中不正确写法的改正规范问题》（蒙文），《蒙古语文》1984 年第 4 期。

新特克：《对蒙文正字法及其系统的改进》（蒙文），《蒙古语文》1983 年第 1 期。

新特克：《关于蒙古文附加成分不正确写法的统一改进问题》（蒙文），《蒙古语文》1983 年第 1 期。

新特克：《关于蒙古文连接元音规则》（蒙文），《内蒙古日报》1962 年 3 月 29 日。

新特克：《建国以来蒙古文正字法的改进和研究》（蒙文），《内蒙古大学学报》1984 年第 3 期。

新特克：《有关蒙文正字法的几个主要问题》（蒙文），《蒙古语言文学》1983 年第 3 期。

杨耐思：《八思巴字对音——读龙果夫的〈八思巴字古官话〉》，《中国语文》1959 年第 12 期。

杨耐思：《元代八思巴字的汉语拼音》，《文字改革》1963 年第 3 期。

杨耐思等：《八思巴字研究概述》，《民族语文》1980 年第 1 期。

亦邻真：《读 1276 年龙门禹王庙八思巴字令旨碑——兼评尼古拉·鲍培的译注》，《内蒙古大学学报》1963 年第 1 期。

亦邻真：《畏吾体蒙古文和蒙语语音》（蒙文），《内蒙古大学学报》1976 年第 2 期。

援朝：《关于文字史的几个问题》（蒙文），《科尔沁蒙古语文》1989年第1期。

扎·伦图：《关于托忒文标点符号》（蒙文），《语言与翻译》1989年第4期。

张卫东：《试论八思巴字的词冠h韵母》，《民族语文》1983年第6期。

照那斯图、道布：《天宝宫八思巴字蒙古圣旨碑》，《民族语文》1984年第6期。

照那斯图：《八思巴字》，载中国民族古文字学会《中国民族古文字》，天津：天津古籍出版社1982年版。

照那斯图：《八思巴字篆体字母研究》，《中国语文》1980年第4期。

照那斯图：《论八思巴字》，《民族语文》1980年第1期。

照那斯图：《蒙文》，《文字改革》1963年第1期。

照那斯图：《南华寺藏八思巴字蒙古圣旨的复原和考释》，《中国语言学报》1983年第1期。

照那斯图：《玄中寺八思巴字蒙语圣旨碑刻》，《民族语文》1986年第6期。

照那斯图：《元八思巴字篆书官书辑存》，《文物资料丛刊》1977年第1期。

照那斯图：《元英宗格坚皇帝八思巴字蒙语圣旨》（英文），载《世界的语言，献给温棣帆教授65寿辰论文集》，澳大利亚国立大学出版社1987年版。

蒙古语名词术语研究论著索引

巴·旺其格：《蒙文科技术语研究》（蒙文），《智慧钥匙》1988年第1、2期。

巴特尔：《关于名词术语和简单词语的区别》（蒙文），《蒙古语言文学》1988年第6期。

巴特尔：《关于新产生名词术语的商榷》（蒙文），《蒙古语言文学》1988年第2期。

巴特尔：《谈开展名词术语理论研究的重要性》（蒙文），《内蒙古社会科学》1988年第4期。

德力格尔：《论对名词术语进行后缀分类》（蒙文），《内蒙古社会科学》1987年第4期。

德力格尔:《试论汇集整理蒙古语科技名词术语问题》(蒙文),《语言与翻译》1989年第1期。

哈斯额尔敦:《关于蒙古语新词术语的几个问题》(蒙文),内蒙古师范大学《语言文学论文集》,呼和浩特,1989年。

哈赛、沙·淖尔布:《关于蒙语名词术语某些问题》(蒙文),《语言与翻译》1986年第3期。

吉木斯特·额尔敦陶克套:《中国蒙古学研究概论》(蒙文),沈阳:辽宁民族出版社2002年版。

拉希东鲁普:《蒙古语名词术语的系统》(蒙文),《蒙古语文》1987年第7期。

确精扎布:《对蒙语新词术语问题的几点意见》(蒙文),《内蒙古大学学报》1961年第1期。

仁赛玛:《辞书与名词术语规范化》(蒙文),《蒙古语言文学》1987年第6期。

仁赛玛:《论翻译词典缩略词规范问题》(蒙文),《蒙古语言文学》1989年第3期。

苏鲁格:《古籍中的佛教名词术语解释》(蒙文),《蒙古语言文学》1987年第6期。

索德那木:《关于蒙古语中的新词术语问题》(蒙文),《内蒙古日报》1961年6月6日。

陶·哈斯巴根、乌云其木格:《关于名词术语研究的几个问题》(蒙文),《内蒙古社会科学》1988年第6期。

乌云其木格:《名词术语与格附加成分》(蒙文),《内蒙古师范大学学报》1985年第4期。

吴俊峰:《蒙古语的新词术语》,《民族语文》1981年第1期。

新特克:《缩略常用名词术语的时代已经来临》(蒙文),《内蒙古日报》1985年12月3日。

扎·钦柏:《关于在创制新词术语中如何运用传统构词法问题》(蒙文),《蒙古语言文学》1988年第6期。

蒙古语社会语言学研究论著索引

阿·巴雅尔:《关于规范蒙古人名的写法》(蒙文),《蒙古语文》1984年第6期。

阿拉坦巴根：《我国蒙语基础方言和标准音问题》（蒙文），《内蒙古日报》1978年6月29日。

昂如布、包力高：《关于改进蒙古文的探讨》，《蒙古学资料与情报》1987年第1期。

巴·巴干：《蒙族古代学校教育概况》（蒙文），《内蒙古民族师范学院学报》1982年第1期。

巴·巴图夫：《托忒文正字法中存在的某些问题》（蒙文），《语言与翻译》1990年第3期。

巴·哈斯额尔敦：《关于蒙古语新词术语的几个问题》（蒙文），《内蒙古师范学院学报》1963年第1期。

巴格巴扎布：《关于用托忒文正确拼写汉语借词》（蒙文），《内蒙古大学学报》1963年第2期。

巴雅尔图：《察哈尔人也应学习标准音》（蒙文），《蒙古语文》1984年第6期。

巴扎尔汗：《双语化是时代的要求》（蒙文），《语言与翻译》1988年第4期。

白瑞林：《蒙古语音标会话教学实验很有希望》，《辽宁教育学院学报》1987年第2期。

包力高：《蒙古文字简史》（蒙文），呼和浩特：内蒙古人民出版社1983年版。

包祥：《八思巴字》，载巴·达瓦达格巴编《蒙古语言研究论文集》，呼和浩特：内蒙古人民出版社1987年版。

包祥：《蒙古文字学》（蒙文），呼和浩特：内蒙古教育出版社1984年版。

宝路：《现代语言学》（蒙文），北京：中央民族学院出版社1990年版。

宝音达来：《积极开展推广标准音工作促进民族教育的发展》（蒙文），《蒙古语文》1984年第3期。

卜·图力更：《关于国内蒙古语方言的划分和基础方言以及标准音》（蒙文），《内蒙古大学学报》1978年第3期。

卜·图力更：《积极推广标准音努力规范蒙古语》（蒙文），《蒙古语言文学》1980年第2期。

卜·图力更：《蒙古族的标准语的定型与形成》，载巴·达瓦达格巴编《蒙古语言研究论文集》，呼和浩特：内蒙古人民出版社1987

年版。

布·策布克扎布：《语文教学法》，呼和浩特：内蒙古人民出版社1956年版。

布和吉日嘎拉：《改进正字法，使文字规范化》（蒙文），载巴·达瓦达格巴编《蒙古语言研究论文集》，呼和浩特：内蒙古人民出版社1987年版。

布和吉日嘎拉：《改进正字法统一写法》（蒙文），《内蒙古社会科学》1983年第4期。

布和吉日嘎拉：《论蒙文书写规范》（蒙文），《蒙古语文》1988年第2期。

曹德那木：《关于蒙古语新词术语问题》（蒙文），《内蒙古日报》1961年6月6日。

朝罗斯·额尔敦巴雅尔：《关于托忒文字研究中的某些问题》（蒙文），《内蒙古师范大学学报》1986年第2期。

朝罗斯·额尔敦巴雅尔：《托忒文字研究成果与我的商榷意见》（蒙文），《蒙古语言文学》1987年第4期。

楚伦巴根：《从社会语言学的角度研究蒙古语》（蒙文），载内蒙古社会科学院语言研究所《蒙古语言研究论文》第1辑，呼和浩特：内蒙古社会科学院语言研究所1985年版。

楚伦巴根：《蒙古语标准音》（蒙文），《蒙古语言文学》1982年第4期。

达·巴特尔：《论规范回鹘式蒙古文字》（蒙文），《蒙古语文》1982年第3期。

达兰泰：《关于牧区教育工作的建议》（蒙文），《内蒙古教育》1979年第5期。

戴庆厦、傅爱兰、刘菊黄：《亲蒙乡双语调查报告》，《西南民族学院学报》1988年第2期。

丹巴拉：《推广标准音必须克服混合语现象》（蒙文），《蒙古语文》1981年第4期。

丹森：《〈达答统阿传〉中的有关蒙古文字的资料考》（蒙文），《蒙古语文》1986年第6期。

丹森：《关于蒙古文字的起源年代》（蒙文），《内蒙古师范大学学报》1987年第1期。

丹森：《回鹘式蒙古文》（蒙文），载哈斯额尔敦编《内蒙古师范大学蒙古语言文学专业研究生论文集》，呼和浩特：内蒙古人民出版社1990年版。

丹森：《蒙古高原上的古代文字》（蒙文），《科技生活》1985年第1期。

丹森：《蒙古正字法的基本原则》（蒙文），《蒙古语文》1987年第10期。

单伟勋：《缩小蒙生蒙语丧失率之对策》，《内蒙古民族师院学报》1990年第2期。

道布：《回鹘式蒙古文概况》（蒙文），《蒙古语言文学》1981年第3期。

道布：《蒙古语概况》，《中国语文》1964年第3期。

德力格尔：《出现混合语现象的原因》（蒙文），《蒙古语文》1982年第1期。

德力格尔：《论建立蒙古语科技名词术语的结构系统》（蒙文），载中国蒙古语文学会编《中国蒙古语文学会学术讨论文集》（2），北京：民族出版社1992年版。

东日布：《论社会主义初级阶段的民族教育体系》（蒙文），《民族教育》1988年第4期。

额布乐图：《关于蒙古语连接元音规范的某些问题》（蒙文），《蒙古语文》1986年第5期。

额尔德尼：《学习使用回鹘式蒙文是时代的要求》（蒙文），《蒙古语文》1984年第3期。

额尔敦巴雅尔：《托忒文书写法规则》（蒙文），《蒙古语文》1987年第2期。

额尔敦陶克陶：《关于继续学习使用老蒙文的意义》（蒙文），《蒙古语文》1957年第12期。

额尔敦陶克陶：《蒙古语文工作十年成绩》（蒙文），《蒙古历史语文》1959年第10期。

额尔敦陶克陶：《蒙古族教学文件汇编》，呼和浩特：内蒙古教育出版社1983年版。

额尔敦陶克陶：《十几年来蒙古语文工作中所取得的成绩》，《蒙古历史语文》1959年第10期。

额尔敦陶克陶：《为彻底贯彻执行党的发展学习使用民族语文政策而奋斗》（蒙文），《蒙古语文》1955年第3期。

付令阿：《蒙文正字法规则》（蒙文），《内蒙古师范大学学报》1988 年第 1 期。

嘎拉桑：《社会语言学研究对象》（蒙文），《蒙古语言文学》1986 年第 5 期。

格日勒、波·少布：《蒙古语文在黑龙江地区的应用》，《北方文物》1991 年第 1 期。

贡僧诺尔布：《关于改进蒙古文字的意见》（蒙文），《蒙古语文》1986 年第 10 期。

哈斯：《关于以正字法规范借用的名词术语》（蒙文），《蒙古语文》1984 年第 2 期。

哈斯巴干、孟和、布林陶克陶：《关于借词拼写的不同意见——和艺·牧苏同志商榷》（蒙文），《内蒙古师范大学学报》1985 年第 3 期。

哈斯额尔敦、图力更、诺尔金：《继续加强推广蒙古语标准音》（蒙文），《蒙古语文》1984 年第 2 期。

浩·巴岔：《对民族学校汉语教学问题的回顾与思考》，《事实求是》1989 年第 4 期。

浩·巴岔：《胡都木文普及与新疆蒙族文化教育的发展》（蒙文），《蒙古语文》1989 年第 1 期。

何莲喜：《关于改进蒙古文字的一点意见》（蒙文），《学术论文集》，1983 年。

呼·库业：《托忒文字创制年代及其作者新探》（蒙文），《内蒙古社会科学》1986 年第 3 期。

胡照衡：《第一次蒙古语文工作会议上的报告》，1953 年版。

胡照衡：《内蒙古自治区蒙古语文的发展道路》，《繁荣发展蒙古语文》，呼和浩特：内蒙古人民出版社 1962 年版。

黄静涛：《为更好地发展蒙古语文而努力》，《第一次蒙古语文工作会议论文》，1953 年。

吉木彦：《论蒙古语名词术语的一般审定原则》（蒙文），《内蒙古社会科学》1993 年第 2 期。

拉布吉格木德：《关于减少在科技名词术语中的 in un u》（蒙文），《内蒙古民族师范学院学报》1982 年第 2 期。

拉希东鲁普：《关于推广标准音的几点意见》（蒙文），《蒙古语文》1984 年第 3 期。

拉希东鲁普：《名词术语与词汇发展》（蒙文），《蒙古语文》1984

年第 4 期。

乐·色音额尔敦：《规范蒙古语文的重要意义》（蒙文），《内蒙古日报》1985 年 5 月 25 日。

乐·色音额尔敦：《应明确蒙古语某些名词术语的词文》（蒙文），《内蒙古日报》1984 年 11 月 26 日。

龙干：《关于牧区教育事业发展中的几个问题》（蒙文），《内蒙古教育》1963 年第 10 期。

龙干：《关于授课语言的选择问题》（蒙文），《蒙古语文》1986 年第 9 期。

龙干：《论逐步消除教学方面存在的实际上不平等的问题》（蒙文），《内蒙古社会科学》1982 年第 1 期。

龙干：《总结经验教训发展民族教育》（蒙文），《蒙古语文工作》（通讯）1980 年第 4 期。

满都拉：《中国当代蒙古族教育人物志》（蒙文），呼和浩特：内蒙古大学出版社 1990 年版。

芒·牧林：《蒙古语外来词读音和书写形式规范问题》，《内蒙古师范大学学报》1983 年第 2 期；《蒙古语外来词辞源概述》（蒙文），《蒙古语言文学》1986 年第 1、2 期。

莫·额尔敦巴根：《蒙古文字的几次改革与佛教的关系》（蒙文），《民族团结》1989 年第 7 期。

莫·色若扎布：《蒙文正字法探究》（蒙文），《蒙古语文》1986 年第 5 期。

拿木四来：《更好地推广蒙古语标准音》1984 年第 3 期。

拿木四来：《关于扩大蒙古语文使用的范围》，《内蒙古社会科学》1985 年第 1 期。

内蒙古党委宣传部理论处编：《民族理论学习材料汇编》，呼和浩特：内蒙古人民出版社 1985 年版。

内蒙古教育厅：《语文数学教学法》，1950 年。

内蒙古教育厅民族教育处：《把蒙古学校办成推广蒙古语标准音的重要基地》（蒙文），《蒙古语文》1984 年第 3 期。

内蒙古蒙古语文工作委员会：《关于制定和统一蒙古语新词术语的几点方法》（蒙文），《蒙古历史语文》1959 年第 11 期。

内蒙古语委办公室：《内蒙古自治区蒙古语文工作文件汇编》1973 年 2 月至 1984 年 9 月，共 50 多篇，1985 年《八省自治区蒙古语文协作工作文件选编》Ⅰ、Ⅱ，1974年1月至1988年2月，共40多篇，1985年、1988年（内部印刷）。

内蒙古自治区人民政府：《关于停止推广新蒙文继续加强学习使用老蒙文的决定》，呼和浩特，1958年。

内蒙古自治区人民政府：《内蒙古自治区关于奖励学习使用蒙古语文方法》，呼和浩特，1962年。

内蒙古自治区人民政府：《内蒙古自治区蒙古语文工作暂行条例》（草案），呼和浩特，1962年。

内蒙古自治区人民政府：《内蒙古自治区人民政府关于制定和统一蒙古语新词术语的原则》（蒙文），《蒙古历史语文》1959年第11期。

内蒙古自治区人民政府：《大力推广蒙古语基础方言，标准音和音标（试行）方案》，《内蒙古日报》1980年7月15日。

内蒙古自治区少数民族教育研究学会编：《民族教育论文集》，呼和浩特：内蒙古教育出版社1987年版。

内蒙古自治区语委：《关于制定和统一蒙古语名词术语的方法》，呼和浩特，1962年。

内蒙古自治区语委、呼伦贝尔盟语委联合调查组：《新巴尔虎右旗使用蒙古语言文字情况调查报告》，呼和浩特，1980年。

内蒙古自治区语委、呼伦贝尔盟语委联合调查组：《关于呼伦贝尔盟部分旗（市）使用蒙古语言文字的调查综合报告》，呼和浩特，1980年。

内蒙古自治区语委办公室编：《内蒙古自治区蒙古语文工作文件选编》，呼和浩特，1985年。

内蒙古自治区语委调查组：《科左中旗学习使用蒙语蒙文情况的调查报告》，呼和浩特，1980年。

内蒙古自治区语委赴呼伦贝尔盟调查组：《扎赉特旗、科右前旗使用蒙古语文概况》，呼和浩特，1980年。

那·官其格苏荣：《改进蒙古语部分词的书写问题》（蒙文），《内蒙古师范大学学报》1988年第1期。

那·官其格苏荣：《论蒙文正字法的某些问题》（蒙文），《内蒙古师范学院学报》1977年第1期。

那达米德：《对蒙古语言使用情况的小型调查——社会语言学，应用语言学的角度论语言接触和双语现象》（蒙文），《蒙古语文》1986年第5期。

那木海扎布：《内蒙古自治区蒙古语文教学情况及其经验》（蒙文），《蒙古历史语文》1956 年第 4 期。

那钦巴图：《忽必列与蒙古族古代教育》（蒙文），《内蒙古师范大学学报》1984 年第 4 期。

那仁奥其尔：《试论蒙古族传统家教》，海拉尔：内蒙古文化出版社 1985 年版。

那仁朝克图：《关于自治区直属机关使用蒙汉两种文字情况的调查总结》（蒙文），《蒙古语文》1985 年第 4 期。

那顺乌日图：《关于司法名词术语的统一问题》（蒙文），《蒙古语文》1981 年第 1 期。

普·特木尔：《论教学语言》，载中国蒙古语文学会编《中国蒙古语文学会学术论文集》（2）（蒙文），北京：民族出版社 1992 年版。

齐·恩和：《浅谈乌拉特混合语现象》（蒙文），《蒙古语文》1981 年第 4 期。

清格尔泰：《关于划分中国蒙古语方言的意见》（蒙文），《内蒙古大学学报》1978 年第 3 期。

清格尔泰：《关于蒙古语文的发展道路问题》，《实践》1961 年第 5 期。

清格尔泰：《关于蒙古语文工作中存在的几个问题》（1953 年第一届蒙语文工作会议上的讲话），载《蒙古语文》编辑部、巴盟蒙语文工作委员会《有关民族语文政策文件》第一辑，1980 年。

清格尔泰：《现代蒙语的规范问题》，《内蒙古日报》1962 年 11 月 16 日，1962 年 11 月 21 日。

清格尔泰：《中国境内蒙古语言及蒙古方言概况》（蒙文），《蒙古历史语文》1957 年第 11 期，1958 年第 12 期。

确精扎布：《对蒙语新词术语问题的几点意见》（蒙文），《内蒙古大学学报》1963 年第 2 期。

仁才玛：《词典和名词术语的规范》（蒙文），《蒙古语言文学》1987 年第 6 期。

赛音宝音：《小学语文教学经验》，呼和浩特：内蒙古教育出版社 1984 年版。

色·贺其业勒图：《语文政策》（蒙文），《蒙古语文》1989 年第 7 期。

色·贺其业勒图：《传统蒙语研究中如何对待语言的社会问题》

（蒙文），《蒙古语文》1982 年第 2 期。

色·贺其业勒图：《从社会语言学角度研究蒙古语的发展方略》（蒙文），《蒙古语文》1980 年第 6 期。

色·贺其业勒图：《措施系统的完善》（蒙文），《蒙古语文》1990 年第 12 期。

色·贺其业勒图：《关于民族语言的功能》（蒙文），《蒙古语文》1988 年第 8 期。

色·贺其业勒图：《内蒙古语言政策的表述及开展工作的历史过程》（蒙文），《蒙古语文》1989 年第 8 期、1990 年第 6 期、1990 年第 9 期、1990 年第 11 期。

色·贺其业勒图：《内蒙古语言政策的理论依据，社会基础》（蒙文），《蒙古语文》1989 年第 8 期。

色·贺其业勒图：《社会语言学：语言政策》（蒙文），呼和浩特：内蒙古人民出版社 1997 年版。

色·贺其业勒图：《社会语言学导论》（蒙文），呼和浩特：内蒙古人民出版社 1990 年版。

色·贺其业勒图：《社会语言学的产生和发展》（蒙文），载中国蒙古语文学会编《中国蒙古语文学会学术论文集》（2），北京：民族出版社 1992 年版。

色·贺其业勒图：《研究蒙古语之社会诸问题的基因》（蒙文），《内蒙古社会科学》1982 年第 1 期。

色·贺其业勒图：《研究社会语言学的产生发展时所涉及到的问题》（蒙文），《蒙古语言文学》1982 年第 3 期。

色·贺其业勒图：《在实行"念草木经，兴畜牧业"方针中蒙古语文工作的地位和作用》（蒙文），《蒙古语文》1987 年第 2 期。

舍那木吉拉：《语言与智力开发》，呼和浩特：内蒙古人民出版社 1990 年版。

斯·仁钦：《关于正确拼写蒙古语里的借词》（蒙文），《蒙古历史语文》1959 年第 6 期。

斯钦朝克图：《为语音的文明纯洁而努力》（蒙文），《蒙古语文》1984 年第 5 期。

孙竹：《为现代蒙古语规范化服务》，《蒙古语文集》，西宁：青海人民出版社 1985 年版。

索都毕力格：《群众口语用语是文学语言的灵魂》（蒙文），《蒙古语言文学》1985年第4期。

塔木苏荣：《关于蒙古语名词术语》（蒙文），《蒙古语文》1979年第1期。

堂斤：《从社会语言学角度看言语的社会作用》（蒙文），《内蒙古社会科学》1986年第5期。

涛高：《关于加快语文教学的实验》（蒙文），《内蒙古民族师范学院学报》1990年第2期。

涛高：《关于蒙古语基础方言标准音及其规范》（蒙文），《内蒙古民族师范学院学报》1980年第2期。

涛高：《关于以标准音规范科尔沁土语时所涉及的语音方面的几个问题》（蒙文），《蒙古语言文学》1983年第3期。

涛高：《规范土语词汇丰富共同语词汇》（蒙文），《内蒙古师范学院学报》1984年第1期。

涛高：《论蒙古语科尔沁土语里的混合语现象》（蒙文），《蒙古语言文学》1980年第4期。

涛高：《消除科尔沁的混合语现象使语言健康发展》（蒙文），《蒙古语文》1981年第2期。

涛高：《哲盟蒙语土语概况及其规范问题》（蒙文），《通辽师范学院学报》1978年第1期。

陶格图慕：《简论民族高等师范院校开设双语专业的必要性》（蒙文），《民族教育》1989年第3期。

特古斯：《总结经验，提高认识，继续加强蒙古语文工作》《实践》1962年第3期。

特克希都仍：《正字法与长元音的关系》（蒙文），《蒙古语文》1988年第6期。

特木尔巴根：《关于如何发展我区民族教育》（蒙文），《蒙古语文》1979年第2期。

图力古尔：《浅谈民族语文教学形式的问题》，《北方民族》1989年第4期。

王再天：《第二次蒙古语文工作会议上的讲话》（蒙文），《蒙古历史语文》1959年第3期。

旺顺扎布：《发展民族教育是不可延缓的任务》（蒙文），《内蒙古教育》1981年第1期。

卫拉特巴雅尔：《卫拉特文化瑰宝——托忒文》（蒙文），《新疆日报》1988 年 3 月 6 日。

魏萃一：《博尔塔拉蒙古族自治州的多语现象》，《民族语文》1988 年第 4 期。

温都苏：《内蒙古蒙古语的混合语现象》，硕士学位论文，中央民族学院，1993 年。

乌·满达夫：《阿优喜固什与阿里嘎里文字》（蒙文），《蒙古语研究》1990 年。

乌·满达夫：《蒙古语的发展与规范》（蒙文），呼和浩特：内蒙古教育出版社 1983 年版。

乌·那仁巴图：《关于规范蒙古语读音问题》（蒙文），《蒙古语文》1982 年第 1 期。

乌力吉布仁：《关于社会语言学》（蒙文），《蒙古语文》1987 年第 6 期。

乌良哈岱·呼日勒巴特尔：《论八思巴文元音字母的某些特点》（蒙文），《蒙古语文》1989 年第 3 期。

乌荣格·巴颜：《蒙古文字上的重大改革——八思巴字》（蒙文），《民族团结》1988 年第 11 期。

吴俊峰：《关于划分国内蒙古语方言的意见》（蒙文），1977 年。

希·诺日布：《胡都木·托忒文字的创制和托忒文字的创制和托忒文文献》（蒙文），《语言与翻译》1986 年第 4 期。

新特克：《关于规范蒙古文里完整的词》（蒙文），《蒙古语文》1984 年第 4 期。

新特克：《关于蒙古文字与巴字法改进问题》（蒙文），《蒙古语文》1986 年第 1 期。

新特克：《建国以来蒙古文正字法的改进和研究》（蒙文），载中国蒙古语文学会编《中国蒙古语文学会学术论文集》（1），北京：民族出版社 1988 年版。

扎·仑图：《关于托忒文某些词汇的商榷意见》（蒙文），《语言与翻译》1987 年第 3 期。

张亚光、波·少布：《黑龙江省蒙古族失调母语的状况及其原因》，《民族理论研究》1990 年第 2 期。

章其布：《应减少蒙古语中的混合语现象》（蒙文），《蒙古语文》1982 年第 4 期。

昭日格图：《关于拼写蒙语里的借词》（蒙文），《内蒙古民族师范学院学报》1981 年第 2 期。

赵杰：《论三北地区双语的层级性》，《语言·社会·文化》，北京：语文出版社 1991 年版。

照那斯图：《论八思巴字》，《民族语文》1980 年第 1 期。

中共内蒙绥远分局：《中共中央内蒙绥远分局反对忽视民族语文倾向加强民族语文工作的指示》，1953 年 7 月 1 日。

中共内蒙绥远分局宣传部：《内蒙古绥远直属机关干部学习蒙文规划》，1953 年 9 月 1 日。

中国社会科学院民族研究所、国家民族事务委员会文化宣传司：《中国少数民族语言使用情况》，北京：中国藏学出版社 1993 年版。

中国社会科学院民族研究所、国家民族事务委员会文化宣传司：《中国少数民族语言文字使用和发展问题》，北京：中国藏学出版社 1994 年版。

蒙古语文化语言学研究论著索引

阿尔达扎布：《关于〈蒙古秘史〉中的"柯额仑"一词》，《内蒙古社会科学》1989 年第 1 期。

阿尔塔德·丹巴：《蒙古姓氏由来及蒙古人取姓习俗》（蒙文），《蒙古语文》1989 年第 6 期。

阿古拉：《科尔沁地区几个地名注释》（蒙文），《内蒙古地名》1988 年第 1 期。

阿拉达那戈日巴：《蒙古姓氏》，《内蒙古大学学报》1977 年第 2 期。

阿拉腾奥其尔：《突厥语蒙古语词汇与畜牧业文化的联系》，《民族语文》1990 年第 5 期。

阿苏日嘎拉图：《论清代满蒙双语教育》（蒙文），《内蒙古大学学报》2002 年第 4 期。

敖特根：《关于对人类和牲畜区别使用的词语》（蒙文），《蒙古语文》1984 年第 2 期。

敖特根：《关于借词和翻译词》（蒙文），《蒙古语文》1983 年第 2 期。

敖特根：《关于敬词》（蒙文），《内蒙古日报》1982 年 1 月 21 日。

敖特根：《关于蒙古语敬语和禁忌语》（蒙文），《蒙古语文》1982 年第 3 期。

敖特根：《关于蒙古语外来词问题》（蒙文），《蒙古语文》1989 年第 11 期。

敖特根：《蒙古语中带有褒义色彩的词语》（蒙文），《蒙古语文》1982 年第 2 期。

奥·斯钦巴特尔：《关于"克什克腾"的称谓》（蒙文），《内蒙古地名》1985 年第 1 期。

巴·斯钦巴特尔：《关于汉藏语的蒙古语借词》（蒙文），《内蒙古社会科学》1985 年第 6 期。

巴·巴根：《"察哈尔"之称研究》（蒙文），《内蒙古地名》1985 年第 2 期。

巴·贺其业勒图：《佛教与蒙古人名文化》（蒙文），《内蒙古大学学报》1997 年第 2 期。

巴·斯钦巴特尔：《关于汉藏语言中的蒙古语借词》（蒙文），《蒙古语言研究论文集》，呼和浩特：内蒙古人民出版社 1987 年版。

巴·苏和：《蒙古族"九"数崇拜文化》，《中央民族大学学报》1996 年第 2 期。

巴·旺吉乐：《青色的灯盏——蒙古族习俗辞典》（蒙文），海拉尔：内蒙古文化出版社 1990 年版。

巴·旺其格：《关于研究蒙古语科技用语的问题》（蒙文），载中国蒙古语文学会编《中国蒙古语文学会学术论文集》（2），北京：民族出版社 1992 年版。

巴达荣嘎：《达斡尔语、满语、蒙古语的关系》，《内蒙古社会科学》1982 年第 2 期。

巴达荣嘎：《满蒙语的互相影响》，《满语研究》1987 年第 2 期。

巴图格日乐：《阿拉善蒙古人的尊称》（蒙文），《内蒙古社会科学》1986 年第 2 期。

巴图苏和：《关于阿拉善人的昵称》（蒙文），《巴彦森布尔》1982 年第 1 期。

巴雅尔：《术赤释疑》（蒙文），《内蒙古大学学报》1999 年第 1 期。

巴雅斯胡冷、包·乌力吉图：《略论"克什克腾"一名》（蒙文），《内蒙古社会科学》1990 年第 5 期。

巴彦和希格：《论"成吉思"一词》（蒙文），《内蒙古社会科学》1990 年第 4 期。

白音门德：《关于蒙古语借词》（蒙文），《蒙古语文》1989年第4—5期。

白音门德：《蒙古语方言与蒙古文化》（蒙文），呼和浩特：内蒙古人民出版社1999年版。

包·阿木尔达来：《关于〈江格尔〉中的一些人名》（蒙文），《蒙古语言文学》1990年第3期。

包格楚：《粗探义素分析》（蒙文），《蒙古语文》2003年第2期。

宝格楚：《蒙古语"死"的忌讳语及其辨议》（蒙文），《内蒙古大学学报》2004年第4期。

宝音德力根：《成吉思汗葬地"大斡秃克"及相关的几个问题》，《内蒙古社会科学》1997年第2期。

鲍玺：《蒙古姓氏》，海拉尔：内蒙古文化出版社2002年版。

波·少布：《杜尔伯特蒙古语的禁忌语》，《民族语文》1985年第4期。

波·索德：《科尔沁土语与地域文化》（蒙文），《蒙古语文》2001年第8期。

波·索德：《文化交流与蒙语中的突厥语借词》（蒙文），《内蒙古民族师院学报》1999年第2期。

波·索德：《科尔沁土语的变化——"科尔沁土语与地域文化"课题调查报告》（蒙文），《内蒙古民族师院学报》1996年第4期。

波·索德：《科尔沁土语形成的多元性》（蒙文），《内蒙古民族师院学报》1994年第3期。

波·索德：《科尔沁土语中的满语借词》（蒙文），《蒙古语文》1993年第6期。

卜·图力更：《蒙古新书面语中的汉语借词状况》（蒙文），《蒙古历史语文》1959年第4期。

布古奴戴·关其格：《简论蒙古族姓氏》（蒙文），《蒙古语文》1983年第6期。

布和：《对蒙古部族"姓氏"的体会》（蒙文），《内蒙古日报》1988年4月5日。

布和哈达：《〈蒙古秘史〉中与乌珠穆沁有关的地名考》（蒙文），《内蒙古社会科学》1988年第1期。

布胡奴岔·关其格：《简论蒙古部落名称》（蒙文），《蒙古语文》1983年第6期。

布胡奴岔·关其格：《蒙古姓氏辑录》（蒙文），《内蒙古社会科学》1986年第3期。

布仁巴图：《"统格黎克豁罗罕"与"不儿罕哈勒敦"方位考证》（蒙文），《内蒙古社会科学》1990年第4期。

布仁巴图：《〈蒙古秘史〉中的一段蒙古象棋术语考—"人、物"在特定语境中的含义》（蒙文），《内蒙古大学学报》1997年第1期。

布仁巴图：《〈蒙古秘史〉中与牧养有关的骈文》（蒙文），《蒙古语文》1996年第10期。

布仁巴图：《〈卫拉特法典〉中的某些条款的新解释》，《内蒙古大学学报》2003年第3期。

布仁巴图：《〈卫拉特法典〉中有关斗殴、戏谑处罚条文释义辩正》，《内蒙古大学学报》2000年第3期。

布仁巴图：《〈蒙古秘史〉里的术语研究——关于 qarqana yorčil, na'ur baidu, ši'üči qatqulda; a》，载《中国蒙古语文学会学术论文集》（3），赤峰：内蒙古科技出版社2001年版。

布仁巴图：《1678年〈葛尔丹皇太吉律令〉研究》（蒙文），《内蒙古大学学报》2004年第4期。

布仁巴图：《成吉思汗号名意考释》，《内蒙古大学学报》2003年第1期。

布仁巴图：《再论成吉思汗号与卍符号的关系》，《内蒙古大学学报》2004年第1期。

蔡志纯：《蒙古族》，载张联芳主编《中国人的姓名》，北京：中国社会科学出版社1992年版。

曹道巴特尔：《蒙族历史接触与蒙族语言文化变迁》，博士学位论文，中央民族大学，2005年。

曹道巴特尔：《民族传统文化与环境保护——兼谈一些民族谚语中的自然观》，《满语研究》2001年第1期。

曹道巴特尔：《双语概论》（蒙文），《内蒙古社会科学》1996年第1期。

曹道巴特尔：《语言接触所产生的蒙古族直系亲属称谓变异》，《满语研究》2004年第2期。

曹都那木道尔吉：《初探蒙古人的同名》（蒙文），《内蒙古师范大学学报》1989年第4期。

策·巴图：《对〈卫拉特法典〉的一些词语错误解释的商榷》，《卫拉特研究》1995 年第 1 期。

策·巴图：《纠正〈卫拉特法典〉中的一些词语的错误解释》（蒙文），《语言与翻译》1997 年第 4 期。

策·拿木四来：《蒙古族亲属称谓词典》（蒙文），呼和浩特：内蒙古人民出版社 1989 年版。

查·宝力德巴图：《研究突厥语中的蒙古语借词》（蒙文），《蒙古语言文学》1992 年第 6 期。

查娜：《蒙古语中的梵语借词的某些问题》（蒙文），《内蒙古社会科学》1999 年第 2 期。

朝克：《蒙古语的牧业文化特征》，《中央民族大学学报》1993 年第 3 期。

陈高华：《论元代的称谓习俗》，《浙江学刊》2000 年第 5 期。

楚勒特木：《昭乌达地名传说》，海拉尔：内蒙古文化出版社 1999 年版。

楚伦巴根：《关于蒙古语中梵藏语词较多的原因》（蒙文），《蒙古语言文学》1989 年第 4 期。

楚伦巴根：《与蒙古族源有关的匈奴语词汇解释》（蒙文），《内蒙古社会科学》1986 年第 5 期。

达·巴图扎布：《对〈卫拉特法典〉中的一些词语解释的商榷》（蒙文），《语言与翻译》1990 年第 3 期。

达·巴特尔：《呼和浩特蒙古族三代人名之比较》（蒙文），《蒙古语言文学》1986 年第 5 期。

达·高娃：《地理环境对语言的影响》，《经济地理学》1998 年第 2 期。

达·高娃：《蒙古语与满语的基本颜色词比较》，《满语研究》2001 年第 2 期。

达·高娃：《语言的文化景观研究》（蒙文），《内蒙古科学技术》1999 年第 6 期。

达·萨日娜：《现代蒙语合成词语义研究》（蒙文），《蒙古语言文学》2002 年第 4、5、6 期。

达·塔雅：《对英雄史诗〈江格尔〉中阿鲁奔巴地方所涉及的地名初探》（蒙文），《汗腾格里》1990 年第 3 期。

达呼白乙拉：《蒙古地区的地名次序文化与经济生产的关系》（蒙文），《内蒙古地名》1990 年第 1—2 期。

道·巴图扎布：《史诗"江格尔"名称本义的考究》（蒙文），《语言与翻译》1989年第4期。

道·额尔德尼：《论"江格尔"一词》（蒙文），《内蒙古师范大学学报》1987年第6期。

德·嘎尔丹：《对"argasun qorči"名称新探〉（蒙文），《语言与翻译》1990年第2期。

德·塔亚：《蒙古语"死"的忌讳语及其辩议》（蒙文），《内蒙古大学学报》1997年第3期。

德力格尔玛：《论建立蒙古语科学技术名词术语系统》，载中国蒙古语文学会编《中国蒙古语文学会学术论文集》（2），北京：民族出版社1992年版。

德力格尔玛：《分析蒙语句义关系》（蒙文），《蒙古语言文学》1994年第4期，1995年第1期。

德力格尔玛：《关于现代蒙古语形容词谓语句义》（蒙文），《蒙古语言文学》1994年第4期。

德力格尔玛：《蒙古语句义之间的同义关系初探》，《民族语文》1996年第1期。

德力格尔玛：《蒙古语语义研究》（蒙文），沈阳：辽宁民族出版社2001年版。

德柱：《〈山海经〉与蒙古巫都干文化》，《照乌达蒙古族师专学报》1999年第2期。

德柱：《蒙古族巫都干文化——红山文化的民族属性》（蒙文），《内蒙古社会科学》1998年第6期。

德柱：《匈奴鲜卑名称考》，《蒙古学研究》1999年第4期，2000年第1期。

丁石庆：《达斡尔语言与社会文化》，北京：中央民族大学出版社1998年版。

额尔登朝鲁：《论蒙古语语义研究》（蒙文），《蒙古语文》2004年第7期。

额尔登朝鲁：《信息处理中的蒙古语动词语义研究》（蒙文），硕士学位论文，内蒙古大学，2002年。

额尔登泰：《满语中的〈蒙古秘史〉词汇》，载《民族语文》编辑部编《民族语文研究文集》，西宁：青海民族出版社1982年版。

额尔敦巴特尔、忠乃：《阿拉善蒙古姓氏的由来和演变》（蒙文），

《内蒙古日报》1988年10月24日。

额尔敦毕力格：《浅论阿拉善蒙古人的绰号》，《西北民院学报》1988年第1期。

额尔敦陶克陶：《关于克什克腾的几个地名》（蒙文），《内蒙古地名》1985年第2期。

额尔敦陶克陶：《汉语文对蒙古语文的影响》，《内蒙古日报》1957年11月20日。

方龄贵：《读曲札记》，《文学遗产》1984年第3期。

方龄贵：《元剧里的几个蒙古语》，《民意日报》副刊《读书》第19期，1949年3月8日。

方龄贵：《元明戏曲中的蒙古语》，上海：汉语大词典出版社1991年版。

方龄贵：《元明戏曲中的蒙古语拾遗》，《云南教育学院学报》1988年第1期。

方龄贵：《元明戏曲中的蒙古语续篇》，《民族学报》1982年第2期。

高·图格吉尔扎布：《关于骆驼的名称》（蒙文），《蒙古语言文学》1992年第2、4期。

高·照日格图：《关于区分蒙古语借词的一个方法》（蒙文），《内蒙古大学学报》1999年第4期。

高·照日格图：《论蒙古语中的一些突厥语借词》（蒙文），《内蒙古大学学报》2000年第4期。

高乐巴根、陶克腾巴雅尔、敖兀乐、通拉克、格日乐图：《蒙古贞姓氏与村名考》，海拉尔：内蒙古文化出版社1991年版。

高娃：《语义学的发展状况》（蒙文），《内蒙古社会科学》1984年第2期。

格·海日罕、波·索德：《蒙古语与蒙古族传统文化》（蒙文），呼和浩特：内蒙古教育出版社2001年版。

格·海日罕：《古代蒙古人的语言灵力观》（蒙文），《内蒙古民族大学学报》1997年第3期。

格·海日罕：《古代蒙古人性崇拜心理的语言中的遗留》，《蒙古语言文学》2001年第6期。

格·海日罕：《关于蒙古语一些亲属称谓考释》（蒙文），《内蒙古社会科学》1993年第1期。

格·海日罕:《论蒙古语 ečige eke "父与母"》(蒙文),《内蒙古大学学报》1994 年第 4 期。

格·海日罕:《论蒙古语的时间名词及其文化内涵》(蒙文),《蒙古语言文学》2000 年第 5 期。

格·海日罕:《论蒙古语方位词及其文化内涵》(蒙文),《蒙古语言文学》2003 年第 6 期。

格·海日罕:《蒙古人取名习俗中的传统文化心理》(蒙文),《内蒙古社会科学》1996 年第 1 期。

格·海日罕:《蒙古族对原始数"一、二、三"的理念》(蒙文),《内蒙古大学学报》2001 年第 4 期。

格·海日罕等:《论蒙古语词"塔"、"敖包"、"陵墓"》(蒙文),《内蒙古民族大学学报》2001 年第 4 期。

格根哈斯:《浅谈人和牲畜中区别使用的专用名词》(蒙文),《黑龙江蒙古语文》1989 年第 1 期。

格日勒:《蒙古地名翻译与转写的几个问题》,《黑龙江民族丛刊》1991 年第 1 期。

官其格:《蒙古族姓氏》(蒙文),海拉尔:内蒙古文化出版社 1993 年版。

郭守祥:《蒙古语中俄语借词初探》,《内蒙古大学学报》1988 年第 1 期。

哈·丹毕坚赞:《关于"锡莱郭勒"的补充意见》(蒙文),《蒙古学研究》1990 年第 1 期。

哈尔察:《"也客斡特克"之称考》,《内蒙古师范大学学报》1990 年第 4 期。

哈尔察:《起辇谷纵横探——元陵到底在何处》,《内蒙古师范大学学报》1989 年第 2 期。

哈勘楚伦:《蒙古马与文化》,载《蒙古文化国际学术研讨会论文集》(2),台北:1992 年版。

哈拉查:《关于 yeke·ötük 名称的来源》《内蒙古师范大学学报》1991 年第 4 期。

哈斯巴特尔:《从蒙古语"女婿、媳妇"等称谓来源看婚俗的变迁》,《黑龙江民族丛刊》1996 年第 1 期。

哈斯巴特尔:《关于蒙古语某些亲属称谓词源》,《蒙古学研究》1993 年第 1 期。

哈斯巴特尔：《关于蒙古语某些亲属称谓的起源》（蒙文），《蒙古学研究》1992年第4期，1993年第1期。

哈斯巴特尔：《蒙古语"母亲、妻子、女儿"等称谓词探源》（蒙文），《内蒙古大学学报》1995年第3期。

哈斯巴特尔：《蒙古语"女婿、媳妇、嫂"等称谓词探源》（蒙文），《内蒙古大学学报》1994年第1期。

哈斯巴特尔：《蒙古语语法的发展与思维的关系》，载《中国蒙古语文学会学术论文集》（第五辑），内部印刷，2003年4月。

海龙、乌云其其格：《青海德都蒙古地名传说》，呼和浩特：内蒙古人民出版社2001年版。

郝毕斯哈拉图：《试论乌拉盖河》（蒙文），《内蒙古地名》1985年第1期。

浩特老：《浅谈蒙古语禁忌语》（蒙文），《蒙古语文》1982年第4期。

何莲喜：《蒙古语词的多义研究》（蒙文），呼和浩特：内蒙古人民出版社2002年版。

何莲喜：《蒙古语多义词的形成和发展总趋势》（蒙文），《蒙古语言文学》1985年第1期。

何莲喜：《关于满蒙书面语中的汉语借词》（蒙文），《蒙古语言文学》1990年第1期。

贺希格：《关于蒙满语文的关系》（蒙文），《蒙古语文》1981年第4期。

呼和：《呼和浩特名称之演变》，《内蒙古日报》1987年7月7日。

胡尔查：《浅论蒙古氏族部落》（蒙文），《内蒙古日报》日期不祥。

胡图荣嘎：《关于"阿鲁科尔沁"的称谓》（蒙文），《内蒙古社会科学》1985年第6期。

华才·杜格尔扎布：《〈蒙古秘史〉一些山水名考》（蒙文），载《内蒙古师范大学〈蒙古秘史〉国际研讨会论文集》，内蒙古师范大学内部刊印1988年版。

吉仁尼格：《关于蒙古语亲属称谓》（蒙文），《蒙古语文》1981年第3期。

吉仁泰：《关于"杭锦"之称》（蒙文），《内蒙古地名》1990年第1期。

贾晞儒：《蒙古语言学与蒙古族历史文化》，《青海民族学院学报》

2002 年第 1 期。

贾晞儒：《海西蒙古语中的藏语借词》，《民族语文》1989 年第 3 期。

贾晞儒：《蒙古族人名的语言特点》，《西北民族研究》1990 年第 2 期。

江迎春：《信息处理中的蒙语形容词语义研究》（蒙文），硕士学位论文，内蒙古大学，2000 年。

金刚：《虎狮民族鲜卑源流》，《满语研究》2003 年第 1—2 期。

金刚：《论 aqa eke 的词源探》，《蒙古语言文学》1999 年第 2 期。

金刚：《论敖包祭祀的真谛》（蒙文），《内蒙古社会科学》1999 年第 2 期。

金刚：《论哈敦称号》，《蒙古语言文学》1994 年第 4—6 期。

金刚：《论天单于》（蒙文），《内蒙古社会科学》1994 年第 2 期。

金刚：《蒙古民族源于岷水考》，《中央民族大学学报》2004 年第 2 期。

金刚：《蒙古语中熊崇拜的遗迹》（蒙文），《内蒙古大学学报》2001 年第 1 期。

金刚：《狮子图腾民族——匈奴》（蒙文），《内蒙古社会科学》1997 年第 1 期。

金刚：《狮子文化象征乐器——钟》（蒙文），《蒙古语文》1998 年第 12 期。

金刚：《狮子文化象征蒙古象棋》（蒙文），《蒙古语文》1995 年第 4 期。

金刚：《图腾动物独角兽原型考》（蒙文），《内蒙古大学学报》2005 年第 1 期。

金刚：《再论天单于》（蒙文），《内蒙古大学学报》1997 年第 1 期。

考·道尔巴：《〈蒙古秘史〉中的有关卫拉特，维吾尔和现在新疆地区一些情况》（蒙文），《汗腾格里》1988 年第 3 期。

拉布策仁：《关于按年龄和毛色命名五畜》（蒙文），《蒙古语文》1982 年第 2 期。

拉木苏荣：《关于五种牲畜的名称》（蒙文），《蒙古语言文学》1982 年第 2 期。

乐·参丹：《"和硕特"之称和阿拉善蒙古部分姓氏的由来》，《内蒙古档案》1990 年第 1 期。

勒·陶格腾巴雅尔：《研究礼貌用语》，载《中国蒙古语文学会学术论文集》。

林八鸽：《关于蒙古语词语的义素分析法及其存在的问题》（蒙文），《内蒙古民族大学》2004 年第 2 期。

鲁塔杰尔嘎拉：《"呼伦"与"贝尔"小考》（蒙文），《蒙古语文》1985 年第 4 期。

玛塔：《塔尔巴哈台地区一些地名溯源》（蒙文），《语言与翻译》1990 年第 1 期。

芒·牧林：《蒙古语外来语来源概况》，《蒙古语言文学》1986 年第 1—2 期。

芒·牧林：《试论汉藏语系和阿尔泰语系渊源关系》，《蒙古语言文学》2000 年第 3 期。

毛·尼玛：《关于江格尔名称考》（蒙文），《蒙古语言文学》1985 年第 4 期。

孟和宝颜：《试论〈蒙古秘史〉中的亲属称谓》（蒙文），《蒙古语文》1996 年第 4 期。

孟和达来：《〈蒙古秘史〉的突厥语借词》（蒙文），《内蒙古师范大学学报》1992 年第 4 期。

莫·满都拉：《关于蒙古语敬词》（蒙文），《蒙古语文》1984 年第 5 期。

拿木四来：《关于蒙古族亲属称谓》（蒙文），载中国蒙古语文学会《中国蒙古语文学会学术论文集》（2），北京：民族出版社 1992 年版。

拿木四来：《关于统一蒙古语亲属称谓的商榷意见》（蒙文），《蒙古语文》1990 年第 8 期。

拿木四来：《蒙古族亲属称谓用法》（蒙文），《蒙古语文》1988 年第 9 期。

拿木四来：《试论〈蒙古秘史〉中的亲属称谓》（蒙文），《蒙古学研究》1990 年第 2 期。

那·巴达玛：《对"卫拉特法典"的一些词语解释的商讨》，《卫拉特研究》1992 年第 1 期。

那古单夫：《释〈铁木真〉》，《内蒙古社会科学》1985 年第 6 期。

那钦双呼尔：《关于蒙古人名的藏名》（蒙文），《蒙古语文》1989 年第 7 期。

那日苏：《从史诗〈江格尔〉管窥蒙古氏族社会性质》（蒙文），《汗腾格里》1990年第1期。

那日苏：《关于〈江格尔〉一词》，《新疆日报》1988年1月15日。

那顺乌力吉：《关于怯薛与达尔扈特》（蒙文），《内蒙古大学学报》2000年第4期。

纳日碧力戈：《民族姓名的语言制约因素析要》，《民族语文》1990年第4期。

闹其图：《内蒙古几个地名的历史演变及地点》（蒙文），《内蒙古地名》1988年第1期。

尼·苏荣：《梵藏语人名解释》（蒙文），《语言与翻译》1989年第1期。

尼·苏荣：《关于卫拉特蒙古人名》（蒙文），《语言与翻译》1987年第1期。

齐·恩和：《对蒙古地名由来之体会》（蒙文），《内蒙古地名》1986年第1期。

齐心：《蒙古语色彩词浅析》，《解放军外语学院学报》1993年第1期。

乔丹达尔：《关于按主色命名骆驼及其有关的专用名词》（蒙文），《内蒙古社会科学》1983年第2期。

乔丹达尔：《关于额济纳蒙古人的尊称》（蒙文），《蒙古语文》1985年第5期。

却日勒扎布：《关于"格斯尔"一词》（蒙文），《内蒙古日报》1986年11月2日。

确精扎布：《库克门恰克及其语言——使用突厥语族语言的蒙古人》（蒙文），《内蒙古大学学报》1981年第2期。

确精扎布：《试论库克门恰克语中的蒙古语借词》（蒙文），《内蒙古大学学报》1981年第2期。

仁钦嘎瓦：《试论蒙古族某些部落名称的来源》（蒙文），《蒙古历史语文》1958年第7期。

散布拉诺日布：《蒙古风俗》（蒙文），沈阳：辽宁民族出版社1990年版。

色·贺其业勒图：《关于语言与文化关系》（蒙文），《蒙古语文》1988年第1期。

色·贺其业勒图：《关于语言与文化关系问题》（蒙文），《蒙古语文》1986年第8期。

色·苏若：《土默川蒙古地名的形成年代》，《地名知识》1985年第3期。

色·苏若：《由人名而来的土默特蒙语地名》（蒙文），《内蒙古社会科学》1989年第4期。

色登那木吉拉：《"成吉思"称号之新见》（蒙文），《蒙古语文》1986年第2期。

森格：《分析蒙古语动词语义解释》（蒙文），《蒙古语言文学》2002年第6期。

森格：《蒙古语词的理据初谈》（蒙文），《内蒙古大学学报》1997年第4期。

舍·宝音涛克涛夫：《五畜命名要术》（蒙文），赤峰：内蒙古科技出版社1988年版。

舍冷那木吉拉：《蒙古族地区的鄂博与地名》，《地名知识》1985年第1期。

舍·那木吉拉：《语言与智力开发》（蒙文），呼和浩特：内蒙古人民出版社1990年版。

石庄子：《由地名"步步登高"研究奈曼旗地名》（蒙文），《内蒙古地名》1988年第1期。

史有为：《异文化的使者——外来词》，长春：吉林教育出版社1991年版。

双福：《"华裔译语"词汇研究——蒙古语里维吾尔、突厥语的影响》（蒙文），《蒙古语言文学》1984年第4期。

斯·哈日察克：《关于"扎莱诺尔"名称由来》（蒙文），《内蒙古地名》1985年第1期。

斯·苏日图：《关于土默特地名之命名年代》（蒙文），《内蒙古地名》1985年第1期。

斯·苏日图：《蒙古史籍记载的土默特村名》（蒙文），《内蒙古地名》1989年第1期。

斯钦巴特尔：《"和硕特"名称的由来》，《青海民族研究》1993年第2期。

斯钦朝克图：《torga türge（丝绸）名称及其与北方民族文化交流问题》，《民族团结》1993年第1期。

斯钦朝克图：《从词组 qoγola ögkü（给饭）考察语言的相互影响》（蒙文），《民族团结》1995 年第 5 期。

斯钦朝克图：《蒙古语"库伦"的文化释读》，《民族研究》2001 年第 4 期。

斯钦朝克图：《蒙古语里的 torga turge（绸缎）与北方民族之间的文化关系》（蒙文），《民族团结》1993 年第 3 期。

斯钦朝克图：《蒙古语五种牲畜名称语义分析》，《民族语文》1994 年第 1 期。

斯钦朝克图：《生殖器名称与原始宗教图腾文化——以蒙古语为例》，《民族语文》1999 年第 6 期。

斯钦朝克图：《生殖器名称与自然崇拜——以蒙古语为例兼论北方诸民族语言文化关系》，《民族研究》2000 年第 2 期。

斯钦朝克图：《祖先崇拜与生殖器名称》，《民族语文》2001 年第 4 期。

斯琴：《蒙古部落与北方其他部族》（蒙文），《内蒙古民族师范学院学报》1989 年第 3 期。

斯琴：《义素与义素分析》（蒙文），《内蒙古社会科学》1991 年第 4 期。

斯琴：《用义素分析法分析义位组合的合理性》（蒙文），《蒙古语文》1998 年第 12 期。

斯勤巴特尔：《关于察哈尔人的简单名字》（蒙文），《蒙古语文》1994 年第 12 期。

苏米雅、朝克图：《论阿拉善额吉纳旗历史由来》（蒙文），《内蒙古师范大学学报》1987 年增刊。

苏日策格：《土尔扈特人的昵称初探》（蒙文），《内蒙古大学学报》1996 年第 3 期。

孙惺：《蒙古语中的外来词》，《蒙古问题研究》1987 年第 1 期。

陶·那木吉拉旺其格：《红山文化"卍"符号及其北方游牧民族的"卍"文化》。

涛高：《科尔沁地区社会历史发展对科尔沁土语的影响》（蒙文），《科尔沁蒙古语文》1987 年第 1 期。

特·布和：《关于蒙古语中的汉语借词》（蒙文），《蒙古历史语文》1958 年第 12 期。

特·那顺巴特尔：《关于蒙古语外来语》（蒙文），《蒙古语文》

1983 年第 4 期。

特尔毕喜：《关于蒙古语的避讳词》（蒙文），《语言与翻译》1987 年第 2 期。

特格喜都仍：《关于蒙汉语关系的某些问题》（蒙文），《蒙古语文》1981 年第 5 期。

特木尔巴根：《关于蒙古语亲属称谓》（蒙文），《蒙古语文》1984 年第 3 期。

特木尔巴图：《"蒙古贞"称谓的由来》，《内蒙古日报》1985 年 2 月 11 日。

特木尔宝力道：《〈卫拉特法典〉中蒙古族婚姻制度初探》（蒙文），《内蒙古大学学报》1996 年第 3 期。

特图克等：《科尔沁土语与地方文化研究》（蒙文），沈阳：辽宁民族出版社 2001 年版。

天峰：《关于〈蒙古秘史〉中的敬词》（蒙文），《内蒙古社会科学》1989 年第 1 期。

天峰：《关于蒙古语成语语义系统》（蒙文），《蒙古语言文学》2002 年第 2 期。

天晓：《论禁忌语》（蒙文），《蒙古语言文学》1993 年第 5 期。

图鲁孟和：《关于"江格尔"名称》，《新疆日报》1989 年 8 月 15 日。

图门吉日嘎拉：《〈蒙古秘史〉中 öki（女儿）一词有关婚姻文化的几个词语探源》（蒙文），《蒙古语文》1996 年第 12 期。

图门吉日嘎拉：《〈蒙古秘史〉关于 küreget – te talbiqu 礼俗》（蒙文），《蒙古语文》1998 年第 4 期。

图门吉日嘎拉：《〈蒙古秘史〉中有关宫殿词语分析》（蒙文），《内蒙古大学学报》1994 年第 3 期。

图门吉日嘎拉：《〈蒙古秘史〉中与 öki 有关的一些名称》（蒙文），《蒙古语文》1995 年第 11 期。

图门吉日嘎拉：《关于 kürgen（女婿）一词》（蒙文），《内蒙古大学学报》1998 年第 2 期。

图门吉日嘎拉：《关于蒙古语"兴安"一词》（蒙文），《蒙古语文》2003 年第 4 期。

图门吉日嘎拉：《关于蒙古语 ür – e（种子）一词》，载《中国蒙古语文学会学术论文集》第五辑，呼和浩特：内蒙古人民出版社 2001

年版。

图门吉日嘎拉：《关于蒙古族给狗起的名称习俗》（蒙文），《内蒙古大学学报》1992 年第 3 期。

瓦·斯钦：《谈阿鲁科尔沁口语亲属称呼》（蒙文），《内蒙古师范大学学报》2001 年第 1 期。

旺吉勒：《对"成吉思"一词浅见》（蒙文），《蒙古语言文学》1985 年第 4 期。

温都苏：《蒙古族居所文化变迁在复合词中的反映》，载乌·那仁巴图主编《事业之路 同仁之情》，海拉尔：内蒙古文化出版社 2003 年版。

乌·那仁巴图：《关于〈蒙古秘史〉中的蒙古姓氏》（蒙文），《〈蒙古秘史〉多视角研究》，呼和浩特：内蒙古教育出版社 2001 年版。

乌·那仁巴图：《关于以星座起名的蒙古人命》（蒙文），载内蒙古师范大学编《蒙古语言文学研究》，海拉尔：内蒙古文化出版社 1997 年版。

乌·那仁巴图：《蒙古人名与蒙古族佛教意识》（蒙文），载内蒙古大学编《纪念清格尔泰教授执教 50 周年论文集》，呼和浩特：内蒙古大学出版社 1997 年版。

乌·那仁巴图：《宗教词汇与蒙古文化关系》（蒙文），《内蒙古社会科学》1996 年第 2 期。

乌力吉：《论蒙古族借用藏语的经验》（蒙文），《蒙古语文》1990 年第 6 期。

乌其拉图：《〈蒙古秘史〉》与汉文史记的几个姓氏比较》（蒙文），《内蒙古大学学报》2001 年第 2 期。

乌其拉图：《〈南齐书〉中的部分拓拔、鲜卑词语复原考释》（蒙文），《内蒙古大学学报》2002 年第 6 期。

乌其拉图：《部分匈奴词语及文化复原》（蒙文），《内蒙古大学学报》1996 年第 3 期。

乌其拉图：《部分匈奴词语及文化复原考释——再探匈奴人语言所属》（蒙文），《内蒙古大学学报》1999 年第 4 期。

乌其拉图：《叱奴氏的源流》（蒙文），《内蒙古大学学报》2000 年第 4 期。

乌其拉图：《关于蒙古语族古代文化研究》（蒙文），《金迪》1999 年第 2 期。

乌其拉图：《论察哈尔——阿富汗的察哈尔部族、察哈尔万户与〈江格尔〉中的库伦察哈尔》（蒙文），载《纪念内蒙古大学及蒙古语言文学系成立四十周年学术论文集》，赤峰：内蒙古科技出版社1997年版。

乌其拉图：《论史诗〈江格尔〉中所反映的"库列延"与"察哈尔"制度》（蒙文），《内蒙古大学学报》1989年第3期。

乌其拉图：《匈奴人语言所属初探》（蒙文），《内蒙古大学学报》1998年第4期。

乌瑞阳海·赵·阿拉坦格日乐：《蒙古族姓氏录》，赤峰：内蒙古科技出版社1996年版。

乌云仓：《古代蒙古族数字观及崇拜的数字》，《科学与生活》1998年第3期。

希·谱尔布：《关于史诗〈江格尔〉的产生年代，地域和物质文化联系问题》（蒙文），《启明星》1988年第8期。

新特克：《关于蒙古语词义体系探索》（蒙文），《内蒙古大学学报》1982年第1期。

徐占祥：《"海拉尔"名称考》（蒙文），《内蒙古地名》1986年第1期。

羊·巴雅尔：《马的名称中显示的蒙古族文化特点》（蒙文），《扎鲁·照黑雅拉齐》1990年第5期。

姚克成：《蒙古人名趣谈》，《东方世界》1986年第1期。

亦邻真：《起辇谷与古连勒古》，《内蒙古大学学报》1978年第3期。

扎·仑图：《和布克赛尔地名特点及传说》（蒙文），《语言与翻译》1990年第4期。

扎·巴图格日勒：《蒙古语语义研究》（蒙文），海拉尔：内蒙古文化出版社2000年版。

张清常：《从蒙汉语的历史关系看地名》，《地名丛刊》1986年第2期。

张清常：《胡同及其他》，北京：北京语言学院出版社1990年版。

张清常：《胡同与水井》，《语言教学与研究》1984年第4期。

张清常：《漫谈汉语中的蒙古语借词》，《中国语文》1978年第3期。

张清常：《明清以来北京城区街道名称变革所涉及的一些语言问

题》,《中国语文》1985 年第 3 期。

昭日格图:《关于藏语借词》(蒙文),《内蒙古师范大学学报》1982 年第 4 期。

昭日格图:《关于蒙古语借词》(蒙文),中国蒙古语文学会编《中国蒙古语文学会研究论文集》(1),北京:民族出版社 1988 年版。

佐增光:《蒙古地名演变之浅见》(蒙文),《内蒙古地名》1985 年第 2 期。

蒙古语信息处理研究论著索引

敖其尔:《蒙古语言及机器翻译初探》,《内蒙古软件》2000 年增刊号。

敖其尔:《蒙文音节输入法的设计与实现》,《内蒙古软件》2000 年增刊号。

敖其尔:《基于 INTERNET 蒙语远程教育系统的探讨》,《小型微型计算机系统》2001 年总第 239 期。

敖其尔:《基于三层结构的蒙文书目远程查询系统》,《内蒙古软件》2000 年增刊号。

敖其尔:《蒙汉混排图章计算机辅助设计系统》,《内蒙古计算机刊物》1994 年第 1 期。

敖其尔:《蒙汉混排文字处理系统研究与设计》,《内蒙古大学学报》(理科版)1994 年第 6 期。

敖其尔:《蒙文刻绘系统的设计与实现》,《内蒙古大学学报》1998 年第 1 期。

敖其尔:《蒙文字幕机的设计与实现》,《内蒙古大学学报》1998 年第 3 期。

敖其尔:《图书馆蒙文信息系统设计与实现》,《内蒙古大学学报》(自然科学版)2001 年第 6 期。

敖其尔:《一种蒙古语语音校对系统》,《内蒙古计算机》1995 年第 2 期。

敖其尔:《一种蒙语卡拉 OK 制作系统的实现》,《内蒙古广播与电视技术》1998 年第 1 期。

敖其尔:《英蒙机器翻译系统中机器词典的建立》,《内蒙古大学学报》(自然科学版)2002 年第 5 期。

敖其尔:《在少数民族地区怎样实现远程教育的探讨》,《小型微型计算机系统》2001年总第239期。

敖其尔：《一种集图文声为一体的制作卡拉OK系统》，《内蒙古计算机刊物》1994年第1期。

巴达玛敖德斯尔：《面向机器翻译的汉蒙短语转换规则研究》，博士学位论文，内蒙古大学，2003年。

巴达玛敖德斯尔：《汉蒙机器翻译词典中的蒙古语词语语法属性描述》，《民族语文》2002年第4期。

巴达玛敖德斯尔：《关于"语言学概论"课程的若干问题》，《蒙古语文》2003年第3期。

巴达玛敖德斯尔：《关于语文词典中无词性标注词的处理研究——面向信息处理的蒙古语词语分类研究之四》（蒙文），《内蒙古师范大学学报》2000年第2期。

巴达玛敖德斯尔：《汉蒙机器翻译词典中的蒙古语词语法属性描述》，《民族语文》2002年第4期。

巴达玛敖德斯尔：《内蒙古大学的蒙古语言文字研究》，韩国阿尔泰学会《阿尔泰学报》2002年第12号。

巴达玛敖德斯尔：《现代蒙古语应用研究的三个方向》，《蒙古语文》2001年第12期。

达胡白乙拉：《面向信息处理的现代蒙古语名词短语结构规则研究》，硕士学位论文，内蒙古大学，2002年。

华沙宝、巴达玛敖德斯尔：《蒙古语语料库建设现状分析和完善策略》，载孙茂松、陈群秀主编《语言计算与基于内容的文本处理》，北京：清华大学出版社2003年版。

华沙宝：《蒙古语短语标注策略》，《中央民族大学学报》2003年第5期。

华沙宝：《现代蒙古语文数据库软件》，《内蒙古大学学报》1992年第2期。

华沙宝：《实现500万词级"现代蒙古语文数据库"的主要措施》，载内蒙古大学蒙古语文研究所编《语文学术论文集》（7），呼和浩特：内蒙古大学蒙古语文研究所1984年版。

华沙宝：《基于蒙古文的语料库语言学研究现状与未来发展趋势》，载《内蒙古大学第三次蒙古学国际学术讨论会论文提要》，内蒙古大学出版社1998年版。

华沙宝：《现代蒙古语文数据库程序设计》（蒙文），《内蒙古大学学报》1992 年第 2 期。

华沙宝：《〈元朝秘史〉汉字标音、汉字旁注、拉丁音标三种格式并列管理程序——MNT3》，载《古籍数学化研究论文集》，呼和浩特：内蒙古大学出版社 1994 年版。

华沙宝：《从方正蒙文码到 ASČII 码的转写软件——MTOA》，载纪念清格尔泰教授执教 50 周年《论文与纪念文集》，呼和浩特：内蒙古大学出版社 1997 年版。

华沙宝：《从新蒙文到老蒙文的机器转写软件——SHBP》（蒙文），《内蒙古大学学报》1988 年第 2 期。

华沙宝：《关于科学技术名词术语思考》，《内蒙占社会科学》2001 年第 5 期。

华沙宝：《关于蒙古文信息处理》，《内蒙古大学学报》2002 年第 1 期。

华沙宝：《关于印第安语与蒙古语对比研究的初步设想》，美洲印第安人和中国北方民族文化对比研究研讨会论文，2002 年。

华沙宝：《蒙古文网络信息技术处理的对策》，《民族语文》2002 年第 6 期。

华沙宝：《蒙古语词类标注系统——AYIMAG》，载全国第五届计算语言学联合学术讨论会论文集，《计算语言学文集》，北京：清华大学出版社 1999 年版。

华沙宝：《蒙古语文的检索程序——MATE. AHP》（蒙文），《内蒙古大学学报》1985 年第 2 期。

华沙宝：《蒙文电子排版》（蒙文），呼和浩特：内蒙古大学出版社 1997 年版。

华沙宝：《实现 500 万词级现代蒙古语文数据库的主要措施》，载全国第四届计算语言学联合学术讨论会论文集《语言工程》，北京：清华大学出版社 1997 年版。

华沙宝：《现代蒙古语文自动校对系统——MHAHP》，《内蒙古大学学报》1997 年第 4 期。

吉仁花：《面向信息处理的蒙古语形容词短语结构规则研究》（蒙文），硕士学位论文，内蒙古大学，2004 年。

吉仁尼格：《蒙古语主语提示符 BOL 的自动识别法》（蒙文），内蒙古大学第三次蒙古学国际学术讨论会论文，1998 年。

吉仁尼格：《蒙文复合词自动识别系统研制方法》（蒙文），《内蒙古大学学报》1997年第4期。

吉仁尼格：《现代蒙古语文数据库200个高频词的统计》（蒙文），《蒙古语文》1999年第11期。

蒙古语文研究所计算机室：《关于现代蒙古语文数据库》，《内蒙古大学学报》1992年第1期。

内蒙古大学蒙古语文研究所：《〈蒙古秘史〉词典》，载《语文学术论文集》（7），呼和浩特：内蒙古大学蒙古语文研究所1984年版。

内蒙古自治区电子计算中心蒙文信息处理组：《运用电子计算机分析〈蒙古秘史〉语言的情况》，载《语文学术论文集》（7），呼和浩特：内蒙古大学蒙古语文研究所1984年版。

那顺乌日图、刘群、巴达玛敖德斯尔：《关于"汉蒙机器辅助翻译系统"》，韩国阿尔泰学研讨会论文，2001年11月。

那顺乌日图、刘群、巴达玛敖德斯尔：《面向机器翻译的蒙古语生成》，载张普、曹佑琦主编《自然语言理解与机器翻译》（第六届全国计算语言学联合学术会议论文集），北京：清华大学出版社2001年版。

那顺乌日图：《蒙古语语法信息词典框架设计》，博士学位论文，内蒙古大学，2000年。

那顺乌日图：《关于在蒙古语文研究中运用统计学方法的问题》，《民族语文》1993年第5期。

那顺乌日图：《蒙古文词根、词干、词尾的自动切分系统》，《内蒙古大学学报》1997年第2期。

那顺乌日图：《蒙古文信息处理》（蒙文），赤峰：内蒙古科学技术出版社1998年版。

那顺乌日图：《关于面向信息处理的蒙古语语义研究》，《内蒙古大学学报》2002年第5期。

那顺乌日图：《中国蒙古学研究》（与仁钦道尔吉教授合作），《国际蒙古学会会刊》总第7期，乌兰巴托，1991年。

那顺乌日图、确精扎布：《关于蒙古文编码》，《内蒙古大学学报》1994年第3、4期。

那顺乌日图：《关于面向信息处理的蒙古语词语分类及其标记集》，中国蒙古语文学会第八届年会论文，包头，1999年。

那顺乌日图：《关于现代蒙古语TAI/TEI形式的意义性质问题》，《蒙古语文》1991年第5期。

那顺乌日图：《计算机处理现代蒙古语TAI/TEI形式的尝试》，《民族语文》1991 年第 3 期。

那顺乌日图：《蒙古文国际标准编码的构成原则》，《内蒙古大学学报》1997 年第 6 期。

那顺乌日图、确精扎布：《蒙古文国际标准编码诸规则》，《内蒙古大学学报》1998 年第 4 期。

那顺乌日图、确精扎布：《蒙古文信息处理概述》(the Second China - Japan Natural Language Processing Joint Research Promotion Conference, Peking, 2002.10)。

那顺乌日图：《蒙古语电子词典基本设计》，载《内蒙古大学第三次蒙古学国际学术讨论会论文集》，呼和浩特，1998 年 8 月。

那顺乌日图：《蒙古语语法信息词典初步设想》，载《中国民族语言学会第七届学术讨论会论文集》，乌鲁木齐，1998 年 9 月。

那顺乌日图、王杨：《试论话篇连贯的隐含手段》，《内蒙古大学学报》1998 年第 3 期。

那顺乌日图：《现代蒙古语 UGEI 形式的统计分析》（蒙文），《内蒙古大学学报》1992 年第 4 期。

那顺乌日图：《在编制〈蒙古语语法信息词典〉时遇到的理论与实践问题》（蒙文），《内蒙古大学学报》2002 年第 4 期。

那顺乌日图：《制定蒙古语名词术语的原则与可能——基于统计学方法》（蒙文），《蒙古语文》1992 年第 6 期。

青格乐图：《面向信息处理的蒙古语固定词组研究》（蒙文），呼和浩特：内蒙古教育出版社 2001 年版。

青格乐图：《辨析名动结构复合词问题》，《民族语文》2000 年第 2 期。

青格乐图：《蒙古语复合词的自动识别方法》（蒙文），《内蒙古师范大学学报》2001 年第 2 期。

青格乐图：《蒙古语复合词语法属性描述》，《内蒙古师范大学学报》2003 年第 4 期。

青格乐图：《面向信息处理的蒙古语固定词组分类》（蒙文），《内蒙古师范大学学报》2000 年第 3 期。

青格乐图：《面向信息处理的蒙语固定词组界说》（蒙文），《内蒙古大学学报》2001 年第 3 期。

青格乐图：《研究蒙语自然语逻辑的必要性》（蒙文），《内蒙古师范大学学报》2003 年第 2 期。

确精扎布：《关于〈蒙古秘史〉的复数附加成分》（蒙文），《内蒙古大学学报》1990 年第 3 期。

蒙古语翻译研究论著索引

嘎拉桑：《蒙文诠释》（蒙文），呼和浩特：内蒙古人民出版社 1979 年版。

官布苏荣：《汉译蒙熟语的表达》（蒙文），《内蒙古民族师范学院学报》1985 年第 1 期。

吉木斯特·额尔敦陶克套：《中国蒙古学研究概论》（蒙文），沈阳：辽宁民族出版社 2002 年版。

贾晞儒：《蒙古语中汉语借词的语音处理——汉语教学札记之一》，《青海民族学院学报》1978 年第 3 期。

贾晞儒：《试谈句子的翻译——汉译蒙札记》，《民族语文》1984 年第 1 期。

贾晞儒：《再论词组的翻译——兼答巴图苏和诸同志》，《青海民族学院学报》1979 年第 3、4 期。

马祖毅：《中国翻译史话，元代的蒙汉互译及其他》，《安徽大学学报》1978 年第 2 期。

确精扎布等：《汉译蒙基础知识》（蒙文），呼和浩特：内蒙古大学出版社 1989 年版。

斯钦朝克图：《论〈萨迦格言〉的语言和翻译》（蒙文），《蒙古语言文学》1987 年第 5 期。

杨才铭：《浅谈汉蒙词汇系统的差异与词语对译》，《西北民族学院学报》1985 年第 1 期。

业喜：《蒙古译文名词应统一起来》（蒙文），《内蒙古日报》1953 年 1 月 11 日。

蒙古语词典研究论著索引

昂如布、仁钦格瓦、斯钦朝克图：《蒙古族最早的科学辞典〈智慧之鉴〉》（蒙文），《蒙古语言文学》1980 年第 1 期。

敖斯尔：《关于词典选词目的和范围》（蒙文），《蒙古语言文学》1986 年第 6 期。

敖特·额尔德尼：《与编纂蒙文词典的同志商榷有关问题》（蒙文），《内蒙古大学学报》1978 年第 1、2 期。

巴·达瓦达格巴:《19 世纪土默特蒙古学者嘎拉桑的〈蒙文诠释〉初探》(蒙文),《内蒙古大学学报》1980 年第 1 期。

巴·旺其格:《词典的种类》(蒙文),《智慧钥匙》1985 年第 2 期。

巴·旺其格:《关于〈蒙文字典〉内容和意义》(蒙文),《智慧钥匙》1986 年第 1、2 期。

巴·旺其格:《关于近几年出版的蒙古语词典》(蒙文),《内蒙古师范大学学报》1985 年第 4 期。

包力高:《我国第一部蒙古语正音词典,布林特古斯〈蒙古语正音正字词典〉评介》(蒙文),《内蒙古社会科学》1986 年第 6 期。

达·巴特尔:《20 世纪蒙古语辞书》,《辞书研究》1999 年第 6 期。

达·巴特尔:《蒙古语单语词典概述》(蒙文),《蒙古语言文学》1990 年第 2 期。

达·巴特尔:《蒙古语双语词典概述》(蒙文),《内蒙古社会科学》1987 年第 5 期。

官其格苏荣:《论词典》(蒙文),《蒙古语文》1980 年第 5 期。

哈斯额尔敦:《〈华夷译语〉研究》(蒙文),《蒙古语文》1986 年第 5—8 期。

呼伦:《一本好用的词典》(蒙文),《蒙古语文》1980 年第 2 期。

吉木斯特·额尔敦陶克套:《中国蒙古学研究概论》(蒙文),沈阳:辽宁民族出版社 2002 年版。

确精扎布:《蒙古大文人嘎拉桑的杰出著作——关于〈蒙文诠释〉》(蒙文),《蒙古历史语文》1958 年第 3 期。

仁赛玛:《词典编纂现代化刍议》(蒙文),《内蒙古社会科学》1985 年第 2 期。

仁赛玛:《关于词典的分类》(蒙文),载《蒙古语言研究论文集》(1),1985 年。

仁赛玛:《论 13—17 世纪初几部蒙汉对照词典》(蒙文),《蒙古语言文学》1985 年第 2 期。

仁赛玛:《论 18—20 世纪中期蒙古语词典研究》(蒙文),《蒙古语言文学》1986 年第 3 期。

仁赛玛:《论词典与名词术语规范化》(蒙文),《蒙古语言文学》1987 年第 6 期。

仁赛玛:《论翻译词典缩略语规范问题》(蒙文),《蒙古语言文学》

1989 年第 3 期。

仁赛玛：《蒙古语词典学研究概述》（蒙文），《内蒙古社会科学》1989 年第 3 期。

双福：《〈华夷译语〉蒙古语表音汉字研究》（蒙文），《内蒙古社会科学》1986 年第 4 期。

双福：《〈华夷译语〉蒙古语词汇回鹘体蒙古文还原》（蒙文），《内蒙古社会科学》1985 年第 4 期。

双福：《〈华夷译语〉蒙古语元音系统及其特点》（蒙文），《内蒙古社会科学》1985 年第 6 期。

双福：《〈至元译语〉研究》（蒙文），《蒙古语文》1989 年第 8 期。

斯·斯钦毕力格：《蒙古文古旧词典文献评介》（蒙文），《内蒙古图书馆工作》1989 年第 1、2 期。

苏雅拉图：《〈蒙古语比喻词典〉介绍》（蒙文），《蒙古语文》1989 年第 10 期。

新特克：《关于〈智慧之鉴〉的智慧》（蒙文），《蒙古语言文学》1990 年第 4 期。

新特克：《蒙古语词典编纂新方法探索》（蒙文），《内蒙古大学学报》1989 年第 3 期。

新特克：《蒙古语词典学的起源》（蒙文），《蒙古语言文学》1986 年第 3 期。

新特克：《蒙古语词汇研究史概述》（蒙文），《内蒙古大学学报》1980 年第 1 期。

新特克：《蒙古语辞书编纂和研究的主要方法》（蒙文），《蒙古语言文学》1987 年第 2 期。

雅·道尔吉：《〈智慧之鉴〉与蒙古语翻译》（蒙文），《蒙古语言文学》1987 年第 4 期。

照日格图：《杰出的蒙译学者——益希丹毕若美》（蒙文），《蒙古语文》1987 年第 11 期。

蒙古语文献研究论著索引

阿·泰柏：《关于书写托忒文某些词汇的商榷意见》（蒙文），《语言与翻译》1987 年第 3 期。

敖力布：《关于〈成吉思汗碑铭〉的研究》（蒙文），《西北民族学院学报》1981 年第 1 期。

奥·齐格其：《释读呼和浩特大召寺双铁狮碑题记》（蒙文），《蒙古语文》1990年第4期。

巴·斯钦巴特尔：《蒙古语文研究资料》（2），呼和浩特：内蒙古人民出版社1985年版。

巴·旺其格：《阿尔赛石窟回鹘蒙古文文献与19窟B12榜题》（蒙文），《内蒙古师范大学学报》1992年第1期。

巴达荣贵、关巴整理：《卫拉特蒙古神话故事》（蒙文），北京：民族出版社1987年版。

巴岱、金峰、额尔德尼整理注释：《卫拉特历史文献》（蒙文），海拉尔：内蒙古文化出版社1985年版。

巴岱、金峰、额尔德尼整理注释：《卫拉特史迹》（蒙文），乌鲁木齐：新疆人民出版社1992年版。

巴图夫：《托忒文正字法中存在的某些问题》（蒙文），《语言与翻译》1990年第3期。

白俊瑞：《中世纪蒙古语祈使式动词形态的发展与演变》（蒙文），《内蒙古大学学报》1986年第2期。

白音巴特尔：《阿尔赛石窟第19窟东壁B19榜题释读》（蒙文），《内蒙古师范大学学报》1990年第2期。

白音门德：《〈蒙古秘史〉拉丁转写简史》（蒙文），《蒙古语文》1992年第6期。

白音门德：《〈蒙古秘史〉中的副词 taki，teki 和 či》（蒙文），《内蒙古大学学报》1990年第4期。

白音门德：《关于〈蒙古秘史〉中的"L类形式"的时》（蒙文），《蒙古语文》1990年第10期。

白音门德：《关于〈蒙古秘史〉中的副词"额列、鲁、别儿、古、巴"》（蒙文），《内蒙古大学学报》1993年第3期。

白音门德：《关于〈蒙古秘史〉中的副词"额列"和"鲁"》（蒙文），《蒙古语文》1991年第12期。

白音门德：《关于〈蒙古秘史〉中的副词"古"》（蒙文），《内蒙古社会科学》1991年第1期。

包力高：《蒙古文字简史》（蒙文），呼和浩特：内蒙古人民出版社1983年版。

包祥：《蒙古文字学》（蒙文），呼和浩特：内蒙古教育出版社1984年版。

宝·阿木尔达赖：《关于〈江格尔〉中一些人名》（蒙文），《蒙古语言文学》1990年第3期。

宝音贺希格、托·巴德玛搜集整理：《江格尔》（蒙文），乌鲁木齐：新疆人民出版社1980年版。

布仁巴图：《〈蒙古秘史〉回鹘式蒙古文原文中三个异写体词语复原》（蒙文），《内蒙古大学学报》1994年第2期。

布仁巴图：《〈蒙古秘史〉里一个特用语及从比格"-eče"》（蒙文），《蒙古学研究》2001年第2期。

布仁巴图：《〈蒙古秘史〉中的"蓬松树周围"考》（蒙文），《蒙古语文》1993年第3期。

布仁巴图：《〈蒙古秘史〉的"有翅、鼠、鱼"探源》（蒙文），《蒙古语言文学》1991年第5期。

布仁巴图：《论〈蒙古秘史〉原文系回鹘式蒙古文——汉字标写所存某些疑点探源》（蒙文），《蒙古语文》1993年第11期。

蔡志纯、洪用赋、王龙耿：《蒙古族文化》，北京：中国社会科学出版社1993年版。

策·贺希格陶克套：《论〈江格尔〉诗韵》（蒙文），《卫拉特研究》1989年第1期。

达日玛巴斯尔：《〈俺达汗传〉格范畴初探》（蒙文），《蒙古语言文学》1989年第4期。

丹森、布仁巴图、纳·巴图吉日嘎拉：《阿尔寨石窟第26号窟第25、26号铭文研究》（蒙文），《内蒙古师范大学学报》1990年第2期。

丹森、布仁巴图、纳·巴图吉日嘎拉：《阿尔寨石窟第26号窟第33、34号铭文研究》（蒙文），《蒙古语言文学》1990年第2期。

丹森、布仁巴图、纳·巴图吉日嘎拉：《阿尔寨石窟佛教文化遗址概述》，《内蒙古社会科学》1990年第3期。

丹森、布仁巴图、纳·巴图吉日嘎拉：《阿尔寨石窟回鹘蒙文〈破敌度母〉等三尊佛母赞诗研究》（蒙文），《内蒙古大学学报》1990年第3期。

丹森、布仁巴图、纳·巴图吉日嘎拉：《阿尔寨石窟回鹘蒙文大罗汉赞诗研究》（蒙文），《内蒙古社会科学》1990年第6期。

丹森、布仁巴图、纳·巴图吉日嘎拉：《阿尔寨石窟蒙文〈金犊〉〈金刚熄子〉等十二罗汉赞诗研究》（蒙文），《蒙古语言文学》1990年第4期。

丹森、布仁巴图、纳·巴图吉日嘎拉：《阿尔寨石窟蒙文〈圣二十一救度佛母〉赞诗研究》（蒙文），《蒙古语言文学》1990年第3期。

道·巴图扎布：《史诗〈江格尔〉名称的本义》（蒙文），《语言与翻译》1989年第4期。

道·额尔德尼：《关于"江格尔"一词》（蒙文），《内蒙古师范大学学报》1987年6月18日。

道布：《回鹘式蒙古文文献汇编》（蒙文），北京：民族出版社1983年版。

额尔登泰、乌云达赖、阿斯拉图：《〈蒙古秘史〉词汇选释》，呼和浩特：内蒙古人民出版社1980年版。

额尔登泰、乌云达赖、阿斯拉图：《〈蒙古秘史〉校堪本》，呼和浩特：内蒙古人民出版社1977年版。

额尔敦孟和：《论阿格旺丹德尔的〈蒙文文法〉》（蒙文），《内蒙古师范大学学报》1985年第4期。

额尔敦陶克套：《〈详解蒙文文法〉及其作者德力格忠乃》（蒙文），《内蒙古师范大学学报》1986年第2期。

恩和巴特尔：《〈高昌馆课〉翻译年代考》（蒙文），《蒙古语文》1989年第6期。

恩和巴特尔：《阿尔赛石窟第19窟 Č6 榜题释读》（蒙文），《内蒙古社会科学》1990年第6期。

嘎日迪：《〈张应瑞碑〉蒙古文研究》（1）（蒙文），载哈斯额尔敦编《内蒙古师大蒙文系研究生论文集》（下），呼和浩特：内蒙古人民出版社1990年版。

嘎日迪：《阿尔赛石窟第19窟西壁 Č10 回鹘蒙文榜题释读》（蒙文），《蒙古学研究》1990年第3期。

嘎日迪：《五台山大白塔碑文释读》（蒙文），《蒙古语文》1989年第2期。

格日勒玛等整理：《卫拉特蒙古史诗选》（蒙文），北京：民族出版社1987年版。

哈斯巴根：《〈蒙古秘史〉中的方位词》（蒙文），《蒙古语文》1991年第11期。

哈斯巴根：《关于〈蒙古秘史〉若干汉字的标音问题》，《内蒙古师大学报》1990年第4期。

哈斯巴特尔：《〈蒙古秘史〉语言中的"门"一词》（蒙文），《蒙古语文》1993年第3期。

哈斯巴特尔：《〈蒙古秘史〉中的"温"词缀的发展变化》（蒙文），《蒙古语文》1992年第8期。

哈斯巴特尔：《关于〈元朝秘史〉语言中的 －da/－de、－ta/－te；－a/－e；－dur/－dür、－tur/－tür 附加成分》（蒙文），《内蒙古大学学报》1984年第3期。

哈斯额尔敦、白音巴特尔等：《榆林窟第12窟道尔吉题记释译》，《敦煌研究》1992年第2期。

哈斯额尔敦、丹森等：《阿尔赛石窟回鹘蒙文榜题研究》，沈阳：辽宁民族出版社1997年版。

哈斯额尔敦、嘎日迪：《鄂尔多斯阿尔赛石窟回鹘蒙古文榜题概述》（蒙文），《内蒙古师范大学学报》1990年第4期。

哈斯额尔敦、嘎日迪等：《安西榆林窟第12窟前室甬道北壁鹘蒙古文题记释译》，《敦煌研究》1990年第3期。

哈斯额尔敦、嘎日迪等：《敦煌莫高窟元代回鹘蒙古文〈图勒黑图古思题记〉释译》，《敦煌研究》1987年第3期。

哈斯额尔敦、嘎日迪等：《敦煌石窟回鹘蒙古文题记考察报告》，《敦煌研究》1990年第4期。

哈斯额尔敦、嘎日迪等：《莫高窟第61窟甬道南壁回鹘蒙古文题记释译》，《敦煌研究》1989年第1期。

哈斯额尔敦：《〈华夷译语〉研究》（蒙文），《蒙古语文》1986年第5—8期。

哈斯额尔敦：《1240年大紫微宫蒙古文碑文研究》（蒙文），《蒙古语文》1984年第2期。

哈斯额尔敦：《阿尔赛石窟第19窟B20回鹘蒙古文榜题释读》（蒙文），《内蒙古大学学报》1990年第3期。

哈斯额尔敦：《关于〈华夷译语〉》（蒙文），《内蒙古师范大学学报》1984年第4期，1985年第1—2期。

哈斯额尔敦：《蒙古文〈孝经〉的格》（蒙文），《蒙古语文》1989年第7期。

哈斯额尔敦：《蒙古文〈孝经〉的构词法》（蒙文），《内蒙古民族师院学报》1991年第2期。

哈斯额尔敦：《蒙古文〈孝经〉的领属格》（蒙文），《蒙古学研究》1990年第4期。

哈斯额尔敦:《蒙古文〈孝经〉的数范畴》(蒙文),《蒙古语言文学》1988 年第 6 期。

哈斯额尔敦:《蒙古语〈孝经〉及其词汇初探》(蒙文),《内蒙古师范大学学报》1982 年第 3—4 期。

哈斯额尔敦:《蒙古语〈孝经〉语言研究绪论》(蒙文),《民族语文论文集》,1993 年。

郝苏民:《对西藏元代八思巴字蒙古语圆牌的译释兼论其意义》,《西北民族学院学报》1979 年第 1 期。

郝苏民:《扬州发现元代圆牌八思巴字和波斯文释读》,《西北民族学院学报》1985 年第 1 期。

呼·库叶:《关于人名"江格尔"的由来》(蒙文),《内蒙古社会科学》1985 年第 3 期。

呼和巴日斯:《〈蒙古秘史〉的语言的语音结构》,《〈蒙古秘史〉多视角研究》,呼和浩特:内蒙古教育出版社 2001 年版。

呼和巴日斯:《〈蒙古秘史〉语言的副动词》(蒙文),《蒙古语文》1998 年第 1 期。

呼和巴日斯:《〈蒙古秘史〉语言的格》(蒙文),《蒙古语文》1993 年第 8—9 期。

呼和巴日斯:《〈蒙古秘史〉语言的形动词》(蒙文),《蒙古语言文学》1997 年第 5 期。

呼和巴日斯:《〈蒙古秘史〉语言塞音 q、k、g 的探析》(蒙文),载内蒙古师范大学编《蒙古学论文集》,呼和浩特:内蒙古教育出版社 1994 年版。

呼和巴日斯:《关于〈蒙古秘史〉语言中各类词在数格上的一致现象》(蒙文),《蒙古语文》1990 年第 1 期。

贾拉森:《〈蒙文启蒙〉与藏语的格形态》(蒙文),《内蒙古大学学报》1987 年第 4 期。

贾拉森:《〈蒙文启蒙〉与〈读咒法〉——浅谈语言的大种分类》(蒙文),《内蒙古师范大学学报》1990 年第 1 期。

库叶:《托忒文创制年代及其作者新探》(蒙文),《内蒙古社会科学》1986 年第 3 期。

刘如仲:《勐往甸军民官印》,《民族文化》1984 年第 5 期。

罗常培:《论龙果夫的〈八思巴字古官话〉》,《中国语文》1959 年第 12 期。

木·尼玛：《人名"江格尔"考》，《蒙古语言文学》1985 年第 4 期。

那·索德孟：《〈江格尔〉中的誓言母体》（蒙文），《语言与翻译》1986 年第 2 期。

纳·巴图吉日嘎拉：《阿尔赛石窟回鹘蒙古文〈跋陀罗〉阿罗汉礼赞诗研究》（蒙文），《蒙古语言文学》1996 年第 4 期。

纳·巴图吉日嘎拉：《阿尔赛石窟回鹘蒙古文〈罗怙罗〉阿罗汉礼赞诗研究》（蒙文），《内蒙古社会科学》1996 年第 6 期。

纳·巴图吉日嘎拉：《阿尔赛石窟回鹘蒙古文〈时相应〉阿罗汉礼赞诗研究》（蒙文），《蒙古语言文学》1996 年第 3 期。

淖尔吉玛：《论〈江格尔〉的文学语言》，载《中国蒙古语言学会青海分会论文集》（1），1987 年。

帕·杜嘎尔：《乌珠穆沁丹金达格巴与〈蒙文启蒙〉》（蒙文），《内蒙古社会科学》1987 年第 4 期。

其达拉图：《关于〈蒙古源流〉文字书写》（蒙文），《蒙古语文》1985 年第 3 期。

双福：《14 世纪文献〈汉蒙往来文书〉研究》（蒙文），《内蒙古社会科学》1988 年第 5 期。

双福：《对〈金帐桦皮书〉原文第三次复原》（蒙文），《内蒙古师范大学学报》1989 年第 2 期。

双福：《古蒙古语研究》（蒙文），呼和浩特：内蒙古教育出版社 1996 年版。

斯钦朝克图：《关于〈孝经〉蒙古文》（蒙文），《蒙古语言文学》1982 年第 2 期。

斯钦朝克图：《论〈萨迦格言〉的语言和翻译》（蒙文），《蒙古语言文学》1987 年第 5 期。

斯钦朝克图：《论〈萨迦格言〉》（蒙文），《内蒙古社会科学》1989 年第 4—6 期。

图尔孟克：《关于"江格尔"名称》，《新疆日报》1989 年 8 月 15 日。

图力固尔：《〈忻都王碑〉蒙古语文研究》（蒙文），海拉尔：内蒙古文化出版社 1992 年版。

乌·满达夫：《敬斋公与〈三合便览〉》（蒙文），《蒙古语文》1989 年第 2 期。

乌·满达夫：《蒙古译语词典》，北京：民族出版社 1995 年版。

乌兰：《〈蒙古源流〉研究》，沈阳：辽宁民族出版社 2000 年版。

乌力吉陶克陶：《〈蒙文启蒙〉研究》（蒙文），《内蒙古师范大学学报》1989 年第 2 期。

乌云：《阿拉善喇隆巴·阿格旺丹德尔及其著作》（蒙文），《蒙古语言文学》1989 年第 2 期。

伍月：《蒙古文文献》，载张公瑾等编《民族古文献概览》，北京：民族出版社 1997 年版。

希·淖日布：《胡都木、托忒文创制和托忒文文献》（蒙文），《语言与翻译》1986 年第 4 期。

杨耐思：《八思巴字对音——读龙果夫的〈八思巴字古官话〉》，《中国语文》1959 年第 12 期。

亦邻真：《读 1276 年龙门禹王庙八思巴字令旨碑——兼评尼古拉·鲍培的译注》，《内蒙古大学学报》1963 年第 1 期。

扎·巴图格日勒：《论〈详解蒙文文法〉》（蒙文），《蒙古语言文学》1987 年第 1 期。

扎·伦图：《关于托忒文标点符号》（蒙文），《语言与翻译》1989 年第 4 期。

照那斯图、道布：《天宝宫八思巴字蒙古圣旨碑》，《民族语文》1984 年第 6 期。

照那斯图、杨耐思：《蒙古字韵校注》，北京：民族出版社 1991 年版。

照那斯图：《巴思八字和蒙古文文献 I 研究文集》，日本东京外国语大学亚非语言文化研究所 1990 年版。

照那斯图：《巴思八字和蒙古文文献 II 文献汇集》，日本东京外国语大学亚非语言文化研究所 1991 年版。

照那斯图：《南华寺藏八思巴字蒙古圣旨的复原和考释》，《中国语言学报》1983 年第 1 期。

照那斯图：《玄中寺八思巴字蒙语圣旨碑刻》，《民族语文》1986 年第 6 期。

照那斯图：《也孙帖睦尔龙年圣旨》（蒙文），《蒙古学研究》1992 年第 4 期。

照那斯图：《元英宗格坚皇帝八思巴字蒙语圣旨》，载《世界的语言，献给温棣帆教授 65 寿辰论文集》（英文），澳大利亚国立大学出版社 1987 年版。

（曹道巴特尔）

达斡尔语研究论著索引

巴达荣嘎、额尔敦陶克套、呼和：《达斡尔文读本》（达斡尔文），呼和浩特：内蒙古人民出版社 1957 年版。

巴达荣嘎、额尔敦陶克套、呼和：《达斡尔语的某些辅音》（蒙文），《蒙古语言文学历史》1959 年第 10 期。

巴达荣嘎：《满文对达斡尔文化发展所起到的作用》，《满族研究》1985 年第 2 期。

达兰泰、门都：《达斡尔语动词研究》（蒙文），《蒙古语言文学历史》1960 年第 4 期。

丁石庆：《达斡尔语亲属称谓试析》，载中央民族大学少数民族语言文学学院、《中国民族语言论丛》编委会编《中国民族语言论丛》(2)，昆明：云南民族出版社 1997 年版。

丁石庆：《达斡尔语言与社会文化》，北京：中央民族大学出版社 1998 年版。

丁石庆：《达斡尔语早期汉语借词再探》，《满语研究》1993 年第 2 期。

丁石庆：《关于达斡尔语中的汉语借词——清代达斡尔与满、汉语言关系探略》，《中央民族学院学报》1990 年增刊（少数民族语言与汉语关系研究）。

丁石庆：《哈萨克语对新疆达斡尔语语音的影响》，《语言与翻译》1991 年第 4 期。

丁石庆：《论清代"达呼尔文"的历史文化价值》，《黑龙江民族丛刊》2001 年第 3 期。

丁石庆：《论新疆达斡尔族的双语文化现象》，《北方民族》1997 年第 3 期。

丁石庆：《清代达斡尔族满达双语现象形成的多元基础》，《满语研究》1993 年第 1 期。

丁石庆：《双语族群语言文化的调适与重构》，博士学位论文，中央民族大学，2003 年。

额尔敦陶克套：《达斡尔语构词附加成分》（蒙文），《蒙古语言文学历史》1959 年第 7 期。

额尔敦陶克套：《达斡尔语中的汉语借词》（蒙文），《蒙古语言文学历史》1960 年第 2 期。

恩和巴图：《19 世纪达斡尔人使用的文字》，《内蒙古大学学报》1996 年第 6 期。

恩和巴图编：《达汉小辞典》，呼和浩特：内蒙古人民出版社 1983 年版。

恩和巴图：《达斡尔语读本》，呼和浩特：内蒙古人民出版社 1988 年版。

恩和巴图：《达斡尔语和蒙古语》（蒙文），呼和浩特：内蒙古人民出版社 1988 年版。

恩和巴图：《达斡尔语记音符号》（蒙文），《内蒙古大学学报》1983 年第 3 期。

恩和巴图：《关于达斡尔语历史的几个问题》（蒙文），载中国蒙古语言学会编《中国蒙古语言学会学术论文集》（1），北京：民族出版社 1988 年版。

恩和巴图：《关于达斡尔语满文拼写法》（蒙文），《内蒙古大学学报》1994 年第 2 期。

恩和巴图：《论达斡尔语的格》（蒙文），《内蒙古大学学报》1985 年第 3 期。

恩和巴图：《满达词典研究》，《满语研究》1994 年第 2 期。

恩和巴图：《清代达呼尔文献研究》（蒙文），呼和浩特：内蒙古大学出版社 2001 年版。

恩和巴图：《谈满文字母的达斡尔文》，《民族语文》1994 年第 2 期。

恩和巴图等：《达斡尔语词汇》（蒙文），呼和浩特：内蒙古人民出版社 1985 年版。

恩和巴图等：《达斡尔语话语材料》（蒙文），呼和浩特：内蒙古人民出版社 1984 年版。

胡和：《达斡尔语和汉语词汇比较》，黑龙江省民族研究所内部刊印 1988 年。

满都尔图：《达斡尔族》，载郝时远主编《中国少数民族分布图集》，北京：中国地图出版社 2002 年版。

拿木四来、哈斯额尔敦：《蒙古语和达斡尔语比较研究》（蒙文），呼和浩特：内蒙古人民出版社1983年版。

拿木四来、哈斯额尔敦：《达斡尔语的谓语人称范畴》，《民族语文》1981年第2期。

拿木四来、哈斯额尔敦：《达斡尔语名词的领属附加成分》，载《民族语文》编辑部编《民族语文研究论集》，西宁：青海人民出版社1982年版。

拿木四来、哈斯额尔敦：《关于达斡尔语亲属称谓》（蒙文），《蒙古语文》1989年第6期。

欧南·乌珠尔：《达斡尔语词的领属性范畴》，《民族语文研究》1984年。

欧南·乌珠尔：《达斡尔文正字法》，达斡尔文，呼和浩特：内蒙古人民出版社1957年版。

森格：《达斡尔语中的同音词》（蒙文），《蒙古语文》1989年第6期。

司提反·米勒：《阿尔泰语系蒙语族语言语法比较研究》，博士学位论文，中央民族大学，2005年。

孙竹：《论达斡尔族语言——兼谈达斡尔语与蒙古语的某些异同》（上、下），《青海民族学院学报》1983年第4期，1984年第1期。

塔娜：《试论汉语对达斡尔语的影响》（蒙文），《内蒙古大学学报》1982年第3期。

王静如：《关于达斡尔语言问题的初步意见》，中央民族学院研究部编《中国民族问题研究集刊》，1955年。

王鹏林：《蒙古语族的宾格附加成分考察——根据达斡尔语的材料》，《内蒙古师范大学学报》1983年第4期。

仲素纯：《达斡尔语的元音和谐》，《民族语文》1980年第4期。

仲素纯：《达斡尔语概况》，《中国语文》1965年第4期。

仲素纯：《达斡尔语简志》，北京：民族出版社1982年版。

Ivanowskii, A. O. *Obrazčy solonskago I daxurskago yazykov*. Sankt Petersburg: Akademie, 1894.

（曹道巴特尔）

土族语研究论著索引

哈斯巴特尔等：《土族语词汇》（蒙汉文），呼和浩特：内蒙古人民出版社 1985 年版。

李克郁：《土族语言质疑》，转引自贾晞儒主编《民族语文散论》，西宁：青海人民出版社 1987 年版。

李克郁：《土族语中 – nge（– ge）的用法》，《青海民族学院学报》1983 年第 1 期。

李克郁：《土汉词典》，西宁：青海人民出版社 1989 年版。

李克郁：《土族语言研究》，《青海日报》1962 年 2 月 15 日。

李克郁：《土族姓氏初探》，《民族研究》1982 年第 4 期。

李克郁：《土族族称辨析》，《青海社会科学》1985 年第 3 期。

清格尔泰：《关于土族语中的两个助动词》，载中国蒙古语言学会编《中国蒙古语言学会学术论文集》（1），北京：民族出版社 1988 年版。

清格尔泰：《土族语话语材料》（蒙汉文），呼和浩特：内蒙古人民出版社 1988 年版。

清格尔泰：《土族语和蒙古语》（蒙汉文），呼和浩特：内蒙古人民出版社 1991 年版。

清格尔泰：《土族语语音 b 的发展演变》（蒙文），《蒙古语言文学》1988 年第 6 期。

清格尔泰：《蒙古尔族（土族）动词特点》，《内蒙古大学学报》1981 年第 2 期。

席元麟：《土语构词法凡例》，《青海民族学院学报》1983 年第 1 期。

司提反·米勒：《阿尔泰语系蒙古语族语言语法比较研究》，博士学位论文，中央民族大学，2005 年。

照那斯图：《土族语民和方言概述》，转引自《民族语文》编辑部《民族语文研究论集》，西宁：青海人民出版社 1982 年版。

照那斯图：《土族语简志》，北京：民族出版社 1981 年版。

照那斯图：《土族语概况》，《中国语文》1964 年第 6 期。

照那斯图：《东乡语简志》，北京：民族出版社 1981 年版。

马国忠、陈元龙：《东乡语汉语词典》，兰州：甘肃人民出版社 2001 年版。

那达米德：《关于东乡语元音》，《西北民族学院学报》1982 年第 3 期。

那森柏：《东乡语的词重音》（蒙文），《蒙古语言文学》1982 年第 1 期。

那森柏：《东乡语人称代词》（蒙文），载中国蒙古语言学会编《中国蒙古语言学会学术论文集》（1），北京：民族出版社 1988 年版。

伊布拉：《东乡语的音位》，《甘肃民族研究》1985 年第 1、2 期。

（曹道巴特尔）

东部裕固语研究论著索引

保朝鲁、贾拉森：《东部裕固语话语材料》（蒙文），呼和浩特：内蒙古人民出版社 1988 年版。

保朝鲁：《东部裕固语词汇》（蒙文），呼和浩特：内蒙古人民出版社 1985 年版。

保朝鲁：《东部裕固语的音节、重音》（蒙文），《内蒙古大学学报》1989 年第 1 期。

保朝鲁：《东部裕固语动词祈使式》（蒙文），《蒙古语文》1986 年第 2 期。

保朝鲁：《东部裕固语与蒙语长元音对应关系》（蒙文），《内蒙古大学学报》1986 年第 4 期。

保朝鲁：《东部裕固语词首音节元音 i 的演变》（蒙文），《内蒙古大学学报》1985 年第 4 期。

保朝鲁：《关于东部裕固语动词时范畴》（蒙文），载《中国蒙古语言学会学术论文集》（1），北京：民族出版社 1988 年版。

格日勒图：《东部裕固语构词附加成分》，《西北民族学院学报》1983 年第 4 期。

贾拉森：《藏语对东部裕固语的影响》（蒙文），《蒙古语文》1990 年第 9 期。

孟和宝音：《东部裕固语动词的若干问题》（蒙文），《内蒙古师范大学学报》1991 年第 2 期。

照那斯图：《东部裕固语简志》，北京：民族出版社 1981 年版。

保朝鲁、贾拉森：《东部裕固语和蒙古语》（蒙文），呼和浩特：内蒙古人民出版社 1991 年版。

（曹道巴特尔）

东乡语研究论著索引

包力高：《关于东乡语弱化元音》（蒙文），《蒙古语言文学》1988 年第 3 期。

布和：《东乡语词汇初探》（蒙文），载中国蒙古语言学会编《中国蒙古语言学会学术论文集》（1），北京：民族出版社 1988 年版。

布和：《东乡语和蒙古语》（蒙文），呼和浩特：内蒙古人民出版社 1986 年版。

布和：《东乡语式动词的一种形式》（蒙文），《内蒙古大学学报》1981 年第 2 期。

布和：《东乡语元音和谐现状探析》，《民族语文》1983 年第 4 期。

布和：《关于东乡语鼻辅音 n 和 ng》（蒙文），《内蒙古大学学报》1985 年第 2 期。

布和等：《东乡语词汇》（蒙文），呼和浩特：内蒙古人民出版社 1983 年版。

布和等：《东乡语话语材料》（蒙文），呼和浩特：内蒙古人民出版社 1987 年版。

呼和巴日斯：《东乡语与蒙古语同源词》（蒙文），《蒙古语言文学》1986 年第 1 期。

呼和巴日斯：《关于东乡语动词的一个附加成分》（蒙文），《蒙古语言文学》1987 年第 5 期。

李雪芹：《东乡族》，载郝时远主编《中国少数民族分布图集》，北京：中国地图出版社 2002 年版。

刘照雄：《东乡语概况》，《中国语文》1965 年第 2 期。

（曹道巴特尔）

保安语研究论著索引

布和：《同仁保安语概要》，《民族语文》1981年第2期。

布和等：《保安语简志》，北京：民族出版社1982年版。

陈乃雄：《保安语和蒙古语》（蒙文），呼和浩特：内蒙古人民出版社1987年版。

陈乃雄：《保安语及其方言土语》，载美国西华盛顿大学编《阿尔泰学文集》，1994年。

陈乃雄：《陈乃雄论文集》，呼和浩特：内蒙古教育出版社1995年版。

陈乃雄：《年都乎保安语的"数"》，《青海社会科学》1981年第4期。

陈乃雄等：《保安语词汇》（蒙文），呼和浩特：内蒙古人民出版社1986年版。

陈乃雄等：《保安语话语材料》（蒙文），呼和浩特：内蒙古人民出版社1987年版。

乐·色音额尔敦：《同仁保安语里的谐音合成词》，《民族语文》1980年第3期。

刘照雄：《保安语和撒拉语里的确定与非确定语气》，《中国语文》1988年第6期。

刘照雄：《蒙古语族保安语陈述式动词确定与非确定语气》，《中国语文》1981年第3期。

（曹道巴特尔）

康家语研究论著索引

布和：《蒙古语族康家话的探讨》，《内蒙古大学学报》1995年第4期。

韩建业：《初谈康家话语音系统及词汇的构成》，《青海民族研究》1992年第1期。

韩建业：《康家回族话语法探析》，《青海民族研究》1994年第

3 期。

李克郁:《蒙古语族康杨回族语语音特点》,《青海民族研究》1993年第 2 期。

斯钦朝克图:《操蒙古语族语言的回族——关于康家语使用情况》(蒙文),《民族团结》1996 年第 2 期。

斯钦朝克图:《康家语》,上海:上海远东出版社 1999 年版。

吴承义:《康杨回族乡沙里木回族讲土语及其由来的调查报告》,《青海民族研究》1990 年第 4 期。

席元麟:《康家回族话的词汇特点》,《青海民族研究》1995 年第 2 期。

照那斯图、斯钦朝克图:《康家语及其在蒙古语族语中的地位》,中国民族语言学会第五届年会(长沙)论文,1994 年。

(曹道巴特尔)

莫戈勒语研究论著索引

布和:《莫戈勒语和蒙古语同源词概貌》(蒙文),《蒙古语文》1990 年第 6 期。

布和:《莫戈勒语研究》(蒙文),呼和浩特:内蒙古人民出版社 1996 年版。

(曹道巴特尔)

突厥语族语言文字研究论著索引

突厥语族语言语音研究论著索引

N. S. 努尔哈毕、李贺宾：《谈汉语借词在哈萨克语中的正音问题》，《语言与翻译》1998年第4期。

S. 努尔哈比、郭庆：《哈萨克族人名汉字音译对应表》（哈萨克文），《语言与翻译》2005年第2期。

阿·巴克：《现代维吾尔文学语言的语音和谐律》，杨承兴译，《喀什师范学院学报》1989年第3期。

阿不都热西提·亚苦甫：《新疆撒拉语特点试析》，《新疆大学学报》1997年第1期。

阿布都若夫：《谈谈维吾尔语中的长元音问题》（维文），《新疆大学学报》1982年第3期。

阿布都若夫：《现代维吾尔文a、ε变为e、i的音变现象及其原因》，《民族语文》1995年第1期。

阿布里米提·艾海提、赵建国：《察合台维吾尔书面文学语言的语音特点》（维文），《语言与翻译》2002年第1期。

阿合曼·托克塔尔吾勒：《浅谈哈萨克语的重音》（哈萨克文），《语言与翻译》1995年第2期。

阿里木·朱马什吾勒：《略谈哈萨克语语音结构的发展》（哈萨克文），《新疆社会科学》1995年第1期。

阿米娜·阿帕尔：《现代维吾尔文学语言语音的规范问题》，恰勒思拜译，《语言与翻译》1990年第2期。

阿西木、米海力：《维吾尔口语中的长短元音》，《民族语文》1986年第3期。

阿依达尔·米尔卡马尔：《论突厥语音位转移问题》（哈萨克文），《新疆社会科学》1999年第2期。

阿依达尔·米尔卡马尔：《论〈突厥语大词典〉中克普恰克部族语言的语音特点》（哈萨克文），《语言与翻译》2005年第2期。

阿依达尔·米尔卡马力：《试谈文字在表达语音中的局限性——以哈萨克族文字为例》，《语言与翻译》1999年第3期。

阿依达尔·米尔卡马力：《〈库曼语汇编〉语音系统概述》，《语言与翻译》2000年第4期。

阿依达尔·米尔卡马力：《试析哈萨克语的某些音变现象》，《民族语文》2002年第2期。

阿依达尔·米尔卡马力：《察布查尔哈萨克语的特点》，《民族语文》2005年第4期。

艾丽曼·阿不都热合曼：《论吐鲁番方言词汇》（维文），《新疆大学学报》2003年第4期。

白斯木汗·卡维斯别克吾勒：《论现代哈萨克语音位》（哈萨克文），《新疆社会科学》1999年第3期。

鲍怀翘、阿西木：《维吾尔语元音声学初步分析》，《民族语文》1988年第5期。

碧丽克孜·艾买提：《谈现代维吾尔语"a"、"ä"元音的弱化现象》（维文），《语言与翻译》2000年第4期。

卞玉福：《现代维语中"a，ä"音弱化问题初探》，《喀什师范学院学报》1984年第2期。

陈世明：《从〈突厥语大词典〉看维吾尔语r音的演变》，《新疆大学学报》1985年第4期。

陈世明：《〈突厥语词典〉与现代哈萨克语元音比较研究》，《满语研究》1998年第1期。

陈世明：《从哈萨克语音类词看哈萨克族畜牧文化特征》，《语言与翻译》1996年第4期。

程试：《音位理论与维语语音系统研究》，《新疆大学学报》1983年第1期。

邓安方：《哈萨克语词重音研究》，《新疆大学学报》2005年第5期。

都依森·木斯拉力吾勒：《浅谈哈萨克语中的w和j》（哈萨克文），《语言与翻译》1996年第1期。

姑丽娜尔·艾孜孜：《现代维吾尔语以"b，d，g"结尾的词的拼写及其发音》（维文），《新疆大学学报》2004年第4期。

古丽扎：《试论〈福乐智慧〉的语音问题》（维文），《新疆社会科学》1993年第3期。

海·阿布都热合曼：《浅谈维吾尔语语音换位问题》（维文），《新疆社会科学》2003年第3期。

胡振华：《柯尔克孜语的元音和谐——兼谈元音和谐不等于同化》，《中央民族学院学报》1981年第1期。

黄晓琴：《维吾尔语的语音构词法》，《语言与翻译》1999年第3期。

卡曼·阿布迪热合曼克孜：《谈哈萨克语音位 x，h 的语音变化》（哈萨克文），《语言与翻译》1996年第1期。

库兰·尼合买提克孜：《哈萨克元音的特点》（哈萨克文），《新疆社科论坛》1997年第1期。

李静桂：《维吾尔语音法》（英文），台湾《边政研究所年报》1979年第10期。

李增祥：《论突厥语族语言的元音系统》，《中央民族学院学报》语言文学增刊，1986年。

林恩显：《维吾尔语音法与文法概说》，台湾《中国边政》1970年第29—30期，1971年第33期，1972年第37—39期。

林莲云：《撒拉语语音特点》，《民族语文》1986年第2期。

玛蒂·茹斯：《西部裕固语的前送气音》，钟进文译，《突厥语研究通讯》1995年第1—2期。

玛丽娅姆·希热甫：《关于维吾尔语部分名词和形容词后边连接的 i、ij 等音的书写方法》（维文），《新疆师范大学学报》2004年第1期。

米尔卡马勒·加勒里坎吾勒、纳热古丽·土司普乃里克孜：《浅谈哈萨克语的复辅音》，（哈萨克文），《语言与翻译》1997年第3期。

米尔卡马勒·加勒里坎吾勒：《对哈萨克语中的 č 音分析》（哈萨克文），《语言与翻译》1998年第1期。

米尔卡马力：《哈萨克语的辅音［š］和［ž］是音位还是变体》，《语言与翻译》1996年第3期。

米尔苏里唐等：《现代维吾尔语音声学研究》（维文），乌鲁木齐，1992年。

米海力：《维吾尔口语中的弱化辅音》，《喀什师范学院学报》1997

年第 3 期。

米娜瓦尔·艾比布拉：《撒拉语元音的特点》，《民族语文》2005 年第 6 期。

乃孜拉·卡斯木江克孜：《谈哈萨克语高元音 "r"、"i" 的特点》（哈萨克文），《语言与翻译》1996 年第 1 期。

欧拉孜别克·马然吾勒：《哈语语音系统中是否有 "··" 音位》（哈萨克文），《语言与翻译》1997 年第 3 期。

欧马尔·别克波森吾勒：《正音规则——和谐律》（哈萨克文），《语言与翻译》1997 年第 1 期。

欧马尔汗·阿斯勒吾勒：《关于哈萨克语语音系统》（哈萨克文），《语言与翻译》1997 年第 2 期。

欧马尔汗·阿斯勒吾勒：《漫谈唇和谐》（哈萨克文），《语言与翻译》1995 年第 3 期。

帕尔哈提·吉兰：《维吾尔语的重音》，魏江译，《语言与翻译》1985 年第 1 期。

彭凤菊：《维吾尔语口语音变初探》，《语言与翻译》1997 年第 2 期。

茹克娅·克维尔：《维吾尔语换音现象初探》（维文），《新疆师范大学学报》2002 年第 3 期。

赛力克·穆斯塔帕：《浅谈哈萨克语音位》，《语言与翻译》1999 年第 2 期。

赛力克·穆斯塔帕：《论现代维吾尔语中音位的组合特点和音节的结构特征》（维文），《新疆大学学报》2004 年。

宋志孝、李美蓓：《维吾尔语语流音变现象说略》，《语言与翻译》1991 年第 3 期。

塔·艾伯都拉：《现代维吾尔语复辅音初探》，《语言与翻译》1988 年第 3 期。

塔·塔什巴叶夫：《塔城地区维吾尔语的语音特点》（维文），《语言与翻译》1986 年第 2 期。

塔兰特·毛汉：《突厥诸语言的元音和谐》，《语言与翻译》1990 年第 1 期。

塔兰特·突孜德阔夫：《突厥诸语言语音组合比较研究》，《喀什师范学院学报》1990 年第 3 期。

塔什甫拉提·艾拜都拉：《论现代维吾尔语元音在语流中的脱落现

象》(维文),《新疆大学学报》1993 年第 2 期。

王立增:《哈萨克语中的减音现象》,《语言与翻译》1993 年第 3 期。

魏萃一、范耀祖:《关于哈萨克语圆唇音以及 x 字母发音的口语调查》,《新疆文字改革》1965 年第 2—3 期。

魏萃一:《试论现代维吾尔语方言划分的语音特点及文学语言标准音问题》,载《中央民族学院学术论文集》,北京:中央民族学院,1980 年。

吴宏伟:《突厥语族语言的分类》,《语言与翻译》1992 年第 1 期。

吴宏伟:《突厥语族语言双音节词中元音相互适应与相互排斥》,《语言与翻译》1993 年第 1 期。

吴宏伟:《原始突厥语元音的构拟》,《语言与翻译》1996 年第 4 期。

吴宏伟:《原始突厥语辅音的构拟》,《民族语文》2000 年第 5 期。

吴宏伟:《论突厥语族语言的长元音》,《民族语文》1996 年第 3 期。

吴宏伟:《突厥语族语言的词重音问题》,《民族语文》1995 年第 5 期。

吴宏伟:《影响突厥语族语言元音和谐的几个因素》,《民族语文》1990 年第 1 期。

吴宏伟:《关于突厥语族语言元音和谐性质问题的探讨》,《语言与翻译》1991 年第 1 期。

吴宏伟:《突厥语族语言历史比较语音学发展概述》,《语言与翻译》1994 年第 3 期。

吾拉孜别克·哈那比亚:《哈萨克语的元音及其符号》(哈萨克文)《新疆日报》1979 年 5 月 9 日。

亚尔穆罕默德·伊布拉音:《现代维吾尔语对偶词的语音特点》(维文),《语言与翻译》2000 年第 1 期。

亚热·艾拜都拉:《关于维吾尔语元音弱化的条件》(维文),《新疆大学学报》1995 年第 4 期。

亚热·艾拜都拉:《论维吾尔语中辅音弱化的条件》(维文),《新疆大学学报》1996 年第 2 期。

亚热·艾拜都拉:《维吾尔语中语音的脱落现象》(维文),《新疆大学学报》1995 年第 2 期。

叶少钧：《古今维吾尔语语音初探》，《喀什师范学院学报》1983年第1期。

叶少钧：《现代维吾尔语长元音探索》，《喀什师范学院学报》1995年第4期。

依米提·赛买提：《初探维吾尔语中元音音位的历史演变及其在文字上的表达形式》（维文），《语言与翻译》1993年第4期。

依米提·赛买提：《汉语对维吾尔语音的影响》，解牛译，《语言与翻译》1993年第1期。

易斌：《现代维吾尔语元音o的声学特征分析》，《语言与翻译》2005年第3期。

易斌：《维汉语元辅音音位及其相关问题的对比研究初探》，《语言与翻译》1994年第4期。

易斌：《维汉语语音变化对比研究初探》，《语言与翻译》1996年第4期。

张鸿义、孟大庚：《浅说现代维语元音i及其变体》，《民族语文》1982年第5期。

张亮、张玉萍：《试析现代维吾尔语［i］和［·］音位》，《新疆大学学报》1987年第2期。

张洋：《从〈突厥语大词典〉看维语复辅音的发展》，《语言与翻译》2001年第3期。

张洋：《维吾尔语音位研究》，《新疆大学学报》1982年第4期。

张洋：《维吾尔语音位剖析》，《新疆大学学报》1983年第4期。

张洋：《现代维吾尔语共时音系生成规律研究》，《民族语文》1995年第4期。

张洋：《现代维语复辅音》，《新疆大学学报》1997年第1期。

张洋：《维吾尔语语流音变》，《新疆师范大学学报》1999年第2期。

张洋：《维吾尔语中［g］变［kʻ］，［ʁ］变［qʻ］的音变现象》，《新疆大学学报》1990年第1期。

赵明鸣：《论现代维吾尔语元音i的音位体现》，《民族语文》1998年第3期。

赵明鸣：《论现代维吾尔语元音"e"的语音特征》，《语言与翻译》1998年第3期。

赵明鸣：《从〈突厥语词典〉看维吾尔语辅音的变化》，《新疆师范大学学报》1998年第1期。

赵相如:《维吾尔语的音节结构和借词拼写法的关系》,《民族语文》1984年第4期。

赵相如:《试论现代维吾尔语辅音的弱化》,《喀什师范学院学报》1987年第2期。

(陈宗振)

突厥语族语言语法研究论著索引

《现代哈萨克语》(哈萨克文),北京:民族出版社1983年版。

A. T. 穆拉提:《词组及其种类》(维文),《语言与翻译》2002年第1期。

N. S. 努尔哈毕:《试谈哈萨克语量词的构成方式》,《语言与翻译》2004年第2期。

阿·阿不都热西提:《浅谈摹拟词及其转义》(维文),《新疆社会科学》2003年第4期。

阿·托合提:《关于副动词的某些特点》(维文),《新疆教育》1957年第3期。

阿不都克里木·巴克:《维吾尔语词类划分的原则》(维文),《语言与翻译》1983年第1期。

阿不都克里木·巴克:《论现代维吾尔语中的附加成分 - deki/ - ti- ki》(维文),《喀什师范学院学报》1983年第2期。

阿不都克里木·巴克:《试论维吾尔语中的附加成分》(维文),《语言与翻译》1986年第1期。

阿不都克里木·巴克:《论现代维语量词》(维文),载《喀什师范学院论文集》,喀什,1985年。

阿不都热依木:《谈谈察合台语格的范畴》(维文),《语言与翻译》1988年第7期。

阿不都萨拉木·托合提:《关于副动词的时及其构成》(维文),《新疆教育》1957年第1期。

阿不力克木·巴吾东:《关于维语语法的规则》(维文),《新疆教育》1957年第2期。

阿不力米提·司迪克:《维吾尔语语气词的用法》(维文),《语言与翻译》1983 年第 3 期。

阿不力米提·尤努斯、迪丽娜尔·麦合苏提：《论维吾尔语和汉语中的双重否定句》（维文），《新疆大学学报》2004 年第 4 期。

阿布都克里木·巴克：《现代维吾尔语》（维文），北京：民族出版社 1983 年版。

阿布都力提甫·塔西普拉提：《区别形容词和副词的标准之我见》（维文），《语言与翻译》2000 年第 2 期。

阿布都热西提·沙比提：《论维吾尔语附加成分》，李建军译，《语言与翻译》1993 年第 1 期。

阿布都热依木·热合曼：《论维吾尔语分析性构词法》（维文），《语言与翻译》2004 年第 1 期。

阿布都若夫·普拉提：《察合台文及其主要特点》，《民族语文》1990 年第 4 期。

阿布都若夫·普拉提：《论察合台语与维吾尔语口语关系》，《民族语文》1992 年第 4 期。

阿布都秀库尔·艾山、高莉琴：《关于维吾尔语中以 p 结尾的副动词与人称动词的结合形式》（维文），《新疆大学学报》1993 年第 3 期。

阿布力克木：《论维吾尔语的人称代词》，《语言与翻译》1989 年第 1 期。

阿布力克木·买买提：《论现代维吾尔语元音弱化现象》（维文），《语言与翻译》1993 年第 4 期。

阿布力米提·亚合甫：《谈维吾尔语音节的类型》（维文），《语言与翻译》2000 年第 5 期。

阿迪莱·穆萨：《论无人称动词的构词附加成分在形成派生动词时的作用》（维文），《新疆大学学报》2000 年第 2 期。

阿尔达克·谢热普坎克孜：《浅谈汉哈语主句和无主句》（哈萨克文），《新疆大学学报》2004 年第 4 期。

阿尔孜古丽·夏力甫：《论维吾尔语中的构词附加成分 y, wi, iy》（维文），《语言与翻译》2004 年第 1 期。

阿夫：《浅谈哈萨克语的助动词》，《语言与翻译》1988 年第 3 期。

阿汗·加克亚吾勒：《浅谈副动词及其主要特点》（哈萨克文），《语言与翻译》2002 年第 4 期。

阿克贝尔迪·依扎提别克吾勒：《浅谈汉语和哈语语法之差异》（哈萨克文），《语言与翻译》2001 年第 4 期。

阿肯·加克亚吾勒：《谈谈哈萨克语中的"da""de"附加成分》（哈萨克文），《语言与翻译》1995年第3期。

阿肯别克·卡普夏热吾勒：《合成词与词组的关系》（哈萨克文），《语言与翻译》1998年第3期。

阿里木·哈萨尼：《浅谈维吾尔新词术语及其造词方法与特点》（维文），《语言与翻译》2003年第3期。

阿力木江·托合提：《谈谈宾语及其语法形式》（维文），《喀什师范学院学报》2002年第4期。

阿米娜·里提甫：《论维吾尔语语气助词的性质和作用》，《语言与翻译》1987年第2期。

阿帕尔·买买提：《论现代维吾尔语名词"格"的范畴》（维文），《新疆大学学报》1981年第2期。

阿帕尔·买买提：《再谈维吾尔语"格"的范畴》（维文），《新疆大学学报》1985年第2期。

阿色亚·阿克美特努克克孜：《语助词及其用法》（哈萨克文），《新疆教育》2000年第1—2期。

阿提坎·胡达拜尔迪：《现代维吾尔语插入语浅探》（维文），《语言与翻译》1994年第3期。

阿依古勒·克坦克孜：《哈萨克语中人称词尾的范围及其意义》（哈萨克文），《新疆教育》2000年第1—2期。

阿依加马勒·欧拉勒刊克孜：《哈萨克语对偶词产生的途径》（哈萨克文），《伊犁师范学院学报》2003年第4期。

阿依加马勒·欧拉勒刊克孜：《哈萨克语语法中的辅助词》（哈萨克文），《伊犁教育学院学报》2004年第2期。

阿依夏木古丽·阿卜杜热西提：《论维吾尔语量词》（维文），《语言与翻译》2003年第2期。

阿扎提·依佐拉吾勒：《关于哈萨克语变格中的某些问题》（哈萨克文），《语言与翻译》1996年第3期。

艾布都艾尼·加纳色勒吾勒：《关于哈萨克语中非名词的名词化现象》（哈萨克文），《伊犁教育学院学报》2004年第1期。

艾尔肯·阿布都热伊木：《论维吾尔语词的重叠》，《语言与翻译》1991年第2期。

艾尔肯·阿布都热伊木：《论维吾尔语动词 bol－》，《语言与翻译》1987年第6期。

艾尔肯·阿布都热伊木：《谈谈察合台语中命令动词和条件动词的表达方式》（维文），《喀什师范学院学报》2000年第4期。

艾尔肯·阿布都热伊木：《察合台语的代词和部分代词的几种含义》（维文），《喀什师范学院学报》2000年第1期。

艾尔肯·喀孜吾勒：《古突厥语同现代哈萨克语名词格对照》，《语言与翻译》1996年第3期。

艾尔肯·吾胡孜·阿布都热依木吾胡利：《现代维吾尔语宾格的显现与暗示》（维文），《喀什师范学院学报》2004年第2期。

艾尔肯乌古斯·阿布都热依木乌古力：《论察合台维吾尔语中动词过去时和将来时的表现形式》（维文），《语言与翻译》2002年第3期。

艾合买提江·艾斯开力：《论维吾尔语名词格体系形式》（维文），《新疆大学学报》1984年第2期。

艾来提·铁木耳：《也谈维吾尔语格位范畴》，《新疆大学学报》1982年第3期。

艾赞汉·阿克木巴依：《哈萨克语摹拟词试谈》（哈萨克文），《语言与翻译》1988年第2期。

安尼瓦尔·卡布都勒吾勒：《混合复句之我见》（哈萨克文），《语言与翻译》1995年第3期。

安尼瓦尔·热杰甫：《英语中形容词和副词的级在维吾尔语中的表达》（维文），《新疆大学学报》2001年第1期。

巴格达特·艾迪勒别克克孜：《哈萨克语助词之我见》（哈萨克文），《语言与翻译》2005年第2期。

巴克提别克·夏鄂曼吾勒：《谈哈萨克语词语的重叠问题》，《语言与翻译》2004年第3期。

巴克特别克·夏鄂曼吾勒：《哈萨克语拟声词的特点》（哈萨克文），《语言与翻译》2000年第1期。

巴克特别克·夏鄂曼吾勒：《哈萨克语中不确定词及其用法》（哈萨克文），《新疆社科论坛》1995年第4期。

巴勒可亚·卡塞木克孜：《浅谈历史文献中的复合名词》（哈萨克文），《语言与翻译》2001年第3期。

白丁：《谈谈什么样的动词可以重叠》，《语言与翻译》2000年第2期。

白斯木汗·浩斯别克：《哈萨克语辅助词语法形态分析》，《语言与翻译》2004年第3期。

白斯木坎·卡威斯别克吾勒：《论哈汉语的语法特点》（哈萨克文），《语言与翻译》1996年第2期。

白提玛·拜都拉克孜：《哈萨克语的死词根及其形式》（哈萨克文），《语言与翻译》2000年第4期。

白提玛·比多拉克孜：《关于形容词级的后缀》（哈萨克文），《语言与翻译》2002年第2期。

卞玉福：《浅谈现代维吾尔语中宾格的用法》，《喀什师范学院学报》1983年第1期。

滨田正美：《新疆发现的察合台语手稿概况》（维文），《新疆社会科学》1993年第3期。

波拉特巴依·主麻巴依吾勒：《谈哈萨克语连词和词组的区别》（哈萨克文），《语言与翻译》1999年第4期。

布·库尔班：《对偶词和合成词的区别》（维文），《新疆教育》1957年第11期。

布海热·阿甫来提：《浅谈古代维吾尔语动词语态》，《语言与翻译》1997年第3期。

陈世明：《维吾尔语复合词新探》，《新疆大学学报》1984年第3期。

陈世明：《哈萨克语名词第二人称领属附加成分的历史发展》，《民族语文》1998年第5期。

陈世明：《哈萨克语中的重叠词》，《民族语文》1988年第3期。

陈玉梅：《汉维否定句翻译新探》，《新疆师范大学学报》2004年第2期。

陈宗振、雷选春：《西部裕固语构词法初探》，《突厥语研究通讯》1984年第3—4期。

成世勋：《哈萨克语领属性人称词尾表达的语法意义》，《语言与翻译》2002年第1期。

成燕燕、关辛秋、苗东霞、玛依拉等：《哈萨克语汉语补语习得研究》，北京：民族出版社2003年版。

成燕燕、马坎：《关于哈萨克语复合词结构》，《中央民族学院学报》语言文学增刊，1986年。

成燕燕：《哈萨克语宾表句试探》，《民族语文》1997年第3期。

成燕燕：《汉语和哈萨克语反义词对比研究》，《中央民族大学学报》2000年第3期。

程试：《维吾尔语构词法的类型》，《新疆大学学报》1978 年第 2 期。

程试：《维吾尔语的词类划分标准问题》，《新疆大学学报》1979 年第 3 期。

程试：《关于维吾尔语的格位范畴》，《新疆大学学报》1978 年第 1 期。

程试：《现代维吾尔语动词的式的范畴》，《新疆大学学报》1973 年第 1 期。

程试：《现代维吾尔语动词的静词形态》，《新疆大学学报》1976 年第 1 期。

程试：《现代维吾尔语的名词性后置词范畴》，《新疆大学学报》1977 年第 3—4 期。

程试：《维吾尔语选择复句的逻辑基础》，《新疆大学学报》1982 年第 2 期。

崔崇德、李冬梅：《试论柯尔克孜语的拟声词》（柯尔克孜文），《语言与翻译》1985 年第 2 期。

崔崇德：《哈萨克语拟声词初探》，《语言与翻译》1985 年第 1 期。

德·托列泰：《关于〈哈萨克语语法〉教材》（哈萨克文），《新疆教育》1957 年第 5 期。

邓浩：《突厥语后置词形成问题质疑》，《语言与翻译》1993 年第 3 期。

邓浩：《维吾尔语动词祈使式形式的来源及其发展》，《民族语文》1996 年第 6 期。

邓浩：《"lik"一瞥》，《新疆大学学报》1982 年第 4 期。

邓浩：《试论维吾尔语名词人称形式功能——语义的发展》，《新疆大学学报》1988 年第 1 期。

迪力达尔·买买提伊明：《简论古代维吾尔后置词》（维文），《新疆大学学报》1995 年第 1 期。

丁石庆：《哈萨克语紧缩词试析》，《新疆大学学报》1986 年第 3 期。

鄂尔波勒·塞尔森巴依吾勒：《试析哈萨克语中 eken 一词的语法特点》（哈萨克文），《伊犁师范学院学报》2004 年第 4 期。

鄂热斯别克·买基里肯吾勒：《"现代哈萨克语"应该增加量词》（哈萨克文），《新疆社科论坛》1998 年第 4 期。

方晓华：《论维吾尔语的语素》，《喀什师范学院学报》1990年第1期。

方晓华：《维语结构类型学特征及其语法分析问题》，《语言与翻译》1993年第2期。

方晓华：《论维吾尔语动词的体的范畴》，《喀什师范学院学报》1987年第3期。

方晓华：《论维吾尔语的系词》，《新疆师范大学学报》1995年第3期。

方晓华：《论维吾尔语的宾语补足语》，《语言与翻译》1995年第2期。

方晓华：《维吾尔语句子类型分析》，《民族语文》1997年第5期。

方晓华：《试论维吾尔语单句的结构模式》，《新疆师范大学学报》1985年第2期。

菲达：《维吾尔语基数词历史演变》，《新疆大学学报》2001年第3期。

菲达、阿依古丽：《维吾尔语动词过去时历史演变》，《语言与翻译》2003年第4期。

傅懋勣：《从音和义的矛盾看现代维吾尔语的发展》，《中国语文》1965年第2期。

高莉琴、阿不都许库尔：《维吾尔语里p副动词+定式动词的分类与划分》，《语言与翻译》1994年第1期。

高莉琴、阿不都许库尔·艾山：《关于维语的词类划分问题》，《新疆大学学报》1987年第3期。

高莉琴、邢欣：《转换生成语法在维吾尔语语法中的运用》，《语言与翻译》1987年第2期。

高莉琴：《维吾尔语语法结构分析》，乌鲁木齐：新疆人民出版社1987年版。

高莉琴：《论维吾尔语动词的构成》，《语言与翻译》1997年第3期。

高莉琴：《以科学的态度对待维吾尔语中的汉语借词》，《新疆大学学报》2005年第5期。

高莉琴：《关于现代维吾尔语的"bol"》，《西北民族学院学报》1984年第3期。

高莉琴：《维语一些句子的深层结构和转换》，《新疆大学学报》

1986 年第 2 期。

高莉琴：《试论维语动词的体》，《新疆大学学报》1985 年第 2 期。

高莉琴：《谈谈维语的短语及其结构》，《语言与翻译》1986 年第 4 期。

高莉琴：《关于维吾尔语的 R－V 结构》，《语言与翻译》1985 年第 3 期。

格拉吉丁·欧斯满：《论名词的数和人称范畴》，《语言与翻译》1988 年第 1 期。

格拉吉丁·欧斯满：《简明哈萨克语语法》，北京：民族出版社 1982 年版。

古勒巴克特·苏来曼克孜：《浅谈现代哈萨克语中主语与谓语的省略》（哈萨克文），《伊犁教育学院学报》2005 年第 3 期。

古勒加瓦尔·卡森克孜：《哈萨克语中 atRn etin jtRn itin 等附加成分的结构及其用法》（哈萨克文），《新疆教育》1998 年第 11 期。

哈力克·尼牙孜：《现代维语主动句和被动句的变换》，《中央民族大学学报》2002 年第 4 期。

哈力克·尼亚孜：《初谈现代维吾尔语中的混合词》（维文），《语言与翻译》2000 年第 2 期。

哈力克·尼亚孜：《现代维吾尔语第二人称单数代词》，《民族语文》1999 年第 4 期。

哈力克·尼亚孜：《维吾尔语书面语和口语职位称呼语的差异和运用》，《民族语文》2002 年第 6 期。

哈力克·尼亚孜：《现代维吾尔语单句的模式》（维文），《新疆大学研究生论文集》，乌鲁木齐：新疆大学出版社 1982 年版。

哈力克·尼亚孜：《有关现代维吾尔语词频统计的几个问题》（维文），《新疆大学学报》2003 年第 2 期。

哈米提·铁木尔、吐尔逊·阿尤甫：《现代维吾尔语的"demäk"动词初探》（维文），《维吾尔语问题》，乌鲁木齐：福利印刷厂印刷，1984 年。

哈米提·铁木尔：《论维吾尔语名词的格》（维文），《新疆大学学报》1980 年第 3 期。

哈米提·铁木尔：《再论维吾尔语名词的格范畴》（维文），《新疆大学学报》1983 年第 1 期。

哈米提·铁木尔：《维吾尔语的陈述语气》，《民族语文》1982 年第

1 期。

哈米提·铁木尔:《论现代维吾尔语的时态和语气》(维文),《新疆社会科学》1983 年第 1 期。

哈米提·铁木尔:《突厥语族诸语言词法描写中尚待解决的若干问题》,《语言与翻译》2002 年第 2 期。

海木都拉·阿不都热合曼:《动词的强制态》(维文),《语言与翻译》1984 年第 3 期。

胡毅:《维吾尔语附加语素的分类问题》,《语言与翻译》1999 年第 4 期。

胡毅:《零形态与维吾尔语语法》,《语言与翻译》2001 年第 2 期。

胡毅:《关于维吾尔语法研究的几个问题》,《新疆大学学报》2002 年第 1 期。

胡振华:《柯尔克孜语动词及其构成》,载《中国民族语言论丛》(3),北京,1999 年。

胡振华:《试析柯尔克孜语中的助动词及其用法》,《青海民族研究》1998 年第 3 期。

加纳尔·努尔索勒克孜:《哈萨克语颜色形容词的体现》(哈萨克文),《新疆教育》2002 年第 6 期。

加萨拉提·白依斯坎吾勒:《关于哈汉语中音节的特点》(哈萨克文),《新疆教育》2002 年第 9 期。

江鄂勒坎·艾布德勒达克孜:《哈萨克语动词与助动词的语法关系》(哈萨克文),《新疆社会科学》2005 年第 3 期。

江乐银:《关于哈萨克语动词和助动词的语法关系》(哈萨克文),《新疆社科论坛》2001 年第 3 期。

焦海尔·欧拉孜坎克孜:《谈固定词组的语义类型》(哈萨克文),《语言与翻译》2004 年第 3 期。

金融:《浅议维吾尔语摹拟词的归属》,《语言与翻译》1999 年第 1 期。

金玉萍:《维吾尔语的名词数范畴新探》,《语言与翻译》1999 年第 1 期。

靳畴:《中国突厥诸语言同位结构短语》,《语言与翻译》1991 年第 3 期。

靳尚怡:《回鹘文献语言的助动词简析》,载《中国维吾尔历史文化研究论丛》(1),乌鲁木齐,1998 年。

靳尚怡：《高昌回鹘文文献语言的助词》，《语言与翻译》2002 年第 3 期。

靳尚怡：《现代维吾尔语的摹拟词分析》，《喀什师范学院学报》1986 年第 2 期。

居玛勒：《柯语中实词与虚词的区别》（柯尔克孜文），《语言与翻译》1985 年第 4 期。

居尼斯汗：《论反义词及其有关的几个问题》（哈萨克文）《语言与翻译》1986 年第 2 期。

居尼斯刊·巴卡耶夫：《现代哈语非常用词根》（哈萨克文），《新疆社会科学》1998 年第 2 期。

居尼斯刊·巴卡耶夫：《关于哈萨克语中的反义词的形成》（哈萨克文），《新疆教育》2001 年第 7—8 期。

居尼斯刊·巴卡耶夫：《哈萨克语中以 l 结尾的动词的特点》（哈萨克文），《新疆教育》1999 年第 4 期。

鞠贤：《维吾尔语"名·名"组合语义分析》，《语言与翻译》1993 年第 3 期。

喀比·托合塔尔：《哈萨克语助动词试谈》，《语言与翻译》1988 年第 3 期。

卡棱·克孜尔别克：《哈萨克语对偶词试谈》（哈萨克文），《语言与翻译》2000 年第 4 期。

卡热巴依·阿布德耶萨吾勒：《试论哈萨克语中的助词"da、de、te、ta"》（哈萨克文），《语言与翻译》1996 年第 3 期。

凯姆拜尔尼萨·艾萨：《维吾尔语名词复数后缀"－lar/－lɛr"与汉语"们"对比研究》（维文），《语言与翻译》2003 年第 4 期。

肯巴特·土尔昂江克孜：《关于哈萨克语中的宾格词尾》（哈萨克文），《新疆教育》2000 年第 11 期。

库喷·阿勒帕科夫：《论动词不定式和加强式音节的对偶词》（哈萨克文），《语言与翻译》1996 年第 4 期。

库散·库尔曼坎吾勒：《试论哈萨克语形动词及其特点》（哈萨克文），《语言与翻译》2001 年第 3 期。

拉赫曼·汗巴巴耶夫：《现代维吾尔语单句与复句的区分原则》（维文），载《新疆大学研究生论文集》，乌鲁木齐：新疆大学出版社 1982 年版。

拉赫曼·汗巴巴：《现代维吾尔语单复句的划分标准》，解牛译，

《语言与翻译》1994年第1期。

李冬梅：《哈萨克语助动词试析》，《语言与翻译》1985年第2期。

李经纬、陈瑜：《回鹘文文献语言名词的格范畴分析》，《语言与翻译》1996年第2期。

李经纬、靳尚怡：《高昌回鹘文献语言的形容词》，《喀什师范学院学报》2000年第2期。

李经纬、靳尚怡：《回鹘文文献语言动词的双功能形式》，《语言与翻译》1997年第2期。

李经纬、靳尚怡：《回鹘文文献语言的后置词》，《语言与翻译》1995年第1—2期。

李经纬、靳尚怡：《现代维语动词造词系统》，《新疆工学院学报》（哲社版）1984年第1—2期。

李经纬、靳尚怡：《现代维吾尔语语素的种类和词的结构》，《民族语文》1982年第2期。

李经纬、靳尚怡：《现代维吾尔语的造词附加成分－···试析》，《语言与翻译》1985年第2期。

李经纬、靳尚怡：《关于现代维吾尔语的"－mu"》，《新疆大学学报》1979年第3期。

李军、滕春华：《现代维吾尔语否定范畴探析》，《语言与翻译》2001年第2期。

李军、滕春华：《论现代维语语音紧缩及对音节结构的影响》，《新疆大学学报》2000年第3期。

李玲：《现代维吾尔语名词"从格"的形式和意义》，《语言与翻译》1995年第1期。

李祥瑞：《浅议现代维吾尔语中的－ki》，《语言与翻译》2003年第1期。

李祥瑞：《现代维吾尔语复合词和词组的界定》，《语言与翻译》2005年第1期。

李祥瑞：《现代维语的名名结构》，《语言与翻译》2001年第3期。

李新惠：《维吾尔语疑问句功能类型研究初探》，《语言与翻译》2000年第3期。

力提甫·托乎提：《维吾尔语动词分类——试谈动词句法—语义功能》，载戴庆厦主编《中国民族语言论丛》（3）（动词研究专辑），中央民族大学《民族教育研究》1999年增刊。

力提甫·托乎提:《轻动词理论与维吾尔语动词语态》,《民族语文》2004 年第 6 期。

力提甫·托乎提:《维吾尔语动词 tur - 在语音和语法功能上的发展》,《民族语文》1997 年第 2 期。

力提甫·托乎提:《维吾尔语的关系从句》,《民族语文》1995 年第 6 期。

力提甫·托乎提:《生成语法框架内的维吾尔语句法》,《民族语文》2005 年第 6 期。

力提甫·托乎提:《汉语疑问代词的用法及其在维语中的表达法》,《语言与翻译》自治区成立 30 周年专刊,1985 年。

力提甫·托乎提:《维吾尔语格的省略和 X 标杆理论》,《民族语文》1999 年第 2 期。

梁伟:《现代维吾尔语附加成分 - si/ - i 的语法意义》,《语言与翻译》1997 年第 3 期。

梁伟:《现代维吾尔语的动名词定语及其分类》,《民族语文》1999 年第 1 期。

文性:《维吾尔语格位范畴浅谈》,《西北民族学院学报》1980 年第 1 期。

陆秉庸:《试谈现代维吾尔语中动词的"时制"》,《新疆文字改革》1966 年第 3 期。

马德元:《维吾尔语中的仿译词》,《民族语文》1995 年第 4 期。

马德元:《维吾尔语形容词分类问题新探》,《语言与翻译》1996 年第 2 期。

马德元:《维吾尔语词组研究述评》,《新疆大学学报》1993 年第 1 期。

马尔甫华:《关于维吾尔语的摹拟词》(维文),《语言与翻译》1983 年第 2 期。

马维合、李玉梅:《维吾尔语名词的格及其分类》,《喀什师范学院学报》1999 年第 2 期。

马维和:《维吾尔语中的双复数现象和双人称现象》,《语言与翻译》1994 年第 3 期。

马伟:《循化汉语的"是"与撒拉语 [sa/se] 语法功能比较》,《青海民族研究》1994 年第 3 期。

马伟:《撒拉语的主语宾语问题》,《青海民族研究》1995 年第

2 期。

马伟：《撒拉族文化与委婉语》，《语言与翻译》2001 年第 3 期。

马小玲：《论维吾尔语动词条件式的历史嬗变》，《语言与翻译》2005 年第 2 期。

玛丽亚木·艾买提：《论维吾尔语句子的分类》（维文），《新疆师范大学学报》2004 年第 2 期。

玛丽亚木·买买吐尔逊：《浅谈〈mehbubul kulub〉一书中的混合复句》（维文），《语言与翻译》2000 年第 4 期。

玛丽亚木·买买吐尔逊：《纳瓦依著作〈众心所爱〉的复句分析》（维文），《新疆师范大学学报》2000 年第 4 期。

买买提克里木：《对柯尔克孜语的量词应进行研究》（柯尔克孜文），《语言与翻译》1989 年第 1 期。

买提热依木：《古代突厥语的构词词缀》，载中央民族大学突厥语言文化系、中亚学研究所编《突厥语言与文化研究》（第二辑），北京：中央民族大学出版社 1997 年版。

麦尔夫海·阿巴斯：《论维吾尔语的拟声词》，曹世隆译，《语言与翻译》1987 年第 3 期。

孟大庚：《试论现代维吾尔语音位非区别性特征的类型》，《语言与翻译》1995 年第 4 期。

孟大庚：《试论现代维语的时象（di）和（i）》，《新疆大学学报》1981 年第 2 期。

米尔扎·克里木·伊纳木沙：《论动词"··"的无人称形式及其在句中的作用》（维文），《新疆大学学报》1993 年第 3 期。

米合拉依·依沙克：《浅谈现代维语中的偶词》（维文），《语言与翻译》2001 年第 4 期。

米叶沙尔·拜祖拉：《关于回鹘文文献中名词的数范畴》，《语言与翻译》1995 年第 3 期。

木哈白提、哈力克：《现代维语动词语缀 -wɛt、-wal、-wɛr、-ala、-wat 探析》，《语言与翻译》1996 年第 2 期。

木哈白提·哈斯木、哈力克·尼亚孜：《现代维吾尔语动词体语缀的重叠与分布》，《民族语文》1996 年第 1 期。

木哈白提·哈斯木：《论现代维吾尔语动词的若干特殊附加成分的分布与功能》，《语言与翻译》1997 年第 1 期。

木哈什：《哈语中某些表示量和时间的词及固定词组》（哈萨克

文)，《语言与翻译》1986 年第 2 期。

木哈什·阿赫麦提江诺夫：《哈萨克语中某些表示量和时间的词及固定词组》（哈萨克文），《语言与翻译》1986 年第 2 期。

木卡美尔·木卡什吾勒：《浅谈哈萨克语中名词的复数范畴》（哈萨克文），《新疆社科论坛》2000 年第 3—4 期。

木可亚提·萨格都拉克孜：《哈萨克语和古代突厥语中格的用法比较》（哈萨克文），《新疆社会科学》2000 年第 1 期。

木台力甫·沙木沙克：《现代维语构词附加成分》（维文），《喀什师范学院学报》2004 年第 4 期。

乃斯如拉：《关于语法分析》（维文），《新疆教育》1958 年第 4、5 期。

乃斯如拉：《论我们语言中的标点符号》（维文），《新疆教育》1962 年第 8 期。

乃斯如拉：《维吾尔语中的"格"之我见》（维文），《新疆大学学报》1982 年第 1 期。

乃斯如拉：《初谈现代维吾尔语中的象声词和仿造词》（维文），《语言与翻译》1988 年第 12 期。

尼牙孜·吐尔地：《维吾尔语无主句的构造》，牛淑玲译，《语言与翻译》1995 年第 2 期。

牛汝极、阿·牙库甫：《维语附加成分的分类及特点》，《新疆师范大学学报》1986 年第 1 期。

牛汝极、牛汝辰：《现代维吾尔语语气词初探》，《新疆大学学报》1982 年第 1 期。

努尔巴瑙·卡布德什克孜：《浅论哈语特殊句子成分独立词》（哈萨克文），《语言与翻译》2004 年第 1 期。

努尔噶比勒·苏勒堂夏热普吾勒·努尔巴依勒：《关于数词》（哈萨克文），《新疆社科论坛》1999 年第 3 期。

努尔噶比勒·苏勒堂夏热普吾勒·努尔巴依勒：《试谈量词的组合分类》（哈萨克文），《新疆社会科学》1996 年第 3 期。

努尔噶比勒·苏勒堂夏热普吾勒：《再论哈萨克语的量词》（哈萨克文），《语言与翻译》1996 年第 4 期。

努尔尕布尔·苏里唐夏尔甫：《论哈萨克语的量词》，《语言与翻译》1985 年第 3 期。

努尔江·克塔普别克吾勒：《形容词和副词之我见》（哈萨克文），

《语言与翻译》2001年第2期。

努尔兰·加热卡色普吾勒：《浅谈不规范的词组》（哈萨克文），《语言与翻译》1999年第1期。

努尔兰·加热勒卡森吾勒：《哈萨克语中的副词》（哈萨克文），《伊犁教育学院学报》2004年第1期。

努噶·纳孜木别克孜：《论哈萨克语形动词及使用方法》（哈萨克文），《语言与翻译》2005年第2期。

欧马尔·别克波森吾勒：《关于哈萨克语中某些数词在固定词组中的核心作用》（哈萨克文），《语言与翻译》1998年第2期。

欧伟贞：《浅谈古突厥文与现代维语语法中名词与动词之异同》，《喀什师范学院学报》2001年第3期。

派热玳·卡连木别克克孜：《浅析固定词组》（哈萨克文），《新疆社科论坛》2005年第1期。

皮·吾买尔别克、阿·买买提：《维吾尔语中人称代词的发展过程》（维文），《新疆社会科学》2003年第3期。

蒲泉：《谈维语连词 häm、bilän、wä 用法上的异同》，《语言与翻译》1997年第2期。

蒲泉：《论维吾尔语的紧缩句》，《语言与翻译》1994年第3期。

蒲泉、郝雷：《议维吾尔语条件和假设复句的划界》，《语言与翻译》1996年第4期。

热比娅姑丽·热夏提：《谈维吾尔语中与句子不发生语法联系的若干成分》（维文），《喀什师范学院学报》2003年第1期。

热合木·阿依普：《试论哈萨克语助动词在句子中的功能》，《语言与翻译》1989年第2期。

热合木吐拉艾卜夏：《论词》（哈萨克文），《新疆教育》1956年第12期。

热扎克·买提尼亚孜：《〈突厥语大词典〉中有关虚词的研究》（维文），《新疆大学学报》2001年第1期。

热扎克·买提尼亚孜：《论维语词组、单句、复句划界问题》，《新疆大学学报》1999年第4期。

热扎克·买提尼亚孜：《论维吾尔语的肯定与否定表达》（维文），《新疆大学学报》2000年第1期。

热孜宛·阿瓦米斯力木：《浅谈维吾尔语中的疑问句》（维文），《语言与翻译》2004年第4期。

塞买提·谢尔迪曼吾勒：《浅谈哈萨克语造词方法》（哈萨克文），《伊犁师范学院学报》2003 年第 3 期。

塞热克·木斯塔帕吾勒：《试论哈萨克语中与地理名词有关的固定词组》（哈萨克文），《语言与翻译》2002 年第 2 期。

塞乌勒·库尔曼噶勒依克孜：《浅谈现代哈萨克语形动词的兼类问题》（哈萨克文），《语言与翻译》2004 年第 3 期。

沙塔尔：《维语动词后知过去时初探》，《新疆文字改革》1966 年第 5 期。

莎妮亚·凯穆拜尔：《维吾尔语中词的重叠》，《中央民族大学学报》2000 年第 1 期。

莎尼亚·艾斯卡尔：《汉维量词的种类和特征》（维文），《新疆师范大学学报》2000 年第 1 期。

莎尼亚·康巴尔：《维吾尔语中的重叠词及其作用》（维文），《新疆大学学报》2000 年第 1 期。

沈利德：《谈维语动词的体》，《语言与翻译》1999 年第 2 期。

沈利元：《有关现代维吾尔语形容词划分范围的几个问题》，《新疆大学学报》1995 年第 1 期。

舒克也夫：《浅谈维吾尔语中的量词》（维文），《语言与翻译》1988 年第 11 期。

斯·喀孜别柯夫：《对〈论哈萨克语语法〉的某些意见》（哈萨克文），《新疆教育》1956 年第 7 期。

斯迪克江·伊不拉音：《论现代维语的同形语素》（维文），《新疆师范大学学报》2001 年第 4 期。

斯迪克江·伊布拉音：《论现代维吾尔语语素》（维文），《新疆师范大学学报》2003 年 2 期。

斯拉依·阿赫玛特：《试论柯尔克孜语的宾语和状语》，《喀什师范学院学报》1994 年第 4 期。

斯拉依·阿赫玛特：《论柯尔克孜语名词"格"的范畴》，《喀什师范学院学报》1994 年第 2 期。

斯拉依·阿赫玛特：《关于现代柯尔克孜语中量词的初步探讨》，《喀什师范学院学报》1988 年第 4 期。

斯玛泰·杰坦：《关于哈萨克语的几个助词》（哈萨克文），《语言与翻译》1989 年第 1 期。

苏来曼·赛排尔：《初探现代维语单句中的宾语和状语》（维文），

《语言与翻译》2000 年第 3 期。

苏来曼·沙帕尔：《论现代维吾尔语的混合复句》（维文），《新疆大学学报》2001 年第 2 期。

塔比斯别克·夏热阿特吾勒：《对哈萨克语连接后置词同等成分的结构分析》（哈萨克文），《伊犁师范学院学报》2004 年第 2 期。

塔什·热合曼·木扎提：《论现代维语动词构词词缀》（维文），《新疆大学学报》2004 年第 4 期。

塔西·热合曼：《论维吾尔语语素的历史演变》，《语言与翻译》1999 年第 1 期。

塔西·热合曼：《关于现代维吾尔语语气词的正字法》（维文），《语言与翻译》2000 年第 6 期。

塔西普拉特：《维吾尔语动词式的范畴》（维文），《语言与翻译》1986 年第 3 期。

滕春华：《现代维吾尔语双部词研究》，《语言与翻译》1999 年第 3 期。

田培庚：《论宾语的特点》（维文），《新疆教育》1957 年第 6 期。

突尔妮莎·若孜：《论现代维吾尔语名词的分类》（维文），《新疆大学学报》2004 年第 4 期。

图尔逊·乌守尔：《论维吾尔语助动词》（维文），《新疆大学学报》1993 年第 1 期。

土尔森别克·艾比勒卡买提吾勒：《浅谈哈萨克语的领属附加成分和人称附加成分的某些特点》（哈萨克文），《语言与翻译》1997 年第 4 期。

吐尔地·阿合买提：《论现代维吾尔语动词的"体"》（维文），《新疆大学学报》1980 年第 3 期。

吐尔洪·穆罕默德：《浅谈维汉语中的量词》（维文），《语言与翻译》2000 年第 5 期。

吐尔尼沙·肉孜：《关于维吾尔语中连词的使用》（维文），《新疆社会科学》2000 年第 2 期。

吐尔尼沙·肉孜：《论现代维吾尔语中的复句》（维文），《新疆大学学报》2000 年第 1 期。

吐尔尼沙·肉孜：《维汉形容词的使用对比》，《新疆教育学院学报》2002 年第 1 期。

吐尔尼沙·肉孜：《浅谈维汉语被动句的几种使用方法》，《新疆教育学院学报》2003 年第 1 期。

吐尔逊：《关于正确地划分音节和区别位格、助格附加成分与小品词的问题》（哈萨克文），《新疆教育》1980 年第 3 期。

吐尔逊娜依·伊明：《试谈维吾尔语附加成分 – liq/ – lik/ – luq/ lük》（维文），《语言与翻译》2000 年第 1 期。

托肯·艾米热：《谈哈语中的动名词的归属》，《语言与翻译》1998 年第 3 期。

托肯·艾米热：《重议一些带格名词的句法功能》（哈萨克文），《新疆社会科学》1996 年第 3 期。

托肯·艾米热吾勒：《哈萨克语形容词到底有多少级》（哈萨克文），《语言与翻译》2000 年第 2 期。

托肯·艾米热吾勒：《应把哈萨克语中的行为静词归属于名词》（哈萨克文），《语言与翻译》1998 年第 2 期。

王承贻、叶少钧：《现代维吾尔语中 – sa/ – sä 语法形式功能初探》，《喀什师范学院学报》1981 年第 3 期。

王国兴：《维语领属格"ning"与人称词尾之间的关系》，《语言与翻译》1997 年第 2 期。

王国兴：《试论维吾尔语的"名·名"结构》，《语言与翻译》1987 年第 1 期。

王红梅：《实词虚化与维吾尔语语法结构的演变》，《语言与翻译》1999 年第 2 期。

王怀林：《现代维语摹拟词刍议》，《新疆大学学报》1985 年第 3 期。

王立增：《哈萨克语助动词及其功能》，《语言与翻译》1998 年第 3 期。

王杏润：《现代维语中的主谓词组》，《语言与翻译》1988 年第 2 期。

王远新：《试谈哈萨克语词类的分化》，《新疆大学学报》1983 年第 4 期。

王远新：《现代哈萨克语量词浅析》，《民族语文》1984 年第 3 期。

王远新：《再论哈萨克语的量词》，《语言与翻译》1995 年第 3 期。

王远新：《哈萨克语名词修饰语的语序特点》，《民族语文》2003 年第 6 期。

魏宜、米·乌斯曼：《论维语的复合词及其拼写法》（维文），《新疆文字改革》1965 年第 6 期。

魏宜、米尔：《关于维吾尔语复合词及其书写的问题》，《新疆文字改革》1966 年第 1 期。

乌格勒坎·库马什克孜：《哈语领属词尾和人称词尾区别》（哈萨克文），《新疆教育》2000 年第 7—8 期。

乌格勒坎·库马什克孜：《哈萨克语词组之我见》（哈萨克文），《语言与翻译》2004 年第 4 期。

乌勒达什·提勒塔依：《浅谈现代哈萨克语时态静词和时态副词》（哈萨克文），《语言与翻译》1998 年第 4 期。

乌仁季巴依·介提斯巴依吾勒：《哈萨克语的谓语性范畴及谓语性词尾》（哈萨克文），《伊犁师范学院学报》2005 年第 1 期。

吴宏伟：《从现代哈萨克语词的构成看原始突厥语词汇的特点》，《语言研究》1994 年第 1 期。

吴宏伟：《突厥语族语言的领属范畴》，《民族语文》1998 年第 4 期。

吴宏伟：《突厥语族语言历史比较语音学发展概述》，《语言与翻译》1994 年第 3 期。

吾拉木·吾甫尔：《维吾尔语的造词规则》（维文），《新疆教育》1981 年第 2 期。

吾买尔·达吾提：《现代维吾尔语词序初探》（维文），《语言与翻译》2000 年第 2 期。

吾买尔江·吐尔迪：《维吾尔语定语从句及其种类》（维文），《语言与翻译》2002 年第 1 期。

吾守尔·艾买提：《我对象声词属性的看法》（维文），《语言与翻译》1982 年第 3 期。

武金锋：《试论现代哈萨克语的后置词范畴》，《语言与翻译》2002 年第 2 期。

夏迪亚·依布拉音：《由后置词 bilän 构成的维吾尔语后置词结构及其在汉语中的对应表达》，《语言与翻译》2001 年第 2 期。

夏汗哈孜：《哈萨克语副动词探析》，《语言与翻译》1994 年第 4 期。

谢热扎特·鄂斯卡克吾勒：《固定词组之我见》（哈萨克文），《语言与翻译》1997 年第 4 期。

许伊娜：《突厥语中的 -sa 条件式形式及其在现代维吾尔语中的句

法功能》,《民族语文》1998 年第 4 期。

许伊娜:《突厥语形动词形式和功能的分布特点》,《民族语文》1999 年第 5 期。

许伊娜:《从维吾尔语副动词的功能特征看突厥语副动词范畴》,《民族语文》1997 年第 4 期。

许伊娜:《维吾尔语多谓项结构句中 – p 副动词形式》,《民族语文》1999 年第 2 期。

许伊娜:《维吾尔语中的第二性副动词形式》,《新疆大学学报》1999 年第 4 期。

许伊娜:《维吾尔语 "dεp" 的句法语义功能探析》,《新疆大学学报》1998 年第 3 期。

许伊娜:《从对比角度看维吾尔语副动词多谓项结构》,《语言与翻译》1998 年第 2 期。

阿·牙科甫、海·玉素音:《维吾尔语附加成分的分类及其特点》(维文),《新疆师范大学学报》1986 年第 1 期。

亚热·艾拜都拉:《论维吾尔语中的同位语及其种类》(维文),《新疆大学学报》2004 年第 2 期。

亚热·艾拜都拉:《维吾尔语口语倒装句初探》,《语言与翻译》1998 年第 2 期。

杨承兴、郭利群:《现代维吾尔语动词的时态》,《喀什师范学院学报》1993 年第 4 期。

杨承兴、周振明:《维语名词的"形态层"与格位问题浅谈》,《喀什师范学院学报》1981 年第 3 期。

杨承兴:《维语名词人称范畴》,《喀什师范学院学报》1981 年第 2 期。

杨承兴:《维吾尔语"非目睹"陈述语气式的发展与分化》,《喀什师范学院学报》2005 年第 1 期。

杨承兴:《维吾尔语形动词形态标记的简化与整合》,《语言与翻译》2003 年第 2 期。

杨凌:《谈哈萨克语感叹词》,《语言与翻译》1997 年第 2 期。

杨凌:《关于哈萨克语摹拟词的研究》,《新疆大学学报》1997 年第 2 期。

杨凌:《哈萨克语偏正词组一二三》,《语言与翻译》1998 年第 3 期。

杨凌:《汉哈语名词复数的异同》,《语言与翻译》1994年第3期。
杨庆国:《试论哈萨克语的与格》,《语言与翻译》1995年第2期。
杨新亭:《试谈维吾尔语动词条件式不表示条件意义的用法》,《民族语文》1985年第2期。
杨志刚:《试论哈萨克语的语素及词的构成》,《语言与翻译》1996年第1期。
杨志刚:《哈萨克语星名的汉译问题》,《语言与翻译》1988年第4期。
叶少钧:《确定维吾尔语助动词的依据和标准》,《喀什师范学院学报》1982年第2期。
依斯马德勒·许肯吾勒:《关于现代哈语连词及其用法》(哈萨克文),《新疆社科论坛》2003年第2期。
易坤琇:《现代维吾尔文学语言中 a、ε 变 e、i 的问题》,《民族语文》1985年第6期。
易坤琇:《现代维吾尔语 bar、joq 的词性及用法》,《中央民族学院学报》1988年第4期。
易坤琇:《试论维吾尔语的 –siz 附加成分》,《中央民族学院学报》1985年第2期。
易坤琇:《关于现代维吾尔语的 –ningki 附加成分··兼论维吾尔语有无物主代词》,《语言与翻译》1987年第2期。
易坤琇、高士杰:《试论现代维吾尔文学语言中附加成分与词干的结合原则》,《民族语文》1980年第3期。
尤莉杜丝·阿曼吐尔:《柯尔克孜语动词的特殊形式浅析》,《语言与翻译》1996年第1期。
尤里瓦斯·拉西丁:《谈动词时态在语言中的作用》(维文),《语言与翻译》2000年第2期。
尤丽杜丝·阿曼吐尔:《柯尔克孜语中的助动词及其语法意义》,《民族语文》1994年第5期。
尤努斯·库尔班:《谈谈现代维吾尔语中的修饰语》(维文),《语言与翻译》1993年第4期。
喻捷:《维吾尔语动词陈述语气的语法形式》,《民族语文》1989年第6期。
喻捷:《维语中"以 p 结尾的副动词 + 助动词"结构》,《新疆大学学报》1986年第2期。

再娜甫：《论现代维语里的单一词》，《喀什师范学院学报》1990 年第 2 期。

再娜甫：《关于现代维吾尔语的对偶词》，《语言与翻译》1993 年第 3 期。

再娜甫：《浅谈现代维吾尔语中的僵化词》，《语言与翻译》1995 年第 6 期。

再娜甫：《论维吾尔语中的 bar 和 yok》，《语言与翻译》1989 年第 3 期。

再娜甫：《关于维语中的 diki/ tiki》，《新疆教育》1991 年第 1 期。

再娜甫：《维吾尔语中的量词》，《新疆师范大学学报》1992 年第 2 期。

再娜甫：《论现代维吾尔语中的形动词》，《喀什师范学院学报》1994 年第 4 期。

再娜甫：《论现代维语里的无主语句子》，《语言与翻译》1990 年第 5 期。

再娜甫：《谈谈维吾尔语中的无主句句型》，《语言与翻译》1991 年第 2 期。

再娜甫·尼牙孜：《谈维吾尔语中的复合词》，《中央民族学院学报》1993 年第 4 期。

再娜甫·尼牙孜：《现代维吾尔语声象词初探》，《中央民族大学学报》1994 年第 3 期。

再娜甫·尼牙孜：《现代维吾尔语词组探析》（维文），《语言与翻译》2003 年第 1 期。

再娜甫·尼牙孜：《维语中的押韵词语与对偶词语的区别》（维文），《喀什师范学院学报》2004 年第 2 期。

再娜甫·尼牙孜：《谈现代维吾尔语单纯词与合成词的区别》（维文），《喀什师范学院学报》2000 年 1 期。

则尼勒安不丁·托克塔拜吾勒：《哈萨克语中形同义不同的词缀、词尾和后置词之区别》（哈萨克文），《语言与翻译》1995 年第 1 期。

翟力里著，依明吐尔逊整理：《翟力里集》（维文），北京，1985 年。

张定京：《语法范畴与词法、句法，突厥语言语法范畴问题》，《中央民族大学学报》1999 年第 2 期。

张定京：《也谈"－niki"》，《语言与翻译》1998 年第 1 期。

张定京：《哈萨克语的重叠手段》，《中央民族大学学报》2003 年第 3 期。

张定京：《关于哈萨克语宾格词尾的显性形式和隐性形式》，《语言与翻译》1995 年第 4 期。

张定京：《哈萨克语名词的第八种格》，《中央民族大学学报》2005 年第 4 期。

张定京：《哈萨克语动词"时的语法范畴"》，载《耿世民先生 70 寿辰纪念文集》，北京，1999 年。

张定京：《哈萨克语助动词的性质及其类属》，《中央民族大学学报》1997 年第 2 期。

张定京：《论哈萨克语动词 bol‒语义功能》，《民族语文》2004 年第 1 期。

张定京：《哈萨克语知情语气助词》，《民族语文》2001 年第 6 期。

张定京：《哈萨克语限定和否定语气助词》，《中央民族大学学报》2001 年第 2 期。

张定京：《哈萨克语关注格助词》，《语言与翻译》2001 年第 3 期。

张定京：《现代哈萨克语提醒和渲染语气助词》，《语言与翻译》2002 年第 2 期。

张定京：《哈萨克语原因目的格助词》，《语言与翻译》1997 年第 1 期。

张定京：《哈萨克语并列连接助词》，《民族语文》2000 年第 1 期。

张定京：《哈萨克语虚词的成员及其语法化进程》，《中央民族大学学报》2002 年第 2 期。

张定京：《哈萨克语虚词类别问题》，《民族语文》2003 年第 1 期。

张定京：《哈萨克语的语序问题》，载《民族语言文学研究论集》(4)，北京，2004 年。

张定京：《哈萨克语祈使句》，《新疆大学学报》1990 年第 2 期。

张定京：《哈萨克语一般因果逻辑关系体系》，《新疆大学学报》1993 年第 2 期。

张定京：《哈萨克语反推导逻辑关系体系》，《语言与翻译》1995 年第 2 期。

张定京：《哈萨克语推论因果逻辑关系子范畴》，《中央民族大学学报》1999 年第 6 期。

张定京：《哈萨克语假设因果逻辑关系子范畴》，《语言与翻译》

1999 年第 3 期。

张定京：《汉语与哈萨克语的语序》，《语言与翻译》2004 年第 4 期。

张定京：《汉语与哈萨克语的语序》（下），《语言与翻译》2005 年第 1 期。

张国云：《维语被动句中的逻辑主语》，《新疆大学学报》1999 年第 3 期。

张国云：《汉维语时间表达之异同》，《语言与翻译》2001 年第 1 期。

张国云：《维汉语被动句的对比研究》，《语言与翻译》1998 年第 4 期。

张国云：《试析维吾尔语被动句在汉语中的表达形式》，《语言与翻译》2000 年第 2 期。

张宏胜：《汉维语动词"时的对比翻译"》，《语言与翻译》2001 年第 2 期。

张声：《说"n""i"语态助动词——兼论维吾尔"语态"》，《语言与翻译》1987 年第 2 期。

张声：《试谈维语助动词的修辞作用》，《语言与翻译》1995 年第 3 期。

张世才：《维吾尔语语序刍议》，《语言与翻译》1999 年第 2 期。

张伟立：《现代维吾尔语疑问语气词》，《语言与翻译》1993 年第 4 期。

张玉萍：《论现代维吾尔语格关系》，《新疆大学学报》1999 年第 3 期。

张玉萍：《现代维语量词语法、语义、语用分析》，《新疆大学学报》1999 年第 1 期。

张玉萍：《维语量词的形象性和模糊性》，《语言与翻译》2001 年第 3 期。

张玉萍：《维吾尔语动词格框概说》，《民族语文》2000 年第 5 期。

张玉萍：《维吾尔语短语结构分析》，《民族语文》1998 年第 5 期。

张玉萍：《维吾尔语状语的构成》，《新疆大学学报》1998 年第 3 期。

张玉萍：《维语单句中的语法语义关系》，《民族语文》1999 年第 6 期。

张玉萍、张量:《维吾尔语形容词级位范畴新探》,《新疆大学学报》1993年第2期。

赵存良:《现代维语动词d-作为系动词在句子中的引申及其语法功能》,《语言与翻译》1985年第4期。

赵国栋、牙生·哈提甫主编:《新疆民族语文翻译研究》,乌鲁木齐:新疆人民出版社1991年版。

赵平:《现代维语形容词比较级浅谈》,《语言与翻译》2000年第3期。

赵相如:《试论维吾尔语中的助动词》,《语言与翻译》1987年第1期。

赵相如:《试论现代维吾尔语的助词问题——兼及助词la的重要作用》,《语言与翻译》1988年第2期。

真鄂勒·努尔佩依斯克孜:《哈语中合成词的结构探究》(哈萨克文),《新疆社科论坛》1998年第1期。

真鄂斯古勒·阿克美特克孜:《感叹词的语法特点》(哈萨克文),《新疆社科论坛》2002年第4期。

真鄂斯古勒·阿克美特克孜:《浅谈摹声词的语音特征》(哈萨克文),《语言与翻译》2001年第2期。

真鄂斯古勒·阿克美特克孜:《试谈同等成分的附加成分》(哈萨克文),《语言与翻译》1999年第4期。

真鄂斯古丽·阿合美特克孜:《关于-diki/-niki/-tiki附加成分》(哈萨克文),《语言与翻译》1997年第3期。

真鄂斯古丽·阿合美特克孜:《关于词组与合成词结构》(哈萨克文),《新疆社科论坛》1996年第4期。

周振明:《维语同位主语、同等主语中超常主从一致关系说略》,《喀什师范学院学报》1994年第1期。

朱玛泰:《浅议现代哈萨克语动词的"体"范畴》,《中央民族大学学报》1996年第3期。

主麻阿孜·卡森吾勒:《试谈哈萨克语中动词组词的种类及其表意作用》(哈萨克文),《语言与翻译》2004年第3期。

主麻夏热普·夏合达特吾勒:《哈萨克语中的kYX一词以及由此联想到的》(哈萨克文),《新疆社科论坛》1999年第2期。

庄淑萍:《试论维吾尔语摹拟词的形象色彩及其功能》,《新疆大学学报》1995年第1期。

庄淑萍：《维吾尔语情态词与汉语能愿动词的对比研究》，《语言与翻译》1998 年第 4 期。

孜亚别克·阿尔卡巴依吾勒：《关于辅助名词》（哈萨克文），《语言与翻译》1995 年第 3 期。

（陈宗振）

突厥语族语言词汇研究论著索引

（民国时期）国防部边务研究所编：《维汉字典》，出版年不详。

《部分维吾尔语多义词注释》（维文），《语言与翻译》1987 年第 10 期至 1988 年第 2 期。

阿·甫拉提：《维吾尔语词典学及其词汇学研究的关系》（维文），《新疆社会科学》1993 年第 2 期。

阿不都若夫：《谈察合台语词汇的一些基本特征》（维文），《新疆大学学报》1987 年第 3 期。

阿不都若夫：《维吾尔语词汇学》（维文），喀什：喀什维吾尔出版社 1995 年版。

阿不都若夫：《察合台语词汇的基本特征》（维文），《语言与翻译》1988 年第 1 期。

阿不都若夫：《察合台语在维吾尔语词汇研究中的作用》（维文），《新疆大学学报》1992 年第 1 期。

阿布都热依木·热合曼、阿依努尔：《近二十年来维吾尔语词汇研究概述》（维文），《语言与翻译》2001 年第 3 期。

阿布力克木·亚森：《关于〈突厥语——于阗文词汇〉》（维文），《新疆大学学报》1993 年第 2 期。

阿里木：《浅谈哈语词汇及其同古突厥语的关系》（哈萨克文），《语言与翻译》1986 年第 2 期。

艾布迪卡尤木·孜克尔：《试谈哈萨克语的古语词》（哈萨克文），《语言与翻译》1997 年第 1 期。

艾布迪马纳普·艾比乌吾勒：《试谈哈萨克语中某些词语的误用》（哈萨克文），《语言与翻译》2001 年第 3 期。

波拉什·肖克耶夫：《论哈萨克语畜牧词汇的发展》（哈萨克文），《语言与翻译》1996 年第 1 期。

陈世明：《哈萨克语与马有关的词汇研究》，《满语研究》1996年第2期。

陈宗振、努尔别克等：《中国突厥语族语言词汇集》，北京：民族出版社1990年版。

成燕燕：《现代哈萨克语词汇学研究》，北京：民族出版社2000年版。

哈力克：《谈维语的基本词汇及词汇的发展》（维文），《新疆大学学报》1981年第1期。

哈力克·尼亚孜、木哈白提·哈斯木：《现代维吾尔语词汇规范范例分析》（维文），《语言与翻译》2004年第2期。

哈力克·尼亚孜：《浅谈现代维吾尔文言语部分构词附加成分的构词能力》（维文），《新疆师范大学学报》2004年第1期。

李经纬：《试论现代维语方言词的类型及其对划分方言的意义》，《语言与翻译》1986年第3期。

林莲云、韩建业：《撒拉语词汇概述》，载《民族语文》编辑部编《民族语文研究文集》，西宁：青海民族出版社1982年版。

买提热依木·沙依提：《突厥语族语言词汇发展趋势》，《中央民族大学学报》1999年第5期。

米娜瓦尔·艾比不拉：《撒拉语词汇探析》，《民族语文》2002年第1期。

努尔兰：《浅谈哈萨克语词汇的发展》（哈萨克文），《语言与翻译》1988年第5期。

祁玲：《维吾尔语词汇语义场的探讨》，《喀什师范学院学报》1999年第4期。

任炜：《解放以来维吾尔语词汇的发展》，《新疆大学学报》1988年第3期。

王远新：《哈萨克语的畜牧业词汇》，载中央民族学院少数民族语言研究所编《民族语文论丛》第1集，北京：中央民族学院少数民族语言研究所，年份不详。

魏萃一：《维吾尔语词汇的发展及规范化问题》，《中央民族学院学报》1979年第3期。

魏萃一：《维吾尔语词汇演变的规律性》，《民族语文》1981年第4期。

魏萃一：《试论维吾尔书面文献中新词的创制法》，《新疆大学学报》1981 年第 1 期。

魏萃一：《维吾尔语 bywi 一词的源流》，《民族语文》1984 年第 4 期。

（陈宗振）

突厥语族语言方言研究论著索引

阿·沙迪尔：《论皮山土语》（维文），《语言与翻译》1987 年第 3 期。

阿·牙库甫、吐·木沙：《岳普湖方言的语音系统简介》，王振本译，《语言与翻译》1988 年第 1 期。

阿卜·都哈力克、凯尤木·乌斯依提：《吐鲁番木头沟村人的语言特点》（维文），《语言与翻译》2003 年第 4 期。

阿不都萨拉木·艾合买提：《哈密地区用察合台语命名的地名研究》（维文）《新疆教育》1981 年第 11 期。

阿布都热依木·阿布力孜：《谈罗布民谣中的方言词》（维文），《语言与翻译》2000 年第 5 期。

阿迪里·恰瓦尔：《柯斯拉普土语与现代维吾尔语文学语言的初步比较研究》（维文），《新疆大学学报》2004 年第 1 期。

阿尔斯兰·阿不都拉：《现代维语哈密话初探》，《新疆师范大学学报》1986 年第 2 期。

阿米娜·阿帕鲁娃：《论现代维吾尔语方言及民族文学语言的基础方言和标准音》，《民族语文》1980 年第 2 期。

艾尔肯·肉孜：《现代维吾尔语阿图什方言研究》，《喀什师范学院学报》2003 年第 1 期。

艾尼瓦尔·艾合买提江：《谈维吾尔语喀什话的亲属称谓特点》，《喀什师范学院学报》2005 年第 2 期。

陈宗振：《维语且末话的方言词》，《语言与翻译》1985 年第 1 期。

陈宗振：《维语方言研究的回顾与展望》，《语言与翻译》2000 年第 4 期。

程试：《维吾尔语喀什市方言语音特点》，《新疆大学学报》1984 年第 4 期。

邓浩：《试论塔城维吾尔语》，《新疆大学学报》1992 年第 3 期。

阿西木、米海力：《维吾尔语罗布话研究》（1、2），北京：中央民族大学出版社2000年版。

高士杰：《维吾尔语方言与方言调查》，北京：中央民族大学出版社1994年版。

高士杰：《试论维吾尔语方言划分的标准》，《中央民族学院学报》语言文学增刊，1986年。

高士杰：《维吾尔语和田方言的主要特点》，《中央民族学院学报》1984年第2期。

高士杰：《从语音看罗布方言的基本特点》，《新疆大学学报》1985年第2期。

古丽米热·依马木玉山：《论吐鲁番民歌中的土语成分》（维文），《语言与翻译》2004年第3期。

哈里克·尼亚孜，木合拜提·喀斯木：《维吾尔族民间谚语中的方言土语成分初探》（维文），《新疆大学学报》2004年第1期。

哈里克·尼亚孜：《维吾尔语方言调查》（维文），《新疆大学学报》1995年第1期。

哈里克·尼亚孜：《维吾尔语方言调查大纲——词汇部分》（维文），《新疆大学学报》1996年第1期。

哈丽代·如则：《哈密土语中的部分附加成分浅谈》（维文），《语言与翻译》2003年第3期。

哈米提：《维吾尔语的助词及其用法》（维文），《维吾尔语研究》（二），北京，1983年。

哈米提：《维吾尔语语法研究中的若干问题》（维文），《新疆大学学报》1983年第3期。

胡毅：《中国柯尔克孜语南部方言研究》，乌鲁木齐：新疆大学出版社2001年版。

胡毅：《我国柯尔克孜语南部方言及其特点》，《民族语文》1999年第4期。

胡振华：《黑龙江富裕县的柯尔克孜族及其语言特点》，《中央民族学院学报》1983年第2期。

胡振华：《东北柯尔克孜语语音概述》，《民族语文研究》，成都：四川民族出版社1984年版。

胡振华：《有关黑龙江省柯尔克孜族的部分语言材料》，《民族语文》1996年第5期。

靳尚怡：《现代维吾尔语和田方言概述》，《新疆工学院学报》1984年第5期。

靳尚怡：《现代维吾尔语和田话的方言特点》，《喀什师范学院学报》1987年第3期。

李森：《关于维吾尔语中心方言的主要特点——兼论现代维吾尔文学语言的基础方言》，载《中国民族语言论文集》，成都，1986年。

马克来克：《试论新疆的柯尔克孜语方言》，《语言与翻译》1986年第2期。

玛尔耶姆·麦提图尔荪、奥斯曼江·麦提图尔荪：《和田方言于田土语中部分实词的意义与用法》（维文），《语言与翻译》2004年第2期。

玛尔耶姆·麦提图尔荪：《浅谈哈密土语中的词汇成分》（维文），《语言与翻译》2004年第3期。

玛丽亚木·买买吐尔逊、吾斯曼江·买买吐尔逊：《关于各方言里的几个词和词缀、词源的看法》（维文），《新疆师范大学学报》2004年第2期。

玛丽亚木·买买吐尔逊：《浅谈和田方言于田土语的语音、词汇特点》（维文），《新疆师范大学学报》2002年第3期。

玛依拉·阿吉艾克拜尔：《试谈哈密民谣中的方言词》（维文），《语言与翻译》1996年第6期。

玛依拉·阿吉艾克拜尔：《维吾尔文学语言对罗布方言词汇的影响》（维文），《语言与翻译》2003年第4期。

米尔哈雅提·米尔苏丹：《关于阿图什方言的语音特点》（维文），《新疆大学学报》1992年第2期。

米尔苏里唐、魏萃一：《维吾尔语西南方言和田土语》，《新疆大学科学论文集》，1963年。

米尔苏里唐、魏萃一：《维吾尔语罗布泊方言》，《新疆大学科学论文集》，1962年。

米尔苏里唐：《多郎维吾尔人与塔里木土语》（维文），《西域研究》1993年第3期。

米尔苏里唐：《现代维语罗布方言简介》，载《民族语文研究文集》，西宁，1982年。

米尔苏里唐·乌斯满诺夫：《现代维吾尔语方言的研究及有关维吾尔语方言划分的一些观点》，靳尚怡译，《喀什师范学院学报》1992年第 3 期。

米尔苏里唐：《多郎维吾尔人与塔里木土语》，靳尚怡译，《西域研究》1993 年第 3 期。

米海力：《维吾尔语罗布话的特有词》，《民族语文》1999 年第 4 期。

米海力：《维吾尔语罗布话名词复数形式分析》，《民族语文》1984 年第 1 期。

米海力：《维吾尔语罗布话名词的领格和宾格》，《民族语文》1991 年第 4 期。

米海力：《维吾尔语罗布话的某些动词性谓语》，《新疆师范大学学报》1993 年第 2 期。

米克拉依·阿布迪力木·阿力热力、亚库甫江·司拉依：《从历史和人文角度探讨伊犁维吾尔土语》（维文），《语言与翻译》2004 年第 3 期。

米娜瓦尔：《维吾尔语方言研究中的问题及所面临的任务》，载中央民族大学突厥语言文化系、中亚学研究所编《突厥语言与文化研究》（1），北京：中央民族大学出版社 1996 年版。

米娜瓦尔·艾比不拉：《维吾尔语方言和语言调查》，北京，2004 年。

米娜瓦尔·艾比不拉：《从动词与名词格的关系谈维语动词的分类》，《民族语文》1995 年第 2 期。

木·哈斯木：《木尔吐克方言》，王启译，《语言与翻译》1991 年第 2 期。

木哈白提、哈力克：《维吾尔语木头沟话的语音特点》，《民族语文》1984 年第 3 期。

木哈白提·哈斯木：《维吾尔语鄯善鲁克沁话词汇初探》，《新疆大学学报》2003 年第 3 期。

木哈白提·哈斯木：《现代维吾尔语方言词拾零》，《民族语文》2005 年第 5 期。

木哈白提·哈斯木：《从来源方面看维吾尔语方言词的特点》，《新疆大学学报》2005 年第 1 期。

木哈白提·哈斯木：《维语鲁克沁话与标准语动词变位系统比较研究》，《民族语文》2002 年第 3 期。

穆哈白提·哈斯木：《现代维吾尔语个别方言中辅音换位情况研

究》（维文），《新疆大学学报》2004年第4期。

穆娜瓦尔·艾比布拉：《维吾尔语方言研究中要重视的几个问题》（维文），《语言与翻译》2001年第3期。

牛汝极：《现代维吾尔语方言土语的划分与历史人文地理》，《语言与翻译》1997年第2期。

牛汝极：《维吾尔语麦盖提方言述略》，《喀什师范学院学报》1988年第4期。

努尔穆罕默德·吾买尔：《试谈和田土语的发音特征》（维文），《语言与翻译》2001年第2期。

帕提古丽·托合提、萨拉麦提·阿布都卡迪尔：《皮山土语浅谈》（维文），《语言与翻译》2004年第3期。

彭燕：《维吾尔语熟语中的方言词汇初探》，《语言与翻译》1997年第3期。

彭燕：《维吾尔语哈密土语中的汉语借词》，《民族语文》1999年第5期。

热比亚·阿卜都热依木：《罗布方言在当地民歌中的表现》（维文），《语言与翻译》2004年第2期。

热比亚·阿卜都热依木：《喀什土语的发音特点》（维文），《语言与翻译》2004年第2期。

热合木江·阿克木、玛丽亚木·曼苏尔：《阿图什方言的语音、词汇特点》（维文），《语言与翻译》2000年第3期。

斯拉木·尤苏甫：《柯坪方言初探》，《新疆大学学报》1990年第2期。

塔依尔·塔希巴也夫：《塔城地区维吾尔语的语音特点》，苏全贵译，《语言与翻译》1989年第4期。

塔依尔法·司迪克：《吐鲁番土语和和田土语中部分词汇的音义之异同对比》（维文），《语言与翻译》2004年第3期。

塔依尔江·穆罕默德：《浅谈维语喀什土语的语音特征》（维文），《语言与翻译》2000年第5期。

吐尔尼沙：《浅谈现代维吾尔语鄯善土语》（维文），《新疆社会科学》2003年第1期。

吐尔逊·阿尤甫：《"喀什噶尔语"初探》，载《耿世民先生70寿辰纪念文集》，北京，1999年。

王立增：《谈哈萨克语方言研究及其语音特点》，《语言与翻译》

1999 年第 3 期。

王立增：《哈萨克语方言在形态方面的特征》，《语言与翻译》1999 年第 4 期。

王立增：《谈哈萨克语方言词语及其特点》，《西北民族学院学报》2000 年第 1 期。

王艳玲：《现代维吾尔语哈密市方言语音系统简介》，《喀什师范学院学报》2000 年第 1 期。

相立波：《柯坪维语研究》，《民族语文》1998 年第 1 期。

亚森·尼亚孜：《谈吐鲁番方言》（维文），《语言与翻译》2000 年第 1 期。

依德力斯·巴克，亚森江·买提尼亚孜：《浅谈和田方言的语音特点》（维文），《语言与翻译》2004 年第 1 期。

喻捷：《维语喀什话的语音特点》，《西北民族学院学报》1986 年第 2 期。

张洋：《维吾尔语小堡话调查报告》，《新疆大学学报》1987 年第 4 期。

张洋：《维吾尔语下马崖方言概况》，《语言与翻译》1995 年第 1 期。

张洋：《维吾尔语五十里村语音词汇概述》，《新疆大学学报》1996 年第 2 期。

赵相如、阿西木：《新疆艾努语的数词——兼论艾努语的性质》，《民族语文》1981 年第 2 期。

赵相如、阿西木：《新疆艾努人的语言》，《语言研究》1982 年第 1 期。

赵相如、阿西木：《新疆伊犁地区土尔克话的特点》，《民族语文》1985 年第 5 期。

（陈宗振）

突厥语族语言文字研究论著索引

新疆语委会：《哈萨克新文字方案维吾尔新文字方案及有关文件》，乌鲁木齐，1965 年。

新疆语委会：《维吾尔新文字方案、哈萨克新文字方案及有关文件》，乌鲁木齐，1965 年。

新疆语委会：《维吾尔新文字正字法》（维文），乌鲁木齐：新疆人民出版社 1973 年版。

新疆语委会：《维吾尔语问题》（维文），乌鲁木齐：乌鲁木齐福利印刷厂出版社 1984 年版。

新疆维吾尔自治区地方志编纂委员会编：《新疆通志第 76 卷·语言文字志》（新疆维吾尔自治区地方志丛书），乌鲁木齐：新疆人民出版社 2000 年版。

新疆语委会：《新疆维吾尔自治区语言文字工作条例》，《语言与翻译》2002 年第 4 期。

N. 克力木：《浅谈文字改革》（维文），《新疆社科论坛》2004 年第 6 期。

阿布都外力·阿尤甫：《维吾尔语地名的书写也应遵循正字法规》（维文），《语言与翻译》2003 年第 1 期。

阿里木·朱马什吾勒：《古代哈萨克文字概述》（哈萨克文），《新疆社会科学》1995 年第 4 期。

艾比布拉·和加：《维吾尔的文字与书法艺术》（维文），《新疆社会科学》2003 年第 1 期。

艾木都拉·阿不都热合曼：《关于规范维吾尔族人名拼写法的意见》（维文），《新疆大学学报》2003 年第 3 期。

巴克·克加·土拉色勒吾勒：《哈萨克语中个别元音的正字规则》（哈萨克文），《语言与翻译》1996 年第 1 期。

白斯木坎·卡威斯别克吾勒：《哈萨克族文字与文字改革》（哈萨克文），《伊犁师范学院学报》2003 年第 2 期。

陈宗振：《从〈突厥语词典〉看喀喇汗王朝的文字》，载中国民族古文字研究会编《中国民族古文字研究》，北京：中国社会科学出版社 1984 年版。

迪里达·土色普坎克孜：《浅谈哈语、汉语和英语文字的异同点》（哈萨克文），《新疆社科论坛》2005 年第 2 期。

格·赛以德瓦卡索夫：《维吾尔语派生名词的正字法》（维文），《新疆教育》1956 年第 5 期。

哈里木拉提·巴吾东：《论外国地名和人名的维吾尔语文转写原则》（维文），《语言与翻译》1996 年第 6 期。

海木都拉·阿布都热合曼：《浅谈维吾尔人名正字规则》（维文），

《语言与翻译》2003 年第 3 期。

海木都拉·阿布都热合曼：《浅谈"d、t"结尾的维吾尔人名的正字问题》（维文），《语言与翻译》2004 年第 2 期。

居马·阿不都拉：《关于维吾尔语中的俄语借词、通过俄语借入的国际通用语词及其正字法》（维文），《新疆大学学报》1984 年第 2 期。

卡哈尔·阿布都热西提：《恢复维吾尔语新文字是时代的需要》（维文），《语言与翻译》2000 年第 4 期。

克尔巴克·努尔阿里耶夫：《试论哈萨克的文字文化》（哈萨克文），《语言与翻译》2000 年第 2 期。

李符桐：《回鹘文字来源及其演变》，《边政公论》1944 年第 5 期。

马合木提·再以地：《正确理解和使用维吾尔标准语及其文字中的个别字母》（维文），《新疆教育》1955 年第 2 期。

买买提艾力、佟加·庆夫、亚森·伊明：《信息交换用维吾尔文、哈萨克文、柯尔克孜文字体字形标准研究》，《语言与翻译》2005 年第 4 期。

莫·再以地：《论〈维吾尔标准语简要正字法〉的特点》（维文），《新疆教育》1954 年第 10—12 期。

莫·再以地：《关于维吾尔标准语及新词术语的某些问题》（维文），《新疆教育》1955 年第 9 期。

莫·再以地：《关于附加成分的某些问题》（维文），《新疆教育》1956 年第 3 期。

宁：《哈萨克族的文字》，《文字改革》1963 年第 2 期。

牛汝极：《试论维吾尔文字发展的特点》，《中央民族学院学报》1988 年第 6 期。

牛汝极：《维吾尔文字历史演变原因考》，《新疆大学学报》1990 年第 1 期。

盛桂琴：《浅谈维、哈族人名的罗马字母转写问题》，《语言与翻译》2003 年第 1 期。

盛桂琴：《也谈互联网上的维吾尔文拉丁字符问题》，《新疆大学学报》2003 年第 3 期。

孙桂梅：《境外突厥诸语言的基里尔字母文字》，《民族语文》2005 年第 2 期。

塔比斯别克·夏热阿提：《谈哈萨克族曾使用的文字》（哈萨克文），《语言与翻译》1996 年第 4 期。

天山客：《维吾尔之语言文字》，《新疆日报》1949年1月16日。

佟加·庆夫：《新疆少数民族文字软件研发应用状况与发展建议》，《语言与翻译》2003年第1期。

图尔达利·库其肯：《回顾中国柯尔克孜语言文字的研究成果》，恰勒恩拜译，《语言与翻译》1994年第3期。

托克塔森·巴特尔坎吾勒：《关于哈萨克语正音规则的规范问题》（哈萨克文），《语言与翻译》1995年第1期。

王日蔚：《新疆之语言文字》，《新亚细亚》1935年第3期。

王世杰、周殿生：《维哈柯文字仿真发声关键技术原理及实现》，《语言与翻译》1999年第4期。

王世杰、周殿生：《汉维语机器翻译研究中的主要问题与发展》，《语言与翻译》1997年第1期。

乌依古尔：《论维吾尔的文字文化》（维文），《新疆社会科学》2001年第2期。

周殿生、吐尔根·依不拉音：《互联网上的维吾尔拉丁字符问题》，《民族语文》2002年第2期。

周殿生、王世杰：《维哈文信息处理中的字符转写》，《语言与翻译》1999年第2期。

周殿生：《维哈文复合字符及其排序问题》，《新疆大学学报》1999年第4期。

（陈宗振）

突厥语族语言文献研究论著索引

《突厥语大词典》出版筹备组：《麻赫穆德·喀什噶里和他的〈突厥语大词典〉》，《西北史地》1985年第3期。

A. 库尔班、A. 纳肉孜：《塔里木之称的词源》（维文），《新疆社科论坛》2002年第5期。

С. Г. 克利亚什托尔内：《古代突厥鲁尼文碑铭》，李佩娟译，哈尔滨，1991年。

阿·努尔东：《论回鹘文文献的研究简况》（维文），《新疆社会科学》1993年第1期。

阿不都克由木等：《古代维吾尔文献选》（维文），乌鲁木齐：新疆人民出版社 1984 年版。

阿不都鲁甫·包拉提：《察合台语在维吾尔语词汇研究中的作用》，王起译，《语言与翻译》1994 年第 2 期。

阿不都热西提：《回鹘文摩尼教文献——"牟羽可汗入教记"》（维文），《新疆社会科学》1993 年第 1 期。

阿不都热西提·沙迪克：《从〈突厥语大词典〉中看维吾尔古代文化》（维文），载《马赫穆德·喀什噶里论文集》，喀什，1985 年。

阿不都热西提·亚苦甫：《〈福乐智慧〉语言的语音系统试析》，载李增祥等编《耿世民先生 70 寿辰纪念文集》，北京：民族出版社 1999 年版。

阿不都热西提·亚苦甫：《鄂尔浑文〈翁金碑〉译释》，《新疆地方志》1991 年第 2 期。

阿不都热西提·亚苦甫：《鄂尔浑—叶尼塞碑铭文的语音系统》（维文），《新疆大学学报》1992 年第 3 期。

阿不都热西提·亚苦甫：《鄂尔浑—叶尼塞碑铭语言名词的格位系统》，《新疆大学学报》1993 年第 1 期。

阿不都热西提·亚苦甫：《鄂尔浑—叶尼塞碑铭的语言学研究——研究史分期的尝试》，《新疆大学学报》1999 年第 3 期。

阿不都热西提·亚苦甫：《回鹘文景教文献残卷研究》（维文），《喀什师范学院学报》1992 年第 2 期。

阿不里克木·亚森、沈淑花：《〈突厥语大词典〉所见喀喇汗王朝的官职称号》，《西域研究》2003 年第 1 期。

阿不里克木·亚森、王正良：《吐鲁番回鹘文世俗文书语言数词研究》，《新疆大学学报》2001 年第 1 期。

阿不里克木·亚森：《吐鲁番回鹘文世俗文书语言结构研究》，乌鲁木齐：新疆大学出版社 2001 年版。

阿不里克木·亚森、沈淑花：《对维吾尔语 toy、bala 二词的词源考证》，《新疆大学学报》2002 年第 3 期。

阿不里克木·亚森、沈淑花：《"兀鲁思"词源考》，《民族语文》2002 年第 6 期。

阿不里克木·亚森、刘正江：《突厥语族诸语言词典编纂和研究概述》，《新疆师范大学学报》2004 年第 4 期。

阿不里克木·亚森、热依汗姑丽·努尔：《维吾尔语"toi"一词的词源探讨》（维文），《新疆大学学报》2002 年第 4 期。

阿布都拜斯尔：《关于古代回鹘文佛经〈十恶叶〉》（维文），《新疆师范大学学报》2003 年第 1 期。

阿布都热西提·亚库甫：《回鹘文〈天地八阳神咒经〉中有关宗教和语言的问题》（维文），《新疆大学学报》2000 年第 3 期。

阿布都热西提·亚库甫：《〈福乐智慧〉语言名词的形态系统概述》，载中央民族大学突厥语言文化系、中亚学研究所编《突厥语言与文化研究》，北京：中央民族大学出版社 1997 年版。

阿布都若夫：《在古代维吾尔语基础上形成的察合台语》（维文），《新疆大学学报》1984 年第 3 期。

阿布拉海提·阿布都卡迪尔：《浅谈"tohula"地名的来源》（维文），《语言与翻译》2001 年第 1 期。

阿不里克木·亚森：《吐鲁番回鹘文世俗文书动词条件式研究》，《语言与翻译》2002 年第 2 期。

阿布里米提·艾海提、赵建国：《维吾尔书面文学语言——察合台语》，《语言与翻译》2000 年第 3 期。

阿布里米提·艾海提、赵建国：《关于察合台语及其形成过程》（维文），《语言与翻译》1988 年第 2 期。

阿尔斯兰·阿不都拉·泰吾尔：《论用词原则及〈福乐智慧〉的语用艺术》（维文），《新疆大学学报》2003 年第 3 期。

阿尔斯兰·阿布都拉：《谈〈福乐智慧〉中的颜色词》（维文），《语言与翻译》2001 年第 3 期。

阿尔斯兰·阿布都拉等：《〈福乐智慧〉的修辞学研究》（维文），乌鲁木齐，2001 年。

阿夫：《论察合台语与当时维吾尔口语的关系》《新疆大学学报》1989 年第 1 期。

阿夫：《论察合台语句法的某些特点》，《新疆大学学报》1986 年第 4 期。

阿夫：《论维吾尔语词源学研究及其意义》，《新疆社会科学》1991 年第 3 期。

阿夫：《"Sawat"一词的来源及其含义》（维文），《语言与翻译》1984 年第 2 期。

阿夫：《关于"Ta·rim"一词来源的新见解》，《新疆青年》1991 年第 1 期。

阿合麦提：《现代柯语与古代突厥语的相同特点浅析》（柯尔克孜

文), 《语言与翻译》1985年第3期。

阿吉牙库甫·玉素甫、吐尔逊·吾守尔：《阙特勤碑译注》（维文),《新疆大学学报》1982年第1期。

阿克提别克：《浅谈哈萨克语典故》（哈萨克文),《语言与翻译》2004年第1期。

阿里甫·买合穆德·再一地：《论地名 miran 的来源》（维文),《语言与翻译》2003年第1期。

阿里木·居拉什吾勒：《〈磨延啜碑〉中的突厥——"克普恰克"名称探讨》（哈萨克文),《新疆社会科学》1998年第2期。

阿里木·朱马什吾勒：《〈突厥语大词典〉与现代哈萨克语中个别原型词根的比较》（哈萨克文),《新疆社会科学》2001年第2期。

阿力肯·阿吾哈里：《古代突厥如尼文字源自旧粟特文说质疑》,《中央民族大学学报》2003年第2期。

阿力肯·阿吾哈里：《突厥如尼文字溯源》,《西域研究》2004年第2期。

阿力木·尼牙孜、马合木提江·吾布力：《从〈乐师传〉的语言特点看察合台维吾尔语向现代维吾尔语的发展演变》（维文),《语言与翻译》2002年第4期。

阿西木·吐尔迪：《维吾尔语 bilɛn 一词的变体分析》,《新疆大学学报》1999年第3期。

阿央·米尔卡马勒乌勒：《浅谈哈萨克语中的 qara 一词》（哈萨克文),《语言与翻译》1997年第4期。

阿依达尔·米尔卡马勒吾勒：《我国哈萨克语研究概况》（哈萨克文),《语言与翻译》2004年第1期。

阿依达尔·米尔卡马勒吾勒：《涉及哈萨克语言历史的一部重要词典〈库曼书古抄本〉》（哈萨克文),《语言与翻译》2000年第2期。

扎提·依佐拉：《试谈古代突厥语 θtukan 一词词源》,《语言与翻译》1996年第2期。

艾海提·穆罕默都拉、阿尔孜古丽·阿布都热依木乌古力：《论乌古斯克普恰克语对维吾尔语的影响》（维文),《语言与翻译》2002年第2期。

艾斯开尔·胡赛音：《从〈突厥语大词典〉看喀喇汗王朝的回鹘文化》,《喀什师范学院学报》1985年第1—2期。

艾孜孜·阿塔吾拉：《莎车出土的古维文文书浅析》（维文),《喀什师范学院学报》2000年第3期。

比丽克孜·艾合买提:《谈察合台语中乌古斯、克普恰克语的语法成分》(维文),《语言与翻译》2000年第2期。

滨田正美:《新疆发现的察合台语手稿概况》(维文),《新疆社会科学》1993年第3期。

布海热·阿布来提:《谈古代维吾尔语及其重要特点》(维文),《新疆大学学报》1996年第4期。

布海热·阿布来提:《古代维吾尔语的数词范畴探析》(维文),《语言与翻译》1996年第5期。

布海热·阿布来提:《从〈突厥语大词典〉看维语词汇发展变化》(维文),《新疆社会科学》2000年第4期。

布海热·阿布来提:《论自古以来一直沿用的维语词义演变问题》(维文),《语言与翻译》2001年第4期。

岑仲勉:《揭出中华民族与突厥族之密切关系》,《东方杂志》1945年第3号。

岑仲勉:《突厥语及其相关外语之汉文译写的考定表》,《突厥集史》下册,北京:中华书局1958年版。

岑仲勉:《突厥(回纥)语及伊、印语之汉文译写表》,《西突厥史料补阙及考证》,北京:中华书局1958年版。

岑仲勉:《跋突厥文阙特勤碑》,《辅仁学志》1937年第1—2期。

岑仲勉:《吐鲁番一带汉回地名对证》,《史语所集刊》12本,北京:中华书局1947年版。

陈庆隆:《从借字看突厥、回鹘的汉化》,台湾《史语所集刊》47本第3分,北京:中华书局1976年版。

陈庆隆:《"和卓"考释——语源及语义的分析》,台湾《史语所集刊》40本下,北京:中华书局1969年版。

陈宗振:《我国突厥语的"父母兄姊"等称谓及其演变》,《民族语文》1996年第4期。

陈宗振:《古代突厥文献中的berk及其演变》,载中国民族古文字研究会编《中国民族古文字研究》(3),天津:天津古籍出版社1991年版。

陈宗振:《试论古代突厥文献语言的rin以及ol和turur》,《民族语文》2000年第1期。

陈宗振:《关于〈高昌馆杂字〉标音问题的探讨》,《民族语文》

2003年第1期。

陈宗振：《〈突厥语词典〉中与突厥回鹘史地及民俗研究有关的资料》（上），《西北民族文丛》1984年第2期。

陈宗振：《〈突厥语词典〉中与突厥回鹘史地及民俗研究有关的资料》（下），《西北民族学院学报》增刊，1985年第1期。

陈宗振：《〈突厥语词典〉中的谚语》，《民族语文》1980年第4期。

陈宗振：《〈突厥语大词典〉在语言研究领域的重要学术价值》，载中国维吾尔历史文化研究会编《中国维吾尔历史文化研究论丛》，北京：民族出版社2003年版。

陈宗振：《〈福乐智慧〉中的阿拉伯—波斯语借词及其对维吾尔语文的影响》，载中央民族大学突厥语言文化系、中亚学研究所编《突厥语言与文化研究》，北京：中央民族大学出版社1997年版。

陈宗振：《试论中古突厥语的turur在现代维吾尔语中的变体》，《民族语文》2000年第4期。

陈宗振：《现代维吾尔语词根的语音变异及同根异形词》，《语言与翻译》1992年第3期。

陈宗振：《关于维语中的早期汉语借词的探讨》，《民族语文研究文集》，西宁：青海民族出版社1982年版。

陈宗振：《关于裕固族族称及语言名称》，《民族研究》1990年第6期。

陈宗振：《裕固族及其语言》，《新疆大学学报》1977年第3—4期。

陈宗振：《西部裕固语概况》，《民族语文》1982年第6期。

陈宗振：《论西部裕固语的带擦元音》，《民族语文》1986年第2期。

陈宗振：《西部裕固语中的早期汉语借词》，《语言研究》1985年第1期。

陈宗振：《〈突厥语词典〉中保留在西部裕固语里的古老词语》，《民族语文》1992年第1期。

陈宗振：《再论〈突厥语词典〉中保留在西部裕固语里的一些古老词语》，《民族语文》1993年第1期。

陈宗振：《试释裕固族宗教和婚丧习俗的某些用语——裕固族习俗用语纵谈》，《甘肃民族研究》1994年第2期。

陈宗振：《试释西部裕固语中关于服饰的某些词语》，《民族语文》1998年第5期。

陈宗振：《关于西部裕固语系动词的"口气"》，《西北民族研究》1998年第2期。

程适良：《突厥语言研究与发展语言理论的互动关系》，《中央民族大学学报》1994年第1期。

邓浩、杨富学：《西域敦煌回鹘文献语言研究》，兰州，1999年。

邓浩、杨富学：《西域敦煌回鹘文献语言词法研究》，《敦煌研究》1998年第1期。

邓浩、杨富学：《西域敦煌回鹘文献语言中的动词及其用法》，《敦煌研究》1998年第4期。

邓浩、杨富学：《西域敦煌回鹘文献语言条件形式的演变》，《甘肃民族研究》1999年第1期。

邓浩、杨富学：《论回鹘文献语言的内部差异》，《敦煌研究》1997年第3期。

邓浩、杨富学：《回鹘文文献语言研究百年回顾》，《语言与翻译》2001年第2期。

邓浩、杨富学：《两件吐鲁番回鹘文医学文书》，《甘肃民族研究》1996年第3—4期。

邓浩、杨富学：《〈突厥语词典〉中树木构件名称的词汇学分析》，《语言与翻译》1997年第1期。

邓浩、杨富学：《论〈突厥语词典〉中的树木名称》，《中央民族大学学报》1997年第5期。

邓浩、杨富学：《〈突厥语词典〉名词的语法范畴及其形式》，《民族语文》1995年第3期。

邓浩、杨富学：《从〈突厥语词典〉看古代维吾尔族民俗文化》，《语言与翻译》1995年第1期。

邓浩、杨富学：《从〈突厥语大词典〉看回鹘的畜牧文化》，《敦煌研究》1995年第1期。

邓浩、杨富学：《〈突厥语词典〉与回鹘的农业经济》，《敦煌研究》1995年第4期。

邓浩、杨富学：《〈突厥语大词典〉中的诗歌谚语及其文化透视》，《西北民族研究》1995年第1期。

邓浩、杨富学：《从〈突厥语词典〉看喀喇汗王朝的物质文化》，《西北史地》1996年第4期。

邓浩、杨富学：《从〈突厥语词典〉看古代维吾尔族的服饰文化》，

《民族研究》1997年第2期。

地木拉提·奥迈尔、崔延虎：《一件维吾尔语手稿的背景、转写、译文和初步分析》，《新疆师范大学学报》1994年第1期。

多鲁坤、阿不都克由木、依不拉音：《回鹘文摩尼教文献研究》（维文），《维吾尔语问题》，乌鲁木齐，1984年。

多鲁坤·阚白尔、斯拉菲尔·玉素甫：《吐鲁番出土的几件回鹘文书研究》，《语言与翻译》1988年第1期。

多鲁坤·阚白尔：《吐鲁番柏孜克里克千佛洞新出回鹘文书初探》，载《中国民族古文字研究》（2），天津，1993年。

冯承钧：《关于西域语之讨论》，《女师大学术月刊》1卷4期，1930年12月。

冯家升、捷尼舍夫：《回鹘文斌通（善斌）卖身契三种》，《考古学报》1958年第2期。

冯家升：《1960年吐鲁番新发现的古突厥文》，《文史》第3辑，1963年。

冯家升：《一个突骑施的钱币》，《冯家升论著集粹》，北京，1987年。

冯家升：《刻本回鹘文〈佛说天地八阳神咒经〉研究——兼论回鹘人对于〈大藏经〉的贡献》，《考古学报》9册，1955年。

冯家升：《回鹘文和回鹘文的〈玄奘传〉》，上海《大公报》1952年3月4日。

冯家升：《回鹘文写本〈菩萨大唐三藏法师传〉研究报告》，《考古学专刊》，1953年丙种一号。

冯家升：《1959年哈密新发现的回鹘文佛经》，《文物》1962年第7—8期。

冯家升：《元代畏兀儿文契约二种》，《历史研究》1954年第1期。

冯家升：《回鹘文契约二种》，《文物》1960年第6期。

冯家升：《敦煌回鹘文写本情况》，《敦煌研究》1988年第1期。

耿世民：《耿世民新疆文史论集》，北京，2001年。

耿世民：《回鹘文〈玄奘传〉及其译者胜光法师》，《中央民族学院学报》1990年第6期。

耿世民：《维吾尔族古代文化和文献概论》，乌鲁木齐，1983年。

耿世民：《维吾尔古代文献研究》，北京，2003年。

耿世民：《古代维吾尔诗歌选》，乌鲁木齐，1982年。

耿世民：《古代维吾尔人的语言和文字》，《少数民族语文论集》，北京，1958 年。

耿世民：《谈谈维吾尔古代文献》，《新疆文学》1963 年第 1 期。

耿世民：《谈谈维吾尔族古代的文字和文献》，《图书评介》1978 年第 4 期。

耿世民：《新疆古代语文的发现和研究》，《新疆大学学报》1979 年第 3 期。

耿世民：《古代维吾尔族文字和文献概述》，《中国史研究动态》1980 年第 3 期。

耿世民：《古代突厥文碑铭研究》，北京，2005 年。

耿世民：《突厥文碑铭汉译文》，《突厥史》，呼和浩特，1988 年。

耿世民：《若干古代突厥词的考释》，《民族语文》2002 年第 4 期。

耿世民：《古代突厥文碑铭述略》，《考古学参考资料》1980 年第 3—4 期。

耿世民：《古代突厥文主要碑铭及其解读研究情况》，《图书评介》1980 年第 4 期。

耿世民：《古代突厥文碑铭的发现和解读，纪念汤木森解读古代突厥文一百一十年》，《西北民族研究》2004 年第 3 期。

耿世民：《回鹘文〈玄奘传〉第七卷研究》，《民族语文》1979 年第 4 期。

耿世民：《回鹘文〈玄奘传〉第七卷研究》（2），《中央民族学院学术论文选集》，北京，1980 年。

耿世民：《回鹘文〈阿毗达磨俱舍论〉残卷研究》，《民族语文》1987 年第 1 期。

耿世民：《回鹘文〈金光明最胜王经〉第九卷长者流水品研究》，载《中国民族古文字研究》（2），天津，1993 年。

耿世民：《回鹘文〈金光明最胜王经〉第六卷四天王护国品研究》，《中央民族学院学报》语言文学增刊 1986 年。

耿世民：《古代维吾尔语佛教原始剧本〈弥勒会见记〉（哈密本）研究》，《文史》第 12 辑，1981 年。

耿世民：《回鹘文佛教原始剧本〈弥勒会见记〉第二幕研究》，《西北民族研究》1986 年第 1 期。

耿世民：《古代维吾尔说唱文学〈弥勒会见记〉》，《中央民族大学学报》2004 年第 1 期。

耿世民：《回鹘文〈八十华严〉残经研究》，《民族语文》1986 年第 3 期。

耿世民：《甘肃省博物馆藏回鹘文〈八十华严〉残经研究》（2），《中央民族学院学报》1986 年第 2 期。

耿世民：《回鹘文〈圣救度佛母二十一种礼赞经〉残卷研究》，《民族语文》1990 年第 3 期。

耿世民：《回鹘文〈大白莲社经〉残卷（二叶）研究》，《民族语文》2003 年第 5 期。

耿世民：《回鹘文〈土都木萨里修寺碑〉考释》，《世界宗教研究》1981 年第 1 期。

耿世民：《古代突厥语扬州景教碑研究》，《民族语文》2003 年第 3 期。

耿世民：《两件回鹘文契约的考释》，《中央民族学院学报》1978 年第 2 期。

耿世民：《回鹘文摩尼教寺院文书初释》，《考古学报》1978 年第 4 期。

耿世民：《两件回鹘文买卖奴隶文书的考释》，载《民族语文》编辑部编《民族语文论集》，北京：中国社会科学出版社 1981 年版。

耿世民：《几件回鹘文文书译释》，《文物》1980 年第 5 期。

耿世民：《古代维吾尔史诗〈乌古斯可汗的传说〉》，《图书评介》1979 年第 3 期。

耿世民：《大元肃州路也可达鲁花世袭之碑回鹘文部分译释》，《民族研究》1979 年第 1 期。

耿世民：《回鹘文亦都护高昌王世勋碑研究》，《考古学报》1980 年第 4 期。

耿世民：《回鹘文碑文汉译》，《回纥史》，呼和浩特，1994 年。

耿世民：《古代维吾尔族的书写文化》，《喀什师范学院学报》2005 年第 2 期。

耿世民：《吐鲁番出土回鹘文木版印刷品》，《吐鲁番学研究》2004 年第 1 期。

耿世民：《回鹘文在金帐汗国和中亚的传播》，《语言与翻译》2003 年第 4 期。

耿世民：《古代维吾尔族（回鹘族）文字和文献概述》，《突厥与回纥历史论文选集》（下册），北京，1987 年。

耿世民：《回鹘文主要文献及研究情况》，《图书评介》1980 年第

1 期。

耿世民:《敦煌出土回鹘文献介绍》(连载),《语言与翻译》1989年第 2 期至 1990 年第 3 期。

耿世民:《各国收藏的回鹘文文书概况》,《语言与翻译》2002 年第 1 期。

耿世民:《现代维吾尔语及其研究》,《语言与翻译》2002 年第 3 期。

耿世民:《现代哈萨克语语法》,北京,1989 年。

耿世民:《哈萨克语文及其研究》,载《少数民族语言论集》(2),北京,1958 年。

耿世民:《哈萨克族的文字》,《民族语文》1980 年第 3 期。

耿世民:《试论中国哈萨克语方言的划分》,《民族语文》2005 年第 5 期。

耿世民:《敦煌突厥回鹘文书导论》,台北:新文丰出版社 1994 年版。

耿世民:《试论维吾尔语书面语的发展》,《中国语文》1963 年第 4 期。

耿世民、吐尔逊·阿尤甫译:《乌古斯可汗传说》(维文),北京,1980 年。

耿世民、张国玺:《回鹘文〈重修文殊寺碑〉初释》,《考古学报》1986 年第 2 期。

姑丽娜尔:《维吾尔族英雄史诗〈乌古斯汗传〉研究中的几个问题》,《喀什师范学院学报》1994 年第 1、3 期。

哈密顿、杨富学、牛汝极:《榆林窟回鹘文题记译释》,《敦煌研究》1998 年第 2 期。

哈密尔顿、牛汝极:《赤峰出土景教墓砖铭文及族属研究》,《民族研究》1996 年第 3 期。

韩儒林:《突厥文阙特勤碑译注》,《国立北平研究院院务汇报》1935 年第 6 期。

韩儒林:《突厥文毗伽可汗碑译释》,《禹贡》1936 年第 6 期。

韩儒林:《暾欲谷碑译文》,《禹贡》1936 年第 7 期。

何星亮:《从哈、柯、汉亲属称谓看最古老的亲属制》,《民族研究》1982 年第 5 期。

何星亮:《清代堪分中俄边界大臣的第二件察合台文文书研究》,《民族语文》1999 年第 1 期。

胡振华、耿世民：《〈突厥语大词典〉介绍》，《新疆文学》1963年第4期。

胡振华、耿世民：《〈突厥语大辞典〉及其作者》，《新疆文学》1963年第5期。

胡振华、耿世民：《维吾尔古典长诗〈福乐智慧〉》，《新疆文学》1963年第3期。

胡振华、黄润华：《〈高昌馆课〉介绍》，《新疆大学学报》1978年第2期。

胡振华、黄润华：《明代高昌馆来文及其历史价值》，《中央民族学院学报》1982年第1期。

胡振华、黄润华：《明代汉文回鹘文分类词汇集〈高昌馆杂字〉》，《民族语文》1983年第3期。

胡振华、黄润华：《高昌馆杂字（明代汉文回鹘文分类词汇）》，北京，1984年。

胡振华、黄润华：《明代文献〈高昌馆课〉（拉丁字母转写本）》，乌鲁木齐，1981年。

胡振华：《我国诸突厥语及其教学情况简述》，《青海民族学院学报》1998年第3期。

胡振华：《关于〈乌古斯传〉》，《新疆文艺》1979年第3期。

胡振华：《维吾尔族的文字》，《民族语文》1979年第2期。

胡振华：《向世界介绍我国柯尔克孜族史诗〈玛纳斯〉》，《黑龙江民族丛刊》2000年第4期。

蒋其祥：《〈突厥语大词典〉中的回鹘》，《新疆历史研究》1987年第1期。

卡哈尔：《铁尔浑碑初探》（维文），《新疆社会科学研究》1982年第3期。

卡哈尔·巴拉提、刘迎胜：《亦都护高昌王世勋碑回鹘文碑文之校勘与研究》，《元史及北方民族史研究集刊》1984年第8期。

卡哈尔·巴拉提：《多罗郭德回鹘文碑的初步研究》，《新疆大学学报》1982年第4期。

康巴尔尼莎·穆罕默德：《论夏穆素黎玛阿里及喀布斯纳曼》（维文），《新疆大学学报》2000年增刊。

康诺诺夫：《7—9世纪突厥鲁尼文字语言语法》，王振中译，《突厥语研究通讯》1985年第3—4期，1986年第4期，1987年第1—4期。

克拉克：《摩尼文突厥语贝叶书》，杨富学、黄建华编译，《西域研究》1996年第2期。

克尤木、斯拉裴尔：《维吾尔古代回鹘文献述略》，杨金祥、多鲁坤译，《新疆民族文学》1981年第2期。

库尔班·图兰：《有关古突厥文〈翁金碑〉的几个问题》（维文），《新疆大学学报》2001年第3期。

库尔班·外力：《我们使用过的文字》（维文），乌鲁木齐，1986年。

库尔班·外力：《吐鲁番出土公元五世纪的古突厥语木牌》，《文物》1981年第1期。

库尔班·外力：《吐鲁番出土的五件回鹘文文书》，《中国民族古文字研究》，北京，1984年。

库尔班·外力：《吐鲁番出土的唐代手抄本〈汉文—回鹘文词汇〉残卷》（维文），《语言与翻译》1982年第2期。

库尔班·外力：《九世纪的汉文—回鹘文词汇》（维文），《新疆日报》1983年2月19日。

库尔班·外力：《吐鲁番出土的唐代写本汉文回鹘文词书残页初释》，载《向达先生纪念论文集》，乌鲁木齐，1989年。

库来西·塔依尔、帕尔哈提·艾则孜：《国外有关〈突厥语大词典〉的研究著述目录（1914—2000年）》，《新疆社会科学信息》2002年第1期。

库来西·塔依尔：《论〈突厥语大词典〉的语言学价值》，《西域研究》2001年第2期。

库来西·塔依尔：《国外有关〈突厥语大词典〉研究情况综述》，《西域研究》2002年第3期。

李经纬：《新疆各民族语言与文字简况》，《新疆大学学报》1980年第2期。

李经纬：《突厥如尼文〈苏吉碑〉译释》，《新疆大学学报》1982年第2期。

李经纬：《吐鲁番回鹘文社会经济文书研究》，乌鲁木齐，1996年。

李经纬：《关于回鹘文〈金光明经〉》，《图书评介》1979年第3期。

李经纬：《回鹘文〈金光明经〉序品（片断）研究》，《喀什师范学院学报》1987年第4期。

李经纬：《哈密本回鹘文〈弥勒三弥底经〉初探》，《喀什师范学院学报》1982年第1期。

李经纬：《哈密本回鹘文〈弥勒三弥底经〉首品残卷研究》，《民族语文》1985年第4期。

李经纬：《哈密本回鹘文〈弥勒三弥底经〉第二卷研究》，《民族语文》编辑部编《民族语文研究文集》，西宁，1982年。

李经纬：《哈密本回鹘文〈弥勒三弥底经〉第三卷研究》，《中亚学刊》第1辑，1983年。

李经纬：《"如来三十二吉相"回鹘译文浅论》，《喀什师范学院学报》1981年第2期。

李经纬：《佛教"二十七贤圣"回鹘文译名考释》，《世界宗教研究》1982年第4期。

李经纬：《古代维吾尔文献〈摩尼教徒忏悔词〉译释》，《世界宗教研究》1982年第3期。

李经纬：《回鹘文景教文献残卷〈巫师的崇拜〉译释》，《世界宗教研究》1983年第2期。

李经纬：《五件回鹘文文书译释》，《新疆工学院学报》1986年第1期。

李经纬：《回鹘文社会经济文书选注》，《伊犁师范学院学报》1986年第4期。

李经纬：《回鹘文社会经济文书选注》（一），《喀什师范学院学报》1987年第1—2期。

李经纬：《回鹘文社会经济文书研究》，《喀什师范学院学报》1994年第2—4期。

李经纬：《敦煌回鹘文遗书五种》，《西域研究》1993年第2期。

李经纬：《吐鲁番回鹘文买卖文书四种》，《西域研究》1995年第2期。

李经纬：《回鹘文借贷文书六种》，《新疆文物》1995年第2期。

李经纬：《敦煌Or·8212（170）号回鹘文文书的译文质疑》，《新疆大学学报》1995年第3期。

李经纬：《回鹘文买卖文书六种》，《新疆文物》1995年第2期。

李经纬：《回鹘文文献语言语音系统概述》，《语言与翻译》1989年第1期。

李经纬：《回鹘文文献语言的数量词》（上），《语言与翻译》1990年第4期。

李经纬：《回鹘文文献语言的数量词》（下），《语言与翻译》1991年第1期。

李经纬：《回鹘文〈乌古斯可汗传〉中 kim 一词的用法举例》，《语言与翻译》1988年第1期。

李经纬：《浅谈高昌回鹘文献语言的连词》，《语言与翻译》2002年第2期。

李经纬：《摩尼文简介》，《语言与翻译》1993年第3期。

李经纬：《回鹘文的字形与字体》，《喀什师范学院学报》1988年第4期。

李经纬：《回鹘文社会经济文书的发现、收藏与研究概述》，《西北民族研究》1997年第1期。

李经纬：《〈突厥语词典〉语法索引疏》，《喀什师范学院学报》1986年第1期。

李森：《突厥语言研究文集》，北京，1999年。

李森：《论突厥语族》，《语言与翻译》1988年第3期。

李森：《新疆突厥语族语言方言成探——新疆突厥语族语言1955年调查研究总结》，《语言与翻译》1992年第4期、1993年第1期。

李森：《略论现代我国的突厥语研究——我国现代突厥语研究的回顾与构想》，《新疆大学学报》1989年第2期。

李森：《论突厥文》，《语言与翻译》1991年第1期。

李森：《论回鹘文》，《语言与翻译》1990年第3期。

李森：《论察合台文》，《语言与翻译》1989年第3期。

李树辉：《突厥语历史音变的五条基本规律》，《民族语文》2005年第1期。

李树辉：《突厥语词 T*rik*n Toj·n 的语义及其文献学价值》，《中央民族大学学报》2004年第5期。

李树辉：《试论突厥语族诸语言后置词的形成与发展》，《语言与翻译》1991年第3期。

李树辉：《再论突厥语后置词的形成问题》，《语言与翻译》1995年第1期。

李树辉：《突厥语数词 toquz 文化附加义探析》，《语言与翻译》1998年第4期。

李树辉：《B·g~Beg 语源再探——兼论中原政治制度对突厥语族官制文化的影响》，《满语研究》2002年第1期。

李树辉：《古代回鹘文文献中的 ulu·一词翻译辨误》，《民族语文》2002 年第 6 期。

李树辉：《回鹘文摩尼教寺院文书写作年代及相关史事研究》，《西北民族研究》2004 年第 3 期。

李吟屏：《从〈突厥语词典〉看古代和田的语言和民族》，《新疆日报》1983 年 1 月 15 日。

李雍：《〈突厥语大词典〉所录 tirnäk 与 bistä 二词的古历史涵义与经济学涵义》，《西北民族研究》2001 年第 1 期。

李增祥：《中世纪突厥语文献与现代哈萨克语的词汇》，载《耿世民先生 70 寿辰纪念文集》，北京，1999 年。

李增祥：《〈古兰经〉的中古突厥语译本及其语音、词汇特点》，载《中国突厥语研究论文集》，北京，1991 年。

李增祥：《〈古兰经〉的中古突厥语译本及其词汇特点》，《伊犁师范学院学报》1985 年第 2 期。

李增祥：《中世纪喀喇汗王朝时期的突厥语文献》，《文史知识》1995 年第 10 期。

李增祥、李经纬：《〈突厥语辞典〉及其研究情况》，《图书评介》1980 年第 4 期。

林恩显：《突厥名称及其先世考》，台湾《政大学报》1974 年第 29 期。

林干：《古突厥文碑铭札记》，《西北史地》1983 年第 2 期。

林红：《我国古代维吾尔文献研究新收获》，《语言与翻译》2004 年第 3 期。

刘戈：《回鹘文契约上的倒写文字》，《民族研究》2003 年第 5 期。

刘戈：《回鹘文买卖文书与汉文同类文书中的"一无悬欠"考》，《民族研究》2001 年第 2 期。

刘戈：《回鹘文文书的特点和史料价值》，《西域研究》1997 年第 4 期。

刘戈：《回鹘文买卖文书的格式套语与断代问题》，《西北史地》1999 年第 1 期。

刘戈：《回鹘文契约证人套语研究》，《民族研究》2004 年第 5 期。

刘戈：《回鹘文宗教文书的发现、刊布与研究》，《中亚研究》1992 年第 1—2 期。

刘戈：《回鹘文社会经济研究综述》，《西域研究》1992 年第 3 期。

刘戈：《回鹘文契约文书研究概况及存在的问题》，《民族研究》2000年第2期。

刘戈、艾则孜·玉素甫：《回鹘文文书研究与汉语译音问题》，《西域研究》1997年第2期。

刘桂栋：《东突厥斯坦的古代语言》，《晨报》1943年第33期。

刘平：《摩尼教的传播对回鹘书面语的影响》，《新疆社科论坛》1995年第2期。

刘平：《维吾尔文字演变中的宗教承传作用》，《语言与翻译》2000年第1期。

刘萍：《佛教的传播对古代维吾尔书面语的影响》，《语言与翻译》1994年第4期。

刘义棠：《汉译突回语别失八里》，台湾《边政学报》1966年第7期。

刘义棠：《汉译突回语里、里克》，台湾《东方杂志》1968年第12期。

刘义棠：《欧脱考》，台湾《边政学报》1969年第8期。

刘义棠：《胡八里考》，台湾《民族社会学报》1973年第12期。

刘义棠：《维吾尔研究》，台北，1975年。

刘义棠：《维吾尔语文研究》，台北，1978年。

刘义棠：《"维吾尔语文研究"之补充讨论》，台湾《边政研究所年报》1980年第11期。

刘义棠：《"维吾尔语文研究"之再补充讨论》，台湾《边政研究所年报》1986年第17期。

刘义棠：《"钦定西域同文志"校注（新疆回语部分）》，台北：商务印书馆1984年版。

马小鹤：《摩尼教宗教符号"珍宝"研究——梵文ratna、怕提亚文rdn、粟特文rtn、回纥文ertini考》，《西域研究》2000年第2期。

买买提江·莫明：《回鹘文佛教文献及其研究概况》（维文），《新疆社会科学》2000年第3期。

买提热依木：《从〈拉布古孜的圣人传〉看突厥语的语音变化》，《民族语文》1996年第3期。

买提热依木：《古代维语中的"·r-"动词》，《语言与翻译》1985年第4期。

买提热依木·沙依提、依斯拉菲尔·玉素甫：《回鹘文契约文书》

（维文），乌鲁木齐，2000 年。

买提热依木·沙依提、依斯拉菲尔·玉素甫：《古代突厥语文献语言的音节结构类型》，《民族语文》2004 年第 2 期。

米尔卡马勒·加勒勒汗吾勒：《论钦察及其文字》（哈萨克文），《新疆社会科学》1997 年第 4 期。

米尔苏里唐、李经纬、靳尚怡：《一件莎车出土的阿拉伯字回鹘语文书研究》，《西北民族研究》1999 年第 1 期。

米尔苏里唐·奥斯曼诺夫、哈米提·铁木尔：《关于察合台语的一些看法》（维文），《新疆大学学报》1993 年第 1 期。

米尔苏里唐·吾斯曼：《〈突厥语大词典〉中的文学语言》（维文），《马赫穆德·喀什噶里论文集》，喀什：喀什维吾尔出版社 1985 年版。

米海力：《突厥语数词"一"的起源》，《民族语文研究情报资料集》1991 年第 14 辑。

聂鸿音：《回鹘文〈玄奘传〉中的汉字古音》，《民族语文》1998 年第 6 期。

牛汝辰：《〈突厥语大词典〉的地理学价值》，《辞书研究》1985 年第 1 期。

牛汝辰：《新疆地名概说》，1994 年。

牛汝辰、牛汝极：《古代突厥文〈翁金碑〉译注》，《喀什师范学院学报》1987 年第 2 期。

牛汝辰、牛汝极：《〈突厥语大词典〉第一卷中亚地名研究》，《西北史地》1987 年第 2 期。

牛汝辰、牛汝极：《〈突厥语大词典〉第三卷地名译释》，《西北史地》1987 年第 2 期。

牛汝辰、牛汝极：《察合台文历史文献〈热夏提王传〉（片断）注释——兼论"阿克苏"地名的来源及含义》，《新疆大学学报》1987 年第 4 期。

牛汝辰、牛汝极：《试论伊斯兰教的传播对维吾尔书面语的影响》，《新疆大学学报》1984 年第 2 期。

牛汝极：《新疆地名的语言特质》，《新疆大学学报》1995 年第 1 期。

牛汝极：《西域语言接触概说》，《中央民族大学学报》2000 年第 4 期。

牛汝极：《原始突厥语的拟测与突厥语民族文化特征追寻例证》，

《西北民族研究》2000 年第 2 期。

牛汝极：《维吾尔古文字古文献导论》，乌鲁木齐：新疆人民出版社 1997 年版。

牛汝极：《英国和土耳其所藏维吾尔文献及其研究》，《新疆文物》1995 年第 3 期。

牛汝极：《法国所藏维吾尔学文献文物及其研究》，《西域研究》1994 年第 2 期。

牛汝极：《英国和土耳其所藏维吾尔文献及其研究》，《新疆文物》1995 年第 3 期。

牛汝极：《回鹘佛教文献——佛典总论及巴黎所藏敦煌回鹘文佛教文献》，乌鲁木齐：新疆人民出版社 2000 年版。

牛汝极：《回鹘文〈善恶两王子故事〉研究》，《新疆文物》1991 年第 1 期。

牛汝极：《敦煌榆林窟千佛洞第 12 窟回鹘文题记》，《新疆大学学报》2002 年第 1 期。

牛汝极：《七件回鹘文佛教文献研究》，《喀什师范学院学报》1993 年第 1 期。

牛汝极：《回鹘文〈牟羽可汗入教记〉残片释译》，《语言与翻译》1987 年第 2 期。

牛汝极：《泉州出土回纥文也里可汗（景教）墓碑研究》，《学术集林》第 5 卷，1995 年。

牛汝极：《泉州叙利亚—回鹘双语景教碑再考释》，《民族语文》1999 年第 3 期。

牛汝极：《中国突厥语景教碑铭文献》，《民族语文》2000 年第 4 期。

牛汝极：《莫高窟北区发现的叙利亚文景教——回鹘文佛教双语写本再研究》，《敦煌研究》2002 年第 2 期。

牛汝极：《泉州叙利亚—回鹘双语景教碑再考释》，《民族语文》1999 年第 3 期。

牛汝极：《十二件敦煌回鹘文文书译述》，《新疆社会科学研究》1988 年第 1 期。

牛汝极：《四件敦煌回鹘文书信文书》，《敦煌研究》1989 年第 1 期。

牛汝极：《六件 9—10 世纪敦煌回鹘文商务书信研究》，《西北民族研究》1992 年第 1 期。

牛汝极：《四封 9—10 世纪的回鹘文书信译考》，《新疆大学学报》1989 年第 2 期。

牛汝极：《摩尼文及摩尼文突厥语文献》，《新疆社会科学情报》1989 年第 11 期。

牛汝极：《回鹘佛教归属未定典籍》，《语言与翻译》2001 年第 4 期。

牛汝极：《〈突厥语词典〉文化语言学价值》，《西北民族研究》1999 年第 2 期。

牛汝极：《从察合台语文献看汉文化与伊斯兰文化的接触》，《西域研究》1993 年第 4 期。

牛汝极、杨富学：《敦煌出土早期回鹘语世俗文献译释》，《敦煌研究》1994 年第 4 期。

努·木民、艾·阿塔吾拉：《浅谈在敦煌发现的古维吾尔文文书》（维文），《喀什师范学院学报》2000 年第 1 期。

乔吉：《读赤峰市出土的古回鹘文碑铭》，《蒙古学信息》1995 年第 2 期。

热甫开提·热合曼：《论〈突厥语大词典〉中的氏族、部落、民族名称》（维文），《新疆社会科学》2000 年第 4 期。

热甫开提·热合姆：《〈福乐智慧〉中的人名》（维文），《新疆社会科学》2000 年第 4 期。

热合木吐拉·加里：《察合台语》（1—2）（维文），《新疆教育》1981 年第 6—7 期。

热合木吐拉·加里：《简论察合台语》（维文），《新疆社会科学》1985 年第 5 期。

热合木吐拉·加里：《关于察合台语》（维文），《突厥语研究》（II），北京，1983 年版。

热合木吐拉·加里：《浅谈"察合台语"研究中的一些问题》（维文），《语言与翻译》1987 年第 2 期。

舍予：《国外回鹘文书研究情况简介》，《新疆社会科学情报》1988 年第 10 期。

沈利元：《回鹘文〈佛教徒忏悔文〉译释》，《喀什师范学院学报》1994 年第 3 期。

斯拉菲尔、多鲁坤：《回鹘文〈弥勒会见记〉》（维文），《新疆大学学报》1981 年第 1 期。

斯拉菲尔、多鲁坤：《回鹘文〈弥勒会见记〉第二章简介》，《新疆社会科学》1982 年第 4 期。

斯拉菲尔、多鲁坤：《哈密本回鹘文〈弥勒会见记〉第三品（1—5 叶）研究》，《民族语文》1983 年第 1 期。

斯拉菲尔·玉素甫：《回鹘文契约文书研究》，《新疆文物》1994 年第 3 期。

斯拉菲尔·玉素甫：《吐鲁番新出土的四件回鹘文文书研究》（维文），《新疆大学学报》2000 年第 2 期。

斯拉皮尔·玉素甫：《"Tyrk"词源初探》（维文），《突厥语研究》（Ⅰ），北京，1982 年。

塔伊尔江·穆罕默德：《〈突厥语大词典〉及其作者麻赫穆德·喀什噶里》，《新疆社会科学》2004 年第 1 期。

吐尔逊·阿尤甫：《论回鹘文〈金光明经〉》（维文），《新疆社会科学》2000 年第 4 期。

吐尔逊·阿尤甫：《中国突厥语研究事业的二十年来的发展概述》（维文），《语言与翻译》2001 年第 1 期。

吐尔逊·阿尤甫：《论古突厥文文献语言的词汇特征》（维文），《新疆大学学报》2003 年第 1 期。

吐尔逊·阿尤甫：《古代维吾尔语教程》（维文），北京，1998 年。

吐尔逊·吾守尔、穆尼热·阿布都热合曼：《〈突厥语大词典〉中有关〈乌古斯可汗传说〉的论述》（维文），《新疆大学学报》2001 年第 1 期。

王爱武：《关于〈突厥语大词典〉手稿和抄本及后人的整理校勘》，《西域研究》2004 年第 1 期。

王菲：《四件回鹘文摩尼教祈愿文书译释》，《西北民族研究》1999 年第 2 期。

王菲：《四件回鹘语摩尼教赞美诗译释》，《新疆大学学报》2000 年第 2 期。

王菲：《回鹘语摩尼教故事一则》，《西北民族研究》2000 年第 2 期。

王红梅、杨富学：《回鹘文〈吉祥轮律曼陀罗〉前十页译释》，《西北民族研究》2003 年第 4 期。

王红梅：《元代高昌回鹘语概略——〈转轮王曼佗罗〉残卷语言分

析》,《民族语文》2001 年第 4 期。

王静如:《突厥文回纥英武威远毗伽可汗碑译释》,《辅仁学志》1938 年第 1—2 期。

王远新:《突厥历史语言学研究》,北京,1995 年。

王远新:《突厥语的分类及历史分期问题》,《满语研究》1994 年第 2 期。

王远新:《突厥语族语言方位词的语法化趋势及其语义特点》,《民族语文》2003 年第 1 期。

王远新:《突厥语族语言十位数基数词词源诠解——兼释数词百、千、万》,《语言与翻译》1990 年第 4 期。

王远新:《突厥语族语言基数词的历史演变——兼论现代突厥诸语言与古代碑铭文献语言的关系》,《语言研究》1989 年第 2 期。

王远新:《突厥语族语言个位数基数词词源诠释》,《中央民族学院学报》1988 年第 3 期。

王远新:《突厥语族语言序数词的历史发展》,《中央民族大学学报》1995 年第 4 期。

王远新:《从现代哈萨克语看突厥语动词条件式的发展过程》,《新疆大学学报》1984 年第 4 期。

王远新:《突厥语族语言的后置词与词类分化》,《民族语文》1987 年第 5 期。

王远新:《试论突厥语族语言连接词的发展》,《语言与翻译》1986 年第 1 期。

魏萃一:《试论我国突厥语的特点》,《民族语文》1983 年第 5 期。

魏萃一:《维吾尔古典文学名著〈福乐智慧〉浅析》,《中央民族学院学报》1982 年第 4 期。

魏萃一:《古代维吾尔文献〈真理的入门〉》,《图书评介》1980 年第 3 期。

许秀芳:《1979 年以来国内关于〈福乐智慧〉研究综述》,《西域研究》1994 年第 1 期。

杨富学:《古代突厥文〈台斯碑〉译释》,《语言与翻译》1994 年第 4 期。

杨富学:《敦煌本突厥文 Irq 书跋》,《北京图书馆馆刊》1997 年第 4 期。

杨富学:《敦煌本回鹘文〈呵烂弥王本生故事〉写卷译释》,《西北民族研究》1994年第2期。

杨富学：《西域、敦煌文献所见回鹘之佛经翻译》，《敦煌研究》1995年第4期。

杨富学：《巴黎藏敦煌本回鹘文摩尼教徒忏悔文译释》，《敦煌学》第16辑，台湾，1990年。

杨富学：《吐鲁番出土回鹘文木杵铭文初释》，《甘肃民族研究》1991年第4期。

杨富学：《敦煌出土回鹘语谚语》，《社科纵横》1994年第4期。

杨富学：《居庸关回鹘文功德记所见uday考》，《西北民族大学学报》2003年第1期。

杨富学：《居庸关回鹘文功德记uday考》，《民族语文》2003年第2期。

杨富学：《回鹘文献与回鹘文化》，北京，2003年。

杨富学：《回鹘之佛教》，乌鲁木齐，1998年。

杨富学：《回鹘文源流考辩》，《西域研究》2003年第3期。

杨富学：《敦煌研究院藏回鹘文木活字》，《敦煌研究》1990年第2期。

杨富学：《敦煌吐鲁番文献所见回鹘古代历法》，《青海民族学院学报》2004年第4期。

杨富学：《敦煌回鹘文化遗产及其重要价值》，《新疆大学学报》2004年第1期。

杨富学：《回鹘语文对契丹的影响》，《民族语文》2005年第1期。

杨富学：《吐鲁番出土回鹘文借贷文书概述》，《敦煌研究》1990年第1期。

杨富学：《回鹘宗教研究百年回顾》，《敦煌研究》2001年第2期。

杨富学：《回鹘文社会经济文书研究百年回顾》，《敦煌研究》2000年第4期。

杨富学：《元代回鹘文献——农奴免赋请愿书研究》《新疆文物》1988年第4期。

杨富学：《两件回鹘文敕令译释》，《新疆文物》1989年第4期。

杨富学：《一件珍贵的回鹘文寺院经济文书》，《西北民族研究》1992年第1期。

杨富学、牛汝极：《沙洲回鹘及其文献》，兰州，1995年。

杨富学、牛汝极：《敦煌回鹘文书法艺术》，《甘肃民族研究》1995

年第 1 期。

杨富学、牛汝极：《吐鲁番出土回鹘文〈七星经〉回向文研究——兼论回鹘佛教之功德思想》，《敦煌研究》1997 年第 1 期。

叶少钧：《宗教与回鹘语言》，《喀什师范学院学报》1999 年第 3 期。

叶少钧：《试论十一世纪维吾尔词语的构成——学习〈突厥语大词典〉第一卷》，《喀什师范学院学报》1984 年第 1—2 期。

叶少钧：《"察合台语"语音》，《喀什师范学院学报》1982 年第 1 期。

伊斯拉菲尔·玉苏甫：《回鹘文契约文书》，《新疆文物》1994 年第 3 期。

伊斯拉菲尔·玉苏甫：《回鹘文文献二种》，载中国民族古文字研究室编《中国民族古文字研究》（四），天津，1994 年。

依·穆提义：《"哈卡尼亚语"及其在维语史上的地位》，苗焕德译，《西北民族研究》1990 年第 1 期。

依布拉音·穆提义：《论〈突厥语大词典〉中的主要文学语言——哈喀尼亚语》，《语言与翻译》1986 年第 3 期。

余欣：《回鹘文中的汉语借词》，《西域研究》2000 年第 4 期。

张广达：《关于马合木·喀什噶里的〈突厥语词汇〉与见于此书的圆形地图》，《中央民族学院学报》1978 年第 1 期。

张铁山：《突厥语族文献学》，北京，2005 年。

张铁山：《回鹘文〈金光明经〉第四卷第六品研究》，《喀什师范学院学报》1990 年第 1 期。

张铁山：《回鹘文〈金光明经〉第八品研究》，《新疆大学学报》1990 年第 2 期。

张铁山：《回鹘文〈妙法莲华经·普门品〉校勘与研究》，《喀什师范学院学报》1990 年第 3 期。

张铁山：《三叶回鹘文〈中阿含经〉残卷研究》，《民族语文》2000 年第 3 期。

张铁山：《敦煌莫高窟北区出土回鹘文〈中阿含经〉残叶研究》，《中央民族大学学报》2001 年第 4 期。

张铁山：《回鹘文〈增壹阿含经〉残卷研究》，《民族语文》1997 年第 2 期。

张铁山：《敦煌莫高窟北区 B159 窟出土回鹘文〈别译杂阿含经〉

残卷研究》,《民族语文》2001 年第 6 期。

张铁山:《敦煌莫高窟北区 B159 窟出土回鹘文〈别译杂阿含经〉残卷研究》(二),《民族语文》2003 年第 1 期。

张铁山:《莫高窟北区 B53 窟出土回鹘文〈杂阿含经〉残叶研究》,《敦煌研究》2001 年第 2 期。

张铁山:《北京大学图书馆藏敦煌本回鹘文〈杂阿含经〉残叶研究》,《中央民族大学学报》2002 年第 4 期。

张铁山:《敦煌莫高窟北区 B52 窟出土回鹘文〈阿毗达磨俱舍论实义疏〉残叶研究》,《敦煌学辑刊》2002 年第 1 期。

张铁山:《北京大学图书馆藏两部敦煌本回鹘文残片研究》,《西北民族研究》2001 年第 3 期。

张铁山:《敦煌莫高窟北区出土两件回鹘文佛经残片研究》,《敦煌学辑刊》2003 年第 2 期。

张铁山:《敦煌莫高窟北区出土三件回鹘文佛经残片研究》,《民族语文》2003 年第 6 期。

张铁山:《莫高窟北区 B128 窟回鹘文〈八十华严〉残页研究》,《中央民族大学学报》2003 年第 4 期。

张铁山:《莫高窟北区出土三件珍贵的回鹘文佛经残片研究》,《敦煌研究》2004 年第 1 期。

张铁山:《论回鹘文文献语言的词重音》,《新疆大学学报》2003 年第 3 期。

张铁山:《关于回鹘文献语言的短元音 e [e]》,《语言与翻译》2003 年第 2 期。

张铁山:《试论回鹘文献语言的语音和谐》,《语言与翻译》2004 年第 2 期。

张铁山:《汉—回鹘语对音研究》,载戴庆厦、顾阳编《现代语言学理论与中国少数民族语言研究》,北京:民族出版社 2003 年版。

张铁山:《从回鹘文〈俱舍论颂疏〉残叶看汉语对回鹘语的影响》,《西北民族研究》1996 年第 2 期。

张铁山:《回鹘文佛教文献中夹写汉字的分类和读法》,《西域研究》1997 年第 1 期。

张铁山:《国外收藏刊布的回鹘文佛教文献及其研究》,《西域研究》1991 年第 1 期。

张铁山:《我国回鹘文及其文献研究概述》,《喀什师范学院学报》

1988 年第 2 期。

张铁山：《我国收藏刊布的回鹘文文献及其研究》，《新疆社会科学》1989 年第 4 期。

张铁山：《〈突厥语词典〉词汇统计研究》，载《中国民族语言论丛》（二），昆明，1997 年。

张铁山：《〈突厥语词典〉名词构词附加成分统计研究》，《中央民族大学学报》1997 年第 5 期。

张铁山：《〈突厥语词典〉动词构词附加成分电脑统计分析》，《民族语文》1998 年第 2 期。

张铁山：《苏联所藏编号 SJkr. 4/638 回鹘文文书译释》，《新疆大学学报》1988 年第 4 期。

张铁山、王梅堂：《北京图书馆藏回鹘文〈阿毗达磨俱舍论〉残卷研究》，《民族语文》1994 年第 2 期。

张铁山、赵永红：《古代突厥文〈占卜书〉译释》，《喀什师范学院学报》1993 年第 2 期。

张彦平：《〈玛纳斯〉的语言艺术》，《西域研究》1994 年第 3 期。

赵明鸣：《突厥语族语言与格类型比较研究》，《民族语文》1993 年第 2 期。

赵明鸣：《〈突厥语词典〉语言研究》，北京，2001 年。

赵明鸣：《〈突厥语词典〉的基本元音系统及其元音和谐研究》，《民族语文》1997 年第 2 期。

赵明鸣：《〈突厥语词典〉中的一种宾格附加成分 – n》，《民族语文》1998 年第 6 期。

赵明鸣：《〈突厥语词典〉中的一种宾格附加成分 – i 考》，《民族语文》1999 年第 3 期。

赵明鸣：《〈突厥语词典〉动词特殊附加成分研究》，《语言与翻译》1999 年第 4 期。

赵明鸣：《〈突厥语词典〉动词态范畴研究》，《新疆大学学报》1999 年第 4 期。

赵明鸣：《〈突厥语词典〉动词反身态研究》，《民族语文》1999 年第 6 期。

赵明鸣：《〈突厥语词典〉语言被动态及其被动结构研究》，《民族语文》2001 年第 4 期。

赵明鸣：《从〈突厥语词典〉看维吾尔语元音的历史演变》，《民族语文》1997年第6期。

赵永红：《试论高昌回鹘王国时期回鹘文文献语言词汇的发展变化》，载中央民族大学突厥语言文化系、中亚学研究所编《突厥语言与文化研究》（第二辑），北京：中央民族大学出版社1997年版。

赵永红：《试论佛教文化对回鹘语词汇的影响》，《西域研究》2003年第4期。

照那斯图、牛汝极：《元代畏兀儿人使用八思巴字述论》，《西北民族研究》2002年第3期。

照那斯图：《回鹘文字的八思巴字注音》，《民族语文》2000年第4期。

郑婕：《回鹘文献语言和喀喇汗王朝文献语言》，《喀什师范学院学报》1997年第2期。

周北川：《回鹘文〈金光明经〉第十四品〈如意宝珠品〉研究》，《新疆大学学报》1995年第2期。

周银霞、杨富学：《敦煌吐鲁番文献所见回鹘古代历法》，《敦煌研究》2004年第6期。

朱延丰：《突厥暾欲谷碑铭译文笺证》，《志林》1943年第4期。

（陈宗振）

突厥语族语言辞书及研究成果索引

阿布都鲁普·朴拉提：《察哈台维吾尔语通论》，北京：民族出版社2003年版。

阿布都若夫：《察合台维吾尔语研究论文集》（维文），北京，1993年。

阿布都若夫编：《十二木卡姆歌词原文》（维文），北京，2005年。

阿布拉什等：《哈语词组和成语词典》（哈萨克文），北京，1982年。

阿布力米提·艾海提等：《古代维语词典》（哈萨克文），乌鲁木齐，1989年。

阿地甫·尤格拉克：《真理的入门》（维文），哈米提·铁木尔、吐尔逊·阿尤甫译，北京，1981年。

阿地甫·尤格拉克：《真理的入门》，魏萃一译，乌鲁木齐，1981年。

阿地理·艾则孜、阿布都力提甫·塔西甫拉提：《现代维语基础》（维文），喀什，1985年。

阿里希尔·纳瓦依：《两种语言之辩》（维文），哈米提·铁木尔、阿布都若夫·普拉提编译，北京，1988年。

阿里希尔·纳瓦依：《纳瓦依格则勒诗选集》，铁依甫江编，乌鲁木齐，2001年。

阿米娜、米尔苏里唐等：《现代维吾尔语正音词典》（维文），北京，1988年。

阿米娜·阿帕尔等：《现代维吾尔语正音词典》（维文），北京，1982年。

埃·捷尼舍夫：《突厥语言研究导论》，陈鹏译，北京，1981年。

安赛尔丁等：《现代维语》（维文），乌鲁木齐，1983年。

安瓦尔：《察合台文》，《中国民族古文字》，天津，1987年。

安瓦尔·巴依图尔：《察合台文和察合台文献》，载《中国民族古文字研究》，北京，1984年。

巴斯卡科夫：《突厥语》（维文），帕尔哈提译，北京，1986年。

巴斯卡阔夫：《关于西部裕固语谓语结构的一种古代类型》，许浩福译，载《民族语文研究情报资料集》（8），1987年。

包尔汉编：《维汉俄词典》，北京，1953年。

陈世明、廖泽余主编：《实用维汉词典》，乌鲁木齐，1995年。

陈世明、热扎克：《维吾尔语实用语法》，乌鲁木齐，1991年。

陈宗振、雷选春：《西部裕固语简志》，北京，1985年。

陈宗振、伊里千：《塔塔尔语简志》，北京，1986年。

陈宗振：《西部裕固语研究》，北京，2004年。

程适良、阿不都热合曼：《乌孜别克语简志》，北京，1987年。

程适良主编：《突厥比较语言学》，乌鲁木齐，1997年。

程适良主编：《现代维吾尔语语法》，乌鲁木齐，1996年。

戴庆厦主编：《中国民族语言文学研究论集》，北京，2001年。

冯·加班：《古代突厥语语法》，耿世民译，呼和浩特，2004年。

耿世民、李增祥：《哈萨克语简志》，北京，1985年。

国家测绘局、总参谋部测绘局制订：《维吾尔语地名译音规则》，北京，1986年。

哈力克、木合拜提：《语音学与语言调查》（维文），乌鲁木齐，1988年。

哈力克·尼亚孜：《基础维吾尔语》，乌鲁木齐，1997年。
哈米提·铁木尔、阿布都若夫：《察合台语》（维文），喀什，1987年。
哈米提·铁木尔：《现代维吾尔语语法（词法）》（维文），北京，1987年。
哈密土语调查组：《现代维吾尔语哈密土语》（维文），北京，1997年。
韩建业：《现代撒拉语》，西宁，1986年。
韩建业：《撒拉族语言文化论》，西宁，2004年。
韩中义：《撒拉族谚语研究》，《青海民族研究》2000年第3期。
胡吉·阿布都拉：《维吾尔语修辞学》（维文），喀什，1987年。
胡振华：《柯尔克孜语简志》，北京，1986年。
胡振华：《柯尔克孜语教程（吉尔吉斯语）》，北京，1995年。
黄传明：《古突厥碑铭研究》，上海，1998年。
金炳编：《哈汉词典》，开英审校，乌鲁木齐，1979年。
凯达罗夫等：《现代维吾尔语》，陈世明、廖泽余译，乌鲁木齐，1987年。
郎樱主编：《中国维吾尔历史文化研究论丛》（3），北京，2003年。
雷选春：《西部裕固汉词典》，成都，1992年。
李森：《维吾尔语读本》，北京：北京大学出版社1951年版。
李森主编：《新疆民族语言调查汇报》，北京，1956年。
李祥瑞、牛汝极主编：《阿尔泰学论丛》（第一辑），乌鲁木齐，1994年。
李增祥、买提热依木、张铁山：《回鹘文文献语言简志》，乌鲁木齐，1999年。
李增祥、努尔别克：《哈萨克语概况》，《民族语文》1980年第2期。
力提甫·托乎提：《维吾尔语及其他阿尔泰语言的生成句法研究》，北京，2001年。
廖泽余、马俊民：《维汉词典》，乌鲁木齐，2000年。
林莲云：《撒拉语简志》，北京，1985年。
林莲云：《撒拉汉汉撒拉词汇》，成都，1992年。
刘珉：《汉维共时对比语法》，乌鲁木齐，1991年。
刘志霄主编：《中国维吾尔历史文化研究论丛》（2），乌鲁木齐，2000年。
麻赫穆德·喀什葛里：《突厥语大词典》（Ⅰ－Ⅲ）（维文），阿布都萨拉木·阿巴斯等译，乌鲁木齐，1981—1984年。

麻赫穆德·喀什葛里：《突厥语大词典》，校仲彝等译，北京，2002年。

马德元等编：《大众维语》（上、下），乌鲁木齐，1997年。

马木提·沙比提：《论翻译》（维文），乌鲁木齐，1982年。

买买提明·玉素甫等编：《论伟大的学术里程碑〈福乐智慧〉》，乌鲁木齐，2000年。

买买提吐尔逊·巴吾东等：《察合台语详解词典》，乌鲁木齐，2002年。

买买提祖农·斯迪克等编：《马赫穆德·喀什噶里论文集》（维文），喀什，1985年。

买提热依木·沙依提：《突厥语言学导论》，北京，2004年。

毛拉·伊斯买托拉·穆吉孜：《乐师传》（维文），安瓦尔·巴依图尔、哈米提·铁木尔译，北京，1982年。

毛拉穆沙·沙依然木：《毛拉穆沙·沙依然木诗选》（维文），安瓦尔·巴依图尔译，乌鲁木齐，1985年。

米尔苏里唐、阿布都热西提：《现代维吾尔语文学语言正字法常识》（维文），乌鲁木齐，1987年。

米尔苏里唐：《现代维吾尔语方言学》（维文），乌鲁木齐，1989年。

米尔苏里唐·乌斯曼诺夫等：《现代维语标点符号及其用法》（维文），乌鲁木齐，1991年。

米尔苏里唐·乌斯曼诺夫：《现代维吾尔语罗布泊方言》，乌鲁木齐，1999年。

米海力：《维吾尔语喀什话研究》，北京，1997年。

木·斯迪克：《维吾尔人名汉译词典》（维文），《喀什师范学院学报》2000年第1期。

穆萨·沙依拉木·艾沙霍加：《依米德史》（维文），安瓦尔·巴依图尔译，北京，1986年。

那瓦依著，阿布都热西提·斯拉木选编：《君子神往》（维文），乌鲁木齐，1991年。

那瓦依著，库尔班、巴拉提选编：《斯坎德尔城》（维文），乌鲁木齐，1991年。

那瓦依著，热·贾力选编：《帕尔哈提—西琳》（维文），乌鲁木齐，1991 年。

那瓦依著，提依甫江选编：《莱里与麦吉侬》（维文），乌鲁木齐，1991 年。

那瓦依著，依斯拉比里、阿·胡加选编：《七大游士》（维文），乌鲁木齐，1991 年。

纳斯肉拉、木合拜提：《中国突厥语言》（维文），乌鲁木齐，1987 年。

纳西洛夫、巴斯克科夫：《维文文法概要》，陈郁文、杨永译，李森、郭应德校订，国立边疆文化教育馆 1948 年。

乃斯茹拉等：《现代维吾尔语》（维文），乌鲁木齐，1981 年。

努尔别克主编：《哈汉辞典》，北京，1989 年。

蒲泉、武致中：《实用维吾尔语语法》，乌鲁木齐，1994 年。

热外都拉·艾木都拉：《维吾尔语修辞讲座》（维文），乌鲁木齐，1988 年。

热外都拉·海木都拉：《维吾尔熟语详解词典》（维文），乌鲁木齐，1984 年。

热扎克·买提尼亚孜主编：《西域翻译史》，乌鲁木齐，1994 年。

热扎克·买提尼亚孜：《基础维语》（上、下）（维文），乌鲁木齐，1991 年。

斯拉菲尔、多鲁坤、克由木：《回鹘文〈弥勒会见记〉》，乌鲁木齐，1988 年。

塔西普拉提等：《汉维—维汉词典》，乌鲁木齐，2001 年。

土尔地·阿合买提：《维吾尔语》（维文），乌鲁木齐，1981 年。

吐尔逊·阿尤甫、买提热依木·沙依提：《〈金光明经〉研究》（维文），乌鲁木齐，2001 年。

王振本等：《维吾尔成语词典》，乌鲁木齐，1983 年。

吴宏伟：《图瓦语研究》，上海：上海远东出版社 1999 年版。

吴宏伟：《西部裕固语亲属称谓研究》，《民族语文研究新探》，成都，1992 年。

吾拉木·吾甫尔：《维吾尔古典文学词语集注》（维文），北京，1986 年。

吾拉木·吾甫尔：《简明维吾尔语方言词典》（维文），北京，1986 年。

吾守尔、马尔华主编：《基础维语》，乌鲁木齐，1983 年。

西北民族学院编：《维汉两用词汇初编》，兰州，1954 年。

校仲彝：《新疆的语言与文字》，乌鲁木齐，1997年。

新疆大学：《现代哈萨克语》（哈萨克文），乌鲁木齐，1985年。

新疆大学预科部：《词义辨析》（汉维对照），乌鲁木齐，1982年。

新疆大学中语系：《维汉词典》，乌鲁木齐，1982年。

新疆民族语言文字研究指导委员会编：《维吾尔语法学习材料》（维文），1955年。

《新疆日报》编辑部：《关于〈新疆日报〉现在的拼写法》（维文），《新疆日报》1951年6月22日。

新疆少数民族古籍办编：《阿不都热依木·纳扎尔集》（维文），北京，1985年。

新疆社会科学院民族文学研究所编：《〈福乐智慧〉研究论文选》，乌鲁木齐，1993年。

新疆省民族语言文字研究指导委员会：《维吾尔文简明写法》（维文），乌鲁木齐，1954年。

新疆省民族语言文字研究指导委员会：《哈萨克文简明写法》，乌鲁木齐，1954年。

新疆维吾尔自治区民族语文工作委员会编：《现代维语标准语正字词典》（维文），乌鲁木齐，1985年。

新疆维吾尔自治区民族语言文字工作委员会编：《维吾尔语详解词典》（1—6卷）（维文），北京，1990—1999年。

新疆维吾尔自治区民族语言文字工作委员会编：《维吾尔语详解词典》（缩影本）（维文），乌鲁木齐，1999年。

新疆维吾尔自治区文字改革委员会、伊犁哈萨克自治州文字改革委员会：《哈萨克文正字法》，乌鲁木齐，1965年。

新疆维吾尔自治区文字改革委员会、伊犁哈萨克自治州文字改革委员会：《哈萨克语初级读本》（哈萨克文），《新疆文字改革》1965年第4、5、6期，1966年第1、2、4期。

新疆维吾尔自治区文字改革委员会：《维吾尔新文字简易正字法》（维文），乌鲁木齐，1965年。

新疆维吾尔自治区文字改革委员会：《维吾尔新文字正字法》，1977年。

新疆维吾尔自治区文字改革委员会：《维语正字词汇（试行本）》，乌鲁木齐，1976年。

新疆维吾尔自治区文字改革委员会：《〈维吾尔人名汉字音译转写

规则〉使用手册》,乌鲁木齐,2001年。

新疆维吾尔自治区语委词典编纂组:《现代维语标准语正字和正音字典》,北京,1999年。

新疆维吾尔自治区语言文字研究委员会:《维语常用词汇标准写法》,乌鲁木齐,1957年。

徐锡华编:《注音新疆回文常用字表》,重庆,1938年。

杨进智主编:《裕固族研究论文集》,兰州,1996年。

杨振明:《哈萨克语读本》,乌鲁木齐,1987年。

杨振明:《哈萨克谚语》(哈萨克文),乌鲁木齐,1979年。

伊犁哈萨克自治州文教局:《哈萨克语(语音)》(哈萨克文),伊宁,1975年。

依布拉音·穆铁依:《依布拉音·穆铁依论文集》(维文),哈丽达·依布拉音整理,北京,1990年。

依布拉音·穆铁依:《维吾尔语语音学》、《维吾尔语词法》、《维吾尔语句法》、《维吾尔语修辞规则》,乌鲁木齐:新疆警官学校翻译训练班铅印1948年。

易坤、高士杰:《基础维吾尔语》,北京,1989年。

易敏·土儿孙编著:《基础维语》,乌鲁木齐,1978年。

尤素甫·哈斯·哈吉甫:《福乐智慧》,郝关中等译,北京,1986年。

尤素甫·哈斯·哈吉甫:《福乐智慧》(维文),新疆社会科学院民族文学研究所编,北京,1984年。

尤素甫·哈斯·哈吉甫:《福乐智慧》(节译本),耿世民、魏萃一译,乌鲁木齐,1979年。

再娜甫、王煜:《维吾尔语口语读本》,北京,2001年。

扎热甫·多拉提、吾拉木·艾拜都拉等编:《历史的遗产,浅论〈福乐智慧〉论文集》(1—2)(维文),喀什,1986年。

扎热甫·多拉提、吾拉木·艾拜都拉等编:《历史的遗产,浅论〈福乐智慧〉论文集》(3—4)(维文),喀什,1988年。

扎热依丁·穆罕默德·巴布尔:《巴布尔传》(维文),哈米提·铁木尔译,北京,1991年。

张定京:《现代哈萨克语实用语法》,北京,2004年。

张定京:《现代哈萨克语虚词》,北京,2003年。

赵世杰:《维语构词法》,乌鲁木齐,1983年。

赵相如、朱志宁：《维吾尔语简志》，北京，1985 年。

中国民族古文字研究会编：《中国民族古文字》，天津，1987 年。

中国民族古文字研究会编：《中国民族古文字图录》，北京，1990 年。

中国民族古文字研究会编：《中国民族古文字研究》（一），北京：中国社会科学出版社 1984 年版。

中国民族古文字研究会编：《中国民族古文字研究》（二），天津，1991 年。

中国民族古文字研究会编：《中国民族古文字研究》（三），天津，1993 年。

中国民族古文字研究会编：《中国民族古文字研究》（四），天津，1994 年。

中国民族古文字研究会编：《中国突厥语研究论文集》，北京，1991 年。

中国维吾尔历史文化研究会编：《维吾尔历史文化研究文献题录》，北京，2000 年。

中央民族大学少数民族语言文学学院：《中国民族语言论丛》（1），北京，1996 年。

中央民族大学少数民族语言文学学院：《中国民族语言论丛》（2），昆明，1997 年。

中央民族大学少数民族语言文学学院：《中国民族语言论丛》（3），北京，1999 年。

中央民族大学突厥语言文化系、中亚学研究所编：《突厥语言与文化研究》，北京：中央民族大学出版社 1996 年版。

中央民族大学少数民族语言文学学院编：《突厥语言与文化研究》第二辑，北京：中央民族大学出版社 1997 年版。

中央民族学院少数民族语言研究所：《中国少数民族语言》，成都，1987 年。

朱马太：《现代哈萨克语》（哈萨克文），北京，1999 年。

中央民族大学少数民族语言文学学院：《现代哈萨克语》，北京，2000 年。

H. J. Klaproth, 1812 – 1814, *Reiseinden Kaukasusundnačh Georgienin Jahren* 1807 *und* 1808. Halle – Berlin.

H. J. Klaproth, 1828, *Čomparaisondelalanguedes Tčhouvačhesavečlesidiomsturks. Journal Asiatique*, pp. 237 – 246.

H. J. Klaproth, 1820, *Abhandlungenüberdie Spračheund Sčhriftderuiguren*, Paris.

М. А. Казембег, 1839, *Обшаяграмматикатур ецко - татарског оязыка*, Казань.

Л. З. Будагов, 1869 - 1871, *Сравниг ельныйсловарь турецко - татарск, Нареций*, I - II СПб.

O. Bötlingk, 1851, *Überdie Spračheder Jakuten*, St. - Petersb.

Н. И. Ильминский, 1860 - 1861, *Материалыкизучениюкиргизскогоязыка*, Казань.

W. W. Radloff, 1866 - 1907, *Probender Volks literaturdertürkisčhen Stämme*, St. Petersb, I - X.

В. В. Радлов, 1893 - 1911, *Опытсловарятюркскихнаречий*. СПб., TT, I - IV.

V. Thomsen, 1893, *Déčhiffrement de sinsčriptions del'Orkhonet de l'Iénissei*, Notiče Préliminaire, Bulletin del'Ačadémie Royale dessčienčesetdes Letteresde nemark, Čopenhague.

V. Thomsen, 1896, *Insčriptions del'Orkhondé čhiffreés*, Helsingfors, (MSFOuV).

В. В. Радлов, 1892, *Атлас древностей Монголии*, СПб. исл.

W. W. Radloff, 1894, *Die Alttürkisčhen Insčhriften der Mongolei*, St. Pétersbourg.

H. Vambéry, 1870, *Uigurisčhe Spračhmonument eund das Kudatku Bilik*, Innsbruk.

W. W. Radloff, 1891, 1900 - 1910, *Kudatku Bilik. Das Kudatku Bilikdes JusufČhass - hadčhibaus Bälasagun*. I, II. St. Petersburg.

M. T. Houtsma, 1894, *Eintürkisčh - arabisčhes Glossar*, Leiden.

H. Vámbéry, 1867, *Čagataisčhe Spračhstudien*, Leipzig.

V. de Véliaminof - Zernof, 1869, *Dičtionnairedjagatai - turč*, St. Petersburg.

P. D. Čourteille, 1870, *Dičtionnairetürk - Oriental*, Paris.

V. V. Radlov, 1888, *Yarïki Toktamišai Temir - kutluga*, ZVO III.

H. Vámbéry, 1885, *Šaybānīnāma. DieSčheïbanïade*, Wien.

R. B. Shaw, 1878, 1880, *A Sketčhofthe Turki Languageas Spokenin Eastern Turkistan (Kàshghar and arkand)*, Čalčuta. I - II.

П. М. Мелиоранский, 1894 - 1897, *Краткаяг рамма тикаказак -*

киргизског оязыка, I – II.

Г. Н. Патанин, 1893, *Тангутско – тибетскаяокраинакитаяицентральнаямонголия*, СПб.

R. B. Shaw, 1878, *On the hillčantonof Salar*, RoyaleAsiatičSočieti. 10, London.

W. W. Ročkill, 1894, *Diaryofa Journey through Mongolia and Tibetin* 1891 and 1892, Washington.

W. Bang, 1916, *Studienzurvergleičhenden Grammatikder Türksprachen*, I – III, SBAW, 22, 37, 51.

W. Bang, 1917, 1919, 1921, *Vom Köktürkisčhenzum Osmanisčhen*, Berlin.

W. W. Radloff, 1882, *Phonetik dernördličhen Türksprachen*, Leipzig.

Ф. Е. Корш, 1910, *Классификациятюркскихплеменпоязыкам*, Этнографическоеобозрение, книги 84 – 85, Москва.

А. Н. Самойлович, 1922, *Неко торыедополненияккласификациитурцкихязыков*, Ленинград.

G. J. Ramstedt, 1952, *Einführungindie Altaisčhe Sprachwissensčhaft*. Helsinki.

N. Poppe, 1960, *Vergleičhende Grammmatikder Altaisčhen Sprachen*, TeilI, Ver-gleičhendlautlehre, Wiesbaden.

J. Benzing, 1953, *Einführungindas Studiumder Altaisčhen Philologieundder Turkologie*, Wiesbaden.

G. Člauson. Turk, Mongol, Tungus, 1961, *Asia Major* Ⅷ.

Wiesbaden, 1959, 1964, *Philologiae Turčičae Fundamenta*, I – II.

ЯзыкинародовČČČP, Ⅱ, М, 1966.

Н. А. Баскаков, 1960, *Тюркскиеязыки*, М.

Н. А. Басков, 1962, *Введниевизучениетюркскихязыков*, М.

Н. А. Баскаков, 1952, *Квопросуоклас сификациитюркскихязыков*, М.

С. Е. Малов, 1952, *Древнеиновыетюркскиеязыки*, М.

Исследования посравнительной грамматике тюркскихяэыков, I – V. М., 1955 – 1966.

Б. А. Серебренникови, Н. Э. Гаджиева, 1979, *Сравнительно – историческаяграм матика тюркских языков*. Баку.

Историческое развитиелексики тюркских языков. М., 1961.

Н. А. Басков, 1979, *Историко – типологичеу скаямор фологиятю-*

ркскихязык-ов, М.

А. М. Щербак, 1970, *Сравнительнаяфонетикатюркскихязыков*, Л.

А. М. Щербак, 1977, *Очеркилосравнительнойморфологиитюрксихязыков*, Л.

К. М. Мусаев, 1975, *Лексикатюркскихязыковв сравнительном освещении*, М.

K. H. Menges, 1968, *The Turkič Languages and Peoples*: An Introdučtionto Turkič Studies, Wiesbaden.

S. G. Člauson, 1962, *Turkish and Mongolian Studies*, London.

S. G. Člauson, 1972, *An Etymologičal Dičtionary of Pre - Thirteenth - Čentury Turkish*, Oxford.

Э. В. Севортян, 1980, *Этимологическийсловарьтюркскихязыков*, М., Ⅰ: 1974, Ⅱ: 1978, Ⅲ.

Сравнительно - историческаяг рамматика тюркских языков. Фонетика., М., 1984; Морфология. М., 1988.

А. М. Щербак, *Очерки посравнительной морфологии тюркских языков*, глагол, Л., 1981; *нарение, служебныечастиречи, изобразительныеслова*. Л., 1987.

Н. З. Гаджиева, Б. А. Серебленников, 1986, *Сравнительно - историческая грам-матика тюркскихязыков*, Синтаксис, М.

Н. А. Баскаков, 1988, *Историко - Типологическая Фонология тюркских языков*, М.

К. М. Мусаев, 1984, *Лексикология тюркских языков*, М.

A. Róna - Tas, 1991, *AnIntrodučtiontoTurkology*, Szeged, Ⅰ.

A. B. Erčilasun, 1991, *KaršılaštiırmalıTürkLehçeleriSözlügü*, Ankara.

Сравнительно - историческая грамматика тюркских языков, Фонетика, М., 1984; Морфология, М., 1988.

V. Thomsen, 1910, *Ein Blattintürkisčher*. Runensčhrift. Aus Turfan. SBAW.

V. Thomsen, 1912, *Dr. M. A. Stein's Manusčriptsin Turkish " Runič "*. Sčriptfrom Miranand Tun - huang, JRAS.

V. Thomsen, 1916, *Turčiča*, (MSFOu37).

F. W. K. Müller, *Uiguriča*, Ⅰ: Berlin, 1908 (ABAW1908: 2), Ⅱ: Berlin, 1911 (ABAW1910: 3), Ⅲ: Berlin, 1922 (ABAW1920: 2), Ⅳ: Berlin, 1931 (SBAW1931: 24.) (A. V. Gabain).

W. Bangund A. V. Gabain. *Türkisčhe Turfan – Texte*, I: Berlin, 1929; II: Berlin, 1929, III: Berlin, 1930, IV: Berlin, 1930, V: Berlin, 1931.

W. Bang, A. V. Gabain und G. R. Rahmati, 1934, *Türkisčhe Turfan – Texte*. VI: Berlin.

G. R. Rahmati, 1937. *Türkisčhe Turfan – Texte*. VII. Berlin. (ABAW1936, 12.).

A. V. LeČoq, 1911, *Čhuastuanift, ein Sünden bekennt nis der maničhäisčhen Auditores*. In, ABAW1910, Anhang, Benlin.

A. V. LeČoq, *Türkisčhe, Maničhaičaaus Čhotsčho*. I. Berlin, 1912 (ABAW1911. Anhang), II. Berling, 1919 (ABAW1919, 3); III. Berlin, 1922 (ABAW1922, 2).

W. W. Radloff, 1910, *Tišastvustik, Einin türkisčher sprache bear beitetes buddhistisčhes Sūtra*. Petersburg.

W. W. Radloff, 1911, *Kuan – ši – im Pusar. Einetürkisčhe Übersetzungdes.* XXV. Petersburg.

W. W. Radloff, 1928. *Uigurisčhe Spračhdenkmäler*. Leningrad.

В. В. Радлови, С. Е. Малов. *Suvarnaprabhāsa* (*Čутра "Золотогобле-ска"*), Bibliotheča Buddhiča, XVII, I – II, СПб. , 1913; III – IV, Пгр. , 1914; V – VI, Пгр. , 1915; VII – VIII, Пгр. , 1917.

A. V. Gabain, 1935. *Dieuigurisčhe Übersetzungder Biographie Hüen – tsangs*. Berlin. (Aus. SBAW 1935, 7).

A. V. Gabain, 1938. *Briefe der uigurisčhen Hüen – tsang – Biographie*. Berlin. (Aus. SBAW 1938, 29).

G. R. Rahmati, 1932, *ZurHeikundederUiguren*. I: SBAW 1930, II: SBAW.

P. Pelliot, 1930, *Surlalégended' UHuz – khanenéčritureouigoure*, In. T'p. XXVII.

W. Bang and G. R. Račhmati, 1932. *Die Legendevon Oghuz Qaghan*. In, SBAW.

G. L. M. Člauson, 1928. *Ahithertounknown Turkish manusčriptin "Uighur" čharačters*. JRAS.

H. N. Orkun, 1936 – 1941. *Eski TürkYazıtları*, I – IV. Istanbul.

G. J. Ramstedt, 1913 – 1918. *Zwei Uigurisčhe Runeninsčhriftenin der Nord – Mongolei*. JSFOu XXX.

С. Е. Малов, 1951, *Памятники древне тюркской письменности*, М. –

Л.

С. Е. Малов, 1952, *Енисейская письменность тюрков*, М. - Л.

С. Е. Малов, 1959, *Памятники древне тюркской письменностим- онголишикиргизии*, М. - Л.

René Giraud, 1961. *L'inscriptionde Bain Tsokto*. Paris.

G. L. M. Člauson, 1957. *The Onginin scription*. JRAS. , 10.

G. L. M. Člauson, 1961. *Notesonthe " IrkBitig"*, Ural - Altaische Jahrtbücher. XXXIII 3 -4.

A. V. Gabain, 1952, *Türkische Turfan - Texte*, VIII, ADAW, No. 7 ;

A. V. Gabain und W. Winter, 1956. *Türkische Turfan - Texte*, IX, ADAW, No. 2 ;

A. V. Gabain, 1958, *Türkische Turfan - Texte*, X, ADAW, No. 1.

A. V. Gabain, 1954. *Buddhistische Türkenmission*, Leipzig.

A. V. Gabain, 1961, *Maitrisimit*, I, Wiesbaden, 1957; II, Berlin.

J. R. Hamilton, 1971, *Leconte boud dhiquedu Bonet du Mauvaisprince enversion Ouïgoure*, Manuscritsouïgours de Touen - Houang. Paris.

Д. Д. Василиев, 1983, *Корпус тюркских рунических памятников бассей на Енисея*. Л.

TalatTekin, 1988. *OrhonYazıtları*. Ankara.

J. Hamilton, 1986. *Manuscritsouïgoursdu IX e - Xesiěclede Touen - houang*, Tome I - II, Paris.

J. Hamiltonet NiuRuji, 1994, *Deux Inscriptions Funéraīres Turques Nestoriennesdela Chineorientale*, Journal Asiatique No. 1.

Peter Ziemer, 1991, *Die Stabreimtexte Der Uigurenvon Turfanund Dunhuag*, Budapest.

W. W. Radloff, *AlttürkischeStudien*. In, Bull. Acad. Imp. , Petersburg. I, 1909; II, 1910; III, 1910; IV, 1911; V, 1911; VI, 1912.

A. V. Gabain, 1941; 1950; 1974, *Alttürkische Grammatik*, Wiesbaden.

A. Čaferoglu, 1934, 1938, *Uygursözlügü*, Istanbul.

Talat Tekin, 1968, *A Grammar of Orkhon Turkic*, Bloomington.

И. А. Батманов, 1959, *Языке нисейских памятников древне тюркской письменности*, Фрунзе.

В. М. Насилов, 1960, *Языкорхоно - енисейских памятников*, М.

В. М. Насилов, 1963, *Древнеуйгурский язык*, М.

В. М. Насилов, 1974, *Язык тюркских памятников уйгурского письма XI - XVвв.* М.

Древнетюрксий словарь, Ленинград, 1969.

K. Röhrborn, *Uigurisčhes Wörterbuč*, I, Wiesbaden, 1977, II, 1979, III, 1981, IV, 1988, VIII, 1995.

A. Čaferoglu, 1968, *Eski Uygur Türkçesi Sözlügü*, Istanbul.

С. Г. Кляшторный, 1964, *Древне тюркскиерунические памятники как источники по истории средне и Азии*, Москва.

В. Г. Кондратьев, 1981, *Грамматический строй языка памятников древне тюркс-кой письменности VIII - XIвв.* Л.

Marčel Erdal, 1991, *Old Turkič Word Formation*, Wiesbaden, I—II.

А. Н. Кононов, 1980, *Грамматикая зыка тюркских рунических памятников* VIII—IX вв. Л.

R. R. Arat, 1947, *Kutadgu Bilig*, Istanbul.

B. Atalay, *Divanülûgat - it - türk*, Ankara, I - III, 1939 - 1941; IV, 1943.

Č. Broćkelmann, 1928, *Mitteltürkisčher Wortsčhatz*, Budapest - Leipzig.

W. W. Radloff, 1907, *Ein Uiguriščher Textaus* XII *Jahrhundert.* ЙЗВ. АН. VI čep.

J. Deny, 1925, *Aproposd'untraitédemoraleturčenéčritureouigoure*, Revuedu Monde Musulman, tLXl(?), Paris.

Е. Э. Бертельс, 1945, *Хибатал - хакаик Ахмада Югнаки*, Ташкент.

Č. Е. Малов, 1930, *Мусульманские сказания о пророках по Рабгузи Записки коллет-ни востоковедов*, Т. V., Л.

K. Grønbečh, 1948, *Rabghūzī*, *Narrationesde Prophetis.* København.

A. N. Samoylovič, 1928, *Kistoriiliteraturnogosredneaziatskoturečkogoyazika*, Mir - Ališir. sbornikkpyatisotletiyusodnyaroždeniya, Leningrad.

А. K. Borovkov, 1946, *AlišerNavoi*, Moscow - Leningrad.

P. M. Melioranskiy, 1908, *Šeybaniname*, Sanktpeterburg.

The Bábar - Náma(Fač - simile), 1905, *E. J. W. GibbMemorial Series*, London - Leyden.

K. Grønbečh, 1942, *Komanisčhes Wörterbuč*, Čopenhgen.

W. Bang, 1910, *Zurkritikdes Čodex Čumanič̌us*, Louvain.

A. Čaferoglu, 1931, *AbuHayyăn*, *Kitabal - Idrakli - lisănal - Atrăk*, Istanbul.

A. Zajączkowski, *Manualarabledelalanguedes Turksetdes Kiptčhaks*, Warsaw, I,1938;II,1954.

К. Каримов,1971, *КутадгуБилит*,Тошкент.

С. М. Муталибов,1960 – 1963, *Туркийсўзлардевони*,Тощкент.

А. М. Щербак,1959, *Огуз – наме*, Мухаббат – наме, М.

Э. Н. Наджип, 1975, *Тюркояэычный памятник XIV века" гулистан"* сейфасараииегояэык, Алма – Ата.

A. Zajączkowski, 1958 – 1961, *Najstarszawersijaturečka Husrävštrīn Qutba*. I—Ⅲ, Warszawa.

А. К. Боровков, 1961, *"Бадā' и' ал – лугат"*, словарьтāли#и#мāни# гратскогоксочинениям Алишера Навои, М.

S. G. Člauson, 1960, *Sanglax, a Persianguideto the Turkish language*, by Muhammad Mahdixan, London.

Č. Bročkelmann, 1951 – 1954, *Osttürkisčhe Grammatikderislamisčhen Litteratursprachen Mittelasiens*, Leiden.

А. М. Щербак, 1953, *Кистории узбекского литературного языка древнего периода*, М.

А. М. Щербак,1962, *Грамматика староузбекского языка*, М. – Л.

J. Ečkmann,1966, *ČhagatayManual*, Bloomington.

А. М. Щербак, 1961, *Грамматический очерк языкатюрксхиктекстов X – XIIIвв. ИзВосточноготуркестана*, М. – Л.

Г. А. Абдурахманов,1967, *Исследовние постаро тюркскому синтаксису* (XIвв.).

Э. Н. Наджип, 1979, *Историко – сравнительный словарь тюркских язкыов*14-века.

MahmūdalKāšrarī, *Čompendium of the Turkič Dialečts*, Harvard University, I,1982,II,1984,III,1985.

G. Jarring,1982, *Literary Texts from Kashghar*, Edited and Translated with Notes and Glossary, Lund, 1980; *Theoriginal Textsin Fačsimile Edited with a Prefače*, Lund.

G. Jarring,1985, *The MoenČollečtion of Eastern Turki (NewUighur) Proverbs and Popular Sayings*, Lund.

G. Jarring,1981, *Some Noteson Eastern Turki (NewUighur) Munazara Literature*, Arlöv.

G. Jarring, 1989, *The Thiefless City and the Contest Between Food and Throat*, *Four Eastern Turki Texts Edited with Translation*, Notes and Glossary, Stočkholm.

G. Jarring, 1993, *Stimulants Among the Turks of Eastern Turkstan*, An Eastern Turki Text Edited with Translation, Notes and Glossary, Stočkholm.

Č. Е. Малов, 1927, *Изучение живых турецких наречий западного Китая*, "Восто-чныезаписки I", Ленинград.

Č. Е. Малов, 1934, *наречиямСин - дзяна*. Ленинград.

Н. А. Баскаккови, В. М. Насилов, 1939, *Уйгурско - русский словарь*, М.

В. М. Насилов, 1940, *Грамматикауйг урскогоязыка*, М.

G. Raquette, 1912 - 1914, *Eastern Turki Grammar*, *Praktičaland theoretičal with vočabulary*. Berlin.

G. Jarring, 1933, *Studienzu einer Osttürkisčhen Lautlehre*, Lund.

K. H. Menges, 1933, 1943, *Volkskundličhe Texteaus Ost - Türkistan*, I, II, Berlin.

G. Jarring, 1946 - 1951, *Materials to the Knowledgeof Eastern Turki*. I - IV, Lund.

В. И. Новгородский, 1951, *Китайские элементы в уйгурском языке*, М.

С. Е. Малов, 1954, *Уйгурский язык*, *Хамийское наречие*, М. - Л.

С. Е. Малов, 1956, *Лобнорскийяэык*, Фрунзе.

А. Шамиева, *Уйгуртили грамматикиси*, I, Алмуга, 1957, II, Алмута, 1958.

А. Кайдаров, 1958, *Парные слова современном у йгурском языке*, Алма - Ата.

Э. Н. Наджип, 1960, *Современный уйгурский язык*, М.

А. Кайдаров, Г. Садвакасов, Т. Талипов, *hазиркизаман уйгуртили*, Алма - Ата, I, 1963, II, 1966.

Щ. Кибиров, Ю. Цунваэо, *Уйгурско - русский словарь*, Алма - Ата, I, 1963, II, 1966.

Э. Н. Наджип, 1968, *Уйгурско - русский словарь*, М.

Э. Р. Тенищев, 1963, *О диалектах уйгурского языка Синьцэяна*, Тюркологиче-скиеисследования, М. - Л.

С. Е. Малов, 1961, *Уйгурские наречия Синьцзяна*, М.

K. H. Menges, 1954, *Glossarzuden Volkskundičhen Textenaus Ost -*

Turkistan. Ⅱ, Wiesbaden.

G. Jarring, 1964, *An Eastern Turki - EnglishDialect Dictionary*, Lund.

Э. Р. Тенишев, 1984, *Уйгурские тексты*, «наука».

Э. Р. Тенишев, 1990, *Уйгурский диалектный словарь*, М.

Т. Талипов, 1987, *Фонетика уйгурского языка*, Алма - Ата.

Г. С. Садвакасов, 1989, *Строй уйгурского языка*, Алма - Ата.

R. F. Hahn, 1991, *SpokenUyghur*, *Seattleand*, London.

H. G. Sčhwarz, 1992, *AnUighur - EnglishDictionary*, Bellinghan.

DanielSt. John, 1993, *AnUighur - EnglishDictionary*, Urumčhi.

TooruHayasi, SabitRozi, ···, 1999, *A Preliminary Reportof Linguistič Researčhin Šäyxil-Village*, SouthwesternXinjiang, Kyoto.

Г. Бегалиев, Н. Савранбаев, 1946, *Казактiлiнi; грамматикасы*.

Ġ. B. Begalijip, M. Ġabrijilop, 1936, *Qazaqča - OrьsčaS/zdik*.

М. Балакаев, 1954, *Казiргiказактiлi*, Алматы.

Г. Г. Мусабаев, 1959, *Современный казахский язык. Ⅰ, лексика*, Алма - Ата.

М. Б. Балакаев, 1959, *Современныйказахскийязык, синтаксис*, Алма - Ата.

М. Б. Балакаев, Н. А. Баскаков, С. К. Кенесбаев, 1962, *Современный казахскийязык, Фонетика и морфологля*, Алма - Ата.

Х. Махмудов, Г. Мусаев, 1954, *Казахско - русский словарь*, Алма - Ата.

Г. Бегалиев, 1959, *Краткийказахско - русский словарь*, Алма - Ата.

И. К. Кенесбаев, *Казактiлiнi; түсiндiрмесөздiгi*, Алматы, Ⅰ, 1959, Ⅱ, 1961.

А. Ы. Ыскаков, 1974, *Казактiлiнi; түсiндiрмесөздiгi*, Ⅰ - Ⅹ, Алматы.

Казактiлiнi; кыскащаэтимологиялыксөздiгi, Алматы, 1966.

B. Sčhnitnikov, 1966, *Kazakh - EnglishDictionary*, Bloomington.

Б. Баэылхаан, 1977, *Казах - монголтоль*, Уланбаатор.

Развитие казахского советского язык ознания, Алма - Ата, 1980.

А. Т. Кайдаров, 1986, *Структура односложных корней и основ в казахском языке*, Алма - Ата.

Местные особенности в казахском языке, Алма - Ата, 1990.

И. А. Батманов, 1939 - 1940, *Грамматикакиргизскогоязыка*, Ⅰ - Ⅲ,

Казань.

И. А. Батманов, 1947, *Краткое введение в изучение киргизского языка*, Фрунзе.

К. К. Юдахин, 1940, *Киргизско - русский словарь*, М.

И. А. Батманов, 1963, *Современный киргизский язык*, Фрунэе.

Н. А. Батманов, Г. Бакинова, Ю. Яншансин, 1956, *Аэыркикыргыэтили*. I, Фрунэе.

Д. Исаев, 1957, *Кцргцзтилини; грамматикасы*, I, Фрунэе.

К. Дыйканов, С. Кудайбергенов, 1957, *Кцргцзтилини; морфологиясц*, Фрунэе.

Б. О. Оруэбаева, 1964, *Словообразование вкиргизском языке*, Фрунэе.

К. К. Юдахин, 1965, *Киргизско - русский словарь*, М.

R. Hebertand N. poppe, 1963, *KirgizManual*, Bloomington.

К. К. Сартбаев, 1985, *Языкознание в киргизи*, краткийочерк, Фрунэе.

О. В. Захаров, 1987, *Грамматика киргизского литературного языка*, I, Фрунзе.

Hu Zhenhua, GuyImart, 1989, *A Kirgiz Reader*, Bloomington.

Е. Д. Поливанов, 1925 - 1927, *Введение в изучение узбекского языка*, I - III, Ташкент.

А. Н. Кононов, 1948, *Грамматика узбекского языка*, Ташкент.

А. К. Боровков, А. Г. Гуломов, З. Маруфов, Т. Шермухамедов, 1944, *Узбектилиграмматикасы*, I, Тошкеит.

С. Н. Иванов, 1959, *Очерки по синтаксису узбекского языка*, Л.

А. Н. Кононов, 1960, *Грамматика современного узбекского литературного языка*, М. - Л.

В. В. Решетов, 1965, *Основы Фонетики и грамматики узбекского языка*, Ташке-нт.

Ш. Ш. Шоабдурахманов, 1962, *Узбекадабийтилива узбекхалкшевалари*, Тошке-нт.

Узбекско - русский словарь, М. , 1959.

A. F. Sjoberg, 1963, *Uzbek Structural Grammar*, Bloomington.

М. Турсунпулатов, 1986, *Лексика узбекской разговорной речи*, Ташент.

А. Б. ХоджиевиС. Л, 1990, *Узбекскорусский синонимическийс ловарь*, Ташке-нт.

З. М. Маъруфов, 1981, *Ўзбектилинингизохлилугати*, Москва. (З. М. Магруфов, Толковыйсловарь узбекскогоязыка.)

А. Махмудов, 1980, *Сонорные узбекского языка*, Ташкент.

А. Махмудов, 1986, *Согласные узбекского литературного языка*, Ташкент.

N. Waterson, Uzbek - EnglishDičtionary, Oxford, 1980.

М. Курбангалееви Р. Газизов, 1931, *Опыт систематической Грамматикита-тарск-ого языка в сравнении с грамматикой русского языка*, Казань.

В. А. Богородицкий, 1933, *Этюды по татарскому и тюркскому языкознанию*, Казань.

M. QorbangÈlief, R. GÈzizof, J. Kylief, 1931, *Tatarča - ursčasyzlek*, Qazan.

Д. ЖÈлÈй, 1947, *Татардиалектологиясы*, Казан.

В. Н. Хангильдин, 1959, *Татартелеграмматикисы*, Каэан.

М. З. Закиев, 1958, *ХэзергетатарÈдÈбителе*, синтаксис, Казан.

Современный татарский литературный язык, I - II, М., 1969 - 1971.

Р. Газизовидр, 1950, *Татарско - русскийсловарь*, Казань.

Татарско - русскийсловарь, М., 1966.

N. Poppe, 1968, *Tatar Manual*, Bloomington.

Д. Г. Тумашев, 1984, *Татарскийязык, лексическая грамматическая семантика*, Казань.

Р. Г. Ахметьянов, 1982, *Исследования по диалектологии и истории татарского языка*, Казань.

Ф. А. Ганиев, 1982, *Образование сложных слов в татарском языке*, М.

Ф. Ю. Юсупов, 1985, *Неличные Формыглагола в диалектах татарскогоязыка*, Казань.

Ф. Ю. Юсупов, 1986, *Изучение татарскогоглагола*, Казань.

Н. Ф. Катанов, 1903, *Опыты исследованния урянхайского языка с указанием главнейших родственных отношений к другим языкам тюкско-гокорня*, Каза-нь.

Арцыбашева, 1932, *Тувино - русскийсловарь*, Кызыл.

Ф. Г. Исхаков, 1957, *Тувинский язык*, очеркпофонетике, М. - Л.

Ф. Г. Исхаков, А. А. Пальмбах, 1961, *Грамматика тувинского языка*, М.

А. А. Пальмбах, 1955, *Тувинско - русский словарь*, М.

Э. Р. Тенишев, 1968, *Тувинско - Русский словарь*, М.

J. R. Krueger, 1977, *TuvanManual*, Bloomington.

Č. E. Малов, 1912, *Отчёт о путешествии к уйгурами саларам*, "Известйя русского комитета для изучения срднейи ВосточнойАзии", Серия2, No. I, СПб.

N. Poppe, 1953, *Remark son the Salar Language*, Harvard Journal of Asiatič Studies 16, 34.

S. kakuk, 1961, *TextesSalars*, Ačta Orientalia Hungaričae (AOH) 13, 1 - 2.

S. Kakuk, 1962, *UnVočabulaireSalar*, AOH14, 2.

S. Kakuk, 1962, *SurlaphonétiquedelalangueSalare*, (Aoh) 15, 1 - 3.

V. Drimba, 1968, *SurlačlassifičationdelalangueSalare*, Ural - Altaisčhe Jahrbücher, 40, 3 - 4.

V. Drimba, 1973, *Remarkson Mongolian Loanwordsinthe Salar Language*, Ulan Bator.

Э. Р. Тенишев, 1963, *Саларский язык*, М.

Э. Р. Тенишев, 1964, *Саларский тексты*, М.

Э. Р. Тенишев, 1976, *Строй саларского языка*, М.

Э. Р. Тенишев, 1976, *Саларские числтельные*, HungaroTurčiča, 159 - 162.

R. F. Hahn, Notesonthe Originand Development of the Salar language, *Ačtaorient-aliaačademičesčientiarumhungaričoe* 42(2), 235 - 275.

Č. G. Mannerheim, 1911, AVisitto the Saröand Shera Yögurs, JSFOuXXVII, Helsingfors.

С. Е. Малов, 1957, *Языкжелтыхуйгуров, словарьиграмматика*, Алма - Ата.

С. Е. Малов, 1967, *Языкжелтыхуйгуров, текстыипереводы*, Москва.

Э. Р. Тенишев, 1966, Б. Х. Тодаева, *Языкжелтыхуйгуров*, М.

Э. Р. Тенишев, 1976, *Строй сарыг - югурскогоязыка*, М.

Н. А. Баскаков, 1976, "Ободном древнем типеструктуры сказые моговсарыгюгурс-комязыке", *Тюркологические исследования*, М.

M. Hermanns, 1951, *The Uigurand Angar Languagein KanSu, Čhina*, Journal of the-Bombay Brančh of the Royal Asiatič Sočiety, 26, pp. 192 - 213. Bombay.

artiRoos,PreaspirationinYellowUygur.

Hans Nugterenand MartiRoos,*Common Vočabulary of the Western and Eastern-Yugur Languages.*

L. Člark,*Sarig Yugur Historičal Lingustičsandan Early Turkič Čounting Systim.*

（陈宗振）

突厥语族语言比较研究论著索引

阿拉腾奥其尔：《突厥语蒙古语词汇与畜牧业文化的联系》，《民族语文》1990 年第 5 期。

阿娜尔·阿布力孜、热比亚·阿布都热依木：《维吾尔语、哈萨克语及土耳其语中并列词组的语序特点对比》（维文），《语言与翻译》2002 年第 4 期。

阿依古丽·库塞音克孜：《哈汉语言中祈使句比较》（哈萨克文），《新疆社科论坛》2003 年第 4 期。

阿依努尔·萨迪克、夏迪亚·依布拉音：《论英语和维吾尔语的宾语》（维文），《新疆大学学报》2002 年。

阿依西姑丽·卡迪尔：《浅谈汉语和维吾尔语中的被动句》（维文），《喀什师范学院学报》2002 年第 2 期。

阿依夏木古丽·阿布都热西提：《论现代维吾尔语词汇和现代土耳其语词汇的关系》（维文），《新疆社会科学》2000 年第 3 期。

艾米娜·肖尔坦巴依克孜：《试论汉哈语中主语与谓语省略之比较研究》（哈萨克文），《语言与翻译》2001 年第 2 期。

艾尼瓦尔·艾合买提：《维、汉、日、英语中的人称代词对比》（维文），《语言与翻译》2003 年第 1 期。

艾尼瓦尔·卡迪尔：《俄罗斯和维吾尔族对数字"7"的文化内涵对比研究》（维文），《语言与翻译》2004 年第 3 期。

安成山：《哈萨克语对锡伯语的影响》，《语言与翻译》1997 年第 2 期。

奥里加斯·苏莱曼诺夫：《突厥语对斯拉夫语的影响》（维文），《新疆社会科学》2000 年第 1 期。

巴克特古丽·木卡木加尔克孜：《浅谈汉哈语祈使句的异同》（哈

萨克文),《伊犁教育学院学报》2005年第3期。

白提玛·拜尤都拉:《谈哈萨克语与蒙古语中的同源词及哈萨克语中部分词语的词源问题》(哈萨克文),《语言与翻译》2005年第1期。

拜合尔尼沙·玉素甫:《试论维吾尔语与日语在语音上的共同点和区别》(维文),《语言与翻译》1995年第5期。

博尔戈雅阔夫:《西伯利亚南部的突厥语族语言与裕固语的关系》,雷选春译,《突厥语研究通讯》1984年第1期。

曹春梅:《维汉谚语对比浅析》,《语言与翻译》1999年第3期。

曹春梅:《汉语维吾尔语否定句的分析和对比研究》,《语言与翻译》2005年第3期。

曹春梅:《浅谈汉译维中的理解问题》,《语言与翻译》1998年第1期。

陈世明:《试论俄语中的突厥语借词》,《语言与翻译》1997年第1期。

陈世明:《维吾尔谚语中的汉语借词考》,《民族语文》2004年第3期。

程适良:《哈萨克语乌孜别克语音位比较研究》,《中央民族大学学报》1995年第3期。

丁文楼:《汉、维语祈使句的比较》,《中央民族大学学报》1994年第1期。

丁文楼:《汉维语比较句对照分析》,《语言与翻译》1989年第2期。

杜安霆:《撒拉语和土库曼等语的关系》,马伟、赵其娟编译,《青海民族研究》2003年第4期。

杜安霆:《撒拉语中的突厥语因素———一种具有察合台语形式的乌古斯语》,赵其娟、马伟编译,《青海民族研究》2003年第3期。

杜曼·叶尔江、吉合台:《西部裕固语中的藏语借词》,《民族语文》2005年第3期。

高·照日格图:《蒙古语族语与突厥语族语词汇比较研究》,呼和浩特,2004年。

古丽巴哈尔·买托乎提:《英、维形容词对比简述》,《语言与翻译》1993年第4期。

古丽加玛丽:《略谈汉维语简单句的对比》,《新疆教育学院学报》2001年第3期。

古丽米热·艾孜木：《维语和英语中部分词语的象征意义》，《新疆大学学报》2005年第5期。

古丽娜尔·艾尼丁克孜：《哈萨克语问句形式同汉语问句形式的比较》（哈萨克文），《语言与翻译》2000年第2期。

古丽鲜·阿布力孜：《维汉语名词复数的词法和句法表达对比研究》（维文），《语言与翻译》2004年第2期。

海木都拉·阿不都热合曼：《浅谈日语与突厥语的部分结构类型》，高远月译，《语言与翻译》1994年第2期。

海木都拉·阿不都热合曼：《论日语同突厥语的相同点》，一文译，《语言与翻译》1992年第4期。

侯尔瑞：《雅库特语与柯尔克孜语、维吾尔语语音比较》，《中央民族大学学报》2001年第1期。

黄中祥：《哈萨克语与〈突厥语词典〉名词格的比较研究》，《新疆大学学报》2000年第3期。

黄中祥：《维吾尔语哈萨克语中的四十和七反映的文化特征》，《新疆大学学报》1995年第2期。

姜康：《维吾尔语与国语之关系》，《蒙藏月报》1941年第5期。

恩斯·阿合买提：《哈萨克语和土耳其语某些词的异同》，《语言与翻译》1998年第4期。

靳尚怡：《汉维语语音对比研究初探》，《新疆大学学报》1983年第2期。

卡热巴依·阿布德依萨吾勒：《关于汉语和哈萨克语复句的相同点和不同点》，《语言与翻译》2000年第4期。

雷选春：《西部裕固语与维语词汇之比较》，《民族语文研究新探》，成都，1992年。

李玄玉：《维语和韩语"手"、"脚"谚语比较研究》，《广西教育学院学报》2002年第4期。

刘珉：《汉维语对比说略》，《语言与翻译》1994年第3期。

刘珉：《汉维语动词时、态、体之比较》，《新疆师范大学学报》1988年第3期。

马德元：《汉维语词的结构形式对比研究》，《新疆大学学报》2000年第1期。

马德元：《汉语和维吾尔语的代词对比》，《语言与翻译》2005年第3期。

玛依努尔·艾比布拉：《英语和维吾尔语中疑问句的构成及其比较》（维文），《新疆大学学报》2002年第4期。

孟和达来、黄行：《蒙古语族和突厥语族关系词的词阶分布分析》，《民族语文》1997年第1期。

孟和达来：《蒙古语族甘青语言的假定式附加成分与突厥语族语言的比较》，《西北民族学院学报》1999年第1期。

米娜瓦尔·艾比不拉：《撒拉语与土库曼语的关系——兼论撒拉语发展简史》，《中央民族大学学报》2000年第3期。

欧米尔别克·夏克尔：《哈萨克语、维吾尔语名词的格词尾试谈》（哈萨克文），《语言与翻译》2000年第2期。

热依汗·吾守尔：《日语中的连体词和维吾尔语的定语比较》，《语言与翻译》1998年第2期。

热依汗·吾守尔：《维吾尔语形动词和日语形容动词的对比分析》，《新疆大学学报》1999年第2期。

热依汗古丽·艾海提：《维吾尔语与英语音节的结构》（维文），《新疆大学学报》2000年增刊。

热依汗古丽·艾海提：《论维吾尔语与英语构词方面的一些共性》（维文），《新疆大学学报》2000年第4期。

塞里卡·土斯普别克克孜：《哈汉语中时间副词的比较》（哈萨克文），《新疆教育》2002年第9期。

土尔达乌来提·努尔丹别克吾勒：《谈哈汉语的词法比较》（哈萨克文），《语言与翻译》1999年第3期。

土尔森汗·戴威特卡孜克孜：《汉哈语各类副词的对比》（哈萨克文），《新疆大学学报》2004年第4期。

土尔森汗·戴威特卡孜克孜：《汉哈语部分连词的对比研究》（哈萨克文），《伊犁教育学院学报》2005年第2期。

土尔森汗·戴威特卡孜克孜：《汉语与哈萨克语感叹词的比较》（哈萨克文），《新疆社会科学》2005年第3期。

土尔森坎·卡热什：《浅谈汉语和哈语复句的异同》（哈萨克文），《语言与翻译》2002年第2期。

王新青、艾克拜尔·库尔班：《汉维语序数词对比》（维文），《语言与翻译》2000年第1期。

王新青、哈力克·加帕尔：《维汉语语气词对比》（维文），《语言与翻译》2000年第2期。

王远新：《哈萨克语土耳其语辅音对应特点——兼论语音对应与语言影响的关系》，《民族语文》1994年第6期。

王远新：《哈萨克语土耳其语变音重叠的方式及其意义》，《满语研究》1996年第1期。

王远新：《哈萨克语土耳其语并列复合词词素顺序的特点》，《民族语文》1996年第6期。

乌日古木勒：《哈萨克英雄史诗〈阿勒帕梅斯〉与蒙古英雄史诗的比较研究》，《中央民族大学学报》2004年第2期。

武·呼格吉勒图：《黑龙江柯尔克孜语与蒙古语元音比较研究》，《民族语文》1998年第1期。

武·呼格吉勒图：《古突厥语与蒙古语语音比较研究》，《民族语文》2002年第1期。

夏迪亚·依布拉音：《论日语和维语中的模拟词》（维文），《语言与翻译》2002年第1期。

徐春兰：《汉维语基数词称数法对比研究》，《语言与翻译》2003年第2期。

许伊娜：《维吾尔语与俄语副动词范畴类型比较研究》，《语言与翻译》1999年第3期。

许伊娜：《新疆—青海撒拉语维吾尔语词汇比较》，乌鲁木齐，2001年。

亚森·库马尔吾勒：《汉语东南方言同突厥语的关系试谈》（哈萨克文），《语言与翻译》2000年第2期。

亚森·库马尔吾勒：《汉语、藏语、蒙语与突厥语基本词汇的比较研究》（哈萨克文），《新疆社会科学》2004年第3期。

杨文革、安占锋：《汉维语词法构词法对比》，《语言与翻译》2001年第3期。

张敬仪：《汉维动词时态的比较》，《西北民族学院学报》1981年第4期。

张亮：《中国突厥语名词格的比较》，《民族语文》1991年第2期。

张淑芳：《汉维短语比较》，《新疆师范大学学报》1995年第1期。

张星：《中国突厥语言名词"人称"、"数"的比较研究》，《语言与翻译》1996年3期。

张洋：《汉维语区别特征对比》，《新疆大学学报》1997年第1期。

张洋：《汉、维吾尔语元音对比》，《中央民族大学学报》1998年第

6 期。

张洋：《汉维语辅音对比》，《新疆大学学报》1998 年第 3 期。

张洋：《汉、维语音节对比》，《新疆大学学报》1998 年第 1 期。

张洋：《汉维语音对比研究方法初探》，《语言与翻译》1999 年第 1 期。

张玉萍：《汉维语名词构词法对比》，《语言与翻译》1999 年第 2 期。

张玉萍：《维汉语单句句型对比要略》，《语言与翻译》1996 年第 2 期。

张玉萍：《汉维语主语的对比》，《新疆大学学报》1997 年第 1 期。

赵永亮、廖冬梅：《汉维语双重否定句对比研究》，《语言与翻译》2001 年第 2 期。

真鄂斯古勒·阿克美特克孜：《土耳其语与哈语某些词的异同》（哈萨克文），《语言与翻译》1998 年第 4 期。

（陈宗振）

突厥语族语言使用研究论著索引

阿·敖亚：《要正确运用格言谚语》（哈萨克文），《新疆教育》1957 年第 6 期。

阿卜列力木·闷皮孜：《论汉语同义词和近义词的维译》（维文），《语言与翻译》2003 年第 2 期。

阿不都热依木·马合木提江：《谈减词翻译法》（维文），《语言与翻译》2004 年第 1 期。

阿不都热依木·沙力、玉素甫·艾白都拉：《建立语料库的相关问题》（维文），《新疆师范大学学报》2004 年第 2 期。

阿不都萨拉木·阿巴斯：《维吾尔语成语探讨》，《新疆教育》1981 年第 5 期。

阿不都萨拉木·阿巴斯：《论维吾尔语熟语中的成语》（维文），《突厥语研究》（Ⅰ），北京，1982 年。

阿不都萨拉木·阿巴斯：《论现代维吾尔语的成语》，《民族语文研究文集》，西宁，1982 年。

阿不力米提·买买提：《"三农问题"和"农民工"两词的维译浅

谈》(维文),《语言与翻译》2004年第3期。

阿布迪马纳普·艾拜乌勒:《关于哈萨克语熟语的来源》(哈萨克文),《语言与翻译》2005年第1期。

阿布都哈力克·阿布都力巴克:《谈〈汉维法学词典〉中部分术语的维译》(维文),《语言与翻译》2001年第3期。

阿布都克力木·毛拉洪:《汽车零件名称术语初探》(维文),《语言与翻译》2004年第2期。

阿布都米吉提、杨庆国:《汉语否定副词"不"的维译及其教学》(维文),《语言与翻译》2004年第2期。

阿布都热依木·热合曼:《谈维吾尔语餐厅名称的文化意义》,(维文)《新疆大学学报》2003年第4期。

阿布都如苏力·牙克甫:《浅谈"主任"一词的维译》(维文),《语言与翻译》2004年第2期。

阿布都外力·阿尤甫:《术语学与维吾尔语名词术语》(维文),《语言与翻译》2004年第4期。

阿布都许库尔·莫拉克、木塔力甫·斯德克:《维吾尔姓氏史和目前启用姓氏的普及问题》(维文),《新疆大学学报》2002年第4期。

阿布力米提:《论汉维两种语言中的一般否定句》(维文),《新疆大学学报》2000年第3期。

阿布力米提·阿布力孜:《"基地组织"一词的维译之我见》(维文),《语言与翻译》2004年第4期。

阿布力米提·艾海提:《论现代维语中的部分波斯语成分》(维文),《语言与翻译》2001年第2期。

阿布力米提·艾海提:《穆罕默德·斯迪克·热西迪与〈斯迪克纳曼〉》(维文),《新疆大学学报》2000年第2期。

阿布力米提·穆罕默德:《论维吾尔语俗语》(维文),《语言与翻译》2003年第1期。

阿布力米提·穆罕默德·依力提孜力克、穆太力甫·斯迪克·佧赫日:《维吾尔语中的委婉语及其在交际中的作用》(维文),《语言与翻译》2004年第2期。

阿布力米提·尤努斯:《维吾尔民俗语言及其研究》,《语言与翻译》2001年第2期。

阿布列力木·阿皮孜:《几个术语的维译之我见》(维文),《语言与翻译》2004年第1期。

阿迪力·吐尔逊：《论翻译对维吾尔语的负面影响及对策》（维文），《语言与翻译》2001年第4期。

阿地里江·塔伊尔：《汉语中的形象词语及其维译》（维文），《语言与翻译》2001年第2期。

阿尔斯兰·阿不都拉：《维语同义词及其修辞作用》（维文），《新疆大学学报》1987年第3期。

阿尔斯兰·阿不都拉：《论现代维吾尔语中的同音词》，《语言与翻译》1986年第2期。

阿尔斯兰·阿不都拉：《哈密回王时期民歌简介》，《新疆大学学报》1986年第4期。

阿尔斯兰·阿不都拉：《浅谈修辞学的发展和维吾尔修辞学》（维文），《新疆大学学报》2001年第2期。

阿尔斯兰·阿不都拉：《论维吾尔族的家族别号》（维文），《新疆大学学报》2001年第4期。

阿夫：《论维吾尔语中的成语》，《喀什师范学院学报》1994年第2期。

阿夫：《论维吾尔语中的谚语和格言》，《语言与翻译》1994年第4期。

阿汗·加克亚：《哈萨克语中的被动句及其汉译规律》（哈萨克文），《语言与翻译》2001年第4期。

加卡依·阿克买提吾勒：《肯定句与否定句的翻译》（哈萨克文），《语言与翻译》2002年第1期。

阿合买提·牙合亚：《汉维语多位数的对比和翻译》，1993年。

阿刊·加克亚吾勒：《关于哈萨克语中的多义词和同义词》（哈萨克文），《新疆教育》2001年第12期。

阿刊·加克亚吾勒：《关于哈语中谚语的特性及其美化功能》（哈萨克文），《新疆社科论坛》1999年第4期。

阿刊·加克亚吾勒：《关于哈萨克词的用意色彩》（哈萨克文），《语言与翻译》2000年第1期。

阿克拜尔迪·扎特别克：《成语的内容与形式的关系》（哈萨克文），《新疆社会科学》2002年第2期。

阿勒米拉·卡木扎克子：《代词及其译法之我见》（哈萨克文），《新疆社科论坛》2004年第4期。

阿勒腾纳依·阿布达克买提克孜：《哈萨克语新词探析》（哈萨克

文），《语言与翻译》2004 年第 3 期。

阿里木·哈斯木：《维吾尔语的地名命名规则及存在的若干问题》（维文），《新疆师范大学学报》2000 年第 3 期。

阿里木江·阿布都热西提：《部分汉语名词术语的维译之我见》（维文），《语言与翻译》2003 年第 3 期。

阿里亚扎·艾布戴里克孜：《关于哈萨克语中汉语借词的时代特征》（哈萨克文），《新疆社会科学》2004 年第 2 期。

阿力：《对同义词的一些看法》（柯尔克孜文），《语言与翻译》1989 年第 2 期。

阿丽亚·扎克尔：《同义词的色彩意义浅谈》（维文），《语言与翻译》2004 年第 3 期。

阿曼古丽·那思尔：《维吾尔语中的逗号及其用法》（维文），《语言与翻译》2000 年第 4 期。

阿曼古丽·沙迪克：《浅谈古汉语中"于"字的词义及其维译》（维文），《语言与翻译》2001 年第 4 期。

阿米娜·卡德尔：《谈维吾尔语民间诗歌中的汉语借词》（维文），《语言与翻译》2000 年第 1 期。

阿米娜·卡德尔：《一部分维吾尔语词语中的民俗概念》（维文），《新疆大学学报》2004 年第 3 期。

阿提凯木·托呼提：《论音乐专业部分术语的维译》（维文），《语言与翻译》2001 年第 3 期。

阿瓦力汉·哈力：《现代哈萨克语的修辞手段》（哈萨克文），《新疆教育》1980 年第 2 期。

阿依古丽·阿布拉：《维吾尔族的语言禁忌与委婉语》（维文），《新疆大学学报》2000 年第 1 期。

阿依古丽·艾斯艾提：《谈谈 yaman 一词在哈密方言中的副词作用》（维文），《语言与翻译》1993 年第 3 期。

阿依努尔·多拉提：《维吾尔人的语言禁忌》（维文），《语言与翻译》2001 年第 1 期。

阿依夏木·阿布都力：《试谈多义词与语境的关系》（维文），《语言与翻译》2001 年第 2 期。

阿扎马提·艾尔肯别克：《关于哈萨克语中的汉语借词》（哈萨克文），《语言与翻译》2005 年第 2 期。

阿孜古丽·阿布力米提：《维吾尔语亲属称谓 apa 的语义演变问

题》,《中央民族大学学报》2000年第5期。

阿孜古丽·阿布力米提:《试论维吾尔语和田方言亲属称谓的特点》,《中央民族大学学报》2001年第6期。

阿孜古丽·沙来:《汉维语引用修辞格比较与翻译》,《语言与翻译》1999年第1期。

艾比利孜·卡木扎依吾勒:《哈萨克语、汉语相近词汇一瞥》(哈萨克文),《新疆社会科学》2001年第1期。

艾布德什·达耶尔巴耶夫:《ČadRger是贬义词》(哈萨克文),《语言与翻译》2002年第3期。

艾尔波拉提·木巴拉克乌勒:《哈萨克语中有关马的谚语》(哈萨克文),《语言与翻译》2002年第1期。

艾尔肯·阿里木:《浅谈〈汉英维医学词典〉中某些术语的维译》(维文),《语言与翻译》2001年第2期。

艾尔肯·卡孜吾勒:《试论哈萨克形象语的文化内涵》(哈萨克文),《语言与翻译》1997年第4期。

艾海提·沙力、阿布力孜·艾力旦尔:《关于标准化化学元素的维文名称及词根》(维文),《语言与翻译》2001年第2期。

艾合买提·尼牙孜:《浅谈古代汉语"之"字在不同语言环境中的使用及维译》(维文),《语言与翻译》2001年第1期。

艾合麦提·乌麦尔:《〈维汉大词典〉中若干气象学名词术语的维译之我见》(维文),《语言与翻译》2004年第3期。

艾克拜尔·哈德尔:《浅谈维吾尔谚语的语义特征》(维文),《新疆大学学报》2002年第4期。

艾来提江·阿不都拉:《维族在姓氏改革中的问题》(维文),《新疆师范大学学报》2002年第2期。

艾来提江·阿不都拉·喀力迪尔:《论维吾尔族姓氏改革中如何解决父母民族不同的孩子姓氏问题》(维文),《新疆师范大学学报》2002年第4期。

艾来提江·阿不都拉·喀力迪尔:《关于维吾尔族姓氏改革的两个问题》(维文),《新疆师范大学学报》2003年第2期。

艾来提江·阿布都拉:《对维吾尔族姓名使用趋势的思考》(维文),《新疆师范大学学报》2000年第4期。

艾来提江·阿布都拉·卡里德尔:《维吾尔人绰号及其姓氏应用》,(维文)《新疆大学学报》2003年第1期。

艾力·伊犁：《谈和田市部分牌匾的翻译》（维文），《语言与翻译》2004年第1期。

艾尼扎提·艾成拉尼：《论阿拉伯、波斯语借词在维吾尔语中的使用情况》（维文），《语言与翻译》2004年第3期。

艾赛提·苏莱曼、美合拉伊·买买提力：《论纳瓦依〈五卷诗〉对维吾尔文学的影响》，《西北民族研究》2000年第1期。

艾赛提·苏莱曼、阿布力孜·鄂尔浑：《姓氏文化及维吾尔姓氏探讨评估》（维文），《新疆大学学报》2002年第3期。

艾山江·买提努日：《几个词的维译之我见》（维文），《语言与翻译》2004年第1期。

艾山江·穆罕默德、艾尔肯娜依·瓦依德：《维吾尔口语中部分音节的拖长及其作用》（维文），《语言与翻译》2001年第4期。

艾斯卡尔·阿布都卡德尔：《维语"y"、"w"》（维文），《语言与翻译》2000年第4期。

艾斯卡尔·吐尔逊：《浅谈维语专用名词英译中的问题》（维文），《语言与翻译》2001年第1期。

艾斯伏尔·依德日斯：《应正确使用"夜总会"一词的维译》（维文），《语言与翻译》2004年第2期。

艾斯凯尔·柔则：《维吾尔语从格在汉语中的表达方式浅谈》（维文），《新疆师范大学学报》2004年第1期。

艾尤尔·阿布都卡德尔：《汉维语比喻词、象征词对比研究》（维文），《语言与翻译》2000年第2期。

艾则孜·阿塔吾拉：《论维吾尔语谚语和俗语的异同点》（维文），《语言与翻译》2000年第1期。

艾则孜江：《浅谈维吾尔语中与动物有关的成语》（维文），《新疆社会科学》2001年第3期。

艾孜再·依明：《植物名词术语规范问题浅谈》（维文），《语言与翻译》2004年第3期。

安赛尔丁·木萨：《论语言的规范及其普及问题》（维文），《语言与翻译》2004年第1期。

巴哈尔古力：《汉语"半"一词在哈萨克语中的译用》，《语言与翻译》2000年第1期。

巴哈尔古丽·土尔森别克克孜：《哈萨克语中的祝福语含义》（哈萨克文），《伊犁师范学院学报》2003年第1期。

巴合提努尔·达尔坎拜：《关于哈萨克语中的汉语借词》，《语言与翻译》1985年第3期。

巴扎尔汗：《哈萨克语对偶合成词中某些成分的来源》，《民族语文》1993年第1期。

斯木坎·卡威斯别克：《关于哈萨克语中的地名》（哈萨克文），《新疆社会科学》1995年第4期。

白斯木坎·卡威斯别克吾勒：《浅谈吸收外来词的多面性》（哈萨克文），《伊犁师范学院学报》2005年第2期。

白提玛·比依都拉克孜：《哈萨克语固定词组体现的服饰文化》（哈萨克文），《新疆社会科学》2005年第1期。

拜合热尼莎·玉苏普：《再谈维汉语中具有象征意义的词汇及比喻手段》（维文），《喀什师范学院学报》2000年第2期。

毕丽克孜：《语料库语言学的应用和维吾尔语语料库词频统计的意义》，《新疆师范大学学报》2005年第2期。

波克坎·伯克依吾勒：《谈首次翻译出版的哈萨克文军事教材中的一部分术语》（哈萨克文），《语言与翻译》2005年第3期。

波拉提·白迪勒坎吾勒：《汉语中的虚词词组在哈萨克语的体现形式》（哈萨克文），《新疆教育》1998年第1—2期。

波拉提·波帕依吾勒：《谈谈哈萨克语中的感谢语和诅咒语》（哈萨克文），《新疆社科论坛》1995年第2期。

布兰泰·多斯加尼音：《论当前哈萨克语修辞使用方面存在的问题》（哈萨克文），《新疆社会科学》2005年第1期。

蔡崇尧：《谈汉维语的气味词、味道词》，《语言与翻译》1996年第3期。

蔡崇尧：《数字在维吾尔语中的文化内涵和修辞色彩》，《新疆师范大学学报》2000年第1期。

蔡崇尧：《略说维语数词与维族文化》，《修辞学习》2000年第3期。

常红：《维吾尔语 i·tan 一词的词源探析》，《语言与翻译》2005年第1期。

晁正蓉、杨洪建：《浅谈"的"字短语的结构类型及其在维吾尔语中的表达》，《语言与翻译》2005年第2期。

陈世明：《当代新疆翻译理论研究观综述》，《语言与翻译》1999年第4期。

陈世明：《从谚语看维吾尔族的伦理道德观》，《西域研究》2004年第3期。

陈世明：《维吾尔人名的汉译问题》，《语言与翻译》1985年第4期。

陈瑜：《维吾尔族人名结构分析》，《语言与翻译》2000年第4期。

陈毓贵：《从语言文字的内在规律出发规范维吾尔人名汉字音译转写》，《语言与翻译》2003年第3期。

成世勋：《浅谈哈萨克语测量长度的词语》，《语言与翻译》2000年第3期。

成燕燕：《哈萨克语词义演变的民族特点》，《伊犁师范学院学报》1985年第2期。

程试：《新疆维吾尔自治区十三个民族的语言系属》，《新疆大学学报》1977年第1期。

达威勒·玉森吾勒：《汉语"情节"一词在司法翻译中的哈译形式》（哈萨克文），《语言与翻译》2005年第3期。

戴良佐：《新疆民族语地名含义》，《西北民族研究》2002年第4期。

当鄂克·艾西木汗：《哈萨克语谚语中的修饰词》（哈萨克文），《语言与翻译》2000年第1期。

迪格达尔·艾比勒卡斯木巴依克孜：《汉语"好"的使用及其哈译浅谈》（哈萨克文），《语言与翻译》2004年第2期。

迪丽拜尔·米吉提：《浅谈翻译的民族性表达问题》（维文），《新疆师范大学学报》2001年第2期。

迪丽拜尔·苏来曼：《"点儿"和"些"的意义上的异同点和特殊用法》（维文），《新疆师范大学学报》2004年第4期。

丁鹏：《汉维数字禁忌文化浅析》，《语言与翻译》2000年第3期。

丁鹏、王冬梅：《从"左"、"右"看汉维文化差异》，《语言与翻译》1998年第2期。

丁文楼：《谈"在"字在维语中的表达》，《中央民族学院学报》1990年第2期。

董广枫：《论维吾尔成语的民族风格》，《喀什师范学院学报》1989年第5期。

董文义：《新疆古代居民与维吾尔语言史研究》，《西北民族学院学报》1996年第3期。

杜坎·麦斯木汗：《哈萨克语熟语试谈》（哈萨克文），《语言与翻译》1986年第4期。

杜曼·叶尔江：《浅谈裕固语使用情况》，《甘肃民族研究》1994年第2期。

多力坤·热外都拉：《关于维吾尔人名的规范化问题》，《语言与翻译》2000年第1期。

多立坤·马合木提：《察合台文简释》（维文），《语言与翻译》1987年第5期。

恩特马克·塞迪乌夫：《哈语中与马有关的术语及其使用》（哈萨克文），《语言与翻译》2005年第3期。

樊福玲：《维吾尔人名汉译规范化问题之我见》，《语言与翻译》2000年第1期。

范耀祖：《哈萨克新文字中近期 汉语借词的写法》，《新疆文字改革》1965年第6期。

高树春、阿不都热西提·亚库甫：《我国维吾尔语研究评析》，《新疆大学学报》1993年第1期。

高树春：《维汉语翻译学论纲》，《新疆大学学报》1995年第3期。

戈定邦：《河西之民族言语与宗教》，《甘肃科学教育馆学报》1940年第2期。

姑丽娜尔·艾合买德：《"吃"在维语中的表达》（维文），《喀什师范学院学报》2000年第2期。

古勒丹·波孜达克克孜：《试谈哈萨克寓言》（哈萨克文），《新疆社科论坛》2005年第2期。

古丽加马勒·卡马勒坎克孜：《谈哈萨克语中的kYk一词的含义及其使用》（哈萨克文），《语言与翻译》1997年第2期。

古丽加马勒·托里根克孜：《哈萨克民间禁忌词的实用价值浅谈》（哈萨克文），《伊犁师范学院学报》2003年第4期。

古丽加玛丽：《浅谈汉语否定副词"不"维译中的若干要点》，《语言与翻译》1999年第2期。

古丽夏提：《关于哈萨克语中表示动物"叫"的动词》，《语言与翻译》1998年第4期。

古丽鲜·尼亚孜：《维吾尔语中数词构成的谚语特征》（维文），《新疆社会科学》2000年第1期。

古丽鲜·尼牙孜：《维吾尔语数词的修辞作用》，《语言与翻译》

1995 年第 1 期。

古丽鲜·尼牙孜：《谈语境在区别词义中的作用》（维文），《语言与翻译》2000 年第 6 期。

古丽鲜·尼牙孜：《谈现代维语中几个外来词的词源》（维文），《语言与翻译》2001 年第 4 期。

古丽鲜·尼牙孜：《论维吾尔民间谚语中的道德观》，（维文）《语言与翻译》2003 年第 4 期。

古丽鲜·尼牙孜：《试论广告语》（维文），《语言与翻译》2001 年第 2 期。

古丽扎尔·吾守尔：《维吾尔语的亲属称谓》，《民族语文》2003 年第 4 期。

古丽鲜·尼牙孜：《维汉交际称呼语对比》，《语言与翻译》2004 年第 3 期。

古丽鲜·尼牙孜：《维吾尔人名的历史特点》，《民族语文》2005 年第 3 期。

古丽扎帕·穆罕默德：《论〈喀布斯纳曼〉及其现实意义》（维文），《新疆大学学报》2000 年第 4 期。

顾红艳：《维吾尔语语素研究述评》，《语言与翻译》2005 年第 4 期。

郭澜：《试论维语偏正式复合名词的词义》，《语言与翻译》2000 年第 2 期。

郭秀昌：《简析"insan"、"adεm"·和"kifi"的差异》，《语言与翻译》1988 年第 4 期。

郭志刚：《略说汉维语的指示代词》，《语言与翻译》1996 年第 3 期。

哈·艾合买提：《关于维吾尔语中部分俄语借词的正字法》（维文），《语言与翻译》1988 年第 9 期。

哈·艾合买提：《关于维吾尔语的词尾 mu》（维文），《喀什师范学院论文集》，1985 年。

哈德江：《对现代维吾尔语中外来借词的一些思考》，《语言与翻译》1997 年第 3 期。

哈力克：《论维吾尔语词汇与修辞的发展》，《新疆大学学报》1981 年第 1 期。

哈力克：《论现代维吾尔语的成语》，《新疆大学学报》1980 年第

4期。

哈丽达·哈勒美特克孜：《哈萨克语象征词及其语法意义》（哈萨克文），《伊犁师范学院学报》2003年第3期。

哈尼·萨尔江诺夫：《哈萨克语熟语初探》（哈萨克文），《语言与翻译》1987年第1期。

哈斯木·阿日希：《关于察合台语》（维文），《新疆大学学报》1983年第3期。

海峰：《体态语及维吾尔族某些体态语的特色》，《新疆大学学报》1998年第3期。

海木都拉·阿布都拉：《"办公厅"一词的维译之我见》（维文），《语言与翻译》2004年第2期。

海尤尔·阿布都卡迪尔：《汉维语中禁忌语与委婉语的对比研究》（维文），《喀什师范学院学报》2001年第3期。

海友尔：《翻译中民族色彩的表达问题》，《语言与翻译》1998年第3期。

韩菊文：《关于哈汉成语的翻译》（哈萨克文），《语言与翻译》1996年第2期。

韩俊魁：《维吾尔族口承语言民俗探微》，《喀什师范学院学报》2000年第2期。

韩玉文：《浅谈汉哈翻译中的文化差异》，《语言与翻译》1998年第2期。

韩玉文：《关于"菜篮子"一词的哈文译名》，《语言与翻译》1996年第1期。

韩玉文：《浅谈哈萨克人名的汉译》，《语言与翻译》1994年第4期。

罕克孜·如孜：《论谚语的翻译》（维文），《语言与翻译》2003年第2期。

贺群：《试论汉维语法结构中体现的思维方式》，《中央民族大学学报》2004年第3期。

胡爱华：《哈萨克语颜色词试说》，《语言与翻译》1997年第1期。

胡爱华：《哈萨克族寓意谜语》，《语言与翻译》1999年第2期。

胡传成：《论维吾尔语中词汇手段与语义模糊》，《语言与翻译》2005年第1期。

胡振华：《中国柯尔克孜族的语言和文字》，载《少数民族语言论集》（1），北京，1958 年。

胡振华：《中国柯尔克孜族的语言文字及其研究概况》，《红领巾民族丛刊》2003 年第 1 期。

华锦木、古丽鲜：《浅析维吾尔族亲属称谓中的地域性差异》，《语言与翻译》1998 年第 1 期。

华锦木：《维吾尔族餐馆名称及其文化内涵探析》，《语言与翻译》2005 年第 4 期。

黄中祥：《维吾尔买卖语与其文化》，《语言与翻译》1993 年第 2 期。

黄中祥：《浅析哈萨克文学语言和口语的语音差异》，《语言与翻译》2000 年第 3 期。

黄中祥：《哈萨克语的词义类型》，《语言与翻译》2001 年第 4 期。

黄中祥：《哈萨克语的词义关系》，《新疆大学学报》2001 年第 1 期。

黄中祥：《哈萨克语词义的变化》，《伊犁师范学院学报》2001 年第 4 期。

黄中祥：《哈萨克语中的汉语借词——兼谈文化接触和双语现象》，《满语研究》2002 年第 1 期。

黄中祥：《哈萨克语中阿拉伯语借词的语音特点》，《青海民族学院学报》1999 年第 2 期。

黄中祥：《哈萨克惯用语的构成特征》，《伊犁师范学院学报》2003 年第 1 期。

黄中祥：《哈萨克语与〈突厥语词典〉名词格的比较研究》，《新疆大学学报》2000 年第 3 期。

黄中祥：《额敏县哈萨克语的地方特色》，《语言与翻译》1995 年第 2 期。

黄中祥：《塔城地区哈萨克语探析》，《语言与翻译》1996 年第 2 期。

黄中祥：《哈萨克族人名的民族特点》，《石河子大学学报》2004 年第 4 期。

黄中祥：《哈萨克语中动物象征词的文化含义》，《民族语文》1995 年第 4 期。

黄中祥：《哈萨克谚语及其畜牧文化的特征》，《中央民族大学学报》1999 年第 6 期。

黄中祥：《哈萨克语中含有人体器官词惯用语的文化内涵》，《语言与翻译》2002 年第 4 期。

黄中祥：《哈萨克语动物名词的交际意义》（哈萨克文），《语言与翻译》1996 年第 1 期。

黄中祥：《哈萨克语言文字研究概况》，《语言与翻译》1999 年第 1 期。

加尔肯·凯撒吾勒：《谈哈萨克语中的神圣数字》（哈萨克文），《新疆社科论坛》1998 年第 1 期。

加克色勒克·居森吾勒：《哈萨克族人名在汉语中的写法》（哈萨克文），《新疆教育》2004 年第 5 期。

加克亚·加努扎克吾勒：《谈固定词组的意义特征及其在翻译中的表达过程》（哈萨克文），《语言与翻译》1996 年第 2 期。

加米拉·克孜尔别克克孜：《浅谈哈萨克语带有文明色彩的形象词语》（哈萨克文），《语言与翻译》2002 年第 2 期。

江鄂勒·努尔佩依斯克孜：《浅谈哈语颜色词的特点》（哈萨克文），《新疆社科论坛》2003 年第 4 期。

江娜·萨合都拉克孜：《浅谈哈萨克语中的一些地名》（哈萨克文），《新疆社科论坛》1999 年第 4 期。

居来提·艾买提：《维吾尔语象征词及其文化意义之我见》（维文），《语言与翻译》2000 年第 4 期。

卡比拉·塞普拉克孜：《论哈萨克民间故事的修辞手法》（哈萨克文），《新疆社科论坛》2002 年第 3 期。

卡的尔汗、崔崇德：《试谈哈萨克语的颜色词》，《语言与翻译》1988 年第 2 期。

卡林·克孜尔别克吾勒：《哈萨克语 o/ 与汉语"左"或文化与语言的关系》（哈萨克文），《新疆社会科学》1999 年第 1 期。

卡马力丁·胡图比丁：《"凉皮子"一词的维译之我见》（维文），《语言与翻译》2004 年第 3 期。

卡曼·阿布迪热合曼克孜：《数字的用法及其结构》（哈萨克文），《语言与翻译》1997 年第 4 期。

卡森·色热坎吾勒：《关于哈萨克语中的俄语借词及俄语中的哈萨克语借词》（哈萨克文），《新疆教育》2000 年第 1—2 期。

卡斯木·拉西丁：《现代维语的多义词和同形词的区别》（维文），《语言与翻译》1984 年第 6 期。

卡依仙·塔巴拉克克孜：《漫谈数词的哈译》（哈萨克文），《语言与翻译》1996年第2期。

开克什·卡耶尔江吾勒：《哈萨克语中关于四畜的词组》（哈萨克文），《新疆社会科学》2005年第2期。

开热巴依·艾依迪萨吾勒：《简析哈语中的形象词》（哈萨克文），《新疆社科论坛》2003年第4期。

凯撒·木沙吾勒：《关于感叹词的汉哈翻译》（哈萨克文），《语言与翻译》2000年第2期。

坎南·夏热普坎吾勒：《浅谈哈萨克语的翻译史》（哈萨克文），《语言与翻译》1998年第2期。

克里木：《撒拉语谚语简析》，《语言与翻译》1996年第4期。

克力木江·沙比尔：《论维语亲属称谓及其汉译》（维文），《新疆师范大学学报》2004年第4期。

克亚提·萨合都拉克孜：《关于语言与文化的关系》（哈萨克文），《语言与翻译》2001年第3期。

库德热提·吐尔逊：《浅谈维吾尔语成语》（维文），《语言与翻译》2002年第3期。

库尔班江·买苏木：《〈汉维工业企业管理词典〉中某些术语的维译之我见》（维文），《语言与翻译》2001年第2期。

库来什·木萨克孜：《sarR一词之我见》（哈萨克文），《语言与翻译》1997年第4期。

库来西：《解放前我国维吾尔语研究简况》（维文），《新疆社会科学》2001年第4期。

库热西·马合木提江：《维吾尔人使用的阿拉伯的波斯人名及它们所表达的文化信息》（维文），《新疆大学学报》2002年第3期。

库热西·塔依尔、亚森·吐尔逊：《俄语对现代维吾尔文学语言的影响》（维文），《新疆大学学报》2002年第3期。

昆达乌来提·艾里马吉：《谈几种化学元素术语的误称》（哈萨克文），《语言与翻译》2001年第3期。

阔谢尔巴依·柯尔克孜巴耶夫：《浅谈宗教术语名词》（哈萨克文），《新疆社科论坛》2004年第2期。

李慧兴：《现代维吾尔语中的英语借词》，《新疆教育学院学报》2003年第3期。

李少平：《维吾尔语词语的文化附加义及其相关探讨》，《喀什师范学院学报》2005 年第 1 期。

李绍年：《哈萨克语动词及其汉义刍议》，《语言与翻译》1986 年第 3 期。

李绍年：《哈萨克语文化语言学说略》，《民族语文》1993 年第 3 期。

李绍年：《哈萨克语畜牧文化小议》，《民族语文》1996 年第 2 期。

李文新：《浅谈维吾尔谚语的语义分类及其翻译》，《语言与翻译》1997 年第 2 期。

李新龙：《汉语补语的维译方法及教学》，《语言与翻译》1996 年第 1 期。

李一凡：《试论维、汉语词义的特点》，《西北民族学院学报》1987 年第 2 期。

李英勋：《行政公文汉译维中的定语翻译方法》，《语言与翻译》1994 年第 3 期。

李瑛国：《维吾尔文的发展与明清时期的运用》，《语言与翻译》1994 年第 3 期。

李於洪：《新疆少数民族语言文字在计算机的开发应用》，《新疆社会经济》1999 年第 1 期。

力提甫·托乎提：《维吾尔史诗〈乌古斯可汗传说〉中的萨满教印记》，《中央民族大学学报》2000 年第 2 期。

力提甫·托乎提：《论 kariz 及维吾尔人的坎儿井文化》，《民族语文》2003 年第 4 期。

丽扎·阿布达里列：《哈语的禁忌语、委婉语与文化》，《西北民族大学学报》2004 年第 6 期。

连吉娥、迪丽拜尔·艾海提：《汉维语禁忌语比较》，《新疆教育学院学报》2004 年第 3 期。

梁伟：《汉维翻译中的加注》，《语言与翻译》1994 年第 1 期。

梁新霞：《浅谈汉译哈时如何处理量词的问题》，《语言与翻译》1999 年第 2 期。

梁云：《维汉语词义差异与文化联想》，《语言与翻译》1998 年第 3 期。

廖泽余：《维吾尔谚语源流浅说》，《新疆师范大学学报》1986 年第 2 期。

廖泽余：《维吾尔民俗语言学初探》，《新疆师范大学学报》1988 年第 3 期。

廖泽余：《维吾尔语词汇的文化透视》，《西域研究》1991 年第 2 期。

林莲云、韩建业：《撒拉语概况》，《中国语文》1962 年第 11 期。

林莲云：《撒拉语裕固语分类问题质疑》，《民族语文》1979 年第 3 期。

刘鸿君：《汉维语多位数数词的称说及其翻译》，《语言与翻译》2002 年第 2 期。

刘珉：《维吾尔成语修辞初探》，《新疆师范大学学报》1990 年第 4 期。

刘文性：《对维吾尔谚语汉译和民族文化有关问题》，《西北民族学院学报》2004 年第 1 期。

刘向晖：《现代维语的核心音节与边际音节》，《语言与翻译》2000 年第 2 期。

刘向晖：《维吾尔语拟声词与修辞》，《新疆大学学报》2000 年第 3 期。

刘岩：《维吾尔语颜色词浅析》，《语言与翻译》1993 年第 3 期。

刘照雄、林莲云：《保安语和撒拉语里的确定与非确定语气》，《民族语文》1980 年第 3 期。

刘正江：《浅议现代维吾尔语成语研究》，《语言与翻译》2003 年第 4 期。

陆秉庸、王承诒：《维吾尔族人名的计算机自动翻译程序》，《语言与翻译》1989 年第 4 期。

骆惠珍：《维汉动物名词的联想与比喻》，《语言与翻译》2002 年 3 期。

骆惠珍：《维吾尔语问候语的文化审视》，《新疆师范大学学报》1998 年第 1 期。

骆惠珍：《浅谈汉维文化差异对言语交际的影响》，《语言与翻译》2004 年第 4 期。

马建疆、刘向晖：《汉语是非疑问句在维语中的表达形式探究》，《语言与翻译》2002 年第 4 期。

马建疆：《汉语"吧"字是非问在维吾尔语中的表达形式》，《语言与翻译》2004 年第 2 期。

马建疆：《英语、维吾尔语时间副词比较》，《新疆师范大学学报》

1995 年第 2 期。

马俊民：《论维语谚语的汉译》，《语言与翻译》1985 年第 3 期。

马小玲、洪勇明：《哈萨克语色彩词及转义分析》，《语言与翻译》2000 年第 4 期。

马中华：《浅析影响汉维语交际的非语音、语法因素》，《语言与翻译》1998 年第 4 期。

玛蒂·茹斯：《西部裕固语的新近发展》，钟进文译，《甘肃民族研究》2000 年第 1 期。

玛利亚·努尔扎达克孜：《关于同义词的翻译》（哈萨克文），《语言与翻译》2001 年第 3 期。

买德尼耶提·木卡泰：《浅谈哈族的祝祷词》（哈萨克文），《新疆社科论坛》2002 年第 4 期。

买尔当·吐尔逊：《石油化工术语维译时不能任意缩略》（维文），《语言与翻译》2001 年第 4 期。

买尔皮瓦·尼合买提：《谈〈突厥语词典〉的食品名称》（哈萨克文），《新疆社会科学》1997 年第 4 期。

买买提吐尔逊·阿布都拉：《汉维语动物词语文化内涵及差异》，《语言与翻译》2005 年第 2 期。

买热木尼沙：《维吾尔族吉利数字"七"与星期》（维文），《新疆社会科学》2003 年第 1 期。

美热古丽·阿布都拉：《论"把"字的运用及其维译》（维文），《语言与翻译》2001 年第 4 期。

蒙鄂勒坎·马合买提吾勒：《哈语中一些复合词的词源问题》（哈萨克文），《新疆教育》1997 年第 6 期。

米尔卡马力·加列力汗：《试谈汉译哈地名的现状及改进意见》，《语言与翻译》1994 年第 4 期。

米尔苏里堂·阿米娜·热合曼：《现代维吾尔语标点符号及其用法》，张宏超译，《语言与翻译》1993 年第 2 期。

米尔扎提·亚尔穆汗木德：《浅谈煤矿专业术语的维译及其规范化》（维文），《语言与翻译》2004 年第 1 期。

米吉拉·胡达拜尔德：《浅谈计算机术语中的隐语》（维文），《语言与翻译》2004 年第 2 期。

米吉提：《浅谈维吾尔语中的"qay"一词》（维文），《喀什师范学院学报》2002 年第 2 期。

米吉提·土尔逊：《"小区"和"社区"的维译之我见》（维文），《语言与翻译》2004年第1期。

米吉提·土尔逊：《浅谈翻译及其对维吾尔语的影响》，米娜瓦尔译，《语言与翻译》1996年第3期。

苗焕德：《浅议维吾尔语中的阿拉伯、波斯语借词》，《西北民族研究》1993年第1期。

莫·热衣莫夫：《关于单音节词中的·变e问题》（维文），《新疆教育》1957年第8期。

莫尔坎·克莫勒坎吾勒：《哈语中几个专用名词来源考》（哈萨克文），《新疆大学学报》2004年第1期。

莫尔坎·克莫勒坎吾勒：《从哈萨克语来看〈突厥语词典〉》（哈萨克文），《语言与翻译》1997年第1期。

木卡买提卡里吾勒：《哈历法与现代哈萨克语出版物中的月份名称》（哈萨克文），《新疆社会科学》2005年第3期。

木克亚提·萨噶依都拉克孜：《漫谈 * peke 一词》（哈萨克文），《语言与翻译》1997年第1期。

木克亚提·萨合都拉克孜：《〈突厥语词典〉中的部族名称及其语言》（哈萨克文），《新疆社会科学》1997年第2期。

木拉提·苏丹：《关于哈萨克语名词术语规范的几个问题》，《语言与翻译》1994年第4期。

木拉提坎·艾比勒马金吾勒：《哈萨克语中的吉祥数字》（哈萨克文），《新疆社会科学》2000年第1期。

木沙江·玉赛音：《论语言美》（维文），《语言与翻译》2004年第3期。

木台力甫·斯迪克·卡伊热：《浅谈维吾尔姓名时代特征》（维文），《新疆大学学报》2003年第2期。

木台力甫·斯迪克·卡伊热：《维吾尔人名的使用特点》（维文），《喀什师范学院学报》2003年第2期。

木台力甫·斯迪克、阿布里米提·穆罕默德：《维吾尔语中的习用语》（维文），《喀什师范学院学报》2003年第1期。

木台力甫·斯迪克：《谈维吾尔人名的"阿布都"》（维文），《喀什师范学院学报》2000年第3期。

穆尔汗·卡马勒汗：《浅谈哈萨克语的避讳问题》，《语言与翻译》1997年第3期。

穆海拜提·阿迪力：《论维吾尔科技术语中前缀的使用》（维文），《语言与翻译》2003 年第 4 期。

穆罕默德·吐尔地：《浅谈汉语成语及其维译技巧》（维文），《语言与翻译》2003 年第 1 期。

穆罕默德·热依木·阿吉：《浅谈"miran"和"toksun"地名的来源》（维文），《语言与翻译》2001 年第 2 期。

穆娜瓦尔：《维汉花卉术语对比研究》（维文），《语言与翻译》2001 年第 4 期。

穆妮拉·阿布都外力：《谈古代维吾尔人用的官职术语》（维文），《语言与翻译》2001 年。

穆塔里甫·巴图尔：《试谈表亲属关系的专有名称》（维文），《语言与翻译》1985 年第 5 期。

穆铁意：《〈突厥语词典〉及其作者马合木德·喀什噶里》，《百科知识》1984 年第 1 期。

那依力江·吐尔逊、卡米力江·吐尔干：《"喀纳斯"一词的来源》（维文），《语言与翻译》2000 年第 3 期。

尼合迈德·蒙加尼：《〈突厥语词典〉与现代哈萨克语的关系》，《新疆社会科学》1982 年第 1 期。

尼加提·阿布都克力木：《论维吾尔构词附加成分"－man/－m·n"》（维文），《语言与翻译》2001 年第 4 期。

尼加提·索皮：《浅谈计算机用维吾尔文字的新方案》（维文），《语言与翻译》2003 年第 2 期。

尼亚孜·艾买提：《现代汉语递进关系复句的维吾尔语译法之我见》（维文），《新疆大学学报》2001 年第 1 期。

尼亚孜·艾买提：《汉语谓语维译之我见》（维文），《语言与翻译》2000 年第 2 期。

牛汝极：《试论维吾尔语名词的数及其历史演变》，《语言与翻译》1992 年第 1 期。

牛汝极、程雪飞：《维吾尔文字学发凡》，《语言与翻译》1995 年第 3 期。

牛小莉、谢新卫：《谈〈维吾尔人名汉字音译转写规则〉的重要意义》，《语言与翻译》2003 年第 2 期。

牛小莉：《称呼语的发展演变及其社会文化背景》（维文），《语言与翻译》2001 年第 4 期。

努尔噶比勒·苏勒堂夏热普吾勒：《〈突厥语大词典〉中的谚语与现代哈萨克语谚语比较分析》（哈萨克文），《新疆社会科学》1998年第1期。

努尔噶比勒·苏勒堂夏热普吾勒：《关于〈哈萨克人名汉字音译对应表〉及其说明》（哈萨克文），《语言与翻译》2004年第4期。

努尔噶比勒·苏勒堂夏热普吾勒：《〈正音法〉〈正字法〉术语之我见》（哈萨克文），《语言与翻译》1998年第2期。

努尔噶比勒·苏勒堂夏热普吾勒：《试谈正字法和用词方面存在的某些问题》（哈萨克文），《语言与翻译》1999年第3期。

努尔哈比：《试谈缩略语种种》（哈萨克文），《语言与翻译》1989年第1期。

努尔哈比勒·苏里堂恰尔甫：《（哈萨克语）量词产生与发展之我见》，李冬梅译，《语言与翻译》1993年第3期。

努尔兰·肯吉·阿合美提吾勒：《关于哈族族名的涵义》（哈萨克文），《新疆社会科学》1998年第1期。

努尔穆罕默德·多来提：《维吾尔人名规范化迫在眉睫》，罗焕淮译，《语言与翻译》1993年第1期。

努尔苏堂·努尔丹别克乌勒：《哈语"aq"一词之我见》（哈萨克文），《语言与翻译》2004年第1期。

欧马尔·别克波森：《谈谈与马有关的俗语》（哈萨克文），《语言与翻译》2001年第2期。

欧仁巴萨尔·台里普巴依乌勒：《浅谈哈萨克语谚语》（哈萨克文），《语言与翻译》2002年第3期。

帕·阿帕尔：《汉语与维吾尔语中道德词汇的比较》（维文），《新疆社会科学》2001年。

帕·吉兰：《论现代维吾尔语中的术语》（维文），《新疆社会科学》2001年第4期。

帕尔哈提·卡孜木：《阿不都哈力克·吾依古尔诗歌中的汉语借词问题》（维文），《新疆师范大学学报》2002年第4期。

帕里塔洪·艾吾拉洪：《地名"塔克拉玛干"词源再探》（维文），《新疆大学学报》2000年第4期。

帕丽达·阿木提：《古代维语构词体系及使用价值》（维文），《语言与翻译》1996年第1期。

帕丽达·阿木提：《〈福乐智慧〉中双部词的运用》（维文），《新疆大学学报》2003 年第 2 期。

帕热达·马力克：《谈现代维吾尔语成语的修辞特点》（维文），《语言与翻译》2001 年第 3 期。

帕提古丽：《汉语趋向动词在哈语中的对应形式》，《伊犁师范学院学报》1999 年第 1 期。

帕提古丽：《汉语数词"一"在哈语中的译用》，《语言与翻译》2000 年第 3 期。

帕提古丽·穆罕买提：《浅谈维吾尔语中的同义词》（维文），《语言与翻译》2004 年第 1 期。

帕提古丽·斯依提：《现代维语借词使用中的一些问题》（维文），《新疆社会科学》2003 年第 3 期。

帕提麦·阿布力米提：《现代维吾尔语中的同音词》（维文），《喀什师范学院学报》2000 年第 4 期。

派提玛·拜都拉克孜：《哈萨克语与英语中一些语义相近的词语对照研究》（哈萨克文），《伊犁师范学院学报》2005 年第 1 期。

热·斯孜德伙夫：《关于标点符号的几个问题》（哈萨克文），《新疆教育》1956 年第 11 期。

热比娅·阿布都热依木：《谈维汉语中表示亲属关系的名词》（维文），《喀什师范学院学报》2001 年第 2 期。

热甫凯提·热合木：《谈谈 20 世纪 20—30 年代俄语对维吾尔文学语言的影响》（维文），《语言与翻译》2001 年第 3 期。

热甫凯提·热合木：《关于现代维吾尔语中的"月份"名称》（维文），《新疆社会科学》2001 年第 1 期。

热合曼·伊敏：《汉语代词的维译》（维文），《语言与翻译》2001 年第 3 期。

热外都拉：《学习〈突厥语大词典〉的语言的体会》，《新疆大学学报》1980 年第 4 期。

热外都拉：《略释维吾尔语构词附加成分》，《新疆大学学报》1984 年第 2 期。

热外都拉：《关于维吾尔语修辞的几个问题》，《新疆大学学报》1979 年第 3 期。

热外都拉：《维语修辞常识》（维文），乌鲁木齐，1979 年。

热外都拉·海木都拉：《谈谈维语外来词》，王启译，《语言与翻译》1990 年第 3 期。

热依汗·买买提：《论维吾尔语数词在句中的引申意义问题》（维文），《新疆师范大学学报》2002年第4期。

热依拉·达吾提：《裕固族史诗〈尧熬尔来自西至哈至〉研究》，《新疆大学学报》2000年第2期。

热孜婉·阿瓦穆斯林：《论现代维吾尔语中新词新语的发展趋势》（维文），《新疆师范大学学报》2002年第1期。

热孜婉·阿瓦穆斯林：《论现代维吾尔语中的新词及其研究的重要性》（维文），《语言与翻译》2001年第1期。

如克亚木·吾斯曼、艾海提·克奇克：《古代维吾尔语动词"tur"》（维文），《语言与翻译》2004年第2期。

茹鲜姑丽·吾买尔：《浅谈维吾尔民间谚语的句子结构》（维文），《喀什师范学院学报》2004年第1期。

茹娴古丽·木沙：《谚语与格言中反映出的民族文化异同》，《语言与翻译》2001年第3期。

萨噶依都拉·艾里吾勒：《略谈哈萨克语月份名称》（哈萨克文），《语言与翻译》1996年第1期。

萨合都拉·派扎勒音：《qara一词的神圣性》（哈萨克文），《新疆社科论坛》1999年第4期。

萨勒达提·克则尔别克吾勒：《论某些名词的形成》（哈萨克文），《语言与翻译》2004年第2期。

塞里卡·土斯普别克克孜：《关于哈萨克语中的同义词》（哈萨克文），《新疆教育》2002年第3期。

赛力克·穆斯塔帕：《词义与语境及其在哈萨克语中的表现》，《语言与翻译》1996年第2期。

沙吾丽·库尔班别克：《汉译哈中的"正说与反说"》，《语言与翻译》2000年第2期。

莎伊芙罕：《浅谈哈萨克语中的阿斯、洽依、托依活动》，《甘肃民族研究》2004年第1期。

史震天：《汉维比喻性词语的文化内涵及其翻译》，《语言与翻译》2003年第1期。

史铸美：《试论近代哈萨克语的一些演变》，《民族语文》1986年第4期。

史铸美：《对哈萨克语中新词术语的制定和使用的探讨》，《新疆大学学报》1980年第4期。

司马义·卡迪尔：《关于维吾尔语中的某些阿拉伯、波斯语借词》，《维吾尔语问题》，乌鲁木齐，1984年。

斯迪克江·伊布拉音：《现代维吾尔语新词新语初探》（维文），《语言与翻译》2003年第3期。

宋正纯：《我国土瓦语音系初探》，《民族语文》1982年第6期。

宋正纯：《土瓦语概况》，《民族语文》1985年第1期。

苏永成：《浅谈维吾尔语中几个词的词义及其汉译》，《语言与翻译》1996年第1期。

孙岿：《中国突厥语族诸民族文化发展研究》，银川，2004年。

孙岿：《维吾尔语亲属称谓的社会称呼法》，《中央民族大学学报》2001年第5期。

孙岿：《维族学生感知汉语普通话元音的实验研究》，《新疆师范大学学报》2005年第1期。

塔克塔特别克·欧拉勒吾勒：《浅谈词的感情色彩及其分类》（哈萨克文），《新疆社会科学》2004年第2期。

塔西埔拉提·艾拜都拉、阿布都热西提·吾甫尔：《谈汉语新词术语维译存在的一些问题》（维文），《语言与翻译》2001年第4期。

田有林：《谈维吾尔语"dap"在汉语句中的表达形式》，《语言与翻译》1994年第2期。

铁依甫江、热合木吐拉·加里编：《维吾尔古典文学选编》（维文），乌鲁木齐，1981年。

土尔噶贝勒·苏堂夏热普：《关于近代哈萨克语》（哈萨克文），《语言与翻译》1997年第2期。

土尔森别克·艾比勒卡斯吾勒：《哈萨克文出版物中出现的···和···孰是孰非》（哈萨克文），《语言与翻译》2005年第2期。

土尔森别克·马乌坎克孜：《哈语标点符号的意义和作用》（哈萨克文），《语言与翻译》1997年第1期。

吐尔地·艾合买提：《现代维吾尔语的同义词》（维文），《新疆大学学报》1980年第1期。

吐尔地·买买提：《多义词同上下文的关系》（柯尔克孜文），《语言与翻译》1989年第2期。

吐尔逊·阿尤甫、哈米提：《试论维吾尔语中表达新概念的方法和原则》，《语言与翻译》1982年第2期。

吐尔逊·阿尤甫：《维吾尔书面语的发展变化及其原因》，《语言与翻译》1996 年第 4 期。

吐尔逊·阿尤甫：《如何区分维吾尔语中的外来词》，载中央民族大学突厥语言文化系、中亚学研究所编《突厥语言与文化研究》（一），北京：中央民族大学出版社 1996 年版。

吐尔逊·阿尤甫：《关于划分维吾尔书面语历史阶段的标准》（维文），《语言与翻译》2000 年第 5 期。

吐尔逊·艾买提：《谈维吾尔语中的多义词及其引申义》（维文），《语言与翻译》1987 年第 6 期。

吐尔逊·克力坪：《俄语中的部分突厥语词》（维文），《语言与翻译》2002 年第 1 期。

吐尔逊·库尔班、古加玛丽·阿比提：《试谈维吾尔语口语中的汉语借词》，《语言与翻译》2002 年第 4 期。

吐尔逊·库尔班：《试论维吾尔姓氏问题以及可用于姓氏的词域》（维文），《新疆大学学报》2002 年第 4 期。

吐尔逊·木哈什：《我国哈萨克语研究概述》，曙光译，《语言与翻译》1994 年第 1 期。

吐尔逊古丽·玉苏甫：《论新疆地名翻译规范中的问题》（维文），《语言与翻译》2001 年第 2 期。

吐尼沙·吾守尔：《维吾尔语摹拟词的汉译技巧初探》，《语言与翻译》1997 年第 4 期。

托合塔尔别克·欧拉勒吾勒：《哈萨克语情态动词及其词尾的应用》（哈萨克文），《伊犁师范学院学报》2003 年第 2 期。

托勒刊·加帕尔吾勒：《对哈语多义词产生的探讨》（哈萨克文），《伊犁师范学院学报》2003 年第 2 期。

托勒肯·卡里别克：《浅谈现代哈语扩展成分功能》（哈萨克文），《伊犁师范学院学报》2004 年第 2 期。

托里什·艾尼什吾勒：《谈动词特点及其在翻译中的表达》（哈萨克文），《语言与翻译》2005 年第 1 期。

瓦依提江·吾甫尔：《玉素甫·哈斯·哈吉甫与"语言美"》（维文），《新疆青年》1982 年第 4 期。

王堡主编：《新疆少数民族语言文学论集》，乌鲁木齐，2001 年。

王德怀：《从维吾尔熟语看维吾尔的园艺文化相》，《语言与翻译》1996 年第 3 期。

王德怀：《论"死译"与"活译"——以维吾尔谚语的汉译为例》，

《西北民族大学学报》2005年第1期。

　　王德怀：《从维吾尔熟语看维吾尔族的服饰文化及其文化质点》，《语言与翻译》1998年第1期。

　　王德怀：《从熟语看维吾尔族的好客习俗文化》，《喀什师范学院学报》2005年第2期。

　　王菲：《突厥语民族和汉民族的禁忌语与委婉语比较初探》，《西北民族研究》1996年第2期。

　　王枫：《谈"好"的多义及维吾尔语的活译》，《语言与翻译》1996年第2期。

　　王枫：《浅谈维语近义词的辨析方法》，《语言与翻译》1995年第1期。

　　王芙菱：《汉语和维吾尔语时间表示法的比较》，《语言与翻译》1999年第4期。

　　王鸿雁、阿不都外力：《维汉谚语形式对比分析》，《中央民族大学学报》2005年第4期。

　　王莉、王小燕：《汉语趋向补语"来、去"在维语中的表达》，《语言与翻译》2005年第2期。

　　王丽君：《汉维比喻的对比及不同的文化蕴含》，《语言与翻译》2003年第1期。

　　王启：《漫谈维吾尔语熟语的汉译》，《语言与翻译》1992年第3—4期。

　　王素梅：《谈"老"及其在维语中的表达》，《语言与翻译》1995年第3期。

　　王廷杰：《维吾尔语转义现象刍议》，《新疆大学学报》1983年第2期。

　　王新：《"都"的义释及维语译法》，《语言与翻译》1999年第1期。

　　王新建、曹忠军：《"是"及复合体的义释与维语译法》，《新疆教育学院学报》2003年第1期。

　　王艳玲、楼卫国：《浅谈维吾尔语中比喻的民族特点》，《喀什师范学院学报》1994年第1期。

　　王燕灵：《维吾尔族人名及其文化》，《语言与翻译》2003年第1期。

　　王远新：《时空观念的语言学探索——以突厥语族语言为例》，《中央民族大学学报》2003 年第 1 期。

王振中：《伊斯兰教对维吾尔语言文字的影响》，《文史知识》1995 年第 10 期。

王振忠：《维吾尔语习语的文化背景分析》，《中央民族学院学报》1989 年第 2 期。

王志国：《谈谈新疆吐鲁番地区维语口语中的汉语西北方言词》，《西北民族学院学报》1987 年第 3 期。

乌买尔·达吾提：《现代维吾尔语的动词 bolmaq 新探》，《语言与翻译》1998 年第 3 期。

乌买尔·达吾提：《现代维吾尔语招呼语试探》，《语言与翻译》1997 年第 1 期。

乌买尔·达吾提：《维吾尔语颜色词的文化特征探析》，《语言与翻译》1999 年第 1 期。

乌铁库尔：《古代维吾尔文学语言的形成和发展》，《新疆社会科学》1981 年第 1 期。

乌尤木坎·主麻坎吾勒：《浅谈哈萨克谜语草原文化特征》（哈萨克文），《语言与翻译》1997 年第 2 期。

吾买尔·阿皮孜：《现代维吾尔语专业术语之我见》（维文），《语言与翻译》2001 年第 2 期。

吾买尔·尼牙孜：《浅谈汉语多义词的维译》（维文），《语言与翻译》2004 年第 2 期。

吾买尔江·阿尔帕提古丽：《维吾尔语从阿拉伯、波斯语借入的构词附加成分及其作用》，《西北民族研究》2000 年第 2 期。

吾买尔江·努日：《历史人名"安禄山"和"史思明"的维译之我见》（维文），《语言与翻译》2004 年第 2 期。

吾斯曼江·祖农：《论"三农问题"一词的维译》（维文），《语言与翻译》2004 年第 1 期。

吾提库尔：《从口译角度谈维吾尔谚语的译法》，《语言与翻译》1998 年第 1 期。

吾提库尔·阿布都热合曼：《论维语词语中的文化因素》（维文），《语言与翻译》2002 年第 4 期。

武金峰：《新疆各民族之间的语言影响略探》，《西北民族研究》1996 年第 1 期。

武金峰：《试谈现代哈萨克语的语流音变现象》，《西北民族学院学报》1995 年第 2 期。

武金峰:《哈萨克语语素 da 之用法探讨》,《语言与翻译》1995 年第 4 期。

武金峰:《哈萨克语状语的种类及其构成方式》,《语言与翻译》1994 年第 3 期。

武金峰:《新疆各民族之间的语言影响略探》,《西北民族研究》1996 年第 1 期。

武金峰:《试谈现代哈萨克语的语流音变现象》,《西北民族学院学报》1995 年第 2 期。

武金峰:《哈萨克语语素 da 之用法探讨》,《语言与翻译》1995 年第 4 期。

武金峰:《哈萨克语状语的种类及其构成方式》,《语言与翻译》1994 年第 3 期。

武金锋、白山·纳马孜别克:《试谈哈族人名汉译规范化问题》,《语言与翻译》2000 年第 2 期。

武金锋、白山·纳马孜别克:《哈萨克人名汉译规范化问题研究》,《民族语文》2004 年第 1 期。

武金锋、白山·纳马孜别克:《试谈哈萨克人名汉译的规范化问题》,《语言与翻译》2000 年第 2 期。

武金锋、白山·纳马孜别克:《哈萨克人名中常见的语音、例词及其汉译》,《伊犁师范学院学报》2000 年第 3 期。

西琳·库尔班:《关于维吾尔语同义词的区别》(维文),《语言与翻译》1983 年第 4 期。

西琳·库尔班:《关于维吾尔语的反义词》,《语言与翻译》1988 年第 4 期。

西仁·库尔班、阿布都许库尔·肉孜:《论维语的 b·和 bi》(维文),《语言与翻译》2004 年第 1 期。

夏德曼·阿合美特吾勒:《从辞源学角度谈"乃蛮"一词的渊源》(哈萨克文),《新疆社会科学》1996 年第 3 期。

夏勒卡尔·苏坦诺夫:《关于哈语中一些词的词源》(哈萨克文),《新疆社科论坛》2000 年第 1 - 2 期。

夏米·尼扎米丁:《试论农业机械名词术语的维译》(维文),《语言与翻译》2004 年第 2 期。

夏依马尔旦·木沙:《浅析语境中有特定含义词语的汉译哈技巧》,

《语言与翻译》1998年第1期。

谢然阿依·麦斯乌提:《维吾尔语中的明喻及其汉译》（维文），《语言与翻译》2004年第3期。

谢热扎提·依斯卡克吾勒:《编撰词典需要解决的问题》（哈萨克文），《新疆社科论坛》1996年第3期。

亚热·艾拜都拉、那依力江·吐尔干:《谈维吾尔语构形语素的多义性》，《语言与翻译》1999年第1期。

亚热·艾拜都拉、塔西普拉提·艾拜都拉:《关于维吾尔语同音词的标准》（维文），《语言与翻译》2000年第6期。

亚森·尼亚孜:《谈英语常见后缀在维语中的表达方式》（维文），《语言与翻译》2000年第1期。

阎丽萍:《汉维语言数字禁忌文化差异》，《新疆师范大学学报》2001年第3期。

阎新红、欧阳伟:《试论维吾尔语中的汉语借词》，《喀什师范学院学报》2000年第3期。

杨涤新:《撒拉人语文习俗之调查》，《西北学术》1943年第2期。

杨国庆、安仲平:《"闹"的用法及其哈语译法》，《语言与翻译》1998年第2期。

杨鸿建:《哈萨克语颜色词的量性特征及用法》，《新疆大学学报》2005年第3期。

杨慧芳:《浅谈现代哈萨克语中的借词》，《语言与翻译》2003年第3期。

杨凌:《我国出版的哈萨克语辞书类工具书目录》，《语言与翻译》1999年第2期。

杨志刚:《我国突厥语概况》，《喀什师范学院维吾尔语研究论文集》，喀什，1985年。

叶少钧:《试论维吾尔语的历史发展》，《喀什师范学院学报》1980年第1期。

叶少钧:《现代维吾尔语的外来成分》，《喀什师范学院学报》1997年第3期。

叶少钧:《浅谈维吾尔语中阿拉伯、波斯语借词问题——兼谈语言的融合》，《喀什师范学院学报》1980年第2期。

伊布拉音·排祖拉:《谈"······"一词》（维文），《语言与翻译》2000年第3期。

伊力哈木·克比尔：《维吾尔体态语词及其含义初探》，《语言与翻译》2005年第3期。

伊力哈木江·吐尔逊：《论维吾尔谚语与维吾尔文化关系》（维文），《语言与翻译》2001年第3期。

伊力夏提·艾来提江：《维吾尔人绰号分类及其社会作用》（维文），《新疆师范大学学报》2001年第2期。

伊米提·艾力：《经济学中部分名词术语维译之我见》（维文），《语言与翻译》2004年第4期。

伊敏·吐尔松：《维吾尔标准语及其新词术语制订问题》（维文），《新疆教育》1957年第4期。

伊明·阿布拉：《现代维吾尔语同音词漫说》，《语言与翻译》1995年第4期。

衣那也提·克扎也夫：《关于哈萨克语系属问题的简介》（哈萨克文），《新疆教育》1979年第2期。

依时托乎提·托乎提巴克：《要正确创制缩略词》（维文），《语言与翻译》2004年第1期。

尤力瓦斯·热西丁：《论现代维语中几个词的词义及正字》（维文），《语言与翻译》2003年第3期。

尤努斯·托呼尼亚孜：《"的"字结构的运用及其维译》（维文），《语言与翻译》2000年第3期。

玉素甫·艾白都拉、阿布都热依木·沙力：《现代维语语料库的词类标注研究》，《民族语文》2005年第4期。

玉素甫·依该木、迪丽努尔·艾力：《谈维吾尔人的姓氏与姓名书写顺序问题》（维文），《语言与翻译》2001年第4期。

喻捷：《略谈汉语中的突厥语借词》，《中央民族大学学报》1994年第2期。

喻捷：《维吾尔语中bolmaq一词与形态》，《语言与翻译》1993年第3期。

袁舍利：《〈突厥语大词典〉所展示的古代突厥语民族的游牧文化》，《新疆大学学报》1996年第4期。

袁生武、樊福玲：《维吾尔语新词语的构成及其特点》，《语言与翻译》2000年第2期。

袁生武、樊福玲：《50—80年代现代维语中汉语借词的发展及借用形式》，《语言与翻译》1998年第1期。

袁生武、樊福玲：《现代维吾尔语中的俄语借词》，《语言与翻译》1996 年第 1 期。

袁生武、樊福玲：《汉维语礼貌用语的对比用法》，《语言与翻译》2001 年第 1 期。

袁志广、滕春华：《论世纪之交的维吾尔人名民俗的文化模式》，《语言与翻译》1998 年第 2 期。

袁志广：《论维吾尔民间"茶俗语"及其文化意蕴》，《语言与翻译》1999 年第 2 期。

再帕尔江·艾孜木：《察合台语中构成比喻的语言成分初探》（维文），《新疆大学学报》2003 年第 1 期。

扎宜提·热依木：《汉译维中增减词语和调整语序问题浅谈》，《语言与翻译》1995 年第 4 期。

张国玺：《从新疆语文说起》，《西北世纪》第 4 卷 1949 年第 3 期。

张宏超、喻捷：《维语词附属义与民族文化心理》，《中央民族学院学报》1989 年第 3 期。

张敬仪：《维语近义词的辨析方法》，《西北民族学院学报》1993 年第 4 期。

张敬仪：《反义词的特点》，《西北民族学院学报》1986 年第 4 期。

张敬仪：《浅析汉维语互借的几个词语》，《语言与翻译》1993 年第 4 期。

张敬仪：《浅谈汉译维中的用词技巧》，《西北民族学院学报》1999 年第 3 期。

张洋：《新疆语言的多元和交融》，《语言与翻译》1998 年第 1 期。

张洋：《多元文化交融的历史积淀——新疆汉语维吾尔语言互相影响和渗透》，《新疆大学学报》2005 年第 5 期。

张洋：《关于维吾尔语区别特征的原则》，《民族语文》2005 年第 3 期。

张勇：《维吾尔谚语研究视角与理论方法琐谈》，《新疆大学学报》2004 年第 1 期。

张勇：《维吾尔谚语中传统价值取向三题》，《西域研究》2004 年第 4 期。

张玉萍：《维吾尔语颜色词语及其文化透视》，《新疆大学学报》2000 年第 3 期。

赵明鸣：《近年来我国现代维吾尔语研究述略》，《新疆大学学报》

1988 年第 4 期。

赵世杰：《维汉合璧词的介绍》，《语言与翻译》2002 年第 4 期。

赵相如：《维吾尔语中的古代汉语借词——从语言上看历史上维汉人民的密切关系》，《语言与翻译》1986 年第 2 期。

赵相如：《哈萨克语中古代汉语借词初探——兼论 qazaq（哈萨克）一词的源流及词义》，《伊犁师范学院学报》1986 年第 1 期。

赵修文：《妙趣横生的哈萨克语植物名称》，《语言与翻译》1988 年第 2 期。

赵永红：《汉语"起来"一词在维吾尔语中的对应表达》，《语言与翻译》2003 年第 3 期。

真鄂斯古勒·艾比勒克孜：《关于借词的用法和作用》（哈萨克文），《新疆教育》2002 年第 1—2 期。

郑婕：《维吾尔语句法嬗变中的词序作用》，《西北民族学院学报》1994 年第 4 期。

郑婕：《维吾尔语与维吾尔族的畜牧文化》，《西北民族研究》1993 年第 1 期。

钟进文：《甘青地区突厥蒙古诸语言的区域特征》，《民族语文》1997 年第 4 期。

钟进文：《简述裕固族族称与突厥语地名的关系》，《语言与翻译》1992 年第 1 期。

钟进文：《"西至哈至"考略》，《中央民族学院学报》1992 年第 4 期。

钟进文：《20 世纪的中外西部裕固语研究》，《语言与翻译》2000 年第 3 期。

钟进文：《西部裕固语的历史地位与使用现状》，《西北民族学院学报》2000 年第 2 期。

钟进文：《一篇裕固族历史传说研究》，《中央民族大学学报》2000 年第 2 期。

钟进文：《中国裕固族研究集成》，北京，2002 年。

周建华：《塔塔尔人的语言使用概况》，《语言与翻译》2000 年第 1 期。

周建华、热娜·阿克姆里纳：《塔塔尔语变异现象探析》，《语言与翻译》1997 年第 3 期。

周维新：《维吾尔方言的敬语》，北平《华北日报》1947 年 8 月

27 日。

周亚成、古丽巴克:《哈萨克族"巴塔"习俗及其语言》,《语言与翻译》2001 年第 4 期。

周亚成:《哈萨克族部落在哈萨克语方言形成中的作用》,《西北民族研究》1995 年第 2 期。

朱志宁:《维吾尔语概况》,《中国语文》1964 年第 2 期。

朱志宁:《维吾尔语中的汉语借词》,《中国语文》1965 年第 5 期。

祖木莱提·哈帕尔:《古代文献中对民歌的词汇及其艺术特点的分析》(维文),《语言与翻译》2004 年第 3 期。

祖木莱提·哈帕尔:《关于裕固族的部落和姓氏》(维文),《语言与翻译》2003 年第 3 期。

佐合拉·沙吾提:《nema 一词在哈密方言中的特殊运用》(维文),《语言与翻译》1994 年第 5 期。

(陈宗振)

满通古斯语族语言文字研究论著索引

满通古斯语族研究论著索引

B. 普季岑：《通古斯语概论》，孙运来译，《满语研究》1987 第 2 期。

Ki‐moonlee：《韩国语中的满通古斯语借词》，韩国《阿尔泰学报》1991 年总第 3 期。

阿里克桑德尔：《通古斯诸语语法教科书》，1856 年。

本青：《论通古斯诸语言》，《人文与社会科学论文集》，美茵茨大学科学与文学学院，1955 年。

朝克：《论满通古斯诸语言的音变规则》，《满语研究》1996 年第 2 期。

朝克：《论通古斯诸语及文化》（日文），《北海道大学语言文集》，北海道大学 2001 年版。

朝克：《论印安人和我国北方民族原始宗教的关系》（英文），《国际宗教学讨论会论文》，美国崔尼提大学，1997 年。

朝克：《蒙古语和满通古斯诸语代词比较研究》，《内蒙古大学国际蒙古学会议论文简介》，呼和浩特：内蒙古大学出版社 1998 年版。

朝克：《论满通古斯诸语形容词级》，《内蒙古大学学报》1990 年第 2 期。

朝克：《关于满通古斯诸语的分类及其分类特征》，《世界民族》2000 年第 2 期。

朝克：《论满通古斯诸语的历史研究》，《黑龙江民族丛刊》2000 年第 3 期。

朝克：《论满通古斯诸语研究的理论意义》，《鄂温克研究》1999 年第 2 期。

朝克：《关于国际通古斯学研究》，《鄂温克研究》2000 年第 1 期。

朝克：《论通古斯诸语拟声拟态词》（日文），《学习院大学语言学报》1990 年第 12 期。

朝克：《论日本阿依努语和通古斯诸语共有词词义关系》（日文），《早稻田大学语言文化研究》1990 年第 3 期。

朝克：《论印第安语和满通古斯诸语共有的宗教称谓》，《民族研究》1998 年第 6 期。

朝克：《关于芬兰萨米语和满通古斯语的共有词》（英文），北京萨米语言文化国际讨论会论文，1998 年。

朝克：《论达斡尔语中的满通古斯语借词》，《民族语文》1988 年第 4 期。

朝克：《论日本阿依努语和满通古斯诸语的有关名词》，《满语研究》1994 年第 1 期。

朝克：《关于满通古斯诸语言的辅音结构》，《满语研究》1995 年第 1 期。

朝克：《关于通古斯诸语和爱斯基摩语共有名词》，《满语研究》2001 年第 1 期。

朝克：《论日本阿依努语和通古斯诸语共有词元音对应规律》，《满语研究》1999 年第 1 期。

朝克：《中国通古斯诸语基础词汇对照》（日文），北海道：日本小樽商科大学印刷发行，1997 年。

朝克：《通古斯民族及其语言》（日文），仙台：日本东北大学东北亚研究中心印刷发行，1999 年。

朝克：《中国通古斯诸语基础词汇对照集》（日文），北海道：日本小樽商科大学语言中心印刷发行，1997 年。

朝克：《满通古斯语比较研究》，北京：民族出版社 1997 年版。

陈雪白：《关于通古斯语族各民族名称的问题》，中央民族学院研究部《中国民族问题研究集刊》（内部发行），1951 年。

成百仁：《中国满语研究现状》，《中国文化》，淑明女子大学，1985 年。

成百仁：《韩国语和满通古斯诸语比较研究——现状以及有关问题》，《大东文化研究》1990 年第 24 期。

池田哲郎：《论阿尔泰诸语》，日本大学书林，2000 年。

池田哲郎：《通古斯诸语和东亚诸语言》，京都产业大学，1998年。

出村良一：《满通古斯语由动词转化的后续词》，《东洋学报》1930年第3—4期。

出村良一：《满通古斯语元音考察》，《日本研究》1932年第3期。

风间申次郎：《关于通古斯诸语言表示可让性词尾》，京都大学《环太平洋的语言》1998年第7期。

风间申次郎：《通古斯诸语言的基本动词和形容词》，《北方欧亚先住民语言文化研究报告书》，千叶大学文学部，1998年。

风间申次郎：《通古斯诸语言的基本名词》，韩国《阿尔泰学报》1997年第7期。

风间申次郎：《通古斯诸语言的指定格》，《东京外国语大学语言研究所论文集》1999年第4期。

风间申次郎：《通古斯诸语言》，《语言月刊》，1991年。

风间申次郎：《关于通古斯诸语言方位名词》，《北海道北方民族博物馆研究纪要》1993年第6期。

风间申次郎：《通古斯诸语言基本名词》，韩国《阿尔泰学报》1997年第7期。

风间申次郎：《通古斯诸语言基础词汇的动词和形容词》，《千叶大学研究成果报告书》1998年。

风间申次郎：《关于通古斯诸语言的确定宾格》，《东京外国语大学语言研究所论文集》1999年第4期。

风间申次郎：《关于通古斯诸语言表示让步的后缀》，《环北太平洋语言》2001年第7期。

风间申次郎：《关于通古斯诸语言动词使动态的形态变化》，《环北太平洋语言》2002年第8期。

福田昆之：《日本语和通古斯语》，日本FLL社1988年版。

高尔茄瓦斯卡雅：《通古斯语满语动名词概论》，列宁格勒，1959年。

何学娟：《试论蒙语赫哲语部分语音的对应关系》，《满语研究》1990年第2期。

季永海：《满通古斯语族通论》，《满语研究》2003年第1期，2003年第2期。

金东昭：《新疆地区的通古斯诸语言》，韩国《阿尔泰学报》1998年总第8期。

金东昭：《韩语和通古斯语的语音比较研究》，晓星女子大学出版部1981年版。

金周沅：《通古斯诸语的人称词缀》，《历史语言学》，1985年。

金周沅：《满通古斯诸语的元音和谐律研究》，《汉城大学博士学位论文集》，1988年。

金周沅：《论满通古斯诸语前元音的发展和变化》，韩国《阿尔泰学报》1997年总第6期。

津曲敏郎：《通古斯诸语及上古日语语法类型的共同点》，国际日本文化研究中心编：《日与系统论之现在》（日文研究丛书），2003年。

津曲敏郎：《通古斯语的类型和差异》，《北方诸文化比较研究》，名古屋大学，1990年。

津曲敏郎、冈田宏明：《赫哲语的形态特征和满语的影响》，《环北极文化比较研究》，北海道大学文学部，1993年。

津曲敏郎、宫冈伯人：《关于通古斯诸语及相关语言的所有式和让步式》，《北方语言类型和历史》，三省堂，1992年。

津曲敏郎、山理：《中国的通古斯诸语言》，《濒危语言研究现状与课题》。

津曲敏郎：《通古斯语的类型与差异》，肖可译，朝克校，《满语研究》1992年第2期。

津曲敏郎：《中国、俄罗斯通古斯诸语》，赵阿平译，朝克校，《满语研究》1996年第2期。

卡丽娜：《论满通古斯诸语的格形态及功能》，《满语研究》1995年第2期。

李兵：《通古斯语言存唇状和谐的形式特征与比较》，《民族语文》2000年第3期。

李兵：《论通古斯语言元音和谐的语音学基础》，《民族语文》1998年第3期。

李兵：《通古斯诸语言元音和谐和书面满语元音系统》，《满语研究》1998年第1期。

李兵：《通古斯诸语言元音和谐规律的描写与分析》，1996年。

李树兰等：《满通古斯语法范畴中的确定、非确定意义》，《民族语文》1988年第4期。

林赛、格林伯尔等：《重览北方通古斯诸语的分类——鄂温克语与鄂伦春语比较》，《语言刊物》1999年第2期。

刘景宪：《满通古斯语言文化研究的新进展》，《满语研究》1996年第2期。

刘景宪等：《满通古斯语研究的一部杰作——评价朝克新著〈鄂温克语研究〉》，《满语研究》1997年第1期。

苏尼克：《通古斯诸语满语名词研究》，俄罗斯：圣彼得堡科学出版社1982年版。

野村正良：《关于通古斯语》，《声音教育》1941年第2期。

尹铁超：《通古斯语中人称后缀之再研究》，《满语研究》2004年第2期。

张晰：《从语言特征谈我国满通古斯语的分类》，《满语研究》1995年第1期。

赵阿平：《中国满通古斯诸语言文化研究及发展》，《满语研究》2004年第2期。

赵阿平：《满通古斯语言与萨满文化论略》，《民族语文》1996年第3期。

赵阿平等：《21世纪满通古斯语言文化研究的新发展》，《满语研究》2001年第2期。

赵阿平：《满通古斯语言与萨满文化》，《满语研究》1998年第1—2期。

赵阿平主编：《满通古斯语言文化研究文库》，北京：民族出版社2004年版。

赵振才：《通古斯—满语与文化》，《满语研究》1986年第1—4期。

周庆生：《中国满通古斯诸语社会语言学研究六十》，《满语研究》1994年第1期。

彼德格勒公共图书馆编：《彼德格勒公共图书馆所藏满文资料汇编》，列宁格勒，1991年。

（朝克）

女真语言文字研究论著索引

女真语语音研究索引

道尔吉：《女真语音初探》，内蒙古大学，1982年。

李基文：《中古女真语的音韵学研究》（韩文），汉城：《汉城大学论文集》1958 年第 7 期。

聂鸿音：《〈金史〉女真译名的音韵学研究》，《满语研究》1998 年第 2 期。

聂鸿音：《宋元史籍中女真语的标音》，《民族语文》2004 年第 4 期。

清濑义三郎则府：《女真音再构成考》（日文），《语言研究》1973 第 64 期。

清濑义三郎则府：《满语和蒙语谚语表述中反映出的近代朝鲜语的 e 音》（英文），国际朝鲜语学学会《朝鲜语言学》1983 年卷 3。

清濑义三郎则府：《15 世纪女真语 Tyr = Tur 方言元音和谐》（英文），斯拉夫学会，1985 年。

清濑义三郎则府：《女真语满语的q、ɣ、χ音》（英文），《国际阿泰学会学报》，威斯巴登，1996 年。

清濑义三郎则府：《关于女真和满语舌面音和小舌音》（英文），《国际阿尔太学论文集》，威斯巴登，1996 年。

清濑义三郎则府：《从女真语到满语腭化音和谐现象的消失》（英文），《国际阿尔太学论文集》，威斯巴登，1997 年。

清濑义三郎则府：《关于用女真文表记的长元音——批判乌拉熙春的女真学》（英文），韩国《阿尔泰学报》2001 年总第 11 期。

清濑义三郎则府：《女真语 * ŋ - 音的比较语言学再构拟之外的构拟法》（英文）《通古斯西伯利亚学》（9），威斯巴登，2002 年。

乌拉熙春：《再论女真语无二次长元音》，韩国《阿尔泰学报》2002 年总第 12 期。

女真语词汇研究索引

金东昭：《女性指称的女真语词研究》（韩文），《女性问题研究》，晓星女子大学，1983 年。

李基文：《女真语地名考》（韩文），《文理大学报》，首尔，1958 年。

女真语文献研究索引

戴维里亚（M. G. Devéria），《宴台碑考》（Examendela Stèlede Yen‑taï, dissertationsurles Čaračtères d'éčriture employé sparles Tartares Jou‑tčhen, extraitedu *Houng‑hue‑in‑yuan*, traduiteetannotée），*Revuede*

L'extrême-orient, vol. 1, pp. 173-186, 1882.

道尔吉：《海龙汉文、女真文对译摩崖真伪辨》，《内蒙古社会科学》1984 年第 3 期。

道尔吉、和希格：《〈女真译语〉研究》，《内蒙古大学学报》1983 年增刊。

道尔吉、和希格：《女真文〈大金得胜陀颂〉碑校勘释读》，《内蒙古大学学报》1984 年第 4 期。

稻叶岩吉：《北青城串山城女真字摩崖考释》（日文），《青丘学丛》1930 年第 2 期。

渡边熏太郎：《女真馆来文通解》1933 年。

河内良弘：《14 至 17 世纪女真外交文书》（日文），韩国《阿尔泰学报》（首尔）2003 年总第 13 期。

和希格：《〈女真馆杂字·来文〉研究》，呼和浩特：内蒙古大学，1982 年。

康丹（Daniel Kahe），《明会同馆〈女真译语〉研究》，《内亚研究》，印第安纳大学，1989 年。

郭毅生：《明代奴儿干永宁寺碑记校释——以历史的铁证揭穿谎言》，《考古学报》1975 年第 2 期。

金东昭：《〈龙飞御天歌〉的女真语汇研究》（韩文），《国语教育研究》，庆北师范大学，1977 年。

金东昭：《庆源钦真字碑的女真字研究》（韩文），《晓星女子大学研究论文集》，1988 年。

金启琮：《陕西碑林发现的女真字文书》，《内蒙古大学学报》1979 年第 1 期。

加藤进平：《九峰石壁纪功碑》（日文），《平井尚志先生古稀纪念考古学论考》第 1 集。

克恰诺夫等：《纸抄女真文的首次发现》，《北方文物》1985 年第 2 期。

克恰诺夫：《列宁格勒藏女真文书残页》（俄文），列宁格勒，1968 年。

刘凤翥等：《女真文字〈大金得胜陀颂〉校勘记》，转引自民族语文编辑部编《民族语文论集》，北京：中国社会科学出版社 1981 年版。

刘厚滋：《传世石刻中女真语文材料及其研究》，《文学年报》1941 年第 7 期。

刘师陆：《女直字碑考》，1829 年。

刘师陆：《女直字碑续考》，1833 年。

刘最长、朱捷元：《西安碑林发现女真文书、南宋拓全幅集王〈圣教序〉及版画》，《文物》1979 年第 5 期。

罗福成：《宴台金源国书碑释文》，《考古》1926 年第 5 期。

罗福成：《女真国书碑跋尾》，《国立北平图书馆月刊》第 3 卷 1929 年第 4 期。

罗福成：《女真国书碑考释》，《支那学》第 5 卷 1929 年第 4 期。

罗福成：《女真国书碑摩崖》，《东北丛镌》1930 年第 3 期。

罗福成：《宴台金源国书碑考》，《国学季刊》1931 年第 4 期。

罗福成：《金泰和题名残石译文》，《东北丛刊》1931 年第 17 期。

罗福成：《金源国书石刻题名跋》，《东北丛刊》1931 年第 17 期。

罗福成：《女真译语正续篇》，大库旧档整理处 1933 年版。

罗福成：《明代奴儿干永宁寺碑补考》，《满洲学报》1937 年第 5 期。

罗福成：《明代奴儿干永宁寺碑女真国书图释》，《满洲学报》1937 年第 5 期。

罗福成：《〈华夷译语〉中女真语音译》，《国学季刊》第 1 卷 1932 年第 4 期。

罗福成：《女真译语正·续编》（上）（全录柏林本），《女真译语·杂字》（下）。

罗福颐、金启孮等：《女真字奥屯良弼诗刻石初释》，《民族语文》1982 年第 2 期。

毛汶：《金源国书碑跋》，《国学论衡》1934 年第 3 期。

孟森：《辽碑九种跋尾》，《国学季刊》第 3 卷第 3 号。

闵泳珪：《庆源女真字碑考试》（韩文），《东方学志》，延世大学，1967 年。

穆鸿利：《昭勇大将军同知雄州节度使墓碑》，长春：吉林文史出版社 1989 年版。

穆鸿利、孙伯君：《蒙古国女真文、汉文〈九峰石壁纪功碑〉初释》，《世界民族》2004 年第 4 期。

鸟居龙藏：《女真文碑》（日文），《朝鲜及满洲》1913 年总第 69 期。

山本守：《阿波文库本〈女真译语〉》（日文），《东洋史研究》第 3

卷 1938 年第 5 期。

  山本守：《静嘉堂本女真译语考异》（日文），《书香》第 15 卷第 10 期。

  山本守：《女真译语研究》（日文），《神户外大论丛》第 11 卷 1951 年第 12 期。

  石田干之助：《关于女真语的研究资料》（日文），《东亚》1930 年第 3 期。

  石田干之助：《女真语研究的新资料》（日文），《桑原博士还历纪念东洋史论丛》1931 年。

  孙伯君：《〈金史〉女真人名释例》，《满语研究》2002 年第 2 期。

  田村实造：《大金得胜陀颂碑的研究》（日文），《东洋史研究》1937 年第 2 卷。

  田村实造：《读"大金得胜陀颂碑研究"》（日文），《东洋史研究》1938 年第 3 卷。

  王静如：《宴台女真文进士题名碑初释》，《史学集刊》1937 年第 3 期。

  王玉明：《〈女真馆杂字〉研究新探》，《民族语文》1994 年第 5 期。

  伟烈（A. Wylie）：《古代女真文石刻》（On an Ančient Insčriptionin the Neučhih Language），*Journal of the Royal Asiatič Sočiety*，ⅩⅦ，pp. 331 - 345，1860。

  乌拉熙春：《西安碑林女真文字书新考》，《碑林集刊》1998 年第 5 期。

  乌拉熙春：《碑文〈译语〉女真字非大小字混合考》，韩国《阿尔泰学报》1999 年总第 9 期。

  乌拉熙春：《〈女真文字书〉的复原》，《碑林集刊》2001 年第 7 期。

  乌拉熙春：《〈女真文字书〉的体例及其与〈女真译语〉的关系》，《碑林集刊》2002 年第 8 期。

  《大金得胜陀颂碑》，刻于金大定 25 年（1185）。

  《奥屯良弼饯饮碑》，泰和六年（1206）。

  《奴儿干永宁寺碑》，碑原立于今苏联境内黑龙江下游东岸特林地方，后被沙皇俄国移至海参崴博物馆。

  《昭勇大将军同知雄州节度使墓碑》，刻于大定二十六年（1186）。

《女真进士题名碑》，收录于明代李濂的《汴京遗迹志》和清代王昶的《金石萃编》。

《女真译语》，明会同馆编纂（丙本）。

《女真译语》，明代四夷馆编辑（乙本）。

女真文字研究索引

白鸟库吉：《宴台访碑——契丹、女真、西夏文字考》，《史学杂志》第 10 卷 1899 年第 2 号。

道尔吉：《关于女真大小字问题》，《内蒙古大学学报》1980 年第 3 期。

稻叶岩吉：《"吾妻镜"女真字研究》（日文），《青丘学丛》1932 年第 9 期。

［德］葛鲁贝（Wilhelm Grube）：《女真语言文字考》（Die Sprache und Sčhriftder Jučen），Leipzig，1896 年。

和希格：《从金代的金银牌探讨女真大小字》，《内蒙古大学学报》1980 年第 4 期。

金东昭：《北青女真字石刻的女真字研究》（韩文），《国语国文学》1977 年。

金光平：《从契丹大小字到女真大小字》，《内蒙古大学学报》1962 年第 2 期。

金光平：《女真制字方法论——兼与山路广明商榷》，《内蒙古大学学报》1980 年第 4 期。

金光平、金启琮：《女真语言文字研究》，《内蒙古大学学报》1964 年第 1 期。

今西春秋：《女真字铜印》（日文），《东洋史研究》1938 年第 4 期。

李盖提（Louis Ligeti），《简论女真小字的解读》（匈）（Note préliminaire sur le Dečhiffrement des "petitsčaračtères" Joutčhen），Ačta Orientalia Hungariae，Ⅲ，pp. 211 – 228，1953 年。

清濑义三郎则府：《女真字——通古斯狩猎民族拟汉字文字》（英文），日本《SINIKA》1997 年第 8 期。

山路广明：《契丹、女真制字方法的比较研究》，《言语集录》1953 年第 3 期。

山路广明：《女真文字的构成》（日文），《言语集录》1953 年第

4 期。

山路广明：《女真制字中加点的研究》（日文），《言语集录》1953年第 5 期。

山路广明：《女真语解》（日文），东京外国语大学亚非语言文化研究所油印本，东京，1956 年。

山路广明：《女真文字制字的研究》（日文），井上书店誊写印本，东京，1958 年。

申兑铉：《女真文字的构造》（韩文），《庆熙大学论文集》，1967 年。

申兑铉：《女真文字与语言的研究》（韩文），Eo – mun – gag，1965 年。

石田干之助：《何谓女真大字》（日文），《史学杂志》1942 年第 7 期。

孙伯君：《女真制字规律再探》，《中国少数民族古籍论》（5），成都：四川民族出版社 2004 年版。

于宝林：《女真文字研究论文集》，北京：北京民族古文字研究会刊印 1983 年版。

园田一龟：《关于大金得胜陀颂碑》（日文），《满蒙》1933 年第 14 卷。

中岛利一：《"吾妻镜"女真文字研究》（日文），《考古学杂志》1935 年第 4 期。

周建奇：《女真与契丹小字"山"》，《内蒙古大学学报》1994 年第 4 期。

女真语辞书研究索引
金启孮：《女真语辞典》，北京：文物出版社 1984 年版。
贾敬颜等：《女真译语、蒙古译语汇编》，1990 年。

女真语综合研究论著索引
朝克：《关于女真语研究》，《民族语文》2001 年第 1 期。
和希格：《日本女真文研究 50 年述评》，《北方文物》1994 年第 3 期。
金东昭：《女真语与文学研究》（韩文），《韩语》1979 年。
金东昭：《女真语满语研究》，北京：新世界出版社 1993 年版。

穆鸿利：《女真语与满语之比较研究》，《满语研究》1995 年第 1 期。

穆鸿利：《女真文研究中不能回避的问题》，《北方文物》1994 年第 3 期。

穆鸿利：《女真语言文字研究的历程》，《满语研究》2005 年第 1 期。

朴恩用：《金语研究》（韩文），《亚细亚学报》1972 年。

清濑义三郎则府：《女真语言文字研究——再构拟和解读》（英文），京都：法律文化社 1977 年版。

清濑义三郎则府：《契丹语女真语新资料的重要性》（英文），《夏威夷大学东亚诸语论集》（卷 2），夏威夷，1984 年。

清濑义三郎则府：《从女真语到满语方言的谱系关系》（英文），《中亚学》第 42 期，威斯巴登，1998 年。

清濑义三郎则府：《女真方言和满语书面语之间的系统关系》（英文），《中亚学》第 44 期，威斯巴登，2000 年。

清濑义三郎则府：《朝鲜古代三国语、原日本语、通古斯诸语的关系——以史料为据》（英文），《国际东方学者会议纪要》第 47 册，东京，2002 年。

孙伯君：《元明戏曲中的女真语》，《民族语文》2003 年第 3 期。

孙伯君：《宋元史籍中的女真语研究》，北京，中国社会科学院博士论文，2003 年。

孙伯君：《金代女真语》，沈阳：辽宁民族出版社 2004 年版。

宋基中：《朝鲜时代的女真学和清学》（韩文），韩国《阿尔泰学报》2000 年总第 11 期。

乌拉熙春：《女真语言文字研究》，日本明善堂，2002 年。

五月：《女真语中的外来语成分》，《满语研究》2004 年第 1 期。

徐俐力、张泰湘：《论女真语满语在东北史研究中的作用》，《满语研究》2001 年第 2 期。

（朝克）

满族语言文字研究论著索引

满语语音研究论著索引

坂井卫：《清代满语音所表现的蒙语语音影响》，《熊本史学》1951年第7期。

坂井卫：《汉字里存在的金清两代满语语音比较研究》，《世界史研究》1955年第10期。

坂井卫：《清代满语语音中呈现的蒙语语音影响》，《熊本史学》1959年第17期。

朝克：《论满语和蒙语的语音关系》（蒙文），《蒙古语文》1989年第3期。

成百仁：《关于满语元音和谐现象》，《文理大学报》1959年第2期，汉城大学。

成百仁：《关于满语元音和谐现象——系统区别及区别特征》，《韩国》，1968年。

成百仁：《韩国与和满语比较研究——关于阿尔泰祖语词头破裂音体系重构问题》，《韩国语言学》1978年第3期。

成百仁：《关于满语语音论著学术问题》，《震檀学报》1978年第45期。

成百仁：《满语语音论研究》，韩国明知大学出版部1981年版。

成百仁：《满语长元音》，《历史语言学》1985年。

成百仁：《韩国语和满通古斯诸语比较研究——现状以及有关问题》，《大东文化研究》1990年第24期。

池上二郎：《满语书面语的元音 ū》，《东洋语研究》1946年第1期。

邓永龄：《从满语对音论中国音韵问题》，《国立中央大学半月刊》(16)，1930年。

渡边薰太郎：《满语女真语汉语语音关系》，《大阪东洋学会》1925年。

服部四郎：《满语语音史资料》，《声音研究》1937年第6期。

服部四郎：《满语口语音韵体系与结构》，《语言研究》1956年总第30期。

高东昊：《三家子满语元音 i 的同化现象》，韩国《阿尔泰学报》1999 年总第 9 期。

共由：《"山市河"语音含义探析》，《满语研究》1992 年第 2 期。

哈斯巴特尔：《关于满语和蒙古语某些辅音的比较》，《满语研究》1992 年第 2 期。

哈斯巴特尔：《初论满语元音曲折现象》，《满语研究》2004 年第 2 期。

黄锡惠等：《满语地名翻译中的语音对译问题》，《满语研究》2003 年第 2 期。

季永海：《满语元音和谐》，《民族语文论文集》，成都：四川民族出版社 1985 年版。

今西春秋：《满语 ū 音考》，《东方学纪要》1959 年第 1 期。

今西春秋、八木良子：《满语 m、n 音的相同》，《朝鲜学报》1962 年第 23 期。

金东昭：《〈清语老乞大〉满语书面语形态音素记述》，《语文学》1972—1974 年。

金东昭：《韩满语音比较》，庆北大学校师范大学《国语教育研究》，1975 年。

金周源：《满语元音系统的变化》，韩国《阿尔泰学报》1990 年总第 2 期。

李兵：《满语和锡伯语元音系统结构的历时比较》，《新疆师范大学学报》1998 年第 2 期。

栗林君：《蒙古语满语的共有词语音比较》，朝克译，《民族语言情报资料》总第 10 期。

刘景宪：《论满语元音和谐律》，《满语研究》1995 年第 2 期。

刘景宪：《关于满语中性元音和谐问题的探讨》，《满语研究》1998 年第 1 期。

刘景宪等：《满语音节拼读现象和复合元音的产生》，《民族语文》1997 年第 3 期。

梅田博之古稀纪念论丛刊行委员会编：《〈旧满洲档〉满语语音论特征》，《韩日语文学论丛》，韩国太学社 2001 年版。

穆晔骏：《阿勒楚喀满语语音简论》，《满语研究》1985 年创刊号，总第 1 期。

穆晔骏：《阿勒楚喀语元音发生的音变特点》，《满语研究》1988 年第 2 期。

穆晔骏：《拉林满语语音概论》，《满语研究》1986 年第 2 期。

穆晔骏：《十二字头拉林口语读法解》，《满语研究》1987 年第 1 期。

穆晔骏：《巴拉语（满语巴拉话）》，《满语研究》1987 年第 2 期。

穆晔骏：《论巴拉语的语音变化》，《满语研究》1988 年第 1 期。

清格尔泰：《满文的读音和转写法》，《满语研究》1995 年第 1 期。

清格尔泰：《满洲语口语语音》，《内蒙古大学学报》1982 年第 86 期。

清格尔泰：《关于满文字母的六元音的读音》，《清格尔泰民族研究文集》，北京：民族出版社 1998 年版。

清濑义三郎则府：《满语腭化音》，《语言研究》1984 年第 86 期。

上原久：《关于满语元音和谐》，AGK 1952 年第 5 期。

沈原等：《满语元音简论》，《满语研究》1996 年第 1 期。

王庆丰：《试论满语的元音 o、u、ū》，《满语研究》1986 年第 1 期。

乌拉熙春：《满语支语言中的送气清擦音》，《民族语文》1993 年第 6 期。

乌拉熙春：《满语支语言的松紧元音》，《民族语文》1995 年第 2 期。

乌拉熙春：《满语支语言中的过渡音》，《民族语文》1997 年第 1 期。

乌拉熙春：《满语语法》，呼和浩特：内蒙古人民出版社 1983 年版。

乌拉熙春：《满语语音研究》，日本玄文社 1992 年版。

早田辉洋：《满语元音体系》，《满语书面语、满语口语、近代汉语比较对照研究报告书》日本 1999 年至 2001 年度科学研究费补助金基础研究项目成果报告书，东京，2002 年。

早田辉洋：《从满语及日本语的语音史思考语音变化及原有语音体系的保持》，《日本研究》1993 年第 3 期。

赵杰：《满语对北京语音的影响》，《满语研究》2002 年第 1 期。

赵杰：《北京话的满语底层和〈轻音〉儿化探源》，北京：燕山出版社 1996 年版。

赵杰：《泰来满语语音解析》，《满语研究》1987 年第 1 期。

满语语法研究论著索引

阿布罗林：《满语语法》，2000 年。

保井克己：《日语满语类型考》，《满族学会会报》1944 年第 4 期。

布村一夫：《关于满语文典》，1943 年。

崔东权：《关于满韩名词句内包文的比较研究》，成均馆大学校，1988 年。

恩和巴图：《论满语口语格形态及其意义》，《满语研究》1997 年第 2 期。

戈列罗娃：《满语语法》，Bril 出版社 2002 年版。

关嘉禄、佟永功：《简明满文文法》，沈阳：辽宁民族出版社 2002 年版。

蒿克：《满语句子成分的位置》，《满语研究》1992 年第 1 期。

河内良弘：《满语语法》，日本京都大学学术出版社 1996 年版。

季永海、刘景宪等：《满语语法》，民族出版社 1986 年版。

季永海等：《满语格位范畴》，《中央民族学院学报》1983 年第 3 期。

金英姬：《满语书面语的不定式》，延世大学《延世语文学》1976 年。

黎冉：《试析满语分句的连接关系及连接手段》，《满语研究》1992 年第 2 期。

李基文：《满语语法》，《韩国语》，1958 年。

栗振复：《满语动词的句中时态》，《满语研究》1990 年第 1 期。

刘景宪、赵阿平等：《满语研究通论》，黑龙江朝鲜民族出版社 1997 年版。

刘景宪等：《关于满语复数研究》，《民族语文》2003 年第 4 期。

穆林德夫：《满语语法》（英文），内蒙古大学油印。

穆麟多夫：《满语语法分析讲义》，1892 年。

朴恩用：《满语形态素研究》，《晓星女子大学研究论文集》，1967 年。

朴恩用：《音译清文虚字指南编——同用语研究》，《国文学研究》1968 年第 1 期。

朴恩用：《满语书面语形态素研究（接续词编）》，《国文学研究》，1969 年。

朴恩用：《满语书面语研究》，《国文学研究》，1969年。
朴恩用：《满语语法特性》，《国文学研究》，1972年。
朴恩用：《韩国语满语比较研究》，《国文学研究》，1972年。
朴恩用：《音译〈清文虚字〉指南》，《国文学研究》，1968年。
朴恩用：《〈同文类解语录解〉研究》，《晓星女子大学研究论文集》，1968年。
朴恩用：《满语书面语研究》，莹雪出版社1969年版。
朴恩用：《满语书面语形态素研究》，《晓星女子大学研究论文集》，1969年。
朴恩用：《〈同文类解语录解〉的出典》，《国文学研究》，1970年。
朴恩用：《初刊〈汉清文鉴〉》，《晓星女子大学研究论文集》，1971年。
朴恩用：《满语语法特征》（上、下），《晓星女子大学研究论文集》，1972、1973年。
朴恩用：《韩语满语比较研究》（上、中），《晓星女子大学研究论文集》，1974、1975年。
山本谦吾：《满文老档》，1955—1963年。
山本谦吾：《有圈点满文老档满语书面语研究》，《东方语研究》1947年第3期。
山本谦吾：《意义素假定一例——关于满语书面语的活用性》，GK1954年第25期。
山本谦吾：《满语书面语形态论》，《世界语言概要》1955年第17期。
山崎雅人：《关于满语文变异形态》，许明玉译，《满语研究》1996年第1期。
上原久：《〈满洲实录〉的满语书面语格助词》，《埼玉大学纪要》1952年第2期。
上原久：《关于满洲实录中的主语结构》，《国语》1953年第2期。
上原久：《论满语无规则变化次——以〈满洲实录〉为资料》，《埼玉大学纪要》1955年第4期。
上原久：《〈满洲实录〉的满文校定》，《亚洲语言研究》1952年。
上原久：《满语无活用性论——以〈满洲实录〉为例》，《人文科学》1955年第4期。
沈原：《论满语判断句》，《满语研究》1989年第1期。

索德等：《满蒙书面语部分附加成分比较》，《满语研究》1991年第1期。

乌拉熙春：《满语语法》，呼和浩特：内蒙古人民出版社1983年版。

吴宝柱：《满语附加成分的语义结构分析》，《满语研究》1991年第1期。

吴宝柱：《试论满语复合词的语义结构》，《满语研究》1991年第2期。

吴宝柱：《满语附加成分的分类及其特点》，《满语研究》1992年第1期。

吴元丰：《论满语复句》，《满语研究》1989年第1期。

早田辉洋、福泽知史：《一人称包括式、排除式——同满文翻译进行对比的〈崇祯本金瓶梅〉的〈口自〉为中心思考》，《满洲史研究》2003年第2期。

扎哈洛夫：《满语语法》，1879年。

张玉：《论满语祈使句》，《满语研究》1990年第1期。

赵阿平：《论满语的构成》，《满语研究》1989年第2期。

赵金纯：《初探三家子满语动词"式"的表示法》，《满语研究》1986年第1期。

赵盛利：《辨析满语的主动态、被动态、使动态》，《满语研究》1989年第1期。

赵盛利：《辨析满语的多种复句》，《满语研究》1989年第2期。

赵志强：《满语动词的连用形式与副动形式》，《满语研究》2000年第1期。

赵盛利：《满语动词过去时新解》，《满语研究》2002年第1期。

满语词汇研究论著索引

Gyu‒dong Yutn、成百仁：《满语数量词研究》，韩国《阿尔泰学报》1994年总第4期。

安双成：《满语虚词be、de、i、či、deri的用法》，《满语研究》1991年第2期。

安双成：《满语构词法》，韩国《阿尔泰学报》1999年总第9期。

安双成：《动词词尾谈》，《满语研究》1986年第2期。

白岛库吉：《满洲地名谈附好太王碑文》，《白岛库吉全集》1970年第5期。

白鸟库吉：《满洲地名解释》，《白鸟库吉全集》1970 年第 5 期。

保井克己：《满语固有词杂稿》，《满族学会会报》1945 年第 5 期。

朝格查：《论满语神话中数字"三"的含义》，《满语研究》1999 年第 2 期。

成百仁：《关于满语动词词尾 – či》，汉城大学《文理大学报》1958 年第 1 期。

成百仁：《关于满语书面语副动词词尾 – me》，《韩国》，1968 年。

池上二郎：《关于满语谚语》，《东洋学报》1951 年第 2 期。

池上二郎：《满语动词词缀 či 及 čibe》，《金口古稀论文集》1953 年。

池上二郎：《满语谚语文献》，《朝鲜学报》1963 年总第 26 期。

崔鹤根：《满语构词法研究》，汉成大学《语言学研究》1973 年。

崔鹤根：《关于满语未完成体过去时词尾 – fi》，汉成大学《语言学研究》1975 年。

崔鹤根：《满语动词未完成式词缀 – fi》，汉城大学《语言学研究》1975 年。

崔鹤根：《满语动词词缀 – mbi、– me、– ha》，汉城大学《语言学研究》，《金成柏博士花甲纪念论文集》，1977 年。

村越信夫：《满洲天气谚语》，《满蒙》1924 年第 8—9 期。

戴光宇：《三家子满语口语集合数词词缀 veli 考》，《满语研究》2003 年第 1 期。

丁石庆：《论达斡尔语中的满语借词》，《满语研究》1990 年第 1 期。

额尔敦巴根：《满蒙语数词比较》，《满语研究》1992 年第 1 期。

恩和巴图：《满语口语联系动词 ge –》，《民族语文》1997 年第 3 期。

法里春：《论满语的后置词》，《满语研究》1985 年。

服部四郎等：《满语第一人称复数代名词》，《语言研究》1955 年总第 28 期。

高东昊：《关于满语拟声词结构特征》，韩国《阿尔泰学报》2002 年总第 12 期。

高娃：《蒙语和满语基本颜色词的比较研究》，《满语研究》2001 年第 2 期。

共由：《满语地名杂谈》，《满语研究》1986 年第 1 期。

哈斯巴特尔：《满语蒙语从比格词缀比较》，《满语研究》1994年第2期。

哈斯巴特尔：《满语位格词缀和蒙语与位格词缀》，《满语研究》1998年第2期。

哈斯巴特尔：《关于满语和蒙语动词陈述式词缀－mbi 和－mui／－mu 的比较》，《满语研究》1999年第2期。

哈斯巴特尔：《关于满语 mbi 词缀》，《满语研究》2001年第1期。

哈斯巴特尔：《满语动词词缀－ka、－ke、－ko、－ha、－he、－ho 及蒙语动词词缀－ga、－ge 比较》，《满语研究》2002年第1期。

哈斯巴特尔：《从满语 butambi 词源文化看不同民族关系》，《满语研究》2002年第2期。

哈斯巴特尔：《蒙古语和满语第三人称代词比较》，《内蒙古大学学报》1993年第3期。

和希格：《试论满语动词副动式》，《满语研究》2002年第1期。

胡艳霞：《黑龙江满语蒙语地名小议》，《满语研究》2003年第1期。

胡增益：《满语的 bai 和早期白话作品"白"的词义研究》，《中国语文》1989年第5期。

黄锡惠：《文献中以颜色为名之满语水体考释》，《满语研究》1990年第2期。

黄锡惠：《满语地名翻译的语源、音变问题》，《满语研究》1991年第2期。

黄锡惠：《满语地名翻译的同音异源问题》，《满语研究》1995年第2期。

黄锡惠：《疑难满语水体名称续考——"毕拉""窝模"音变再研究》，《黑龙江民族丛刊》1994年第3期。

黄锡惠：《满族水体通名音变研究》，《民族语文》1995年第1期。

黄锡惠：《满语地名研究》，哈尔滨：黑龙江人民出版社1997年版。

黄锡惠：《满语地名研究方法谈》，《满语研究》2004年第1期。

黄锡惠：《黑龙江满语地名翻译的几个问题》，《满语研究》1985年。

黄锡惠：《满语地名"毕拉"、"穆克"音变初探及相关河流之考译》，《满语研究》1986年第1期。

黄锡惠：《清代志书中以动物为名之满语水体考释》，《满语研究》

1987 年第 2 期。

黄锡惠：《清代满文中与水文有关之满语水体考释》，《满语研究》1989 年第 1 期。

黄锡惠：《合挞剌山与哈萨里山考释》，《满语研究》1986 年第 2 期。

黄锡惠：《〈吉林通志〉中与植物有关之满语水体名称考释》，《满语研究》1987 年第 1 期。

黄锡惠：《文献中以自然地理实体地理通名为专名之满语水体考释》，《满语研究》1989 年第 2 期。

黄锡惠：《文献中与地理方位及数词有关之满语水体考释》，《满语研究》1990 年第 1 期。

黄锡惠：《文献中以地形地貌形象特征为名之满语水体考释》，《满语研究》1991 年第 1 期。

黄锡惠：《文献中以草本植物为名之满语水体考释》，《满语研究》1992 年第 1 期。

黄锡惠：《文献中以木本植物为名之满语水体考释》，《满语研究》1992 年第 2 期，1993 年第 1 期。

黄锡惠：《文献中以动物为名之满语水体考释》，《满语研究》1993 年第 1 期，1994 年第 1 期，1994 年第 2 期，1995 年第 1 期，1996 年第 1 期。

黄锡惠：《文献中与经济生活有关之满语水体考释》，《满语研究》1996 年第 2 期，1997 年第 1 期，1997 年第 2 期，1998 年第 1 期。

季永海：《论满语中的汉语借词》，《满语研究》1985 年第 1 期。

江实：《蒙语与满语词汇关系》，《东洋史研究》1964 年总第 21 期。

姜冬云：《满语"四时"解》，《满语研究》1986 年第 2 期。

结城佐织：《关于满语书面语的颜色词》，东京外国语大学亚非语言文化研究所《语法研究》2000 年第 29 期。

今西春秋：《关于满语的 soki 一词》，1962 年。

今西春秋、八木良子：《五体清文件满语后续词索引》，《东方学研究》1967 年第 2 期。

金东昭：《国语满语基础语汇比较》，《常山、李在秀博士还历纪念论文集》1972 年。

金东昭：《韩语满语基础词汇比较研究》，《常山、李在秀博士花甲纪念论文集》，首尔，1972 年。

金东昭：《改订版〈同文类解〉满语书面语词汇》，韩国晓星女子大学出版部 1982 年版。

金亨柱：《汉语满语接尾词比较研究》，《东亚论丛》1984 年。

金美：《满语地名的语义特征》，《民族语文》2002 年第 5 期。

金荣一：《〈清语总解〉的虚词 be 之研究》，韩国釜山教育大学《1981 论文集》，1981 年。

金荣一：《满语书面语 i 之研究》，《李洙诰教授花甲纪念论文集》，1981 年。

津曲敏郎：《关于满语动词词尾》，《北方文化研究》1981 年第 4 期。

津曲敏郎：《关于满语第一人称复数代词》，韩国《阿尔泰学报》2001 年第 11 期。

津曲敏郎：《关于满语动词词尾 - či 的句末用法及 - čina》，韩国《阿尔泰学报》2000 年第 10 期。

久保智之：《关于满语词缀》，日本九州大学文学部语言研究室《研究报告》。

黎冉：《满语词语的形象色彩及其修饰作用》，《满语研究》1991 年第 1 期。

黎冉：《试析满语 ombi 及常用形态的词义表达》，《满语研究》1991 年第 2 期。

李书：《谈满语的 be》，《满语研究》1986 年第 1 期。

黎艳平：《谈 ningge 一词在满语中的运用》，《满语研究》1989 年第 1 期。

黎艳平：《论满语词的借代义和比喻义》，《满语研究》1992 年第 2 期。

黎艳平：《bi 与 bimbi 浅论》，《满语研究》1993 年第 1 期。

黎艳平：《满语模拟词补谈》，《满语研究》1993 年第 2 期。

黎艳平：《谈动词 sembi 在句中的用法》，《满语研究》1988 年第 1 期。

黎艳平：《论满语的摹拟词》，《满语研究》1987 年第 2 期。

栗振复：《谈谈几个虚词》，《满语研究》1992 年第 1 期。

刘景宪、赵阿平等：《满语研究通论》，黑龙江朝鲜民族出版社 1997 年版。

刘景宪：《对满语 manggi 和 naku 的探析》，《满语研究》1996 年第

1 期。

　　刘景宪：《论动词 sembi、ombi、bimbi 的语法功能》,《满语研究》1997 年第 1 期。

　　罗杰瑞：《满语有关词汇来源问题》, 早稻田大学语言教育研究所刊物总第 44 期, 1992 年。

　　罗杰瑞：《关于满语有关词源问题》,《语言教育纪要》1992 年总第 44 期。

　　孟达来：《从核心关系词分布看蒙语和满通古斯诸语词汇关系》,《满语研究》2001 年第 1 期。

　　穆晔骏：《阿勒楚喀满语的数词与格助词》,《满语研究》1986 年第 1 期。

　　内蒙古大学蒙古语言研究室编：《达汉满蒙语词汇》。

　　朴恩用：《韩语满语形容词比较研究》,《韩国古代文化与邻接文化关系》1981 年。

　　奇车山：《满语数词 tofohon 及几个数词探析》,《满语研究》1996 年第 1 期。

　　奇车山：《汉语和满语支语言共同词比较研究》,《语言与翻译》1998 年第 3 期。

　　奇车山：《朝鲜语满语锡伯语同源词的语音对应规律初探》,《满语研究》1995 年第 1 期。

　　清裔：《论满语形动词和动名词》,《满语研究》1991 年第 2 期。

　　屈六生：《满语中的兼类词举隅》,《满语研究》1991 年第 2 期。

　　屈六生：《论满语 seme 的几种常用法及词性》, 韩国《阿尔泰学报》2000 年总第 10 期。

　　屈六生：《满语中的多义词、同义词、反义词》,《满语研究》1986 年第 2 期。

　　山本谦吾：《满语口语基础语汇集》, 东京外国语大学亚非语言文化研究所 1969 年版。

　　山本谦吾：《关于满语书面语词尾 – mbihe——满语老档的满语研究报告》2, *GK* 1950 年第 16 期。

　　山本谦吾：《关于满语书面语连接形式——名词形容词动词的连接形式》, *GK* 1951 年第 17 期。

　　山本谦吾：《意义素假定一例——关于满语书面语的活用性》, *GK* 1954 年第 25 期。

山本谦吾:《满语基础语汇集(人体篇)》,GK 1960 年第 37 期。

山本谦吾:《满语基础语汇集(衣物篇)》,《跡见学园纪要》1962 年第 1 期。

山本谦吾:《满语基础语汇集(移动、交通篇)》,GK 1963 年第 2 期。

山本谦吾:《满语口语基础语汇集(人体篇)》,东京大学,1969 年。

山本守:《满语虚词研究》,SR,1935 年。

上原久:《〈满洲实录〉的满语书面语格助词》,《埼玉大学纪要》1952 年第 2 期。

上原久:《关于满语数词》,《语言研究》1956 年第 29 期。

上原久:《论满语接续词及句子以〈满洲实录〉为资料》,《埼玉大学纪要》1958 年第 6 期。

上原久:《〈满洲实录〉的格助词》,《埼玉大学纪要》1952 年。

申硕焕:《满韩语 de 之比较研究》,《马山大学人文科学论文集》1983 年。

矢岛直一:《满语 gurun 小考》,1943 年。

双山:《满语构词词缀 – rgi 探源》,《内蒙古民族师范学院》1997 年第 3 期。

司徒:《清代三仙女传说中人名和地名考释》,《满语研究》1987 年第 1 期。

斯勒巴特尔:《蒙语察哈尔土语中的满语借词》,《满语研究》1995 年第 1 期。

索德:《蒙满语书面语构词词缀比较研究》(蒙文),中央民族学院研究生部(油印),1988 年。

陶克敦巴雅尔:《满蒙语第一人称代词比较研究》(蒙文),《蒙古语言文学》1993 年第 2 期。

腾绍箴:《〈满洲〉名称考略》,《民族研究》1996 年第 4 期。

佟永功等:《从满文文献看满语形动词》,《中央民族学院学报》1985 年第 3 期。

图门:《满蒙家畜及狩猎用语共有词分析》(蒙文),中央民族学院研究生部(油印),1988 年。

王庆丰:《论满语动词的形态变化》,《满语研究》1987 年第 1 期。

王小红:《浅滩满语 be 字在句子中的作用及其汉译方法》,《满语研究》2002 年第 2 期。

王小红：《谈谈满语 sembi、hendumbi、gisurembi 三个"说"字的区别》，《满语研究》2004 年第 1 期。

威廉姆·罗兹克：《满语中的蒙语成分》（英文），美国印第安那大学，1994 年。

王小红：《满语逆序词汇》（英文），美国印第安那大学，1981 年。

维姬 M. 辛尼曼：《关于〈五体清文鉴〉的马皮毛片类词》（英文），华盛顿大学，1995 年。

乌拉熙春：《满语语法》，呼和浩特：内蒙古人民出版社 1983 年版。

吴宝柱：《论满语颜色词》，《满语研究》1992 年第 2 期。

吴宝柱：《满语方位词词根辨析》，《满语研究》1994 年第 2 期。

吴宝柱：《满语方位词附加成分辨析》，《满语研究》1996 年第 2 期。

吴宝柱：《满蒙语数词比较研究》（蒙文），《蒙古语言文字》1993 年第 4 期。

乌日根等：《谈满蒙语语音相近词的语义关系》，《满语研究》1991 年第 2 期。

吴雪娟：《试析满族人名与文化》，《满语研究》2003 年第 1 期。

吴雪娟：《满语谜语浅谈》，《满语研究》1994 年第 1 期。

晓春：《满语否定词 aku 的语义及起源》，《中央民族大学学报》2002 年第 6 期。

晓春：《蒙语联系助动词 ge 和满语联系助动词 mbi 比较研究》，《满语研究》2001 年第 1 期。

肖可：《满语动词使动态、被动态补探》，《满语研究》1993 年第 1 期。

肖可：《颜色词"白色"的民族文化内涵》，《满语研究》1996 年第 1 期。

肖可：《满语同义词的辨析与运用》，《满语研究》1991 年第 1 期。

尹铁超：《"嘎仙"语义考》，《满语研究》2000 年第 2 期。

印丽雅：《京剧〈请清兵〉满语唱词译释》，《满语研究》1996 年第 1 期。

早田辉洋：《满语书面语的"理由＋命令"之句子结构》，韩国《阿尔泰学报》1995 年总第 5 期。

早田辉洋：《关于满语书面语疑问词词缀 – ǒi》，《文学研究》。

早田辉洋：《关于满文〈金瓶梅〉里的满语书面语单数和复数关系》，《九州大学语言学研究报告》。

早田辉洋：《关于满文〈金瓶梅〉里的满语书面语 juken》，《九州大学语言学研究报告》。

早田辉洋：《关于满语书面语"哪个"的特定和不特定关系》，《文学研究》。

早田辉洋：《关于满文〈金瓶梅〉里的满语书面语的汉字音》，《九州大学语言学研究报告》。

早田辉洋：《满文〈金瓶梅〉里的满语书面语的有关形容词》，《文学研究》。

早田辉洋：《关于满文〈金瓶梅〉里的满语书面语反映的近代汉语》，《语言教育研究论丛》。

早田辉洋：《关于满文〈金瓶梅〉里的满语书面语名词 geigen 的语义结构》，《大东文化大学纪要》。

早田辉洋：《满语书面语动词 isi – 的用法》，《九州大学语言学研究报告》。

早田辉洋：《关于满文〈金瓶梅〉里的满语书面语动词取来一词的用法》，《文学研究》。

早田辉洋：《满语书面语动词"去"和"来"的用法》，《大东文化大学纪要》。

早田辉洋：《分析满语单词的语义结构》，《月刊语言》1995 年第 9 期。

早田辉洋：《关于满语书面语动词 tukiyela》，《语言教育研究论丛》。

早田辉洋：《关于满语书面语数词 emu》，《大东文化大学纪要》。

早田辉洋：《关于满语书面语中的两种 tere 的用法》，《亚非语法研究》1996 年第 25 期。

早田辉洋：《关于满语书面表示"只"之意的一些单词的分析》，《内陆亚语言研究》1999 年第 14 期。

赵阿平：《论满语词汇特点》，《满语研究》1990 年第 1 期。

赵阿平：《满语多义词与同音词的辨别与运用》，《满语研究》1991 年第 2 期。

赵阿平：《满汉谚语语义辨析》，《满语研究》1992 年第 1 期。

赵阿平：《满语语义文化内涵探析》，《满语研究》1992 年第 2 期。

赵阿平：《论满语特有词语的翻译》，《语言与翻译》1994 年第 2 期。

赵阿平：《满语教学与研究中的文化因素问题》，《中央民族大学学报》1994 年第 4 期。

赵阿平：《谈虚词 de 与 či 在满语书面语中的用法》，《满语研究》1988 年第 2 期。

赵阿平：《试论满语词的组合类型》，《满语研究》1989 年第 1 期。

赵奎泰：《满语书面语词缀 -fi 的语法功能和意义》，《赵奎泰教授花甲纪念》，《国语学论丛》，1982 年。

赵维和等：《辽东满族望族八大姓姓氏探源》，《满族研究》1996 年第 1 期。

赵志忠：《清代文学作品中的满语词》，《满语研究》1995 年第 2 期。

赵志忠：《谈满语动词 arambi》，《满语研究》2002 年第 1 期。

满语文字研究论著索引

安双成：《满文美术字》，乌鲁木齐：新疆人民出版社 1992 年版。

成百仁：《关于满语特殊文字的罗马字表记法》，韩国《语言学》1977 年第 2 期。

成百仁：《满文无圈点字头研究》，Maru 1978 年第 3 期。

成百仁：《蒙古文和满文》，《国语生活》1985 年第 3 期。

池上二郎：《满文罗马字转写试考》，《东洋语研究》1947 年第 2 期。

黄锡惠：《满文小篆研究》，《满语研究》1998 年第 2 期。

金九经：《满文字母拼音表》，1930 年。

金毅：《清代满文篆字的新资料》，《满语研究》2003 年第 2 期。

金毅等：《清代满文篆字应用情况调查报告》，《满语研究》1998 年第 2 期。

李云霞：《满文的起源及其发展演变》，《满语研究》2003 年第 1 期。

阎崇：《满文的创制与价值》，《故宫博物院院刊》2002 年第 2 期。

阎崇：《满文——中西文化交流的桥梁》，《中外文化交流》1996 年第 1 期。

于鹏翔：《论满文元音字母的相变》，《满语研究》1990 年第 2 期。

于鹏翔：《满文辅音字母的原形研究》，《满语研究》1993 年第 1 期。

扎昆：《谈满文中人名的写法》，《满族研究》1995 年第 3 期。

张虹：《简论乾隆帝对完善满语文的贡献》，《满语研究》2002 年第 1 期。

张莉：《简论满文的创制与改革》，《满语研究》1998 年第 1 期。

邹兰欣：《满文篆书简论》，《满语研究》1986 年第 1 期。

满语文献研究论著索引

L. 米西格：《乌兰巴托国家图书馆满文图书目录》，1959 年。

北京市民族古籍整理：《无圈点字书》，天津古籍出版社 1987 年版。

北京图书馆善本特藏部与故宫博物院明清档案部合编：《北京地区满文图书资料联合目录》，1979 年。

曹宗儒：《满文文牌及老满文档》，《大公报》1937 年。

朝鲜王朝司译院：《千字书》（女真文课本）（已失传），17 世纪。

朝鲜王朝司译院：《尚书》（女真文课本）（已失传），1639 年。

朝鲜王朝司译院：《八岁儿》（女真文课本）（已失传），1639 年。

朝鲜王朝司译院：《小儿论》（女真文课本）（已失传）。

朝鲜王朝司译院：《三译总解》（满文课本）（已失传），18 世纪。

朝鲜王朝司译院：《新翻老乞大》（词典）（已失传），18 世纪末。

朝鲜王朝司译院：《八岁儿》（满文课本）（已失传），18 世纪末。

朝鲜王朝司译院：《小儿论》（满文课本）（已失传），18 世纪。

朝鲜王朝司译院：《同文类集》（已失传），1691 年。

朝鲜王朝司译院：《（清语）老乞大》，1704 年。

朝鲜王朝司译院：《汉清文鉴》（满文读本），1779 年。

朝鲜王朝司译院：《〈三译总解〉再版》，1774 年。

成百仁：《满语语音史研究——清文启蒙异施清字研究其一》，《明知大学论文集》1975 年第 8 期。

成百仁：《满语语音史研究——清文启蒙异施清字研究其二》，韩国《语言学》1976 年第 1 期。

成百仁：《满族萨满神歌尼山萨满译注》，韩国明知大学出版部 1974 年版。

成百仁：《御制清文鉴解题》（影印本），韩国晓星女子大学出版部 1982 年版。

成百仁：《关于〈汉清文鉴〉》，《金哲棱博士花甲纪念史学论集》，1983年。

成百仁：《现存司译院清学书及其研究》，韩国《阿尔泰学报》1994年第4期。

成百仁：《汉清文鉴解题》，《延世大学国学研究院编〈汉清文鉴〉》，1998年。

成百仁：《汉清文鉴汉语清语索引》，延世大学国学研究院，1998年。

成百仁：《清朝清文鉴编撰》，《新国与生活》1999年。

成百仁：《〈御制清文鉴〉的满语》，韩国《阿尔泰学报》2000年第10期。

成百仁：《汉清文鉴》，《正祖代的韩国文献》郑在文译，首尔：文献解译社2000年版。

成百仁：《〈御制增订清文鉴〉的不同版本识别特征调查》，《韩国语研究》2003年第1期。

成百仁译：《满族尼山萨满神歌》，明知大学，1974年。

程大鲲：《清代宗室亲王之封谥》，《满语研究》1997年第2期。

池上二郎：《通古斯满洲诸语资料译注》，北海道大学图书刊行会2002年版。

池上二郎：《欧洲的满语文献》，《东洋学报》1962年第3期。

池上二郎：《满语谚语文献》，《朝鲜学报》1963年总第26期。

池上二郎：《公文中的满文》，《北方文化研究》1968年第3期。

池上二郎：《韩国满语研究资料的重要性》，蒋理译，《满语研究》1997年第1期。

春花：《评〈满文大藏经〉的语言学价值》，《故宫博物院院刊》2001年第6期。

崔鹤根：《所谓〈三田渡碑〉满文碑文译注》，《国语国文学》，1970年。

崔鹤根：《清太宗朝颁行满文〈大辽国史〉译注》，韩国汉城大学出版部1971年版。

崔宰宇：《〈汉清文鉴〉的编排体例和语音转写》，《中央民族大学学报》1997年第3期。

董万仑：《从满文记载看"诸申"的身份和地位》，《满语研究》1986年第1期。

方汇等：《清代公文书中常用的几个满语动词》，《满语研究》1994年第2期。

富丽：《满文文献资料整理纵横谈》，《中央民族学院学报》1984年第3期。

关嘉禄：《关于康熙朝尼满家族四世诰封碑的考证》，《满语研究》2000年第2期。

关克笑、王佩玉等：《新编清语摘抄》，台北：文史哲出版社1992年版。

广禄：《满文老档与老满文》，《幼狮学报》1958年第1期。

龟井高孝：《欧美现存的满语文献》，1956年。

郭成康：《清宗室爵号考》，《满语研究》1985年第1期。

郭美兰：《近年来中国（历史档案馆藏满文档案编译出版概况》，《满语研究》2004年第2期。

郭孟秀：《试论早期满文文献分类》，《满语研究》2002年第1期。

郭孟秀：《试论满文文献的著录》，《满语研究》2002年第2期。

郭孟秀：《满文玉宝玉册研究》，《满语研究》2004年第2期。

郭孟秀：《东北三省满文官印研究》，《满语研究》2004年第1期。

汉城国立大学奎章阁收藏：《同文类解》（汉韩满词典），1748年。

汉城国立大学奎章阁收藏：《新译〈小儿论〉》，1777年。

汉城国立大学奎章阁藏：《新译〈八岁儿〉》，1777年。

河内良弘：《五体清文槛译解的汉字索引》，日本京都大学内陆文学研究所1968年版。

河内良弘：《崇德二年满文档案译注》，《文学研究纪要》1989年第28期。

河内良弘：《清初满语文献资料的现状》，《东洋史研究》第48卷第3期，1990年。

河内良弘：《满汉合璧宫中档雍正朝奏摺译注》，《文学研究纪要》1992年第31期。

河内良弘：《关于满文的可贵之处》，《中国语》1996年第1期。

河内良弘：《马和满文》，《中国语》1996年第2期。

河内良弘：《关于明代女真外交文书》，《东方学论集》1997年。

洪命福（择编），徐命膺（汇编）：《方言集释》，1778年。

户田茂喜：《满文老档日译稿》，《史学研究》1937年第9期。

黄润华：《满文官刻图书述论》，《文献》1998年第4期。

季永海、刘景宪：《崇德三年满文档案译编》，辽沈书社。

季永海：《〈大清全书〉研究》，《满语研究》1990 年第 2 期。

季永海：《清代满汉音韵书三种》，《满语研究》1991 年第 2 期。

季永海：《〈清语易言〉语音探析》，《满语研究》1992 年第 1 期。

季永海：《清代赐号考释》，《满语研究》1993 年第 2 期。

季永海：《〈清文启蒙〉的语音研究》，《满语研究》1994 年第 2 期。

季永海：《试论满文的创制和改进》，《中央民族学院学报》1981 年第 3 期。

季永海：《满文辞书史话》，《辞书研究》1985 年第 2 期。

季永海：《儿女英雄传的满语运用》，《民族文学研究》1985 年第 3 期。

季永海：《史论满文古籍文献及其整理》，《民族古籍论文集》，民族出版社 1987 年版。

季永海：《尼山萨满》（满文），辽宁人民出版社 1988 年版。

季永海等：《三部〈尼山萨满〉译注》，《满语研究》1995 年第 1 期。

菅野裕臣：《关于朝鲜司译院清学书的谚文对音的性质》，孟达来译，《满语研究》2001 年第 1 期。

江桥：《康熙〈御制清文鉴〉选词特点举要》，《满语研究》2001 年第 1 期。

江桥：《康熙〈御制清文鉴〉浅析》，《民族语文》2000 年第 5 期。

江桥：《康熙〈御制清文鉴研究〉》，北京：燕山出版社 2001 年版。

今九经：《满汉混用歌本〈吃螃蟹〉》，1935 年。

今西春秋：《阿济格略明事件之满文木牌》，《东洋史研究》1935 年第 2 期。

今西春秋：《满日对译满文老档》，《书香》1943 年第 10、11、12 期，1944 年第 1、3、9、12 期。

今西春秋：《汉清文鉴解说》，《朝鲜学报》1958 年第 12 期。

今西春秋：《满语特殊字母二三》，《东方学纪要》，1959 年第 1 期。

今西春秋：《满文老档的目次》，《东方学纪要》1959 年第 1 期。

今西春秋：《满文老档的重抄次》，《东方学纪要》1959 年第 1 期。

今西春秋：《崇德三年满文原档》，《东方学纪要》1959 年第 1 期。

今西春秋：《满文老档太宗记事录册补记》，《东方学纪要》1959 年第 1 期。

今西春秋：《满文老档乾隆附注译解》，《东方学纪要》1959 年第 1 期。

今西春秋：《满和对照满洲实录》，《东洋史研究》1936 年第 1 期。

今西春秋：《五体清文鉴满语后续单词索引》，1962 年。

今西春秋：《〈旧清语〉解题》，1968 年。

今西春秋：《〈满蒙文鉴〉解题》，1968 年。

今西春秋：《旧清语译解》，《东方学纪要》，1969 年。

今西春秋译：《满和蒙和队医满洲实录》，日本刀水书房。

今西春秋、八木良子：《〈满蒙文鉴〉解题》，《朝鲜学报》1968 年总第 49 期。

今西春秋、八木良子：《〈旧清语〉解题》，《朝鲜学报》1968 年总第 48 期。

金光平、金启孮等：《爱新觉罗氏三代满学论文集》，远方出版社 1996 年版。

金民洙：《〈八岁儿〉注释》，《韩国语》，1956 年。

津曲敏郎：《关于〈尼山萨满传〉中的一段文词的分析》，孙辉译、蒋理校。

李德启：《满文字来源及其演变》，《国立北平图书馆馆刊》1931 年第 5 期。

李德启：《老满文上论》，《文献丛编》，1937 年。

李德启：《儿女英雄传里的满语释义》，《中央日报》，1948 年。

李理：《清帝东巡驻跸地方满语考略》，《满语研究》1992 年第 2 期。

李勤璞：《辽阳〈大金喇嘛法师宝记〉碑文研究》，《满语研究》1995 年第 2 期。

李勤璞：《盛京四寺满语碑文校译》，《满语研究》1998 年第 2 期。

李勤璞：《乾隆五十三给霍罕伯克敕谕满文试译》，《满语研究》1999 年第 2 期。

李婷：《谈谈满文古籍分类如何借鉴〈四部书〉的问题》，《满语研究》2002 年第 2 期。

李雄飞：《古文满译杂议》，《满语研究》1999 年第 2 期。

李学智：《清太祖朝老满文原档》（译注 I、II），《老满文原档论辑》，1970 年。

李学智：《清太宗无圈点满文大钱考》，《大陆杂志》，1961年。

李学智：《关于满族称〈汉人〉为〈尼堪〉的意义》，《大陆杂志特刊》，1962年。

李学智：《清太宗冲的三向朝鲜强索向化女真的一件满文当案》，《田村博士颂寿东洋史论丛》1968年。

李义风择编：《三译总解》，1789年。

刘昌惇：《〈汉清文鉴〉语汇研究》，《国语国文学》，1957年。

刘厚生：《满文本〈金瓶梅序〉今译》，《满语研究》1989年第2期。

刘小萌：《从满语词汇考察满族早期的经济生活》，《满语研究》1989年第2期。

刘小萌：《关于江宁将军额楚满文诰封碑》，《满语研究》2001年第1期。

刘小萌：《〈《旧清语》研究——满洲早期的语言与文化〉读后感》，《满语研究》2003年第1期。

刘小萌：《库图勒考》，《满语研究》1987年第2期。

刘子扬等：《〈满文老档〉综析》，《满语研究》1992年第2期。

刘子扬等：《满汉老档〈太宗朝〉综析》，《满语研究》1995年第2期。

陆西华：《满文——阅读档案指南》（英文），美国夏威夷大学出版社2000年版。

罗福颐：《满洲金石志》，长春满日文化协会编印1937年版。

闵泳珪：《〈清语老乞大〉辩疑》，《人文科学》，1964年。

内藤虎次郎：《满文老档邦文译稿》，日本遗稿出版物1937年版。

聂鸿音：《谢德林图书馆收藏的满文写本和课本》，《满语研究》2004年第1期。

朴昌海、刘昌惇：《〈韩汉清文鉴〉索引》，延世大学东方学研究所印1960年版。

朴恩用、李娟子：《〈清文虚字指南〉用语研究》，《国文学研究》1969年。

朴恩用等：《〈御制清文鉴〉索引》，韩国晓星女子大学出版部1982年版。

朴相圭：《关于韩语满语相互关系的历史考察》，《庆源工专论文集》，1981年。

朴相圭：《满洲祭文一考》，《韩国民俗学会论文集》，1984年。

奇车山：《〈祭祀全书巫人诵念全录〉译注》，《满语研究》1997年第1期。

奇车山：《〈清太祖朝老满文原档〉（二册）韩疑问的勘正》，《满语研究》1985年创刊号，总第1期。

屈六生：《试析清代满文档案中的管界问题》，《满语研究》1990年第2期。

屈六生：《论清末满语发展——兼评〈满蒙汉三和教科书〉》，《满语研究》2004年第2期。

屈六生：《论清末八旗学堂的满文教育》，韩国《阿尔泰学报》2001年总第11期。

全在昊：《18世纪晚期〈三译总解〉语汇索引》（1、2册），庆北大学《语文论丛》1977年。

上原久：《满洲实录的满文校定》，AGK 1952年第3期。

上原久：《关于满洲实录中的主语结构》，《国语》1953年第2期。

上原久：《〈满洲实录〉的满文校定》，《亚洲语言研究》，1952年。

沈微：《清代国书与宝印》，《满语研究》1994年第2期。

司徒：《清代三仙女传说中人名和地名考释》，《满语研究》1987年第1期。

斯达理：《满文本清太祖努尔哈赤〈圣训〉的考证及历史价值初探》，严明译，《满语研究》2004年第1期。

宋和平：《萨满神歌满文浅析》，《满语研究》1995年第2期。

腾绍箴：《〈满洲〉名称考略》，《民族研究》1996年第4期。

佟永功：《对清末至民国年间呼伦贝尔地方公文中使用满文情况的考察》，《满语研究》2000年第2期。

佟永功：《功在史册——满语满文及文献》，沈阳；辽海出版社1997年版。

佟永功等：《乾隆朝〈钦定新清语〉探析》，《满族研究》1995年第2期。

佟永功：《从满文文献看满语形动词》，《中央民族学院学报》1985年第3期。

佟永功等：《盛京满语兴衰谈》，《满语研究》1985年创刊号，总第1期。

王昊：《〈满洲〉名称考释》，《史学季刊》1996年第3期。

王小虹：《满文档案汉译浅说》，《满语研究》1998 年第 2 期。

王小虹：《谈谈满语 sembi、hendumbi、gisurembi 三个"说"字的区别》，《满语研究》2004 年第 1 期。

维姬·M. 辛尼曼：《关于〈五体清文鉴〉的马皮毛片类词》（英文），华盛顿大学，1995 年。

魏·南希·常：《康熙满文诏书选译》，华盛顿大学硕士论文，1984 年。

吴雪娟：《从满文档案看五大连池火山》，《满语研究》1998 年第 2 期。

吴雪娟：《有关五大连池火山爆发历史的满文档案》，《北方文物》1998 年第 2 期。

吴雪娟：《谈谈满语档案中的公文套语》，《满语研究》1992 年第 1 期。

吴元丰：《清代内阁满文档案述略》，《满语研究》1997 年第 1 期。

吴雪娟：《黑龙江地区柯尔克孜族历史满文档案及其研究价值》，《满语研究》2004 年第 1 期。

细谷良夫：《〈折奏成语〉满语索引》，*Bunkeironsō* 1979 年第 4 期。

小仓进平等：《满文老档》（日文），藤冈胜二译，岩波书店 1937 年版。

新村出：《高桥景保得满语学》，《新村出全集》第 3 卷 1914 年。

新村出：《满语学史料补遗》，《新村出全集》第 3 卷 1914 年。

新村出：《长崎唐通史的满语》，《新村出全集》第 3 卷 1914 年。

新村出：《日本满语学史料部分内容》，《新村出全集》第 3 卷 1914 年。

新村出：《满语学史料补遗》，《艺文》1914 年。

新村出：《长崎唐通史的满语学》，《艺文》1917 年。

徐莉：《北京地区满文图书概述》，《满语研究》2004 年第 1 期。

徐小慧：《齐齐哈尔满文文献、档案调查报告》，《满语研究》2003 年第 1 期。

雅路：《满文档案翻译工作中的几个问题》，《满语研究》1991 年第 2 期。

阎立新：《大连图书馆满文文献概述》，《满语研究》2004 年第 1 期。

早田辉洋、寺村正男：《大清全书》（日文），东京外国语大学亚非所 2002 年版。

早田辉洋、寺村正男：《译注满文金瓶梅序》，《亚非语法研究》1994 年。

早田辉洋、寺村正男：《满文金瓶梅·译注》，1998 年。

早田辉洋：《译注满文金瓶梅第 11 回至第 15 回》，《语言教育》2000 年第 4 期。

张虹等审订：《乾隆朝〈钦定新清语〉》，《满语研究》1993 年第 2 期。

赵奎泰：《〈八岁儿〉满语书面语研究》，庆北大学校师范大学《国语教育研究》，1981 年。

赵奎泰：《〈三译总解〉满语书面语研究》，《刘昌君博士花甲纪念论文集》，1984 年。

赵展：《满汉合璧剧本〈烟鬼叹〉刍议》，《满语研究》2000 年第 2 期。

赵振纪：《清史国语解》，《学艺》1936 年第 4 期。

赵志强：《〈旧清语〉研究》，《满语研究》1991 年第 2 期。

赵志强：《从〈清文启蒙〉看清代前期满族人的双语使用》，《满语研究》2000 年第 1 期。

赵志强：《〈旧清语〉研究》，北京：燕山出版社 2002 年版。

郑天挺：《清史满语解》，《真理杂志》1944 年第 1 期。

中岛干起：《满语语言学及文献学研究》，《语言文化接触研究》，东京外国语大学亚非所 1993 年版。

中岛干起：《关于电脑分析〈御制增订清文鉴〉之研究》，韩国《阿尔泰学报》1995 年总第 5 期。

庄吉发：《满汉异域录校注》，台湾：文史哲出版社 1993 年版。

庄吉发：《清语老乞大》，台湾：文史哲出版社 1977 年版。

庄吉发：《满语故事译粹》，台湾：文史哲出版社 1993 年。

佐藤文比古：《清朝初期的满语字碑》，《满洲史学》1937 年第 1 期。

满语辞书研究论著索引

安双成：《满汉大词典》，沈阳：辽宁民族出版社 1993 年版。

成百仁：《关于满语辞典》，《东方学志》1986 年第 52 期。

成百仁：《满语词典的语言纪录》，韩国《阿尔泰学报》1990 年总第 2 期。

渡边薰太郎：《日语满语类集语汇》，1929 年。

渡边薰太郎：《满语缀字全书》，《大阪东洋学会》，1930 年。

恩和巴图：《〈满达词典〉研究》，《满语研究》1994 年第 2 期。

丰申巩额：《〈满汉大词典〉的编撰及其学术价值》，《清史研究》1995 年第 3 期。

福田昆之：《满语书面语词典》，1987 年。

河内良弘等：《满语书面语词典》，京都大学学术出版会 1996 年版。

胡增益：《〈新满汉大词典〉编写的主要原则和方法》，《北京社会科学》1995 年第 1 期。

胡增益：《新满汉大词典》，乌鲁木齐：新疆人民出版社 1994 年版。

金宝森：《评〈满汉大词典〉》，《满族研究》1995 年第 4 期。

李鹏年等：《清代六部成语词典》，天津：天津人民出版社 1990 年版。

刘厚生等：《简明满汉词典》，开封：河南大学出版社 1988 年版。

罗布森扎布：《蒙满词典》，乌兰巴托：科学出版社 1968 年版。

罗杰瑞：《满英辞典》，华盛顿：华盛顿大学出版社 1979 年版。

罗杰瑞：《简明满英辞典》，华盛顿：华盛顿大学出版社 1978 年版。

马丁·稽穆、豪尔·瓦亚斯：《德满词汇对照集》，威斯巴登，1978 年。

奇车山等：《旧清语辞典》，乌鲁木齐：新疆人民出版社 1987 年版。

商鸿逵、刘景宪等：《清史满语词典》，上海：上海古籍出版社 1990 年版。

去孙文良：《满族大辞典》，沈阳：辽宁大学出版社 1990 年版。

佟加·庆夫：《单清语词典（满汉合璧）》，乌鲁木齐：新疆人民出版社，1993 年。

威廉姆·罗兹克：《满语逆序词汇》（英文），美国印第安那大学，1981 年版。

永志坚：《满汉合璧六部成语》，乌鲁木齐：新疆人民出版社 1990 年版。

羽田亨：《满和辞典》（日文），京都满蒙调查会，1937 [1972] 年。

中岛干起：《清代中国语满语词典》，东京外国语大学亚非所 1999 年版。

满语教材研究论著索引

爱新觉罗·瀛生：《自学速成满语基础讲义》，北京：民族出版社 1988 年版。

爱新觉罗·瀛生：《满语读本》，长春：吉林教育出版社 1986 年版。

爱新觉罗·瀛生：《满文杂识》，北京：学苑出版社 2004 年版。

爱新觉罗·瀛生、乌拉熙春：《满语读本》，呼和浩特：内蒙古人民出版社 1985 年版。

安双成、王庆丰等：《满文讲义》，北京：北京满文书院 1996 年版。

渡边薰太郎：《满语文典》，东京，1918 年。

渡边薰太郎：《满语俗语读本》，东京，1930 年。

哈列兹：《现代满语》，1884 年。

河内良弘等：《满语书面语入门》，京都大学学术出版会 2002 年版。

季永海、赵志忠等：《现代满语八百句》，北京：中央民族学院出版社 1989 年版。

津曲敏郎：《满语入门 20 讲》，东京：大学书林 2002 年版。

刘厚生：《满文教程》，长春：吉林文物出版社 1990 年版。

刘景宪、赵阿平等：《满语研究通论》，哈尔滨：黑龙江朝鲜民族出版社 1997 年版。

刘景宪：《自学满语教材》，《满语研究》总第 1 期至第 19 期，1985—1994 年。

屈六生：《满文教材》（满），乌鲁木齐：新疆人民出版社 1991 年版。

沙林宝：《满语教科书》，乌兰巴托：蒙古国国立大学，1999 年。

满语语言应用研究索引

包联群：《黑龙江泰来县温得村满语调查报告》，《满语研究》2004 年第 2 期。

保井克己：《满族及其土语》，《国立中央博物馆时报》1941 年。

保井克己：《满族及其语言》，1941 年。

保井克己：《爱辉满语》，《音声学学会会报》1943 年。

朝克等：《中国濒危民族语言调查研究——满语现存情况调查报告》，《满语研究》2002 年第 2 期。

成百仁：《中国满语研究现状》，《中国文化》1985 年第 3 期。

邓天红：《论满族语言文学的主要社会功能》，《满语研究》1996 年第 2 期。

丁石庆：《清代达斡尔族满达双语现象形式的多元基础》，《满语研究》1991 年第 2 期。

恩和巴图：《满语口语研究》，呼和浩特：内蒙古大学出版社 1996 年版。

服部四郎：《满洲语言》，《石墓》1935 年第 4 期。

服部四郎：《寻吉林省满语》，《语言研究》1941 年第 8 期。

嘎日迪等：《关于我国满文信息化处理现代化技术方面的进展》，《满语研究》2002 年第 2 期。

共由：《泰来县依布气村现代满语情况的调查报告》，《满语研究》1997 年第 2 期。

郭孟秀：《论三家子满语口语使用的演变》，《满语研究》2003 年第 1 期。

郭孟秀：《黑河地区满语使用现状调查研究》，《满语研究》2003 年第 2 期。

关克笑：《老满文改革时间考》，《满语研究》1997 年第 2 期。

汉森·切斯：《清代早期满语的地位》，华盛顿：华盛顿大学出版社 1979 年版。

胡增益：《新疆地区满语文使用情况考略》，《民族语文》1995 年第 6 期。

胡增益：《满语中的名词化手段和语言经济原则》，《语言与翻译》1989 年第 1 期。

户田茂喜：《满语与文字、满洲文学》，《东洋文化史大系》1938 年第 6 期。

金启琮：《波斯湾历史与生活——三家子屯调查报告》，1981 年。

金启琮：《三家子满语口语分析》，1981 年。

李基文：《18 世纪满语方言资料》，《震檀学报》1973 年。

刘景宪等：《抢救满语迫在眉睫——三家子村满语调查报告》，《满语研究》1997 年第 2 期。

刘景宪等：《中国当代满语文研究的内容及其成果》，《黑龙江民族丛刊》1994 年第 1 期。

小堀严：《爱辉附近的满语》，《民族学研究》1949 年第 2 期。

鸳渊一：《满语满文及满族文学》，《东洋文化史大系》1938 年。

赵阿平、朝克：《黑龙江现代满语研究》，黑龙江教育出版社 2001 年版。

赵阿平等：《萨布素家族与〈付察哈拉家谱〉初探》，《满语研究》1997 年第 2 期。

赵阿平等：《满语言文化抢救调查——五常、阿城满族语言文化现状考察报告》，《满语研究》2002 年第 1 期。

赵阿平等：《满通古斯语族语言文化抢救调查——富裕县三家子满族语言文化调查报告》，《满语研究》2002 年第 2 期。

赵阿平等：《满通古斯语族语言文化抢救调查——新疆察布查尔锡伯族县锡伯语言文化调查报告》，《满语研究》2003 年第 2 期。

邹兰欣：《简论乾隆时期的满文推广、应用及发展》，《满族研究》2001 年第 1 期。

满语比较研究索引

昌盛：《满语与锡伯语关系刍议》，《中央民族学院学报》1991 年第 1 期。

巴达荣嘎：《满语与达斡尔语的关系》，《满语研究》1993 年第 2 期。

长田夏树：《满语和女真语》，《神户语言学会报》1949 年第 1 期。

成百仁：《蒙古文和满文》，《国语生活》1985 年第 3 期。

成百仁：《韩国语和满通古斯诸语比较研究——现状以及有关问题》，《大东文化研究》1990 年第 24 期。

成百仁：《满语和阿尔泰语学研究》，太学社 1999 年版。

成百仁：《满语和阿尔泰诸语研究文集》，太学社 1999 年版。

池上二郎：《通古斯满洲诸语资料译注》，北海道大学图书刊行会，2002 年。

东京外国语大学亚非所：《论蒙语和满语的共同构词成分》，《语言文化接触》1993 年。

哈勘楚伦、胡格金台：《达斡尔语与满蒙语异同比较》，台北：学海出版社 1977 年版。

哈斯巴特：《蒙古语满语研究》（蒙文），呼和浩特：内蒙古大学出版社 1991 年版。

河野六郎：《从语言学角度看朝鲜和满族关系》，《朝鲜》1941 年。

河野六郎：《黑河满语的特点——朝鲜语及满语比较研究报告》，

《学严》1944 年。

金秉义：《韩语和满语格功能比较研究》，晓星女子大学，1982 年。

金宁：《满语与锡伯语之间的关系》（英文），美国华盛顿大学，1994 年。

金周源等：《朝鲜王朝实录的女真语和满语》，韩国《阿尔泰学报》2004 年总第 14 期。

久堡智之：《满语书面语、满语口语、近代汉语比较对照研究》，《日本九州大学 1999—2001 年基础科学研究项目报告书》，2002 年。

李基文：《满韩语比较研究》，威斯巴登，1958 年。

李基文：《满韩文结构共性研究》，汉城大学，1951 年。

李树兰等：《富裕满语与锡伯语》，《语言与翻译》。

米吉德道尔基：《蒙语满语书面语比较》（蒙文），乌兰巴托：科学出版社 1976 年版。

三上香哉：《满语和日语》，《每日新闻》1973 年。

石滨纯太郎：《满蒙语系统》，《岩波讲座东洋思潮》1934 年第 5 期。

王会银：《浅谈清代满族改操汉语问题——兼谈满汉民族关系》，《中央民族大学学报》1991 年第 4 期。

赵志忠：《满语与赫哲语之比较》，《满语研究》2003 年第 2 期。

满语社会语言学研究论著索引

爱新觉罗·瀛生：《谈谈满语的京语》，《满语研究》1987 年第 1 期。

爱新觉罗·瀛生：《北京土话中的满语》，北京：燕山出版社 1993 年版。

巴达荣嘎：《满蒙语的互相影响》，《满语研究》1989 年第 2 期。

布村一夫：《满语史》，《满铁调查月报》1943 年。

成百仁：《满语书面语的形成过程》，《国语醇化的路》1978 年。

达古拉：《辨别满语的蒙语借词和同源词的方法和原则》（蒙文），《内蒙古大学学报》2002 年第 3 期。

傅莉莉：《试论民族基地与语言衰亡的关系——满语衰亡原因考证》，《松辽学刊》2000 年第 5、6 期。

毛汶：《满文汉化考略》，《国学论衡》1937 年第 9 期。

佟加·庆夫：《论满语文对锡伯语文的传承作用》，《满语研究》

1993 年第 2 期。

乌日根：《满语借用汉语的方式方法》，《满语研究》1992 年第 1 期。

张丹：《浅谈汉语文化对满语言文化兴衰的影响》，《黑龙江史志》2002 年第 2 期。

张嘉定：《北京现存满语杂记》，《满语研究》1989 年第 2 期。

张杰：《清代满族语言文字在东北的兴废与影响》，《北方文物》1995 年第 1 期。

赵杰：《融合过程中的满语和汉语》，《满语研究》1993 年第 1 期。

赵杰：《北京香山满语底层之透视》，《中央民族大学学报》1993 年第 1 期。

赵杰：《满语的变化》，《中央民族大学学报》1987 年第 4 期。

赵杰：《现代满语研究》，北京：民族出版社 1989 年版。

赵杰：《满族话与北京话》，沈阳：辽宁民族出版社 1996 年版。

赵杰：《现代满语与汉语》，沈阳：辽宁民族出版社 1993 年版。

赵振纪：《北京话中的满语成分》，《华周刊》1934 年第 3 期。

周澍田等：《论满族语言文字的演变》，《满语研究》1998 年第 2 期。

巴根：《清代满蒙翻译考略》，《满语研究》2004 年第 1 期。

白立元：《满汉词义的对比与翻译》，《满语研究》1989 年第 2 期。

白立元：《谈〈翻译转换法〉在满译汉中的运用》，《满语研究》1988 年第 1 期。

邓天红：《谈清代史籍中"满名汉字音译"问题》，《满语研究》1991 年第 1 期。

方汇：《黑龙江满语研究所概况》，《满语研究》1992 年第 1 期。

共由：《满语地名翻译的同音同形异义问题》，《满语研究》，1994 年。

黄定天：《前苏联的满学研究》，《满语研究》2000 年第 2 期。

黄定天：《论俄罗斯满学研究》，《满语研究》1996 年第 2 期。

季永海等：《满语研究中的一些问题》，《满语研究》1986 年第 2 期。

今西龙：《满语之话》，《青丘论丛》1931 年第 2 期。

今西龙：《关于满语》，《支那问题》1924 年第 28 期。

今西龙：《满语》，Seikyūsessō 1931 年第 2 期。

黎艳平：《满译汉浅谈》，《满语研究》1989年第2期。

牛汝极等：《一部接触语言学理论的力著——赵杰〈北京话的满语底层和"轻音""儿化"探源〉评价》，《满语研究》1999年第2期。

任世铎：《无圈点字书》，1987年。

王岸英：《〈语言大辞典〉介绍》，《满语研究》1991年第2期。

杨惠滨：《入关前满族语言中的物质经济文化基因》，《满语研究》2001年第1期。

野村正良：《有关满语信息》，《语言研究》1941年第9期。

毅松：《达斡尔族的满文私塾》，《满语研究》1999年第2期。

羽田亨：《清文鉴满语的日文解释与翻译》，《东洋史研究》1936年第1期。

鸳渊一：《满语》，《亚洲问题讲座》1939年。

早田辉洋、久保智之：《关于满语研究》，《九州大学研究介绍》。

赵阿平：《满族语言文化教学方略》，《满语研究》2003年第1期。

赵阿平：《满语教学与研究中的文化因素问题》，《中央民族大学学报》1994年第4期。

赵杰：《满汉对照口语译例——老汗王起家》，《满语研究》1990年第2期。

赵志忠：《清代满族曲艺子弟书的语言特点》，《满语研究》1990年第1期。

（朝克）

锡伯语言文字研究论著索引

锡伯语语音研究索引

安成山：《现代锡伯语口语复合音探析》，《语言与翻译》2001年第2期。

安成山：《浅析现代锡伯语元音音变》，《新疆大学学报》2003年第3期。

高东昊：《锡伯语语音结构研究》（韩文），韩国《阿尔泰学报》2004年总第14期。

郭庆：《浅论锡伯语重音现象与规律》，《语言与翻译》1996年第4期。

郭庆:《浅论锡伯语书面语中固有词类的元音不和谐现象》,《语言与翻译》1998 年第 4 期。

焦建英:《锡伯语书面语与口语的辅音差别》,《语言与翻译》1997 年第 4 期。

李兵:《锡伯语唇状元音和谐的丛属音系学分析》,《新疆师范大学学报》1999 年第 1 期。

王小虹等:《锡伯语口语语音系统》,《满语研究》1985 年创刊号。

锡伯语语法研究论著索引

郭秀昌等:《现代锡伯语》(锡伯),乌鲁木齐:新疆人民出版社 1995 年版。

李树兰:《锡伯语的领属范畴》,《民族语文》1982 年第 5 期。

李树兰:《锡伯语动词陈述式的亲之口气和非亲之口气》,《民族语文》1984 年第 6 期。

李树兰:《锡伯语状语》,《民族语文》1985 年第 5 期。

李树兰:《锡伯语口语材料》,《民族语文》1986 年第 6 期。

李树兰:《反身领属范畴在锡伯语中的补偿手段》,《民族语文》1989 年第 3 期。

图奇春等:《锡伯语语法》,乌鲁木齐:新疆人民出版社 1987 年版。

张泰镐:《锡伯语语法研究》(油印),中央民族大学研究生院,2002 年。

锡伯语词汇研究论著索引

陈潮华等:《试探锡伯语口语附加成分 – mak》,《满语研究》2003 年第 2 期。

郭秀昌:《锡伯语词汇》(锡伯文),乌鲁木齐:新疆人民出版社 1990 年版。

金东昭:《锡伯语言研究序文》(韩文),韩国《阿尔泰学报》1997 年总第 6 期。

金东昭:《锡伯语书面语词汇研究》(韩文),韩国《阿尔泰学报》2004 年总第 14 期。

久堡智之:《关于锡伯语的一些基本词汇》(日文),《九州大学语言学报》1988 年第 9 期。

李树兰:《论锡伯语助动词》,《民族语文》1988 年第 6 期。

李树兰:《锡伯语的藻饰词》,《民族语文》1991年第1期。

木村滋雄:《论锡伯语的复数词缀-s》,《满语研究》2002年第1期。

塔纳:《锡伯姓氏略谈》,《满语研究》1988年第1期。

佟加·庆夫:《规范化的锡伯语名词》,乌鲁木齐:新疆人民出版社1992年版。

佟加·庆夫:《现代锡伯文学语言正字词典》(锡伯文),乌鲁木齐:新疆人民出版社1994年版。

佟加·庆夫:《现代锡伯文学语言正字法》(锡伯文),乌鲁木齐:新疆人民出版社1994年版。

佟加·庆夫:《现代锡伯语及其新词术语问题》,《语言与翻译》1989年第2期。

佟加·庆夫:《现代锡伯语及其新词术语规范问题》,《语言与翻译》1992年第4期。

佟加·庆夫:《浅谈锡伯语的维吾尔语借词》(维文),《语言与翻译》1993年第5期。

佟加·庆夫:《锡伯文正字问题及〈正字词典〉》,《新疆大学学报》1997年第1期。

佟加·庆夫:《现代锡伯语新词术语的演变》,《满语研究》1999年第2期。

永柏寿:《锡伯文"阿吾主"(阿字头)属性浅议》,《语言与翻译》1992年第1期。

锡伯语辞书研究论著索引

关善保等:《汉锡简明对照词典》,乌鲁木齐:新疆人民出版社1989年版。

佟玉泉等:《锡伯语(满语)词典》(锡伯文),乌鲁木齐:新疆人民出版社1987年版。

新疆人民出版社锡伯文编辑室编:《汉锡大辞典》,乌鲁木齐:新疆人民出版社1993年版。

杨震远主编:《锡汉教学词典》,乌鲁木齐:新疆人民出版社1988年版。

中国科学院少数民族语言研究所编:《锡伯语词汇调查表》(油印),1959年。

锡伯语社会语言学、翻译与教学研究论著索引

安成山：《哈萨克语对锡伯语的影响》，《语言与翻译》1997年第2期。

安俊：《锡伯语言文字乃至满语满文的继续》，《满语研究》1985年创刊号。

安双成：《锡伯族与满语文》，《满语研究》1997年第2期。

朝克：《现代锡伯语口语研究》，北京：民族出版社2006年版。

朝克：《论锡伯语及其研究》，《满语研究》2000年第1期。

承志：《锡伯语萨满神歌之结构简析》，《满语研究》1996年第2期。

郭庆：《俄罗斯语言文化对新疆锡伯族语言文化的影响》，《满语研究》2004年第2期。

贺忠德：《16世纪以后锡伯族使用双语概述》，《西域研究》1995年第2期。

李淑兰等：《锡伯语口语研究》，北京：民族出版社1984年版。

李淑兰等：《锡伯语口语材料》，《民族语文》1986年第6期。

李淑兰等：《论锡伯语文形成和发展》，《民族语文研究新探》，成都：四川民族出版社1992年版。

李淑兰等：《锡伯语概况》，《民族语文》1979年第3期。

奇车山：《新疆察布查尔锡伯族自治县锡伯语言文字使用状况》，《满语研究》2000年第2期。

佘吐肯：《论锡伯语的源流问题》，《满语研究》1996年第2期。

佟加·庆夫：《锡伯语文研究概述》，《语言与翻译》1994年第1期。

佟加·庆夫：《乌鲁木齐市双语场中的锡伯族双语》，《语言与翻译》1995年第1期。

佟加·庆夫：《汉语对锡伯语的影响》，《语言与翻译》1997年第1期。

佟加·庆夫：《现代锡伯语新词术语的演变》，《满语研究》1999年第2期。

早田辉洋：《锡伯语调查资料的分析》（日文），《九州大学语言学报》1985年第6期。

佟加·庆夫：《关于锡伯语》（日文），《言语》1985年第7期。

佟加·庆夫：《北京锡伯族满语口语资料》（日文），《九州大学同窗会会报》。

佟加·庆夫：《锡伯语调查笔记》（日文），《九州大学语言学研究报告》。

葛丰交：《试论新疆锡伯族双语教学问题》，《满语研究》2002年第1期。

何坚韧：《锡伯族中小学施行双语教学的意义及问题初探》，《语言与翻译》1994年第4期。

贺灵：《锡伯语文的民族学考议》，《满语研究》2000年第1期。

贺忠德等：《中国锡伯族双语研讨会综述》，《西域研究》1995年第4期。

金炳喆等：《锡汉会话》，乌鲁木齐：新疆人民出版社1992年版。

金宁：《锡伯语英语会话》，威斯巴登，1993年。

奇车山：《关于锡伯文字母》，《语言与翻译》1992年第1期。

佟克力：《语言翻译对锡伯文化的作用》，《语言与翻译》2000年第3期。

佟克力：《论锡伯族继承和使用满语满文的社会历史背景》，《西域研究》2002年第4期。

佟庆福：《锡伯文正字问题及〈正字词典〉》，《满语研究》1995年第1期。

王庆丰：《锡伯文》，《文字改革》1963年第5期。

吴景涛等：《新疆锡伯语言文字工作50年回顾与展望》，《语言与翻译》1999年第4期。

谢肇华：《民族语言与民族现代化——以新疆锡伯族为例》，《中央民族大学学报》2002年第2期。

锡伯语比较研究论著索引

安成山：《锡伯语语序——锡汉语对比》，《语言与翻译》1994年第4期。

焦建英：《锡伯语的o-与维吾尔语的bol-》，《语言与翻译》1996年第1期。

李淑兰等：《富裕满语和锡伯语》，《语言与翻译》1992年第4期，1993年第1期。

苏承志：《简论现代锡伯语口语与书面语的相异性》，《语言与翻译》1995 年第 3 期。

（朝克）

鄂温克语言文字研究论著索引

鄂温克语语音研究索引

朝克：《鄂温克语各方言的语音关系》，《中央民族学院学报》1985 年第 4 期。

朝克：《关于鄂温克语以派生词尾元音为中心的形态语音变化结构类型》，《满语研究》2003 年第 1 期。

朝克：《关于鄂温克语语音特征》（蒙文），《内蒙古师范大学学报》1983 年第 2 期。

朝克：《论鄂温克语各方言和语音特征》（蒙文），《蒙古语言文学》1985 年第 1 期。

朝克：《鄂温克语和满语语音对应规律》，《民族语文》1988 年第 4 期。

朝克：《鄂温克语构词成分中的形态语音论》（日文），《北海学园大学人文论集》，北海道：北海学园大学，2003 年。

朝克：《鄂温克语满语同源词语音对应规律》，《中央民族学院学报》1988 年第 5 期。

希德夫：《达斡尔语与鄂温克语语音比较》，《满语研究》2004 年第 2 期。

鄂温克语语法研究索引

朝克：《鄂温克语形态语音论及名词形态论》（日文），东京外国语大学亚非所 2003 年版。

朝克：《鄂温克语研究》，北京：民族出版社 1995 年版。

朝克：《鄂温克语的格》，《满语研究》1985 年创刊号，总第 1 期。

朝克：《论鄂温克语句子结构》，《满语研究》1989 年第 2 期。

朝克：《论鄂温克语词组结构》，《满语研究》1991 年第 1 期。

胡增益、朝克：《鄂温克语简志》，北京：民族出版社 1986 年版。

卡丽娜：《论鄂温克语结构特征》，《满语研究》2000 年第 2 期。

鄂温克语词汇研究索引

朝克：《鄂温克语三大方言基本词汇对照集》（日文），日本小樽商科大学，1995年。

朝克：《关于鄂温克语的代词特征》，《满语研究》1986年第1期。

朝克：《论鄂温克语连词》，《满语研究》1988年第2期。

朝克：《关于鄂温克族的族称》，《满语研究》1996年第1期。

朝克：《论日本阿依努语和鄂温克语共有动词》，《民族语文》1992年第1期。

朝克：《论日本语和鄂温克语共有动词》，《鄂温克研究》2000年第1期。

朝克：《关于日本语和鄂温克语特殊词义关系》，《黑龙江鄂温克研究文集》，哈尔滨，2000年。

朝克：《文化变迁与鄂温克人名的关系》（日文），《东北亚诸民族的文化动态》，日本仙台，2002年。

朝克：《鄂温克语构词方式》（蒙文），《民族语文》1984年第2期。

朝克：《论鄂温克语动词》（蒙文），《内蒙古师范大学学报》1985年第4期。

朝克：《鄂温克语的后置词》，《民族语文》1986年第6期。

朝克：《鄂温克语词汇特征》（蒙文），《蒙古语言文学》1986年第6期。

朝克：《论鄂温克一词》（蒙文），《蒙古语文》1987年第4期。

朝克：《关于鄂温克语驯鹿词汇》，《百科知识》1995年第8期。

朝克：《论鄂温克族婚礼语言特征》（蒙文），《内蒙古妇女》1984年第1期。

朝克：《黑龙江志稿中的呼伦县和室韦县地名考释》，《民族研究》1993年第1期。

朝克：《黑龙江志稿中的有关地名探源》，《满学研究》1994年第2期。

朝克：《日本阿依努语和鄂温克语传统词汇的共性》（日文），《北海学园大学人文论集》，北海道：北海学园大学，2001年。

朝克：《关于鄂温克语助词》，《中央民族大学学报》1992年第4期。

朝克：《鄂温克语基础语汇集》（日文），日本东京外国语大学亚非语言文化研究所 1991 年版。

朝克：《鄂温克语是我们宝贵的财富》，《述说鄂温克》，海拉尔：内蒙古文化出版社 1995 年版。

朝克：《鄂温克语话语材料》，《民族语文》1998 年第 4 期。

杜道尔吉：《鄂温克姓氏及其记写法》，《鄂温克研究》1995 年第 2 期。

杜道尔吉：《鄂温克人的姓名特点及其记写法》，《蒙古语文》1998 年第 7 期。

哈赫尔：《雅鲁河流域鄂温克村落与地名》，《鄂温克研究》2000 年第 1 期。

贺兴格、其达拉图等：《鄂温克语词汇》（蒙文），北京：民族出版社 1983 年版。

吉特格勒图：《鄂温克语言词汇结构》，《蒙古语文》1998 年第 12 期。

吉特格勒图：《与人称相关的鄂温克语动词》（蒙文），《蒙古语言文学》1994 年第 4 期。

卡丽娜：《论鄂温克人名与社会关系》，《鄂温克研究》2000 年第 1 期。

斯仁巴图：《鄂温克语达斡尔语蒙语的形动词比较》，《满语研究》2001 年第 1 期。

涂吉昌、涂芊玫：《鄂温克语汉语对照词汇》（内部资料），黑龙江省鄂温克研究会及黑龙江省民族研究所编印，1999 年。

汪立珍：《鄂温克族谚语》，《满语研究》1998 年第 1 期。

汪立珍：《论鄂温克族民间故事中的人名》，《满语研究》2002 年第 2 期。

叶喜德瓦：《阿亚（鄂温克语 aya）的内涵及其作用》，《鄂温克研究》1999 年第 1 期。

鄂温克语社会语言学研究论著索引

波普（H. H. Poppe），《索伦语调查资料》（俄文），列宁格勒，1931 年。

曹道巴特尔：《从谚语看蒙古和鄂温克的自然观》，《鄂温克研究》2000 年第 1 期。

朝克：《关于伊敏地区语言文化的变迁》（日文），《北海学园大学学报》，北海道：北海学园大学，2001年。

朝克：《关于鄂温克语使用现状分析》，《世界各地语言文字使用现状》，北京：中国社会科学院民族研究所印刷，2001年。

朝克：《鄂温克语》，《中国少数民族语言》，成都：四川民族出版社1987年版。

朝克：《鄂温克语使用概述》，《中国语言文字使用概述》，北京：中国藏学出版社1994年版。

朝克：《鄂温克旗语言文字使用概述》，《中国语言文字使用概述》，北京：中国藏学出版社1994年版。

朝克：《关于鄂温克语及鄂温克语研究》，《鄂温克研究》1997年第1期。

朝克：《汉语对鄂温克语的影响》，《中国民族语文》，成都：四川人民出版社1986年版。

黄行：《鄂温克语形态类型的对比分析》，《满语研究》2001年第1期。

津曲敏郎：《近代化和语言变异——以通古斯诸语为例》（日文），《北方民族文化系列报告》1997年第11期。

津曲敏郎：《关于鄂温克语敖鲁古雅方言》（日文），《人文研究》1997年总第93辑。

杨虎嫩：《满洲里地区通古斯鄂温克语》（英文），1991年。

白杉：《鄂温克族谜语概论》，《鄂温克研究》1998年第2期。

朝克、中岛干起：《鄂温克语会话练习册》（日文），大学书林出版社2004年版。

朝克等：《鄂温克语民间故事》（蒙文），海拉尔：内蒙古文化出版社1988年版。

杜道尔吉：《鄂温克语汉语词典》，海拉尔：内蒙古文化出版社1998年版。

刘景宪等：《评价朝克的两部鄂温克语专著》，《满语研究》1992年第2期。

萨红梅：《补救鄂温克民族语言失传势在必行》，《鄂温克研究》1995年第2期。

杨虎嫩：《鄂温克语的未来》，严明译，《满语研究》2002年第2期。

赵阿平：《〈鄂温克语形态语音论及名词形态论〉评述》，《满语研究》2003 年第 1 期。

鄂温克语比较研究论著索引

伊瓦诺夫斯基（A. O. Ivanovskiy），《索伦语与达斡尔语》（俄文），圣彼得堡，1894 年。

（朝克）

鄂伦春语言文字研究论著索引

朝克：《鄂伦春语和鄂温克语语音对应关系》，《满语研究》1987 年第 2 期。

朝克：《论呼玛鄂伦春语元音结构》，《满语研究》1992 年第 1 期。

朝克：《论鄂伦春一词》，《内蒙古社会科学》1989 年第 4 期。

朝克：《鄂伦春旗语言文字使用概述》，《中国语言文字使用概述集》，北京：中国藏学出版社 1994 年版。

朝克：《鄂伦春语使用概述》，《中国语言文字使用概述》，北京：中国藏学出版社 1994 年版。

关红英：《鄂伦春人的姓氏及名字》，《鄂伦春研究》2002 年第 1 期。

关红英：《关于鄂伦春语使用情况调查报告》，《鄂伦春研究》2000 年第 2 期。

关小云：《丰富多彩的鄂伦春语地名》，《鄂伦春研究》2000 年第 2 期。

李树兰：《鄂伦春语词汇述略》，民族语文编辑部编《民族语文论集》，北京：中国社会科学出版社 1981 年版。

孟淑珍：《鄂伦春语"摩苏昆"探解》，《满语研究》1991 年第 2 期。

韩有峰：《鄂伦春语》，延吉：延边教育出版社 2004 年版。

胡增益：《鄂伦春语简志》，北京：民族出版社 1986 年版。

胡增益：《鄂伦春话语材料》，《民族语文》1988 年第 2 期。

胡增益：《鄂伦春语研究》，北京：民族出版社 2001 年版。

张彦昌、李兵等：《鄂伦春语》（英文），长春：吉林大学出版社

1989 年版。

关宏鹰：《浅谈鄂伦春民族语言》，《鄂伦春研究》1997 年第 1 期。

韩有峰：《简论中国鄂伦春语的保护与发展》，韩国《阿尔泰学报》2003 年总第 13 期。

徐世璇等：《鄂伦春语使用状况分析》（蒙文），《满语研究》2001 年第 1 期。

尹铁超：《鄂伦春语与因纽特语比较研究》，哈尔滨：黑龙江人民出版社 2002 年版。

韩有峰、孟淑贤：《鄂伦春语汉语对照读本》，北京：中央民族大学出版社 1993 年版。

萨希荣：《简明汉语鄂伦春语对照读本》，北京：民族出版社 1981 年版。

波少布：《评价〈鄂伦春语汉语对照读本〉》，《北方文物》1997 年第 1 期。

波土默特夫：《〈鄂伦春语汉语对照读本〉评价》，《黑龙江民族丛刊》1996 年第 2 期。

孟淑珍：《鄂伦春一夫一妻的故事》，《满语研究》1988 年第 1 期。

孟淑珍：《婕兰和库善》，《满语研究》1992 年第 1 期。

孟淑珍：《雅林觉罕与额勒黑汗》，《满语研究》1997 年第 2 期。

中国历史档案馆、内蒙古鄂伦春研究会编：《清代鄂伦春族满汉文档案汇编》，北京：民族出版社 2001 年版。

（朝克）

赫哲语言文字研究论著索引

金周沆：《赫哲语元音和谐律》（韩文），《国语学》1988 年。

安俊：《赫哲语简志》，北京：民族出版社 1986 年版。

朝克：《关于街津口赫哲族的语言文字使用情况》，《满语研究》1992 年第 2 期。

朝克：《论赫哲语动词陈述式》，《满语研究》1997 年第 1 期。

朝克：《关于赫哲语使用现状分析》，香港城市大学《世界各地语言文字使用现状分析》，2001 年。

风间申次郎：《关于赫哲语的系统性》（日文），《环太平洋的语言》

1998 年第 4 期。

津曲敏郎、冈田宏明：《赫哲语的形态特征和满语的影响》（日文），北海道大学文学部《环北极文化比较研究》，1993 年。

何俊芳：《赫哲语言丢失的社会文化因素分析》，《中央民族大学学报》2002 年第 2 期。

何学娟：《濒危的赫哲语》，哈尔滨：黑龙江教育出版社 2005 年版。

何学娟等：《街津口赫哲语使用情况调查》，《满语研究》2004 年第 1 期。

姜洪波：《赫哲语现状及其发展对策研究》，《满语研究》1990 年第 2 期。

吴宝柱：《赫哲语使用现状的调查与分析》，《满语研究》2003 年第 2 期。

张嘉宾：《赫哲语与那乃语》，《满语研究》1993 年第 1 期。

尤志贤、傅万金：《赫哲语汉语对照读本》（内部），哈尔滨：黑龙江民族研究所 1987 年版。

金东昭：《中国赫哲语研究概要》（韩文），《伯民、金宰浩博士花甲纪念论文集》，《国语学论丛》。

李伟佳：《抢救赫哲语刻不容缓》，《满语研究》1996 年第 1 期。

凌纯声：《赫哲的语言》，《松花江下游的赫哲族》1935 年。

尤金良：《得勒气老人的传说》，《满语研究》1990 年第 2 期。

尤志贤：《希尔达鲁莫尔根》，《满语研究》1993 年第 2 期。

尤志贤：《安徒莫尔根》，《满语研究》1985 年第 1、2、3 期。

尤志贤：《香叟莫日根》，《满语研究》1987 年第 1、2、3、4 期。

尤志贤：《赫哲族伊玛堪选》（内部），哈尔滨：黑龙江民族研究所 1989 年版。

张彦昌、张晰等：《赫哲语》（英文），长春：吉林大学出版社 1989 年版。

（朝克）

朝鲜语言文字研究论著索引

朝鲜语语音研究论著索引

安炳浩：《朝鲜语发展史》（朝鲜文），沈阳：辽宁人民出版社1981年版。

安炳浩：《鸡林类事与高丽时期的朝鲜语》（朝鲜文），哈尔滨：黑龙江朝鲜民族出版社1985年版。

安炳浩：《鸡林类事及其研究》，《北京大学学报》1986年第6期。

安炳浩：《朝鲜汉字音体系研究》（朝鲜文），朝鲜平壤：金日成综合大学出版社1984年版。

安炳浩、尚玉河：《韩鲜语发展史》，北京：北京大学出版社2009年版。

车光一：《现代汉朝音位体系的对比》（朝鲜文），中国朝鲜语学会《朝鲜语言学论文集》，北京：民族出版社1984年版。

陈晓鸣：《英语和朝鲜语语音初步对比》，《延边大学学报》1978年第3期。

陈晓鸣：《俄语与朝鲜语语音之对比》，《延边大学学报》1978年第4期。

陈植藩：《论崔世珍在朝鲜语文和汉语研究方面的贡献》，转引自民族语文编辑部编《民族语文论集》，北京：中国社会科学出版社1981年版。

崔羲秀：《朝鲜汉字音研究》（朝鲜文），哈尔滨：黑龙江朝鲜民族出版社1986年版。

崔允甲：《汉语和朝鲜语的语音体系对比》（朝鲜文），中国朝鲜语学会《语文参考资料》（8），1959年。

崔允甲：《高句丽语、百济语、新罗语的辅音韵尾》（朝鲜文），转引自郑判龙主编《朝鲜学研究》（1），延吉：延边大学出版社1989年版。

崔允甲：《吏读的产生及其性质》（朝鲜文），《中国朝鲜语文》1990年第6期。

金永寿：《朝鲜语收音发音形成及变化的考察》，《民族语文》2011年第4期。

金哲俊：《关于朝鲜族男生的朝鲜语单元音共振峰特征研究》，《东疆学刊》2010年第2期。

胡明扬：《〈老乞大谚解〉和〈朴通事谚解〉中所见的汉语、朝鲜语对音》，《中国语文》1963年第3期。

胡明扬：《〈老乞大谚解〉和〈朴通事谚解〉中所见的〈通考〉对音》，转引自胡明扬主编《语言论集》第1辑，北京：中国人民大学出版社1980年版。

胡明扬：《'ᇢ'终声考》，《延边大学学报》1979年第2期。

胡明扬：《与汉语舌尖元音对应的朝鲜语汉字音及其演变》，《延边大学学报》1980年第2期。

胡明扬：《历史上的异化现象ti〉ki变化》（朝鲜文），《语言文学学术论文集》，延吉：延边人民出版社1991年版。

胡明扬：《汉语上古音在16世纪朝鲜汉字音中的遗存》，《民族语文》1985年第5期。

胡明扬：《漫谈朝鲜汉字音舌音的演变》，《延边大学学报》1987年第1期。

胡明扬：《〈四声通解〉今俗音初探》，《民族语文》1988年第5期。

胡明扬：《朝鲜语历史语言学研究》（朝鲜文），首尔：亦乐出版社2001年版。

胡明扬：《朝鲜对音文献标音手册》，哈尔滨：黑龙江朝鲜民族出版社2002年版。

胡明扬：《关于来母的高丽译音》，《民族语文》2002年第5期。

胡明扬：《韩国汉字音韵母系统的几个特征》，《东疆学刊》2005年第1期。

李基文：《满语和朝鲜语的比较研究》，《乌拉尔—阿尔泰鉴》第30卷，1958年。

李基文：《中古女真语的音韵学研究》，黄有福译，《民族语文研究情报资料集》第 2 集，1983 年。

聂鸿音：《〈切韵〉重纽三四等字的朝鲜读音》，《民族语文》1984 年第 3 期。

朴大亨：《朝鲜语汉字词词序颠倒及其意义》，转引自崔健主编《双语文化论丛》（1），延吉：延边大学出版社 1990 年版。

尚玉河：《"风曰孛缆"和上古汉语复辅音声母的存在》，转引自《语言学论丛》第 8 辑，北京：商务印书馆 1981 年版。

孙建元：《〈四声通解〉俗音、今俗音的性质》，《广西师范大学学报》1989 年第 1 期。

吴安其：《论朝鲜语中的南岛语基本成分》，《民族语文》1994 年第 1 期。

吴奉协：《韩文河图起源论》，大众书院《教育通讯》1950 年第 2—6 期。

辛容泰：《朝、日、汉上古音比较研究——探索朝、日、汉共通母语的一种尝试》。

许东振：《浅谈朝鲜语的语音交替手段》，《民族语文》1982 年第 2 期。

宣德五：《中古朝鲜语元音［Λ］的历史演变》，《民族语文》1985 年第 4 期。

应琳：《"风曰孛缆"考》，《民族语文》1980 年第 2 期。

有坂秀世：《论汉字的朝鲜音》，《方言》1936 年第 6 期。

俞敏：《古汉语"风"字确实有过像"孛缆"的音》，《民族语文》1982 年第 5 期。

照那斯图、宣德五：《训民正音和八思巴字的关系探究》，《民族语文》1992 年第 5 期。

朝鲜语语法研究论著索引

安国峰：《朝鲜语对有亲属关系的第三者的称呼方式》，《民族语文》2010 年第 6 期。

鲍培：《阿尔泰语比较语法》（内部发行），周建奇译，呼和浩特：内蒙古大学蒙研所 1983 年版。

毕玉德、李承子：《朝鲜语的句法结构和语义结构》，《民族语文》2005年第4期。

毕玉德、刘吉文：《现代朝鲜语句子语义结构类型研究》，《民族语文》2002年第5期。

车光一：《朝鲜语学原论》，北京：民族出版社2002年版。

陈植藩：《朝鲜文》，《民族语文》1979年第3期。

崔承日：《"rr/r"的语法意义及其与汉语的对应形式》，韩国双语学会《中国的韩国语教育》Ⅱ，韩国双语学会志1990年第7期。

崔奉春：《谈朝汉语指称表达法的基本特点》，《延边大学学报》1985年第2期。

崔婷、于辉：《朝鲜语塞擦音的语音实验分析》，《延边大学学报》2008年第2期。

崔健、姜美子：《朝、汉指示代词回指功能对比》，《延边大学学报》2004年第5期。

崔羲秀：《东北方言粘附成分（部分）和通古斯语后缀的比较》，转引自《语言文学学术论文集》，延吉：延边人民出版社1991年版。

崔允甲：《朝鲜语语法》，沈阳：辽宁人民出版社1980年版。

崔允甲：《朝鲜语复句的特点》，《延边大学学报》1979年第4期。

崔允甲：《朝鲜语单句和复句的区分》，《民族语文》1982年第4期。

崔允甲：《语言结构的层次性和句子的层次分析》，《朝鲜语学习和研究》1983年第1期。

崔允甲：《朝鲜语史讲座》，《中国朝鲜语文》1988年第2期—1989年第3期。

崔允甲：《中世朝鲜语语法》，延吉：延边大学出版社1987年版。

崔允甲：《中国的朝鲜语发展和研究》，延吉：延边大学出版社1992年版。

东北三省朝鲜语法编纂小组：《朝鲜语语法》（朝鲜文），延吉：延边人民出版社1984年版。

桂畅源：《朝鲜语接续词尾鸥的用法和译法》，《东疆学刊》2000年第2期。

桂畅源：《朝鲜语长定语句的结构特点及分析方法》，《延边大学学报》2000年第6期。

姜银国：《朝鲜语的民族特征》（2）（朝鲜文），哈尔滨：黑龙江朝鲜民族出版社 1986 年版。

姜银国：《朝鲜语语序的特点》（朝文），吉林省朝鲜语言学会编《朝鲜语言学论文集》，延吉：延边大学出版社 1987 年版。

姜银国：《朝鲜语后缀的历时研究》（朝鲜文），首尔：曙光学术资料社 1993 年版。

姜银国：《朝鲜语语法研究》（朝鲜文），延吉：延边大学出版社 1992 年版。

金淳培：《朝鲜语语法形式的意义特征》，《民族语文》1986 年第 3 期。

金淳培：《朝鲜语的后缀与辅助性动词的区别》（朝鲜文），《朝鲜语学习和研究》1984 年第 3 期。

金淳培：《朝鲜语特异结构词浅析》，《民族语文》1988 年第 5 期。

金美子：《补语和状语的区别特征》（朝鲜文），《中国朝鲜语文》1988 年第 5 期。

金琪钟：《成分分析法的局限性和现代朝鲜语的句子分析法》（朝鲜文），转引自《延边大学朝鲜学国际学术讨论会论文集》，延吉：延边大学出版社 1989 年版。

金琪钟：《朝鲜语的民族特征》（3）（朝鲜文），哈尔滨：黑龙江朝鲜民族出版社 1987 年版。

金琪钟：《朝鲜语谚语的特点》，《延边大学学报》1980 年第 1 期。

金琪钟：《朝鲜语谚语研究》（朝鲜文），延吉：东北朝鲜民族教育出版社 1989 年版。

金顺女、金香花：《朝鲜语指示词的话语标记功能》，《东疆学刊》2010 年第 2 期。

金香花：《试论朝鲜语话语标记"어디"与"뭐"的否定功能》，《东疆学刊》2010 年第 4 期。

金祥元：《从朝汉多谓语句对比中看朝鲜语复句问题》，转引自吉林省朝鲜语言学会编《朝鲜语言学论文集》，延吉：延边大学出版社 1987 年版。

金岩：《朝鲜语和汉语主语的对比》，《汉语学习》1996 年第 6 期。

金钟太：《朝汉语码转换句的附着语素和形态变化限制》，《延边大学学报》1999 年第 1 期。

黄玉花：《汉语"动词 + 结果宾语"在朝鲜语的对应》，《中央民族大学学报》2001 年第 1 期。

李贵培：《朝鲜语的格体系和格形态》，《朝鲜语学习和研究》1984年第1期。

李贵培：《关于复句的结构和功能》，转引自北京大学朝鲜文化研究所编《朝鲜语言文学国际学术讨论会论文集》，北京：民族出版社1988年版。

李红梅：《英朝短语动词对比分析》，《语文学刊》2010年第10期。

李亿哲：《朝鲜语从汉语中吸收新词的原则和方法》，《民族语文》1990年第3期。

廉光虎：《对〈大明律直解〉吏读连接词尾的分类》（朝鲜文），转引自吉林省朝鲜语言学会编《朝鲜语言学论文集》，延吉：延边大学出版社1998年版。

廉光虎：《十五世纪以前朝鲜语敬语表现形式的考察》，《民族语文》1990年第3期。

刘沛霖：《朝鲜语后附成分的特点研究》（朝鲜文），朝鲜金日成综合大学出版社1981年版。

刘沛霖：《论粘附成分的多义性和单义性》（朝鲜文），《朝鲜语学习和研究》1984年第4期。

刘银钟：《朝鲜语词根和词缀的界限》，《民族语文》1984年第2期。

刘银钟：《我国的朝鲜语研究》（1）、（2），北京：民族出版社1985年版。

柳英绿：《汉语"在+NP"朝鲜语"NP+位格或与格"的对比》，《汉语学习》1990年第1期。

柳英绿：《朝鲜语材料、工具状语在汉语中的对应形式》，《汉语学习》1998年第2期。

南洪洙：《单句和复句，各种复句的区别》（朝鲜文），《朝鲜语学习和研究》1984年第4期。

南日：《朝鲜语"V+버리다"与汉语"V+住"的对比》，《延边大学学报》2003年第5期。

南日：《朝鲜语"V+버리다"与汉语"V+下来"的对比》，《东疆学刊》2005年第2期。

南日：《朝鲜语"VP_1+게+VP_2"结构在汉语中对应形式》，《汉语学习》2009年第5期。

全炳善：《句子的层次分析及其分析法》（朝鲜文），《中国朝鲜语文》1988年第1期。

全凤乐：《必须按层次分析词的构成》（朝鲜文），《朝鲜语学习和研究》1983年第3期。

全学锡：《朝鲜语的民族特性》（1）（朝鲜文），哈尔滨：黑龙江民族出版社1987年版。

太平武：《汉朝语中非扩展和扩展定语并列时的位置特点》，《朝鲜语文》1986年第1期。

太平武：《朝鲜语命名句及其在汉语中的对应》，《汉语学习》2005年第3期。

文昌德：《朝鲜语格范畴中的几个问题》，吉林省朝鲜语言学会编《朝鲜语言学论文集》，延吉：延边大学出版社1987年版。

徐永燮：《朝鲜语实用语法》，北京：民族出版社1980年版。

许东振：《朝鲜语动词的某些附加成分》，《民族语文》1992年第3期。

许东振：《补语和状语的界限问题》（朝鲜文），转引自《朝鲜学研究》编辑委员会《朝鲜学研究》（2），延吉：延边大学出版社1989年版。

许东振：《句子分析法》（朝文），《朝鲜语学习和研究》1985年第1期。

许维翰：《韩国语目的格助词"wr/rwr"与汉语介词"把"的对比》，转引自北京大学韩国学研究中心《韩国学研究论集》（2），1995年。

宣德五：《朝鲜语谓词连体形的语法范畴浅析》，《中国民族语言论文集》，成都：四川民族出版社1986年版。

宣德五：《朝鲜语句法结构分析》，《民族语文研究文集》，西宁：青海民族出版社1982年版。

宣德五：《关于朝鲜语汉字词的几个问题》，《民族语文》1992年第1期。

宣德五：《朝鲜语汉字词构词方式举要》，转引自《民族语文研究新探》，成都：四川民族出版社1992年版。

宣德五：《韩国传统文化与汉字、汉字词问题》，北京大学韩国学研究中心《韩国学论文集》第4辑，北京：社会科学文献出版社1995年版。

宣德五：《朝鲜语基础语法》，北京：商务印书馆1994年版。

玄贞姬：《朝鲜语 AX 式颜色词程度序列考察》，《民族语文》2009 年第 5 期。

张寿山：《论朝鲜语句子成分划分的几个问题》，转引自国际高丽学会《朝鲜语言文学国际学术讨论会论文集》，北京：民族出版社 1988 年版。

张寿山：《关于朝鲜语复句》，《二次朝鲜学国际学术讨论会论文提要》，1988 年。

张兴权：《朝鲜语中的印欧外来语》，《民族语文》1981 年第 2 期。

张兴权：《我们语言中的外来语》，《朝鲜语学习和研究》1983 年第 2 期。

张兴权：《现代朝鲜语中的英语外来词》，《中央民族大学学报》1985 年第 3 期。

张兴权：《朝鲜语和汉语词汇对比》，北京：民族出版社 1992 年版。

宣德五、金祥元、赵习：《朝鲜语简志》，北京：民族出版社 1985 年版。

郑景彦：《论构词语素"－ha（ta）"》，转引自《朝鲜语研究》（1），牡丹江：黑龙江朝鲜民族出版社 1987 年版。

朝鲜语词汇研究论著索引

安炳浩：《阿尔泰语系统中的部分词语和朝鲜语基本数词的比较》，转引自《朝鲜学学者国际科学讨论会论文集》（语言学分科），平壤：朝鲜社会科学出版社 1989 年版。

安炳浩：《鸡林类事里出现的部分高丽词汇及其与其他语言的比较》，转引自《朝鲜语言学论文集》，北京：民族出版社 1984 年版。

陈植藩：《朝鲜语中的汉字词》，《中国语文》1964 年第 5 期。

崔奉春：《谈朝汉语指称表达法的基本特点》，《延边大学学报》1985 年第 2 期。

崔基天：《虚词处理中必须注意的几个问题》（朝鲜文），《朝鲜语文》1986 年第 1 期。

崔伦：《反义词的概念及其类型》（朝鲜文），《朝鲜语研究》（1），牡丹江：黑龙江朝鲜民族出版社 1987 年版。

崔羲秀：《女真语和朝鲜语中有对应关系的词汇研究》，中国朝鲜语学会《朝鲜语言学论文集》，北京：民族出版社 1984 年版。

崔应久：《现代朝鲜语词汇学》，沈阳：辽宁人民出版社 1980 年版。

崔允甲：《朝鲜语汉字词名词和动名词（形名词）》，《第一次朝鲜学国际学术讨论会论文集》，牡丹江：黑龙江朝鲜民族出版社 1983 年版。

桂成进：《朝鲜语汉字词的特点及其发展趋势》，黑龙江省朝鲜语学会《黑龙江省朝鲜语学术论文集》，牡丹江：黑龙江朝鲜民族出版社 1986 年版。

傅懋勣：《关于我国维吾尔文、蒙古文和朝鲜文中汉语借词的拼写法问题》，《中国语文》1962 年第 3 期。

黄有福、崔虎城：《"宇缆"语源考》，《民族语文》1982 年第 2 期。

姜宝有：《朝鲜语颜色词的基本范畴及其构成》，《延边大学朝鲜学国际学术讨论会论文集》，延吉：延边大学出版社 1989 年版。

金秉运：《李朝后半朝鲜语词汇变化的研究》，平壤：金日成综合大学出版社 1990 年版。

金东益：《朝鲜语亲属词义素分析》，《朝鲜语言文学论文集》，延吉：延边大学出版社 1988 年版。

金海洙：《朝鲜语成语性汉字词的特点》，《朝鲜语学习和研究》1985 年第 2 期。

金日、毕玉德：《有关朝鲜语词类问题上的不同观点评析》，《民族语文》2001 年第 6 期。

金顺女：《中国朝鲜语词汇变化的因素分析——以词汇变化原因为中心》，《延边大学学报》2010 年第 6 期。

金香花：《朝鲜语"푸르다"系列颜色词的语义派生》，《东疆学刊》2009 年第 3 期。

金哲俊：《〈华语类抄〉词汇体系研究》，《民族语文》2004 年第 6 期。

金永寿：《朝鲜王朝初期对汉语词类的认识》，《民族语文》2003 年第 4 期。

李得春：《朝鲜语的汉语借词》，《延边大学学报》1986 年第 2 期。

李得春：《浅谈汉朝同形词》，《延边大学学报》1988 年第 4 期。

李得春：《关于汉字词固有化之管见》，《中国朝鲜语文》1991 年第 3 期。

李得春：《汉字词增加的历史过程考察》，《延边大学学报》（特辑）1982年。

李得春：《朝鲜语中的满语借词与同源成分》，《民族语文》1984年第1期。

李得春：《关于朝鲜语里的汉语借词》，《延边大学学报》1986年第2期。

李得春：《朝鲜语词汇史》，延吉：延边大学出版社1987年版。

李得春：《汉朝语言文字关系史》（朝鲜文），延吉：东北朝鲜民族出版社1992年版。

李得春：《朝鲜语基本词汇音节增减变化的历史实况及其过程》，转引自《朝鲜语言文学论文集》，延吉：延边大学出版社1987年版。

李得春：《漫谈朝鲜语和满语的共同成分》，《延边大学学报》1981年第1期。

李得春：《关于〈蒙古语词和朝鲜语词比较〉中的朝鲜语词》，《民族语文》1994年第6期。

李得春：《朝鲜语汉字词和汉源词》，《民族语文》2007年第5期。

李得春、金基石：《关于朝鲜语词汇发展中的若干问题》，《东疆学刊》2002年第4期。

刘银钟：《朝鲜语词汇学》（朝鲜文），延吉：延边大学出版社1991年版。

刘银钟：《朝鲜语同义词》（朝鲜文），延吉：延边人民出版社1985年版。

刘银钟：《谚语语义构成的特性》，《朝鲜学学者国际科学讨论会论文集》（语言学分科），平壤：朝鲜社会科学出版社1989年版。

刘银钟：《朝鲜语固有成语的语义构成的特性》，《二次朝鲜学国际学术讨论会论文提要》1988年。

刘银钟：《朝鲜语语义论研究》（朝鲜文），延吉：延边大学出版社1992年版。

林成虎：《试论朝鲜语和日语谓词单音节汉字词的倾向性》，《延边大学学报》2006年第4期。

南日：《朝鲜语状语词尾与汉语结构助词"地"之比较》，《延边大学学报》2011年第1期。

全明吉：《论词典编纂中多义词和同音异义词的处理问题》（朝鲜文），《朝鲜语研究》（1），哈尔滨：黑龙江朝鲜民族出版社1987年版。

全香兰：《朝鲜语汉字成语与汉语成语》，《汉语学习》1996年第2期。

全香兰：《谈朝鲜语独有的汉字成语》，《民族语文》1999年第4期。

沈希燮：《关于整理汉字词的问题》（朝鲜文），转引自《朝鲜语研究》（1），哈尔滨：黑龙江朝鲜民族出版社1987年版。

太平武：《论朝鲜语同义汉字词识别方法与应用——以汉日朝语词汇对比为中心》，《汉语学习》2000年第3期。

太平武：《汉韩（朝鲜语）对比关系句中否定句与肯定句的意义分量及其位置问题——以汉韩语言对比为中心》，《当代韩国》2005年第1期。

玄贞姬：《汉朝颜色词群造词类型对比》，《延边大学学报》2007年第2期。

张光军：《论朝鲜语多义词的语义系统》（朝鲜文），《中国朝鲜语文》1989年第1期。

张光军：《汉字词略语的构成法及其使用》（朝鲜文），《朝鲜语学习和研究》1985年第1期。

赵习：《固有词和汉字词在语义上相辅相成关系的实例考察》，《朝鲜学学者国际科学讨论会论文集》（语言学分科），平壤：朝鲜社会科学出版社1989年版。

郑景彦：《朝鲜语同义词及其类型分析》，《朝鲜语文硕士论文集》，沈阳：辽宁民族出版社1986年版。

朝鲜语词典、方言、翻译及社会语言学等研究论著索引

北京大学东语系朝鲜语教研室：《朝汉词典》，北京：商务印书馆1989年版。

北京大学东语系朝语教研室、延边大学朝语教研室编：《汉朝词典》，北京：商务印书馆1989年版。

北京语言学院、延边人民出版社编：《简明汉朝词典》，北京：商务印书馆1986年版。

毕玉德：《关于语义信息处理的语义角色系统的构建》，《民族语文》2003年第3期。

朝鲜外国文图书出版社、民族出版社编:《中朝词典》,北京:民族出版社 1986 年版。

朝鲜外国文图书出版社、民族出版社编:《朝中词典》,北京:民族出版社 1992 年版。

崔健:《朝汉终点的表达形式对比》,《东疆学刊》2000 年第 2 期。

崔健:《朝汉经由点概念的表达形式对比》,《延边大学学报》2000年第 3 期。

崔健、朴贞姬:《朝日汉空间概念在时间领域中的投射》,《第八届国际汉语教学讨论会论文选》,2005 年。

崔洪洙等:《汉朝军事用语集》,沈阳:辽宁人民出版社 1986 年版。

崔羲秀:《汉字词对朝鲜族文化的影响》,《东疆学刊》2002 年第4 期。

崔应九:《朝鲜语文体学》,沈阳:辽宁人民出版社 1979 年版。

崔映洙:《中国朝鲜语研究的特点及趋向》《朝鲜学学者国际科学讨论会论文集》(语言学分科),平壤:朝鲜社会科学出版社 1988年版。

崔允甲等:《朝鲜文经历的道路》,《中国朝鲜语文》1987 年第 1—6 期。

崔宰宇:《汉清文鉴简编》,北京:民族出版社 2003 年版。

邓凤民、柳英绿:《朝汉语码转换形式与功能探析》,《延边大学学报》2009 年第 4 期。

对外经贸大学朝语教研室编:《朝汉成语谚语词典》,北京:商务印书馆 1986 年版。

方珍珠:《朝鲜族的语言交际习俗》,《汉语学习》1992 年第 5 期。

甘章贞:《翻译和处理朝鲜语定语的几点初步体会》,《延边大学学报》1977 年第 2—3 期。

桂畅源:《谈朝鲜语长定语句的基本译法》,《延边大学学报》2000年第 5 期。

关辛秋:《朝鲜族双语现象成因论》,北京:民族出版社 2000 年版。

韩振乾编:《汉朝植物词典》,沈阳:辽宁人民出版社 1978 年版。

韩振乾编:《汉朝动物名称词典》,沈阳:辽宁人民出版社 1982年版。

黄大华:《东海岸方言研究》,平壤:金日成综合大学出版社 1986年版。

黄大华：《六镇方言研究——论敬阶词尾"kkuma"、"kkEni"的形成》，《第二次朝鲜学国际讨论会论文提要》，1988年。

姜镕泽：《中国朝鲜族网络聊天语言问题》，《中央民族大学学报》2011年第3期。

金成日：《电影剧本翻译中的几个问题》（朝鲜文），《朝鲜语学习和研究》1983年第4期。

金东日：《在朝汉机器翻译上出现转换的难点》，转引自《民族语言文字信息技术研究——第十一届全国民族语言文字信息学术研讨会论文集》，北京：西苑出版社2007年版。

金光洙：《中国朝鲜语新名词术语分析》，《东疆学刊》2008年第3期。

金光洙：《朝鲜语语法术语的使用现状与规范研究》，《延边大学学报》2012年第1期。

金琪钟：《朝鲜语修辞学》（朝鲜文），沈阳：辽宁人民出版社1983版。

金琪钟：《从朝鲜语古典文学作品中考察文体学手法的历史发展》，平壤：金日成综合大学出版社1983年版。

金淑子：《关于朝鲜语信息处理》（朝鲜文），《朝鲜语学习和研究》1988年第8期。

金显大：《深入研究翻译文化遗产，提高翻译质量》（朝鲜文），《朝鲜语学习和研究》1983年第3期。

金香花：《朝鲜语话语标记"말이다"略谈》，《延边大学学报》2005年第6期。

金香花：《谈朝鲜语疑问代词"어디"和"뭐"的话语标记功能》，《延边大学学报》2007年第5期。

金香花：《朝鲜语转化类话语标记的辨析》，《延边大学学报》2008年第6期。

金香花：《朝鲜语多功能词"좀"的语用分析》，《东疆学刊》2012年第1期。

金载渊：《怎样翻译成语》（1）、（2），《汉语学习》1980年第1期。

金载渊：《汉语成语的翻译》，《汉语学习》1980年第2期。

金镇容：《关于信息处理用规则朝鲜语》（朝鲜文），《朝鲜学研究》（2），延吉：延边大学出版社1989年版。

金永寿：《汉朝语序排列对比之管见》，《东疆学刊》2000年第2期。

金永寿：《朝鲜15、16世纪汉文翻译本初探》，《东疆学刊》2002年第2期。

金永寿：《浅析15世纪汉朝佛经翻译》，《东疆学刊》2003年第2期。

金永寿：《中国朝鲜语规范化方向与规范原则的思考》，《东疆学刊》2010年第3期。

李得春、姜银国：《关于现代朝鲜语课程建设的若干问题》，《延边大学学报》1993年第2期。

李得春：《朝鲜语教育面临的问题及解决途径》，《民族语文》1998年第4期。

李得春、金基石：《展望21世纪的中国朝鲜语》，《延边大学学报》2001年第2期。

李得春、金基石：《世界中的朝鲜/韩国语和阿尔泰诸语言》，《东疆学刊》2003年第3期。

李龙海：《汉朝翻译中主语处理》，《朝鲜语言学论文集》，沈阳：辽宁民族出版社1986年版。

李龙海：《翻译演说时的"达"和"雅"的问题》（朝鲜文），《中国朝鲜语文》1987年第3期。

李亿哲：《汉语定语的翻译问题》（朝鲜文），《朝鲜语学习和研究》1985年第2期。

李亿哲：《论翻译原则》，转引自《朝鲜语研究》（1），哈尔滨：黑龙江朝鲜民族出版社1987年版。

李周三等编：《汉朝物理名词集》，延吉：延边人民出版社1983年版。

梁伍镇：《模糊语言及其文体学功能》（朝鲜文），《中国朝鲜语文》1987年第1—2期。

吕红波、崔锦实：《英语、汉语、朝鲜语、日语宾语对比》，《延边大学学报》2002年第5期。

吕红波、崔锦实：《新发掘的元代汉语老乞大的文献价值》，《民族语文》2001年第1期。

南成玉：《汉族中小学毕业的朝鲜族大学生双语使用情况探析》，《延边大学学报》1999年第1期。

朴锦海：《从语言接触看汉语对朝鲜语的影响》，《语文学刊》2010

年第 4 期。

朴石均编：《汉朝对译小词典》，延吉：延边大学出版社 1988 年版。

全学锡：《朝鲜语方言学》，延吉：延边大学出版社 1990 年版。

全学锡：《珲春地方方言的语音特点》（朝鲜文），《朝鲜语文硕士论文集》，沈阳：辽宁民族出版社 1986 年版。

全学锡：《珲春地区主要方言的音位数及其体系》，《延边大学学报》（特辑），1982 年。

全学锡：《咸镜道方言韵律特征的实验语音学分析》（朝鲜文），《语言文学学术论文集》，延吉：延边人民出版社 1991 年版。

全学锡：《咸镜道方言的音调研究》（朝鲜文），延吉：延边人民出版社 1997 年版。

权伍铣：《中国朝鲜语研究概况》，转引自《朝鲜语言学论文集》，沈阳：辽宁民族出版社 1986 年版。

沈希燮、李允奎：《延边地区的朝鲜语方言分布》（朝鲜文），《朝鲜学研究》（2），延吉：延边大学出版社 1989 年版。

沈贤淑：《汉、朝空间维度词的隐喻义对比》，《延边大学学报》2002 年第 2 期。

太平武：《汉朝翻译理论研究》，哈尔滨：黑龙江朝鲜民族出版社 1992 年版。

太平武：《社会语言学研究》（朝鲜文），北京：民族出版社 1990 年版。

太平武：《论汉译朝中的增减译法——场面信息与文字信息的转换》，《延边大学学报》1993 年第 1 期。

太平武：《21 世纪中国朝鲜语所面临的问题及其对策》，《民族教育研究》2000 年第 3 期。

王国旭：《建国以来朝鲜语社会语言学研究概述》，《延边大学学报》2009 年第 6 期。

王远新：《河北省抚宁县朝鲜族村的语言使用状况和双语教学》，《民族教育研究》2004 年第 6 期。

肖文明：《朝译汉文学翻译三题探析》，《延边大学学报》1984 年第 2 期。

许东振：《现代朝鲜语研究史考察》（朝鲜文）（1）、（2），《朝鲜语学习和研究》1983 年第 1 期。

许东振：《解放后朝鲜语研究考察》（朝鲜文），《朝鲜语学习和研究》1983 年第 3 期。

许粉荻：《汉语古典诗歌的翻译问题》（朝鲜文），《延边大学学报》1985 年第 4 期。

宣德五、赵习、金淳培：《朝鲜语方言调查报告》，延吉：延边人民出版社 1992 年版。

宣德五：《朝鲜文字变迁》，《中国少数民族古文字研究》，北京：中国社会科学出版社 1984 年版。

宣德五：《朝鲜民族文字的创制、发展及其历史意义》，《朝鲜学学者国际科学讨论会论文集》（语言学分科），平壤：朝鲜社会科学出版社 1986 年版。

宣德五：《朝鲜文》，中国社会科学院民族研究所、国家民族事务委员会文化宣传司《中国少数民族文字》，北京：中国藏学出版社 1991 年版。

宣德五：《论汉语文对朝鲜语文发展的历史影响》，《中国语言学报》1995 年第 5 期。

宣德五：《我国朝鲜族双语使用情况浅析》，《民族语文》1989 年第 5 期。

宣德五：《我国朝鲜族中小学双语文的使用和教学问题》，中国社会科学院民族研究所、国家民族事务委员会文化宣传司《中国少数民族语言文字使用和发展问题》，北京：中国藏学出版社 1991 年版。

宣德五：《朝鲜语中北方言的特点》，《民族语文》1996 年第 5 期。

宣德五：《关于我国朝鲜文夹用汉字之管见》，《民族语文》1996 年第 2 期。

延边教育出版社朝文组编：《小学生朝鲜语词典》，延吉：延边教育出版社 1987 年版。

延边社会科学院语言研究所：《朝鲜语词典》（1、2、3），延吉：延边人民出版社 1982 年版。

尹孝植：《翻译中拟声拟态词的处理》，《朝鲜语文》1986 年第 2 期。

张敏：《朝汉翻译教程》，北京：北京大学出版社 1992 年版。

张京华：《英、朝、汉被动句对比分析》，《延边大学学报》2002 年第 2 期。

张明惠：《关于朝译汉中成语的处理》，《民族语文》1983 年第 5 期。

张兴权：《从语言接触看朝鲜族语言使用和朝鲜语的共时变异》，《民族语文》1992年第5期。

张兴权：《接触语言学》，北京：商务印书馆2012年版。

张义源：《汉语熟语翻译法探析》，《延边大学学报》1981年第4期。

张义源：《翻译和思维》（1、2、3），《中国朝鲜语文》1989年第6期—1990年第3期。

张贞爱：《英语、汉语、朝鲜语双宾语句主动——被动转换对比》，《延边大学学报》2002年第5期。

张贞爱、李英浩：《英语、汉语、朝鲜语肯定——否定转换对比》，《延边大学学报》2002年第3期。

赵习、宣德五：《朝鲜语六镇话的方言特点》，《民族语文》1986年第5期。

赵习：《朝汉常用词词典》，北京：中国社会科学出版社1994年版。

（宣德五　千玉花）

下 部

南方民族语言文字研究论著索引

藏缅语族语言文字研究论著索引

藏语言文字研究论著索引（藏文）

阿华：《略谈当前藏文文字翻译工作的一些情况》（藏文），《中国藏学》1991年第1期。

阿米夏·贡嘎索南：《正字添接法方便入门》（藏文），更嘎松保等主编《藏文文法》，北京：民族出版社2004年版。

阿旺·才让扎西：《谈藏语的声韵配置规律》（藏文），《西北民族学院学报》1995年第1期。

阿旺丹达：《智者语饰·藏文字词概述》（藏文），北京：民族出版社1980年版。

阿旺丹增：《藏文字体的演变》（藏文），《西藏研究》1982年第2期。

阿旺丹增：《论藏文字体的演变》（藏文），《西藏研究论文选编》，拉萨：西藏人民出版社1985年版。

阿旺·却太尔：《藏文古词浅释》（藏文），西宁：青海民族出版社1980年版。

阿旺·却太尔：《安多口语词汇》（内部参考），兰州：西北民族学院，1980年。

阿尊良逎巴：《正字初学》（藏文），成都：四川民族出版社1958年版。

安世兴：《藏文藻饰词释难》（藏文），兰州：甘肃民族出版社1991年版。

安世兴：《梵藏汉对照词典》，北京：民族出版社1991年版。

阿加永增：《阿加永增的三十颂和音势论详解》，木刻版。

巴地：《藏族文字通论》（藏文），成都：四川民族出版社2003

年版。

巴色仓：《词海入门》（藏文），雍仲林木刻版，成都：四川民族出版社1989年版。

巴·顿珠杰：《确定藏语标准语的建议》（藏文），《攀登》1995年第5期。

巴雄·仁青才让：《多卫康三方言的特点和通用藏语释疑》（藏文），《中国藏学》1996年第1期。

巴雄·仁青才让：《浅谈图弥所著八大声明学之考证》（藏文），《西藏研究》2002年第4期。

巴俄·祖勒陈瓦：《文法疏·智者喜宴》，北京：民族出版社1986年版。

班禅额尔德尼·确吉坚赞、阿沛·阿旺晋美：《关于西藏自治区学习、使用和发展藏语文若干规定的建议》（藏文），《藏语文工作》1990年第2期。

班禅·释迦确丹：《语门注疏·语饰》（藏文）。

班贡：《略谈公文翻译》（藏文），《西藏研究》1995年第4期。

奔嘉：《藏文虚词"re"字浅析》（藏文），《西藏研究》1987年第2期。

本热·扎珍：《略谈文学翻译》（藏文），《西藏研究》1991年第3期。

贝康译师：《藏语正字智者语灯》（藏文），1538年。

笔托：《藏文形容词构词规则浅析》（藏文），《青海教育》1996年第3期。

边巴嘉措：《梵文"sha"和"shka"字的读音略谈》（藏文），《西藏大学学报》1991年第3期。

边巴嘉措：《从语法学角度谈谈藏语规范化问题》（藏文），《中国藏学》2001年第1期。

边巴嘉措：《语言学与现代科学》（藏文），《西藏研究》2002年第3期。

边巴嘉措、边巴卓玛：《浅说"lha sa"地名》（藏文），《西藏研究》2002年第4期。

布顿·仁钦珠：《布顿教法史》（藏文），1322年。

擦珠·阿旺洛桑：《擦珠文法》（藏文），拉萨：西藏人民出版社。

仓赛·协巴多杰：《圣地声明学的传播浅谈》（藏文），《攀登》1994年第3期。

仓旺·更敦丹巴：《初探 dor sde 藏族方言》（藏文），《西藏研究》2002年第4期。

才布·索朗次仁：《有关藏区标准语形成的一线思考》（藏文），《中国藏学》1991年第3期。

才旦夏茸：《藏文文法详解》（藏文），西宁：青海民族出版社1954年版。

才旦夏茸：《藏汉辞汇》（上、下册）（藏文），西宁：青海人民出版社1955年版。

才旦夏茸：《藏文写字帖》（藏文），西宁：青海民族出版社1975年版。

才旦夏茸：《藏文文法》（藏文），兰州：甘肃人民出版社1980年版。

才旦夏茸：《藏文美术字的写法》（藏文），《青海教育》1982年第4期。

才旦夏茸：《藏传佛教教派名称考》（藏文），《章恰尔》1982年第1期。

才旦夏茸：《新词翻译的若干意见》（藏文），《青海民族语文工作》1983年第1期。

才旺拉姆：《对〈音势论〉中几个难题的探讨》（藏文），《西藏研究》1992年第2期。

才旺拉姆：《与藏文法有关的若干文学作品分析》（藏文），《西藏研究》1993年第4期。

才旺拉姆：《藏文语法学的起源与演变问题刍议》（藏文），《中国藏学》1994年第2期。

才旺拉姆：《略考藏文文法的渊源历史》（藏文），《西藏研究》1995年第2期。

才旺拉姆：《藏语言学概论》（藏文），北京：中国藏学出版社1998年版。

才旺拉姆：《藏传语法中词的分类》（藏文），中央民族大学编《藏学研究》，北京：民族出版社1998年版。

才旺拉姆：《浅谈藏文都有的几个特点》（藏文），《中国藏学》

2003 年第 4 期。

才项多杰：《藏语词汇的历史演变》（藏文），《攀登》2002 年第 1 期。

才项多杰：《藏语句式分析》（藏文），《中国藏学》2002 年第 3 期。

才旺多杰：《古藏文文献与藏文文法比较》（藏文），《西藏研究》2004 年第 4 期。

才让太：《藏文起源初探》（藏文），《中国藏学》1988 年第 1 期。

才让太：《试论藏民族通用语》（藏文），《西南民族学院学报·藏语文研究》1992 年第 2 期。

才让扎西：《略谈西部大开发的民族语文工作》（藏文），《青海藏语文工作》2000 年第 2 期。

才让扎西：《略论藏语文的现状及其使用》（藏文），《青海藏语文工作》2002 年第 1 期。

蔡巴·贡嘎多杰：《红史》（1934 年）（藏文），北京：民族出版社 1993 年版（重印）。

蔡江：《ka ring 一词的来源》（藏文），《攀登》2004 年第 4 期。

《浅析藏语文无用论的由来》（藏文），《青海藏语文工作》2000 年第 2 期。

次臣：《迭部方言探微》（藏文），《攀登》1994 年第 1 期。

次多：《浅谈修辞学的"srog"》（藏文），《西藏研究》1990 年第 1 期。

次臣彭措：《藏语三时一式区别表》（1761 年）（藏文），拉萨：西藏藏文古籍出版社 1996 年版（重印）。

次臣彭措、克珠嘉措：《苯波文通二十七颂》（1751 年）（藏文），成都：四川民族出版社 1989 年版（据木刻版重印）。

次臣嘉措：《英雄五字与神文四十字》（雍仲林木刻版）（藏文），成都：四川民族出版社 1989 年（重印）。

次仁顿珠：《略谈汉藏翻译》（藏文），《西藏研究》1990 年第 2、3 期。

次仁顿珠：《初探汉藏翻译中的构词法》（藏文），《西藏研究》1995 年第 1 期。

次仁平措：《谈如何认识翻译理论及规范语言重要性》（藏文），

《西藏研究》1994年第4期。

次仁曲杰：《浅谈在拉萨语中一部分下加字"ra"脱落的原因及其发展趋势》（藏文），《西藏民族学院学报》1982年第2期。

次仁群措：《浅谈藏族语言和文化》（藏文），《西藏研究》1989年第3期。

次旺：《评〈藏汉大辞典〉的若干词意》（藏文），《西藏研究》1987年第4期。

次旺太：《翻译时应注意使用藏族传统名词》（藏文），《西藏研究》1990年第4期。

陈其玉：《谈藏语动词的组成功能》（藏文），《西北民族学院学报》1985年第1期。

陈其玉：《简析藏语语法中词的一种新表现手法》（藏文），《西北民族学院学报》1994年第1期。

陈践：《古藏文文字特点简介》（藏文），《知识火花》1983年第10期。

赤列嘉措：《藏语虚词的辨认》（藏文），《中国藏学》1992年第2期。

达仓·班觉桑布：《汉藏史集》（藏文），1434年作，拉萨：西藏人民出版社1986年版。

达果：《四元素词汇命名论》（藏文），《青海教育》1985年第6期。

达哇洛哲：《藏文在安多语中的读法》（藏文），《青海教育》1981年第5期。

达哇洛哲：《藏族名称考》（藏文），《西藏研究》1986年第3期。

达哇洛哲：《试论藏文语法中的几个问题》（上下）（藏文），《青海教育》1992年第1、2期。

达哇洛哲：《论通用藏语的语音和词汇系统》（藏文），《攀登》1992年第2、3期。

达哇才让：《藏族文字的演变与草写体的产生》（藏文），《西藏研究》2005年第2期。

达瓦次仁：《尊崇高贵之术语——藏语敬语疏释》（藏文），《中国藏学》1990年第1期。

达瓦次仁：《藏文字体种类简介》（藏文），《藏语文工作》1993年第 1 期。

达瓦次仁:《提高汉藏文字翻译水平的一些想法》(藏文),《中国藏学》1995 年第 1 期。

达瓦扎巴:《梵文声明学三派之一集分派之总义》(藏文),《西藏研究》1990 年第 2 期。

丹巴嘉措:《关于藏文文法中位格的若干问题》(藏文),兰州:甘肃民族出版社 1978 年版。

丹巴嘉措:《安多藏语初探》(藏文),《青海民族学院学报》1979 年第 3—4 合期。

旦白卓麦:《藏文字体略述》(藏文),《西藏研究》1984 年第 4 期。

旦白卓麦:《藏文字体的种类及其演变过程》(藏文),《中国藏学》1995 年第 1 期。

旦白卓麦:《语言学概论》(藏文),《雪域文化》1995 年第 4 期。

丹增伟色:《试探 spur – rgyal 一词渊源》(藏文),《西藏研究》1986 年第 3 期。

丹增吉明:《试论藏语标准化问题》(藏文),《中国藏学》1993 年第 2 期。

丹增久美:《拉萨话语音是建立藏民族标准音的基础》(藏文),《西南民族学院学报·藏语文研究》1992 年第 2 期。

旦正嘉:《关于藏文字的来源及其语法作者的分析》(藏文),《西藏研究》1992 年第 3 期。

旦珠泽仁:《声明学在藏区的发展》(藏文),《贡嘎山》1988 年第 5 期。

旦德拉冉巴:《旦德拉冉巴的三十颂和音势论详解》(木刻版)。

道吉草:《古藏文和于阗文浅议》(藏文),《西藏研究》2004 年第 4 期。

道吉草:《东噶藏学大辞典》(藏文),北京:中国藏学出版社 2002 年版。

道吉草:《语言教育》(藏文),北京:民族出版社 2004 年版。

东干仓·格西奇珠:《藏族姓氏研究》(藏文),北京:民族出版社 2001 年版。

东主才让:《社会语言学与它的研究对象》(藏文),《中国藏学》

1993 年第 4 期。

东主才让：《藏文词典编纂需要注意的若干问题》（藏文），开哇编《藏学研究论集》，北京：民族出版社 1999 年版。

东主才让：《社会语言学概论》（藏文），西宁：青海民族出版社 1999 年版。

东主才让：《古藏语语音考释》（藏文），《中国藏学》2003 年第 1 期。

顿珠次仁：《浅谈藏语敬语》（藏文），《中国藏学》1990 年第 1 期。

顿珠次仁：《略谈藏语中的借词》（藏文），《中国藏学》1991 年第 4 期。

顿珠次仁：《浅谈藏语词汇的理解》（藏文），《中国藏学》1992 年第 1 期。

东珠拉杰：《对规定通用藏语的思考》（藏文），《藏语文工作》1993 年第 3 期。

德却：《文法三十颂问答》（藏文），《青海教育》1984 年第 1、2 期。

德却：《藏文语法详解》（藏文），西宁：青海民族学院。

第司·桑杰嘉措：《蓝琉璃》（藏文）（拉萨木刻版），1687 年。

第司·桑杰嘉措：《度量宝匣》（藏文）（拉萨木刻版），1687 年。

顶清·次仁欧珠：《关于藏文元音问题的几点看法》（藏文），《西藏研究》1988 年第 4 期。

顶尖·欧珠：《指出藏语文中的一些特殊规律》（藏文），《雪域文化》1991 年第 3 期。

顶尖·欧珠：《略谈藏族的敬语》（藏文），《西藏研究》1991 年第 1 期。

端智嘉：《bod 词渊源说》（藏文），《青海教育》1982 年第 3 期。

多布旦：《讨论藏文的若干拼法》（藏文），《西藏研究》2000 年第 2 期。

多布旦：《藏语语法〈三十颂〉〈音势论〉成书年代考》（藏文），《中国藏学》2003 年第 3 期。

多布杰：《略评文艺语言》（藏文），《雪域文化》1992 年第 1 期。

多才旦：《推广通用藏语需要整个民族的努力》（藏文），《日月山》

1994 年第 1 期。

多丹：《略谈汉藏翻译》（藏文），《西藏研究》1990 年第 1 期。

多杰次仁：《谈藏文》（藏文），《西藏研究》1988 年第 3 期。

多杰东珠：《藏语句子的定义和分类》（藏文），《青海教育》1996 年第 6 期。

多杰群培：《对藏族语词概念的语法学分析》（藏文），《攀登》2002 年第 4 期。

多吉仁钦：《藏文字体的发展与变化浅论》（藏文），《攀登》1994 年第 1 期。

多杰仁青：《安多方言和藏族古文献书面语的比较》（藏文），《攀登》2002 年第 4 期。

多识：《藏语语法深义明释》（藏文），兰州：甘肃民族出版社 1987 年版。

多识：《施事词和领属词的连续法是否有区别》（藏文），《章恰尔》1989 年第 4 期。

多识：《修辞论》（藏文），《青海教育》1994 年第 1、2 期。

多识：《多识论文集》（藏文），北京：民族出版社 1996 年版。

朵贡·桑达多吉：《浅析藏文语音发音的轻重》（藏文），《西藏文艺》1990 年第 5 期。

朵贡·桑达多吉：《藏文学作品中书面语与口语的区别及二者的不同用法》（藏文），《西藏研究》1997 年第 4 期。

堆拉布琼：《略谈藏文的性质》（藏文），《西藏研究》2002 年第 2 期。

堆拉布琼：《从敦煌文献〈兄弟教诲录〉中的缩写体看古藏文的缩写法》（藏文），《西藏研究》2003 年第 2 期。

尔科：《藏文标点符号的特点及其用法》（藏文），《中国藏学》1995 年第 1 期。

俄曲·达摩巴扎：《司徒教言文法》（1866 年作）（藏文），北京：民族出版社印。

俄曲·央金珠贝多杰：《三十颂精要·嘉言树王论》（1901 年作）（藏文），拉萨：西藏人民出版社 1978 年版（印）。

俄曲·央金珠贝多杰：《音势论·解难释疑明镜》（1903 年作）（藏文），拉萨：西藏人民出版社 1978 年版（印）。

俄日尖措：《语言学研究新论》（藏文），《藏学论文集》（五），北京：中国藏学出版社 2000 年版。

俄日尖措：《语言学新探》（藏文），北京：民族出版社 2002 年版。

俄日坚措：《略论词的形成和演变规律》（藏文），《西北民族学院学报》1995 年第 2 期。

嘎帕巴桑：《地名词源考》（藏文），《西藏研究》2003 年第 1 期。

噶玛降村：《关于藏语文演变与通用藏语的几点思考》（藏文），《青海藏语文工作》1999 年第 1 期。

噶玛次仁：《嘉戎语中的古词与古代藏文读音辩考》（藏文），《中国藏学》1994 年第 1 期。

嘎玛司都：《司都文法详解》，西宁：青海民族出版社 1982 年版。

嘎钦·丹增吉美旺秋：《藏文正字语法注释》（藏文），《西藏研究》1985 年第 1 期。

嘎瓦·贝则等：《语合二卷》（藏文），1814 年编，德格版《丹珠尔》杂部［co］卷。

尕藏陈列：《藏语术语规范化的方向》（藏文），《青海教育》1997 年第 2 期。

尕藏陈列：《论术语规范化的基础》（藏文），《青海教育》1999 年第 6 期。

尕藏洛者：《藏语通用语的关键在于发音的统一》（藏文），《青海藏语文工作》1999 年第 1 期。

尕藏嘉措：《从人类学角度评析藏文语音》（藏文），《西藏研究》2003 年第 3 期。

嘎仔·旦真加：《浅析藏文文法的若干问题》（藏文），《西藏研究》1988 年第 2 期。

嘎仔·旦真加：《声明学源流》（藏文），《西藏研究》1989 年第 2 期。

嘎仔·旦真加：《藏文起源及藏语语法之两书著者考》（藏文），《西藏研究》1992 年第 3 期。

嘎仔·旦真加：《试析西藏历史上三次文字规范举措》（藏文），《西藏研究》1994 年第 1 期。

格日加：《藏语语言学概论》（藏文），《中国藏学》2002 年第 3 期。

格西曲吉扎巴：《藏文词典》（拉萨木刻版），1946 年。

根顿措培：《论"yin"和"red"》（藏文），《青海教育》1994 年第 3 期。

更敦群培：《更敦群培文集》（藏文）（一、二、三），拉萨：西藏藏文古籍出版社 1994 年版。

更敦群培：《梵文宝库》（藏文），拉萨：西藏藏文古籍出版社 1994 年版。

更敦群培：《边境地区地名的演变》（藏文），《明镜》1939 年第 10 卷第 4 号。

更敦群配：《虚词和格标记的区别》（藏文），《青海教育》1997 年第 2 期。

更敦群配：《论藏文的结构》（藏文），《青海藏语文工作》2000 年第 1 期。

更秋登子、泽仁吉美：《关于统一藏语标准语的几点想法》（藏文），《贡嘎山》1995 年第 2 期。

更藏：《藏语文使用范围之我见》（藏文），《青海民族学院学报》2004 年第 2 期。

格顿：《试探藏族七音拼及其意义》（藏文），《西藏研究》1993 年第 2 期。

格桑赤列：《藏语术语的科学命名浅谈》（藏文），《青海教育》1995 年第 4 期。

格桑顿珠：《古代藏族赞普用象雄语起名法之谈》（藏文），《西藏研究》1999 年第 2 期。

格桑晋美：《谈藏语语法中的令词用法及其规律》（藏文），《西藏研究》1994 年第 1 期。

格桑居冕：《藏文字性法与古藏语音系》（藏文），《西南民院学报·藏语文研究》1992 年第 2 期。

格桑郎杰：《略谈汉藏翻译》（藏文），《西藏研究》1989 年第 3 期。

格桑洛卓：《浅析安多地区部分方言》（藏文），《中国藏学》1992 年第 3 期。

贵桑杰参等：《本教文法典籍》，拉萨：西藏藏文古籍出版社 1996 年版。

公保：《藏文名词用法探索》（藏文），《西藏研究》2003 年第

2 期。

贡布旺杰：《藏语重叠词词典》（藏文），北京：民族出版社 2004 年版。

贡却成理：《藏文文法疏解》（藏文），兰州：甘肃民族出版社 1995 年版。

贡嘎降泽等编：《木雅布楚文集》（藏文），北京：民族出版社 2003 年版。

古琼：《怎样省略藏文文法中的判位词》（藏文），《西藏教育》1995 年第 4 期。

郭登元：《关于藏文通俗化的几种倾向》（藏文），《青海民族学院学报》1978 年第 1、2 期。

郭须·扎巴军乃：《略析藏语连接词》（藏文），《西藏研究》1992 年第 4 期。

郭须·扎巴军乃：《略谈藏文量词》（藏文），《西藏研究》1993 年第 4 期。

郭须·扎巴军乃：《古藏文词汇研究》（藏文），《中国藏学》1994 年第 2 期。

杭本加：《常用词汇解释》（藏文），《青海教育》1982 年第 3、4、5 期。

杭·洛哲丹巴：《邦洛〈简明三身论〉》（藏文），《达赛尔》1994 年第 1、2 期。

华旦扎西：《藏英对照词典》，兰州：甘肃民族出版社 1999 年版。

华青多丹：《藏文正确读法》（藏文），《青海教育》1999 年第 5 期。

华侃、马昂前：《谈藏语词义演变几个要点》（藏文），《西北民族学院学报》1994 年第 1 期。

华侃、龙博甲：《安多藏语口语词典》，兰州：甘肃民族出版社 1993 年版。

华洛：《藏族书名起法之探究》（藏文），《西藏研究》1992 年第 4 期。

华日·洛卓：《略谈同一词与翻译口语文学作品问题》（藏文），《西藏研究》1993 年第 4 期。

华日·洛卓：《谈汉藏文中的修饰语的译法》（藏文），《西藏研究》1994 年第 1 期。

华日·洛卓：《汉藏双齐词格之比较》（藏文），《西藏研究》1994年第4期。

华瑞·桑杰：《音势论疑难探究》（藏文），《青海教育》1983年第5期。

华瑞·桑杰：《动词的形态变化》（藏文），《西北民族学院学报》1984年第1期。

华瑞·桑杰：《论安多华瑞等地藏语语音同化》（藏文），《青海教育》1988年第1期。

华瑞·桑杰：《谈名词的产生和发展》（藏文），《青海教育》1996年第3期。

华瑞·桑杰：《谈藏文后置词的构词特点》（藏文），《西北民族学院学报》1988年第1期。

华瑞·桑杰：《藏语文释藏族最丰富的文化宝库》（藏文），《西北民族学院学报》1989年第1期。

华瑞·桑杰：《藏文前加字词性识别功能》（藏文），《西北民族学院学报》1990年第1期。

华瑞·桑杰：《析藏语音势论的三类不同性质的动词》（藏文），《西藏研究》1990年第2期。

华瑞·桑杰：《藏语韵律学的创立》（藏文），《中国藏学》1992年第1、2期。

华瑞·桑杰：《略析藏文字母简缩速写法》（藏文），《西北民族学院学报》1993年第2期。

华瑞·桑杰：《试析藏文辅音 ra 与 ra 系足字间关系》（藏文），《西藏研究》1994年第2期。

华瑞·桑杰：《声韵学创新》（藏文），兰州：甘肃民族出版社1994年版。

华瑞·桑杰：《论藏文来历及有关争议问题》（藏文），《西北民族学院学报》1995年第1期。

华瑞·桑杰：《略谈八思巴新蒙古字》（藏文），《西藏艺术研究》1995年第1期。

华瑞·桑杰：《论藏语缩略语》（藏文），《西北民族学院学报》1995年第2期。

华瑞·桑杰：《论藏语敬语》（藏文），《西藏研究》1997年第1期。

华瑞·桑杰:《藏语名词解释》(藏文),《西藏研究》1997 年第 2 期。

华瑞·桑杰:《略论藏文错别字的解除方法》(藏文),《西藏研究》1997 年第 3 期。

华瑞·桑杰:《藏文正字读法秘诀》(藏文),《西藏研究》1997 年第 4 期。

华瑞·桑杰:《藏语同义词》(藏文),《西藏研究》1998 年第 2 期。

华瑞·桑杰:《藏语一词多义法》(藏文),《西藏研究》1998 年第 3 期。

华瑞·桑杰:《藏语语法明灯》(藏文),西宁:青海民族出版社 1998 年版,2003 年重版。

华瑞·桑杰:《藏文正字学发隐》(藏文),西宁:青海民族出版社 1999 年版。

华瑞·桑杰:《要提倡使用古文献中有生命力的词汇》(藏文),《中国藏学》2000 年第 1 期。

华瑞·桑杰:《论词藻的作用》(藏文),《中国藏学》2000 年第 3 期。

黄明信:《西藏文法四种合编》(藏文),北京:民族出版社 1956 年版。

黄显铭、果智:《藏汉对照〈瑜珈师地论〉辞汇》,西宁:青海民族出版社 2001 年版。

吉·曲州:《声明八品》(藏文),《丹珠尔》杂部 co 卷,德格木刻版。

吉太加:《"布杰"(spu－rgyal)词源考》(藏文),《西藏研究》1993 年第 1 期。

吉太加:《藏文的起源及其演变过程》(藏文),《中国藏学》1994 年第 3 期。

吉太加:《藏语语境学概论》(藏文),《中国藏学》1996 年第 3 期。

吉太加:《藏语词汇的含义和构成》(藏文),《青海教育》1996 年第 6 期。

吉太加:《现代藏文语法通论》(藏文),兰州:甘肃民族出版社 2000 年版。

吉太加：《藏语安多方言的特点及其成因》（藏文），《中国藏学》2003年第3期。

嘉任霞帕：《略论藏语和藏民族社会发展的关系》（藏文），《攀登》1993年第4期。

嘉洛：《藏族翻译史中一个疑难问题的商榷》（藏文），《西北民院学报》1994年第2期。

嘉洛：《谈音译的把握》（藏文），《攀登》1994年第2期。

甲乙群培：《浅谈藏族韵律学》（藏文），《攀登》1994年第2期。

嘉样洛哲：《与图弥桑布扎有关的若干历史问题》（藏文），《西藏研究》1990年第1期。

嘉央智华：《论表达之声》（藏文），《青海教育》1996年第6期。

嘉央智华：《新词词汇的意义区别》（藏文），《青海教育》1988年第4期。

嘉央智华：《藏文文法综述》（藏文），宗者拉杰主编《中国藏族文化艺术彩绘大观图说明镜》，北京：民族出版社2000年版。

江西：《gangs一词探析》（藏文），《青海教育》1990年第1期。

尖绒·丹增：《字词句三分之有关论文读后》（藏文），《青海教育》1991年第3期。

杰色：《文法释疑宝鉴》（藏文），西宁：青海民族出版社1991年版。

杰奇珠：《声明八品本释》，木刻版。

江智·次臣南喀丹增：《疑问代词略谈》（藏文），《青海教育》1997年第3期。

晋美：《略谈梵文的若干问题》（藏文），《西藏研究》1987年第2期。

久美腾却：《语法精解》（藏文），《青海教育》1997年第4、5、6期，1999年第1期。

久美卓盼：《略论藏传语言学之文字拼读》（藏文），《青海教育》1999年第3期。

居弥盘·郎杰嘉措：《再后置字"sa"的用法简论》（藏文），《西藏研究》1985年第3期。

觉顿·仁钦扎西：《藏文新旧词汇辨异·丁香帐》（1476年）（藏文），北京：民族出版社1981年版（重印）。

卡本：《藏语语法第二格和第四格的区分方法》（藏文），《中国藏学》2001 年第 1 期。

卡冈·华青太：《略述梵文声明学对藏语不适用性》（藏文），《西北民族学院学报》1994 年第 2 期。

卡毛加：《关于发展藏语言文字的五点想法》（藏文），《青海藏语文工作》2002 年第 1 期。

看本：《藏文文法新解》（藏文），西宁：青海民族出版社 2003 年版。

堪本：《浅谈安多方言》（藏文），《攀登》2003 年第 2 期。

侃本：《汉地藏语地名浅析》（藏文），《攀登》2002 年第 2 期。

堪布·白泽：《声明八品及其注解》（藏文），拉萨：西藏人民出版社 1988 年版。

康萨·次仁多杰：《试论藏文文法中的双关修饰法》（藏文），《西藏研究》1988 年第 2 期。

克秀（噶贡）：《藏语语法中的词句缩略规律》（藏文），《中国藏学》1995 年第 1 期。

廓勒：《藏文字体发展简史》（藏文），《青海教育》2003 年第 3 期。

拉达：《略谈藏文缩写体》（藏文），《西藏研究》1993 年第 3 期。

拉高：《谈藏语词汇之省略方式》（藏文），《西北民族学院学报》1988 年第 1 期。

拉喀、夏吾顿珠：《民族语文工作中的问题及对策浅谈》（藏文），《攀登》1994 年第 1 期。

拉加·根顿希饶：《正字探索甘露供养云》（1817 年）（拉加寺木刻版）（藏文），转引自青海民族出版社编《藏文正字学集》，西宁：青海民族出版社 1998 年版（重印）。

拉却杰：《略谈与诗词有关的省略文句》（藏文），《中国藏学》1991 年第 2 期。

兰却加：《当前翻译工作的弊病及改正的建议》（藏文），《西北民族学院学报》1994 年第 1 期。

郎杰：《略论藏文》（藏文），《西藏研究》1987 年第 3 期。

李建本：《声明学源流》（藏文），宗者拉杰主编《中国藏族文化艺术彩绘大观图说明镜》，北京：民族出版社 2000 年版。

李钟霖：《藏文藻词及使用浅说》（藏文），《青海民族学院学报》1988 年第 2 期。

林温·白玛格桑：《略论藏文文法判位词和连接虚词》（藏文），《西藏研究》1986年第4期。

林温·白玛格桑：《藏文文法若干问题——与霍康先生商榷》（藏文），《西藏研究》1988年第1期。

林温·白玛格桑：《评藏语语法中一个动词能否运用双重施事词》（藏文），《雪域文化》1991年第1期。

鲁仓·多杰仁青：《迭部语研究》（藏文），《中国藏学》1995年第1期。

罗秉芬、岗措：《藏文再后置字"s"的功能》（藏文），《青海教育》1981年第1期。

罗白：《藏传语言理论中反义词的界定》（藏文），《青海教育》1999年第3期。

罗布丁珍：《正字法》（藏文），成都：四川民族出版社1987年版。

洛桑：《松赞干布以前有无文字说》（藏文），《西藏大学学报》1991年第3期。

洛桑洛追：《增加六个藏文字母之原委探析》（藏文），《中国藏学》1990年第3期。

洛桑曲扎：《玛茹公卡光古堡和藏文创制》（藏文），《章恰尔》1984年第4期。

洛桑群培：《藏文渊源谈》（藏文），《青海教育》1984年第2期。

洛松泽仁：《翻译在藏族文化发展中的作用》（藏文），《西藏研究》1992年第2期。

洛周：《论声明著作和藏语言学的关系》（藏文），《藏学论文集》（二），北京：中国藏学出版社1991年版。

洛周：《论梵藏语法关系》（藏文），西宁：青海民族出版社2000年版。

洛珠嘉措：《略论语言学著作》（藏文），《西藏研究》1983年第2期。

洛珠嘉措：《藏传佛教藏文典籍译成它种文字的思考》（藏文），《雪域文化》1995年第2期。

马昂前：《略析天祝方言的独特风格》（藏文），《西北民族学院学报》1994年第1期。

马进武：《藏语语法明灯》，西宁：青海民族出版社1998年版。

玛仲·米久多杰：《藏族姓氏和人名研究》（藏文），《西藏研究》

1987 年第 1 期。

麦巴·贡却加：《再谈藏文起源》（藏文），《西藏研究》1998 年第 2 期。

麦巴·贡却加：《略析古藏文文献中的语法规则》（藏文），《西藏研究》2000 年第 3 期。

麦巴·贡却加：《评藏语语法动词的时态》（藏文），《西藏研究》2002 年第 3 期。

麦巴·贡却加：《评析词的分类》（藏文），《西藏研究》2002 年第 4 期。

麦巴·贡却加：《评析句子的概念和结构》（藏文），《西藏研究》2004 年第 4 期。

毛儿盖·桑木旦：《语法明悦》（藏文），兰州：甘肃人民出版社 1980 年版。

毛儿盖·桑木旦：《略论汉藏语的区别》（藏文），《青海民族学院学报》1980 年第 4 期。

毛儿盖·桑木旦：《梵藏对照词典》，兰州：甘肃民族出版社 1989 年版。

毛尔盖·桑木旦：《藏文文法概论》，成都：四川民族出版社 1979 年版。

毛兰嘉措：《藏文概论》（藏文），《达赛尔》1982 年第 2 期。

弥底·珍贝冶西扎巴：《语门文法概要》（藏文），北京：民族出版社 1980 年版。

米玛次仁：《后藏地名考释》（藏文），《西藏研究》2002 年第 4 期。

米南：《年藏文写字帖》（藏文），北京：民族出版社 2002 年版。

木雅·布楚：《bod 一词考》（藏文），《贡嘎山》1986 年第 1 期。

木雅·布楚：《藏文文法立论疏解辩》（藏文），《西藏研究》1989 年第 1 期。

木雅·布楚：《谈藏文文法的一些争议问题》（藏文），《西藏研究》1991 年第 3 期。

木雅·布楚：《三十颂难点》（藏文），《贡嘎山》1991 年第 5 期；

木雅·布楚：《略论藏语文统一的重要性及办法》（藏文），《贡嘎山》1995 年第 1 期；

纳唐译师：《梵文拼读法及其注疏》（藏文），木刻版。

南杰:《略论藏文》(藏文),《西藏研究》1987年第3期。

南卡洛布:《论藏学的基础——语法理论》(藏文),《西南民院学报·藏语文研究》1992年第2期。

南喀诺布:《"蕃"字释义》(藏文),《中国藏学》年1989第4期、1990年第1期。

南喀诺布:《古代象雄与吐蕃》(藏文),北京:中国藏学出版社1996年版。

南拉加:《谈几点安多方言中的语法问题》(藏文),《攀登》2004年第4期。

宁桑扎巴:《藏文"优盖""优那"渊源考》(藏文),《攀登》2000年第1期。

诺布尖措:《语言学理论发展概述》(藏文),《西藏研究》2000年第2期。

诺布尖措:《三次藏文厘定新考》(藏文),《中国藏学》2003年第4期。

诺昌·吴坚:《论图弥·桑布扎的历史以及藏族文字的产生》(藏文),《西藏研究》1983年第3期。

诺昌·吴坚:《藏文缩简词》(藏文),《西藏研究》1987年第1期。

诺昌·吴坚:《古藏文为建设新西藏服务》(藏文),《藏语文工作》1993年第3期。

诺尔德:《藏族数学中数字的异名》(藏文),《章恰尔》1984年第1期。

彭措扎西:《略谈藏文翻译的重要性》(藏文),《中国藏学》1995年第1期。

彭果:《西部大开发与藏语文发展的关系》(藏文),《青海藏语文工作》2001年第2期。

彭哲:《藏区使用藏文的几个问题探索》(藏文),《中国藏学》1989年第2期。

朋才:《bod一词的来源》(藏文),《青海教育》1982年第3期。

平措:《略述藏文字性的几点管见》(藏文),《西藏研究》1995年第1期。

普布次仁:《藏语文学习、使用和推广的点滴思考》(藏文),《西藏教育》1995年第4期。

普布次仁：《佛学辞汇》（藏文），拉萨：西藏人民人出版社 1994 年版。

普日科：《安多藏族的昵称》（藏文），《青海民族学院学报》1987 年第 4 期。

吴怡：《名词标准化是民族语文发展的方向》（藏文），《岗坚梅朵》1994 年第 1 期。

其美次仁：《谈如何正确理解"物质"一词的含义》（藏文），《西藏研究》1994 年第 4 期。

祁正贤：《论敦煌古代藏文中的修饰词》（藏文），《西藏研究》1992 年第 3 期。

奇珠：《试谈藏语动词范畴的若干问题》（藏文），《西南民院学报·藏语文研究》1992 年第 2 期。

恰白·次旦彭措：《浅谈藏语的文言一致》（藏文），《西藏教育》1993 年第 4 期。

恰白·次旦彭措：《sbpu rgyal 一词考》（藏文），《西藏研究》1984 年第 1 期。

恰嘎·旦正：《藏文草写体源考》（藏文），《西藏研究》1990 年第 4 期。

恰嘎·旦正：《如何统一和推广通用藏语的几点设想》（藏文），《西藏研究》1992 年第 4 期。

恰嘎·多杰才让：《工巧之文字种类和藏文简易口诀》（藏文），《青海教育》1986 年第 4 期。

恰日·次臣：《关于藏文动词用法的几个辩解》（藏文），《青海教育》2000 年第 3、4 期，2001 年第 1、2、3、5、6 期。

恰日·万德贡：《浅谈西藏文学翻译》（藏文），《西藏研究》1992 年第 2 期。

强巴卓玛：《法王松赞干布以前有无藏文简析》（藏文），《中国藏学》1989 年第 3 期。

强俄巴·多杰欧珠：《藏语的音位和语音变化琐谈》（藏文），《中国藏学》1988 年第 3 期。

却穷骄：《浅析形容词的分类及其功能》（藏文），《西北民族学院学报》1991 年第 1 期。

却穷骄：《浅析动词的应用》（藏文），《西北民族学院学报》1991 年第 2 期。

琼达泽绒：《关于确立通用藏语系统的三点思考》（藏文），《藏语文工作》1991 年第 1 期。

秋吉：《论动词》（藏文），《青海教育》1983 年第 2、4 期。

群培多吉：《藏文起源初探》（藏文），《西藏研究》1987 年第 2 期。

群培多吉：《怀疑图弥·桑布扎身世不是对藏族历史的歪曲吗》（藏文），《西藏研究》1988 年第 2 期。

群培多吉：《再论七世纪以前藏族有无文字及现行藏文的形成》（藏文），《西藏研究》1992 年第 1 期。

群太加：《民族工作的重点在于民族语文工作》（藏文），《青海藏语文工作》2001 年第 1 期。

热旦次仁：《"物质"一词在藏文中的译法》（藏文），《西藏研究》1994 年第 3 期。

热贡·多杰卡：《论怎样界定通用藏语》（藏文），《民族语文工作》1984 年第 2 期。

热贡·多杰卡：《三次厘定过程概说》（藏文），《青海教育》1984 年第 6 期；

热贡·多杰卡：《藏语文翻译史概说》（藏文），《中国藏学》1995 年第 2 期。

热贡·多杰卡：《藏文起源新探》（藏文），《西藏研究》1998 年第 1 期。

热贡·江西：《论古代藏语名词与语法的统一问题》（藏文），《西北民族学院学报》1994 年第 1 期。

热贡·先巴：《甥舅会盟碑文语法特点初探》（藏文），《西藏研究》2004 年第 2 期。

仁蚌巴·阿旺吉扎：《藻饰词·智者耳饰》（藏文），拉萨：西藏人民出版社 1983 年版。

绒桑·曲松：《喇嘛曲松作语门武器注释》（藏文），转引自《绒桑·曲松文集》（2），成都：四川民族出版社 1999 年。

若尔盖·扎西才让：《藏语语法理论中的哲理分析》（藏文），《西南民族学院学报·藏语文研究》1992 年第 2 期。

若尔盖·扎西才让：《浅谈声明学理论的传播》（藏文），《中国藏学》1993 年第 1 期。

萨班·贡噶坚赞：《声明入门论》（木刻版）（藏文），藏西藏萨迦寺。

萨班·贡噶坚赞：《语门科判》（藏文），《萨迦五祖文集》（木刻版），藏西藏萨迦寺。

萨班·贡噶坚赞：《启蒙读法解说》（藏文），《萨迦五祖文集》（木刻版），藏西藏萨迦寺。

萨班·贡噶坚赞：《文字拼合法》（藏文），《萨迦五祖文集》（木刻版），藏西藏萨迦寺。

萨班·贡噶坚赞：《涅槃点拼合法》（藏文），《萨迦五祖文集》（木刻版），藏西藏萨迦寺。

萨班·贡噶坚赞：《梵文念诵法·果生花》（藏文），《萨迦五祖文集》（木刻版），藏西藏萨迦寺。

萨班·贡噶坚赞：《声明略摄》（藏文），《萨迦五祖文集》（木刻版），藏西藏萨迦寺。

萨班·贡噶坚赞：《语词库藏》（藏文），《萨迦五祖文集》（木刻版），藏西藏萨迦寺。

萨班·贡噶坚赞：《声明慧照论》（藏文），《萨迦五祖文集》（木刻版），藏西藏萨迦寺。

萨班·贡噶坚赞：《韵律诸种花束》（藏文），《萨迦五祖文集》（木刻版），藏西藏萨迦寺。

萨班·贡噶坚赞：《正字拼读宝海》（藏文），《萨迦五祖文集》（木刻版），藏西藏萨迦寺，西宁：青海民族出版社1980年版（印）。

西宁：《常用正字如意宝》（藏文），转引自更嘎松保等主编《藏文文法》，北京：民族出版社2004年版。

萨迦·索南坚赞：《王统明镜》（1328年）（藏文），北京：民族出版社1981年版（重印）。

萨迦·索南泽摩：《文字启蒙读法》（藏文）（德格版），《萨迦全集》nga卷。

萨班·衮噶坚赞：《萨班u衮噶坚赞全集》，拉萨：西藏藏文古籍出版社1992年版。

赛仓·彭措扎西：《论藏族地区使用藏语文的若干主要问题》（藏文），《中国藏学》1989年第2期。

赛仓·彭措扎西：《浅论藏语文今后的发展趋向》（藏文），《中国藏学》1992年第4期。

赛仓·彭措扎西：《略论藏民族共同语》（藏文），《中国藏学》

1997 年第 1 期。

桑本太：《科技术语翻译原则和技巧》（藏文），《攀登》1995 年第 2 期。

桑德：《论藏文的产生和发展》（藏文），硕士学位论文，1988 年。

桑德：《藏语言的起源与特点》（藏文），《中国藏学》1989 年第 1 期。

桑德：《论藏文的起源》（藏文），《青海教育》1989 年第 5 期。

桑德：《关于三次藏文厘定的年代划分问题》（藏文），《西藏研究》1993 年第 2 期。

桑德：《藏文是否图弥所创之考》（藏文），《西藏研究》1997 年第 3 期。

桑德：《藏文字演变的分期》（藏文），《西藏研究》2000 年第 3 期。

桑林·拉旺：《略谈汉藏翻译》（藏文），《中国藏学》1995 年第 2 期。

桑热嘉措：《文法要义》（藏文），西宁：青海人民出版社 1954 年版。

桑热嘉措：《字性组织法则》（藏文），西宁：青海人民出版社 1954 年版。

桑热嘉措：《藏文文法简编》（藏文），西宁：青海人民出版社 1955 年版。

桑热嘉措：《正字学》（藏文），西宁：青海人民出版社 1961 年版。

桑热嘉措：《藏文文法简编》（藏文），西宁：青海人民出版社 1979 年版。

桑杰：《关于统一藏语言的几点设想》（藏文），《西藏研究》1991 年第 4 期。

桑杰：《使用藏民族语言文字是历史赋予我们的义务》（藏文），《中国藏学》1991 年第 1 期。

桑杰：《学习和使用藏语文是我们的历史责任》（藏文），《藏语文工作》1991 年第 1 期。

桑杰卡：《藏文用拉丁字母转写的方法》（藏文），《中国藏学》2003 年第 4 期。

桑杰卡：《句子的最初形成》（藏文），《青海教育》2004 年第 3 期。

桑杰卡：《藏文相同词及其分类法》（藏文），《西藏研究》2004 年第 2 期。

桑杰仁青：《诠法之名与诠法之词的内涵》（藏文），《青海教育》1994 年第 3 期。

桑杰先：《浅谈语言学中的语言分类》（藏文），《青海教育》2000 年第 5 期。

桑珠：《桑格雄人来源考》（藏文），《青海民族学院学报》1989 年第 2 期。

索多、赤列：《藏语中国家和地区名称统一用法》（藏文），《中国藏学》1998 年第 1 期。

索朗班觉：《藏语言标准化的变迁述略》（藏文），《中国藏学》1992 年第 4 期。

索朗顿珠：《浅谈推广藏语通用语的重要意义》（藏文），《藏语文工作》1991 年第 1 期。

索朗顿珠：《统一藏区语言首先必须制定普通话》（藏文），《西藏研究》1993 年第 4 期。

索朗坚赞：《关于"阿"（a）字是否辅音的问题》（藏文），《西藏研究》1983 年第 1 期。

索朗曲杰：《试论藏语中的借词及其相关文化等问题》（藏文），《西藏研究》1994 年第 4 期。

索朗却达：《浅论不及物动词的五种类型》（藏文），《西藏教育》1994 年第 3 期。

索朗永仲：《简述"苯教"的概念》（藏文），《西藏研究》1997 年第 1 期。

索南才让：《华瑞方言的特点》（藏文），《民族语文工作》1983 年第 2 期。

索南才让：《桑格雄方言名词浅说》（藏文），《青海民族学院学报》1985 年第 3 期。

索南才让：《藏文文法成书年代辨析》（藏文），《青海民族学院学报》1989 年第 3 期。

索南才让：《藏汉翻译理论探析》（藏文），《中国藏学》1996 年第 3 期。

索南杰：《藏文渊源考略》（藏文），《中国藏学》1990 年第 1 期。

索南吉：《试析古藏文词组"龙仓"和"龙本"》（藏文），《西藏研究》1993年第4期。

索南多杰:《〈语合二卷〉考》（藏文），《中国藏学》1997年第3期。

索南卓玛:《藏族标准语教育问题刍议》（藏文），《青海藏语文工作》2002年第1期。

司徒·确吉迥乃:《司徒文法详解》（1744年）（藏文），西宁:青海民族出版社1982年（重印）。

色多·洛桑次臣嘉措:《色多藏文文法》（藏文），钟秀生整理，丹巴嘉措校订，北京:民族出版社1957年版。

山夫旦:《新编藏文字典》（藏文），西宁:青海人民出版社1979年版。

山夫旦:《安多音书面藏语读法的初步探讨》（藏文），《青海教育》1982年第3期。

山夫旦:《藏语言文学翻译理论与实践》，兰州:甘肃民族出版社2005年版。

山夫旦、更登编:《藏文术语学理论》（藏文），北京:民族出版社2002年版。

尚玛杰:《学习、使用和推广本民族语言的思考》（藏文），《攀登》1995年第4期。

同美:《试谈藏语ABB型结构》（藏文），《西南民院学报·藏语文研究》1992年第2期。

同美:《数词异名释义》（藏文），《青海教育》1995年第4期。

土登次臣:《略谈藏语播音技巧和确定藏语通用语的问题》（藏文），《西藏研究》1992年第1期。

土登平措:《文字翻译工作中需要解决的若干问题》（藏文），《中国藏学》1993年第4期。

图弥·桑布扎:《文法根本三十颂》（藏文），《丹珠尔》杂部co卷，德格木刻版。

图弥·桑布扎:《文法根本入性论》（藏文），《丹珠尔》杂部co卷，德格木刻版。

图米桑布扎:《三十颂和音势论》，木刻版。

推拉普琼:《当前藏语的情况和藏族共同语形成方式浅谈》（藏文），《藏语文工作》1992年第2期。

推拉普琼:《略论现时藏语状况与如何形成藏族共同语的问题》

（藏文），《西藏大学学报》1992 年第 3 期。

瓦修欧珠：《浅谈多麦地区藏族牧民姓氏》（藏文），《西藏研究》1985 年第 4 期。

完德才让：《藏文渊源谈》（藏文），《青海教育》1983 年第 5 期。

完德扎西：《关于术语翻译规范化的几点思考》（藏文），《青海教育》1999 年第 5 期。

吕叔湘：《语言和语言研究》（藏文），完玛冷智译，《青海藏语文工作》2002 年第 2 期。

吕叔湘：《论语言的变化与藏语文的未来》（藏文），《青海藏语文工作》2001 年第 2 期。

万玛项谦：《论藏文古文献中的语言问题》（藏文），《藏学论文集》（五），北京：中国藏学出版社 2000 年版。

旺堆：《汉藏语言联络使词》（藏文），《雪域文化》1992 年第 1 期。

旺加：《文学作品的翻译和思考》（藏文），《西藏文艺》1988 年第 6 期。

旺秋：《对文学翻译的几点看法》（藏文），《藏语文工作》1992 年第 3 期。

王杰：《浅谈汉藏翻译中的理论与实践》（藏文），《西北民族学院学报》1989 年第 2 期。

王沂暖：《藏汉佛学词汇》，西宁：青海民族出版社 1986 年版。

喜绕：《怎样查藏文词典》（藏文），《青海民族学院学报》1979 年第 2 期。

西饶丹达：《为何对藏文进行第四次规范的一点思考》（藏文），《西藏研究》2002 年第 3 期。

西萨·洛哲嘉措：《同音字辨认》（藏文），西宁：青海民族出版社 1981 年版。

西藏自治区人民政府：《关于学习、使用和发展藏语文的若干规定（试行）的实施细则》（藏文），《藏语文工作》1990 年第 2 期。

西藏自治区藏语委编：《党的民族语文政策在西藏的伟大实践》（藏文），《中国藏学》2005 年第 3 期。

希叶·尼玛扎巴：《象藏语言合璧》（藏文），《苯教大藏经》木刻版 pa 卷。

夏察·扎西坚赞：《西藏苯教源流》（康区木刻版刊）（藏文），北京：民族出版社 1987 年版（重印）。

夏鲁·确迥桑布：《阿奢黎阿努作藏语经典入法三十颂解注》（藏文），更嘎松保等主编《藏文文法》，北京：民族出版社 2004 年版。

夏鲁·确迥桑布：《声明入性论阐明箭言》（藏文），更嘎松保等主编《藏文文法》，北京：民族出版社 2004 年版。

夏鲁·确迥桑布：《词藻集·长生藏》（藏文），西宁：青海民族出版社 1983 年版。

夏普·南喀坚赞：《浅析松赞干布前藏族无文字说》（藏文），《中国藏学》1992 年第 2 期。

夏娃次仁：《略述一二有关藏语言与文学问题》（藏文），《西藏研究》1994 年第 2 期。

夏吾才让：《略论"饶琼"的命名》（藏文），《青海教育》1992 年第 4 期。

夏吾东珠：《民族语文要为西部人开发发挥要作用》（藏文），《青海藏语文工作》2001 年第 1 期。

夏吾顿珠：《桑格雄方言考》（藏文），《攀登》2004 年第 4 期。

夏珠：《谈藏语文的形成和发展》（藏文），《民族语文工作》1984 年第 2 期。

夏珠：《藏语语法中几个问题的释疑》（1、2）（藏文），《章恰尔》第 1、4 期。

先巴：《英语成为国际通用语的历程》（藏文），《青海藏语文工作》2002 年第 1 期。

显·奎诸巴色仓：《苯波文通二十七颂》，成都：四川民族出版社 1989 年版。

项杰：《关于构建藏语标准语的初步思考》（藏文），《青海藏语文工作》2002 年第 1 期。

谢热：《藏文词典求字法》（藏文），《青海民族学院学报》1979 年第 2 期。

协雄·索巴：《变幻文字集成》（藏文），2001 年（内部刊印）。

雪拉·完玛旺钦：《浅谈古藏文中的集中语法结构》（藏文），《西北民族学院学报》1995 年第 2 期。

央布顿珠：《谈谈藏文名称的准确读法》（藏文），《西藏教育》1995 年第 2 期。

央金珠贝多杰：《藏文发音部位和方法要略》（藏文），《西藏研究》

1984 年第 4 期。

样坚饶白傲措：《藏文正字智者生喜本释》（1699 年）（藏文）（拉卜楞寺木刻版），兰州：甘肃民族出版社 1981 年版（重印）。

雍仲加：《藏文起源鉴析》（藏文），《青海教育》1984 年第 2 期。

永仲坚赞、多才旦：《不断加强藏语文的应用，有利于提高藏民族的整体素质》（藏文），《青海藏语文工作》2001 年第 2 期。

益希：《试探称谓拉萨名字的前后及意义》（藏文），《雪域文化》1992 年第 1 期。

益希：《藏语的历史分期及各期的特征》（藏文），《西藏研究》1993 年第 1 期。

益希：《藏文的起源及其定义》（藏文），《西藏研究》1993 年第 2 期。

益希：《藏语的历史分期及各时期的语言特点》（藏文），《藏语文工作》1993 年第 3 期。

益希：《略谈藏区三大方言的特点及如何形成通用藏语的思考》（藏文），《西藏研究》1994 年第 2 期。

益希：《藏汉语言是否同一语系之考》（藏文），《西藏研究》1997 年第 1 期。

玉周：《藏语词汇中的动词分析》（藏文），《攀登》2004 年第 2 期。

玉珠：《格助词、虚词和名词连接》（藏文），《青海教育》1995 年第 6 期。

赞拉·阿旺：《嘉绒语略述》（藏文），《西藏研究》1983 年第 1 期。

赞拉·阿旺：《简论藏文读法及西藏的音韵学》（藏文），《西藏研究》1986 年第 1 期。

赞拉·阿旺：《浅谈藏语文在两个文明建设的作用》（藏文），《藏语文工作》1991 年第 1 期。

赞拉·阿旺：《嘉莫绒藏语浅析》（藏文），《中国藏学》1992 年第 4 期。

藏语术语标准化工作委员会编：《藏语文研究论文集》（藏文），北京：民族出版社 1999 年版。

泽仁群措：《藏文数字辨析》（藏文），《西藏研究》1992 年第 3 期。

泽仁桑珠：《"衮巴"（寺院）一词初探》（藏文），《西藏研究》1992 年第 3 期。

泽旺朗嘉：《藏文同音字典》（藏文），北京：民族出版社 1958 年版。

扎巴：《藏文是否象形文字之考》（藏文），《西藏研究》1997 年第 1 期。

札德·仁钦顿珠：《札德文法》（17 世纪末作）（藏文），西宁：青海民族出版社 1980 年版（印）。

札德·仁钦端智：《札德文法》，西宁：青海民族出版社 1980 年版。

扎嘎：《藏王松赞干布之前藏族有无文字刍议》（藏文），《贡嘎山》1988 年第 5 期。

扎西才旦：《藏语复合句式论》（藏文），《青海教育》2003 年第 3 期。

扎西次仁：《英藏汉对照词典》，北京：民族出版社 1988 年版。

扎西顿珠：《谈谈藏语三大方言的统一问题》（藏文），《中国藏学》1994 年第 4 期。

扎西彭措：《声明发展史概要》（藏文），《中国西藏》1998 年第 5 期。

扎西彭措：《声明学原理》（上下册）（藏文），北京：民族出版社 1999 年版。

扎西仁钦：《论藏文元音和辅音字母》（藏文），《西藏研究》1986 年第 2 期。

扎西旺堆：《藏文动词变化表》（藏文），拉萨：西藏人民出版社 1981 年版，1990 年版。

占堆：《藏语文今后的发展方向》（藏文），《攀登》1995 年第 2、3 期。

章嘉·若毕多杰：《藏文文法概要》（藏文），《西藏研究》1984 年第 4 期。

章嘉：《章嘉的三十颂和音势论详解》（藏文），木刻版。

张连生：《汉藏英对照常用词手册》，北京：中国社会科学出版社 1981 年版。

张怡荪：《藏汉大辞典》，北京：民族出版社 1985 年版。

珍贝益西扎巴：《语门文法概要》，北京：民族出版社 1980 年版。

仲确：《词语例句释义》（藏文），《青海教育》1981 年第 1、2 期。

周毛吉:《论藏文语法和诗学修辞》(藏文),西宁:青海民族出版社1998年版。

周毛吉:《浅谈安多口语中常用动词的作用》(藏文),《攀登》2004年第1期。

周先:《论mgo和vgo的用法》(藏文),《青海教育》1992年第4期。

周华:《藻饰词概要》(藏文),《青海教育》1982年第5期。

卓玛次仁:《论藏文语法中的能作和所作》(藏文),《西藏教育》1995年第2期。

卓玛次仁:《藏语标准化的新成绩》(藏文),《青海群众艺术》1995年第3期。

卓玛才让:《藏文术语标准化工作的进展》(藏文),《青海群众艺术》1995年第3期。

卓玛才让:《浅谈唐蕃会盟碑碑文翻译技巧》(藏文),《西北民族学院学报》1995年第2期。

尊巴·次臣仁钦:《五明概要》(藏文),德格木刻版,北京:民族出版社1981年版。

《蒙文和藏文》,木刻版。

《语法之解》,木刻版。

(万玛冷智　多杰东智　周毛草)

错那门巴语、仓洛门巴语研究论著索引

《藏缅语语音和词汇》编写组:《藏缅语语音和词汇》,北京:中国社会科学出版社1991年版。

陆绍尊:《错那门巴话》,转引自孙宏开、陆绍尊、张济川、欧阳觉亚著《门巴、珞巴、僜人的语言》,北京:中国社会科学出版社1980年版。

陆绍尊:《门巴语数词构成方法和使用方法》,《语言研究》1984年第1期。

陆绍尊:《错那门巴语简志》,北京:民族出版社1986年版。

陆绍尊:《门巴语方言研究》,北京:民族出版社2002年版。

陆绍尊:《门巴语》,转引自孙宏开、胡增益、黄行主编《中国的

语言》，北京：商务印书馆 2007 年版。

张济川：《墨脱门巴话》，转引自孙宏开、陆绍尊、张济川、欧阳觉亚著《门巴、珞巴、僜人的语言》，北京：中国社会科学出版社 1980 年版。

张济川：《仓洛门巴语简志》，北京：民族出版社 1986 年版。

张济川：《仓洛语》，转引自孙宏开、胡增益、黄行主编《中国的语言》，北京：商务印书馆 2007 年版。

Das Gupta, Kamalesh. 1968［1971］, An Introduction to Central Monpa. Shillong：Philology Section，Research Department，North East Frontier Agency.

Duff Sutherland Dunbar, George. 1915. Abors and Galongs. Memoirs of the Asiatic Society of Bengal . Extra number 5.

（李云兵）

白马语研究论著索引

黄布凡：《川西藏区的语言关系》，《中国藏学》1988 年第 3 期。

黄布凡、张明慧：《白马话支属问题研究》，《中国藏学》1995 年第 2 期。

黄星：《独特的语言化石——四川省平武县白马语亲属称谓研究》（英文），四川大学硕士论文，2004 年。

四川省民族研究所编：《白马藏人族属问题讨论集》，成都：四川省民族研究所 1980 年版。

孙宏开：《白马人的语言》，转引自四川省民族研究所编《白马藏人族属问题讨论集》1980 年。

孙宏开：《历史上的氐族和川甘地区的白马人》，《民族研究》1980 年第 3 期。

孙宏开：《白马语是藏语的一个方言或土语吗?》，《语言科学》2003 年第 1 期。

孙宏开、齐卡佳、刘光坤：《白马语研究》，北京：民族出版社 2007 年版。

西田龙雄、孙宏开：《白馬譯語の研究：白馬語の構造と系統》，京都：松香堂，1990 年。

张济川：《白马话与藏语》（上、下），《民族语文》1994 年第 2—

3 期。

曾维益:《白马藏族研究文集》,成都:四川省民族研究所 2002 年版。

曾维益:《平武的民族》,平武:平武县民族宗教事务局编,2005 年。

曾维益:《白马藏族及其研究综述》,转引自石硕主编《藏彝走廊:历史与文化》,成都:四川人民出版社 2005 年版。

曾维益、萧猷源主编:《白马人族属研究文集》,平武:平武县白马人族属研究会,1987 年。

Chirkova, Katia. Baima nominal postpositions and their etymology. *Linguistics of the Tibeto - Burman Area*, 28. 2:1 - 41, 2005.

Chirkova, Katia. Words for "One" in Baima. *Cahiers de Linguistique - Asie Orientale*, 34. 1:69 - 99. 2005.

Chirkova, Katia. On the Position of Baima within Tibetan: A Look from Basic Vocabulary. *Evidence and counter - evidence: Festschrift F. Kortlandt*, eds. by Alexander Lubotsky, Jos Schaeken and Jeroen Wiedenhof. Amsterdam: Rodop.

Chirkova, Katia:《白马藏族为氐族说新探》,转引自潘悟云主编《汉语上古音构拟学术研讨会论文集》。

Sun Hongkai. Is Baima a Dialect or Vernacular of Tibetan? *Cahiers de Linguistique - Asie Orientale*, 32. 1:61 - 81, 2003.

Zhang Jichuan. Sketch of Tibetan Dialectology in China. *Cahier de Linguistique - Asie Orientale*, 25. 1:115 - 133, 1996.

Zhang Jichuan. Particularités Phonetiqués du Baima. *Cahier de Linguistique - Asie Orientale*, 26. 1:131 - 153, 1997.

Chirkova, Katia. Baima Nominal Postpositions and Their Etymology. *Linguistics of the Tibeto - Burman Area*, 28. 2:1 - 41, 2005a.

Chirkova, Katia. Words for "One" in Baima. *Cahiers de Linguistique - Asie Orientale*, 34. 1:69 - 99, 2005b.

Katia Chirkova:《在声调与重音的连续体上看史兴语》,《东方语言学》2007 年第 2 辑。

Chirkova, Katia. On the Position of Baima within Tibetan: A Look from Basic Vocabulary. *Evidence and couter - evidence: Festschrift F. Kortlandt*, eds. by Alexander Lubotsky, Jos Schaeken and Jeroen Wiedenhof, 69 - 91. Amsterdam: Rodop. 2008.

Katia Chirkova:《白马语与藏语方言的示证范畴》,《民族语文》2008年第3期。

Katia Chirkova:《白马藏族为氐族说新探》,《中国语言学集刊》2008年第3卷第1期。

（黄成龙）

彝语言文字研究论著索引

四川省民委彝文工作组编：《汉彝成语词典》，成都：四川民族出版社1990年版。

武自立、昂智灵、黄建明编纂：《彝汉简明词典》，昆明：云南民族出版社1984年版。

云南社会科学院楚雄彝族文化研究所编：《彝汉字典》，昆明：云南民族出版社2011年版。

《彝缅语研究》编辑委员会编：《彝缅语研究》，成都：四川民族出版社1992年版。

中央民族学院彝文文献编译室编：《彝文文献选读》，北京：中央民族学院出版社1992年版。

D. 布莱德雷：《彝语支源流》，乐赛月等译，成都：四川民族出版社1992年版。

陈英：《陈英彝学研究文集》，贵阳：贵州人民出版社2004年版。

陈长友：《彝族源流》（13—16卷），王继超、王子国译审，贵阳：贵州民族出版社1993年版。

陈长友：《彝族源流》（1—4卷），王继超、王子国译审，贵阳：贵州民族出版社1989年版。

陈长友：《彝族源流》（17—20卷），王继超、王子国译审，贵阳：贵州民族出版社1994年版。

陈长友：《彝族源流》（21—23卷），王继超、王子国译审，贵阳：贵州民族出版社1997年版。

陈长友：《彝族源流》（24—27卷），王继超、王子国译审，贵阳：贵州民族出版社1998年版。

陈长友：《彝族源流》（5—8卷），王继超、王子国译审，贵阳：贵州民族出版社 1991 年版。

陈长友：《彝族源流》（9—12 卷），王继超、王子国译审，贵阳：贵州民族出版社 1992 年版。

陈康、巫达：《彝语语法》，北京：中央民族大学出版社 1998 年版。

陈士林、边仕明、李秀清：《彝语简志》，北京：民族出版社 1985 年版。

陈士林：《万里彝乡即故乡》，西安：西北工业大学出版社 1993 年版。

陈士林：《彝语语言学讲话》，成都：四川民族出版社 1985 年版。

陈世鹏：《黔彝古籍举要》，贵阳：贵州民族出版社 2004 年版。

戴庆厦主编：《彝语词汇学》，北京：中央民族大学出版社 1998 年版。

戴庆厦主编：《中国彝学》（第一辑），北京：民族出版社 1997 年版。

戴庆厦主编：《中国彝学》（第二辑），北京：民族出版社 2003 年版。

丁春寿、朱文旭、李生福、朱建新、丁金宇、陈世良：《现代彝语》，北京：中央民族学院出版社 1991 年版。

丁椿寿：《黔滇川彝语比较研究》，贵阳：贵州民族出版社 1991 年版。

丁椿寿：《彝语通论》，贵阳：贵州民族出版社 1988 年版。

高华年：《彝语语法研究》，北京：科学出版社 1958 年版。

贵州省民委民族语文办公室编：《估哲数》，贵阳：贵州民族出版社 2000 年版。

贵州彝学研究会编：《贵州彝学》，北京：民族出版社 2000 年版。

国际彝缅语学术会议论文编辑委员会编：《彝缅语研究》，成都：四川民族出版社 1992 年版。

果吉宁哈：《论川滇黔桂彝族文字》，北京：民族出版社 1988 年版。

果吉宁哈、岭福祥主编：《彝文〈指路经〉译集》，北京：中央民族学院出版社 1993 年版。

胡素华：《彝语结构助词研究》，北京：民族出版社 2002 年版。

黄建明：《彝文文字学》，北京：民族出版社 2003 年版。

黄建明：《彝族古籍文献概要》，昆明：云南民族出版社 1993 年版。

孔祥卿：《彝文的源流》，北京：民族出版社 2005 年版。

李民、马明：《凉山彝语语音概论》，成都：四川民族出版社 1983 年版。

李明：《汉彝翻译理论与实践》，成都：四川民族出版社 1993 年版。

李明：《凉山彝语语音概论》，成都：四川民族出版社 1983 年版。

李明：《彝族民间故事》，成都：四川民族出版社 1982 年版。

李民、马明：《凉山彝语会话六百句》，成都：四川民族出版社 1981 年版。

李明、马明：《凉山彝语语法》，成都：四川民族出版社 1987 年版。

凉山自治州编译：《彝族语言文字论文集》，成都：四川民族出版社 1988 年版。

罗边木果：《大学彝语文》，成都：四川民族出版社 1996 年版。

《彝文金石图录》，罗正仁等翻译，成都：四川民族出版社 1989 年版。

马学良：《撒尼彝语研究》，上海：商务印书馆 1951 年版。

普忠良：《西南村落双语研究》，昆明：云南民族出版社 2004 年版。

钱红、龙俸贵：《滇南彝族尼素苏颇殡葬祭词》，昆明：云南民族出版社 2004 年版。

曲木铁西：《彝语文基础知识》，成都：四川民族出版社 1988 年版。

王成有：《彝语方言八种》，香港：远方出版社 2003 年版。

王成有：《彝语方言比较研究》，成都：四川民族出版社 2003 年版。

王正贤、张和平：《贵州彝族语言文字》，贵阳：贵州民族出版社 1999 年版。

袁家骅：《阿细民歌及其语言》，《语言学专刊》（第五种），1953 年。

云南彝学学会编：《云南彝学研究》（第一辑），昆明：云南民族出版社 2000 年版。

云南民族学会彝学专业委员会编：《云南彝学研究》（第二辑），昆明：云南民族出版社 2001 年版。

云南民族学会彝学专业委员会编：《云南彝学研究》（第三辑），昆明：云南民族出版社 2002 年版。

张纯德：《彝学研究文集》，昆明：云南民族出版社 1994 年版。

张纯德：《云南彝族氏族谱牒译注》，昆明：云南民族出版社 1999 年版。

张余蓉、蔡奎：《现代凉山彝语语法》，北京：中央民族大学出版社 1995 年版。

中国社会科学院民族研究所、中央民族学院和四川语文机构的彝语文专家集体编写：《汉彝词典》，成都：四川民族出版社 1989 年版。

中央民族学院彝文编译室编：《彝文文献选读》，北京：中央民族学院出版社 1992 年版。

中央民族学院彝文编译室编：《彝文文献研究》，北京：中央民族学院出版社 1993 年版。

朱崇先：《彝族典籍文化》，北京：中央民族学院出版社 1994 年版。

朱崇先：《彝族典籍文化研究》，北京：中央民族大学出版社 1996 年版。

朱琚元：《彝文石刻译选》，昆明：云南民族出版社 1998 年版。

朱文旭：《彝语方言学》，北京：中央民族大学出版社 2005 年版。

朱文旭等：《彝文文献选读》，北京：中央民族学院出版社 1992 年版。

朱文旭等：《彝文指路经译集》，北京：中央民族学院出版社 1993 年版。

朱文旭等：《彝文文献学概论》，北京：中央民族大学出版社 1996 年版。

朱文旭等：《彝语词汇学》，北京：中央民族大学出版社 1998 年版。

朱文旭等：《彝语基础教程》，北京：中央民族大学出版社 2006 年版。

阿胡克哈：《对使用"di^{55}"的一点看法》，《彝语研究》1987 年第 2 期。

艾杰瑞、艾思麟、李绍尼、吉米、拉马兹吾：《论彝语、白语的音质和勺会厌肌带的关系》，《民族语文》2000 年第 6 期。

巴莫阿依、朱崇先：《彝族文献分类初探》，转引自中央民族学院彝文文献编译室编《彝文文献研究》，北京：中央民族学院出版社 1993 年版。

巴且日火：《凉山彝语非血缘亲属称谓试析》，《民族语文》2000 年第 5 期。

白保罗（Benedict P. K.），《汉藏语概论》，Sino – Tibetan：a Conspectus, Cambridge, 1927b。

白刊宁：《浅谈当前红河州的彝语广播》，《彝族文化》1998 年第 3 期。

[法] 保禄·维亚尔：《法倮词典》(Dictionnaire Francais Lo-lo, dialecte Gni), Hongkong – Typis NAZARETH – 1909。

白兴发：《彝族禁忌的起源及演变试探》，《云南民族大学学报》2003年第3期。

[法] 保禄·维亚尔：《纳多库瑟——彝文圣经问答》，Hongkong – Typis NAZARETH – 1909。

毕节地区民委：《毕节地区双语文教学又上新台阶》，转引自张和平编《贵州民族语文研究集》，贵阳：贵州民族出版社1994年版。

毕节地区彝文翻译组翻译：《西南彝志》，贵阳：贵州民族出版社1988年版。

伯令 (R. Burling)：《原始缅彝语》(Proto – Lolo – Burmese), Pubication 33, Indiana Uniersity Center in Anthropology, Folklore, and Linguistics, Bloomington in 1967 Calso IJAL33. 1 Part 2。

布莱德雷 (David Bradly)：《原始彝语支》, David Bradly studies Monogaph Serise, No. 39, 1979。

陈康：《凉山彝语句子的语气及表达方式》，《民族语文》1996年第2期。

陈康：《论彝语支声调系统的发生与裂变》，《民族语文》1997年第1期。

陈康：《彝缅语塞音韵尾演变轨迹》，《民族语文》1993年第1期。

陈康：《彝语的紧调类》，《民族语文》1988年第1期。

陈康：《彝语的声调对应》，《民族语文》1986年第5期。

陈康：《彝语人称代词的"数"》，《民族语文》1987年第3期。

陈康：《彝语支调类诠释》，《民族语文》1991年第3期。

陈康：《彝语自动词与使动词的形态标志及其由来》，《民族语文》1990年第2期。

陈英：《从彝汉文古籍记载探索远古先民的历史文化》，《彝族文化》2003年第1期。

陈英：《试论汉彝民族的历史的渊源》，《贵州民族研究》1980年第1期。

陈达明：《贵州彝汉双语教学研究》，转引自张和平编《贵州双语教学论文集》，贵阳：贵州民族出版社1989年版。

陈国光：《凉山彝语中的避讳》，《民族语文》2005年第6期。

陈士林：《〈楚辞〉"女嬃"与彝语 $mo^{21}n_i^{55}$》，《民族语文》1991年

第 2 期。

陈士林：《〈楚辞〉"兮"字说》，《民族语文》1992 年第 4 期。

陈士林：《规范彝文的实践效果和有关的几个问题》，《民族语文》1979 年第 4 期。

陈士林：《进一步提高彝语词汇规范研究水平的几个基本问题》，《民族语文》1990 年第 4 期。

陈士林：《凉山彝语的泛指和特指》，《民族语文》1989 年第 2 期。

陈士林：《凉山彝语新词述语的补充和规范》，中国社会科学院民族研究所、国家民族事务委员会文化宣传司主编《中国少数民族语言文字使用和发展问题》，北京：中国藏学出版社 1991 年版。

陈士林：《论彝文规范方案》，《民族语文》1985 年第 3 期。

陈士林：《训诂札记》，转引自凉山州编译局编《彝族语言文字论文选》，成都：四川民族出版社 1988 年版。

陈士林：《彝语概况》，《中国语文》1983 年第 4 期。

陈士林：《彝语序数词表示简论》，转引自吕叔湘主编《语言文字学术论文集——庆祝王力先生学术活动五十周年》，上海：上海知识出版社 1989 年版。

陈世良：《彝族古籍翻译世家罗氏三代对彝语文事业的贡献评论》，《贵州民族研究》2001 年第 1 期。

陈仕林：《谈谈两年来彝族语言文字的发展》，转引自中国社会科学院民族研究所、国家民族事务委员会文化宣传司主编《国内少数民族语言文字的概况》，中国语文杂志社编，北京：中华书局 1995 年版。

陈文汉：《彝语言方位词的收来及演变初探》，《云南民族学院学报》1994 年第 3 期。

陈宗祥：《三星堆金仗七字试译》，《凉山民族研究》2001 年第 期。

戴庆厦、胡素华：《彝缅语鼻冠音声母的来源及发展》，《民族语文》1992 年第 1 期。

戴庆厦、胡素华：《彝语 ta^{33} 的多功能性》，《民族语文》1998 年第 2 期。

戴庆厦、胡素华：《"诺苏"为"黑族"义质疑》，《中央民族学院学报》1993 年第 3 期。

戴庆厦、胡素华：《彝语支语言颜色词试析》，《语言研究》1993 年第 2 期。

戴庆厦、刘菊黄、傅爱兰：《我国藏缅语族系属分类问题》，《云南民族学院学报》1989年第3期。

戴庆厦、曲木铁西：《彝语的撮唇音和长重音》，《中央民族学院学报》1991年第2期。

戴庆厦：《藏缅语声调》，转引自戴庆厦主编《藏缅语新论》，北京：中央民族学院出版社1994年版。

戴庆厦：《我国藏缅语族松紧元音来源初探》，《民族语文》1979年第1期。

戴庆厦：《彝语支语言的清浊声母》，《中央民族学院学报》1981年第2期。

邓成伦：《论凉山彝族社区教育发展与双语教学的关系》，《凉山民族研究》2001年第3期。

丁椿寿：《论彝文的类型及其超方言问题》，《贵州民族研究》1981年第1期。

丁椿寿：《彝文与彝族历史文献》，《贵州文历丛刊》1996年第5期。

丁椿寿：《彝文非仿汉字论》，《贵州民族研究》1989年第4期。

丁文江：《爨文丛刻自序》，《地理学学报》1935年第2卷第4期。

俄比解放：《古彝文与彝族骨卜裂纹的关系探析》，《考古与文物》1997年第4期。

傅懋勣：《昆明附近的一种散民语》，《哈佛研究周刊亚洲研究》(Harvard Journal of Asiatic Studies)，1941年。

傅懋勣：《彝语亲属称谓受话者性别的影响》，《大细亚杂志》1951年第2卷。

葛永才：《从弥勒彝文典籍看彝族十月太阳历和夏历》，《彝族文化》2003年第1期。

顾阳、巫达：《从景颇语和彝语的量词短语看名词短语的指涉特征》，转引自李锦芳主编《汉藏语系量词研究》，北京：中央民族大学出版社2005年版。

哈丽娜：《古彝文发展前景的思考》，《凉山民族研究》2001年第2期。

哈妮钠·瓦斯蕾丝卡：《表意文字还是表音文字——对古彝文文字的类型识别》，《西南民族学院学报》2000年第7期。

郝金文：《从彝语"嫫"的演变看彝族母群制的遗迹》，《云南民族学院学报》2000 年第 1 期。

何耀军：《试论汉彝翻译中的句式修辞》，《西南民族学院学报》1996 年第 1 期。

胡书津：《四川省彝、藏地区教育体系中发展双语制之我见》，转引自马学良主编《民族语文论文集》，北京：中央民族学院出版社 1993 年版。

胡素华、沙志军：《彝语与缅语类别量词的语义比较》，转引自李锦芳主编《汉藏语系量词研究》，北京：中央民族大学出版社 2005 年版。

胡素华：《彝文文献中结构助词的特点》，《云南民族语文》1999 年第 4 期。

胡素华：《"诺苏"为"黑族"义质疑》，《中央民族学院学报》1993 年第 3 期。

胡素华：《20 世纪彝语语言学》，转引自岭福祥主编《中国彝学》（第一辑），北京：民族出版社 1997 年版。

胡素华：《凉山彝语 ko^{33} 语法化历程》，《中央民族大学学报》2003 年第 5 期。

胡素华：《凉山彝语的 hi^{33} 和 bo^{21}》，《中央民族大学研究生学报》1997 年第 4 期。

胡素华：《凉山彝语的差比句》，《民族语文》2005 年第 5 期。

胡素华：《凉山彝语的差比句——兼与汉语比较》，转引自戴庆厦主编《汉语与少数民族语法比较研究》，北京：民族出版社 2006 年版。

胡素华：《凉山彝语的话题结构》，《民族语文》2004 年第 3 期。

胡素华：《凉山彝语的体词状语助词》，《语言研究》1998 年第 2 期。

胡素华：《彝语虚词及结构助词研究新框架》，《西南民族学院学报》2000 年第 8 期。

胡素华：《彝语支语言结构助词比较研究》，《中央民族大学学报》2000 年第 6 期。

胡素华：《凉山彝族谱系特点及其研究价值》，《凉山大学学报》2003 年第 2 期。

胡素华：《凉山彝族谱系特点研究》，《凉山民族研究》2000 年。

胡素华：《彝文文字类型》，《中国彝学》（第一辑），北京：民族出版社 1997 年版。

胡素华:《彝语动词的体貌范畴》,《民族语文》2001 年第 4 期。

胡素华:《彝语结构助词 ta^{33} 不同层面上的多功能性》,《语言研究》2001 第 2 期。

胡素华:《彝语结构助词语义虚化的层次》,《民族语文》2000 年第 2 期。

胡素华:《彝语虚词 ta^{33} 多功能性》,《民族语文》1998 年第 2 期。

胡素华:《彝语与彝语支亲属语言结构助词比较研究》,《中央民族大学学报》2000 年第 6 期。

胡素华:《被动义在凉山彝语中的表达方式》,《语言研究》2005 年第 4 期。

胡素华:《彝语与汉语被动句的表达方式之比较》,转引自戴庆厦主编《汉语与少数民族语法比较研究》,北京:民族出版社 2006 年版。

胡素华:《多语型民族语言习得的特点分析——四川盐源县白家村藏族多语习得的个案研究》,《中央民族大学学报》2006 年第 4 期。

胡素华:*A Comparative Study on Languages and Cultures of Yi (Lolo) in China and Burmese in Myanmar*, Asian Studies, Xiamen University Publishing House, 2006。

胡素华:《彝语支语言颜色词试析》,《语言研究》1993 年第 2 期。

胡素华:《再论"诺苏"非"黑族"义》,《中央民族大学学报》1995 年第 2 期。

互尔巫达:《凉山彝族亲属称谓的序数词素及其民族学意义》,《中央民族学院学报》1989 年第 4 期。

黄行:《凉山彝族双语教学态度调查研究——兼论语言态度问题》,《民族语文》1990 年第 6 期。

黄济众:《倮倮语言文字之初步研究》,《西康青年》1942 年第 2 卷第 11 期。

黄建明:《关于彝族文字称谓》,《民族语文》2001 年第 2 期。

黄建明:《彝文文献编译史提要》,《民族古籍》1991 年第 1 期。

吉克夫江:《彝语语法范畴简论》,《西南民族学学报》1997 年第 2 期。

纪嘉发:《读彝语的紧调类》,《民族语文》1989 年第 4 期。

贾巴乌清:《凉山彝族人名的构成及其演变》,《云南民族学院学报》1994 年第 2 期。

贾银忠、安群英:《凉山彝语的语言风格略论》,《西南民族学院学报》1990 年第 4 期。

贾银忠：《彝族尔比中的常用修辞格》，《西南民族学学报》1997 年第 4 期。

柯象峰：《罗罗文字之初步研究》，《金陵学报》1938 年第 8 卷第 1、2 期合刊。

科诺（Konw）、葛利森（Grienson）：《印度语言调查》，*Linguistic Survey of India*，Vol. 111，Tibeto–Burman Family，Part 1，Calcutta，Part3，Calcutta，1903—1928。

孔祥卿：《撒尼彝语 60 年音变》，《民族语文》2002 年第 4 期。

孔祥卿：《彝文规范的前景》，《中央民族大学学报》2004 年第 4 期。

拉玛兹屋：《试论彝语次高调产生的原因》，《民族语文》1991 年。

拉玛兹屋：《彝族的人名文化》，《彝族文化》1990 年。

李民：《凉山彝语的泛指和特指》，《民族语文》1989 年第 2 期。

李民：《凉山彝语的主动句和被动句》，《西南民族学院学报》1984 年第 1 期。

李民：《凉山彝语动词形容词的重叠》，《中央民族学院学报》1982 年第 2 期。

李民：《凉山彝语量词变调》，《西南民族学院学报》1982 年第 4 期。

李民：《凉山彝语名词构词初探》，《中央民族学院学报》（语言文学增刊），1986 年。

李民：《凉山彝语骈丽词》，《中央民族大学学报》1984 年第 2 期。

李民：《凉山彝语人称代词的几个问题》，《中央民族学院学报》1978 年第 3 期。

李民：《也谈彝语的修辞问题》，《西南民族学院学报》1986 年语言学专辑。

李民：《彝文》，《民族语文》1979 年第 4 期。

李珍：《从彝语地名看古代楚雄彝族的分布》，《彝族文化》2003 年第 1 期。

李乔：《一个千古难解之谜——半坡刻划符号与彝渊源关系试析》，《贵州民族研究》1990 年第 4 期。

李乔：《这是偶合吗——从彝文字谈起》，《民族文化》1983 年第 1 期。

［法］李埃达：《阿细倮语语法概要》，1904年。

［法］李埃达：《彝语语法掇拾》，《法国远东研究院学报》1911年。

李尼波：《"居徒姆姑"考》，《西南民族学院学报》1988年民族语言文字专集。

李生福：《滇川黔彝文文字比较研究之浅见》，《彝族文化》1991年。

李生福：《古彝文及其造字规律初探》，《贵州民族研究》2001年第2期。

李生福：《漫谈彝族文字、典籍及其他》，《民族团结》1994年第3期。

李生福：《彝语助词略谈》，《彝语研究》，贵阳：贵州民族出版社1993年版。

李世康：《彝语的宾语后置式》，《民族语文》1988年第6期。

李小平：《贵州双语文教学调查》，《云南民族语文》1991年第2期。

李秀清：《凉山彝的格言谚语》，《民族语文》1985年第1期。

李永燧：《关于诺苏——有感于戴文商榷》，《云南民族语文》1994年第2期。

李永燧：《论缅彝语》，《民族语文》1999年第2期。

李永燧：《论缅彝语调类及其在彝南的反映形式》，《民族语文》1995年第1期。

李永燧：《缅彝语调类历史比较法的运用》，《民族语文》1996年第5期。

李永燧：《缅彝语言声调比较研究》，《民族语文》1992年第6期。

李永燧：《缅彝语语素比较研究》，《民族语文》1994年第3期。

李永燧：《桑孔语初探》，《语言研究》1992年第1期。

李永燧：《说"诺苏"》，转引自马学良主编《民族语文论集》，北京：中央民族学院出版社1993年版。

李永燧：《彝缅语唇舌音声母研究》，《民族语文》1989年第3期。

李永燧：《彝语后喉塞音声母考察——兼论缅彝共同语鼻音声母的分类》，《语言研究》1996年第1期。

岭光电：《倮倮经典选译》，《西康青年》1942年第2卷第11期。

刘诚芳、蔡华：《彝族双语教育两类模式的大学生人格特征比较研究》，《西南民族学院学报》2000年第1期。

刘鸿勇、巫达：《论凉山彝语的"名+（数）+量+su^{33}结构"》，转引自李锦芳主编《汉藏语系量词研究》，北京：中央民族大学出版社2005年版。

刘明祥：《大方天宝彝文试点双语教学情况》，《贵州民族研究》1985年第4期。

刘应珍、武自立：《尼苏彝语塞边音在方言和亲属语言中对立》，《民族语文》1997年第3期。

刘应珍：《试论彝语鼻浊音的演变》，《贵州民族研究》1988年第2期。

卢义：《彝族的族称、支系及其文化特征》，转引自左玉堂等主编《毕摩文化》，昆明：云南民族出版社1993年版。

罗曲：《彝族诗律探析》，《西南民族学院学报》1991年第1期。

罗边木果：《彝语次高调规律及其文字问题》，《西昌师专学报》1996年第1期。

罗常培、傅懋勣：《国内少数民族语言文字概况》，《中国语文》1954年第3期。

罗拉格：《彝文翻译工作的发展方向》，《西南民族学院学报》1997年第1期。

罗希吾戈：《略论云南彝文典籍的收集和研究》，《思想路线》1981年第1期。

马黑木呷：《〈彝文规范方案〉的诞生及其实践效果》，《民族语文》1985年第3期。

马黑木呷、姚昌道：《彝文在凉山的普及给人们的启示》，《民族语文》1993年第2期。

马黑木呷：《四川彝语文规范工作简介》，《民族语文》1989年第4期。

马黑木呷：《彝文规范方案的诞生及其实践效果》，《民族语文》1985年第3期。

马锦卫：《彝族亲属称谓考》，《西南民族学院学报》1988年民族语言学研究专辑。

马拉呷、吴明光：《有趣的彝族名字》，《四川文物》1986年第4期。

马林英：《从文化因素探讨翻译的可行性——兼谈彝、汉、英翻译实例》，《贵州民族研究》2001年第1期。

马林英：《凉山彝语非语言交际习俗》，《贵州民族研究》1991年第4期。

［美］马提索夫(J. A. Matisoff)：《拉祜语和原始缅彝语》，Lahu and Proto-Lolo-Burmese, OPWSTBL, 1969。

［美］马提索夫(James A. Matisoff)：《古彝语声调分裂再谈》(The Lolosh Tonal Split Revisted, Research Monograph)。

［美］马提索夫(James A. Matisoff)：《原始彝语中受阻音节的声调分裂》(The Tonal Split in Loloish Checked Syllables), *Occasional Paper of Wolfenden Society on Tibeto-Burman Linguistics*, Vol. 11, 1971。

马鑫国：《彝语构词变调及其成因分析》，《贵州民族研究》2000年第4期。

马兴国：《"有"与其相关词的用法》，《彝语研究》1989年。

马兴国：《凉山彝语描摹词问题初探》，《民族语文》1991年第3期。

马兴国：《说一说"se^{33}"运用》，《彝语研究》1991年。

马兴国：《彝语词汇规范化浅谈》，转引自《规范彝文应用研究》，成都：四川民族出版社1990年版。

马兴国：《彝语疑问语气词辨析》，《西南民族学院学报》1990年第1期。

马学良、朱崇先：《从语言论证南诏国的族属问题》，《云南民族学院学报》1990年第1期。

马学良：《〈白狼歌〉中的"倭让"考》，《中央民族学院学报》1986年第3期。

马学良：《倮文〈作祭献药供牲经〉译注》，《中央研究院历史语言研究所集刊》第20本，1948年。

马学良：《倮文祭经的种类述要》，《现代学报》1947年第1卷第2、3期合刊。

马学良：《倮族的巫师"呗耄"和"天书"》，《边政公论》1947年第6卷第1期。

马学良：《明代彝文金石文献中所见的彝族宗教信仰》，《世界宗教研究》1983年第3期。

马学良：《试析彝语语法中的几个问题》，《民族语文》1989年第1期。

马学良：《彝文和彝文经书》，《民族语文》1981年第1期。

马学良：《彝文劝善经译注》，《民族语文》1984年第3期。

马学良：《彝语"二十、七十"的音变》，《民族语文》1980年第1期。

马学良：《彝族姓名考源》，转引自马学良编《民族语言教学文集》，成都：四川民族出版社1982年版。

马学良等译注：《彝文〈劝善经〉译注》，北京：中央民族学院出版社1986年版。

马学良审订：《宇宙人文化》，北京：民族出版社1984年版。

木呷：《彝文规范方案应用研究总结讨论会在成都举行》，《民族语文》1985年第6期。

木乃热哈：《凉山彝语形容词词缀分析》，《中央民族大学学报》1994年第1期。

木乃热哈：《试析彝族语言中的"叫"》，《中央民族大学学报》2000年第3期。

木乃热哈：《彝语田坝话的特点及其成因》，《民族语文》1994年第4期。

欧木几：《彝语宾动式名词》，《民族语文》1994年第1期。

潘正云：《彝语阿都话唇齿软腭复辅音声母比较研究》，《民族语文》2001年第1期。

普珍：《彝族吉符"X、X"》，《云南社会科学》2001年第1期。

普忠良：《从毕摩祭祀词汇看彝族的宗教信仰理念》，《凉山民族研究》2005年总第15期。

普忠良：《纳苏彝语形容词的变式类型》，《云南民族语文》1998年第2期。

普忠良：《我国彝族地区彝汉双语教育现状与发展前瞻》，《贵州民族研究》1999年第4期。

普忠良：《彝语 ndhe^{21}（甸）构成的地名及其文化内涵》，《民族语文》1998年第6期。

普忠良：《彝族毕摩祭祀用词研究》，《民族语文》2005年第5期。

普忠良：《彝族古地名"玛纳液池"及其彝族深层文化现象透视》，《凉山民族研究》2001年。

普忠良：《彝族古地名 ma^{21}ne^{33}zi^{21}tʂhi^{33} 考释》，《民族语文》2001年第6期。

普忠良：《彝族社会语言学研究概况述略》，《贵州民族研究》1997

年第 1 期。

普忠良：《彝族双语教育模式》，《中国民族教育》1999 年第 3 期。

普忠良：《彝族自称与彝语氏族地名》，《民族语文》2003 年第 1 期。

普忠良：《越南的彝族及其历史文化述略》，《世界民族》2003 年第 2 期。

钱丽云：《试析彝族谚语蕴含的文化内涵》，《彝族文化》2002 年第 3 期。

曲木铁西、沙马八路军：《论彝文对提高彝族农民素质的重要意义》，转引自中国社会科学院民族研究所、国家民族事务委员会文化宣传司主编《中国少数民族语言文字使用和发展问题》，北京：中国藏学出版社 1991 年版。

曲木铁西：《试论彝语名量词的起源层次》，《民族语文》1994 年第 2 期。

曲木铁西：《彝语义诺话颜色词的语义分析》，《中央民族大学学报》1997 年第 2 期。

曲木铁西：《彝语义诺话植物名词的语义分析》，《语言研究》1993 年第 2 期。

沙马吉哈：《浅谈汉译彝中的借词处理问题》，《凉山民族研究》2002 年。

师有福：《从〈指路经〉中彝族先民的迁徙》，《彝族文化》1998 年第 3 期。

[苏联] 史禄国：《记猓猓音》，《中央研究院历史语言研究所集刊》第 1 本第 2 分册，1930 年。

苏鸿翔：《开展彝汉双语文教学是提高彝族地区小学教学质量的有效途径》，《彝族文化》1998 年第 3 期。

苏连科：《凉山彝语亲属称谓的语义分析和词源结构研究》，《民族语文》1988 年第 2 期。

覃敏笑：《试论凉山"尔比尔吉"中的女性观念》，《贵州民族研究》1990 年第 2 期。

唐黎明：《浅谈凉山彝语的语法化现象》，《民族语文》2005 年第 1 期。

藤星：《凉山彝族社区学校实施彝汉双语教育的必要性》，《民族教育研究》2000 年第 1 期。

拖吐鲁汝：《贵州推行彝族文字开展双语文教学的回顾和前瞻》，转引自贵州省民委民族语文办公室编《彝语研究》，贵阳：贵州民族出版社 1994 年版。

王成有：《略论彝语方言的划分》，《中央民族大学学报》1998 年第 6 期。

王成有：《试阿哲彝语词头 A-》，《民族语文》1994 年第 5 期。

王成有：《彝语阿哲话语音》，《西南民族学院学报》1998 年第 6 期。

王成有：《彝语扑拉话概况》，《民族语文》2004 年第 6 期。

王继超：《从彝汉文献的记载看滇的族属》，《彝族文化》2001 年第 2 期。

王继超：《彝文古籍的彝民族认同》，《彝族文化》2002 年第 3 期。

王建明、曲木铁西：《彝语词的形态及其功能》，《彝语研究》1991 年。

王天佐：《试说汉语嘴头话的人称代词彝语的关系》，《民族语文》1986 年第 4 期。

王天佐：《彝语 mo^{21} "女" 词义演变初探》，《民族语文》1986 年第 1 期。

闻宥：《川滇黔倮文之比较》，《中国文化研究汇刊》1947 年。

闻宥：《记西昌彝语的元音》，《中国文化研究汇刊》1948 年第 8 卷。

闻宥：《论川滇黔桂彝族文字》，北京：民族出版社 1988 年版。

闻宥：《再论倮倮文数字》，《大公报》图书副刊 1948 年第 115 期。

巫达：《凉山彝语的形态探析》，《彝语研究》1991 年。

巫达：《凉山彝语骈丽词调规探讨》，《民族语文》1995 年第 2 期。

吴光范：《彝语地名学初探》，《云南社会科学》2000 年第 6 期。

伍精华：《祝贺〈规范彝文方案〉推行十周年笔会》，《民族语文》1990 年第 3 期。

武自立、纪嘉发、肖家成：《云贵彝文浅论》，《民族语文》1980 年第 4 期。

武自立、纪嘉发：《彝语数词的构成和用法》，《民族语文》1982 年第 6 期。

武自立：《阿细彝语的几个特征》，《民族语文》1980 年第 4 期。

武自立：《阿细彝语基数词的连读音变》，《民族语文》1987 年第 4 期。

武自立：《阿细彝语形容词的几个特征》，《民族语文》1981年第3期。

武自立：《彝语话语材料》，《民族语文》1987年第6期。

武自立：《云南富宁末昂话初探》，《民族语文》1993年第2期。

武自立：《云南彝族语言使用情况、文化教育和文字问题调查》，《民族研究》1980年第6期。

象峰：《罗罗文字之初步研究》，《金陵学报》1938年第8卷第1、2期合刊。

小门典夫：《凉山彝语的被动句》，《语言研究》2003年第4期。

小门典夫：《凉山彝语语气助词"su^{33}"的功能》，《西南民族学院学报》2000年第2期。

谢飞(Robert Shafer)：《倮倮语语音史》，Phonetique historique des languges Lolo, TP41.191-229,1952.

谢志礼、李文华：《引号与"抵"的关系》，《彝语研究》1988年第3期。

谢志礼、苏连科：《藏缅语清化鼻音、边音的来源》，《民族语文》1990年第4期。

熊仲儒：《彝语名词短语内部语序》，《民族语文》2005年第3期。

徐尚聪：《彝语亲属称谓词初探》，《贵州民族学院学报》1994年第3期。

徐世璇：《毕苏语的"体""时系统"——兼论缅彝语言的有关问题》，《民族语文》2000年第3期。

徐世璇：《共同缅彝语声母类别探索》，《民族语文》1996年第1期。

徐世璇：《国际彝缅语学术会议纪要》，《民族语文》1991年第5期。

徐世璇：《缅彝语几种音类的演变》，《民族语文》1991年第3期。

徐世璇：《缅彝语言塞擦音声母初探》，《民族语文》1995年第3期。

杨成志：《汉罗字典》，《中央研究院历史语言研究所集刊》1930年第11集第129—132期合刊。

杨成志：《罗罗太上清净消灾经对译》，《中央研究院历史语言研究所集刊》1933年。

杨成志：《罗罗文法概要》（法文），《语言文学专刊》1936年第1

卷第 1 期。

杨成志：《倮倮文的起源及其一般》，《中央研究院历史语言研究所集刊》1930 年第 11 集第 125—128 期合刊。

杨成志：《云南罗罗的文字》，《新亚细亚月刊》1931 年第 2 卷第 2 期。

杨成志：《云南罗罗族的巫师及其经典》，《中央研究院历史语言研究所集刊》1933 年。

杨凤江：《彝族稻作文化——从古文字谈起》，《彝族文化》2000 年第 4 期。

杨启劲：《倮倮歌谣选译》，《西康青年》1942 年第 2 卷第 11 期。

杨义杰：《彝语指示代词基本形态及其近制与远指》，《彝语研究》1989 年。

于锦秀：《从彝文指路经看现存彝族原始宗教系统类型》，《世界宗教研究》1991 年第 4 期。

余宏模：《清代水西彝族土目和彝文田契试析》，《贵州民族研究》1979 年创刊号。

余宏模：《贵州彝文典籍翻译工作的历史和现状》，《贵州民族学院学报》1981 年第 1 期。

余宏模：《试论彝族文字的起源和发展》，转引自马学良编《彝族语言文字论文选》，成都：四川民族出版社 1988 年版。

云南省彝文规范办公室：《云南规范彝文试行工作汇报》，《云南民族语文》1995 年第 4 期。

张宁：《彝良方言的亲属称谓》，《云南民族学院学报》1987 年第 3 期。

张庆培：《寻甸彝族地名汉译体会》，《地名知识》1985 年第 5 期。

张廷献：《彝学会代表十分关心规范彝文》，《云南民族语文》1991 年第 2 期。

张余蓉、余惠邦、马锦卫：《凉山州双语教育现状及其发展前景》，《凉山民族研究》1994 年第 2 期。

张余蓉：《凉山彝语单句类型分析》，《彝语研究》1988 年。

张余蓉：《谈汉彝氏族翻译书写形式的规范》，《民族语文》1992 年第 3 期。

张余蓉：《析彝语北部方言词组结构关系》，《彝语研究》1989 年。

周庆生：《规范彝文理论实践价值评估》，《民族语文》1993 年第

4 期。

周庆生：《规范彝文在凉山的普及给人们的启示》，《民族语文》1993 年第 4 期。

周裕栋：《云南彝文的使用和传播》，《彝学研究》1987 年第 1 期。

朱崇先：《昆明西山乡彝文单字注音的初步研究》，《中央民族学院学报》1988 年第 4 期。

朱崇先：《武定彝族密语研究》，转引自国际彝缅语学术会议论文编辑委员会编《彝缅语研究》，成都：四川民族出版社 1992 年版。

朱崇先：《彝文古籍收藏情况概述》，转引自云南省民委古籍办《民族古籍》，昆明：云南民族出版社 1993 年版。

朱崇先：《彝族王号"诏"与庄音变异考》，《中央民族学院学报》1993 年第 2 期。

朱建新：《简论凉山彝语附加式构此法》，《民族语文》1986 年第 2 期。

朱建新：《凉山彝语声调的语法作用》，《西南民族学院学报》2000 年第 7 期。

朱建新：《试论凉山彝语词头"a－"》，《民族语文》1984 年第 6 期。

朱建新：《彝汉文渊源之争述略》，《西南民族学院学报》1990 年第 1 期。

朱建新：《彝语语法范畴概说》，《彝语研究》1991 年第 2 期。

朱文旭、王成有、方虹：《彝语使动范畴前缀词素研究》，《民族语文》1998 年第 6 期。

朱文旭、张静：《彝语被动句式研究》，《凉山民族研究》2002 年第 2 期。

朱文旭、张静：《彝语水田话概况》，《民族语文》2005 年第 4 期。

朱文旭：《凉山奴隶社会姓名的构成及演变》，《民族语文》1987 年第 1 期。

朱文旭：《凉山彝语复辅音声母探源》，《民族语文》1989 年第 3 期。

朱文旭：《凉山彝语及其文化因素》，《民族语文》1992 年第 6 期。

朱文旭：《凉山彝语中的汉语借词》，《民族语文》1997 年第 4 期。

朱文旭：《凉山彝族奴隶社会氏族词的词源结构与等级分化》，《民族语文》1987 年第 1 期。

朱文旭：《凉山彝语复辅音声母探源》，《民族语文》1989 年第 3 期。

朱文旭：《僰为彝说》，《中央民族大学学报》1996 年第 3 期。

朱文旭：《从彝语支土家族族称看僰及乌白蛮源流问题》，《中央民族大学学报》1997 年第 3 期。

朱文旭：《夜郎为彝说》，《贵州民族研究》1997 年第 4 期。

朱文旭：《彝为土著说——兼论语言与民族史研究》，《西南民族学院学报》1998 年第 2 期。

朱文旭：《僰人源流考辩新解》，《思想战线》1998 年第 9 期。

朱文旭：《彝语使动范畴前缀词素研究》，《民族语文》1998 年第 6 期。

朱文旭：《彝语使动范畴后缀词素研究》，《中央民族大学学报》1999 年第 3 期。

朱文旭：《"蛮"语义及其文化现象》，《西南民族学院学报》1999 年第 4 期。

朱文旭：《彝文文献训诂札记》，转引自中央民族学院彝文文献编译室编《彝文文献研究》，北京：中央民族学院出版社 1993 年版。

朱文旭：《凉山彝语的时间词》，转引自戴庆厦主编《中国民族语言论丛》（一），北京：中央民族大学出版社 1996 年版。

朱文旭：《凉山彝语 xo^{21}mo^{21} 本义考》，《中国彝学》，北京：民族出版社 1997 年版。

朱文旭：《彝语舌尖复辅音演化问题——兼谈个别汉藏语词》，转引自《彝缅语研究》，成都：四川民族出版社 1997 年版。

朱文旭：《彝语使动与汉语被动句式问题》，《广西民族语文论坛》1999 年第 12 期。

朱文旭：《凉山彝语 ABAB 式形容词研究》，《中央民族大学学报》2002 年第 6 期。

朱文旭：《从彝文看彝语语音演化问题》，《广西民族语文论坛》2002 年第 5 期。

朱文旭：《〈白狼歌〉族称问题新探》，《凉山民族研究》1993 年第 2 期。

朱文旭：《凉山彝语模糊状词初探》，《凉山民族研究》1996 年第 2 期。

朱文旭：《夜郎为彝说》，《贵州民族研究》1997 年第 4 期。

朱文旭：《云南剑川石窟"阿姎白"语源及其文化现象》，《云南民族语文》1999年第1期。

朱文旭：《彝族原始宗教活动"尼"与"傩"渊源关系问题》，《凉山民族研究》2005年。

朱文旭：《凉山彝族亲属称谓及其婚姻形态窥探》，《中央民族学院学报》1988年第4期。

朱文旭：《彝语句法中的语序问题》，《民族语文》2004年第3期。

朱文旭：《彝语元音 i 和 η 的对立》，《民族语文》2002年第1期。

朱文旭：《彝语中古汉语借词的一种形式》，《民族语文》1999年第6期。

庄学本：《罗罗文字的研究》，《说文月刊》1941年第3卷第2、3期合刊。

王了一：《"爨文丛刻"甲编》，《大公报》图书副刊第139期，1936年7月16日。

闻宥：《读爨文丛刻——兼论僰文之起源》，《大公报》图书副刊115期，1936年10月1日。

马学良：《倮译〈太上感应篇〉序》，《边疆人文》第4卷1947年合刊。

马学良：《倮文作斋经译注》，《中央研究院历史语言研究所集刊》1949年第14本。

袁家骅：《阿细彝语及其民歌》，《语言学专刊》1953年第5期。

陈士林、边仕明、李秀清、罗洪瓦达：《凉山彝语的使动范畴》，《中国语文》1962年第8、9月号。

马学良：《彝族经典和彝族的原始宗教》，《世界宗教研究》1980第2集。

李民：《彝语引导述语的译法问题》，《民族译坛》1987年3月。

巴莫·阿依：《凉山地名初探》，《民族研究》1987年第6期。

张余蓉：《析凉山彝语结构助词"苏"》，《西南民族学院学报》1988年民族语言专辑。

赵洪泽、潘正云：《对凉山彝语虚词"ta^{33}、mu^{33}、$mu^{33}ta^{33}$"的探讨》，《西南民族学院学报》1988年民族语言专辑。

陈英：《从彝汉语文的对应关系谈双语文教学》，马学良主编《中国少数民族双语研究论集》，北京：民族出版社1990年版。

戴庆厦、曲木·铁西：《彝语义诺话动物名词的语义分析》，转引自戴庆厦主编《民族语文研究新探》，成都：四川民族出版社 1992 年版。

巴莫阿依：《彝文文献〈指路经〉语言句式析》，《彝文文献研究》，北京：中央民族大学出版社 1993 年版。

李生福：《彝族文字、典籍及其他》，《民族团结》1994 年第 3 期。

黄建明：《彝文文献的出版印刷》，《出版史研究》1997 年第 2 期。

胡素华：《凉山彝语的 hi 和 bo》，《中央民族大学研究生学报》1997 年第 4 期。

胡素华：《彝语虚词 ta 的多功能性》，《民族语文》1998 年第 2 期。

胡素华：《白家村彝藏双语特点及其成因试析》，《民族教育研究》2000 年 5 月。

胡素华：《彝语谓词重叠形式》，戴庆厦主编《中国民族语言文学研究论集》（1），北京：民族出版社 2001 年版。

胡素华：《彝语结构助词的句法功能》，岭福祥主编《中国彝学》（第二辑），北京：民族出版社 2003 年版。

朱文旭：《凉山彝族水田人来源及其文化变迁》，《彝族文化》2004 年第 2 期。

朱文旭：《彝语被动句式研究》，《语言研究》2004 年第 3 期。

巴莫阿依：《关于彝族毕摩文化研究中的几个问题》，戴庆厦主编《中国彝学》（第二辑），北京：民族出版社 2004 年版。

巴且日火：《毕摩及毕摩经文散议》，戴庆厦主编《中国彝学》（第二辑），北京：民族出版社 2004 年版。

陈国光、欧木几：《彝族"灵姆毕"与〈指路经〉研究》，戴庆厦主编《中国彝学》（第二辑），北京：民族出版社 2004 年版。

戴庆厦：《论彝语支》，戴庆厦主编《中国彝学》（第二辑），北京：民族出版社 2004 年版。

胡素华：《彝语结构助词在句法中的地位》，戴庆厦主编《中国彝学》（第二辑），北京：民族出版社 2004 年版。

李生福：《论彝族文字的社会性和群众性》，戴庆厦主编《中国彝学》（第二辑），北京：民族出版社 2004 年版。

潘正云：《凉山彝族人名命名特点及文化内涵》，戴庆厦主编《中国彝学》（第二辑），北京：民族出版社 2004 年版。

巫达：《语言文字与凉山彝族的文化认同》，戴庆厦主编《中国彝学》（第二辑），北京：民族出版社 2004 年版。

朱崇先：《彝文典籍学术研究概述》，戴庆厦主编《中国彝学》（第二辑），北京：民族出版社 2004 年版。

普忠良：《彝区多民族杂居村落族际语言使用特点及其成因分析》，戴庆厦主编《双语学研究》（第二辑），北京：民族出版社 2004 年版。

朱文旭：《土家族为"僰人"说》，《中南民族大学学报》2005 年第 4 期。

朱文旭：《彝语水田话概况》，《民族语文》2005 年第 4 期。

朱文旭：《彝族地区双语教育类型现状研究》，《民族教育研究》2005 年第 5 期。

朱文旭：《彝文中的借汉字研究》，《三月三·民族语文论坛专辑》2005 年第 6 期。

刘剑文：《彝语支语言词头 a－、i－与排行名称、亲属称谓》，《云南民族语文》2001 年第 1、2 期。

张纯德：《树枝文字——彝文的起源》，《思想战线》1991 年第 4 期。

张启仁：《浅析彝族文字的造字规律》，《云南民族语文》2001 年第 1、2 期。

（普忠良）

傈僳语言文字研究论著索引

盖兴之：《谈谈新老傈僳文》，《民族语文》1982 年第 5 期。

盖兴之：《浅谈傈汉翻译中的语言形象问题》，《云南民族学院学报》1984 年第 2 期。

李强：《傈僳语与英语的形容词用法比较及语言和思维互动》，《云南民族大学学报》2004 年第 3 期。

木玉章、段伶：《傈僳语概况》，《民族语文》1983 年第 4 期。

木玉章：《傈僳语话语材料》，《民族语文》1986 年第 5 期。

木玉章：《傈僳族音节文字字典》，中国社会科学院民族研究所，1992 年内部资料。

木玉章：《傈僳语数词的构成和用法》，《中央民族学院学报》1993 年第 4 期。

木玉章：《傈僳族音节文字造字法简介》，《民族语文》1994 年第

4期。

木玉章：《傈僳族音节文字文献资料汇编》，北京：中国社会科学院民族所1998年版。

木玉章：《傈颇话概况》，《民族语文》2002年第4期。

木玉章：《谈谈傈僳语中的词头a》，《民族语文》1982年第2期。

芮逸夫：《记栗粟语音简论所谓栗粟文》，中央研究院历史语言研究所《人类学集刊》1939年第1卷第2期。

汪忍波：《傈僳族音节文字文献汇编》，北京：中国社会科学院民族研究所1998年版。

徐琳、木玉章等：《傈汉词典》，昆明：云南民族出版社1985年版。

徐琳、木玉章、盖兴之：《傈僳语简志》，北京：民族出版社1986年版。

（普忠良）

哈尼语言文字研究论著索引

白碧波、车金明：《哈尼语双语教学研究》，云南少数民族双语教学研究课题组编《云南少数民族双语教学》，昆明：云南民族出版社1995年版。

白碧波：《哈尼语存在动词初探》，《民族语文》1991年第5期。

白碧波：《哈尼语存在句的结构分析》，中国哈尼学会编《中国哈尼学》（第一辑），昆明：云南民族出版社2000年版。

白碧波：《谈哈尼文塞音和塞擦音的处理问题》，云南大学中国西南边疆民主经济文化研究中心、红河哈尼族彝族自治州民族研究所编《首届哈尼族文化国际学术讨论会论文集》，昆明：云南民族出版社1996年版。

白碧波、[美]刘易斯编纂：《哈尼族——英语辞典》（哈英/英哈），英国伦敦：KPI出版社1996年版。

[美]保罗·刘易斯、白碧波：《哈尼族语言文化主题研究》（英文），中国哈尼学会编《中国哈尼学》（第一辑），昆明：云南民族出版社2000年版。

[美]保罗·刘易斯，*A Brief Introduction to Hani Proverbs*，云南大学中国西南边疆民主经济文化研究中心、红河哈尼族彝族自治州民族研究

所编《首届哈尼族文化国际学术讨论会论文集》，昆明：云南民族出版社 1996 年版。

[法] 布茜里：The Genealogical PATRONYMIC Linkage System of Akhan and Hani（《哈尼族和阿卡人的父子连名制》），云南大学中国西南边疆民主经济文化研究中心、红河哈尼族彝族自治州民族研究所编《首届哈尼族文化国际学术讨论会论文集》，昆明：云南民族出版社 1996 年版。

车金明：《总结经验、完善实验、稳步推广——红河州哈尼族双语教学情况调查》，《云南民族语文》1989 年第 4 期。

陈丁昆：《元江县安定哈尼族双语人的语言观》，中国哈尼学会编《中国哈尼学》（第一辑），昆明：云南民族出版社 2000 年版。

戴庆厦、段贶乐、罗书文、李批然编：《哈汉尼词典》，昆明：云南民族出版社 2001 年版。

戴庆厦、段贶乐：《哈尼语概论》，昆明：云南民族出版社 1995 年版。

段贶乐：《哈汉翻译中词汇借引的几种形式》，云南少数民族语文指导工作委员会编：《民族语文翻译研究》，昆明：云南民族出版社 1995 年版。

段贶乐：《哈尼文字方案中浊声母的表达问题》，《民族语文》1994 年第 3 期。

段贶乐：《哈尼语的借词》，中国哈尼学会《中国哈尼学》（第一辑），昆明：云南民族出版社 2000 年版。

段贶乐：《哈尼语的音节配合规律》，云南大学中国西南边疆民主经济文化研究中心、红河哈尼族彝族自治州民族研究所编《首届哈尼族文化国际学术讨论会论文集》，昆明：云南民族出版社 1996 年版。

段贶乐：《哈尼语亲属称谓的语义分析》，国际彝缅语学术会议论文编辑委员会编《彝缅语研究》，成都：四川民族出版社 1992 年版。

傅爱兰、李泽然：《哈尼语的重叠式》，《语言研究》1996 年第 1 期。

高年华：《杨武哈尼语初探》，《中山大学学报》1955 年第 2 期。

[瑞] 韩应灵：《Gokhy 语与哈尼语比较》，国际彝缅语学术会议论文编辑委员会编《彝缅语研究》，成都：四川民族出版社 1992 年版。

[瑞] 汉森，A Preliminary Comparison of Hani and Akha Tuneral Texts，云南大学中国西南边疆民主经济文化研究中心、红河哈尼族彝族自治州

民族研究所编《首届哈尼族文化国际学术讨论会论文集》，昆明：云南民族出版社 1996 年版。

何柄昆：《哈尼术语发展初探》，云南大学中国西南边疆民主经济文化研究中心、红河哈尼族彝族自治州民族研究所编《首届哈尼族文化国际学术讨论会论文集》，昆明：云南民族出版社 1996 年版。

何柄昆：《试析哈尼文推行受挫的原因与发展前景》，《民族语文》1993 年第 5 期。

红河州民委编：《哈尼·汉词汇对照》，昆明：云南民族出版社 2001 年版。

胡坦、戴庆厦：《哈尼语元音的松紧》，《中国语文》1964 年第 1 期。

黄绍文：《哈尼语——词多义现象浅析》，云南大学中国西南边疆民主经济文化研究中心、红河哈尼族彝族自治州民族研究所编《首届哈尼族文化国际学术讨论会论文集》，昆明：云南民族出版社 1996 年版。

孔江平：《哈尼语发声类型声学研究及其音质概念的讨论》，《民族语文》1996 年第 1 期。

李批然：《哈尼语结构助词研究》，《民族语文》1994 年第 3 期。

李批然：《哈尼语量词研究》，《民族语文》1992 年第 5 期。

李永燧、王尔松编：《哈尼语简志》，北京：民族出版社 1986 年版。

李永燧：《哈尼语概况》，《民族语文》1979 年第 2 期。

李永燧：《哈尼语和汉语的名词修饰语》，《民族语文》1985 年第 3 期。

李永燧：《哈尼语名、量、动词的同源现象研究》，《民族语文》1990 年第 3 期。

李永燧：《哈尼语形容词的生动形式》，《民族语文》1986 年第 4 期。

李永燧：《哈尼语语法》，北京：民族出版社 1990 年版。

李永燧：《试论哈尼语汉语动宾词序异同》，《民族语文》1984 年第 3 期。

李元庆：《论哈尼族的多元连名谱系》，云南大学中国西南边疆民主经济文化研究中心、红河哈尼族彝族自治州民族研究所编《首届哈尼族文化国际学术讨论会论文集》，昆明：云南民族出版社 1996 年版。

李泽然、白居舟：《哈尼语的 A 音节》，《中央民族大学学报》1995 年第 6 期。

李泽然：《哈尼语实词的双音节化对语法、语义的影响》，中国哈尼学会编《中国哈尼学》（第一辑），昆明：云南民族出版社 2000 年版。

李泽然：《哈尼语的宾语助词》，《语言研究》2005 年第 3 期。

李泽然：《哈尼语形态研究》，云南大学中国西南边疆民主经济文化研究中心、红河哈尼族彝族自治州民族研究所编《首届哈尼族文化国际学术讨论会论文集》，昆明：云南民族出版社 1996 年版。

李泽然：《哈尼语研究》，北京：民族出版社 2001 年版。

［日］数司郎：《哈尼语、阿卡语与缅甸语》，云南大学中国西南边疆民主经济文化研究中心、红河哈尼族彝族自治州民族研究所编《首届哈尼族文化国际学术讨论会论文集》，昆明：云南民族出版社 1996 年版。

王尔松：《从哈尼语方言亲属称谓比较看哈尼族婚姻家庭形态的变化》，国际彝缅语学术会议论文编辑委员会编《彝缅语研究》，成都：四川民族出版社 1997 年版。

王尔松：《哈尼语豪尼话的元音同化作用》，马学良编《民族语文研究》，成都：四川民族出版社 1987 年版。

王尔松：《哈尼语与汉语关系字初探》，《民族语文》1990 年第 6 期。

王尔松：《哈尼族族名初探》，《中央民族大学学报》1978 年第 4 期。

杨羊就：《哈尼语汉语词汇对照》，昆明：云南民族出版社 2001 年版。

杨羊就：《哈尼语嵌音隐语初探》，中国哈尼学会编《中国哈尼学》（第一辑），昆明：云南民族出版社 2000 年版。

袁家骅：《峨山窝尼语初探》，《边疆人文》1947 年第 4 卷合刊。

袁家骅：《窝尼语音系》，《学原》1947 年第 1 卷第 11 期。

（普忠良）

拉祜语言文字研究论著索引

安东尼·R. 沃克：《泰国拉祜人研究文集》，许洁明等译，昆明：云南人民出版社 1998 年版。

常竑恩主编：《拉祜语简志》，北京：民族出版社 1986 年版。

金有景：《拉祜语的紧元音》，《民族语文》1988 年第 3 期。

金有景：《拉祜语的主语、宾语、状语助词》，《民族语文》1990 年第 5 期。

金有景：《拉祜语主语、宾语助词的出现规律》，《语言研究》1990 年第 2 期。

金有景：《中国拉祜语方言地图集》，天津：天津社会科学院出版社 1992 年版。

李洁、张伟：《苦聪话概况》，《民族语文》2003 年第 1 期。

李洁：《拉祜语的并列结构复合词》，《民族语文》2004 年第 4 期。

李洁：《拉祜语的类被动句——兼与汉语的被动句表述对比》，戴庆厦主编《汉语与少数民族语法比较研究》，北京：民族出版社 2006 年版。

刘劲荣：《拉祜语的四音格词》，《民族语文》2006 年第 3 期。

马世册：《拉祜语的构词方式》，《民族学报》第 2 期，昆明：云南民族出版社 1982 年版。

马世册：《拉祜语概况》，《民族语文》1984 年第 3 期。

石锋、刘劲荣：《拉祜语的元音格局》，《云南民族大学学报》2006 年第 2 期。

孙剑艺：《拉祜语苦聪话的若干特点》，《民族语文》1992 年第 5 期。

王正华：《拉祜西亲属称谓词初探》，《云南民族学院学报》1997 年第 2 期。

王正华：《拉祜语共时音变研究》，《云南民族大学学报》2004 年第 1 期。

吴安其：《汉藏语的分类和白语的归属》，《民族语文》2000 年第 1 期。

张蓉兰：《从古歌谣中地名的探溯拉祜族族先民的迁徙路线》，《民族语文》1994 年第 4 期。

张蓉兰：《拉祜语动词的语法范畴》，《民族语文》1987 年第 2 期。

张蓉兰：《利用拉祜西音节结构形式变化帮助拉祜族学习语文》，《民族语文》1991 年第 2 期。

张蓉兰：《现代拉祜语的借词方式》，《民族调查研究》1984 年第 2 期。

张雨江:《浅论拉祜语新词的创造与发展》,《云南民族大学学报》2006年第2期。

周德才:《彝族与拉祜族的历史语言比较研究》,《贵州民族研究》1998年第3期。

James:《拉祜语文字方案中的若干问题》,《民族语文》1984年第3期。

Bradley, 1979. *The Dialects of Lahu.*

Matisoff, J. A., 1969. *Lahu and Proto – Lolo – Burmese*(《拉祜语和原始缅彝语》), OPWSTBL117 – 221。

Lewis Paul, 1986, *Lahu – English – Thai Dictionary.* Thailand Lahu Baptist Convention, Chiang Mai, Thailand.

(普忠良)

纳西语言文字研究论著索引

白小丽:《东巴文语境异体字类化的途径和方式》,《西北民族大学学报》(哲学社会科学版)2011年第4期。

曹萱、傅懋勣:《纳西族图画文字〈白蝙蝠取经记〉研究探析》,《蒙自师范高等专科学校学报》2003年第3期。

陈沫吾:《东巴文字的艺术观照》,《文史杂志》2004年第3期。

陈婧:《从亲属称谓看纳西族婚姻制度的变迁》,《齐齐哈尔师范高等专科学校学报》2011年第1期。

陈嘉瑛:《中国少数民族语言·纳西语篇》,成都:四川人民出版社1987年版。

陈江:《基于发音词典自适应的民族语口音汉语普通话语音识别》,云南大学模式识别与智能系统2010。

崔磊:《从比较语法角度看纳西语语法特点——句尾词》,《文学界》(理论版)2011年第10期。

崔荣昌:《四川汉语方言对纳西语的影响》,《语文知识》2007年第3期。

戴庆厦:《关于纳西语的松紧元音问题——兼论彝缅语语音历史演变的研究方法》,《民族语文》1993年第1期。

邓章应:《纳西东巴文线字素初探》,《内江师范学院学报》2004年第 1 期。

邓章应：《〈纳西象形文字谱〉的异体字及相关问题》，《内江师范学院学报》2006 年第 5 期。

邓章应、白小丽：《纳西东巴文语境异体字及其演变》，《中央民族大学学报》（哲学社会科学版）2009 年第 4 期。

邓章应：《"东巴文"的科学定名》，《中国科技术语》2010 年第 4 期。

邓章应：《东巴文从音补到注音式形声字的演变》，《西南学刊》2011 年第 1 期。

杜娜、徐人平、李捷：《纳西象形文字中蕴含的线形》，《艺术民族论坛》2006 年第 8 期。

董作宾：《读方编〈麽些文字字典〉甲种》，《中国文化研究所集刊》1940 年第 1 卷第 2 期。

董作宾：《麽些象形文字字典》序，《说文月刊》1945 年第 5 卷第 3 期。

范常喜：《纳西东巴文中的简省和羡余》，《中国海洋大学学报》（社会科学版）2010 年第 3 期。

范常喜：《从汉字看东巴文中的超前发展现象》，《中央民族大学学报》2006 年第 5 期。

方国瑜：《"古"之本义为"苦"说——汉字甲骨文、金文、篆文与纳西象形文字比较研究一例》，《北京师范大学学报》1982 年第 5 期。

方国瑜、和志武：《纳西族古文字的创始和构造》，《中央民族学院学报》1981 年第 1 期。

傅懋勣：《永宁纳西族的母系家庭和亲属称谓》，《民族研究》1980 年第 3 期。

傅懋勣：《纳西族图画文字和象形文字的区别》，《民族语文》1982 年第 1 期。

傅懋勣：《丽江麽些象形文"古事記"研究》，武昌：华中大学出版社 1948 年版。

傅懋勣：《维西麽些语研究》（语音部分），《中国文化研究所集刊》[华西协和大学] 1940 年第 1 卷第 4 期。

傅懋勣：《维西麽些语研究》（语法部分），《中国文化研究所集刊》[华西大学] 1941 年第 2 卷。

傅懋勣：《维西麽些语研究》（词汇部分），《中国文化研究所汇刊》

[华西齐鲁金陵三大学] 1943 年第 3 卷。

傅懋勣：《纳西语图画文字"白蝙蝠取经记"研究》（*A Study of a Naxi Pictographic Manuscript*, "*White Bat's Search for Sacred Books*"）, Vol. 2, Tokyo: CAAAL, 1984。

傅懋勣：《傅懋勣先生民族语文论集》，北京：中国社会科学出版社 1995 年版。

傅懋勣：《论民族语言调查研究》，北京：语文出版社 1998 年版。

高朝仙：《东巴文字的魅力》，《学习月刊》2008 年第 4 期。

甘露：《甲骨文与纳西东巴文农牧业用字比较研究》，《大理师专学报》2000 年第 1 期。

甘露：《纳西东巴文假借字研究述评》，《中央民族大学学报》2005 年第 4 期。

甘露：《东巴经假借字的版本比较研究》，《柳州职业技术学院学报》2005 年第 2 期。

甘露：《纳西东巴文献中假借字比较研究》，《曲靖师范学院学报》2008 年第 2 期。

甘露：《东巴经中假借字的时代比较研究》，《楚雄师范学院学报》2005 年第 5 期。

甘露：《纳西东巴经中假借字的地域研究——以白地、丽江、鲁甸为例》，《昆明学院学报》2009 年第 5 期。

盖兴之：《纳西语中的多元文化现象》，《玉振金声探东巴：国际东巴文化艺术学术研讨会论文集》，北京：社会科学文献出版社 2002 年版。

盖兴之、姜竹仪：《彝语支语言的小舌音》，《彝缅语研究》，成都：四川民族出版社 1998 年版。

戈阿干：《由纳西象形文保存的河图洛书》，《民族艺术研究》1999 年第 4 期。

郭大烈：《评〈纳西象形文字谱〉》，《思想战线》1982 年第 3 期。

郝朴宁、李丽芳：《东巴图画文字符号的意义生成》，《现代传播》2006 年第 2 期。

和万传、和红军：《纳西语"来"和"去"的语义价值及语法特征》，《云南师范大学学报》（哲学社会科学版）2008 年第 1 期。

和志武：《试论汉语在纳西语丰富发展中的作用》，《中国语文》1961 年第 7 期。

和志武：《试论纳西象形文字的特点——兼论原始图画字、象形文字和表意文字的区别》，《云南社会科学》1981 年第 3 期。

和志武：《纳西族古文字概论》，《云南社会科学》1982 年第 5 期。

和志武：《纳西族东巴经语言试析》，《语言研究》1983 年第 1 期。

和志武：《丽江纳西语构词法》，《云南省历史研究所研究集刊》1982 年第 1 期。

和志武：《谈谈为什么要推行纳西族新文字》，《云南民族语文》1986 年第 1 期。

和志武：《纳西族新文字的制定和试验推行》，《云南民族语文工作》1985 年第 1 期。

和根吉：《纳西语及其同彝、羌语支间联系探析》，《管理观察》2009 年第 12 期。

和即仁、和志武：《纳西族的社会历史及方言调查·三》，昆明：云南民族出版社 1988 年版。

和即仁：《谈谈纳西族东巴经起首语的翻译》，《云南民族语文》1989 年第 4 期。

和即仁：《纳西东巴古籍整理中的词语翻译》，《云南民族语文》1989 年第 4 期。

和即仁：《"摩些"与"纳木依"语源考》，《民族语文》1991 年第 5 期。

和即仁：《纳西语月份名称的结构及其来源》，《民族语文》1994 年第 4 期。

和即仁：《纳西语助词浅析》，《云南民族语文》1999 年第 2 期。

和耀：《纳西语四音格词构词方式简析》，《长江大学学报》（社会科学版）2011 年第 1 期。

和耀：《纳西语四音格词的语音结构研究》，《大理学院学报》2011 年第 3 期。

和力民：《东巴教与东巴文》，《中国民族古文字研究》（第三辑），天津：天津古籍出版社 1991 年版。

和秀梅：《纳西东巴文字研究概况》，《吉林省教育学院学报》2010 年第 4 期。

和新梅：《谈对外少数民族语言教学的几点体会——以云南丽江对外纳西语教学为例》，《世纪桥》2011 年第 1 期。

黄思贤：《水字、古汉字及其纳西东巴文同义比较举例》，《兰州学刊》2007 年第 2 期。

黄思贤、余淑芬：《汉纳两种文字的差异与文字的发展规律》，《湖北社会科学》2010 年第 12 期。

黄思贤：《〈纳西象形文字谱〉质疑》，《中央民族大学学报》（哲学社会科学版）2007 年第 5 期。

黄思贤：《从异体字的差异看纳西东巴文的发展》，《甘肃联合大学学报》（社会科学版）2010 年第 3 期。

黄思贤：《纳西东巴文献用字研究：以〈崇搬图〉和〈古事记〉》，北京：民族出版社 2010 年版。

黄伟：《浅析纳西象形文字之美》，《大舞台》2011 年第 10 期。

黄伟：《东巴象形文字图形化特征及商业应用价值研究》，《商场现代化》2009 年第 3 期。

黄振华：《纳西族哥巴文字源流考》，《燕京学报》2000 年第 9 期。

和继全：《东巴文百年研究与反思》，《思想战线》2011 年第 5 期。

胡莹：《纳西族东巴文档案的数字化保护》，《兰台世界》2012 年第 2 期。

胡莹：《纳西族东巴文历史档案发掘利用初探》，《兰台世界》2010 年第 16 期。

姜竹仪：《纳西语概况》，《民族语文》1980 年第 3 期。

姜竹仪：《纳西语东部方言的土语》，《民族学调查研究》1987 年第 2—3 期。

姜竹仪：《纳西语话语材料》，《民族语文》1988 年第 6 期。

姜竹仪：《纳西语研究概况》，《民族研究动态》1986 年第 2 期。

姜竹仪：《纳西语西部方言音位系统中的几个问题——兼答杨焕典同志》，《民族语文》1985 年第 2 期。

盖兴之、姜竹仪：《纳西语在藏缅语言中的地位》，《民族语文》1990 年第 1 期。

姜竹仪：《积极推行纳西文提高纳西族文化》，《民族语文》1994 年第 3 期。

姜竹仪：《世界的书面语使用程度和使用方法概况：中国卷·丽江纳西族自治县语言使用情况》，加拿大：拉瓦尔大学出版社 1993 年版。

孔明玉：《试论纳西东巴文象形字假借字的特点》，《绵阳师范学院学报》2007 年第 9 期。

李静：《东巴文合文研究》，《兰州学刊》2008 第 12 期。

李霖灿：《论么些族象形文字的发源地》，《么些研究论文集》1984年故宫博物院印行。

李霖灿、李在其：《一份东巴文祝词的译释》，《民族语文》2007年第1期。

李杉：《纳西东巴文异体字关系特征初步研究》，《邵阳学院学报》（社会科学版）2011年第1期。

李旸：《纳西象形文字在视觉艺术设计中的应用——以饮食之属为例》，《文学界》（理论版）2011年第10期。

李静生：《纳西东巴文与甲骨文的比较研究》，《云南社会科学》1983年第6期。

李惠铨：《〈纳西象形文字谱〉简介》，《世界图书》A辑1982年版。

李丽芬：《纳西东巴古籍与语言研究》，《云南民族学院学报》（哲学社会科学版）1997年第4期。

李丽芬：《"黑""白"词汇及其文化背景》，《东巴文化论》昆明：云南人民出版社1991年版。

李杉：《纳西东巴文构形分类研究的探讨》，《理论月刊》2011年第3期。

李永轮：《纳西族东巴文在现代民族产品设计中的应用探析》，《包装工程》2011年第14期。

刘又辛：《纳西文字、汉字的形声字比较》，《中央民族学院学报》1993年第1期。

刘思宜、寻胜兰：《浅谈纳西东巴象形文字》，《广西轻工业》2007年第12期。

刘青：《青海柳湾陶器符号与普米族刻划符号及纳西东巴文之比较》，《昆明师范高等专科学校学报》2007年第1期。

刘悦：《东巴文形声字的原始属性》，《兰州学刊》2009年第11期。

刘悦：《纳西东巴文讹变现象简论》，《四川文理学院学报》2011年第1期。

刘悦：《纳西东巴文异体字研究述评》，《中国海洋大学学报》（社会科学版）2011年第3期。

刘悦：《对东巴文异体字中所见繁化现象的思考》，《阅江学刊》2011年第3期。

刘利、王红波：《纳西东巴文化对包装设计的启示》，《包装工程》

2011 年第 2 期。

廖智:《东巴象形文字在日用陶瓷设计中的应用》,《科技信息》2011 年第 33 期。

廖仲旋:《从纳西族东巴文化探讨设计创作的新感与启迪》,《玉振金声探东巴:国际东巴文化艺术学术研讨会论文集》,北京:社会科学文献出版社 2002 年版。

马宁:《东巴文字在平面设计中的应用》,《美与时代》(上半月) 2007 年第 10 期。

马效义、朱麟:《纳西族新创文字研究综述》,《湖北民族学院学报》(哲学社会科学版) 2009 年第 5 期。

木仕华:《东巴象形文中的纳西古俗寻绎》,陶立璠主编《国际亚细亚民俗学研讨会论文集》,北京:民族出版社 1998 年版。

木仕华:《纳西东巴文中的卐字》,《民族语文》1999 年第 2 期。

木仕华:《纳西东巴文与藏文的关系》,《民族语文》2001 年第 5 期。

木仕华:《论纳西族的双语现象与双轨文化》,王远新编《双语教学与研究》(第三辑),北京:中央民族大学出版社 2001 年版。

木仕华:《东巴图画——象形文中的古印度文化赜考》,《玉振金声探东巴:国际东巴文化艺术学术研讨会论文集》,北京:社会科学文献出版社 2002 年版。

木仕华:《论纳西语动词的语法化》,《民族语文》2003 年第 5 期。

木仕华:《纳西语句尾词研究》,赵嘉文等主编《第 34 届国际汉藏语言暨语言学会议论文集》(汉文版),北京:民族出版社 2004 年版。

木仕华:《论纳西语动词的体范畴》,戴庆厦主编《中国民族语言文学研究论集》(2)(语言专集),北京:民族出版社 2002 年版。

木仕华:《论纳西语名词短语的语序》,戴庆厦主编《中国民族语言文学论集》,北京:民族出版社 2003 年版。

木仕华:《纳西东巴经典中的梵语借词研究》,和自兴等主编《丽江第二届国际东巴艺术节学术讨论会文集》,昆明:云南民族出版社 2004 年版。

木仕华:《纳西东巴文实笔论》,周明甫主编《中国少数民族古籍论》(第五辑),成都:四川出版集团、四川民族出版社 2004 年版。

木仕华:《世界语言报告·纳西语篇》,联合国教科文组织《世界语言报告·中国部分》,中国社会科学院民族研究所 2000 年版。

木仕华：《论纳西语拷贝型量词的语法化》，李锦芳主编《汉藏语系量词研究》，北京：中央民族大学出版社 2005 年版。

木仕华：《纳西语汉语双宾比较研究》，戴庆厦主编《汉语与少数民族语言语法比较》，北京：民族出版社 2006 年版。

木仕华：《东巴文⋈为邛笼考》，《民族语文》2005 年第 4 期。

木仕华：《纳西东巴文白海螺大鹏鸟字符字源考》，《韩国汉字研究》2011 年第 4 辑。

木春燕：《"鲁般鲁饶"看东巴诗歌的纳西语言艺术》，《民族文学研究》2004 年第 1 期。

全华玲、沈志红：《云南特色旅游纪念品的艺术研究与设计——以纳西象形文字为例》，《大众文艺》（理论版）2009 年第 18 期。

孙宏开：《纳西语在藏缅语族语言中的历史地位》，《语言研究》2001 年第 1 期。

孙堂茂：《纳西—汉—英汉词汇》，SIL 出版社 1998 年版。

宋文娟、王坤茜、徐人平：《纳西东巴文字字素的形象构形分析与应用》，《包装工程》2010 年第 4 期。

宋文娟、徐人平、王坤茜：《东巴文字合素会意构形分析与应用》，《西北民族大学学报》（哲学社会科学版）2010 年第 6 期。

宋光淑：《纳西东巴文献研究》，《云南师范大学学报》（哲学社会科学版）2004 年第 1 期。

宋兆麟：《摩梭人的象形文字》，《东南文化》2003 年第 4 期。

史燕君：《纳西东巴文形声字形成过程初论》，《湖州师范学院学报》2001 年第 1 期。

土：《纳西象形文字》，《文字改革》1962 年第 8 期。

闻宥：《评〈么些象形文字字典〉》，《燕京学报》1946 年 6 月号。

王娟、张积家、林娜：《纳日人颜色词的概念结构——兼与纳西人颜色词概念结构比较》，《中央民族大学学报》（哲学社会科学版）2010 年第 2 期。

王元鹿：《纳西东巴文字黑色字素论》，《华东师范大学学报》1986 年第 1 期。

王元鹿：《纳西东巴文字与汉字不同源流说》，《云南民族学院学报》1987 年第 1 期。

王元鹿：《纳西东巴文字与汉古文字假借现象的比较及其在文字史上的认识价值》，《徐州师范学院学报》1987 年第 2 期。

王元鹿：《纳西东巴文与汉形声字比较研究》，《中央民族学院学报》1987年第5期。

王元鹿：《〈纳西象形文字谱〉评介》，《辞书研究》1987年第4期。

王元鹿：《由若喀字与鲁甸字看纳西东巴文字流播中的发展——兼论这一研究对文字史与普通文字学研究的意义》，《华东师范大学学报》（哲学社会科学版）2001年第5期。

王元鹿：《纳西族东巴文符号化简论》，《兰州学刊》2009年第11期。

王元鹿：《我们将会更加了解东巴文字》，《兰州学刊》2011年第12期。

王耀芬、和跃：《纳西语使用现状及其维护》，《科技创新导报》2008年第20期。

王慧敏：《试论纳西文"纳"是否表黑》，《闽西职业大学学报》2001年第1期。

谢书书、张积家：《纳西东巴文字性质研究进展和新视角》，《华南师范大学学报》（社会科学版）2008年第3期。

谢书书、张积家：《知觉表征和语义表征在语言认知中的作用——以东巴文黑色素字为例》，《华南师范大学学报》（社会科学版）2011年第6期。

杨福泉：《略论纳西族图画象形文字的象征意义》，《云南民族大学学报》（哲学社会科学版）2011年第5期。

杨焕典：《纳西语中的数量词》，《民族语文》1983年第4期。

杨焕典：《纳西语形容词的重叠形式》，《语言研究》1984年第2期。

杨焕典：《从纳西语的紧松元音对立看汉藏语系语音发展轨迹》，《民族语文》1991年第1期。

杨焕典：《从纳西语中的紧松元音对立看汉藏语系语音发展轨迹》，《广西师院学报》1990年第2期。

杨甲荣：《纳西象形文字研究的里程碑——〈纳西象形文字谱〉》，《中国典籍与文化》1996年第1期。

杨林军：《修铸一书五十载　彰显大师治学魂——记〈纳西象形文字谱〉成书始末》，《保山师专学报》2009年第1期。

杨启昌：《东巴教及象形文字的产生年代问题》，《云南社会科学》

1994 年第 1 期。

　　杨正文：《纳西族东巴象形文字的演变》，《思想战线》1999 年第 5 期。

　　杨正文：《从岩画到东巴象形字》，《思想战线》1998 年第 10 期。

　　杨允芳：《云南省玉龙县纳西族语言文化初探》，《景德镇高专学报》2011 年第 3 期。

　　于清海：《纳西东巴文化对现代首饰设计的启示》，《中国黄金珠宝》2007 年第 6 期。

　　约·弗·洛克、杨逸天、习煜华：《纳西语英语百科词典》，《云南民族学院学报》1988 年第 4 期。

　　袁丽丽：《纳西族颜色词与颜色认知的回顾与反思》，《社会心理科学》2011 年第 4 期。

　　喻遂生：《甲骨文、纳西东巴文的合文和形声字的起源》，《中央民族学院学报》1990 年第 1 期。

　　喻遂生：《纳西东巴文本有其字假借原因初探》，《中央民族大学学报》2002 年第 1 期。

　　喻遂生：《〈纳西东巴字和甲骨文比较研究〉质疑》，《云南民院学报》1988 年第 3 期，又收入《东巴文化论》，昆明：云南人民出版社 1991 年版。

　　喻遂生：《纳西东巴文的异读和纳汉文字的比较研究》，《云南民院学报》1990 年第 1 期。

　　喻遂生：《东巴形声字的类别和性质》，《中央民院学报》1992 年第 4 期。

　　喻遂生：《汉古文字、纳西东巴字注音式形声字比较研究》，《西南师大学报》1993 年学术丛刊。

　　喻遂生：《纳西东巴字、汉古文字中的"转意字"和殷商古音研究》，《中央民族大学学报》1994 年第 4 期。

　　喻遂生：《纳西东巴形声字、假借字音近度研究》，《语言研究》1994 年增刊。

　　喻遂生：《纳西东巴形声字研究纲要》，《四川大学学报》1995 年丛刊第七十辑。

　　喻遂生：《纳西东巴字多音节形声字音近度研究》，《语言研究》1998 年增刊。

　　喻遂生：《纳西东巴字字和字组的划分及字数的统计》，《语苑撷英》，北京：北京语言文化大学出版社 1998 年版。

喻遂生：《纳西东巴字单音节形声字研究》，《语言文史论集》，重庆：西南师范大学出版社 2000 年版。

喻遂生：《纳西东巴字多音节形声字研究》，《语言学论丛》第 25 辑，北京：商务印书馆 2002 年版。

喻遂生：《从纳西东巴文看甲骨文研究》，《甲金语言文字研究论集》，成都：巴蜀书社 2002 年版。

喻遂生：《纳西东巴文象形字研究》，《纳西东巴文研究丛稿》，成都：巴蜀书社 2003 年版。

喻遂生：《纳汉文化交流和纳西东巴字历史层次》，《纳西东巴文研究丛稿》，成都：巴蜀书社 2003 年版。

喻遂生：《杨著〈摩些文多巴字及哥巴字汉译字典〉述略》，《丽江第二届国际东巴艺术节学术研讨会论文集》，昆明：云南民族出版社 2005 年版。

喻遂生：《关于哥巴文字源考证的几点看法》，《中国文字研究》第六辑，南宁：广西教育出版社 2005 年版。

喻遂生：《和才东巴文题词译释》，《中国文字研究》第七辑，南宁：广西教育出版社 2006 年版。

张春凤：《东巴文研究领域中的新探索——〈纳西东巴文研究丛稿（第二辑）〉述评》，《汉字文化》2011 年第 6 期。

张玉来：《〈汉古文字与纳西东巴文字比较研究〉读后感》，《古汉语研究》1990 年第 2 期。

张积家、刘丽红、陈曦：《纳西语颜色认知关系研究》，《民族语文》2008 年第 2 期。

张毅：《纳西语否定副词语义分析》，《南昌航空工业学院学报》（社会科学版）2007 年第 1 期。

张超、朱晓君、徐人平：《东巴象形文字的图形化再创造设计研究》，《艺术与设计》（理论）2009 年第 4 期。

朱宝田：《纳西族象形文字的分布与传播问题新探》，《云南社会科学》1984 年第 3 期。

郑飞洲：《关于纳西族东巴文字信息处理的设想》，《学术探索》2003 年第 2 期。

郑飞洲：《纳西东巴文字字素研究》，北京：民族出版社 2005 年版。

郑长丽：《义借字研究述评》，《齐齐哈尔师范高等专科学校学报》

2010 年第 6 期。

周杨鹨:《从"古事记"试析纳西东巴文的原始性》,《传奇·传记文学选刊》(理论研究) 2010 年第 7 期。

周燕芳、王锐丹:《从东巴文字看唐宋时期丽江纳西族的聚落形态特点及其影响因素》,《康定民族师范高等专科学校学报》2008 年第 6 期。

周有光:《纳西文字中的"六书"——纪念语言学家傅懋勣先生》,《民族语文》1994 年第 6 期。

周斌:《东巴文异体字研究》,华东师范大学出版社 2005 年版。

朱晓君、张超、徐人平:《有关东巴婚俗的象形文字图形化设计》,《陕西科技大学学报》(自然科学版) 2011 年第 6 期。

(木仕华)

白族语言文字研究论著索引

[美] 艾杰瑞、李绍尼:《云南剑川白语的音质和滤音实验》,载《彝缅语研究》,成都:四川人民出版社 1997 年版。

[美] 艾杰瑞、[美] 艾思麟、李绍尼、[美] 吉米·哈里森、拉玛兹偓:《论彝语、白语的音质和勺会厌肌带的关系——喉镜案例研究》,《民族语文》2000 年第 6 期。

[英] 艾磊:《白语方言研究》,张霞译,昆明:云南民族出版社 2004 年版。

[英] 艾磊、[意] 苏纬雅:《白语喜洲镇话声调的测试分析》,《白族文化研究 (2002)》,北京:民族出版社 2003 年版。

[英] 艾磊、[意] 苏纬雅:《白语喜洲话声调测试分析》,《大理师专学报》1997 年第 2 期。

[英] 艾磊、[意] 苏纬雅:《白语否定动词各种形式初探》,《大理师专学报》1999 年第 1 期。

白碧波:《元江县白族与周边哈尼族的语言关系》,《云南师范大学学报》2006 年第 5 期。

[日] 白鸟芳郎:《论民家语系统》,日本《民族学研究》1951 年第 15 卷第 3—4 号。(白鸟芳郎:《南詔及び大理の民族とその遺民,民家の言語系统について》,《季刊民族學研究》,日本文化人类学会;

Shiratori Yoshiro, on the Tribes of Nan－chao and Ta－li and the Descent of the Language of their Descendants, the Minkia, *The Japanese Journal of Ethnology*, Vol. 15, No. 3－4(19510315), pp. 292－303。

鲍克兰（Beauclair, Inez de）：*A study of names of Tali according tu Chinese sources*（《大理地名考》），华西协和大学《中国文化研究所集刊》第二卷，1941年。

Benedict, P. K. 1972. *Sino－Tibetan: A conspectus*, Cambridge: Cambridge University Press.

Benedict, P. K. 1981. *Sinitic and Proto－Tai, part* II: *Bai and Loans to Proto－Tai*, 第15届国际汉藏语会议论文（北京）。

宝洪峰：《大理地名故事》，昆明：云南民族出版社1991年版。

［澳］毕丽丝：《白汉双语双文教学实验项目的介绍》，南诏大理历史文化国际学术研讨会论文，2002年。

Bradley, D. 1979. *Proto－Loloish*, London: Curzon Press.

［澳］D. 布莱德雷：《彝语支源流》，乐赛月、陈康、鲁丁译，成都：四川民族出版社1992年版。

陈康：《白语促声考》，《中央民族大学学报》1992年第5期。

陈思坤：《读〈剑川白文考〉札记》，《大理州南诏史研究会1985年论文、资料集》，大理州南诏史研究会编印1986年版。

陈勇：《大理白语趋向动词初探》，《白族学研究》，白族学学会编印2003年版。

陈勇：《白语亲属称谓》，《白族学研究》，白族学学会编印2004年版。

陈勇：《大理白语方位词》，《白族学研究》，白族学学会编印2005年版。

陈勇：《白语形容词重叠式》，《大理民族文化研究论丛》（第二辑），北京：民族出版社2006年版。

陈勇：《论白语差比句》，《白族学研究》，白族学学会编印，2006年。

大理白族自治州地方志编纂委员会：《大理白族自治州志》（卷七），昆明：云南人民出版社2000年版。

戴庆厦（主编）：《汉语与少数民族语言关系概论》，北京：中央民族学院出版社1992年版。

戴庆厦、傅爱兰等：《关于我国藏缅语族的系属分类问题》，《云南民族学院学报》1989年第3期。

戴庆厦、李洁:《从藏缅语族反观汉语的被动句·白语例句》,《云南师范大学学报》2006年第3期。

戴庆厦、王天习:《白语》,转引自马学良主编《汉藏语概论》,北京:北京大学出版社1991年版。

戴庆厦、赵富芬:《从电脑统计结果看白语语音特点——电脑辅助汉藏语词汇和语音研究》,北京:中国藏学出版社1996年版。

Davies, H. R. 1909. *Yunnan, The Link between India and the Yangtze*, Appended Vocabularies, Cambridge. 又中文版:《云南——印度与扬子江的环链》,昆明:云南教育出版社2001年版。

Dell, François. 1981. *La Langue Bai: Phonologie et Lexique*, Paris: Ecole des Hautes Etudes en Sciences Sociales.

Dempsey, Jakob. 1990. *The Bai Language: Closest Living Relative to Chinese?* Paper Presented to the Annual Meeting of the American Oriental Society (Western Branch).

Dempsey, Jakob. 2001. *Lexicostatistics and the Origin of the Bai Language*, Presented to the 34th Annual International Conference on Sino–Tibetan Languages and Linguistics.

邓晓华、王士元:《藏缅语族语言的数理分类及其形成过程的分析》,《民族语文》2003年第4期。

邓晏如:《从白语的研究中使我们看到什么》,《云南白族的起源和形成论文集》,昆明:云南人民出版社1957年版。

董彩云、赵黎娴等:《白文文献的价值和研究》,《白族学研究》,白族学学会编印2005年版。

董建中:《认真总结语言的历史和现状,推行白文,振兴白族》,《白族学研究》,白族学学会编印1994年版。

杜乙简:《"白文"质疑》,《云南白族的起源和形成论文集》,昆明:云南人民出版社1957年版。

段炳昌:《缅语词"乌底巴 udi – bhva"的白语训读》,《民族语文》1997年第4期。

段鼎周:《略论"白文"及白文的创制》,《白族学研究》,白族学学会编印1994年版。

段鼎周:《南诏地名"祊""赕"有别》,《白族学研究》,白族学学会编印2004年版。

段金录、李安泰：《大理历代名碑》，昆明：云南民族出版社 2000 年版。

段伶：《白语语音形态变化的构词方式》，昆明：第 34 届国际汉藏语会议论文，2001 年。

段伶：《大理白族自治州州志卷七·方言志》，昆明：云南人民出版社 2000 年版。

段伶：《白族曲词格律通论》，昆明：云南民族出版社 1998 年版。

段伶：《白语诗韵》，《大理文化》1981 年第 2 期。

段伶：《"白文"辨析》，《大理文化》1981 年第 5 期。

段伶：《滇语"呼江为公"析》，《云南民族语文》1987 年第 3 期。

段伶：《"山花词"简论》，《大理方志通讯》1991 年第 1 期。

段伶：《白族词律的汉语诗》，《白族学研究》，白族学学会编印 1991 年版。

段伶：《白族民间诗歌音韵初探》，《云南少数民族文学论文集》（二），昆明：云南民族出版社 1993 年版。

段伶：《白文声调字符量化统计》，《白族学研究》，白族学学会编印 1993 年版。

段伶：《大理语言史略》，《大理师专学报》1993 年第 1 期。

段伶：《白语动词的否定式》，《白族学研究》，白族学学会编印 1994 年版。

段伶：《南诏时期语言考说》，《云南文史丛刊》1994 年第 2 期。

段伶：《南诏语言考说》，《大理师专学报》1994 年第 2 期。

段伶：《试析南诏的语言》，《云南民族学院学报》1994 年第 4 期。

段伶：《论"打歌"》，《大理师专学报》1994 年第 4 期。

段伶：《不可忽视之一种诗体——谈白曲词律研究》，《大理师专学报》1995 年第 3 期。

段伶：《论南诏政权的语言观及其语言制度》，《白族学研究》，白族学学会编印 1996 年版。

段伶：《大理州白语方音》，《云南民族语文》1997 年第 1 期。

段伶：《白族词律源流初探》，《白族学研究》，白族学学会编印 1998 年版。

段伶：《白族曲词格律通论》，昆明：云南民族出版社 1998 年版。

段伶：《大理白族自治州方言志·白语》，《大理白族自治州州志》（卷七），昆明：云南人民出版社 1998 年版。

段伶：《大理州语言概述》，《白族学研究》，白族学学会编印 1999 年版。

段伶：《白族的文字》，《春城晚报》1999 年 6 月 22 日。

段伶：《白语白文的昨天、今天和明天》，《白族学研究》，白族学学会编印 2000 年版。

段伶：《白语对联赏析》，《白族学研究》，白族学学会编印 2001 年版。

段伶：《论"白文"》，《大理师专学报》2001 年第 1 期。

段伶：《白语语音形态变化的构词方式》，第 34 届国际汉藏语会议论文（昆明），2001 年。

段伶《白族的奇联妙对》，《大理州年鉴》（2002 年），昆明：云南大学出版社 2002 年版。

段伶《白语肯定动词和否定动词》，《民族语文》2004 年第 1 期。

段伶：《湘黔的白族及其语言》，《白族学研究》，白族学学会编印 2005 年版。

段伶、张杏莲：《湖南、贵州白族语言调查报告》，《大理民族文化研究论丛》（第二辑），北京：民族出版社 2006 年版。

Edmondson, J. A. 1991. *Voice Quality and Inverse Filtering in Jianchuan Bai of Yunnan Province*, Presented to International Conference on Yi – Burmese Languages, Xichang.

Edmondson, J. A. 1991. *Voice Quality Settings and Pitch in the Bai*, University of Texas at Arlington.

Edmondson, J. A. and Li Shaoni. 1994. *Voice Quality and Voice Quality Change in the Bai language of Yunnan Province*, Linguistics of the Tibeto – burman Area 17, 2.

Esling, J. H. and Edmondson, J. A. 2002. *The Laryngeal Sphincter as an Articulator: Tenseness, Tongue Root and Phonation in Yi and Bai*, Phonetics and its Applications: Festschrift for Jens Peter Koster on the occasion of his 60th birthday。

方国瑜：《关于"乌蛮"、"白蛮"的解释》，《云南白族的起源和形成论文集》，昆明：云南人民出版社 1957 年版。

方国瑜：《关于白族的名称问题》，《云南白族的起源和形成论文集》，昆明：云南人民出版社 1957 年版。

方国瑜：《洱海民族的语言和文字》，木芹《云南志补注·附录四》，昆明：云南人民出版社 1995 年版。

方国瑜：《关于白语的系属问题》，《方国瑜文集》（第四辑），昆明：云南教育出版社 2001 年版。

方龄贵：《阿盖公主诗中夷语非蒙古语》，《思想战线》1980 年第 5 期。

方绍荣：《大理州召开白汉双语教学和白文扫盲会议》，《语言美》1990 年第 216 期。

Fitzgerald, C. P. 1941. "The Tower of Five Glories", *The Georgraphical Journal*, Vol. XCV No. 3. 《五华楼》（中文版），大理白族自治州白族文化研究所编，北京：民族出版社 2006 年版。

傅懋勣：《白语的句法特征》，节选自《民族语言调查研究讲话》（二十七），《民族语文》1987 年第 6 期。

盖兴之：《试论缅彝语言的谱系分类》，转引自《民族语文研究文集》，西宁：青海民族出版社 1982 年版。

高光宇：《论白语的系属问题》，转引自《云南白族的起源和形成论文集》，昆明：云南人民出版社 1957 年版。

Hale, Austin. 1982. *Research on Tibeto – Burman Languages*, Mouton Publishers, Berlin, New York & Amsterdam.

汉兴：《白族话中的古汉语词素例考》，《思想战线》1991 年第 4 期。

菡芳：《白剧唱词的白族特色》，转引自《白族学研究》，白族学学会编印 2000 年版。

和即仁：《谈谈白语的系属问题》，转引自《彝缅语研究》，成都：四川民族出版社 1997 年版。

和即仁：《关于云南蒙古族卡卓语的形成》，《民族语文》1998 年第 4 期。

何启波：《漕涧白语浅探》，转引自《云龙文史资料》（第四辑），中国人民政治协商会议云南省云龙县委员会文史资料委员会编印 1990 年版。

何瑞乾、李佩玖：《洱源白祭文选译》，转引自《白族文化研究》（2002），北京：民族出版社 2003 年版。

何一琪：《白文哀辞〈赵坚碑〉之研究》，《云南民族学院学报》1987 年第 2 期。

何永福：《白族谚语的语言形式特点》，《大理师专学报》1998 年第

3 期。

禾章：《白文和白文学》，《民族文化》1981 年第 2 期。

侯冲：《试论〈白古通〉的成书年代》，《云南学术探索》1996 年第 2 期。

侯冲：《白族白文新论》，《中央民族大学学报》2000 年第 4 期。

侯冲：《书用白文》，《白族心史》，昆明：云南民族出版社 2002 年版。

黄宗谷：《洱海地区入声考》，《下关师专学报》1983 年第 1 期。

滤川：《白语的词汇》，《云南民族语文》1988 年第 2 期。

甲斐胜二［日］：《"山花词"简论》，《福岗大学研究报》1992 年第 144 号。中译见《白族文化研究》（2002），北京：民族出版社 2003 年版。

甲斐胜二［日］：《关于白族文字方案》，日本福岗发ァジア研究报告 Vol. 3，1994 年第 2 期，中译见《大理师专学报》1997 年第 2 期。

剑川县甸南乡、西中白文研究协会：《总结经验，乘胜前进》，《云南民族语文》1989 年第 1 期。

剑川县民语委、教育局、西中小学：《白汉双语文教学实验初探》，《云南民族语文》1989 年第 1 期。

Lacouperie, T. De. 1887. *The Languages of China before the Chinese*, London.

蓝华增：《云南少数民族语与汉语的合体诗》，《民族文化》1986 年第 1 期。

Lee Yeon – Ju and Sagart, Laurent. 1998. *The Strata of Bai*, Presented to the 31th International Conference on Sino – Tibetan Languages and Linguistics.

Li. Charles. N. 1983. Languages in Contact in Western China, Papers in East Asian Languages, 1.

李斌：《让白文更好地为白族的繁荣进步服务》，《白族学研究》，白族学学会编印 1999 年版。

李崇良：《"阿殃白"翻、释之我见》，《云南民族语文》1995 年第 4 期。

李东红：《白族梵文火葬墓碑、幢考述》，《云南学术探索》1991 年第 4 期。

Liétard, P. A. 1912. Au Yun – nan, Min – Kia et La – ma Jen. *Anthropos*,

Vol. vii, Wien.

李方桂:《民家语》,《中国年鉴:中国的语言和方言》,上海:商务印书馆1937年版。

[美]李复楚:《研究云南白族语音的特殊性,中美两教授合作有成》,《世界日报》(中文),2000年1月13日。

李福军:《白族双语教育与传统文化探析》,《云南师范大学学报》(哲学社会科学版)1999年第6期。

李福军:《从白族双语教育中语码转换看双语双文化现象》,《云南师范大学学报》(哲学社会科学版)2002年第2期。

李绍尼:《白族文字问题》,《民族语文研究》,成都:四川民族出版社1980年版。

李绍尼:《有关白族文字的几个问题》,《大理文化》1981年第4期。

李绍尼:《白族诗歌的形式和押韵》,《少数民族诗歌格律》,拉萨:西藏人民出版社1986年版。

李绍尼:《白语》,载中央民族学院少数民族语言研究所编《中国少数民族语言》,成都:四川民族出版社1987年版。

李绍尼:《南诏白族古歌〈泥鳅调〉的时代背景探析》,《中央民族学院学报》(增刊),1989年。

李绍尼:《白汉双语教学的美好前景》,《语言美》1990年总第206期。

李绍尼:《双语文教学实验的成功是白族人民文化翻身的转折点——剑川白汉双语文教学推行工作会议析评》,《民族教育研究》1991年第4期。

李绍尼:《白文》,《中国各少数民族文字与电脑信息处理》,北京:中央民族大学出版社1991年版。

李绍尼:《白语基数词与汉语、藏缅语关系初探》,《中央民族大学学报》1992年第1期。

李绍尼:《论白语的"声门混合挤擦音"》,《民族语文》1992年第4期。

李绍尼:《白语词汇》,黄布凡主编《藏缅语族语言词汇》,北京:中央民族学院出版社1992年版。

李绍尼:《白文与白族经济起飞》,《白族学研究》,白族学学会编印1993年版。

李绍尼：《电视专题片〈白文实验启示〉解说词》，《白族学研究》，白族学学会编印 1994 年版。

李绍尼：《白文教育和白族的经济腾飞》，《民族教育研究》1995 年第 1 期，《人大复印中心·民族研究》1995 年第 5 期。

李绍尼：《白语》（词条），《中国语文大词典》，北京：华夏出版社 1995 年版。

李绍尼：《白语为白、汉混合语例证》，第 30 届国际汉藏语会议论文（北京），1997 年。

李绍尼：《拼音夹汉字的历史因由与当代社会使用的科学依据》，载黄国营、赵丽明主编《汉字的应用与传播》，北京：华语教学出版社 1999 年版。

李绍尼：《白语汉语电脑双语文教学的实践》，《中央民族大学学报》2000 年第 1 期。

李绍尼：《语言学家由白语发音发现人类第三声带》，《大理日报》2001 年 2 月 18 日。

李绍尼：《白语——汉语、藏缅语混合型语言概述》，《白族文化研究》，北京：民族出版社 2002 年版。

李绍尼：《关于白语支属问题和泥鳅调》，南诏大理历史文化学术研讨会会议论文（大理），2002 年。

李绍尼、[美] 傅爱兰等：《汉语对少数民族语言的影响·白语》，《汉语与少数民族语言关系概论》，北京：中央民族学院出版社 1992 年版。

[美] 李绍尼、艾杰瑞：《云南剑川白语音质和音调类型》，《中央民族大学学报》1990 年第 5 期。

李绍尼、王锋、奚兴灿：《白文文献》，张公瑾主编《民族古文献概览》，北京：民族出版社 1997 年版。

李胜：《白语名量词研究》，云南师范大学硕士学位论文，2008 年。

李素琴：《白语与英语对比研究及其对白族地区英语教学的启示》，硕士论文，2003 年。

李文松：《关于白汉双语文教学实验学制问题的看法》，《云南民族语文》1989 年第 1 期。

李玉宝：《有趣的白语祭文》，云南省集成办公室编《云南民俗》1988 年第 8 期。

李澡：《大理县志稿·方言》，民国六年铅印本。

李正清:《白族山花体的格律》,《中央民族学院学报》1984 年第 1 期。

林超民:《漫话白文》,《思想战线》1980 年第 5 期。

林超民:《白文漫谈》,《大理文化》1981 年第 5 期。

刘援朝:《元江白族亲属称谓的探讨》,《中央民族大学学报》1998 年第 1 期。

六盘水市志·民族志编委会:《六盘水市民族志·白族·语言》,《六盘水市志·民族志》,贵阳:贵州人民出版社 2003 年版。

陆家瑞:《与王敬骝先生书》,《云南民族语文》1994 年第 3 期。

罗常培:《评费兹哲拉尔德的"五华楼"》,《旅行杂志》1942 年第 16 卷。

罗常培:《从语言上论云南民族的分类》,《边政公论》1942 年第 7、8 期合刊。

罗常培:《语言学在云南·民家语》,《边政公论》1943 年第 9、10 期合刊。

罗常培:《论藏缅族的父子连名制》,《边疆人文》1944 年第 1 卷,第 3、4 期合刊。

罗常培:《再论藏缅族的父子连名制》,《边政公论》1944 年第 3 卷,第 9 期。

罗常培:《三论藏缅族的父子连名制》,《边疆人文》1944 年第 2 卷,第 1、2 期合刊。

罗常培:《语言与文化》,北京:语文出版社 1950 年版,1989 年再版。

罗美珍:《论语言接触》,《中国语言学的新拓展》,香港:香港城市大学出版社 1999 年版。

罗美珍:《论族群互动中的语言接触》,《语言研究》2000 年第 3 期。

罗自群:《白语表示持续意义的 tɯ^{44} "着" 和 tso^{42} "着"》,《中央民族大学学报》2006 年第 3 期。

马长寿:《唐代云南白蛮语和东爨乌蛮语的调查》,《南诏文化论》,昆明:云南人民出版社 1991 年版。

Mackerras, Colin. 1988. *Aspects of Bai Culture Change and Continuity in a Yunnan Nationality*, Modern China, Vol. 14. 1. Sage Publications, Inc.

Matisoff, J. A. 2001. *On the Genetic Position of Bai within Tibeto－Burman*

(《论白语在藏缅语中的系属问题》),第 34 届国际汉藏语会议论文(昆明)。

Matisoff, J. A. 2003. *Handbook of Proto – Tibeto – Burman: System and Philosophy of Sino – Tibetan Reconstruction*. University of California: University of California Press.

马学良、朱崇先:《从语言论证南诏王室的族属问题》,《云南民族学院学报》1990 年第 1 期。

马曜:《论白文的夭折对白族文化的影响》,《云南民族语文》1989 年第 3 期。

马曜:《谈白语标准音问题》,《云南民族语文》1991 年第 1 期。

[日] 牧野巽:《南诏大理民家的语言》,日本《民族学研究》14 卷 2 号,1949 年。又载《云南民族语文》1990 年第 2 期。(牧野 巽:《南詔・大理・民家の言語》,日本文化人類学会《季刊民族學研究》14 卷 2 号,1949 年;Makino Tatsumi, 1949, *The Languages of the Nan – Chao, Ta – Li and Min – Chia (Min – Kia)*, The Japanese Journal of Ethnology, Vol. 14, No. 2(19491200) pp. 115 – 127。

[日] 牧野巽:《東亞における外婚制ならびに民家語の系統について:泉氏と白鳥氏とに答えて》日本文化人類学会《季刊民族學研究》16 卷 2 号,1951 年(MAKINO Tatsumi, 1951, On the Clan – Exogamy of Eastern Asia and on the Descent of the Minkia Language: In Reply to Messrs. Izumi and Shiratori, *The Japanese Journal of Ethnology*, Vol. 16, No. 2 (19511100), pp. 115 – 127。

[日] 牧野巽:《民家话的系统》,《云南民族语文》1991 年第 1 期。

聂鸿音:《元代摩崖石刻〈段信苴宝立常住记〉考》,《北京师范大学学报》1990 年增刊,北京:北京师范大学出版社 1990 年版。

牛耕耘:《刍议制约山区小学语言教学质量的因素》,《白族学研究》,白族学学会编印 1999 年版。

牛耕耘:《剑川西中双语教学的启示》,《白族学研究》,白族学学会编印 2000 年版。

牛耕耘:《白语修辞浅谈》,《白族学研究》,白族学学会编印 2000 年版。

Notar, Grace. 1998. Central Time, Local Time: Ritual Persistence as Resistance in Dali, Yunnan, Paper Presented at the 50th Annual Meeting, Association for Asian Studies.

欧宗帜：《读赵式铭先生〈白文考〉一得》，《白族学研究》，白族学学会编印 1999 年版。

［日］片山隆裕：《民族共生への模索——云南省白语新文字创定とその　をめぐって》，アジア太平洋センー研究丛书—13　民族共生の道，2003 年。

秦凤翔：《略论白语的系属问题及白族的形成和发展》，《云南白族的起源和形成论文集》，昆明：云南人民出版社 1957 年版。

秦凤翔：《再论白语的系属问题及白族的形成和发展》，《云南白族的起源和形成论文集》，昆明：云南人民出版社 1957 年版。

清格尔泰：《解决民族文字问题的一个途径》，《清格尔泰民族研究文集》，北京：民族出版社 1998 年版。

芮逸夫：《"僰"考》，《中研院史语所集刊》1951 年第 23 期。

芮逸夫：《西南民族的语言问题》，《民族学研究集刊》1943 年第 3 期。

［法］沙加尔：《白语中的汉语借词的时间层次》，北京：商务印书馆 2008 年版。

施立卓：《洱海考》，《大理文化》1984 年第 1 期。

施立卓：《本主释名》，《大理文化》1998 年第 3 期。

施宁励：《白族"山花词"杂记》，《大理民族宗教工作》2006 年第 2 期。

施珍华：《白族诗歌翻译浅谈》，《白族学研究》，白族学学会编印 2004 年版。

施珍华、段伶：《白族民间文艺集萃》，昆明：云南民族出版社 2004 年版。

施珍谊：《白汉双语教学能提高白族儿童学好汉语的能力》，《云南民族语文》1989 年第 1 期。

石钟健：《大理喜洲访碑记》，云南省立龙渊中学中国边疆问题研究会刊印 1944 年版；又载《白族文化研究》（2002），北京：民族出版社 2003 年版。

石钟健：《邓川访碑记》，《滇西考古报告》（1944）。又载《白族文化研究》（2003），北京：民族出版社 2004 年版。

石钟健：《论白族的白文》，中央民族学院研究部编《中国民族问题研究集刊》第六辑，1957 年。又载《石钟健研究文集》，北京：民族出版社 1986 年版。

石钟健：《大理明代墓碑的历史价值——〈大理访碑录〉代序》，《中南民族学院学报》1993 年第 2 期。

孙宏开：《藏缅语若干音变探源》，《中国语言学报》1983 年第 1 期。

孙宏开：《藏缅语语音和词汇·导论》，载《藏缅语语音和词汇》，北京：中国社会科学出版社 1991 年版。

Starostin, S. 1994. The Historical Position of Bai, Paper Presented to the 27th Sino – Tibetan Languages and Linguistics, Paris.

孙太初：《谈"白文"》，《云南白族的起源和形成论文集》，昆明：云南人民出版社 1957 年版。

田怀清：《南诏有字瓦的调查和看法》，《南诏大理史论文集》，昆明：云南民族出版社 1993 年版。

田怀清：《宋元明时期的白族人名与佛教》，《云南民族学院学报》2002 年第 1 期。

田怀清：《南诏、大理国瓦文》，南诏大理历史文化国际学术研讨会论文，2002 年。

汪锋（Wang Feng）：Language Contact and Language Comparison—the Case of Bai（《语言接触与语言比较——以白语为例》），香港城市大学博士论文，2004 年。

汪锋（Wang Feng）：Negation in Modern Bai Dialects（《现代白语方言的否定形式》），第 38 届国际汉藏语会议论文（厦门），2005 年。

汪锋（Wang Feng）：Comparison of Language in Contact: The Distillation Method and the Case of Bai, Institute of Linguistics, Academia Sinica, 2006。

汪锋：《白语中送气擦音的来源》，《民族语文》2006 年第 2 期。

汪锋：On the Genetic Position of the Bai Language, Cahiers de Linguistique – Asie Orientale 34.1:101 – 127. 2005.

汪锋：《从白语的比较研究看历史语言学中的纵横结合》，《北京大学学报》2006 年第 2 期。

汪锋：《白语亲缘地位研究》，《大理民族文化研究论丛》（第二辑），北京：民族出版社 2006 年版。

汪锋：《白语方言的分区——兼论亲缘分类的原则及计量表述》，《语言学论丛》，北京：商务印书馆 2006 年版。

汪锋：《白语方言中特殊发声类型的来源与发展》，《汉藏语学报》2007 年第 1 期。

汪锋、杨海潮：《〈蛮书〉中所记的白蛮语的源流》，云南社会科学院历史研究所编《中国西南文化研究》，昆明：云南民族出版社 2004 年版。

王锋：《汉字型白文的历史发展及其文化属性》，中央民族大学硕士论文，1996 年。

王锋：《方块白文的历史发展和现状》，《中国民族古文字研究》（第四辑），天津：天津古籍出版社 2000 年版。

王锋：《略谈方块白文及其历史发展》，《云南民族语文》2000 年第 3 期。

王锋：《西山白语概况》，《民族语文》2001 年第 5 期。

王锋：《论白语方言通解度研究与白族语言文字工作》，中国民族语言学会第八届年会论文（呼和浩特），2002 年。

王锋：《白文古籍与方块白文书写系统的发展》，《民族古籍》2002 年第 2 期。

王锋：《白语名量词及其体词结构》，《民族语文》2002 年第 4 期。

王锋：《方块白文历史发展中的文化因素》，《云南民族学院学报》2002 年第 6 期。

王锋：《白文》，《从汉字到汉字系文字——汉字文化圈民族文字研究》，北京：民族出版社 2003 年版。

王锋：《试论白语的基本语序》，《中国民族语言文学研究论·语言专集》第四辑，北京：民族出版社 2004 年版。

王锋：Language Policy for Bai, in Minglang Zhou and Hongkai Sun（eds.）, *Language Policy in the People's Republic of China : Theory and Practice since 1949*, Boston : Kluwer Academic Publishers, 2004, pp. 277 - 287.

王锋：《从白文古籍看白文书写系统的历史发展》，《中国少数民族古籍论》，成都：四川民族出版社 2004 年版。

王锋：《从书写符号系统看古白文的文字属性》，《大理学院学报》2004 年第 2 期。

王锋：《浅谈白语的名 + 量结构》，《汉藏语系量词研究》，北京：民族出版社 2005 年版。

王锋：《白族语言文字研究回顾与展望》，《大理文化》2005 年第 4 期。

王锋：《试论白语的否定词和否定表达形式》，《大理学院学报》2006 年第 7 期。

王锋：《试论白语大理方言的否定词及否定表达形式》，载周庆生等主编《中国民族语言学研究》，北京：社会科学文献出版社 2008 年版。

王锋：《白文与汉字俗字》，《大理学院学报》2009 年第 9 期。

王锋：《论白语基础方言和标准音点的选择》，载国家民族事务委员会文化宣传司编《构建多语和谐的社会语言生活——民族语文国际学术研讨会论文集》，北京：民族出版社 2009 年版。

王锋：《白文古籍文献研究 60 年》，载张公瑾、黄建明主编《中国民族古籍文献研究 60 年》，北京：中央民族大学出版社 2010 年版。

王锋：《论语言认同与民族认同》，《云南师范大学学报》2010 年第 4 期。

王锋：《白语大理方言中汉语关系词的声母系统》，昆明：云南民族出版社 2011 年版。

王锋：《试论白语的松紧元音》，载戴昭铭、[美] J. A. 马提索夫主编《汉藏语研究四十年》，哈尔滨：黑龙江大学出版社 2010 年版。

王锋：《从乾隆〈普安州志〉所载"僰语"看贵州白族的语言》，《百色学院学报》2011 年第 5 期。

王富：《"垅坪"和"布燮"释》，《大理文化》1980 年第 6 期。

王富：《鲁川志稿·白族语言文字》，《鲁川志稿》，大理白族自治州南诏史学会编印 2003 年版。

王浩宗：《推行白汉双语教学实验促进农村经济文化发展》，《白族学研究》，白族学学会编印 1999 年版。

王敬骝：《南诏骠信与清平官赵叔达星回节唱和诗考释》，《云南民族语文》1993 年第 3 期。

王敬骝：《南诏骠信与清平官赵叔达星回节唱和诗考释》（续），《云南民族语文》1993 年第 4 期。

王敬骝：《剑川石窟"阿姎白"释名》，《云南民族语文》1994 年第 3 期。

王敬骝：《云南古代贝币单位名称考释》，《云南民族语文》1995 年第 1 期。

王敬骝：《〈孔雀胆〉中的阿盖公主诗考释》，《中央民族大学学报》1995 年第 5 期。

王莲芳:《白文工作应奋起直追迎头赶上》,《民族问题论文集》,昆明:云南民族出版社1993年版。

王树五:《大理名号由来考释》,《大理文化》1986年第6期。

王树五:《地名中的民族资料及其应用研究——以云南剑川县名为例分析》,《云南民族学院学报》2000年第6期。

王雄康:《初论白语四音格的隐秘性功能》,中央民族大学硕士论文,1999年。

王雄康:《白语四音格的隐秘语》,《白族文化研究》(2003),北京:民族出版社2004年版。

王育弘:《释"鹅阙"》,《云南民族语文》1998年第2期。

王云:《白文》,《白族学研究》,白族学学会编印1991年版。

闻宥:《民家语中同义字之研究》,华西协合大学《中国文化研究所集刊》1940年第1卷第1号。

闻宥:《民家地名的初步分析》,《民族学辑刊》第四辑,1949年。

Wiersma, Grace. 1990. *A Study of the Bai(Minjia) Language along Historical Lines*, UMI Dissertation Services. 402 Pages.

Wiersma, Grace. 1990. *Investigation of the Bai(Minjia) Languages along Historical Lines*, Unpublished PhD dissertation, University of California, Berkeley.

Wiersma, Grace. 1994. *Writing and Identity: a Problem in Bai Ethnolinguistics*, Paper Presented at the 68th Annual Meeting of the Linguistic Society of America.

Wiersma, Grace. 2001. *The Bai(Min Chia) Language: A Hybrid Vernacular of Yunnan*, Unpublished Manuscript.

Wiersma, Grace. 2003. *Chapter Forty: Yunnan Bai*, *The Sino-Tibetan Languages*, Edited by Graham Thurgood & Randy J. LaPolla. London: Routledge.

吴安其:《藏缅语的分类和白语的归属》,《民族语文》2000年第1期。

Wu, David Y. H. 1990. Chinese Minority and Meaning of Minority Culture: the Example of Bai in Yunnan, China, *Human Organization*, Vol. 49, No 1.

吴金鼎、曾昭燏、王介忱:《云南苍洱境考古报告(甲编)》,国立中央博物院专刊乙种之一,1942年。

吴棠：《大理国最珍贵的文献——南诏大理国写经》，《大理报》1985 年 4 月 25 日。

奚寿鼎：《关于白语大理方言元音的一点异议》，《云南民族语文》1993 年第 2 期。

奚寿鼎：《关于白语文工作和〈白族文字方案（草案）〉征求意见稿的意见综述》，《云南民族语文》1993 年第 3 期。

奚寿鼎：《白族语言文字科学讨论会在昆明召开》，《云南民族语文》1993 年第 3 期。

奚寿鼎：《白语文工作史上的新篇章》，《云南民族语文》1993 年第 3 期。

奚寿鼎：《白文图书编辑出版概况》，《白族学研究》，白族学学会编印 1996 年版。

奚寿鼎：《白语文工作的回顾及若干思考》，《白族学研究》，白族学学会编印 1997 年版。

奚寿鼎：《浅析古今汉语浊声母借词进入白语后的语音变化》，《白族学研究》，白族学学会编印 1998 年版。

奚寿鼎：《白语南部方言中的 32 调》，《云南民族语文》2001 年第 1—2 期。

奚寿鼎：《1996—2005 年白文图书出版概况》，《白族学研究》，白族学学会编印 2005 年版。

奚寿鼎、张霞：《白语的传统借词方式及现代汉语借词的白文翻译》，《民族语文翻译研究》，昆明：云南民族出版社 1994 年版。

奚兴灿：《鹤庆白语送气擦音初探》，《白族学研究》，白族学学会编印 1996 年版。

奚兴灿、李绍尼：《鹤庆白语的送气擦音》，《中央民族大学学报》1997 年第 2 期。

西中村党支部、村公所：《发挥白文优势，加快脱贫致富步伐》，《云南民族语文》1991 年第 1 期。

西中村实验小学：《双语文教学是提高民族教育质量的新途径》，《云南民族语文》1991 年第 1 期。

习之：《白语剑川方言与大理方言语序比较》，《云南民族语文》1988 年第 3 期。

下阳溪白文职教中心：《推行白文普及科技拓宽农村职业教育新路》，《白族学研究》，白族学学会编印 1999 年。

夏光南：《白语词类猎要》，云南民族历史研究室 1981 年油印本，大理州白族文化研究所藏。

谢道辛：《特殊文体的白祭文》，《大理文化》1989 年第 6 期。

谢道辛：《白族民间文学的奇葩：祭文》，中日白族歌谣文化学术研讨会（剑川），2006 年。

徐承俊：《民家语概况》，《语文知识》1954 年第 2 期。

徐承俊：《试论白语的系属及其他》，《云南白族的起源和形成论文集》，昆明：云南人民出版社 1957 年版。

徐嘉瑞：《民家新诂》；《东方杂志》1946 年第 42 期。

徐嘉瑞：《大理古代文化史稿》，北京：中华书局 1978 年版。

徐琳：《明代白文〈故善士杨宗墓志〉译释》，《罗常培纪念文集》，北京：商务印书馆 1984 年版。

徐琳：《白族〈黄氏女对经〉研究》，《亚非语之计数研究》第 27 号，日本亚非言语文化研究所 1986 年版。

徐琳：《点苍山洱海考释》，《民族语文》1986 年第 6 期。

徐琳：《在民族语言调查中注意记录、研究民族诗歌》，《语言调查研究讲座》，西宁：青海民族出版社 1986 年版。

徐琳：《白语话语材料》，《民族语文》1988 年第 3 期。

徐琳：《白族〈黄氏女对经〉研究》（续），《亚非语之计数研究》第 29 号，日本亚非言语文化研究所 1988 年版。

徐琳：《"白文"条》，《中国大百科全书·语言文字卷》，北京：中国大百科全书出版社 1988 年版。

徐琳：《南诏七个山川土地名量词考释》，《民族研究》1995 年第 6 期。

徐琳：《南诏、大理国"骠信""摩诃罗嵯"名号探源》，《民族语文》1996 年第 5 期。

徐琳：《关于白族的方块文字》，《云南民族语文》1997 年第 2 期。

徐琳：《古今三篇白文的释读》，黄国营、赵丽明主编《汉字的应用与传播》，北京：华语教学出版社 1999 年版。

徐琳：《明代〈处士杨公同室李氏寿藏〉碑阴〈山花一韵〉解释和再释》，《张政烺先生华诞纪念文集》，北京：社科文献出版社 2001 年版。

徐琳、傅京起：《〈蛮书〉的十七个白蛮语词》（《从〈蛮书〉等古籍中看白语词汇的演变》），第 34 届国际汉藏语会议论文（昆明），

2001 年。

徐琳、傅京起:《古白语贝币名和量词的遗存》,《民族语文》2004年第 6 期。

徐琳、云南省少数民族语文工作指导委员会: *Mirt Jinx Venrt Xu Xuint*（民间文学选）, 1985 年。

徐琳、赵衍荪:《山花碑》,《大理文化通讯》1957 年。

徐琳、赵衍荪:《白语概况》,《中国语文》1964 年第 4 期。

徐琳、赵衍荪:《白文〈山花碑〉释读》,《民族语文》1980 年第 3 期。

徐琳、赵衍荪:《白语简志》, 北京: 民族出版社 1984 年版。

徐琳、赵衍荪:《方块白文》,《中国民族古文字图录》, 北京: 中国社会科学出版社 1990 年版。

徐琳、赵衍荪:《白语语音和词汇》, 孙宏开主编《藏缅语语音和词汇》, 北京: 中国社会科学出版社 1991 年版。

徐琳、赵衍荪:《白汉词典》, 成都: 四川民族出版社 1996 年版。

徐琳、赵衍荪:《方块白文》,《云南民族语文》1997 年第 2 期。

徐琳、赵衍荪等:《白族文字拼音课本》, 1983 年, 未刊。

薛才德:《从云南汉语方言阳声韵的演变看少数民族语言对汉语的影响》,《思想战线》1992 年第 4 期。

薛琳:《对洱海三岛地名的探讨》,《白族学研究》, 白族学学会编印 2000 年版。

颜晓云、陆家瑞:《白族姓名文化探微》,《云南社会科学》1997 年第 5 期。

颜晓云、陆家瑞:《史载白语丛考》,《云南师范大学学报》1997 年第 2 期。

杨发祥:《汉白语言融合初探兼谈白族学生学习汉语的条件》,《大理师专学报》1987 年第 1 期。

杨红艳:《白族学生英语习得的有关问题探索》,《云南民族学院学报》2003 年第 6 期。

杨俊:《英语和白语的语音对比》,《怒江民族语文通讯》1986 年第 2 期。

杨堃主编:《云南白族的起源和形成论文集》, 昆明: 云南人民出版社 1957 年版。

杨立权:《白语的发生学研究——多源因子的同质化与白语的历史

层次分析》，北京大学博士论文，2004年。

杨立权：《白语研究一百年》，《白族文化研究》（2004），北京：民族出版社2005年版。

杨立权：《语言接触与原始白语的历史层次》，语言接触国际学术研讨会（上海大学），2006年。

杨梅、杨伟妹：*Qi Li Sot Kv*（《白族民间小曲》），昆明：云南民族出版社1998年版。

杨敏、奚寿鼎：《白语教学"十六字"方针实施初探》，《白族学研究》，白族学学会编印1993年版。

杨敏、奚寿鼎：《白族白汉语教学"十六字"方针实施初探》，《民族教育研究》1995年第1期。

杨梦雄（施珍华）：《剑川白族民歌初探》，《大理文化通讯》1957年。

杨品亮：《关于白语系属的探讨》，《中央民族学院学报》1989年第6期。

杨品亮：《现代白语中的古汉语词》，《民族语文》1990年第4期。

杨勤燕：《白、汉双语背景下的英语教学研究评述》，《大理学院学报》2006年第9期。

杨人龙：《创制白族文字刍议》，《下关师专学报》1985年第1期。

杨瑞华：《南诏王室的自称、他称及语言》，南诏大理历史文化国际学术研讨会论文，2002年。

杨适夫：《白语剑川方言浅谈》，《民族文化》1983年第3期。

杨适夫：《〈剑川白文考〉小议》，《云南民族语文》1993年第4期。又载《白族学研究》，白族学学会编印1996年版。

杨适夫：《白语特点之管窥》，《白族学研究》，白族学学会编印1993年版。

杨世钰：《大理古本经卷的发现与研究》，《白族文化研究》（2002年），北京：民族出版社2003年版。

杨世钰、张树芳：《大理国段政兴资发愿文》，《大理丛书·金石篇》，北京：中国社会科学出版社1993年版。

杨世钰、张树芳：《故处士杨公同室李氏寿藏碑碑阴"山花一韵"》，《大理丛书·金石篇》，北京：中国社会科学出版社1993年版。

杨世钰、张树芳：《故善士杨宗墓志》（明杨安道撰），《大理丛书·金石篇》，北京：中国社会科学出版社1993年版。

杨世钰、张树芳：《南诏大理有字瓦》，《大理丛书·金石篇》，北京：中国社会科学出版社 1993 年版。

杨文辉：《从白语看白族的历史和文化》，云南大学博士论文，2003 年。

杨文辉：《南诏时期洱海地区的白蛮语地名考释》，《中国边疆史地研究》2005 年第 4 期。

杨文辉、王锋：《双语对白族命名制的影响》，《民族语文》2003 年第 5 期。

杨晓刚：《白文词汇规范问题初论》，《白族学研究》，白族学学会编印 1994 年版。

杨晓霞：《白语白石话辅音系统所反映的白语三大方言间的过渡》，第 38 届国际汉藏语会议论文（厦门），2005 年。

杨晓霞：《白语送气擦音研究》，云南师范大学硕士学位论文，2007 年。

杨新旗、段伶、花四波：《白族勒墨人原始宗教实录》，昆明：云南民族出版社 2006 年版。

杨雪峰：《浅析白语中的古汉语借词》，《白族学研究》，白族学学会编印 1994 年版。

杨延福：《法藏寺古经卷清理杂记》，《南诏史论丛》（二），云南省大理白族自治州南诏史学会编印 1986 年版。

杨延福：《唐代南诏地名"鹤拓"考释》，《云南文物》1990 年第 1 期。

杨延福：《剑川石宝山考释》，昆明：云南民族出版社 1999 年版。

杨艺：《白族古代文字档案史料研究》，《云南社会科学》1990 年第 5 期。

杨应新：《方块白文辨析》，《民族语文》1991 年第 5 期。

杨应新：《白族文字（草案）研讨会纪实》，《语言美》1991 年总第 218 期。

杨应新：《白族方块字文献、文物资料述论》，《云南民族古籍论丛》，昆明：云南民族出版社 1992 年版。

杨应新：《论大理白语与凉山彝语的异同点》，《彝缅语研究》，成都：四川民族出版社 1992 年版。

杨应新：《〈白语本祖祭文〉释读》，《民族语文》1992 年第 6 期。

杨应新：《白语系属问题初探》，《白族学研究》，白族学学会编印

1993 年版。

杨应新：《关于白语文字方案如何解决方言差别问题的设想》，《云南民族语文》1993 年第 3 期。

杨应新：《白族文字可以走超方言表音文字的道路》，《白族学研究》，白族学学会编印 1994 年版。

杨应新：《论白语地名"昆明"和"大理"》，《云南民族语文》1994 年第 2 期。

杨应新：《论大理白语和凉山彝语的异同》，《白族学研究》，白族学学会编印 1995 年版。

杨应新、奚寿鼎：*Baip Kv Je Xuait*, *Baip Kv Jinx Xuint*（《白曲精选》），昆明：云南民族出版社 1994 年版。

杨应新：《白文作品选》，昆明：云南民族出版社 1995 年版。

杨应新：*Baipsif Zuofpietxuait*（《白文作品选》），昆明：云南民族出版社 1995 年版。

杨应新、奚寿鼎、张霞：*Baip Ngvz Zi Sif*, *Baip Ngvt Zix Svl*（《白文教程》），昆明：云南民族出版社 1995 年版。

杨应新、张文渤：《白汉双语文教学研究》，《云南少数民族双语教学研究》，昆明：云南民族出版社 1995 年版。

杨应新、张化鹏、李绍尼：《白族语言志》，《云南省少数民族语言志》，昆明：云南民族出版社 1998 年版。

杨永新：《谈谈白族文字的创造与白族发展的关系》，《白族学研究》，白族学学会编印 1994 年版。

杨章柱、张亚等：*Baipsif*（《白文课本》），湾桥乡下阳溪白文学校编印 1994 年版。

杨政业：《大理白族地区的"冠姓三字名"》，《云南民族学院学报》1994 年第 3 期。

杨政业：《论"白［僰］文"的形态演化及其使用范围》，《云南民族学院学报》1998 年第 3 期。

叶琴侠：《试论白语的系属及其他》，《云南白族的起源和形成论文集》，昆明：云南人民出版社 1957 年版。

尹明举：《大本曲曲本的白语汉字记录问题》，《大理白族自治州南诏史研究学会 一九八五年论文、资料集》，大理白族自治州南诏史研究学会编印 1986 年版。

游国恩：《文献中所见西南民族语言材料》，《旅行杂志》1942 年第

16 卷第 10 期。

游国恩：《南诏用汉文字考》，《游国恩大理文史论集》，昆明：云南民族出版社 2004 年版。

禹志云：《白语与汉文化之关系与民族集体无意识》，《云南师范大学学报》1998 年第 3 期。

袁明军：《原始白语声韵构拟及汉语白语发生学关系的语义学比较法的证明》，南开大学博士论文，2000 年。

袁明军：《原始白语韵母构拟》，《南开语言学刊》2002 年第 1 期。

袁明军：《白语与藏缅语、汉语的语义深层对应关系》，《南开语言学刊》第 4 辑（纪念邢公畹先生九十华诞专号），天津：南开大学出版社 2004 年版。

袁明军：《汉白语调查研究》，北京：中国文史出版社 2006 年版。

云南少数民族社会历史调查组：《白族简史简志合编》，中国科学院民族研究所编印 1963 年版。

云南省地方志编纂委员会：《云南省志卷59：少数民族语言文字志》，昆明：云南人民出版社 1996 年版。

云南省剑川县志编纂委员会：《剑川县志·民族语言文字》，《云南省剑川县志》，昆明：云南民族出版社 1999 年版。

云南省少数民族语文指导工作委员会：《白族文字方案（草案）》，《云南民族语文》1993 年第 3 期。

藏缅语语音和词汇编写组：《藏缅语语音和词汇》，北京：中国社会科学出版社 1991 年版。

张东向：《白族谚语》，昆明：云南民族出版社 1992 年版。

张福孙：《对研制、推广"白文"的一点看法》，《大理文化》1983 年第 3 期。

张福孙：《剑川白族"双语教学"的由来及其发展趋势》，《云南民族语文》1988 年第 3 期。

张福孙：《略谈〈白族文字方案〉（草案）》，《云南民族语文》1990 年第 3 期。

张福孙：《白文的变迁》，《白族学研究》，白族学学会编印 1991 年版。

张福孙：《白族儿歌探析》，中日白族歌谣文化学术研讨会（剑川），2006 年。

张贡新：《剑川县第一个推行白文的历史意义》，《云南民族语文》

1989 年第 1 期。

张贡新：《具有重要作用和历史意义的决策》，《白族学研究》，白族学学会编印 1991 年版。

张贡新：《白族语文教育实验突破的启示》，《民族语文——民族关系》，昆明：云南民族出版社 1992 年版。

张贡新：《关于创制白族文字的反省》，《民族语文——民族关系》，昆明：云南民族出版社 1992 年版。

张贡新：《推行白族文字，振兴白族文化》，《民族语文——民族关系》，昆明：云南民族出版社 1992 年版。

张贡新、侯新华：《关于白文推行工作的思考——从白族学会 78 位会员上书大理州委政府谈起》，《民族工作》1991 年第 2 期。

张贡新、杨应新、陈志强：《剑川县推行白汉双语文教学及社会扫盲工作的考察报告》，《云南民族语文》1989 年第 1 期。

张海秋：《剑属语音在吾国语音学上之地位》，《南强杂志》第 1 卷，1930 年第 4—5 期。

张海秋、秦凤翔：《就剑川方言初步推断民家语的系属》，方国瑜《云南民族史讲义》，1954 年油印本。

张和丽：《大理市城区白语的弱化趋势及原因探略》，《群文天地》2011 年第 21 期。

张了：《"六诏"及"南诏"的诏字试释》，《大理文化》1982 年第 5 期。

张了：《〈掷珠记〉中的白语》，《大理文化》1998 年第 4 期。

张了：《白族儿童歌谣与白族儿童教育》，中日白族歌谣文化学术研讨会（剑川），2006 年。

张明曾：《"拐上纳"探源》，《白族学研究》，白族学学会编印 1992 年版。

张清常：《大理民家情歌里面所见民家话词汇与汉语的关系》，《边疆人文》1947 年第 4 卷。

张庆开：《加强双语文教学，提高儿童素质》，《白族学研究》，白族学学会编印 1999 年版。

张汝兰：《白语鹤庆土语和大理土语在语音上的异同》，《云南民族语文》1996 年第 4 期。

张汝兰：《剑川西中白汉双语教学实验情况的调查》，《白族学研究》，白族学学会编印 1992 年版。

张汝兰：《白语对联琐谈》，《白族文化研究》（2001），北京：民族出版社 2002 年版。

张文勋：《关于白族民歌的格律问题》，《思想战线》1980 年第 2 期。

张锡禄：《大理白语地名探源》，《白族学研究》，白族学学会编印 1994 年版。

张锡禄：《大理白语地名探源》（续），《白族学研究》，白族学学会编印 1995 年版。

张锡禄：《试谈白族古童谣〈白弥哇〉与白族对月亮的原始崇拜》，中日白族歌谣文化学术研讨会（剑川），2006 年。

张锡禄、[日] 甲斐胜二：《中国白族白文文献释读》，桂林：广西师范大学出版社 2010 年版。

张锡鹏：《"双"字试释》，《大理文化》1984 年第 4 期。

张霞：《浅谈白文科普读物的翻译》，《白族学研究》，白族学学会编印 1998 年版。

张霞：《如何掌握白文中与汉语拼音相似的语音》，《白族学研究》，白族学学会编印 1998 年版。

张霞：《白族语文工作调查报告》，《云南民族语言文字现状调查研究》，昆明：云南民族出版社 2001 年版。

张霞、奚寿鼎：*Baipho Xoufxa Het jid Nao Zoudkv*，昆明：云南民族出版社 2000 年版。

张旭：《"大和"试释——兼谈白族的族源问题》，《大理文化》1981 年第 3 期。

张旭：《白族的五十二种他称简释》（上），《民族工作》1983 年第 6 期。

张旭：《白族的五十二种他称简释》（下），《民族工作》1983 年第 7 期。

张旭：《释点苍山及其它》，《大理文化》1987 年第 1 期。

张旭：《从白族的自称和他称看其族源》，《大理白族史探索》，昆明：云南人民出版社 1990 年版。

张旭：《喜洲释名》，《大理白族史探索》，昆明：云南人民出版社 1990 年版。

张旭：《剑川石钟寺石窟"阿姎白"试释》，《大理白族史探索》，昆明：云南人民出版社 1990 年版。

张旭：《释白族的他称：大容、河、贺、乎》，《白族学研究》，白族学学会编印 1991 年版。

张增祺：《南诏、大理国时期的有字瓦——兼谈白族历史上有无文字的问题》，《文物》1986 年第 7 期。

张增祺：《有字瓦》，《云南建筑史》，昆明：云南美术出版社 1999 年版。

张中和：《加强白族语言研究》，《白族学研究》，白族学学会编印 2003 年版。

张中和：《新白文方块字构想》，《白族学研究》，白族学学会编印 2006 年版。

赵凡：《"宾居"地名之我见》，《白族学研究》，白族学学会编印 1995 年版。

赵金灿：《鹤庆白语量词及其语法结构特征》，《康定民族师范高等专科学校学报》2009 年第 3 期。

赵金灿：《云南鹤庆白语研究》，中央民族大学博士学位论文，2010 年。

赵黎娴：《20 世纪 50 年代以来的白语研究概况》，《大理民族文化研究论丛》（第二辑），北京：民族出版社 2006 年版。

赵橹：《"山花体"源于"转韵诗一章"辨》，《山茶》1987 年第 2 期。

赵橹：《白文考略》，《大理文化》1988 年第 6 期。

赵橹：《白文〈山花碑〉译释》，昆明：云南民族出版社 1988 年版。

赵式铭：《白文考》，《新纂云南通志·方言》，1936 年印本、写本。

赵衍荪：《白语和汉语普通话的对比研究》，《民族语文论集》，北京：中国社会科学出版社 1981 年版。

赵衍荪：《关于白文及白文的研究》，《大理文化》1982 年第 1 期。

赵衍荪：《白语的系属问题》，《民族语文研究论集》，西宁：青海民族出版社 1982 年版。

赵衍荪：《白族语言研究工作杂述》，《下关师专学报》1983 年第 1 期。

赵衍荪：《白文》，《中国民族古文字》，天津：天津古籍出版社 1987 年版。

赵衍荪：《白语的词汇》，《云南民族语文》1988 年第 2 期。

赵衍荪：《白语的词汇》（续），《云南民族语文》1988年第3期。

赵衍荪：《浅论白族文字》，《云南民族语文》1989年第3期。

赵衍荪：《张海秋教授与白语研究》，《白族学研究》，白族学学会编印1993年版。

赵燕珍：《白语名量词的语义及结构特征》，李锦芳主编《汉藏语系量词研究》，北京：民族出版社2005年版。

赵燕珍：《赵庄白语描写研究》，中央民族大学硕士学位论文，2006年。

赵燕珍：《白语浊擦音声母来源及其发展趋势》，《大理民族文化研究论丛》（第二辑），北京：民族出版社2006年版。

赵燕珍：《赵庄白语参考语法》，中央民族大学博士学位论文，2009年。

赵燕珍、李云兵：《论白语的话题结构与基本语序类型》，《民族语文》2005年第6期。

赵义平：《白语剑川方言与彝语凉山方言四音格比较研究》，云南大学硕士学位论文，2011年。

赵寅松：《大理地区白语地名调查片断》，《大理方志通讯》1987年第1期。

赵寅松：《关于白文的思考》，《白族学研究》，白族学学会编印2005年版。

郑张尚芳：《从云南白语与上古汉语的音韵、词汇、语法联系看其系属问题》，中国语言学会第7届年会论文，1993年。

郑张尚芳：《汉语与亲属语同源根词及附缀成分比较上的择对问题》，《中国语言学报》（JCL）1995年单刊8号。

郑张尚芳：《白语是汉白语族的一支独立语言》，潘悟云、石锋主编《中国语言学的新拓展》，香港城市大学出版社1999年版。

中国科学院少数民族语言研究所白族语调查组：《白族的语言情况和文字问题》，全国第二次少数民族语文科学讨论会讨论文件（油印本），1958年。

中国社会科学院民族研究所、国家民族事务委员会文化宣传司：《中国少数民族语言使用情况·白语》，北京：中国藏学出版社1994年版。

中和：《白语副词浅析》，《云南民族语文》1987年第2期。

周祜：《从白族语言文字、风俗习惯看汉白民族的融合》，《下关师专学报》1982年第1期。

周祜：《明清白文碑漫话》，《大理文化》1985年第1期。又见《南诏史论丛》（2），云南省大理白族自治州南诏史学会编印 1986 年版。

周祐：《白语中古汉语借词的阴阳对转》，《大理文化》1986 年第 5 期。

周祐：《白文考证》，《南诏文化论》，昆明：云南人民出版社 1991 年版。

周祐：《大理历史及文化论集》，北京：中国社会科学出版社、新西兰霍华德出版有限公司 1993 年版。

周祐：《白语琐谭》，《大理师专学报》1994 年第 2 期。

周祐：《白语地名考释》，《白族学研究》，白族学学会编印 1994 年版。

周祐：《大理古碑研究·白文碑》，昆明：云南民族出版社 2002 年版。

周文煜：《大理喜洲白语的音系及词汇》，云南大学中文系油印本 1976 年版。

周文煜：《白语导言》，云南大学中文系油印本 1982 年版。

周耀文：《对亲属语言的划分问题》，《云南白族的起源和形成论文集》，昆明：云南人民出版社 1957 年版。

周耀文：《略论白语的系属问题》，《思想战线》1978 年第 3 期。

周泳先：《凤仪县北汤天南诏大理国以来古本经卷整理记》，《大理白族自治州历史文物调查资料》，昆明：云南人民出版社 1958 年版。

周宗麟：《大理县志稿·方言》，1916 年。

朱文旭：《云南剑川石窟"阿殃白"语源及其文化现象》，《云南民族语文》1999 年第 1 期。

（王锋）

基诺语、毕苏语、桑孔语、卡卓语研究论著索引

基诺语研究论著索引

盖兴之：《基诺语概况》，《民族语文》1981 年第 1 期。

盖兴之编：《基诺语简志》，北京：民族出版社 1986 年版。

盖兴之：《基诺语句子的语气》，《民族语文》1987 年第 2 期。

戴庆厦主编：《基诺族语言使用现状及其演变》，北京：商务印书馆 2007 年版。

盖兴之：《基诺语》，孙宏开、胡增益、黄行主编《中国的语言》，北京：商务印书馆 2007 年版。

肖月：《重视新时期少数民族语言使用的国情调查——〈基诺族语言使用现状及其演变〉评介》，《民族语文》2008 年第 2 期。

李宇明、戴红亮：《关注本土语言调查　关心现代语言生活——读〈基诺族语言使用情况现状及其演变〉》，《中央民族大学学报》2008 年第 2 期。

毕苏语研究论著索引

李永燧：《米必苏语初探》，《民族语文》1991 年第 4 期。

李永燧：《毕苏语》，孙宏开、胡增益、黄行主编《中国的语言》，北京：商务印书馆 2007 年版。

徐世璇：《毕苏语中的傣语借词》，《民族语文》1995 年第 5 期。

徐世璇：《毕苏语中的联合音变现象》，《云南民族语文》1997 年第 2 期。

徐世璇：《毕苏语在历史比较中的地位和意义》，《语言研究》1997 年第 2 期。

徐世璇：《毕苏语的方言划分和方言比较》，《民族语文》1997 年第 4 期。

徐世璇：《毕苏语方言的形成和语言的接触影响》，《民族语文》1998 年第 3 期。

徐世璇：《毕苏语研究》，上海：远东出版社 1998 年版。

徐世璇：《毕苏语的体、时系统——兼论缅彝语言的有关问题》，《民族语文》2000 年第 3 期。

徐世璇：《论语言的接触性衰变——以毕苏语的跟踪调查分析为例》，《语言科学》2003 年第 2 卷第 5 期。

Beaudouin, Patrick. 1988. Glossary English – French – Bisu; Bisu – English – French. Section de Linguistique. U. E. R. Lettres. Universite de Nice. Nice France.

Beaudouin, Patrick. 1991. Une Monographie Du Bisu(Vol. 2). Nice: Universit de Nice, Sophia Antipolis.

Bradley, David. 1977. Bisu Dialects. Languages and History in East Asia:

Festschrift for Tatsuo Nishida on the Occaion of His 60th Birthday. Kyoto University.

Bradley, David. 1989. Historical Sketch of the Bisu language(《毕苏语的历史梗概》),陈康译,吴安其校,《民族语文》1989年第4期。

James A. Matisoff. 1972. The Loloish Tonal Split Revisited. Research Monograph No. 7, Center for South and Southeast Asia Studies, University of California, Berkeley.

Kirk R. Person. 2005. Language Revitalization or Dying Gasp? Language Preservation Efforts among the Bisu of Northern Thailand. International Journal of the Sociology of Language 173, Language Endangerment in the Sinosphere. Mouton de Gruyter, Berlin, New York.

Nishida Tatsuo(西田龙雄).《ビス語の系統》(续),《東南アジア研究》1966年第4卷第3期; Nishida Tatsuo. A Comparative Study of the Bisu, Akha and Burmese Languages(Ⅱ). The Southeast Asian Studies, Vol. 4, No. 5. Kyoto University.

Nishida Tatsuo（西田龙雄）.《ビス語の系統》,《東南アジア研究》1966年第4卷第3期; Nishida Tatsuo. A Comparative Study of the Bisu, Akha and Burmese Languages(Ⅰ). The Southeast Asian Studies, Vol. 4, No. 3. Kyoto University.

Nishida Tatsuo（西田龙雄）.《ビス語の研究：タイ国北部におけるビス族の言語の予備的研究》,《東南アジア研究》1966年第4卷第1期; Nishida Tatsuo. A Preliminary Study on the Bisu Language: A Language of Northern Thailand Recently Discovered by Us. The Southeast Asian Studies, Vol. 4, No. 1. Kyoto University, 1973. South East Asian Linguistics 3.

Xu Shixuan. 1999. Aspect and Tense in the Bisu Language, Linguistics of the Tibeto-Burman Area, Vol. 22. 2.

Xu Shixuan. 2001. The Bisu Language. Trans. Cecilia Brassett. Lincom Europa, Munich, Germany.

Xu Shixuan. 2005. Survey of the Current Situation of Laomian and Laopin in China, International Journal of the Sociology of Language 173, Language Endangerment in the Sinosphere. Mouton de Gruyter, Berlin, New York.

桑孔语研究论著索引

李永燧：《桑孔语初探》,《语言研究》1992年第1期。

李永燧：《景洪布下的语言：桑孔语》，《云南民族语文》1992年第3期。

李永燧：《彝缅语调查的新收获：桑孔语》，国际彝缅语学术会议论文编辑委员会编《彝缅语研究》，成都：四川民族出版社1997年版。

李永燧：《桑孔语研究》，北京：中央民族大学出版社2002年版。

李永燧：《夫连妻名：西双版纳桑孔人的语言文化》，《云南民族语文》2002年第1期。

李永燧：《桑孔语》，孙宏开、胡增益、黄行主编：《中国的语言》，北京：商务印书馆2007年版。

Li Yongsui. 1999. Sangkong Language：A New Language in the Burmo-Yi Division. Linguistic and Oriental Studies from Poznan 3. Poznan.

Matsoff, James A. 1993. Sangkong of Yunnan：Secondary "verb pronominalization" in Southern Loloish. Linguistics of the Tibeto-*Burman Area*, 16.2.

卡卓语研究论著索引

戴庆厦、刘菊黄、傅爱兰：《云南蒙古族嘎卓语言研究》，《语言研究》1987年第1期。

和即仁：《云南蒙古族语及其系属问题》，《民族语文》1989年第5期。

和即仁：《关于云南蒙古族卡卓语的形成》，《民族语文》1998年第4期。

和即仁：《云南蒙古族语言》，云南省地方志编纂委员会总纂、云南省少数民族语文指导工作委员会编撰《云南省志》卷五十九《少数民族语言文字志》，昆明：云南人民出版社1998年版。

和即仁：《卡卓语》，孙宏开、胡增益、黄行主编《中国的语言》，北京：商务印书馆2007年版。

木仕华：《卡卓语研究》，北京：民族出版社2003年版。

（李云兵）

土家语研究论著索引

蔡芳：《从语言学角度对恩施土家族称谓的关照》，《衡水学院学报》2007 年第 3 期。

曹毅、谭志满：《土家语转用的文化人类学思考》，《中南民族大学学报》2006 年第 1 期。

曹学群：《土家族的姓名演变及其相关问题研究》，《贵州民族研究》2002 年第 4 期。

曹毅、陈心林：《文化的镜子——一个土家族社区的语言现状分析》，《湖北民族学院学报》2005 年第 2 期。

曹毅、胡经持：《从土家语保存的现状看非物质文化的抢救——土家语区访谈摘录》，《内蒙古民族大学学报》2006 年第 2 期。

陈康：《土家语动词将行体形态音位的变化》，《民族语文》1982 年第 1 期。

陈康、彭秀模、叶德书：《土家语动词的情貌》，《民族语文》1983 年第 6 期。

陈默：《土家语"濒危"因素探析》，《临沂师范学院学报》2005 年第 5 期。

戴庆厦、田静：《从共时差异看语言濒危——仙仁土家语个案研究之三》，《中南民族大学学报》2004 年第 2 期。

戴庆厦、邓佑玲：《濒危语言研究中定性定位问题的初步思考》，《中央民族大学学报》2001 年第 2 期。

戴庆厦、田静：《濒危语言的语言活力——仙仁土家语个案研究之二》，《思想战线》2003 年第 5 期。

戴庆厦、田静：《濒危语言的语言状态——仙仁土家语个案分析之一》，《语言科学》2002 年第 1 期。

戴庆厦、田静：《仙仁土家语研究》，北京：中央民族大学出版社 2005 年版。

邓佑玲：《从借词看汉语对土家语的影响》，《中南民族大学学报》2003 年第 1 期。

邓佑玲：《民族文化传承的危机与挑战——土家语濒危现象研究》，北京：民族出版社 2006 年版。

邓佑玲：《土家语名量词研究》，《中南民族学院学报》2001 年第 5 期。

邓佑玲：《土家族转用汉语的进程及特点》，《云南民族大学学报》2004 年第 6 期。

邓佑玲：《土家族转用汉语及土家语濒危的成因》，《中央民族大学学报》2004 年第 4 期。

邓佑玲：《族际交流与民族语言及文化的变迁——以双凤村土家语言的使用现状及其演变为例》，《西南民族学院学报》2001 年第 8 期。

郭万明：《恩施话里形容词动词的一种重叠式》，《湖北民族学院学报》1995 年第 1 期。

何天贞：《略论土家语的双语现象》，《中南民族学院学报》1986 年第 3 期。

何天贞：《松滋市卸甲坪乡土家语地名考略》，《中南民族学院学报》1998 年第 1 期。

何天贞：《土家语的形容词》，《贵州民族研究》1984 年第 3 期。

何天贞：《土家语的支属问题》，《中南民族大学学报》2003 年第 1 期。

何天贞：《土家语动词的"体"及其语素变异》，《中南民族学院学报》1987 年第 2 期。

胡经持、曹毅：《试探土家语语源》，《湖北民族学院学报》2006 年第 3 期。

黄宏姣：《湖南湘西土家语地名的文化内涵》，《船山学刊》2003 年第 3 期。

吉首大学民族研究室：《土家语拼音方案（方案）》，《吉首大学学报》1984 年第 1 期。

李敬忠：《〈方言〉中的民族语成分》，《民族语文》1987 年第 3 期。

李敬忠：《泸溪土家语》，北京：中央民族大学出版社 2000 年版。

李启群：《龙山靛房乡双语调查报告》，《吉首大学学报》2004 年第 2 期。

李启群：《湘西州汉语方言两种特殊语序》，《方言》2004 年第 3 期。

李启群：《湘西州汉语与土家语、苗语的相互影响》，《方言》2002 年第 1 期。

李小芳：《土家族学生英语学习母语句法负迁移现象研究》，《科教文汇》2007 年第 10 期。

李小芳：《土家族学生英语学习中的母语词汇负迁移现象研究》，《外语教学与研究·考试周刊》2007 年第 39 期。

刘伦文：《社会变迁中的土家语命运》，《中央民族大学学报》2005

年第 4 期。

罗安源：《电脑初析土家语的声调》，《中央民族大学学报》2000 年第 6 期。

罗安源：《土家语/汉语消长趋势》，《民族语文》1989 年第 4 期。

罗安源等：《土家人与土家语》，北京：民族出版社 2001 年版。

罗姝芳：《恩施地区汉语方言中的土家族词语》，《边疆经济与文化》2007 年第 8 期。

罗姝芳：《汉字"巴"与土家族称谓考》《湛江师范学院学报》2006 年第 1 期。

马学良：《保护母语，发展历史文化》，《贵州民族研究》1998 年第 1 期。

彭林绪：《土家族承嗣与称谓习俗的演变》，《湖北民族学院学报》2004 年第 4 期。

彭秀模：《制订〈土家语拼音方案〉（草案）的缘起和经过》，《吉首大学学报》1985 年第 1 期。

舒志武：《土家语形容词的"级"》，《语言研究》1994 年第 2 期。

谭志满：《"梯玛"探幽》，《湖北民族学院学报》2001 年第 1 期。

谭志满：《近 50 年来土家语研究述评》，《湖北民族学院学报》2004 年第 1 期。

谭志满：《试论土家文化对语言的影响》，《重庆三峡学院学报》2001 年第 5 期。

谭志满：《梯玛仪式与土家族语言文化的传承》，《民间文化论坛》2007 年第 3 期。

谭志满：《土家语构词的文化意义初探》，《中南民族大学学报》2002 年第 3 期。

谭志满：《土家语交际功能的历时变化——以湘西土家族苗族自治州龙山县坡脚乡为个案》，《中南民族大学学报》2004 年第 2 期。

谭志满：《土家语人名中"送"的文化意蕴》，《重庆三峡学院学报》2004 年第 1 期。

谭志满：《土家族民族文字的创制及其思考》，《涪陵师范学院学报》2006 年第 4 期。

田德生：《土家语》，转引自孙宏开、胡增益、黄行主编《中国的语言》，北京：商务印书馆 2007 年版。

田德生：《土家语概况》，《民族语文》1982 年第 4 期。

田德生:《土家语四音格分析》,《民族语文》1986年第3期。

田德生:《析土家语"小"》,国际彝缅语学术会议论文编辑委员会编《彝缅语研究》,成都:四川民族出版社1997年版。

田恒金:《龙山坡脚土家话韵母o的一个来源》,《语文研究》2005年第2期。

田恒金:《坡脚土家语鼻音韵尾的来源》,《湖北民族学院学报》2008年第1期。

田恒金:《清代〈永顺县志〉中的土家语词》,《民族语文》2004年第2期。

田恒金:《土家语北部方言中特殊的名词后缀》,《河北师范大学学报》2005年第2期。

田恒金、孙美红:《土家始祖名"务相"意义考释》,《湖北教育学院学报》2006年第5期。

田恒金、王国栓:《土家语多音节词的一个来源》,《语文研究》2006年第2期。

田世高:《土家族的音乐语言结构》,《民族艺术研究》2003年第4期。

汪增阳:《黔江方言初探》,《涪陵师范学院学报》2001年第4期。

王静如:《关于湘西土家族语言的初步意见》(内部),中央民族学院研究部编《中国民族问题研究集刊》第4辑,1955年。

王晓英、谭志满:《民族认同心理下的土家语传承——以龙山岩冲跃进村为个案》,《湖北民族学院学报》2007年第3期。

向亮:《湘西土家语的类型学特征》,《湖北民族学院学报》2007年第1期。

谢志民:《龙山县土家族双语情况调查》,《中南民族学院学报》1986年第3期。

熊英:《从代际差异看土家语濒危——坡脚土家语个案研究之四》,《湖北民族学院学报》2006年第3期。

熊英:《从土家人的语言态度看土家语濒危——坡脚土家语个案研究之二》,《株洲师范高等专科学校学报》2006年第1期。

徐世璇、鲁美艳:《土家语句子中的选择性语流变调》,《语言科学》2005年第6期。

徐宜良:《土家语对目标语迁移问题初探》,《湖北民族学院学报》2001年第3期。

叶德书：《巴语和土家语有亲缘关系吗?》，《贵州民族研究》1986年第 4 期。

叶德书：《古代土家人名训释》，《湖北民族学院学报》2007 年第 3 期。

叶德书：《论土家语"tau55xu55"和"thi21xu21"的共性与个性》，《湖北民族学院学报》1995 年第 5 期。

叶德书：《土家地名探源》，《吉首大学学报》1988 年第 3 期。

叶德书：《土家语"梯玛"语义溯源——与〈"梯玛"探幽〉一文作者商榷》，《中央民族大学学报》2003 年第 1 期。

叶德书：《土家语表"生"的动词刍议》，《湖北民族学院学报》2004 年第 1 期。

叶德书：《土家语的病名命名类型》，《湖北民族学院学报》1997 年第 4 期。

叶德书：《土家语三音格形容词的语音结构和义位特征》，《民族语文》1995 年第 6 期。

叶德书：《土家语言研究的回顾与展望》，《湖北民族学院学报》1999 年第 4 期。

叶德书：《新论土家语的判断句》，《湖北民族学院学报》2005 年第 6 期。

叶德书、彭秀模：《土家语的语流音变》，《吉首大学学报》1985 年第 3 期。

袁德洪：《"宗贝"、"送"考》，《中央民族学院学报》1990 年第 3 期。

张军：《从母语使用人口锐减看土家语的濒危状态》，《暨南学报》2006 年第 5 期。

张军：《土家语的形态》，《民族语文》2008 年第 2 期。

张伟权：《土家语中"巴"音节刍议》，《贵州民族研究》1990 年第 4 期。

张伟权：《土家语汉语词典》，贵阳：贵州民族出版社 2002 年版。

张伟权：《土家语探微》，贵阳：贵州民族出版社 2004 年版。

张伟权：《汉语土家语词典》，贵阳：贵州民族出版社 2006 年版。

张伟权：《茅谷斯的土家语称谓解析》，《三峡大学学报》2007 年第 6 期。

张伟权：《土家族人名结构的历史文化内涵》，《湖南文理学院学报》2007 年第 3 期。

张伟权、曹毅：《土家语形容词的"级"简论》，《湖北民族学院学报》2007 年第 3 期。

张永言：《语源札记三则》，《民族语文》1983 年第 6 期。

周正民：《汉—土家双语文教学实验情况调查》，《民族语文》1992 年第 4 期。

（李云兵）

柔若语研究论著索引

李绍恩：《兰坪怒族情况介绍》，《怒江方志》1991 年第 2 期。

李绍恩、李志恩：《怒族若柔语言资料集》，昆明：云南民族出版社 1993 年版。

孙宏开：《怒族柔若语概况》，《民族语文》1985 年第 4 期。

孙宏开：《谈谈怒族和独龙族使用的语言》，《民族研究动态》1986 年第 1 期。

孙宏开、刘璐：《怒族语言简志》，北京：民族出版社 1986 年版。

孙宏开、黄成龙、周毛草：《柔若语研究》，北京：中央民族大学出版社 2002 年版。

（黄成龙）

怒语研究论著索引

孙宏开：《语言识别与民族》，《民族语文》1988 年第 2 期。

孙宏开、刘璐：《怒族语言简志（怒苏语）》，北京：民族出版社 1986 年版。

傅爱兰：《怒语》，《藏缅语十五种》，北京：燕山出版社 1991 年版。

傅爱兰：《怒语的声调》，《藏缅语新论》，北京：中央民族学院出版社 1994 年版。

傅爱兰：《怒语系属研究》，《语言研究》1989 年第 1 期。

（杨将领）

羌语言文字研究论著索引

宝乐日：《土族、羌族语言及新创文字在学校教育领域使用发展研究》，中央民族大学博士论文，2007年。

宝乐日：《羌族语言及新创文字使用研究综述》，《阿坝师范专科学校学报》2008年第1期。

宝乐日：《羌族语言及新创文字在学校教育领域使用现状研究——汶川县、茂县中小学调查个案分析》，《阿坝师范专科学校学报》2008年第3期。

宝乐日：《文化资本理论视野下土族、羌族语言及其新创文字使用与发展研究》，《中央民族大学学报》2008年第4期。

宝乐日：《羌族语言及新创文字使用现状研究——汶川县、茂县村民调查个案分析》，《阿坝师范高等专科学校学报》2009年第1期。

蔡文君：《羌族非物质文化遗产研究——浅论羌族语言面临的困境及抢救对策》，《贵州民族研究》2008年第6期。

董颖红：《羌语浊辅音声母音变的声学特征》，《中国少数民族语文现代化文集》，北京：民族出版社1999年版。

杜学元、蔡文君：《羌汉双语文教育的问题及对策研究》，《内蒙古师范大学学报》2007年第2期。

耿静：《羌语与羌族文化生态保护实验区建设》，《贵州民族研究》2012年第1期。

何星俊：《羌族曲谷话和龙溪话音系比较》，《羌族研究》（第一辑），《羌族研究》编委会编1991年版。

何星俊：《羌族迭式复音词语构成初探》，《羌族研究》（第二辑），《羌族研究》编委会编1992年版。

何星俊：《汶川羌语》，四川省阿坝藏族羌族自治州汶川县地方志编纂委员会编《汶川县志》，北京：民族出版社1992年版。

胡晓玲：《羌族学生英语学习中的跨语言影响》，西南大学硕士论文，2007年。

黄布凡：《羌语语音演变中排斥鼻音的趋势》，《民族语文》1987年第5期。

黄布凡：《雅都（俄口）羌语》，中央民族学院少数民族语言研究所编《中国少数民族语言》，成都：四川民族出版社 1987 年版。

黄布凡：《羌语支》，马学良主编《汉藏语概论》，北京：北京大学出版社 1991 年版。

黄布凡：《羌语》，黄布凡主编《藏缅语族语言词汇集》（第一部分词汇），北京：中央民族学院出版社 1992 年版。

黄布凡：《羌语（俄口话）音位系统》，黄布凡主编《藏缅语族语言词汇集》（第二部分语音简介），北京：中央民族学院出版社 1992 年版。

黄布凡：《藏缅语动词的趋向范畴》，马学良等编《藏缅语新论》，北京：中央民族学院出版社 1994 年版。

黄布凡：《羌语的体范畴》，《民族语文》2000 年第 2 期。

黄布凡：《羌语构词词缀的某些特征》，《民族语文》2002 年第 6 期。

黄布凡、余晓平、黄成龙：《羌族姓名》，张联芳主编《中国人的姓名》，北京：中国社会科学出版社 1992 年版。

黄布凡、周发成：《羌语研究》，成都：四川人民出版社 2006 年版。

黄成龙：《羌语复辅音的演变》，《羌族研究》第二辑，四川民族研究所，1992 年。

黄成龙：《中国少数民族语言档案：羌语荣红话》，北京：中国社会科学院民族研究所 1993 年版。

黄成龙：《羌语形容词研究》，《语言研究》1994 年第 2 期。

黄成龙：《羌语音位系统分析方法刍议》，《民族语文》1995 年第 1 期。

黄成龙：《羌语音文件》，中央民族大学语言文学院、中央民族大学电教中心、香港中国语文学会联合摄制《中国少数民族语言音文件》，1996 年。

黄成龙：《羌语动词的前缀》，《民族语文》1997 年第 2 期。

黄成龙：《羌语的音节弱化现象》，《民族语文》1998 年第 3 期。

黄成龙：《羌语的存在动词》，《民族语文》2000 年第 4 期。

黄成龙：《羌语》，联合国教科文组织《世界语言报告（中国部分）》，北京：中国社会科学院民族研究所编，2000 年。

黄成龙：《羌语名词短语的词序》，《民族语文》2003 年第 2 期。

黄成龙：《羌族》，郝时远主编《中国少数民族分布图集》，北京：中国地图出版社 2003 年版。

黄成龙（Huang Chenglong），A Reference Grammar of the Puxi Variety of Qiang, PhD dissertation，Hong Kong：City University of Hong Kong（香港城市大学博士论文），2004年。

黄成龙：《羌语的名量词》，《民族语文》2005年第5期。

黄成龙（Huang Chenglong），Aktionsart and Aspects in Qiang，中研院语言学研究所编，Proceedings of the 2005 International Conference & Courses on Role and Reference Grammar，台北：中研院语言学研究所2005年版。

黄成龙：《蒲溪羌语研究》，北京：民族出版社2006年版。

黄成龙、余文生：《羌语关系子句的类型》，中央民族大学《汉藏语学报》2007年第1期。

黄成龙、王术德：《蒲溪羌语的话题——评述结构》，《语言暨语言学》2007年第8期。

黄成龙：《羌语的话题标记》，《语言科学》2008年第6期。

黄成龙：《羌语子句的关系化手段》，《民族语文》2008年第4期。2008年被中国人民大学书报资料中心全文转载。

黄成龙（Huang Chenglong）：Relativization in Qiang, Language and Linguistics，Vol. 9,4:735 – 768。

黄成龙：《羌语方言土语及其活力》，张曦主编《持颠扶危：羌族文化灾后重建省思》，北京：中央民族大学出版社2009年版。

黄成龙：《羌语研究回顾与展望》，张曦主编《持颠扶危：羌族文化灾后重建省思》，北京：中央民族大学出版社2009年版。

黄成龙（Huang Chenglong）：Shared Morphology in Qiang and Tibetan，Senri Ethnological Studies，Vol. 75:223 – 240。

黄成龙、徐世梁：《羌族语言和非物质文化灾后重建需求调查》，张曦主编《持颠扶危：羌族文化灾后重建省思》，北京：中央民族大学出版社2009年版。

黄成龙：《羌语的施事者及其相关标记》，《语言暨语言学》2010年第2期。台北：中研院语言学研究所。

黄成龙：《羌语的非施事者及其相关标记》，《语言学论丛》2010年第41辑，北京：商务印书馆。

黄成龙：《羌族的酿酒工艺及其酒文化》，《科学中国人》2011年第10期。

李日森：《简评〈羌语简志〉》，《民族研究》1981年第6期。

李山、周发成：《论羌语语法中的否定形式》，《民族语文》2002年第 1 期。

刘光坤：《羌语中的藏语借词》，《民族语文》1981 年第 3 期。

刘光坤：《羌语辅音韵尾研究》，《民族语文》1984 年第 4 期。

刘光坤：《羌语中的长辅音》，《民族语文》1986 年第 4 期。

刘光坤：《论羌语代词的"格"》，《民族语文》1987 年第 4 期。

刘光坤：《羌语（麻窝、桃坪）语音系统》，藏缅语语音和词汇编写组编《藏缅语语音和词汇》（第二部分语音系统），北京：中国社会科学出版社 1991 年版。

刘光坤：《羌语（麻窝、桃坪）词汇》，藏缅语语音和词汇编写组编《藏缅语语音和词汇》（第三部分词汇），北京：中国社会科学出版社 1991 年版。

刘光坤：《羌语复辅音研究》，《民族语文》1997 年第 4 期。

刘光坤：《麻窝羌语研究》，成都：四川民族出版社 1998 年版。

刘光坤：《论羌语声调的产生和发展》，《民族语文》1998 年第 2 期。

刘光坤：《论羌语动词的人称范畴》，《民族语文》1999 年第 1 期。

刘辉强：《羌族木苏话音系》，《羌族研究》编委会编《羌族研究》（第一辑），1991 年。

刘辉强：《羌族拼音文字与羌语曲谷话的关系》，《民族研究论文选》（2），成都：四川民族出版社 1992 年版。

刘辉强：《羌语曲谷话音系》，《民族研究论文选》（2），成都：四川民族出版社 1992 年版。

麻慧群、周俊勋、刘汉文：《木卡羌语语音概述》，《阿坝师范专科学校学报》2011 年第 3 期。

梅广：《解析藏缅语的功能范畴体系——以羌语为例》，林英津等编《汉藏语研究——龚煌城先生七秩寿庆论文集》，台北：中研院语言学研究所 2004 年版。

聂鸿音：《道光〈石泉县志〉中的羌语词》，《民族语文》2000 年第 1 期。

聂鸿音：《汉文史籍中的西羌语和党项语》，《语言研究》2000 年第 4 期。

申向阳：《古老羌语：从弱势走向濒危——阿坝州羌语生存现状调查》，《阿坝师范专科学校学报》2011 年第 2 期。

孙宏开：《羌语概况》，《中国语文》1962 年 12 月号（总第 121

期)。

孙宏开:《羌语简志》(国家民委民族问题五种丛书/中国少数民族语言简志丛书),北京:民族出版社1981年版。

孙宏开:《羌语动词的趋向范畴》,《民族语文》1981年第1期。

孙宏开:《邛笼考》,《民族研究》1981年第1期。

孙宏开:《羌语支属问题初探》,民族语文编辑部编《民族语文研究问题》,西宁:青海民族出版社1982年版。

孙宏开:《川西"民族走廊"地区的语言》,《西南民族研究》第一集,成都:四川民族出版社1983年版。

孙宏开:《六江流域的民族语言及其系属分类》,《民族学报》1983年第3期。

孙宏开:《试论邛笼文化与羌语支语言》,《民族研究》1986年第2期。

孙宏开:《论羌族双语制——兼谈汉语对羌语的影响》,《民族语文》1988年第4期。

孙宏开(Sun Hongkai): A Preliminary Investigation into the Relationship between Qionglong and the Languages of the Qiang Branch of Tibeto-Burman, Linguistics of the Tibeto-Burman Area 12,1:92-109,1989.

孙宏开(Sun Hongkai): Languages of the Ethnic Corridor in Western Sichuan, Linguistics of the Tibeto-Burman Area 13,1:1-31,1990.

孙宏开:《羌族双语制的形成和发展》,《语言·社会·文化》,北京:语文出版社1991年版。

孙宏开:《羌语》,《中国少数民族语言使用情况》,北京:中国藏学出版社1994年版,第809—812页。

孙宏开:《少数民族语言调查回忆片段》,郝时远主编《田野调查实录——民族调查回忆》,北京:社会科学文献出版社1999年版。

孙宏开:《论藏缅语族中的羌语支》,《语言暨语言学》2001年第2卷第1期。

孙宏开(Sun Hongkai): A Discussion of Qiang Bilingualism, with Concurrent Comments on the Influence of Chinese on the Qiang Language, Linguistics of the Tibeto-Burman Area 25,2:1-25,2002.

孙宏开:《羌语普查纪实》,揣振宇主编《伟大的起点——新中国民族大调查纪念文集》,北京:中国社会科学出版社2007年版。

孙宏开、周发成、黄成龙:《关于在"羌族文化生态保护实验区"

内加强羌族语言文化保护的意见》,张曦主编《持颠扶危:羌族文化灾后重建省思》,北京:中央民族大学出版社 2009 年版。

孙宏开:《古代羌人和现代羌语支族群的关系》,《西南民族大学学报》2011 年第 1 期。

孙宏开:《羌语支在汉藏语系中的历史地位》,《云南民族大学学报》2011 年第 6 期。

孙天心(Sun, Jackson, T. S.):Issues in Mawo Qiang Phonology, Journal of Taiwanese Linguistics 1, 1: 227 – 242, 2002.

田智:《汉语与羌语三种语序对比研究》,中央民族大学硕士论文,2005 年。

王静如:《论四川羌语及弥乐语与西夏语》,《西夏研究》(第二辑),北平:国立中央研究院历史语言研究所(单刊甲种之十一),1933 年。

王明珂:《近代羌文化探索:有关服饰与语言的书写》,《历史月刊》2003 年。

王明珂:《黑水藏族的语言、文化与民族认同》,(台北)蒙藏委员会《当代藏学学术研讨会论文集》,2004 年。

王平:《羌族语言与文化的现状、保护与传承》,《社会科学家》2010 年第 4 期。

王小琴:《羌族地区中小学羌语文课程实施问题及对策研究》,西南大学硕士论文,2008 年。

闻宥:《论黑水羌语之 final plosives》,《中国文化研究所集刊》第一卷,1940 年。

闻宥:《川西羌语之初步分析》,《中国文化研究所集刊》第二卷,1941 年。

闻宥(Wen Yu):Verbal Directive Prefixes in the Jyarung and Their Qiang Equivalents,《中国文化研究所集刊》第三卷,1943 年第 1 号。

闻宥:《汶川瓦寺组羌语音系》,金陵齐鲁华西三大学编《中国文化研究汇刊》第三卷,1943 年。

闻宥:《理番后二枯羌语音系(IV 组:后二枯方言)》,《中国文化研究所集刊》第四卷,1945 年增刊。

闻宥:《羌语方言中若干强子音之来源》,《中国文化研究所集刊》第六卷,1947 年。

闻宥(Wen Yu):An Abridged Ch'iang Vocabulary(Chiu Tzu Ying Dialect)，《中国文化研究所集刊》第九卷第二号，1950 年。

闻宥：《汶州萝卜寨辞汇简编（萝卜寨方言）》，《中国文化研究所集刊》第十卷，1951 年。

闻宥、傅懋勋：《汶川萝卜寨羌语音系》，《中国文化研究所集刊》第三卷第二号，1943 年。

薛方昱、乔高才让：《甘肃古代羌语地名探讨》，《敦煌学辑刊》2009 年第 3 期。

俞敏：《东汉以前的姜语和西羌语》，《民族语文》1991 年第 1 期。

余晓平：《羌语》，四川省阿坝藏族羌族自治州茂汶羌族自治县地方志编纂委员会编《茂汶羌族自治县志》，成都：四川辞书出版社 1997 年版。

张竞艳：《四川茂汶地区羌族语言选择问题》，中央民族大学博士论文，2010 年。

张琨（Chang Kun）：A Comparative Study of the Southern Ch'iang Dialects, *Monumenta Serica*, XXVI：422 – 443，1967 年。

張麟声、黄成龍：《日本語の「も」と羌語の「lə」についての覚書》，大阪府立大学人文学会『人文学論集』第 28 集，頁 151 – 159，大阪：大阪府立大学，2010 年。

张曦主编，黄成龙、蓝广胜副主编：《持颠扶危：羌族文化灾后重建省思》。北京：中央民族大学出版社 2009 年版。

赵德林等修、张沆等纂：《石泉县志》（卷二：舆地志，风俗部），清道光十四年刻本。又见《中国地方志集成，四川府县志辑》第 23 册。成都：巴蜀书社 1883 年版。

赵海红：《羌语濒危的原因透视及对策探讨》，《黑龙江民族丛刊》2011 年第 4 期。

赵小刚：《羌汉语言接触形成的一组同源汉字》，《中央民族大学学报》2004 年第 6 期。

赵小刚、朝那：《保留在汉语中的古羌语词语》，《兰州大学学报》2007 年第 2 期。

赵旭东、罗涛：《以文字书写典范与以文化融合多元之间的互动与生成——以羌语发展与羌族认同的社会史为例》，《广西民族大学学报》2010 年第 3 期。

郑武曦：《试论语言接触引发的羌语对当地汉语的干扰》，《阿坝师范专科学校学报》2009 年第 3 期。

郑武曦:《龙溪羌语概况》,《民族语文》2010 年第 4 期。

周发成（Zhou,Facheng）,李山（Lester Peter）, Negation in Qiang Grammar, Linguistics of the Tibeto - Burman Area 24,2:189 - 203,2001。

周发成:《简论羌语格助词》,《阿坝师范专科学校学报》2007 年第 3 期。

周发成主编:《汉羌词典》,北京:中国文联出版社 2010 年版。

Aston,John A. D. ,Chiou,J,M, ,Evans,J,P. 2010. Linguistic Pitch Analysis Using Functional Principal Component Mixed Effect Models, *Journal of the Royal Statistical Society*, *Series C*(*Applied Statistics*), London:Wiley, Vol. 59, Part 2,pp. 297 - 317。

Benedict,Paul K. （白保罗）. 1983. Qiang Monosyllabization:a Third Phase in the Cycle, *Linguistics of the Tibeto - Burman Area* 7,2:113 - 14。

Evans,Jonathan,P. （余文生）. 2001. *Introduction to Qiang Phonology and Lexicon:Synchrony and Diachrony*, Tokyo:ILCAA, Tokyo University of Foreign Studies.

Evans,Jonathan,2001. Contact - induced Tonogenesis in Southern Qiang, *Language and Linguistics* 2,2:63 - 100,Taiwan:Academia Sinica.

Evans,Jonathan,P. （余文生）The Reconstruction of Proto - Qiang verb inflection, 林英津等编《汉藏语研究——龚煌城先生七秩寿庆论文集》,台北:中研院语言学研究所 2004 年版。

Evans,Jonathan,P. （余文生）. 2006. Vowel Quality in Hongyan Qiang, *Language and Linguistics* 7,4:731 - 754,Taipei:Academia Sinica.

Evans,Jonathan P. （余文生）. 2006. Origins of Vowel Pharyngealization in Hongyan Qiang, *Linguistics of the Tibeto - Burman Area* 29,2:91 - 123.

Evans,Jonathan,P. （余文生）. 2007. and Chenglong Huang（黄成龙）, A Bottom - up Approach to Vowel Systems:the Case of Yadu Qiang! *Cahiers de Linguistique Asie Orientale* （CLAO）36,2,France.

Evans,Jonathan P. （余文生）. 2007. "African" Tone in the Sinosphere, *Language and Linguistics* 9,3:463 - 490.

Evans,Jonathan,P. （余文生）. 2009. Is There a Himalayan Tone Typology? *Tibeto - Burman Historical Linguistics*, *Senri Ethnological Studies No. 75*, ed. by NagaNo. Y, ,Senri,Japan:National Museum of Ethnology.

Evans,Jonathan P. （余文生）. 2010. Man - ni Chu, John A. D. Aston, Chao - yu Su, Linguistic and Human Effects on F0 in a Tonal Dialect of Qiang,

Phonetica 67,1 – 2.

　　Graham, David Crokett. (葛维汉). 1958. *The Customs and Religion of the Ch' iang*, Smithsonian Miscellaneous Collections Vol. 135, No. 1, Washington, D. C.: Smithsonian Institute.

　　LaPolla, Randy, J. (罗仁地). 2003. Qiang, *The Sino – Tibetan Languages*, ed. by Graham Thurgood & Randy J, LaPolla, 573 – 587, London & New York: Routledge.

　　LaPolla, Randy, J. (罗仁地). 2003. Evidentiality in Qiang, *Studies in Evidentiality* (Typological Studies in Language), ed. by A. Y. Aikhenvald & R, M, W, Dixon, 63 – 78, Amsterdam & Philadelphia: John Benjamins Publishing Company.

　　LaPolla, Randy, J. (罗仁地). 2003. English – Qiang Glossary by Semantic Field, Basic Materials on Minority Languages in East and Southeast Asia (Endangered Languages of the Pacific Rim series, A03 – 004), ed. by Ikeda Takumi, 153 – 181, Suita: Faculty of Informatics, Osaka Gakuin University.

　　LaPolla, Randy, J. (罗仁地) and Poa, Dory. (潘露莉). 2003. Texts in the Qugu Variety of Northern Qiang, *Descriptive and Theoretical Studies in Minority Languages of East and Southeast Asia*, ed. by Kitano Hiroaki, 77 – 94, Endangered Languages of the Pacific Rim Project series, Suita: Faculty of Informatics, Osaka Gakuin University.

　　LaPolla, Randy, J. (罗仁地) and Huang Chenglong (黄成龙). 2003. *A Grammar of Qiang, with Annotated Texts and Glossary*, Berlin: Mouton de Gruyter.

　　LaPolla, Randy, J. (罗仁地) and Huang Chenglong (黄成龙). 2004. Adjectives in Qiang, *Adjective Classes: A Cross – linguistic Typology* (Explorations in Linguistic Typology 1), ed. by R. M. W. Dixon and Alexandra Y. Aikhenvald, Oxford: Oxford University Press.

　　LaPolla, Randy, J. (罗仁地) and Huang Chenglong (黄成龙). 2007. The Copula and Existential Verbs in Qian, *Bulletin of Chinese Linguistics* 1:2, Hong Kong: Research Centre for Chinese Linguistics, HKUST.

　　LaPolla, Randy, J. (罗仁成). 2011. On Transitivity in Two Tibeto – Burman Languages, *Studies in Language* 35,3:637 – 650.

　　Matisoff, James, A. 2000. On the Uselessness of Glottochronology for the Subgrouping of Tibeto – Burman, *Time Depth in Historical Linguistics*, eds. by

Colin Renfrew, April McMahon & Larry Trask, pp. 333 – 371, Cambridge: The Mcdonald Institute for Archaeological Research.

Thurgood, Graham. 2005. Review of *a Grammar of Qiang, with Annotated Texts and Glossary*, by Randy J. LaPolla with Chenglong Huang, *Linguistics of the Tibeto - Burman Area* 28, 1: 107 – 110.

Vajda, Edward J. 2005. Review of *A Grammar of Qiang with Annotated Texts and Glossary*, by Randy J. LaPolla with Chenglong Huang, http://linguistlist.org/issues/16/16 – 671, html.

《羌族词典》编委会：《羌族词典》，成都：巴蜀书社 2004 年版。

（黄成龙）

普米语研究论著索引

陈卫东：《论普米族语言功能的发展及其文化教育对策》，《中央民族大学学报》1996 年第 3 期。

陈宗祥、邓文峰：《〈白狼歌〉研究述评》，《西南师范学院学报》1979 年第 4 期。

陈宗祥：《〈白狼歌〉反映的古代天象与历法》，《西南民族学院学报》1986 年第 2 期。

陈宗祥、邓文峰：《〈白狼歌〉第十一句"传让龙洞"试解》，《西南民族学院学报》1987 年第 1 期。

陈宗祥：《白狼歌研究》（一），成都：四川人民出版社 1991 年版。

戴庆厦、陈卫东：《论普米族的语言观念》，《云南民族学院学报》1993 年第 4 期。

邓文峰、陈宗祥：《〈白狼歌〉歌辞校勘》，《西南师范学院学报》1981 年第 1 期。

邓文峰、陈宗祥：《后汉书·作都夷传几·白狼歌歌辞本语试解》，《民族调查研究》1985 年第 1、2 期。

傅爱兰：《普米语复辅音初探》，《中国民族语言论丛》(1)，北京：中央民族大学出版社 1996 年版。

傅爱兰、和向东：《普米语动词的趋向范畴》，《中国民族语言论丛》(2)，昆明：云南民族出版社 1997 年版。

傅爱兰：《普米语动词的语法范畴》，北京：中国文史出版社 1998

年版。

傅爱兰：《普米语动词的体貌系统》，戴庆厦主编《中国民族语言文学研究论集》（语言专集），北京：民族出版社2002年版。

胡文明：《普米研究文集》，昆明：云南民族出版社2002年版。

蒋颖：《普米语个体量词及其类型学分析》，《民族语文》2008年第5期。

蒋颖：《论普米语动词后缀的分析化趋势》，《中央民族大学学报》2009年第5期。

蒋颖：《普米语施受助词的分工互补关系》，《民族语文》2010年第4期。

蒋颖：《普米语施受标记系统的关联性》，《中央民族大学学报》2010年第4期。

刘尧汉、陈久金：《代"白狼夷"的族属新探》，《西南师范学院学报》1985年第4期。

陆绍尊：《普米语概况》，《民族语文》1980年第4期。

陆绍尊：《普米语简志》（国家民委民族问题五种丛书/中国少数民族语言简志丛书），北京：民族出版社1983年版。

陆绍尊：《普米语两个特殊动词的用法》，傅懋勣主编《中国民族语言论文集》，成都：四川民族出版社1986年版。

陆绍尊：《普米语》，中央民族学院少数民族语言研究所编《中国少数民族语言》，成都：四川民族出版社1987年版。

陆绍尊：《普米语语音系统》，藏缅语语音和词汇编写组编《藏缅语语音和词汇》（第二部分语音系统），北京：中国社会科学出版社1991年版。

陆绍尊：《普米语词汇》，藏缅语语音和词汇编写组编《藏缅语语音和词汇》（第三部分词汇），北京：中国社会科学出版社1991年版。

陆绍尊：《普米语》，《中国少数民族语言使用情况》，北京：中国藏学出版社1994年版。

陆绍尊：《普米语动词的语法范畴》，《云南民族语文》1996年第4期。

陆绍尊：《普米语方言研究》，北京：民族出版社2001年版。

孙宏开：《古代羌人和现代羌语支族群的关系》，《西南民族大学学报》2011年第1期。

孙宏开：《羌语支在汉藏语系中的历史地位》，《云南民族大学学报》2011 年第 6 期。

王天习：《普米语词汇》，黄布凡主编《藏缅语族语言词汇集》（第一部分词汇），北京：中央民族学院出版社 1992 年版。

王天习：《普米语音位系统》，黄布凡主编《藏缅语族语言词汇集》（第二部分语音简介），北京：中央民族学院出版社 1992 年版。

王燕、万家林：《从信息传播看普米族语言社会功能的变化》，《西南边疆民族研究》2007 年第 5 期。

解鲁云：《国内普米族研究综述》，《云南民族学院学报》2003 年 1 期。

严汝娴：《普米族的刻划符号——兼谈对仰韶文化刻画符号的看法》，《考古》1982 年第 3 期。

彦华：《"白狼歌"族称研究质疑》，《西南师范学院学报》1983 年第 1 期。

杨照辉：《"白狼歌"辨析》，《民族文学研究》1987 年第 1 期。

张清儒：《普米语合成双音词构词方式》，《传奇、传记文学选刊》（理论研究）2011 年第 6 期。

丁思志（Ding, Picus Sizhi）. 2003. The Pitch – Accent System of Niuwozi Prinmi, Linguistics of the Tibeto – Burman Area 24, 2: 57 – 83, 2001.

丁思志（Ding, Picus Sizhi）, Prinmi: A Sketch of Niuwozi, The Sino – Tibetan Languages, ed. by Thurgood and LaPolla, 588 – 601, London & New York: Routledge.

丁思志（Ding, Picus Sizhi）. 2006. A Typological Study of Tonal Systems of Japanese and Prinmi: Towards a Definition of Pitch – Accent Languages, Journal of Universal Language 7: 1 – 35.

丁思志（Ding, Picus Sizhi）. 2007. Challenges in Language Modernization in China: The Case of Prinmi, in David, Maya, Nicholas Ostler and Caesar Dealwis（eds.）, Working Together for Endangered Languages: Research Challenges and Social Impacts（Proceedings of FEL XI）, pp. 120 – 126, Bath, England: Foundation for Endangered Languages.

丁思志（Ding, Picus Sizhi）. 2007. The Use of Perception Tests in Studying the Tonal System of Prinmi Dialects: A Speaker – Centered Approach to Descriptive Linguistics, Language Documentation and Conservation 1, 2: 154 – 181.

Matisoff, James（马提索夫）. 1997. Dayang Pumi Phonology and Adumbrations of Comparative Qiangic, Mon – Khmer Studies 27:171 – 213.

（黄成龙）

嘉戎语研究论著索引

多尔吉：《道孚语格什扎话研究》，北京：中国藏学出版社 1998 年版。

马学良主编：《汉藏语概论》，北京：北京大学出版社 1991 年版。

黄良荣、孙宏开编：《汉嘉戎词典》，北京：民族出版社 2002 年版。

雀丹：《嘉绒藏族史志》，北京：民族出版社 1995 年版。

薛良忠、雀丹等，阿坝州藏族史料调查组编：《嘉绒藏族史料集》（内部），1991 年。

林向荣：《嘉戎语研究》，成都：四川民族出版社 1993 年版。

刘光坤：《麻窝羌语研究》，成都：四川民族出版社 1998 年版。

孙宏开：《羌语简志》，北京：民族出版社 1986 年版。

戴庆厦、黄布凡等：《藏缅语十五种》，北京：燕山出版社 1991 年版。

马学良等：《藏缅语新论》，北京：中央民族大学出版社 1994 年版。

戴庆厦：《藏缅语族语言研究》，昆明：云南民族出版社 1990 年版。

戴庆厦：《藏缅语族语言研究》（二），昆明：云南民族出版社 1998 年版。

陈士林等：《凉山彝语的使动范畴》，《中国语文》1962 年第 8—9 月号。

格桑居冕：《藏语动词的使动范畴》，《民族语文》1982 年第 5 期。

嘎玛次仁：《嘉戎语中的古词与古代藏文读音辨考》，《中国藏学》（藏）1994 年第 1 期。

何耀华：《古代羌人与藏区土著居民的融合》，《中国藏学》1988 年第 2 期。

胡坦：《拉萨藏语中几种动词句式的分析》，《民族语文》1984 年第 1 期。

胡坦：《藏语语法的类型特征》，《藏学研究论丛》（4），拉萨：西藏人民出版社 1994 年版。

黄布凡：《古藏语动词的形态》，《民族语文》1981 年第 3 期。

黄布凡：《川西藏区的语言关系》，《中国藏学》1988 年第 3 期。

黄布凡：《道孚语语音和动词形态变化》，《民族语文》1990年第5期。

黄布凡：《藏缅语的情态范畴》，《民族语文》1991年第2期。

黄布凡：《羌语的体范畴》，《民族语文》2000年第2期。

黄布凡：《观音桥话语属问题研究》，《语言暨语言学》2001年第1期。

黄布凡：《拉坞戎语概况》，《民族语文》2004年第2期。

黄良荣：《嘉绒语前缀 ta－tE－ka－kE－的语法作用》，《民族语文》1993年第3期。

金鹏：《藏文动词曲折形态在现代拉萨话里衍变的情况》，《语言研究》1956年第1期。

金鹏：《嘉戎语梭磨话的语音和形态》，《语言研究》1958年第2—3期。

李绍明：《唐代西山诸羌考略》，《四川大学学报》1980年第1期。

李范文：《试论嘉戎语与道孚语的关系》，《西夏研究论集》，银川：宁夏人民出版社1983年版。

林向荣：《嘉戎语构词法研究》，《民族语文》1983年第3期。

林向荣：《关于嘉戎语的声调问题》，《中央民族学院学报》1989年第5期。

林向荣：《嘉戎语马尔康话中的藏语借词》，《民族语文》1990年第5期。

林向荣：《嘉绒语的演变轨迹》，《阿坝师专学报》1992年第1期。

林幼菁：《茶堡嘉戎语大藏话的趋向前缀与动词词干的变化》，《民族语文》2003年第2期。

瞿霭堂：《阿里藏语的体范畴》，《民族语文》1980年第4期。

瞿霭堂：《嘉戎语动词的人称范畴》，《民族语文》1983年第4期。

瞿霭堂：《嘉戎语概况》，《民族语文》1984年第2期。

瞿霭堂：《论汉藏语言的形态》，《民族语文》1988年第4期。

瞿霭堂：《嘉戎语的方言》，《民族语文》1990年第4—5期。

孙宏开：《羌语动词的趋向范畴》，《民族语文》1981年第1期。

孙宏开：《我国藏缅语动词的人称范畴》，《民族语文》1983年第2期。

孙宏开：《藏缅语动词的互动范畴》，《民族语文》1984年第4期。

孙宏开：《论藏缅语语法结构类型的历史演变》，《民族语文》1992

年第 5 期。

孙宏开:《再论藏缅语动词的人称范畴》,《民族语文》1994 年第 4 期。

孙宏开:《藏语中的代词化问题》,《国外语言学》1994 年第 3 期。

孙宏开:《论藏缅语的语法形式》,《民族语文》1996 年第 2 期。

孙宏开:《论藏缅语动词的使动范畴》,《民族语文》1998 年第 6 期。

谭克让:《嘉戎语甘堡话汉语借词反映在语音系统中的一致情况》,《民族语言调查通讯》1957 年第 11 期。

闻宥:《嘉戎语中动词之方向前置及其羌语中之类似》,《中国文化研究集刊》第三卷 1943 年一、二、三、四号合刊。

闻宥:《论嘉戎语动词之人称尾词》,《中国文化研究集刊》第四卷 1944 年。

谢广华:《藏语动词语法范畴》,《民族语文》1982 年第 4 期。

徐悉艰:《景颇语的使动范畴》,《民族语文》1984 年第 1 期。

赞拉阿旺:《嘉戎话面貌观》,《西南民族学院学报》1991 年第 3 期。

赞拉阿旺:《嘉绒藏语浅析》,《中国藏学》(藏) 1992 年第 4 期。

张公瑾:《语言的文化价值》,《民族语文》1989 年第 5 期。

张公瑾:《文字的文化属性》,《民族语文》1991 年第 1 期。

张公瑾:《文化环境与民族语文建设》,《民族语文》1991 年第 6 期。

张公瑾:《关于文化语言学的几个理论问题》,《民族语文》1992 年第 6 期。

张济川:《藏语的使动、时式自主范畴》,《民族语文》1989 年第 2 期。

Jackson T. S. , Sun(孙天心). Caodeng rGyalrong, The Sino – Tibetan Languages, eds. Graham Thurgood and Randy J. Lapolla, Surrey, England, The Curzon Press.

Jackson T. – S. , Sun(孙天心). 1998. Parallelisms in the Verb Morphology of Sidaba rGyalrong and Guanyinqiao in rGyalrongic, Paper Presented at the 6th International Symposium on Chinese Languages and Linguistics, July 14 – 16, 1998; Academia Sinica, Taiwan, Revised, Nov. 5.

Jackson T. – S. , Sun(孙天心). 1999. Parallelisms in the Verb Morphology of Sidaba rGyalrong and Lavrung in rGyalrongic, Language and Linguistics Vol. 1. 1.

Jackson T. - S. , Sun(孙天心). 2001. Stem Alternation in Puxi Verb Inflection:Toward Validating the rGyalrongic Subgroup in Qiangic, Language and Linguistic Vol. 1. 2.

Jackson T. - S. , Sun(孙天心). 1995. Tonality in Caodeng rGyarong, Paper Presented 28th International Conference on Sino - Tibetan Languages and Linguistics, University of Virginia(Oct. ,6 - 10).

Jackson T. - S. , Sun(孙天心), Nominal Morphology in Caodeng rGyarong, Institute of History and Philology Academia Sinica.

Yasuhiko NagaNo. 1978. Preliminary Remarks to rGyarong Dialectology, Circulated at the 11th ST Conf, Tucson.

Yasuhiko NagaNo. 1978. A Note to the Rgyarong Tsangla Body Part Terms, Ms.

Yasuhiko NagaNo. 1979. A Historical Study of rGyarong Initials and Prefixes LTBA 4(2).

Yasuhiko NagaNo. 1979. A Historical Study of rGyarong Rhymes, LTBA 5(1).

Cogtse Gyarong. 2003. The Sino - Tibetan Languages, eds, GrahamThurgood and Randy J. Lapolla, Routledge Taylor & Francis Group, London and Newyork.

Yasuhiko NagaNo. 1984. A Historical Study of the rGyarong Verb System, Seishido Tokyo.

(尹蔚彬)

尔苏语研究论著索引

孙宏开:《六江流域的民族语言及其系属分类》,《民族学报》1983年第3期。

孙宏开:《尔苏语概况》,《语言研究》1983年第2期。

黄布凡、仁增旺姆:《藏缅语十五种·吕苏》,北京:燕山出版社1991年版。

宋伶俐:《尔苏语动词趋向前缀和体标记》,《民族语文》2006年第 3 期。

（尹蔚彬）

木雅语研究论著索引

［法］R. A. Stein：《有关弭药西夏的藏文新资料》，石泰安、方浚川、陈宗祥译，《宁夏社会科学》1981 年试刊号。

任乃强：《康藏民族之由来及其细分》，《民族研究文集》，北京：民族出版社 1990 年版。

刘辉强：《木雅语研究》，中国西南民族研究学会编印《雅砻江下游考察报告》1983 年。

黄布凡：《木雅语》，《藏缅语十五种》，北京：燕山出版社 1991 年版。

黄布凡：《木雅语概况》，《民族语文》1985 年第 3 期。

孙宏开：《六江流域的民族语言及系属分类》，《民族学报》1983 年第 3 期。

（尹蔚彬）

尔龚语、道孚语研究论著索引

戴庆厦、黄布凡等：《藏缅语十五种》，北京：燕山出版社 1991 年版。

黄布凡：《拉坞戎语概况》，《民族语文》2003 年第 3 期。

黄布凡：《道孚语语音和动词形态变化》，《民族语文》1990 年第 5 期。

马长寿著，周伟洲编：《马长寿民族学论集》，北京：人民出版社 2003 年版。

林向荣：《嘉戎语研究》，成都：四川民族出版社 1993 年版。

瞿霭堂：《嘉戎语的方言》，《民族语文》1990 年第 4 期。

Hodgson. 1853. Sifan and Horsok Vocabularies, Journal of the Asiatie Society of Bengal,22.

Stephen, Wang. 1970 – 1971. Consonantal Clusters of Tibetan Loanwords in Stau, Monumenta Serica.

（尹蔚彬）

贵琼语研究论著索引

孙宏开：《六江流域的民族语言及其系属分类》，《民族学报》1983年第 3 期。

（尹蔚彬）

扎巴语研究论著索引

戴庆厦、黄布凡等：《藏缅语十五种》，北京：燕山出版社 1991 年版。
陆绍尊：《扎巴语概况》，《民族语文》1985 年第 2 期。
孙宏开：《六江流域的民族语言及其系属分类》，《民族学报》1983年第 3 期。

（尹蔚彬）

纳木义语研究论著索引

戴庆厦、黄布凡、刘菊黄、傅爱兰、仁增旺姆：《藏缅语十五种·纳木兹》，北京：燕山出版社 1991 年版。
和即仁：《"摩些"与"纳木依"语源考》，《民族语文》1991 年第 5 期。
拉玛兹偓：《纳木依语支属研究》，《民族语文》1994 年第 1 期。
刘辉强：《锣锅底纳木依语刘辉强》，《语言研究》1996 年第 2 期。
刘敏：《纳木义语与汉语的音系比较研究》，《现代语文》（语言研究版）2006 年第 12 期。
刘辉强：《拯救羌语支濒危语言：尔苏语、纳木依语、贵琼语、扎巴语资料记录和保存》，《西南民族大学学报》（人文社科版）2006 年第 12 期。

孙宏开：《藏缅语语音和词汇·纳木义语》，北京：中国社会科学出版社 1998 年版。

孙宏开：《川西民族走廊地区的语言》，《西南民族研究》，成都：四川民族出版社 1983 年版。

（木仕华）

史兴语研究论著索引

黄布凡：《羌语支》，马学良主编《汉藏语概论》上册，北京：北京大学出版社 1991 年版。

黄布凡、仁增旺姆：《史兴语》，戴庆厦、黄布凡、傅爱兰、仁增旺姆、刘菊黄《藏缅语十五种》，北京：燕山出版社 1991 年版。

黄布凡、宁玉：《史兴语词汇》，黄布凡主编《藏缅语族语言词汇集》（第一部分词汇），北京：中央民族学院出版社 1992 年版。

黄布凡、宁玉：《史兴语音位系统》，黄布凡主编《藏缅语族语言词汇集》（第一部分语音简介），北京：中央民族学院出版社 1992 年版。

黄布凡：《藏缅语动词的趋向范畴》，马学良等编《藏缅语新论》，北京：中央民族学院出版社 1994 年版。

孙宏开：《川西"民族走廊"地区的语言》，马学良等编《西南民族研究》（第一集），成都：四川民族出版社 1983 年版。

孙宏开：《六江流域的民族语言及其系属分类》，《民族学报》1983 年第 3 期。

孙宏开：《史兴语语音系统》，藏缅语语音和词汇编写组编《藏缅语语音和词汇》（第二部分语音系统），北京：中国社会科学出版社 1991 年版。

孙宏开：《史兴语词汇》，藏缅语语音和词汇编写组编《藏缅语语音和词汇》（第三部分词汇），北京：中国社会科学出版社 1991 年版。

徐丹：《下游史兴语的某些特点》，《民族语文》2009 年第 1 期。

Chirkova, Katia. 2009. Shixing, a Sino‐Tibetan language of South‐West China: A Grammatical Sketch with Two Appended Texts, Linguistics of the Tibeto‐Burman area, Vol. 32, 1:1－90.

Chirkova, Katia and Alexis Michaud. 2009. Approaching the Prosodic System of Shixing, Language and Linguistics,10,3(2009):539-568.

（黄成龙）

拉坞戎语、却域语研究论著索引

孙宏开：《六江流域的民族语言及其系属分类》，《云南民族学报》1983年第3期。

林向荣：《嘉戎语研究》，成都：四川民族出版社1993年版。

黄布凡：《观音桥话语属问题研究》，《语言既语言学》2001年第2卷第1期。

黄布凡：《拉坞戎语概括》，《民族语文》2003年第3期。

黄布凡：《观音桥话语属问题研究》，《藏缅语族羌语支语言及语言学研讨会会前论文集》，台北：中研院语言学研究所筹备处编，1999年。

（尹蔚彬）

景颇语言文字研究论著索引

戴庆厦、岳相昆：《景颇语的声调》，《中央民族学院学报》1985年第3期。

戴庆厦、岳相昆：《景颇语的句尾词》，《民族语言研究文集》，北京：民族出版社1990年版。

戴庆厦：《再论景颇语的句尾词》，《民族语文》1996年第4期。

戴庆厦：《景颇语句尾词形成的结构机制》，《中央民族大学学报》2003年第2期。

戴庆厦：《景颇语使动范畴的结构系统和历史演变》，戴庆厦《藏缅语族语言研究》（二），昆明：云南民族出版社1998年版。

戴庆厦：《景颇语词的双音节化对语法的影响》，《民族语文》1997年第5期。

戴庆厦、徐悉艰：《景颇语语法》，北京：中央民族学院出版社1992年版。

戴庆厦：《景颇语单纯词在构词中的变异》，《民族语文》1995 年第 4 期。

戴庆厦：《景颇语的实词虚化》，《中央民族大学学报》1996 年第 4 期。

戴庆厦：《景颇语双音节词的音节聚合》，《语言研究》1993 年第 1 期。

戴庆厦：《景颇语的"宾动"结构》，戴庆厦《藏缅语族语言研究》（二），昆明：云南民族出版社 1998 年版。

戴庆厦：《景颇语的结构助词"的"》，《语言教学与研究》1998 年第 4 期。

戴庆厦：《景颇语方位词"里、处"的虚实两重性——兼论景颇语语法分析中的"跨性"原则》，《民族语文》1998 年第 6 期。

戴庆厦、王洪梅：《景颇语的助动词形成的途径和条件》，戴庆厦《藏缅语族语言研究》（二），昆明：云南民族出版社 1998 年版。

戴庆厦：《景颇语的连动式》，戴庆厦《藏缅语族语言研究》（二），昆明：云南民族出版社 1998 年版。

戴庆厦：《景颇语并列结构复合词的元音和谐》，《民族语文》1986 年第 5 期。

戴庆厦：《景颇语亲属称谓的语义分析》，《民族语文》1991 年第 1 期。

戴庆厦：《论景颇语的支系语言——兼论语言和社会的关系》，《民族研究》1987 年第 3 期。

戴庆厦：《景颇族传统诗歌的语言特点》，戴庆厦《藏缅语族语言研究》（一），昆明：云南民族出版社 1990 年版。

戴庆厦：《论景颇语和载瓦语的关系》，《思想战线》1981 年第 2 期。

戴庆厦、岳相昆、肖家成、徐悉艰：《汉景词典》，昆明：云南民族出版社 1981 年版。

戴庆厦、岳相昆、肖家成、徐悉艰：《景汉词典》，昆明：云南民族出版社 1983 年版。

戴庆厦、岳相昆：《景颇成语》，昆明：云南民族出版社 1983 年版。

戴庆厦、岳相昆：《景颇语文常识》，德宏民族出版社 1986 年版。

戴庆厦、徐悉艰：《景颇语词汇学》，北京：中央民族大学出版社 1995 年版。

戴庆厦、杨春燕：《景颇语两个语音特点的统计分析》，《民族语文》1994 年第 5 期。

戴庆厦：《景颇语重叠式的特点及其成因》，《语言研究》2000 年第 1 期。

戴庆厦：《景颇语的话题》，戴庆厦《藏缅语族语言研究》（三），昆明：云南民族出版社 2004 年版。

戴庆厦：《景颇语名词的类称范畴》，《民族语文》1999 年第 6 期。

戴庆厦：《景颇语的"体"和"貌"》，戴庆厦主编《中国民族语言文学研究论集》第 2 辑，北京：民族出版社 2002 年。

戴庆厦、傅爱兰：《从语言系统看景颇语动词的重叠》，《汉语学报》2001 年第 2 期。

戴庆厦：《景颇语的疑问句》，戴庆厦主编《中国民族语言文学论集》第 1 辑，北京：民族出版社 2001 年版。

戴庆厦：《景颇语"形修名"两种语序对比》，《民族语文》2002 年第 4 期。

戴庆厦：《论景颇语在藏缅语中的地位》，《云南民族学院学报》2000 年第 1 期。

戴庆厦、吴和得：《景颇语动词与藏缅语语法范畴》，《中央民族大学学报》1994 年第 3 期。

戴庆厦、吴和得：《景颇语的前缀》（英文），戴庆厦《藏缅语族语言研究》（二），昆明：云南民族出版社 1998 年版。

戴庆厦：《景颇语支》，马学良主编《汉藏语概论》（上），北京：北京大学出版社 1991 年版。

戴庆厦、黎意：《景颇语的述补结构》，《民族语文》2004 年第 6 期。

徐悉艰：《景颇语的结构助词》，《民族语文研究新探》，成都：四川民族出版社 1992 年版。

徐悉艰：《景颇语的使动范畴》，《民族语文》1983 年第 1 期。

徐悉艰：《景颇语的量词》，《民族语文》1987 年第 5 期。

徐悉艰：《景颇语量词的产生和发展》，《中央民族学院学报》1990 年第 2 期。

徐悉艰：《景颇语的重叠式》，《民族语文》1990 年第 3 期。

徐悉艰：《景颇语载瓦语概要》，《民族语文》1981 年第 3 期。

徐悉艰：《景颇语的状态词》，《语言研究》1982 年第 2 期。

徐悉艰：《景颇语中的一种特殊的状述结构》，《语言研究》1982年第3期。

徐悉艰：《景颇语的四音格词》，《民族语文论集》，民族出版社1981年版。

徐悉艰：《景颇语的同族词》，《民族语文论文集》，中央民族大学出版社1993年版。

方炳翰：《景颇语复合名词中的特殊类》，《民族语文》1990年第5期。

刘璐：《景颇语语法纲要》，科学出版社1959年版。

刘璐：《景颇族语言简志（景颇语）》，民族出版社1984年版。

肖家成：《景颇语的弱化音节》，《民族语文》1979年第4期。

肖家成：《景颇族各支系亲属称谓比较研究》，《民族语文》1988年第1期。

（杨将领）

独龙语言文字研究论著索引

戴庆厦、刘菊黄：《独龙语的弱化音节》，《云南民族学院学报》1987年第1期。

戴庆厦、刘菊黄：《独龙语木力王话的长短元音》，《中央民族学院学报》1986年第3期增刊。

傅爱兰、杨将领：《也谈独龙语的使动词》，《中国民族语言论丛》（2），昆明：云南民族出版社1997年版。

刘菊黄：《独龙语》，《藏缅语十五种》，北京：燕山出版社1991年版。

刘菊黄：《独龙语动词研究》，《语言研究》1988年第1期。

刘菊黄：《独龙语动词语法形式的历史演变探索》，《中央民族学院学报》1988年第2期。

刘菊黄：《独龙语声调研究》，《中央民族学院学报》1989年第5期。

罗长培：《贡山俅语初探》（油印本），《北京大学国学季刊》1952年第3期。

梅广：《独龙语句尾词研究》，《语言研究》1996年第1期。

梅广：*Postverbal Particles in Trung*：*A Study in Grammaticalization*，1995 年第 28 届国际汉藏语会议论文。

梅广：*Strong and Weak AGR in Trung*，1993 年第 26 届国际汉藏语会议论文。

孙宏开：《独龙语概况》，《民族语文》1979 年第 3 期。

孙宏开：《独龙语简志》，北京：民族出版社 1982 年版。

杨将领：《独龙语的长元音》，《民族语文》2000 年第 2 期。

杨将领：《独龙语的情态范畴》，《民族语文》2004 年第 4 期。

杨将领：《独龙语动词的使动范畴》，《民族语文》2001 年第 4 期。

杨将领：《独龙语动词的体》，《中国民族语言文学研究论集》（2），北京：民族出版社 2002 年版。

杨将领：《独龙语动词趋向范畴研究》，《民族语文》1999 年第 1 期。

杨将领：《独龙语使动范畴语法形式的演变发展》，《中国民族语言论丛》（3），《民族教育研究》1999 年增刊，2000 年。

Barnard, J. T. O. 1934. A Handbook of the Rawang dialect of the Nung Language, Rangoon: Superintendent of Government Printing and Stationery.

Randy J., Lapolla（罗仁地）：《独龙语与原始藏缅语比较研究》，中国社会科学院民族研究所语言室编《民族语文研究情报资料集》第十一、十二集，乐赛月译。原载 *Linguistics of the Tibeto - Burman Area*，1987。

Randy J., Lapolla（罗仁地）、Yang Jiangling（杨将领）. 2004. Reflexive and Middle Marking in Dulong/Rawang, Himalayan Linguistics 2, December.

Randy J., Lapolla（罗仁地）、杨将领：《独龙/日旺语动词的反身态和中间态标志》，《中国民族语言论丛》（1），北京：中央民族大学出版社 1996 年版。

Randy J., Lapolla（罗仁地）. 2000. Valency - Changing Derivations in Dulong/Rawang, Changing valenvy: Case Studies in Transitivity, ed. by R. M. W. Dixon & Alexandra Y, Aikhenvald, Cambridge: Cambridge University Press.

Randy J., Lapolla（罗仁地）. 2001. Dulong Texts: Seven Fully Analyzed Narrative and Procedural Texts, Linguistics of the Tibeto - Burman Area 24, 2.

Randy J., Lapolla（罗仁地）. 2003. Dulong, The Sino - Tibetan Languages, ed. By Graham Thurgood & Randy J, LaPolla, London & New York: Routledge.

（杨将领）

崩尼—博嘎尔珞巴语研究论著索引

戴庆厦、王天习：《语支未定语言——珞巴语》，马学良主编《汉藏语概论》（上册），北京：北京大学出版社2003年版。

宁玉：《珞巴语》，中央民族学院少数民族语言研究所编《中国少数民族语言》，成都：四川民族出版社1987年版。

欧阳觉亚：《珞巴语概况》，《民族语文》1979年第1期。

欧阳觉亚：《珞巴族—崩尼—博嘎尔语简志》，北京：民族出版社1985年版。

欧阳觉亚：《博嘎尔珞巴语语音系统》，藏缅语语音和词汇编写组编《藏缅语语音和词汇》（第二部分语音系统），北京：中国社会科学出版社1991年版。

欧阳觉亚：《博嘎尔珞巴语词汇》，藏缅语语音和词汇编写组编《藏缅语语音和词汇》（第三部分词汇），北京：中国社会科学出版社1991年版。

欧阳觉亚：《博嘎尔珞巴语词汇》，黄布凡主编《藏缅语族语言词汇集》（第一部分词汇），北京：中央民族学院出版社1992年。

欧阳觉亚：《博嘎尔珞巴语音位系统》，黄布凡主编《藏缅语族语言词汇集》（第二部分语音简介），北京：中央民族学院出版社1992年版。

孙宏开、陆绍尊、张济川、欧阳觉亚：《珞巴语》，《门巴、珞巴、僜人的语言》，北京：中国社会科学出版社1980年版。

孙天心(Sun, Jackson, T. S.)：A Historical - Comparative Study of the Tani(Mirishi) Branch in Tibeto - Burman, UC Berkeley Dissertation, California: Berkeley, University of California, 1993.

孙天心(Sun, Jackson, T. S.)：The Linguistic Position of Tani(Mirish) in Tibeto - Burman: A Lexical Assessment, Linguistics of the Tibeto - Burman Area16,2:143 - 188,1993.

孙天心(Sun, Jackson, T. S.)：Linguistic Characteristics of the Tani (Mirish) Branch of Tibeto - Burman,《"中央研究院"历史语言研究所集

刊》65,1:175 -220,1994.

孙天心(Sun,Jackson,T. S.):Tani Languages,The Sino – Tibetan Languages,ed,by Graham Thurgood & Randy J. ,LaPolla,456 – 466,London & New York:Routledge,2003.

Anderson,J. D. 1896. A Short Vocabulary of the Aka Language,Shillong.

Das Gupta,K. 1963. An Introduction to the Ballong Language,Philological Sec,,Res,Dept,NEFA,Shillong.

Das Gupta,K. 1968. Galo Language Guide,Shillong:NEFA,.

Das Gupta,K. 1969. Dafla Language Guide,Shillong:NEFA.

Das Gupta,K. 1976. Agglutination in Adi Languages of Arunachal,Resarun 2,4:18 – 21.

Das Gupta,K. 1977. The Tagins and Their Language,Resarun 3,1:6 – 11.

Das Gupta,K. 1977. A few Aspects of the Minyong language,Resarun 3,4:16 – 22,.

Das Gupta,K. 1978. Language in Adi Culture,Resarun 4,1.

Das Gupta,K. 1983. An Outline on Tagin Language,Shillong:Government of Arunachal Pradesh.

Post,Mark. 2006. Compounding and the Structure of the Tani Lexicon,Linguistics of the Tibeto – Burman Area 29(1):41 – 60.

Post,Mark. 2007. A Grammar of Galo,PhD Dissertation,Research Centre for Linguistic Typology,La Trobe University.

Post,Mark. 2009. The Phonology and Grammar of Galo Words:A Case Study in Benign Disunity,Studies in Language 34(4):931 – 971.

Post,Mark. 2009. Clause – Linking in Galo,in R. M. W. Dixon and A. Aikhenvald,eds. Clause Linking:A Cross – Linguistic Typology,Oxford,Oxford University Press:74 – 95.

Post,Mark. 2011. Topographical Deixis and the Tani languages of North East India,in G. Hyslop,S. Morey and M. W. Post(eds.),North East Indian Linguistics Vol. 3,New Delhi,Cambridge University Press India.

Post,Mark. 2011. Nominalization and Nominalization – based Constructions in Galo,in F. ,– H. ,Yap and Janick Wrona,Eds,Nominalization in Asian Languages:Diachronic and Typological Perspectives,[Typological Studies in Language 96],Amsterdam/Philadelphia:John Benjamins:255 – 288.

(黄成龙)

阿侬语、义都珞巴语、苏龙语、达让僜语、格曼僜语研究论著索引

孙宏开:《语言识别与民族》,《民族语文》1988年第2期。

孙宏开: Notes on Anong, a New Language(《阿侬语概况》), Linguistics of the Tibeto - Burman Area No., 11, 1988 Spring.

孙宏开、刘光坤:《阿侬语研究》, 民族出版社2005年版。

孙宏开、陆绍尊等:《门巴、珞巴、僜人的语言》, 北京:中国社会科学出版社1980年版。

藏缅语语音和词汇编写组:《藏缅语语音和词汇》, 北京:中国社会科学出版社1991年版。

孙宏开:《六江流域的民族语言及其系属分类》,《民族学报》1983年第3期。

孙天心:《中印边境"麦克马洪"地区的民族及语言》, 台北西藏研究委员会编《西藏研究论文集》(3), 1990年。

孙天心, A Historical - Comparative Study of the Tani(Mirish) Branch in Tibeto - Burman, PhD, Dissertation, University of California, Berkeley, 1993.

欧阳觉亚:《珞巴语概况》,《民族语文》1979年第1期。

欧阳觉亚:《珞巴族语言简志(崩尼—博嘎尔语)》, 北京:民族出版社1985年版。

江荻:《义都语研究》, 北京:民族出版社2005年版。

江荻、李大勤:《扎话概况》,《民族语文》2002年第6期。

孙宏开:《义都珞巴话概要》,《民族语文》1983年第6期。

李大勤:《苏龙语研究》, 北京:民族出版社2004年版。

李大勤:《格曼语研究》, 北京:民族出版社2002年版。

郝时远主编:《中国少数民族分布图集》, 北京:中国地图出版社2002年版。

Philological Section. 1962. Research Department, North - East Frontier Agency, A Phrase Book in Idu, Shillong.

Campbell, Sir George. 1974. Specimens of Languages of India, Calcutta.

George A. Grierson. 1909. Linguistic Servey of India, Vol. I, Delhi: Gian publishing House.

（杨将领）

载瓦语、阿昌语、浪速语、波拉语、勒期语、仙岛语研究论著索引

戴庆厦、崔志超：《阿昌语概况》，《民族语文》1983年第3期。

戴庆厦、崔志超：《阿昌语简志》，北京：民族出版社1985年版。

戴庆厦、傅爱兰、刘菊黄：《波拉话》，《藏缅语十五种》，北京：燕山出版社1991年版。

戴庆厦、傅爱兰、刘菊黄：《波拉话概况》，《民族语文》1985年第6期。

戴庆厦、蒋颖、孔志恩：《波拉语研究》，北京：民族出版社2007年版。

戴庆厦、李洁：《勒期语研究》，北京：中央民族大学出版社2007年版。

戴庆厦、徐悉艰：《浪速语》，《藏缅语十五种》，北京：燕山出版社1991年版。

戴庆厦、徐悉艰：《浪速语初探》，《语言研究》1983年第2期。

戴庆厦、徐悉艰：《勒期语》，《藏缅语十五种》，北京：燕山出版社1991年版。

戴庆厦：《阿昌语的清鼻音》，《民族语文》1985年第2期。

戴庆厦：《浪速语研究》，北京：民族出版社2005年版。

戴庆厦：《勒期语的长短元音——藏缅语形态发展中的一种语音补偿手段》，戴庆厦《藏缅语族语言研究》（一），昆明：云南民族出版社1990年版。原载日本：《东亚语言和历史》1988年第10期。

戴庆厦：《载瓦语声调研究》，《中央民族学院学报》1989年第1期。

戴庆厦：《载瓦语使动范畴的形态变化》，《民族语文》1981年第4期。

朵示拥汤、徐悉艰、穆途端：《汉载词典》，成都：四川民族出版社1992年版。

罗常培、傅懋勣：《国内少数民族语言文字的概况》，《中国语文》1954年第3期。

徐悉艰、徐桂珍：《景颇族语言简志（载瓦语）》，北京：民族出版社1984年版。

徐悉艰：《景颇族载瓦语概要》，《民族语文》1981年第3期。

Lyovin, A. 1968. Note on the Addition of Final Stops in Maru（《关于浪速语中塞音韵尾添加的意见》），*POLA* 7, Berkeley.

Robbins Burling. 1996. The Addition of Final Stops in the History of Maru（《浪速语史中若干塞音韵尾的添加》），Language, Vol. 42.

（杨将领）

壮侗语族语言文字研究论著索引

壮侗语族语言文字综合研究论著索引

《中国少数民族语言文字使用和发展问题》，北京：中国藏学出版社1993年版。

《中国语言学家》编写组编写：《中国现代语言学家》1—5集，石家庄：河北人民出版社1981—1986年版。

Benedict, Paul K. *Sino - Tibetan*: *A Conspectus*, Cambridge University Press, 1972。中译本《汉藏语言概论》，乐赛月、罗美珍译，北京：中国社会科学院民族研究所语言室1984年版。

Bodman, Nicholas C. 1980. Proto - Chinese and Sino - Tibetan: Data towards Establishing the Nature of the Relationship, pp. 34 - 199, in Contributions to Historical Linguistics, edited by Frans van Coetsem and Linda R Waugh. 中文译文见包拟古《原始汉语与汉藏语》，冯蒸、潘悟云译，北京：中华书局1995年版。

James A. Mattisoff、傅爱兰：《汉藏语语言学的现状与未来》，《当代语言学》1993年第3—4期。

P. K. 本尼迪克特：《〈汉藏语概论〉简介》，《当代语言学》1978年第5期。

本尼迪克特（Paul K. Benedict），《汉藏语概论》，乐赛月、罗美珍译，北京：中国社会科学院民族研究所1984年版。

本尼迪克特（Paul K. Benedict），1944 Thai, Kadai and Indonesian: A new Alignment in Southeastern Asia：《汉藏语系语言学论文选译》，罗美珍译，北京：中国社会科学院民族研究所1980年版。

艾杰瑞、葛列格松：《侗台语的亲属语：中越边境拉哈语记略》，

《中央民族大学学报》1997年第4期。

艾杰瑞、杨权:《侗水语语音几何学:升降曲线、边缘和二态现象》,《民族语文》1994年第2期。

安超:《近十一年来民族语文研究工作评述(1979—1990)》,《民族研究动态》1993年第3期。

巴苹·诺玛迈韦奔:《汉语和泰语是不是亲属语言》,中国社会科学院民族所语言室《民族语文研究情报资料集》1984年第4期。

白保罗(本尼迪克特):《澳—泰相似语——海南一种有声调的占系语言》,中国社会科学院民族所语言室《民族语文研究情报资料集》1987年第9期。

班弨:《〈尔雅〉中的台语底层》,《暨南学报》2005年第6期。

班弨:《汉台语关系研究述评》,《民族语文》2003年第2期。

班弨:《论汉语中的台语底层》,北京:民族出版社2006年版。

班弨:《论汉语中的台语底层词:兼论东亚语言系属分类新格局》,中山大学博士论文,2004年。

包尔汉:《少数民族语文工作的巨大成绩》,《中国语文》1961年第3期。

北京大学中文系"近六十年中国语言学"编写组编:《近六十年中国语言学提纲(初稿)》,内部资料征求意见稿,1960年。

本尼迪克特(白保罗)(Paul K. Benedict),《台语、加岱语和印度尼西亚语——东南亚的一个新的联盟》,罗美珍译,中国社会科学院民族研究所语言研究室、中国民族语言学术讨论会秘书处编《汉藏语系语言学论文选译》1980年。

薄文泽:《侗台语的判断词和判断式》,《民族语文》1995年第3期。

薄文泽:《汉语"哥"字借入佯僙语所引起的变化》,《民族语文》1996年第6期。

薄文泽:《木佬语研究》,北京:民族出版社2002年版。

薄文泽:《泰语的指示词》,《民族语文》2006年第6期。

薄文泽:《佯僙语研究》,上海:远东出版社1997年版。

曹广衢:《侗傣语族中表示汉族的名称探源》,《贵州民族研究》1986年第4期。

曹广衢:《壮侗语和汉语几个词的比较》,《民族语文》2000年第3期。

曹广衢:《壮侗语和汉语闽、粤方言的共同点》,《民族语文》1997年第2期。

曹广衢:《壮侗语趋向补语的起源和发展》,《民族语文》1994年第4期。

曹广衢:《壮侗语中的一些古汉语借词》,《语言研究》1996年第2期。

曹广衢:《壮侗语中汉语借词的词义及其类别》,《语言研究》1998年第1期。

曹广衢:《壮侗语中和汉语有关系的词的初步分析》,《民族语文》1983年第2期。

曹广衢:《壮侗语诸语言同源词的词义变化》,《民族语文》1998年第1期。

陈保亚:《百年来汉藏语系谱系研究的理论进展》,《语言学论丛》第21辑,北京:商务印书馆1998年版。

陈保亚:《从核心词分布看汉语和侗台语的语源关系》,《民族语文》1995年第5期。

陈保亚:《侗台语和南亚语的语源关系——兼说古代越、濮的族源关系》,《云南民族学院学报》1997年第1期。

陈保亚:《关系词相对有阶分析与汉越语言联盟》,北京大学中国语言文学博士后报告,1996年。

陈保亚:《汉台关系词的相对有阶分析》,《民族语文》1997年第2期。

陈保亚:《汉台关系词声母有序对应规则表》,《语言学论丛》第22辑,北京:商务印书馆1999年版。

陈保亚:《汉台关系词双向相对有阶分析》,《语言研究》1998年第2期。

陈保亚:《核心关系词的分布与语源关系的判定——从汉台(侗台)语源关系说起》,《中国语言学论丛》第1集,北京:北京语言文化大学出版社1997年版。

陈保亚:《略说汉藏语系的基本谱系结构》,《云南民族大学学报》2004年第1期。

陈保亚:《论语言接触与语言联盟——汉越(侗台)语源关系的解释》,北京大学语言学博士论文,1994年。

陈保亚:《论语言接触与语言联盟——汉越(侗台)语源关系的解

释》，北京：语文出版社 1996 年版。

陈保亚：《台佤关系词的相对有阶分析》，《语言研究》1997 年第 1 期。

陈海伦：《基于语音对应规律性程度的侗台语远近关系测度》，《民族语文》2004 年第 1 期。

陈好林：《民族古文字古文献研究》，于宝林、华祖根主编《中国民族研究年鉴（1996—1997）》，北京：民族出版社 1998 年版。

陈好林：《民族古文字文献研究》，于宝林、华祖根主编：《中国民族研究年鉴（1995）》，北京：民族出版社 1997 年版。

陈好林：《民族古文字文献研究》，于宝林、华祖根主编《中国民族研究年鉴（1994）》，北京：民族出版社 1997 年版。

陈其光：《汉藏语声调探源》，《民族语文》1994 年第 6 期。

陈其光：《汉藏语系的二维语音》，《语言研究》1998 年第 1 期。

陈其光：《中国语文概要》，北京：中央民族学院出版社 1990 年版。

陈其光、张伟：《五色话初探》，《语言研究》1988 年第 2 期。

陈延琪、王庭恺主编：《中国少数民族论著索引》，乌鲁木齐：新疆人民出版社 1992 年版。

陈忠敏：《汉语、侗台语和东南亚诸语言先喉塞音对比研究》，《语言研究》1989 年第 1 期。

陈忠敏：《论台语声母 ^{ʔ}b、^{ʔ}d 的演变》，《民族语文》1991 年第 4 期。

陈忠敏：《作为古百越语底层形式的先喉塞音在今汉语南方方言里的表现和分布》，《民族语文》2005 年第 3 期。

陈宗林：《壮侗语族语言汉语借词语音系统的比较研究》，《华中师范大学学报》1999 年第 1 期。

揣振宇、华祖根主编：《中国民族研究年鉴 2004 年卷》，北京：民族出版社 2006 年版。

戴庆厦：《从藏缅语看壮侗语与汉语的关系》，《汉语与少数民族语言关系研究》，北京：中央民族学院出版社 1990 年版。

戴庆厦：《关于汉藏语系语言的分类问题》，《云南民族学院学报》1996 年第 2 期。

戴庆厦：《关于汉藏语语法比较研究的一些理论方法问题》，《中央民族大学学报》2002 年第 2 期。

戴庆厦：《汉藏语研究的一些思考》，《南开学报》2000 年第 4 期。

戴庆厦：《粤语在汉藏语研究中的地位和作用》，《广东技术师范学院学报》1991 年第 2 期。

戴庆厦、刘菊黄：《云南少数民族语言研究概述》，《民族研究动态》1987 年第 2 期。

戴庆厦、王远新：《试论我国少数民族辞书的发展》，《民族研究》1985 年第 4 期。

戴庆厦等：《电脑辅助汉藏语词汇和语音研究》，北京：中国藏学出版社 1996 年版。

戴庆厦等编：《中国少数民族语言文字应用研究》，昆明：云南民族出版社 1999 年版。

戴庆厦主编：《二十世纪的中国少数民族语言研究》，书海出版社 1998 年版。

戴庆厦主编：《双语学研究》第二辑，北京：民族出版社 2004 年版。

戴忠沛：《宋代岭南文献中的侗台语词》，《民族语文》2006 年第 3 期。

道布：《关于创制少数民族文字问题的几点反思》，广西《三月三》增刊《民族语文论坛专集》2000 年第 1 期。

邓晓华：《从语言推论壮侗语族与南岛语系的史前文化关系》，《语言研究》1992 年第 1 期。

邓晓华：《客家话跟苗瑶壮侗语的关系问题》，《民族语文》1999 年第 3 期。

丁邦新：《汉藏系语言研究法的检讨》，《中国语文》2000 年第 6 期。

丁邦新：《论汉语和台语的关系——李方桂汉台语同源论的检讨》，《纪念李方桂先生百年冥诞论文集》，台北：中研院语言研究所 2004 年版。

丁邦新：《说"五"道"六"》，《民族语文》2005 年第 3 期。

丁邦新、孙宏开主编：《汉藏语同源词研究（一）——汉藏语研究的历史回顾》，南宁：广西民族出版社 2000 年版。

丁邦新、孙宏开主编：《汉藏语同源词研究（二）——汉藏、苗瑶同源词专题研究》，南宁：广西民族出版社 2001 年版。

丁邦新、孙宏开主编：《汉藏语同源词研究（三）——汉藏语研究的方法论探索》，南宁：广西民族出版社 2004 年版。

丁崇明：《汉语、藏缅语、侗台语、苗瑶语复合式合成词比较》，

《思想战线》2002年第5期。

董为光：《汉语侗台语语源联系举例》，《语言研究》1984年第2期。

范宏贵：《壮侗语诸族民族与东南亚相关民族的渊源与迁徙》，《广西民族研究》1993年第3期。

方士：《〈汉藏语同源词研究（一）——汉藏语研究的历史回顾〉》，《民族语文》2001年第5期。

冯英：《壮侗语带后附音节的复音动词》，《民族语文》2005年第5期。

冯蒸：《从汉藏语系的角度论辅音三级分类法的一种新模式——兼论中国传统音韵学者对辅音分类的贡献》，《首都师范大学学报》（社会科学版）1994年第5期。

冯蒸：《近十年来国外汉藏系语言研究情况简介（1964—1974）》，中国社会科学院院情报研究所编《外国研究中国》第二辑，北京：中国社会科学出版社1979年版。

符昌忠：《儋州方言中的侗台语词》，《民族语文》2005年第3期。

符镇南：《海南岛西海岸的"村话"》，《民族语文》1983年第4期。

傅懋勣：《建国三十五年来民族语言科研工作的发展》，《民族语文》1984年第5期。

傅懋勣：《我国少数民族创造和改革文字的问题》，《民族研究》1979年第1期。

傅懋勣：《云南省少数民族语文的基本情况和我们的任务》，《中国语文》1952年第12期。

高宝珍：《1982年民族语文研究概述》，《民族研究动态》1983年第1期。

高宝珍：《1983年民族语文研究概述》，《民族研究动态》1984年第1期。

高宝珍：《1984年民族语文研究概述》，《民族研究动态》1985年第1期。

高年华：《汉藏系语言概要》，广州：中山大学出版社1992年版。

耿振生：《汉语音韵史与汉藏语的历史比较》，《湖北大学学报》2005年第1期。

龚煌城：《汉藏语研究论文集》，台北：中研院语言学研究所筹备处，2002 年；北京：北京大学出版社 2004 年版。

郭志超：《客家地区的壮侗语族族群与苗瑶语族族群》，《广西民族学院学报》1996 年第 4 期。

郝时远等编：《中国民族研究年鉴 2003》，北京：民族出版社 2005 年版。

郝时远主编：《田野调查实录——民族调查回忆》，北京：社会科学文献出版社 1999 年版。

何九盈：《中国现代语言学史》，广州：广东教育出版社 1995 年版。

和丽峰主编，云南省民语委编：《云南少数民族文字概要》，昆明：云南民族出版社 1999 年版。

洪波：《坚果集 汉台语锥指》，天津：南开大学出版社 1999 年版。

洪波：《台语声母□b，□d 的变异》，《民族语文》1991 年第 1 期。

洪波：《台语施事成分的语序分布及其原则》，《民族语文》1994 年第 2 期。

洪波：《台语体词性语义句法成分的语序研究》，南开大学少数民族语言文学博士论文，1992 年。

胡静：《论侗台语与古汉语人称代词的来源及发展》，《解放军外国语学院学报》2003 年第 1 期。

黄码、软文利、艾杰瑞：《恩话：一种新发现的外围侗台语》，《云南民族语文》1999 年第 1 期。

黄泉熙：《侗台语族舌根音与唇音的对应》，《中央民族大学学报》1992 年第 3 期。

黄泉熙：《论汉藏语系的"路"》，《广西民族学院学报》1989 年第 1 期。

黄泉熙：《试论壮侗语族语言的送气音声母消失问题》，《广西民族学院学报》1998 年第 1 期。

黄树先：《宏观的观察，精细的分析——读〈汉藏语同源研究〉》，《语言研究》2003 年第 1 期。

黄行：《少数民族语言研究的现状与发展》，许嘉璐、王福祥、刘润清《中国语言学现状与展望》，北京：外语教学与研究出版社 1996 年版。

黄行：《我国民族语言研究事业的繁荣与发展》，于宝林、华祖根主编《中国民族研究年鉴（1998）》，北京：民族出版社 1999 年版。

黄勇：《原始侗语声母构拟及汉语侗语关系词研究》，南开大学少数民族语言文学博士论文，1998年。

江荻：《汉藏语言演化的历史音变模型：历史语言学的理论和方法探索》，北京：民族出版社2002年版。

江荻：《论汉藏语言演化的历史音变模型》，中国社会科学院中国少数民族语言文学博士论文，2000年。

蒋佩春：《民族语言文字研究》，于宝林、华祖根主编《中国民族研究年鉴（1996—1997）》，北京：民族出版社1998年版。

金理新：《汉藏语的名词后缀 *-n》，《民族语文》1998年第1期。

金理新：《汉藏语的使役动词后缀 *-d》，《民族语文》2004年第2期。

金理新：《汉藏语的语音对应与语音相似》，《民族语文》2003年第3期。

金理新：《汉藏语的肢体与动物名词前缀 s*-》，《温州师范学院学报》1998年第8期。

金理新：《汉藏语中两个性质不同的 *-g 韵尾》，《民族语文》1999年第4期。

金理新：《汉藏语中两个性质不同的 ~*-g 韵尾》，《民族语文》1998年第6期。

金理新：《论形态在确定汉藏同源词中的重要意义》，《民族语文》2000年第3期。

金美：《汉藏语系语言的接触关系》，《黑龙江民族丛刊》2002年第4期。

金星华主编：《中国民族语文工作》，北京：民族出版社2005年版。

蓝庆元：《汉藏语"胞衣"的同源关系》，《民族语文》2000年第1期。

蓝庆元：《汉语—侗台语的几个端组对应词》，《民族语文》2004年第6期。

蓝庆元：《汉语与侗台语的几个词族》，《广西社会科学》2004年第11期。

乐赛月：《国外有关汉藏语言、澳亚语言、南岛语言论著目录》（续），《民族语文研究情报资料集》第6集，中国社会科学院民族研究所1985年版。

黎意：《〈汉藏语研究论文集〉出版》，《民族语文》2003年第3期。

黎意：《广州话与壮侗语的后修饰成分比较研究》，《南开学报》1996 年第 6 期。

黎意：《汉藏语述补结构研究》，中央民族大学少数民族语言文学博士论文，2004 年。

李方桂：《莫话之分布地点及与他种语言之关系》，《边政公论》第二卷，1943 年第 9、10 期。

李方桂：《藏汉系语言研究法》，《国学季刊》1951 年第 7 期。

李方桂：《侗傣语概论》（邢公畹综述），《汉藏语系语言学论文选译》，中国社科院民族研究所语言室、中国民族语言学术讨论会秘书处编印 1980 年版。

李方桂：《独山话的塞音韵尾》，《汉藏语系语言学论文选译》，中国社会科学院民族所语言室，1980 年。

李方桂：《汉语和台语》，王均译，《民族语文研究情报资料集》1976 年第 4 期，中国社科院民族研究所语言室，1984 年编印。

李方桂：《台语比较手册》，夏威夷大学出版社（The University Press of Hawaii）1977 年版。

李方桂：《原始台语的 * kh – 和 * x – 》，《民族语文》1983 年第 6 期。

李方桂：《李方桂全集》，北京：清华大学出版社 2005 年版。

李方桂：《台语和侗水语》，石林译，《贵州民族研究》1987 年第 1 期。

李方桂：《李方桂先生口述史》，王启龙、邓小咏译，北京：清华大学出版社 2003 年版。

李锦芳：《80 年代以来汉藏语系语言研究的主要收获及评价》，《西南民族大学学报》1992 年第 6 期。

李锦芳：《百越地名及其文化蕴意》，《中央民族学院学报》1995 年第 1 期。

李锦芳：《布央语研究》，北京：中央民族大学出版社 1999 年版。

李锦芳：《从复辅音声母的对应看仡佬语和侗台诸语言的发生学关系》，《民族语文》1997 年第 3 期。

李锦芳：《侗台语言与文化》，北京：民族出版社 2002 年版。

李锦芳：《汉藏语言声调研究的回顾与展望》，《西藏民族学院学报》1993 年第 2 期。

李锦芳：《汉藏语言语音实验学研究及其理论贡献》，《西藏民族学院学报》1995年第1期。

李锦芳：《汉语对壮侗语的影响》，《汉语与少数民族语言关系概论》，北京：中央民族学院出版社1992年版。

李锦芳：《论壮侗语对粤语的影响》，《贵州民族研究》1990年第4期。

李锦芳：《粤语中的壮侗语族语言底层初析》，《中央民族大学学报》1990年第6期。

李锦芳主编：《汉藏语系量词研究》，北京：中央民族大学出版社2005年版。

李晋有主编：《中国少数民族语言文字现代化论文集》，北京：民族出版社1999年版。

李敬忠：《从壮侗语族同源词看语音的稳定和发展》，《贵州民族研究》1985年第4期。

李敬忠：《试论汉藏语系辅音韵尾的消失趋势》，《贵州民族研究》1989年第4期。

李玫莹：《汉藏语研究中的同源、借词问题探索概说》，《和田师范专科学校学报》2005年第1期。

李壬癸：《汉语和南岛语有发生学关系吗》，李锦芳译，《云南民族语文》1997年第1期，又载中央民族大学少数民族语言文学学院《中国民族语言论丛》编委会《中国民族语言论丛》（2），昆明：云南民族出版社1997年版。

李如龙：《闽方言和苗、壮、傣、藏诸语言的动词特式重叠》，《民族语文》1984年第1期。

李旭练：《"汉藏语比较研究同源词和借词的区分问题"学术讨论会纪要》，《民族语文》1997年第4期。

李旭练：《王均先生访谈录》，于宝林、华祖根主编《中国民族研究年鉴（1999）》，北京：民族出版社2000年版。

李云兵：《拉基语研究》，北京：中央民族大学出版社2000年版。

李钊祥：《现代侗台语诸语言声调和韵尾的对应规律》，《民族语文》1982年第4期。

梁敏：《"临高话"简介》，《语言研究》1981年第1期。

梁敏：《从汉台语言的数词是否同源说起》，《民族语文》2004年第2期。

梁敏：《侗台诸族的源流》，《民族史论丛》（第1辑），北京：中央民族出版社 1988 年版。

梁敏：《侗泰语族量词的产生和发展》，第十五届国际汉藏语言学会议论文，1982 年。

梁敏：《论西瓯和骆越的地理位置及壮族的形成》，《民族研究》1996 年。

梁敏：《我国壮侗语言研究概况》，《民族研究动态》1986 年第 4 期。

梁敏：《原始侗台语构拟中的一些基本观点》，《民族语文》1994 年第 6 期。

梁敏：《壮侗语族词的产生和发展》，《民族语文》1983 年第 3 期。

梁敏：《壮侗语族量词的产生和发展》，《民族语文》1983 年第 3 期。

梁敏：《壮侗语族诸语言名词性修饰词组的词序》，《民族语文》1986 年第 5 期。

梁敏：《壮侗诸语言表示领属关系的方式及其演变过程》，《民族语文》1989 年第 3 期。

梁敏、张均如：《标话研究》，北京：中央民族大学出版社 2002 年版。

梁敏、张均如：《侗台语族概论》，北京：中国社会科学出版社 1996 年版。

梁敏、张均如：《侗台语族送气清塞音声母的产生和发展》，《民族语文》1993 年第 5 期。

梁敏、张均如：《临高语研究》，上海：远东出版社 1997 年版。

梁庭望：《"12" 与壮侗语诸族的关系》，《中央民族大学学报》1991 年第 2 期。

梁庭望：《中国壮侗语诸族与泰国泰族文化共性初探》，《中央民族大学学报》1996 年第 4 期。

廖扬敏：《"马蹄" 源于古台语质疑》，《民族语文》2003 年第 6 期。

林伦伦：《广东闽方言中若干台语关系词》，《民族语文》1990 年第 3 期。

林英津等：《汉藏语研究——龚煌城先生七秩寿庆论文集》，台北：中研院语言研究所 2004 年版。

刘丹青：《汉藏语言的若干语序类型学课题》，《民族语文》2002 年第 5 期。

刘光宏主编：《中国民族工具文献辞典》，北京：改革出版社 1995 年版。

刘坚主编：《二十世纪的中国语言学》，北京：北京大学出版社 1998 年版。

刘叔新：《粤语壮傣语问题 附语法语义词汇问题研讨》，北京：商务印书馆 2005 年版。

刘泽民：《客赣方言中的侗台语词》，《民族语文》2004 年第 5 期。

龙耀宏：《侗水语"斗笠"一词的来源》，《民族语文》1995 年第 2 期。

龙耀宏：《侗水语关于汉语"官"的称呼来源于楚语"莫敖"考》，《民族语文》1991 年第 4 期。

龙耀宏：《汉藏语系诸语言关于动物量词"头"的来源》，《贵州民族研究》1998 年第 3 期。

陆天桥：《据一日常用词词源重估侗台先民古代分布区域》，《贵州民族研究》2005 年第 3 期。

罗常培、傅懋勣：《国内少数民族语言文字的概况》，《中国语文》1954 年 3 月号。

罗江文、木霁弘、马京主编：《汉藏语系语言研究》，昆明：云南民族出版社 2005 年版。

罗美珍：《从语言上看傣、泰、壮的族源和迁徙问题》，《民族研究》1981 年第 6 期。

罗美珍：《从语音演变看壮侗语言与汉、藏缅、苗瑶语言的关系》，《彝缅语研究》，成都：四川民族出版社 1997 年版。

罗美珍：《汉泰同源词辨》，《语言研究与应用》，北京：商务印书馆 1992 年版。

罗美珍：《三论台语的系属问题》，《民族语文》1994 年第 6 期。

罗美珍：《试论台语的系属问题》，《民族语文》1983 年第 2 期。

罗美珍：《有关建立汉藏语系的几个认识问题》，《民族语文》1996 年第 4 期。

罗美珍、邓卫荣：《广西五色话——一种发生质变的侗泰语言》，《民族语文》1998 年第 2 期。

罗永现：《汉语—侗台语的几个精庄组对应词》，《民族语文》2004 年第 6 期。

马提索夫：《对李方桂〈中国的语言和方言〉一文的评论》，中国社会科学院民族所语言室《民族语文研究情报资料集》，1985年第6期。

马学良：《汉藏语系研究的理论和方法问题》，《民族语文》1996年第4期。

马学良：《民族语言教学文集》，成都：四川民族出版社1988年版。

马学良、罗季光：《我国汉藏语系语言元音的长短》，《中国语文》1962年第5期。

马学良、罗美珍：《我国民族语文研究四十年》，《民族研究动态》1989年第4期。

马学良、王均：《少数民族文字中借词的语音标准和标调问题》，《中国语文》1959年5期。

马学良主编：《汉藏语概论》，北京：北京大学出版社1991年版第一版，北京：民族出版社2003年版第二版。

马学良主编，中国民族语言学会编：《民族语文研究新探》，成都：四川民族出版社1992年版。

梅祖麟主编：《国际汉藏语研究译丛》，上海：上海教育出版社2004年版。

蒙斯牧：《澳泰语发展的三个历史阶段——印尼语、雷德语和回辉语》，《语言研究》1992年第1期、1995年第1期。

蒙斯牧：《侗傣语的基数词》，《云南民族语文》1991年第1期。

蒙斯牧：《侗泰语与南岛语的历时比较研究》，《贵州民族研究》1995年第2期。

蒙斯牧：《汉语、百越语类型相似探析》，《云南民族语文》1998年第1期。

蒙斯牧：《汉语和壮侗语的密切关系及历史文化背景》，《民族语文》1998年第4期。

蒙斯牧：《印尼语和侗台语的关系词》，《民族语文》1990年第6期。

倪大白：《藏缅、苗瑶、侗泰诸语言及汉语疑问句结构的异同》，《语言研究》1982年第1期。

倪大白：《侗台语复辅音声母的来源及演变》，《民族语文》1996年第3期。

倪大白：《侗台语概论》，北京：中央民族学院出版社1990年版。

倪大白：《侗台语声调的起源》，《中央民族大学学报》1991 年第 4 期。

倪大白：《贵州荔波的甲姆话》，《中央民族学院学报》语言文学增刊 3，1986 年。

倪大白：《海南岛三亚回族语言的系属》，《民族语文》1988 年第 2 期。

倪大白：《汉藏语系语言的系属问题》，《中国语言学报》1995 年第 6 期。

倪大白：《南岛语与百越诸语的关系》，《民族语文》1994 年第 3 期。

倪大白：《中国的壮侗语与南岛语》，《中央民族大学学报》1988 年第 3 期。

聂鸿音：《"深层对应"献疑》，《民族语文》2002 年第 1 期。

聂鸿音：《民族文献研究》，于宝林、华祖根主编《中国民族研究年鉴（1993）》，北京：民族出版社 1995 年版。

聂鸿音：《中国文字概略》，北京：语文出版社 1993 年版。

欧潮泉：《汉藏语系》，《贵州民族研究》2000 年第 3 期。

［法］欧德里古尔：《海南岛几种语言的声调》，《民族语文》1984 年第 4 期。

欧阳觉亚：《村语研究》，上海：远东出版社 1998 年版。

帕依洛斯：《汉藏语系和澳—泰语》，中国社会科学院民族所语言室《民族语文研究情报资料集》1987 年第 8 期。

潘悟云：《对华澳语系假说的若干支持材料》（美国 Journal of Chinese Linguistics Monograph Seriesnumber 8，1995 年），潘悟云：《著名中年语言学家自选集——潘悟云卷》，合肥：安徽教育出版社 2002 年版，又见［美］王士元主编：《汉语的祖先》，李葆嘉主译，北京：中华书局 2005 年版。

潘悟云：《汉藏语、南亚语和南岛语———一个更大的语言联盟》，《云南民族语文》1995 年第 1 期，第 2 期。

潘悟云：《汉藏语历史比较中的几个声母问题》，《语言研究集刊》，上海：复旦大学出版社 1987 年版。

潘悟云：《汉藏语中的次要音节》，石锋、潘悟云主编：《中国语言学的新拓展——庆祝王士元教授六十五岁华诞》，香港城市大学出版社 1999 年版。

潘悟云：《华澳语系中的几个词族比较》，《语言研究》1996年增刊。

普忠良：《民族语言文字研究》，于宝林、华祖根主编《中国民族研究年鉴（1998）》，北京：民族出版社1999年版。

普忠良：《民族语言文字研究》，于宝林、华祖根主编《中国民族研究年鉴（1999）》，北京：民族出版社2000年版。

屈承熹等：《第十四届国际汉藏语言学会论文集》，台北：学生书局1983年版。

瞿霭堂：《汉藏语言调值研究的价值和方法》，《民族语文》1985年第6期。

瞿霭堂：《汉藏语言历史比较研究的新课题——系属问题及其他》，《中国社会科学》1985年第5期。

瞿霭堂：《汉藏语言声调起源研究中的几个理论问题》，《民族语文》1999年第2期。

瞿霭堂：《论汉藏语言的声调》，《民族语文》1993年第6期，1994年第1期。

瞿霭堂：《论汉藏语言的虚词》，《民族语文》1995年第6期。

瞿霭堂：《论汉藏语言的音系学》，《民族语文》1996年第5期。

瞿霭堂，劲松：《汉藏语言研究的理论和方法》，北京：中国藏学出版社2000年版。

全广镇：《汉藏语同源词综探》，台北：学生书局1996年版。

沙加尔：《答丁邦新教授》，北京大学汉语语言学研究中心《语言学论丛》编委会编《语言学论丛》第二十八集，北京：商务印书馆2003年版。

石林：《侗台语比较研究》，天津：天津古籍出版社1997年版。

石林：《侗台语的分化年代探析》，《贵州民族研究》1997年第2期。

石林：《侗族、侗水族和侗台族的自称及其演变》，《侗台语比较研究》，天津：天津古籍出版社1997年版。

石林：《汉藏语系语言鼻音韵尾的发展演变》，《民族语文》1996年第6期。

石林：《论汉藏语系语言塞音韵尾的发展演变》，《民族语文》1997年第6期。

石林：《壮侗语族民歌共同的音韵特征》（2），《云南民族语文》

1997 年第 4 期。

石若屏，吴世华：《〈侗傣语族族源与"百蹼"、"百越"之关系初探〉一文的语言材料商榷》，《贵州民族研究》1982 年第 1 期。

宋金兰：《汉藏语是非问句语法形式的历史演变》，《民族语文》1995 年第 1 期。

宋金兰：《汉藏语形态变体的分化》，《民族语文》2002 年第 1 期。

宋金兰：《汉藏语选择问句的历史演变及类型分布》，《民族语文》1996 年第 1 期。

孙宏开：《大陆少数民族语言研究的成就与展望》，台湾《民族研究会讯》第 17 期。

孙宏开：《二十世纪中国少数民族语言文字研究》，刘坚主编《二十世纪的中国语言学》，北京：北京大学出版社 1998 年版。

孙宏开：《关于汉藏语分类研究的回顾与存在问题》，《民族语文》1998 年第 3 期。

孙宏开：《关于汉藏语系分类研究中的一些问题》，《国外语言学》1995 年第 3 期。

孙宏开：《民族语言文字研究》，于宝林、华祖根主编《中国民族研究年鉴（1993）》，北京：民族出版社 1995 年版。

孙宏开：《民族语言文字研究》，于宝林、华祖根主编《中国民族研究年鉴（1994）》，北京：民族出版社 1997 年版。

孙宏开：《原始汉藏语的复辅音问题——关于原始汉藏语音节结构构拟的理论思考之一》，《民族语文》1999 年第 6 期。

孙宏开：《原始汉藏语辅音系统中的一些问题——关于原始汉藏语音节结构构拟的理论思考之二》，《民族语文》2001 年第 1 期。

孙宏开：《原始汉藏语中的介音问题》，《民族语文》2001 年第 6 期。

孙宏开：《中国开展语言规划工作的基本情况》，美国《中国语言学报》第 17 卷第 1 期。

孙宏开：《中国少数民族语言调查回顾》，于宝林、华祖根主编《中国民族研究年鉴（1999）》，北京：民族出版社 2000 年版。

孙宏开、江荻：《汉藏语言系属分类之争及其源流》，《当代语言学》1999 年第 2 期。

孙艳：《汉藏语四音格词研究》，中央民族大学中国少数民族语言文学博士论文，2005 年。

覃国生：《略论壮傣语支的量词》，李锦芳主编《汉藏语系量词研究》，北京：中央民族大学出版社 2005 年版。

覃乃昌：《"耗""糇""膏""Ga：i"考——兼论广西是栽培稻的起源地之一及壮侗语民族对稻作农业的贡献》，《广西民族研究》1996 年第 2 期。

覃乃昌：《"蔗""糖"考——兼论壮侗语民族对我国蔗糖业的贡献》，《广西民族学院学报》1996 年第 3 期。

覃乃昌：《壮侗语族称稻词在其他民族语言中的演变及栽培稻的传播》，《广西民族研究》1996 年第 4 期。

覃勤：《汉藏语系的"火"》，《语言研究》2002 年增刊。

覃小航：《台语送气塞音和舌面鼻音擦音化规律研究》，《中央民族大学学报》2002 年第 6 期。

覃晓航：《从汉语量词的发展看壮侗语"数、量、名结构"的词序变化》，《广西民族学院学报》1988 年第 1 期。

覃晓航：《侗台语族谱系分类史略》，《广西民族学院学报》2005 年第 1 期。

覃晓航：《汉台语关系研究综述》，《贵州民族研究》1992 年第 1 期。

覃晓航：《汉语与壮侗的亲属关系》，《汉语与少数民族语言关系概论》，北京：中央民族学院出版社 1992 年版。

覃晓航：《壮侗语"数量名结构"的源流》，戴庆厦、顾阳主编《现代语言学理论与中国少数民族语言研究》，北京：民族出版社 2003 年版。

覃晓航：《壮侗语词 tak8 与汉语词"特"的历史关系》，《民族语文》1989 年第 2 期。

覃晓航：《壮侗语数词 deu1、so：G1、ha3 考源》，《中央民族学院学报》1993 年第 5 期。

覃晓航：《壮侗语性别词的来源和发展趋向》，《广西民族学院学报》1995 年第 2 期。

唐纳：《汉语、台语和苗瑶语》，中国社会科学院民族所语言室《民族语文研究情报资料集》1985 年第 6 期。

田静：《第 35 届汉藏语暨语言学国际会议在美国召开》，《民族语文》2002 年第 6 期。

王邦容：《创制侗台语族统一拉丁字母文字》，贵州省布依学会、六盘水市民族事务委员会编《布依学研究》（五），贵阳：贵州民族出版社1997年版。

王德温：《原始侗泰语声母系统中德 * mb 和 * nd》，《语言研究》1985年第2期。

王贵生：《从黔东南方言看壮侗语和古汉语的交叉影响》，《黔东南民族师范高等专科学校学报》1998年第1期。

王均：《中国少数民族语言研究情况》，《民族语文研究文集》，西宁：青海民族出版社1982年版。

王均主编：《壮侗语族语言简志》，北京：民族出版社1984年版。

王力：《中国语言学史》，太原：山西人民出版社1981年版。

王利宾、傅懋勣：《十年来的少数民族语文工作》，《民族研究》1959年第10期。

王利宾、傅懋勣：《我国少数民族语言科学研究工作的重要成就》，《中国语文》1959年第10期。

王文光：《百越后裔壮侗语族各族发展的宏观考察》，《学术探索》1994年第3期。

王瑛：《论壮侗语族三个语支的异同》，《湖南税务高等专科学校学报》2002年第6期。

王远新：《我国壮、侗语言学界语言影响与语言系属问题研究综述》，《广西民族研究》1989年第4期。

王远新：《中国民族语言学史》，北京：中央民族学院出版社1993年版。

威廉·格德尼：《布依语——北越的一种北部台语》，中国社会科学院民族所语言室《民族语文研究情报资料集》1988年第11期。

韦景云：《从侗台语看上古汉语高元音问题》，《中央民族大学学报·增刊·壮侗学研究》1997年。

韦景云：《侗台语复辅音pl、kl的演变分析》，《中央民族大学学报》2003年第6期。

韦景云：《复辅音音类 * pl、* kl 在侗台语中的演变》，《云南民族语文》1997年第3期。

韦庆稳：《试论百越民族的语言》，《百越民族史论集》，北京：中国社会科学出版社1982年版。

韦树关：《从语言看越南族与壮侗语族民族的文化渊源》，《广西民族研究》1999年第4期。

韦树关：《从语言看壮侗语族民族对中国农业的贡献》，《广西民族学院学报》（自然科学版）2000年第4期。

韦树关：《越南中越跨境壮侗语族语言的变异》，《广西民族学院学报》1999年第2期。

韦树关：《壮侗语族语言送气音声母来源论》，《广西民族学院学报》1998年第1期。

韦树关：《壮侗语族语言系属问题研究札记》，《贵州民族研究》1990年第3期。

闻宥：《"台"语与汉语》，中央民族学院研究部编《中国民族问题意见集刊》第6集，1995年。

闻宥：《古台语里的 dr-》，《民族学报》1981年第1期。

吴安其：《汉藏语的数词》，《民族语文》2006年第2期。

吴安其：《汉藏语的渊源和历史分期》，《中国民族语言论丛》（2），昆明：云南民族出版社1997年版。

吴安其：《汉藏语历史比较的择词》，《民族语文》1997年第3期。

吴安其：《汉藏语使动和完成体前缀的残存与同源的动词词根》，《民族语文》1997年第6期。

吴安其：《汉藏语同源问题研究》，《民族语文》1996年第2期。

吴安其：《汉藏语同源研究》，北京：中央民族大学出版社2001年版，2002年第2次印刷。

吴安其：《黄河长江流域的古代文明与汉藏语的渊源》，《民族研究》1996年第6期。

吴安其：《温州方言的侗台语底层初探》，《民族语文》1986年第4期。

吴清河：《汉藏语"狗"的读法》，《民族语文》2000年第4期。

吴清河：《汉藏语比较的择词问题》，《民族语文》1995年第6期。

西田龙雄：《汉藏语系中词素词干的某些问题初探》，中国社会科学院民族所语言室编《民族语文研究情报资料集》1987年第9期。

谢飞：《汉藏语系语言的分类》，《汉藏语系语言学论文选译》，中国社会科学院民族所语言室，1980年。

谢志民：《"女书"词汇中的百越语底层》，《民族语文》1991年第2期。

邢公畹：《论调类在汉台语比较研究上的重要性》，《中国语文》1962年第1期，收入《邢公畹语言学论文集》，北京：商务印书馆2000

年版。

邢公畹：《论汉藏系语言的比较语法学》，《南开大学学报》1979 年第 4 期；《语言论集》，北京：商务印书馆 1983 年版。

邢公畹：《论汉语台语"关系字"的研究》，《民族语文》1989 年第 1 期。

邢公畹：《说"鸟"字的前上古音》，《民族语文》1982 年第 3 期。

邢公畹：《"别离"一词在汉语台语里的对应》，《民族语文》1983 年第 4 期。

邢公畹：《汉语遇、蟹、止、效、流五摄的一些字在侗台语里的对应》，《语言研究》1983 年第 1 期。

邢公畹：《汉藏系语言及其民族史前情况试析》，《语言研究》1984 年第 2 期。

邢公畹：《关于汉语南岛语的发生学关系问题——L. 沙加尔〈汉语南岛语同源论〉述评补正》，《民族语文》1991 年第 3 期。

邢公畹：《汉藏语系上古音歌侯幽宵四部同源字考——读柯蔚南〈汉藏语词汇比较手册〉札记》，《民族语文》1998 年第 6 期。

邢公畹：《汉藏语系上古音觉铎屋职锡五部同源字考——读柯蔚南〈汉藏语词汇比较手册〉札记》，《民族语文》1999 年第 6 期。

邢公畹：《汉藏语系上古音侵谈两部同源字考——读柯蔚南〈汉藏语词汇比较手册〉札记》（续），《民族语文》1998 年第 5 期。

邢公畹：《汉藏语系上古音阳东冬耕四部同源字考——读柯蔚南〈汉藏语词汇比较手册〉札记》，《民族语文》1999 年第 2 期。

邢公畹：《汉藏语系上古音叶缉物质月五部同源字考——读柯蔚南〈汉藏语词汇比较手册〉札记》，《民族语文》1999 年第 5 期。

邢公畹：《汉藏语系上古音真文元三部同源字考——读柯蔚南〈汉藏语词汇比较手册〉札记》，《民族语文》1999 年第 3 期。

邢公畹：《汉藏语系上古音之支脂鱼四部同源字考——读柯蔚南〈汉藏语词汇比较手册〉札记》，《民族语文》1998 年第 4 期。

邢公畹：《汉藏语系研究和中国考古学》，《民族语文》1996 年第 4 期。

邢公畹：《汉台语比较手册》，北京：商务印书馆 1999 年版。

邢公畹：《汉台语比较研究中的深层对应》，《民族语文》1993 年第 5 期。

邢公畹：《汉台语舌根音声母字深层对应例证》，《民族语文》1995

年第 1 期。

邢公畹：《汉语南岛语声母的对应——沙加尔〈汉语南岛语同源论〉述评补正》，《民族语文》1991 年第 4 期。

邢公畹：《汉语南岛语声母及韵尾辅音的对应——L. 沙加尔〈汉语南岛语同源词论〉述评补正》，《民族语文》1991 年第 5 期。

邢公畹：《论"汉台苗语"调类的分化和再分化》，《语言研究》2003 年第 1 期。

邢公畹：《说"深层对应"——答丁邦新、聂鸿音两位先生》，《民族语文》2002 年第 6 期。

邢公畹：《台语 – an 韵里的"关系词"研究》，《语言研究》1991 年第 1 期。

邢公畹：《台语 – ok 韵是汉台语比较的关键》，《民族语文》1992 年第 6 期。

邢公畹：《台语 tC、s – 组声母的字和汉语的深层对应》，《语言研究论丛》第 7 辑，北京：语文出版社 1997 年版。

邢公畹：《现代汉语和台语里的助词"了"和"着"》（上、下），《民族语文》1979 年第 2—3 期。

邢公畹：《语言论集》，北京：商务印书馆 1983 年版。

邢公畹：《原始汉藏语中"风""春""饱""香"四词考》，《南开学报》1999 年第 5 期。

邢凯：《侗台语族带前置喉塞音的声母》，《民族语文》1999 年第 1 期。

邢凯：《关于汉语和侗台语的介音问题》，《民族语文》2000 年第 2 期。

邢凯：《汉语和侗台语研究》，北京：军事谊文出版社 2000 年版。

邢凯：《语义比较法的逻辑基础》，《语言研究》2001 年第 4 期。

邢凯：《原始侗水语构拟中的前置辅音假说》，《民族语文》1995 年第 5 期。

邢凯：《原始台语的几个舌根、喉擦音声母的演变》，《民族语文》1986 年第 1 期。

徐林：《第 20 届国际汉藏语言和语言学年会》，《当代语言学》1988 年第 1 期。

徐世璇：《第三十一届国际汉藏语会议在瑞典召开》，《民族语文》1998 年第 6 期。

徐世璇：《汉藏语言的派生构词方式分析》，《民族语文》1999 年第 4 期。

徐世璇：《汉藏语言的语音屈折构词现象》，《民族语文》1996 年第 3 期。

徐世璇：《民族语言文字研究》，揣振宇、华祖根主编《中国民族研究年鉴 2001 年卷》，北京：民族出版社 2002 年版。

徐通锵：《张琨教授谈汉藏系语言和汉语史的研究》，北京大学汉语语言学研究中心《语言学论丛》编委会编《语言学论丛》第 13 辑，北京：商务印书馆 1984 年版。

许鼓璐、王福祥、刘润清：《中国语言学现状与展望》，北京：外语教学与研究出版社 1996 年版。

薛才德：《汉藏语言谓词 PXP 重叠式》，《民族语文》1997 年第 3 期。

阎立羽：《汉语和泰语的联绵词》，《民族语文》1983 年第 3 期。

杨澈淑：《汉藏语动词重叠研究》，博士论文，中央民族大学，2002 年。

杨光远：《台语"给"的用法》，《民族语文》2006 年第 6 期。

杨汉基：《侗台语族亲属关系漫谈》，石锦宏主编《侗语文集》，贵阳：贵州民族出版社 1996 年版。

杨清：《白保罗澳台语系语言关系析》，《民族语文》1996 年第 2 期。

杨权：《中美学者合作的结晶——〈侗台语比较研究：台语支以外的语言调查〉述评》，《贵州民族研究》1991 年第 2 期。

杨庭硕：《反切表意文字是汉藏语系诸语言的新一代理想文字》，《贵州民族研究》1993 年第 2 期。

杨通银：《莫语研究》，北京：中央民族大学出版社 2000 年版。

易朝晖：《泰汉连动结构比较研究》，《解放军外国语学院学报》2003 年第 3 期。

易家乐：《简论台语中一些借自汉语的数词》，中国社会科学院民族所语言室《民族语文研究情报资料集》1985 年第 5 期。

益鸣：《中国民族语言学会南方片学术会议述评》，《民族研究动态》1993 年第 1 期。

尹蔚彬：《汉藏语鼻音、流音声母关系字韵母对应分析》，《中央民族大学学报》2000 年第 5 期。

尤中：《壮侗语诸民族的历史发展演变》，《思想战线》1991 年第 4 期。

游汝杰：《论台语量词在汉语南方方言中的底层遗存》，《民族语文》1982 年第 2 期。

游汝杰：《温州方言的一些特殊语法现象及其在台语里的对应表现》，《吴语论丛》，上海：上海教育出版社 1988 年版。

游汝杰：《中国南方语言里的鸟虫类名词词头及相关问题》，刊《汉语语源问题学术讨论会论文集》，JCL, No.8, 1995, 美国，加州大学，in William S. Y. Wang (ed.), 1995, Journal of Chinese Linguistics, Monograph 8。

游汝杰：《中国语言系属研究述评》，《云梦学刊》1996 年第 3 期。

于宝林、华祖根主编：《中国民族研究年鉴 2000》，北京：民族出版社 2001 年版。

俞敏：《汉藏虚字比较研究》，《中国语文学论文选》，日本光生馆 1984 年版。

禹岩（孙宏开）：《〈侗台语族概论〉出版》，《民族语文》1996 年第 5 期。

禹岩：《第 37 届国际汉藏语会议在瑞典隆德举行》，《民族语文》2005 年第 1 期。

禹岩：《第 27 届国际汉藏语会议述评》，《民族语文》1994 年第 6 期。

禹岩：《第 29 届国际汉藏语会议将在荷兰举行》，《当代语言学》1996 年第 1 期。

禹岩：《第 36 届墨尔本国际汉藏语会议》，《民族语文》2004 年第 1 期。

禹岩：《第 26 届国际汉藏语会议述评》，《民族语文》1993 年第 6 期。

喻世长：《有关民族语言方言划分的几点意见》，《中国语文》1960 年 2 月号。

喻世长：《有关我国少数民族语言系属的一些问题》，《中国语文》1959 年 2 月号。

喻世长、喻翠容：《侗水、泰壮两语支单元音的对应》，《语言研究》1987 年第 1 期。

曾晓渝：《论壮傣侗水语古汉语借词的调类对应——兼论侗台语汉

语的接触及其语源关系》，《民族语文》2003 年第 1 期。

张博：《汉语同族词验证机制研究》，博士论文，中央民族大学，1999 年。

张公瑾：《论汉语及壮侗语族诸语言中的单位词》，《中央民族大学学报》1978 年第 4 期。

张公瑾：《壮侗语：分布与演化中的混沌》，《中央民族大学学报·壮侗学研究专刊》1997 年。

张公瑾主编：《语言与民族物质文化史》，北京：民族出版社 2002 年版。

张和平主编，贵州省民族事务委员会办公室编：《贵州民族语文研究》，贵阳：贵州民族出版社 1993 年版。

张惠英：《汉藏系语言和汉语方言比较研究》，北京：民族出版社 2002 年版。

张军：《汉藏语系语言判断句研究》，北京：中央民族大学出版社 2005 年版。

张军：《汉藏语系语言判断句研究》，博士论文，中央民族大学，2005 年。

张均如：《标语与壮侗语族语言的比较》，《民族语文》1989 年第 6 期。

张均如：《侗台语族轻唇音的产生和发展》，《民族语文》1995 年第 1 期。

张均如：《侗台语族声调的发生和发展》，《中国民族语言新探》，成都：四川民族出版社 1992 年版。

张均如：《广西平话对当地壮侗语族语言的影响》，《民族语文》1988 年第 3 期。

张均如：《瑶族拉珈语与壮侗语族语言的比较》，《民族语文》1990 年第 6 期。

张均如：《原始台语声母类别探索》，《民族语文》1980 年第 2 期。

张均如：《壮侗语族塞擦音的产生和发展》，《民族语文》1983 年第 1 期。

张均如：《壮侗语族语音演变的趋向性、阶段性、渐变性》，《民族语文》1986 年第 1 期。

张琨：《汉藏语系的"针"字》，中国社会科学院民族所语言室《汉藏语系语言学论文选译》1980 年。

张人位：《民族语言文字与改革开放》，石锦宏主编《侗语文集》，贵阳：贵州民族出版社1993年版。

张燕：《时间隐喻的类型学试析——以汉藏语系语言为例》，《中央民族大学学报》2005年第5期。

张元生、王伟：《壮侗语族语言和汉语的关系》，《中央民族学院学报》增刊，1990年。

赵道文，吴启禄：《佯僙语简介》，《语言研究》1984年第2期。

赵加：《试探闽方言中的壮侗语底层——兼论百越民族史研究的几个问题》，《贵州民族研究》1991年第1期。

赵明鸣：《民族语言文字研究》，于宝林、华祖根主编《中国民族研究年鉴（1995）》，北京：民族出版社1997年版。

照那斯图、李恒朴：《当代中国民族语言学家》，西宁：青海人民出版社1989年版。

郑张尚芳：《古汉语流音系统与汉藏比较举例》，《语言学年刊》（杭州大学学报增刊），1982年。

郑张尚芳：《古吴越地名中的侗台语成分》，《民族语文》1990年第6期。

中国大百科全书总编辑委员会《语言文字》编辑委员会编：《中国大百科全书》语言文字卷，北京：中国大百科全书出版社1992年版。

中国科学院少数民族语言研究所：《中国少数民族语言简志》第二分册，北京：科学出版社1959年版。

中国民族古文字研究会：《中国民族古文字图录》，北京：中国社会科学出版社1990年版。

中国民族语言学会：《中国民族语言论文集》，成都：四川民族出版社1986年版。

中国少数民族双语教学研究会：《中国少数民族双语研究论集》，北京：民族出版社1990年版。

中国社会科学院民族所语言室：《汉藏语系语言学论文选译》，1980年版。

中国社会科学院民族研究所、国家民族事务委员会文化宣传司编：《中国少数民族语言使用情况》，北京：中国藏学出版社1994年版。

中国语言学会《中国现代语言学家传略》编写组：《中国现代语言学家传略》，石家庄：河北教育出版社2004年版。

中央民族大学少数民族语言文学学院《中国民族语言论丛》编委

会:《中国民族语言论丛》(二),昆明:云南民族出版社1997年版。

中央民族大学少数民族语言文学学院《中国民族语言论丛》编委会:《中国民族语言论丛》(一),北京:中央民族大学出版社1996年版。

中央民族学院少数民族语言研究所编:《民族语文研究》,成都:四川民族出版社1983年版。

中央民族学院少数民族语言研究所第五研究室:《壮侗语族谚语》,北京:中央民族学院出版社1987年版。

中央民族学院少数民族语言研究所第五研究室:《壮侗语族语言词汇集》,北京:中央民族学院出版社1985年版。

中央民族学院少数民族语言研究所第五研究室:《壮侗语族语言文学资料集》,成都:四川民族出版社1983年版。

周法高:《上古汉语和汉藏语》,《香港中文大学中国文化研究所学报》1972年,又载周法高《中国音韵学论文集》,香港:香港中文大学出版社1984年版。

周及徐:《汉藏语同源词的元音对应规律研究》,博士后报告,上海师范大学,2004年。

周俊:《壮侗语诸民族人名的命名法则探究》,《贵州民族研究》1999年第2期。

周有光:《世界文字发展史》,上海:上海教育出版社1997年版。

周有光:《世界字母简史》,上海:上海教育出版社1990年版。

Abramson, Arthur. 1974. Experimental Phonetics in Phonology: Vowel Duration in Thai, PASAA: *The Journal of Language Teaching and Learning in Thailand*, 4:71 – 90.

Abramson, Arthur S. 1972. Tonal Experiments with Whispered Thai, Papers in Linguistics and Phonetics Dedicated to the Memory of Pierre Delattre (Valdman Albert), pp. 31 – 44, The Hague: Mouton.

Abramson, Arthur S. 1962. The Vowels and Tones of Standard Thai: Acoustical Measurements and Experiments, Indiana U, Research Center in Anthropology, Folklore, and Linguistics, Pub, 20.

Abramson, Arthur S. 1972. Word – Final Stops in Thai, Tai Phonetics and Phonology (Harris, Jimmy G., Noss, Richard B., eds.), pp. 1 – 7, Central Institute of English Language, Office of State Universities, Faculty of Science, Mahidol University.

Abramson, Arthur S. 1975. The Tones of Central Thai: Some Perceptual Experiments, Studies in Thai Linguistics in Honor of William J. Gedney, (Harris, Jimmy, Chamberlain, James, eds.), pp. 1 – 16, Central Institute of English Language, Bangkok.

Abramson, Arthur S. 1979. The Noncategorical Perception of Tone Categories, in Thai B. Lindblom & S. Ohman, Frontiers of speech communication research, London: Academic, pp. 127 – 134.

Abramson, Arthur S. 1996. The Stability of the Thai Three – Way Voicing Distinction in Conversation, Pan – Asiatic Linguistics, Proceedings of the Fourth International Symposium, Vol. 1, pp. 1 – 10, Mahidol University.

Abramson, Arthur S. 1997. The Thai Tonal Space, Southeast Asian Linguistic Studies in Honour of Vichin Panupong (Abramson, Arthur S., ed.), pp. 1 – 10, Chulalongkorn University Press, Bangkok.

Abramson, Arthur S. & Erickson, Donna M. 1992. Tone Splits and Voicing Shifts in Thai: Phonetic Plausibility, Pan – Asiatic Linguistics, Proceedings of the Third International Symposium, Vol. 1, pp. 1 – 15, Chulalongkorn University Printing House.

Abramson, Arthur S. & Lisker, Leigh. 1970. Discriminability Along the Voicing Continuum: Cross – Language Tests, Proceedings of the Sixth International Congress of Phonetic Sciences Held at Prague 7 13 September 1967 (Hala Bohuslav, Romportl Milan, Janota Premysl, eds,), pp. 569 – 573, Prague: Acad, Pub, House of the Czech, Acad, of Sciences.

Abramson, Arthur S. & Ren, N. 1990. Distinctive Vowel Length: Duration Versus Spectrum in Thai, Journal of Phonetics, 18:79 – 92.

Adams, Karen L.; Conklin, Nancy F. 1974. On the Numeral Classifier in Thai, Seventh International Conference on Sino – Tibetan Language and Linguistic Studies, Atlanta, Georgia, pp. 1 – 23.

Ahkuputra, Visarut, Jitapunkul, Somchai, Pornsukchandra, Wuthipong & Luksaneeyanawin, Sudaporn. 1997. A Speaker – Independent Thai Polysyllabic Word Recognition System Using Hidden Markov Model, Proceedings of the Natural Language Processing Pacific Rim Symposium, pp. 281 – 286, Linguistics and Knowledge Science Laboratory, NECTEC, Bangkok.

Aksornjarung, Patama. 1998. An Ex – Post Facto Study of the Acquisition of English Pronominal Anaphora by Thai EFL Learners: a UG – Based Transfer

Analysis (PhD dissertation) Indiana U. , Pennsylvania (Dissertation Abstracts International, Ann Arbor, 1998 Apr. ,58:10,3864 DAI No. :DA9811004).

Anivan, Sarinee. 1998. Evolution of Bangkok Tones, International Symposium on Language and Linguistics (PAL II), (Cholticha, B. et al. , eds.), pp. 7 – 21, Thammasat University, Bangkok.

Anthony, Edward M. 1962. A Programmed Course in Reading Thai Syllables, University of Michigan.

Apibalsri, Maneepen Satayapan. 1991. The Differences Between Able and Less – Able Thai Students' Written Synthesis from Science Texts (PhD dissertation) , Texas Woman's U. (Dissertation Abstracts International, Ann Arbor, 1991 Oct. ,52:4,1273A DAI No. :DA9119207).

Archaic Features in Baan Ha Tay Journal of Language and Linguistics, 14,2,Thammas at University, 1996.

Ariyapitipun, Sumon. 1989. An Analysis of Phonological Errors in the Pronunciation of English Consonants and Vowels by Selected Native Speakers of Thai (Dissertation Abstracts International, Ann Arbor, 1989 Aug. ,50:2,428A 429A).

Aroonmanakun, Wirote. Referent Resolution for Zero Pronouns in Thai, Southeast Asian Linguistic Studies in Honour of Vichin Panupong (Abramson, Arthur S. , ed.), pp. 11 – 24, Chulalongkorn University Press, Bangkok.

Authapaiboon, Chayada. 1996. A Comparison of Infant Directed Speech and Adult Directed Speech in Thai, Pan – Asiatic Linguistics, Proceedings of the Fourth International Symposium, Vol. 5 , pp. 2043 – 2051, Mahidol University.

Bamroongraks, Cholticha. 1987. Sukhothai Thai as a Discourse – Oriented Language: Evidence From Zero Noun Phrases (Dissertation Abstracts International, Ann Arbor, 1987 Aug, 48:2,379A).

Bandhumedha, Nanavan. 1976. Noun Phrase Deletion in Thai (PhD dissertation) University of Washington (Dissertation Abstracts International, Ann Arbor, 1977,38,1358A).

Bauer, Christian. 1993. Epithets and Subordinates: a Postscript to Sukhothai Epigraphy, Journal of the Royal Asiatic Society, Apr. ,3,1:77 – 84, Cambridge, England (JRAS).

Bauer, Christian. 1993. Sukhothai Inscription II: Late Old Mon Affinities and Their Implications for the History of Thai Syntax, Bulletin of the School of Oriental and African Studies,56,3:525 – 565,Oxford,England.

Baur,Robert S. 1996. Identifying the Tai Substratum in Cantonese,Pan – Asiatic Linguistics,Proceedings of the Fourth International Symposium,Vol. 5, pp. 1806 – 1844,Mahidol University.

Bayard,Donn. 1995. Thai Accents,Thai Attitudes:an Exploratory Study in Bangkok and Chiangmai Contrasted with New Zealand English Results,*Journal of Language and Linguistics*,13,2,Thammasat University.

Beale,Stephen. 1992. Machine Translation in Southeast Asian Minority Languages, Pan – Asiatic Linguistics, Proceedings of the Third International Symposium,Vol. 1,pp. 373 – 382,Chulalongkorn University Printing House.

Becker,A. L. 1985. Person in Austro – Thai:Comments on the Pronoun Paradigm in Benedict's Austro – Thai Language and Culture; Papers Presented to Paul K. ,Benedict for His 71st Birthday,Linguistics of the Sino Tibetan Area:The State of the Art(Thurgood Graham, James A. Matisoff, Bradley David, ed.),pp. 324 – 333,Canberra:Dept, of Ling,Research School of Pacific Studies,Australian National Univ.

Beebe,Leslie M. 1975. Occupational Prestige and Consonant Cluster Simplification in Bangkok Thai, Linguistics, 165: 43 – 61, The Hague, Netherlands.

Beebe,Leslie M. 1981. Social and Situational Factors Affecting the Communicative Strategy of Dialect Code – Switching,International Journal of the Sociology of Language,32:139 – 149,Berlin,Germany(IJSL).

Beebe,Leslie M. 1979. Initial Consonant Cluster Reduction as a Function of Age Group in Bangkok Thai Speakers,Tai Studies in Honour of William J. , Gedney(Gething,T. ,W. ,Liem,Nguyen Dang, eds.),Papers in South – East Asian Linguistics No. 6,Dept, of Linguistics,School of Pacific Studies,the Australian National University.

Benedict, Paul. 1966. Austro – Thai, Behavior Science Notes, 1: 227 – 261.

Benedict,Paul. 1967. Austro – Thai Studies:3, Austro – Thai and Chinese,Behavior Science Notes,2:275 – 336.

Benedict,Paul. 1967. Austro – Thai Studies:I,Material Culture,Behavior Science Notes,2:203 – 244.

Benedict, Paul K. 1975. Austro – Thai: Language and Culture, with a Glossary of Roots, Human Relations Area Files Press, New Haven.

Benedict, Paul K. 1976. Austro – Thai and Austroasiatic, Austroasiatic Studies (Jenner, Philip N. , Thompson, Laurence C. , et al.), pp. 1 – 36, Honolulu: U. of Hawaii Press.

Benedict, Paul K. 1997. Tai Languages: Key to Austro – Tai, Southeast Asian Linguistic Studies in Honour of Vichin Panupong (Abramson, Arthur S. ed.), pp. 25 – 28, Chulalongkorn University Press, Bangkok.

Bennett, J. 1994. Fraser Iambicity in Thai, Studies in the Linguistic Sciences, 24(1/2): 39 – 57.

Bennett, Jefferson. 1995. Fraser Metrical Foot Structure in Thai and Kayah Li: Optimality – Theoretic Studies in the Prosody of Two Southeast Asian Languages (PhD dissertation), University of Illinois at Urbana – Champaign.

Bernon, Olivier de Khmer of Surin: Lexical Remarks, International Symposium on Language and Linguistics (PAL II) (Cholticha, B. et al. , eds.), pp. 258 – 262, Thammasat University, Bangkok, 1988.

Bickner, Robert J. 1986. Thai Tones and English Loanwords: a Proposed Explanation, Papers from a Conference on Thai Studies in Honor of William J. , Gedney (Bickner, Robert J. , Hudak, Thomas J. , Peyasantiwong, Patcharin, ed.), Michigan Papers on South and Southeast Asia, No. 25, pp. 19 – 39, Center for South and Southeast Asian Studies.

Bickner, Robert J. 1992. Computer Assisted Instruction for Thai Reading, a 32 Lesson Macintosh Hyper Card Set.

Bickner, Robert J. 1992. Some Textual Evidence on the Tai Sounds *ai and *au Papers on Tai Languages, Papers on Tai Languages, Linguistics, and Literatures in Honor of William J. , Gedney (Compton, Carol J. , Hartmann, John F. , eds.), Monograph Series on Southeast Asia Occasional Paper No. 16, pp. 223 – 230, Center for Southeast Asian Studies, Northern Illinois University.

Bickner, Robert J. 1992. The Problems of Southeast Asian Language Instruction: the Case of Thai, Southeast Asian Studies in the Balance: Reflections from America, edited by Charles Hirschman, et al. , Association for Asian Studies, pp. 93 – 123.

Bickner, Robert J. , Hudak, Thomas J. , Peyasantiwong, Patcharin (ed.). 1986. Papers from a Conference on Thai Studies in Honor of William J. , Gedney, Center for South & Southeast Asian Studies, Univ. of Michigan, Ann Arbor.

Bickner, Robert J. , Hudak, Thomas John. 1992. The Nature of "Standard" Thai, Journal of South Asian Literature, 25, 1: 163 – 175.

Bilmes, Jack. 1975. Misinformation and Ambiguity in Verbal Interaction: a Northern Thai Example, Linguistics, 165: 63 – 75, The Hague, Netherlands.

Bilmes, Jack. 1996. Problems and Resources in Analyzing Northern Thai Conversations for English Language Readers, Journal of Pragmatics: An Interdisciplinary Monthly of Language Studies, Aug, 26: 2: 171 – 188, Amsterdam, Netherlands(JPrag).

Bilmes, Leela. 1995. The Grammaticalization of Thai "Come" and "Go", Proceedings of the Twenty First Annual Meeting of the Berkeley Linguistics Society February 17 20, Special Session on Discourse in Southeast Asian Languages(Bilmes Leela Liang Anita C. ; Ostapirat Weera, ed.) , pp. 33 – 46, Berkeley, CA: Berkeley Ling, Soc.

Blackford, Paul. 1994. Some English Loanwords in Thai, Verbatim: The Language Quarterly, Summer, 21: 1, 5 – 7, Indianapolis, IN(Verbatim).

Boonyapatipark, T. 1983. A Study of Aspect in Thai, (PhD dissertation) University of London.

Boriboon, Monthika. 1995. Basic Dictionary, Linguistics and Knowledge Science Laboratory(LINKS) , NECTEC, Bangkok, Thailand.

Boruah, Bhim Kanta. 1992. Thai Languages in India: a Linguistic Analysis, Pan – Asiatic Linguistics, Proceedings of the Third International Symposium, Vol. 2, pp. 852 – 860, Chulalongkorn University Printing House.

Boslego, William E. 1983. The Syntax and Semantics of Thai Yes/No Questions, 1983 Mid America Conference Papers(Rood, David S. ed, pp. 68 – 80, Boulder: Dept, of Ling, Univ, of Colorado.

Bradley, David. 1992. Language Policy for Minority Languages in Thailand and China, Pan – Asiatic Linguistics, Proceedings of the Third International Symposium, Vol. 2, pp. 921 – 928, Chulalongkorn University Printing House.

Briere, Eugene J. , Chiachanpong, Sinuan. 1980. An Investigation of Thai Interference in Selected American English Phonemes, Papers and Studies in Contrastive Linguistics, 11: 101 – 117, Poznan, Poland.

Bright, William Mary R. 1997. Haas and Linguistic Anthropology, Anthropological Linguistics,Winter,39,4:603－605,Bloomington,IN(AnL).

Brown,J. 1976. Marvin Thai Dominance over English and the Learning of English by Thais,PASAA:Notes and News about Language Teaching and Linguistics in Thailand,6:67－86.

Brown,J. Marvin Dead Consonants or Dead Tones? From Ancient Thai to Modern Dialects, and Other Writings on Historical Thai Linguistics, pp. 37－49,White Lotus,Bangkok.

Brown,J. Marvin from Ancient Thai to Modern Dialects,from Ancient Thai to Modern Dialects,and Other Writings on Historical Thai Linguistics,pp. 69－254,White Lotus,Bangkok.

Brown,J. Marvin Historical Explanations for the Peculiarities of the Thai Writing System,from Ancient Thai to Modern Dialects,and Other Writings on Historical Thai Linguistics,pp. 5－17,White Lotus,Bangkok.

Brown,J. Marvin Phonemics without Sounds,from Ancient Thai to Modern Dialects, and Other Writings on Historical Thai Linguistics, pp. 255－261, White Lotus,Bangkok.

Brown,J. Marvin the Great Tone Split:Did it Work in Two Opposite Ways? From Ancient Thai to Modern Dialects,and Other Writings on Historical Thai Linguistics,pp. 18－36,White Lotus,Bangkok.

Brown,J. Marvin the Language of Sukhothai:Where did it Come from? and Where did it Go? From Ancient Thai to Modern Dialects,and Other Writings on Historical Thai Linguistics,pp. 1－4,White Lotus,Bangkok.

Brown,J. Marvin Vowel Length in Thai,from Ancient Thai to Modern Dialects,and Other Writings on Historical Thai Linguistics,pp. 50－68,White Lotus,Bangkok.

Brudhiprabha,Prapart. 1976. Educational Language Policy:the Case of Thailand,PASAA:Notes and News about Language Teaching and Linguistics in Thailand,6:15－20.

Brudhiprabha,Prapart. 1979. Languages of Thailand,Papers on Southeast Asian Languages:An Introduction to the Languages of Indonesia,Malaysia,the Philippines,Singapore,and Thailand,Llamzon Teodoro A,(ed,),pp. 295－307,Singapore:Singapore up for SEAMEO Regional Lang,Centre.

Brudhiprabha,Prapart. 1985. Language Barriers to Rural Development:A Note on the Thai Experience,Southeast Asian Journal of Social Science,13,1, pp. 106 – 114.

Buahame, Wudh. 1983. The Acquisition of English Grammatical Structure by Thai Speaking Students, (Dissertation Abstracts International, Ann Arbor, 1983 Sept. ,44:3,742A).

Bunnag, Tiraporn. 1984. A Study of Thai Students' Ability to Read for Literal and Inferential Meanings, (Dissertation Abstracts International, Ann Arbor,1984 Apr. ,44:10,3048A).

Burapacheep, Tasanalai. 1995. The Study of the Perfective /Chak/ in Thai, Second Symposium on Natural Language Processing, pp. 278 – 283.

Burapacheep, Tasanalai. 1996. A Comparative Study of and in Thai, Pan – Asiatic Linguistics, Proceedings of the Fourth International Symposium, Vol. 1, pp. 397 – 404, Mahidol University.

Burnham, Denis. 1992. Auditory – Visual Perception of Thai Consonants by Thai and Australian Listeners, Pan – Asiatic Linguistics, Proceedings of the Third International Symposium, Vol. 1, pp. 531 – 545, Chulalongkorn University Printing House.

Burnham, Denis; Francis, Elizabeth. 1997. Role of Linguistic Experience in the Perception of Thai Tones, Southeast Asian Linguistic Studies in Honour of Vichin Panupong, (Abramson, Arthur S. , ed,) , pp. 29 – 48, Chulalongkorn University Press, Bangkok.

Burnham, Denis; Francis, Elizabeth; Webster, Di. 1996. The Development of Tone Perception: Cross – Linguistic Aspects and the Effect of Linguistic Context, Pan – Asiatic Linguistics, Proceedings of the Fourth International Symposium, Vol. 1, pp. 47 – 75, Mahidol University.

Burnham, Denis; Luksaneeyanawin, Sudaporn; Kirkwood, Kathryn; Pansottee, Supatra. 1992. Perception of Central Thai Tones and Segments by Thai and Australian Adults, Pan – Asiatic Linguistics, Proceedings of the Third International Symposium, Vol. 1, pp. 546 – 560, Chulalongkorn University Printing House.

Burusphat, Somsonge. 1987. The Structure of Thai Narrative Discourse, (Dissertation Abstracts International, Ann Arbor,1987 Mar, ,47:9,3410A).

Burusphat, Somsonge. 1990. Bibliography of Discourse Analysis (Report Submitted to the National Reseearch Council, Thailand), Institute of Language and Culture for Rural Development, Mahidol University, Salaya, Thailand.

Burusphat, Somsonge. 1990. The Bipartite Structure of Information in Thai Narrative Discourse, Journal of Language and Linguistics, 9, 1, Thammasat University.

Campbell, Russell N. 1969. Noun Substitutes in Modern Thai: A Study in Pronominality, Mouton, The Hague.

Carney, Arlene Earley; Gandour, Jack; Petty, Soranee Holasuit; Robbins, Amy M., Myres, Wendy; Miyamoto, Richard. 1988. The Effect of Adventitious Deafness on the Perception and Production of Voice Onset Time in Thai: a Case Study, Language and Speech, July Sept., 31:3, 273 - 282, Whitton, Twickenham, England(L&S).

Carpenter, Kathie. 1986. Productivity and Pragmatics of Thai Classifiers, Proceedings of the Twelfth Annual Meeting of the Berkeley Linguistics Society, (Nikiforidou Vassiliki(ed.); VanClay Mary(ed.); Niepokuj Mary(ed.); Feder Deborah(ed.)), pp. 14 - 25, Berkeley: Berkeley Ling, Soc.

Carpenter, Kathie. 1991. Later Rather Than Sooner: Extralinguistic Categories in the Acquisition of Thai Classifiers, Journal of Child Language, Feb., 18, 1:93 - 113, Cambridge, England(JChL).

Carpenter, Kathie. 1992. Two Dynamic Views of Classifier Systems: Diachronic Change and Individual Development, *Cognitive Linguistics*, 3, 2:129 - 150, Berlin, Germany(CogLi).

Carpenter. 1988. Kathie Lou How Children Learn to Classify Nouns in Thai, (Dissertation Abstracts International, Ann Arbor, 1988 Mar,, 48:9, 2324A).

Castro, Corabella S.; Chair, Miroezam; Subongkotch, Thaworn; Ibe, Milagros D FilipiNo. 1975. Indon esian and Thai Listening Test Errors, RELC Journal: A Journal of Language Teaching and Research in Southeast Asia, 6, 1: 61 - 72, Singapore 1025, Republic of Singapore.

Cefola, Penchusee Lerdtadsin. 1982. A Study of Interference of English in the Language of Thai Bilinguals in the United States, (Dissertation Abstracts International, Ann Arbor, 1982 Sept,, 43:3, 786A).

Chaimanee, Nittaya. 1996. Communicative Pauses in Thai, Pan - Asiatic Linguistics, Proceedings of the Fourth International Symposium, Vol. 1, pp. 174 - 182, Mahidol University.

Chaiyaratana, Chalao. 1961. A Comparative Study of English and Thai

Syntax, (PhD dissertation) University of Indiana.

Chamberlain, James R. 1972. Tone Borrowing in Five Northeastern Dialects, Tai Phonetics and Phonology, (Harris, Jimmy G. ; Noss, Richard B. , eds,), pp. 43 – 46, Central Institute of English Language, Office of State Universities, Faculty of Science, Mahidol University.

Chamberlain, James R. 1979. Tone in Tai: a New Perspective, Tai Studies in Honour of William J, Gedney, (Gething, T. W. ; Liem, Nguyen Dang; eds,), Papers in South – East Asian Linguistics No. 6, Dept, of Linguistics, School of Pacific Studies, the Australian National University.

Chamberlain, James R. 1992. Biolinguistic Systematics and Marking, Pan – Asiatic Linguistics, Proceedings of the Third International Symposium, Vol. 3, pp. 1279 – 1293, Chulalongkorn University Printing House.

Chamberlain, James Robert. 1978. An Introduction to Proto – Tai Zoology, (Dissertation Abstracts International, Ann Arbor, 1978, 38, 6687A).

Chamberlain, James R. 1991. The Efficacy of the P/PH Distinction for Tai Languages, The Ram Khamhaeng Controversy, (Chamberlain, James R, ed,), pp. 453 – 486, Siam Society, Bangkok.

Chan, Stephen Wai Cheung Linguistic Experience in the Perception of Pitch, (Dissertation Abstracts International, Ann Arbor, 1981 Feb. , 41: 8, 3556A).

Chanawangsa, Wipah. 1987. Cohesion in Thai, (Dissertation Abstracts International, Ann Arbor, 1987 Dec. , 48: 6, 1446A).

Chandaburinarunath, HRH Prince Kitiyakara Krommaphra Pali – Thai – English – Sanskrit Dictionary, Mahamakuta Rajavidyalaya Press, in front of Wat Bovoranives, Bangkok, 1969.

Charnyapornpong, Surin. A Thai Syllable Separation Algorithm, (MA thesis) AIT Thesis No. CA – 83 – 10, Bangkok: Asian Institute of Technology.

Charoenporn, Thatsanee; Sornlertlamvanich, Virach; Isahara, Hitoshi. 1997. Building a Large Thai Text Corpus Part – of – Speech Tagged Corpus: ORCHID, Proceedings of the Natural Language Processing Pacific Rim Symposium, pp. 509 – 512, Linguistics and Knowledge Science Laboratory, NECTEC, Bangkok.

Charoenpornsawat, Paisarn; Kijsirikul, Boonserm; Meknavin, Surapant. 1998. Feature – Based Thai Unknown Word Boundary Identification Using

Winnow, APCCAS'98 (1998 IEEE Asia Pacific Conference on Circuit and System), Chiang Mai.

Charoenpornsawat, Paisarn; Kijsirikul, Boonserm; Meknavin, Surapant. 1998. Feature – Based Proper Name Identification in Thai, NCSEC'98 (National Computer Science and Engineering Conference), Bangkok.

Chattiwat, Wisa. 1991. A Psycholinguistic Study of the Oral Reading Miscues of Thai College Students Reading in English and Thai, (PhD dissertation) U of Missouri, Columbia, (Dissertation Abstracts International, Ann Arbor, 1991 Oct. ,52:4,1237A DAI No. :DA9119254).

Chen, Matthew Y. 1992. Competing Sound Changes: Evidence from KAM – TAI, MIAO – YAO, and TIBETO – BURMAN, Pan – Asiatic Linguistics, Proceedings of the Third International Symposium, Vol. 1, pp. 16 – 27, Chulalongkorn University Printing House.

Chenvidhyakarn, Sirinee. 1988. Is "May" Really Derived From "May"? Journal of Language and Linguistics, 7, 1, Thammasat University.

Chirasombutti, Voravudhi. 1996. Self – Reference in Japanese and Thai, Pan – Asiatic Linguistics, Proceedings of the Fourth International Symposium, Vol. 5, pp. 2007 – 2011, Mahidol University.

Chodchoey, Supa. 1988. Spoken and Written Discourse in Thai: the Difference, International Symposium on Language and Linguistics (PAL II), (Cholticha, B, et al. ,eds,), pp. 138 – 149, Thammasat University, Bangkok.

Chodchoey, Supa W. 1987. Strategies in Thai Oral Discourse, (Dissertation Abstracts International, Ann Arbor, 1987 Jan. ,47:7,2369A).

Chokkajitsumpun, Pranee. 1996. Everyday Chinese Literacy: the Case Study of a Chinese Family in Bangkok, Pan – Asiatic Linguistics, Proceedings of the Fourth International Symposium, Vol. 5, pp. 2060 – 2085, Mahidol University.

Chomaitong, Kannekar. 1976. A Comparison of Pronominalization in Thai and in English, PASAA: Notes and News about Language Teaching and Linguistics in Thailand, 6:200 – 210.

Chunsuvimol, Boonruang. 1996. Social Variation of /l/ in Thai, Pan – Asiatic Linguistics, Proceedings of the Fourth International Symposium, Vol. 5, pp. 2030 – 3042, Mahidol University.

Chutisilp, Pornpimol. 1985. A Sociolinguistic Study of an Additional Language：English in Thailand,（Dissertation Abstracts International,Ann Arbor, 1985 May,45：11,3337A 3338A）.

　　Clark,Marybeth. 1971. Submissive Verbs as Adversatives in Some Asian Languages,Working Papers in Linguistics,3,8：119 - 142,University of Hawaii,Honolulu,HI.

　　Clark,Marybeth. 1974. Submissive Verbs as Adversatives in Some Asian Languages,South East Asian Linguistic Studies,（Nguyen Dang Liem）,pp. 89 - 110,Canberra：Pacific Ling,,Australian Natl,Univ,213.

　　Clark,Marybeth. 1992. Serialization in Mainland Southeast Asia,Pan - Asiatic Linguistics,Proceedings of the Third International Symposium,Vol. 1, pp. 145 - 159,Chulalongkorn University Printing House.

　　Clark,Marybeth；Prasithrathsint,Amara. 1985. Synchronic Lexical Derivation in Southeast Asian Languages,Southeast Asian Linguistic Studies Presented to Andre G. ,Haudricourt,（Ratanakul,Suriya； Thomas,David； Premsirirat,Suwilai； eds）,pp. 34 - 81,Mahidol University,Bangkok.

　　Cohen,Erik. 1987. "Phut Thai Dai！"：Acquisition of Hosts' Language Among Expatriates in Bangkok,International Journal of the Sociology of Language,63,5 - 19,Berlin,Germany（IJSL）.

　　Collins Ahlgren,Marianne. 1990. Spatial - Locative Predicates in Thai Sign Language,Lucas Ceil（ed）,pp. 103 - 117,Washington,DC：Gallaudet UP,384.

　　Comparative Thai. Language Dictionary：Bangkok,Chiangmai,Thai Lu, Thai Dam,Chiangmai University,Faculty of Humanities.

　　Compton,Carol J. A. 1997. Wai Khru for Acan Gedney,Papers from a Conference on Thai Studies in Honor of William J. ,Gedney,（Bickner Robert J. ,Hudak Thomas J. ,Peyasantiwong Patcharin（ed,））,pp. 91 - 106,Ann Arbor：Center for South & Southeast Asian Studies,Univ,of Michigan.

　　Compton,Carol J. & Lam Khon. 1979. Savan：a Traditional Form and a Contemporary Theme,Tai Studies in Honour of William J,Gedney,（Gething, T. W. ； Liem,Nguyen Dang； eds,）,Papers in South - East Asian Linguistics No. 6,Dept,of Linguistics,School of Pacific Studies,the Australian National University.

　　Cooke,Joseph R. 1989. Thai Sentence Particles and Other Topics,Pacific Linguistics,Series A - 80,Papers in South - East Asian Linguistics No. 12,

Dept of Linguistics, Research School of Pacific Studies, the Australian National University.

 Cooke, Joseph R. 1992. Thai Sentence Particles: Putting the Puzzle Together, Pan – Asiatic Linguistics, Proceedings of the Third International Symposium, Vol. 3, pp. 1105 – 1119, Chulalongkorn University Printing House.

 Cooke, Joseph Robinson. 1966. Pronomial Reference in Thai, Burmese, and Vietnamese, (Disser tation Abstracts International, Ann Arbor, 1966, 26, 3939).

 Cooper, Doug Font Design for Thai/English Typestting, Second Symposium on Natural Language Processing, pp. 159 – 170.

 Cooper, Doug. 1995. Fuzzy Letters and Thai Optical Character Recognition, Second Symposium on Natural Language Processing, pp. 180 – 191.

 Cooper, Doug. 1995. Sorting by Sound – Arbitrary Lexical Ordering for Transcribed Thai Text, Selected Papers from the 10th Pacific Asia Conference on Language, Information, and Computation, City University of Hong Kong.

 Cooper, Doug. 1996. Ambiguous(((Par(t)(it)((ion))s))(in)) Thai Text, Selected Papers from the 11th Pacific Asia Conference on Language, Information, and Computation, (Park, Byung – Soo; Kim, Jong – Bok; eds), pp. 109 – 118, Language Education and Research Instiute, Khyng Hee University, Seoul.

 Cooper, Doug. 1996. How Do Thais Tell Letters Apart?, Pan – Asiatic Linguistics, Proceedings of the Fourth International Symposium, Vol. 4, pp. 1163 – 1176, Mahidol University.

 Cooper, Doug. 1997. 45,656 Thai Names: Statistics and Implications of Passlist, 96, 1997 International Conference on Computer Processing of Oriental Languages, Hong Kong Baptist University.

 Cooper, Doug. 1997. How to Read Less and Know More: Approximate Optical Character Recognition for Thai, ACM SIGIR '97, Philadelphia, USA, Association for Computing Machinery, Special Interest Group on Information Retrieval.

 Court, Christopher. 1972. Tones of the Traat Dialect, Tai Phonetics and Phonology(Harris, Jimmy G. , Noss, Richard B. ; eds), pp. 47 – 49, Central Institute of English Language, Office of State Universities, Faculty of Science, Mahidol University.

Court, Christopher. 1985. Observations on Some Cases of Tone Sandhi; Papers Presented to Paul K, Benedict for His 71st Birthday, Linguistics of the Sino Tibetan Area: The State of the Art, (Thurgood Graham (ed); Matisoff James A (ed); Bradley David (ed)), pp. 125 - 137, Canberra: Dept. of Ling, Research School of Pacific Studies, Australian National Univ.

Court, Christopher. 1996. The Consonant "R" and Laryngeal Features in Southeast Asia: Aspiration for Tai and a New Register Complex for Khmer, Pan - Asiatic Linguistics, Proceedings of the Fourth International Symposium, Vol. 5, pp. 1627 - 1632, Mahidol University.

Cuong, Cam. 1992. Studying of Vietnamese Thai's Script: its Comparison with the Script of Thailand, Pan - Asiatic Linguistics, Proceedings of the Third International Symposium, Vol. 2, pp. 605 - 613, Chulalongkorn University Printing House.

Danvivathana, Nantana. 1987. The Thai Writing System, (PhD dissertation) Helmut Buske Verlag, Hamburg.

Davis, Chris; Schoknecht, Colin Lexical. 1996. Processing in Thai - English Bilinguals, Pan - Asiatic Linguistics, Proceedings of the Fourth International Symposium, Vol. 4, pp. 1399 - 1428, Mahidol University.

Davis, Richard. 1990. A Northern Thai Reader, The Siam Society, Deepadung, Sujaritlak The Noun Phrase in Thai in the Residential Grammar Framework, (Dissertation Abstracts International, Ann Arbor, 1990 May, 50: 11, 3569A).

Deepadung, Sujartilak. 1997. Extension in the Usage of the Thai Classifier /tua/, Southeast Asian Linguistic Studies in Honour of Vichin Panupong, (Abramson, Arthur S. , ed), pp. 49 - 56, Chulalongkorn University Press, Bangkok.

Deephuengton, Phawadee. 1992. Politeness in Thai: Strategies of Refusing and Disagreeing (PhD dissertation) U of Kansas, (Dissertation Abstracts International, Ann Arbor, 1993 Oct. , 54: 4, 1340A DAI No: DA9323002).

Delancey, Scott. 1986. Toward a History of Tai Classifier System, Noun classes and categorization, (Craig Colette, ed), John Benjamins Publishing Company, Amsterdam.

Denlinger, Paul B. 1986. Lucky Nine: Dating a Chinese Cognate in Thai and Vietnamese, Journal of the American Oriental Society, 106, 2: 343 - 344,

Ann Arbor, MI(JAOS).

 Dhananjayananda, Puttachart. 1992. The Emergence of Length Distinction of Mid – Front Vowels /e – Ee/ in Thai, Pan – Asiatic Linguistics, Proceedings of the Third International Symposium, Vol. 3, pp. 1294 – 1304, Chulalongkorn University Printing House.

 Dhananjayananda, Puttachart. 1997. The Emergence of the Length Distinction in the Mid – Front Vowels "e – Ee" in Thai, Comparative Kadai: The Tai branch, 327 – 335, Summer Institute of Linguistics and the University of Texas at Arlington Publications in Linguistics 124 Jerold A, Edmondson; David B, Solnit(eds).

 Dhongde, R. V. 1992. Standard – Thai and Tai – Phake: a Comparison of Phonology and a Comparison of Morphology, Pan – Asiatic Linguistics, Proceedings of the Third International Symposium, Vol. 2, pp. 735 – 746, Chulalongkorn University Printing House.

 Dhongde, R. V.; Kingcom, P. M. 1991. Wilaisak Classifiers in Tai – Phake, Journal of Language and Linguistics, 10, 1, Thammasat University.

 Diffloth, GerardMon – Khmer. 1977. Initial Palatals and "Substratumized" Austro – Thai, Mon Khmer Studies, 6:39 – 57, Honolulu, HI.

 Diller, Anthony. 1991. Review of "Burusphat, Somsonge the Structure of Thai Narrative" [27944], Anthropological Linguistics, 33(2):220 – 221.

 Diller, Anthony. 1992. On the History of Tone – Marking in Asian Languages, Pan – Asiatic Linguistics, Proceedings of the Third International Symposium, Vol. 2, pp. 628 – 638, Chulalongkorn University Printing House.

 Diller, Anthony. 1996. Linguistic Zero in Asia: from Panini to Pro – Drop, Pan – Asiatic Linguistics, Proceedings of the Fourth International Symposium, Vol. 1, pp. 242 – 258, Mahidol University.

 Diller, Anthony. 1997. Does Thai Permit Detransitivity? Southeast Asian Linguistic Studies in Honour of Vichin Panupong(Abramson, Arthur S, ed), pp. 57 – 78, Chulalongkorn University Press, Bangkok.

 Diller, Anthony V. N. 1976. A Note on Proto – Tai Ml – , Tai Linguistics in Honor of Fang – Kuei Li, (Gething, Thomas; Harris, Jimmy; Kullavanijaya, Pranee(eds)), pp. 39 – 46, Chulalongkorn University Press, Bangkok.

 Diller, Anthony V. N. 1976. Toward a Model of Southern Thai Diglossic Speech Variation, (PhD dissertation) Cornell University Southeast Asia Program.

Diller, Anthony V. N. 1979. Review of "A Handbook of Comparative Tai," by F,K,Li,Journal of Asian Studies,38:616 – 617.

Diller, Anthony V. N. 1979. Review of "South – East Asian Linguistic Studies,Volumes 1 – 2," Edited by Nguyen Dang Liem,Asian Studies Association of Australia Review,2,3:93 – 95.

Diller, Anthony V. N. 1979. Tones,Segments and Thai Regional Society,Studies in Tai and Mon – Khmer Phonetics and Phonology in Honour of Eugenie J, A, Henderson, (Thongkum, Theraphan L. ; et al. eds), pp. 60 – 93, Chulalongkorn University Press,Bangkok.

Diller, Anthony V. N. 1980. Cross – Cultural Pain Semantics,Pain,Journal of the International A ssociation for the Study of Pain,9:9 – 26.

Diller, Anthony V. N. 1980. How Many Tones for Southern Thai,South – East Asian Linguistic Studies,Volume 4,edited by Nguyen Dang Liem,Pacific Linguistics,C49:117 – 129.

Diller, Anthony V. N. 1980. Phonological Malfunction or Morphological Malaise? TEFL/TESL Newsletter,5,1:16 – 22.

Diller, Anthony V. N. 1982. A New High Tone for Southern Thai,Tonation,Papers in South – East Asian Linguistics,No. 8,edited by David Bradley,Pacific Linguistics,A62:133 – 154.

Diller, Anthony V. N. 1983. Review of "The Teachers of Mad Dog Swamp," by Somphong Palasoon,Translated by Gehan Wijeyewardene,Asian Studies Association of Australia Review,6,3:121 – 123.

Diller, Anthony V. N. 1985. High and Low Thai:Views From Within,Language Policy, Language Planning and Sociolinguistics in South – East Asia, (Bradley,David,ed),Papers in South – East Asian Linguistics No. 9,A – 67:51 – 76,Pacific Linguisitics.

Diller, Anthony V. N. 1985. Vowels and Tones in Southern Thai:a Diachronic Anomaly, Southeast Asian Linguistic Studies Presented to Andre G, Haudricourt, (Ratanakul,Suriya; Thomas,David; Premsirirat,Suwilai; eds), pp. 310 – 354,Mahidol University,Bangkok.

Diller, Anthony V. N. 1987. Reflections on Tai Diglossic Mixing,22,3:147 – 166,Orbis(Louvain).

Diller, Anthony V. N. 1988. A Note on Coeds "Archaic Tai" Script and its Relation to L,Thai – Yunnan Newsletter,2:7.

Diller, Anthony V. N. 1988. Review of "Modern Thai Literature," by Herbert P,Phillips,Pacific Affairs,61,2:370 – 372.

Diller,Anthony V. N. 1988. Tai Scripts and Proto – Tai:The Case of Palatal Continuants, International Symposium on Language and Linguistics (PAL II),(Cholticha,B,et al. ,eds,),pp. 228 – 247,Thammasat University,Bangkok.

Diller, Anthony V. N. 1988. Thai Syntax and "National Grammar", Language Sciences,10,2:273 – 312.

Diller, Anthony V. N. 1989. Review of "Lai Su' Thai:Essays in Honour of E,H,S,Simmonds," Edited by J. H. C. S. ,Davidson,Journal of Southeast Asian Studies,20,2:360 – 362.

Diller, Anthony V. N. 1989. Southern Thai Deixis, South – East Asian Syntax,Papers in South – East Asian Linguistics No. 11,Edited by David Bradley,Pacific Linguistics, A – 77:1 – 14.

Diller, Anthony V. N. 1990. On Referring to Thai – Related Languages in Vietnam,Thai – Yunnan Newsletter,10:9 – 11.

Diller, Anthony V. N. 1991. Consonant Mergers – a Closer Look, The Ram Khamhaeng Controversy,(Chamberlain,James R. ,ed),pp. 487 – 512,Siam Society,Bangkok.

Diller, Anthony V. N. 1991. Consonant Mergers and Inscription One, The Ram Khamhaeng Controversy,(Chamberlain,James R. ,ed),pp. 161 – 192, Siam Society,Bangkok.

Diller, Anthony V. N. 1991. Review of "The Indigenization of Pali Meters in Thai," by T,Hudak,Pacific Affairs,64,3:430 – 431.

Diller, Anthony V. N. 1991. What Makes Central Thai a National Language? National Identity and its Defenders:Thailand,1938 – 1989,pp. 87 – 132,Silkworm Books,Chiang Mai.

Diller, Anthony V. N. 1992. Review of "Phadaeng Nang Ai;a Translation of a Thai – Isan Folk Epic," by Wajuppa Tossa,Asian Folklore Studies(Nagoya),51,1:154 – 156.

Diller, Anthony V. N. 1992. Tai Languages in Assam:Daughters of Ghosts? Papers on Tai Languages,Linguistics,and Literatures in Honor of William J,Gedney,(Compton,Carol J. ,Hartmann,John F. ,eds,),Monograph

Series on Southeast Asia Occasional Paper No. 16, pp. 5 - 43, Center for Southeast Asian Studies, Northern Illinois University.

Diller, Anthony V. N. 1992. The "Extra Y" in Northern Thai Script, Patterns and Illusions: Thai History and Thought in Memory of Richard Davis, Edited by Gehan Wijeyewardene and E. C. Chapman, Singapore: Institute of Southeast Asian Studies, pp. 199 - 235.

Diller, Anthony V. N. 1993. Diglossic Grammaticality in Thai, The Role of Theory in Language Description, Edited by W. A., Foley, Trends in Linguistics, Studies and Monographs No. 69, pp. 393 - 420, Mouton de Gruyter, Berlin and New York.

Diller, Anthony V. N. 1993. Review of "Thai Ahoms and the Stars: Three Ritual Texts to Ward off Danger," Translated and Edited by B. J., Terwiel and Ranoo Wichasin, Asian Folklore Studies (Nagoya) 62, 2: 418 - 421.

Diller, Anthony V. N. 1994. Review of "The Structure of Thai Narrative Discourse," by Somsonge Burusphat, Anthropological Linguistics 1994, 1: 220 - 221.

Diller, Anthony V. N. 1994. Tai Languages: Varieties and Subgroup Terms, Thai - Yunnan Project Newsletter, 25: 8 - 17.

Diller, Anthony V. N. 1994. Thai, Semantic and Lexical Universals, Edited by Cliff Goddard and Anna Wierzbicka, Studies in Language Companion Series Vol. 25, Amsterdan and Philadelphia: John Benjamins, pp. 149 - 170.

Diller, Anthony V. N. 1995. Keeping Time in Tai, Proceedings of the Conference on Tai Languages and Cultures in Honor of the Sixth Cycle of Her Royal Highness Princess Galyani Vadhana, Thammasat University, 7 - 8 December, Edited by Wilaiwan Khanittanan and Gwyn Williams, pp. 1 - 18.

Diller, Anthony V. N. 1995. Mai Ek Ma Cak Nai? [In Thai, English Title: the Origin of the Tone Marker Mai Ek], Phasa Charu'k Chabap Phak Wicha Phasa Tawan O'k 20 Pi, Edited by Uraisi Varasarin, pp. 33 - 48, Silpakorn University, Bangkok.

Diller, Anthony V. N. 1995. Sriwijaya and the First Zeros, Journal of the Malaysian Branch of the Royal Asiatic Society, 68, 1: 53 - 66.

Diller, Anthony V. N. 1995. Thai Rice and English Cows, Journal of the Humanities, 25, 36: 1 - 10, Songkla Nakharin University.

Diller, Anthony V. N. 1996. New Zeros and Old Khmer, Mon - Khmer Studies, 25: 125 - 132.

Diller, Anthony V. N. 1996. Review of "Linguistic Diversity and National Unity," by William a, Smalley, Language in Society, 25, 1:141 – 144.

Diller, Anthony V. N. 1996. Thai and Lao, The World's Writing Systems, Edited by Peter T, Daniels and William Bright, Oxford University Press, pp. 457 – 466.

Diller, Anthony V. N. 1996. Thai Orthography and the History of Marking Tone, Oriens Extremus, 39, 2:228 – 254.

Diller, Anthony V. N. 1998. Review of "In the Land of Lady White Blood: Southern Thailand and the Meaning of History," by Lorraine M, Gesick, Pacific Affairs, 71, 1:127 – 128.

Diller, Anthony V. N. 1999. A Trang Cave Text of 1614 AD, Journal of the Siam Society, 86, 1 – 2:232 – 234.

Diller, Anthony V. N. & Barz, R., K. 1985. Classifiers and Standardisation: Some South and South – East Asian Comparisons, Language Policy, Language Planning and Sociolinguistics in South – East Asia, (Bradley, David, ed,), Papers in South – East Asian Linguistics No. 9, A67:155 – 184, Pacific Linguisitics.

Diller, Anthony V. N. & Juntanamalaga, Preecha. 1988. Deictic Derivation in Thai, Prosodic Analysis and Asian Linguistics to Honour R, K, Sprigg, Edited by David Bradley, Eugenie J, A, Henderson and Martine Mauzedon, Pacific Linguistics, C – 104:167 – 194.

Diller, Anthony V. N. & Juntanamalaga, Preecha. 1990. "Full Hearts" & Empty Pronominals in Thai, Australian Journal of Linguistics, 10, 2:231 – 255.

Diller, Anthony V. N. & Juntanamalaga, Preecha. 1992. Thai Pragmatic Constructions: the Oey Paradigm, Journal of Pragmatics, 18, 2 – 3:289 – 301.

Diller, Anthony V. N., Terwiel, B, J, & Satyawadhna, Cholthira. 1990. Khon Thai (Doem) Mai Dai Yu Thi Ni, (The (Proto –) Tais did not live here,), pp. 80 – 185, Muang Boran, Bangkok.

Egerod, Soren. 1972. Tones of Phuket and Ko Samui: a Correction, Tai Phonetics and Phonology, (Harris, Jimmy G.; Noss, Richard B.; eds,), pp. 50 – 51, Central Institute of English Language, Office of State Universities, Faculty of Science, *Mahidol University*.

Ehrman, Madeline E. 1972. Contemporary Cambodian: Grammatical

Sketch, Department of State, Washington.

Ekasingh, Suphatcharee. 1992. Teacher Talk: the Language of Nonnative Teachers in Thai EFL Classrooms, (PhD dissertation) U of Illinois, Urbana, (Dissertation Abstracts International, Ann Arbor, 1992 May, 52: 11, 3845A 46A DAI No. : DA9210794).

Ekniyom, Peansiri. 1971. Relative Clauses in Thai, (MA thesis) University of Washington.

Ekniyom, Peansiri. 1981. A Study of Informational Structuring in Thai Sentences, (PhD dissertation) University of Hawaii.

Erickson, Donna. 1974. Fundamental Frequency Contours of the Tones of Standard Thai, PASAA: The Journal of Language Teaching and Learning in Thailand, 4: 1 - 25.

Erickson, Donna. 1975. Phonetic Implications for an Historical Account of Tonogenesis in Thai, Studies in Thai linguistics in Honor of William J, Gedney, (Harris, Jimmy; Chamberlain, James Eds.), Central Institute of English Language, Bangkok.

Erickson, Donna. 1976. A Physiological Analysis of the Tones of Thai, (PhD dissertation) University of Connecticut.

Esterik, Penny van & Esterik, John van. 1980. Royal Style in Village Context: Translation and Interpretation of a Thai Tonsure Text, Asian Folklore Studies, 39: 1, 63 - 78, Nagoya, Japan (AFS).

Eugenie, J. A. 1985. Henderson Feature Shuffling in Southeast Asian Languages, Southeast Asian Linguistic Studies Presented to Andre G., Haudricourt, (Ratanakul, Suriya; Thomas, David; Premsirirat, Suwilai; eds,), pp. 1 - 22, Mahidol University, Bangkok.

Ferlus, Michel. 1997. Origin of the Graph /b/ in the Thai Script, Southeast Asian Linguistic Studies in Honour of Vichin Panupong, (Abramson, Arthur S. ed.), pp. 79 - 82, Chulalongkorn University Press, Bangkok.

Filbeck, David. 1973. Pronouns in Northern Thai, Anthropological Linguistics, 15: 345 - 361, Bloomington, IN.

Filbeck, David. 1973. The Passive in Thai, Anthropological Linguistics, 15: 33 - 41, Bloomington, IN.

Filbeck, David. 1975. A. Grammar of Verb Serialization in Thai, Studies in Thai linguistics in Honor of William J, Gedney, (Harris, Jimmy; Chamberlain,

James(Eds,)), pp. 112 – 129, Central Institute of English Language, Bangkok.

Fippinger, Jay; Fippinger, Dorothy. 1970. Black Tai Phonemes, with Reference to White Tai, Anthropological Linguistics, 12:83 – 97, Bloomington, IN.

Foreit, Karen G. 1977. Linguistic Relativism and Selective Adaptation for Speech: A Comparative Study of English and Thai, Perception and Psychophysics, 21:347 – 351, Champaign, IL.

Gajaseni, Chansongklod A. 1994. Contrastive Study of Compliment Responses in American English and Thai Including the Effect of Gender and Social Status, (PhD dissertation) U of Illinois, Urbana, (Dissertation Abstracts International, Ann Arbor, 1995 June, 55:12, 3770A DAI No.: DA9512365).

Gandour, J. 1983. Tone Perception in Far Eastern Languages, Journal of Phonetics, 11:149 – 175.

Gandour, J. 1987. Tone Production in Aphasia, Phonetic Approaches to Speech Production in Aphasia and Related Disorders, J., Ryalls(Ed,), pp. 45 – 57, College – Hill Press, Boston, MA.

Gandour, J. 1994. Phonetics of Tone, The Encyclopedia of Language & Linguistics, R, Asher & J, Simpson, eds, 6:3116 – 3123, Pergamon Press, New York.

Gandour, J. 1998. Aphasia in Tone Languages, Aphasia in Atypical Populations, P, Coppens, A., Basso, & Y., Lebrun, Eds, Lawrence Erlbaum, Malwah, NJ, pp. 117 – 141.

Gandour, J. & Dardarananda, R. 1983. Identification of Tonal Contrasts in Thai Aphasic Patients, Brain and Language, Jan., 18:1, 98 – 114, Orlando, FL (B&L).

Gandour, J. & Dardarananda, R.; Vibulsreth, S.; Buckingham, H. W., Jr. 1982. Case Study of a Thai Transcortical Motor Aphasic, Language and Speech, Mar, June, 25:2, 127 – 150, Whitton, Twickenham, England(L&S).

Gandour, J. 1976. Maddieson, I Measuring Larynx Movement in Standard Thai Using the Cricothyrometer, Phonetica, 33:241 – 267, 4000 Basel, Switzerland.

Gandour, J.; Ponglorpisit, S.; Khunadorn, F.; Dechongkit, S.; Boongird, P.; Boonklam, R. 1992. Timing Characteristics of Speech After Brain Damage: Vowel Length in Thai, Brain and Language, Apr., 42:3, 337 – 345.

Gandour, J.; Ponglorpisit, S.; Potisuk, S.; Khunadorn, F.; Boongird, P.; Dechongkit, S, 1997. Interaction Between Tone and Intonation in Thai After Unilateral Brain Damage, Brain and Language, 58:174 – 196.

Gandour, J., Weinberg, B.; Petty, S. H.; Dardarananda, R. 1987. Vowel Length in Thai Alaryngeal Speech, Folia Phoniatrica: International Journal of Phoniatrics, Speech Therapy and Communication Pathology, May June, 39:3, 117 – 121, Basel, Switzerland (FPhon).

Gandour, J., Wong, D.; Van Lancker, D.; Hutchins, G. 1997. A PET Investigation of Speech Prosody in Tone Languages, Brain and Language, 60: 192 – 194.

Gandour, Jack. 1974. Consonant Types and Tone in Siamese, Journal of Phonetics, 2:337 – 350, Colchester CO4 3SQ, England.

Gandour, Jack. 1976. Aspects of Thai Tones, (PhD dissertation) University of California, Los Angeles, (Dissertation Abstracts International, Ann Arbor, 1976, 37, 1516A).

Gandour, Jack. 1977. Counterfeit Tones in the Speech of Southern Thai Bidialectals, Lingua, 41:125 – 143, Amsterdam Z, , Netherlands.

Gandour, Jack. 1977. On the Interaction between Tone and Vowel Length: Evidence from Thai Dialects, Phonetica, 34:54 – 65, 4000 Basel, Switzerland.

Gandour, Jack. 1993 [1996]. On the Deictic Use of Verbs of Motion Come and Go in Thai, Anthropological Linguistics, 20:381 – 394, Bloomington, IN.

Gandour, Jack. 1979. Tonal Rules for English Loanwords in Thai, Studies in Tai and Mon – Khmer Phonetics and Phonology in Honour of Eugenie J, A, Henderson, (Thongkum, Theraphan L; et al. eds), Chulalongkorn University Press, Bangkok.

Gandour, Jack. 1982. A Diagnostic Aphasia Examination for Thai, Linguistics of the Tibeto Burman Area, Spring, 6:2, 65 – 76, Berkeley, CA (LTBA).

Gandour, Jack. 1984. Vowel Duration in Thai, I, Crossroads: an Interdisciplinary Journal of Southeast Asian Studies, 2:1, 59 – 64, DeKalb, IL (Crossroads).

Gandour, Jack. 1985. A Voiced Onset Time Analysis of Word – Initial Stops in Thai, Linguistics of the Tibeto Burman Area, Spring, 8:2, 68 – 80, Berkeley, CA (LTBA).

Gandour, Jack. 1992. Neurolinguistic Analysis of Spelling Errors in Thai, Pan – Asiatic Linguistics, Proceedings of the Third International Symposium, Vol. 1, pp. 561 – 574, Chulalongkorn University Printing House.

Gandour, Jack. 1995. Speech Timimg in Thai Brain – Damaged Patients, Journal of Language and Linguistics, 14, 1, Thammasat University.

Gandour, Jack. 1994. Akamanon, Chanut; Dechongkit, Sumalee; Khunadorn, Fuangfa; Boonklam, Rachanee Sequences of Phonemic Approximations in a Thai Conduction Aphasic, Brain and Language, Jan, 46:1, 69 – 95, Orlando, FL(B&L).

Gandour, Jack; Buckingham, Hugh, Jr; Dardarananda, Rochana. 1985. The Dissolution of Numeral Classifiers in Thai, Linguistics: an Interdisciplinary Journal of the Language Sciences, 23:4 (278), 547 – 566, Berlin, Germany (Linguistics).

Gandour, Jack; Buckingham, Hugh, Jr; Dardarananda, Rochana; Stawathumrong, Preecha; Petty, Soranee Holasuit. 1982. Case Study of a Thai Conduction Aphasic, Brain and Language, Nov., 17:2, 327 – 358, Orlando, FL (B&L).

Gandour, Jack; Carney, Arlene; Nimitbunnasarn, Chuleeporn; Amatyakul, Poonpit. 1984. Tonal Confusions in Thai Patients with Sensorineural Hearing Loss, Journal of Speech and Hearing Research, Mar, 27:1, 89 – 97, Rockville, MD (JSHR).

Gandour, Jack; Dardarananda, Rochana. 1982. Voice Onset Time in Aphasia: Thai, I: Perception, Brain and Language, Sept., 17:1, 24 – 33, Orlando, FL(B&L).

Gandour, Jack; Dardarananda, Rochana. 1984. Prosodic Disturbance in Aphasia: Vowel Length in Thai, Brain and Language, Nov., 23:2, 206 – 224, Orlando, FL(B&L).

Gandour, Jack; Dardarananda, Rochana. 1984. Voice Onset Time in Aphasia: Thai, II: Production, Brain and Language, Nov., 23:2, 177 – 205, Orlando, FL(B&L).

Gandour, Jack; Dardarananda, Rochana; Holasuit, Soranee. 1991. Nature of Spelling Errors in a Thai Conduction Aphasic, Brain and Language, July, 41:1, 96 – 119, Orlando, FL(B&L).

Gandour, Jack; Dechongkit, Sumalee; Ponglorpisit, Suvit; Khunadorn,

Fuangfa; Boongird, Prasert. 1993. Intraword Timing Relations in Thai After Unilateral Brain Damage, Brain and Language, Aug. ,45:2,160 - 179.

Gandour, Jack; Dechongkit, Sumalee; Ponglorpisit, Suvit; Khunadorn, Fuangfa. 1994. Speech Timing at the Sentence Level in Thai after Unilateral Brain Damage, Brain and Language, Apr, 46:3, 419 - 438, Orlando, FL (B&L).

Gandour, Jack; Gandour, Mary Jane. 1982. The Relative Frequency of Tones in Thai, Tonation, (Bradley David(ed,)), pp. 155 - 159, Canberra: Dept, of Ling, ,Research School of Pacific Studies, Aus, Nat, Univ.

Gandour, Jack; Larsen, Jennifer; Dechongkit, Sumalee; Ponglorpisit, Suvit; Khunadorn, Fuangfa. 1995. Speech Prosody in Affective Contexts in Thai Patients with Right Hemisphere Lesions, Brain and Language, Dec. ,51:3,422 - 443, Orlando, FL(B&L).

Gandour, Jack; Petty, Soranee Holasuit; Dardarananda, Rochana; Dechongkit, Sumalee; Mukngoen, Sunee. 1986. The Acquisition of the Voicing Contrast in Thai: a Study of Voice Onset Time in Word - Initial Stop Consonants, Journal of Child Language, Oct. ,13:3,561 - 572, Cambridge, England (JChL).

Gandour, Jack; Petty, Soranee Holasuit; Dardarananda, Rochana; Dechongkit, Sumalee; Mukngoen, Sunee. 1986. The Acquistion and Dissolution of the Voicing Contrast in Thai, Linguistics of the Tibeto Burman Area, Fall,9:2, 36 - 52, Berkeley, CA(LTBA).

Gandour, Jack; Ponglorpisit, Suvit; Dechongkit, Sumalee; Khunadorn, Fuangfa; Boongird, Prasert; Potisuk, Siripong. 1993. Anticipatory Tonal Coarticulation in Thai Noun Compounds after Unilateral Brain Damage, Brain and Language, July,45:1,1 - 20.

Gandour, Jack; Ponglorpisit, Suvit; Khunadorn, Fuangfa; Dechongkit, Sumalee; Boongird, Prasert; Boonklam, Rachanee; Potisuk, Siripong. 1992. Lexical Tones in Thai After Unilateral Brain Damage, Brain and Language, Aug. ,43:2,275 - 307, Orlando, FL(B&L).

Gandour, Jack; Potisuk, Siripong. 1996. An Acoustic and Perceptual Evaluation of Syntactically Ambiguous Sentences in Thai Reiterant Speech, Mon Khmer Studies: a Journal of Southeast Asian Languages, 25, 51 - 68, Dallas, TX.

Gandour, Jack; Potisuk, Siripong; Dechongkit, Sumalee. 1994. Tonal Coarticulation in Thai, Journal of Phonetics, Oct. , 22:4, 477 – 492, Footscray, Kent, England(JPhon).

Gandour, Jack; Potisuk, Siripong; Dechongkit, Sumalee; Ponglorpisit, Suvit. 1992. Anticipatory Tonal Coarticulation in Thai Noun Compounds, Linguistics of the Tibeto Burman Area, Spring, 15:1, 111 – 124, Berkeley, CA (LTBA).

Gandour, Jack; Potisuk, Siripong; Dechongkit, Sumalee; Ponglorpisit, Suvit. 1992. Tonal Coarticulation in Thai Disyllabic Utterances: a Preliminary Study, Linguistics of the Tibeto Burman Area, Spring, 15:1, 93 – 110, Berkeley, CA(LTBA).

Gandour, Jack; Potisuk, Siripong; Harper, Mary P. 1996. Effects of Stress on Vowel Length in Thai, Pan – Asiatic Linguistics, Proceedings of the Fourth International Symposium, Vol. 1, pp. 95 – 103, Mahidol University.

Gandour, Jack; Potisuk, Siripong; Perkins, Judy. 1997. Using Reiterant Speech to Study Prosodic Phenomena in Thai, Southeast Asian Linguistic Studies in Honour of Vichin Panupong, (Abramson, Arthur S, ed), pp. 83 – 96, Chulalongkorn University Press, Bangkok.

Gandour, Jack; Potisuk, Siripong; Ponglorpisit, Suvit; Dechongkit, Sumalee; Khunadorn, Fuangfa; Boongird, Prasert. 1996. Tonal Coarticulation in Thai After Unilateral Brain Damage, Brain and Language, Mar, 52:3, 505 – 535, Orlando, FL(B&L).

Gandour, Jack; Weinberg, Bernd; Petty, Soranee Holasuit; Dardarananda, Rochana. 1987. Voice Onset Time in Thai Alaryngeal Speech, Journal of Speech and Hearing Disorders, Aug,, 52:3, 288 – 294, Rockville, MD (JSHD).

Gandour, Jack; Weinberg, Bernd; Petty, Soranee Holasuit; Dardarananda, Rochana. 1988. Tone in Thai Alaryngeal Speech, Journal of Speech and Hearing Disorders, Feb. ,53:1, 23 – 29, Rockville, MD(JSHD).

Gandour, Jackson et al. 1993. Age – Related Effects on Sentence Timing in Thai, Journal of Language and Linguistics, 12, 1, Thammasat University.

Gandour, Jackson T. 1978. Talking Backwards About Sex (etc) in Thai, Maledicta, 2, 111 – 114.

Gandour, Jackson T. 1988. Perceptual Dimensions of Tone: Thai, South

East Asian Linguistic Studies, Vol. 3, (Liem Nguyen Dang), pp. 277 – 300, Canberra: Research School of Pacific Studies, Australian Nat, Univ, 326 pp.

Gandour, Jackson T; Dardarananda, Rochana. 1989. A Case Study of Abnormal Phonological Development in Thai, Linguistics of the Tibeto Burman Area, Spring, 12:1, 156 – 185, Berkeley, CA (LTBA).

Gandour, Jackson Thomas. 1976. "Counterfeit Tones" in the Speech of Southern Thai Bidialectals, Studies on Production and Perception of Tones, (Hombert Jean Marie), pp. 3 – 19, Los Angeles: Univ, of California, 216 pp.

Gandour, Jackson Thomas; Maddieson, Ian. 1976. Measuring Larynx Movement in Standard Thai Using the Cricothyrometer, Studies on Production and Perception of Tones, (Hombert Jean Marie), pp. 160 – 190, Los Angeles: Univ, of California, 216 pp.

Gandour, Jackson; Potisuk, Siripong. 1991. Distinctive Features of Thai Consonant Letters, Journal of Language and Linguistics, 9, 2, Thammasat University.

Gebhard, Jerry G. 1979. Thai Adaptation of English Language Features: a Study of Thai – English, Papers in Pidgin and Creole Linguistics No. 2, pp. 201 – 216, Canberra: Dept, of Ling, , Australian Nat, Univ, 290 pp.

Gedney, William J. 1972. A Checklist for Determining Tones in Tai Dialects, Studies in Linguistics in Honor of George L. , Trager, (Smith M. , Estellie), pp. 423 – 438, The Hague: Mouton, 506 pp.

Gedney, William J. 1947. Indic Loanwords in Spoken Thai, (PhD dissertation) Yale University, (Dissertation Abstracts International, Ann Arbor, 1965, 25, 4696).

Gedney, William J. 1972. A Puzzle in Comparative Tai Phonology, Tai Phonetics and Phonology, (Harris, Jimmy G. , Noss, Richard B. ; eds), pp. 52 – 57, Central Institute of English Language, Office of State Universities, Faculty of Science, Mahidol University.

Gedney, William J. 1991. Comments on Linguistic Arguments Relating to Inscription One, The Ram Khamhaeng Controversy, (Chamberlain, James R. , ed), pp. 193 – 226, Siam Society, Bangkok.

Gething, Thomas. 1972. Aspects of Meaning in Thai Nominals: A Study in Structural Semantics, Mouton, The Hague.

Gething, Thomas. 1975. Two Types of Semantic Contrast between Thai and

Lao, A Tai Festschrift for William Gedney, (Gething, Thomas, ed.), pp. 43 – 54, University of Hawaii Press.

Gething, Thomas W. 1967. Some Aspects of Semantic Structure in Standard Thai, (Dissertation Abstracts International, Ann Arbor, 1967, 28, 214A 215A).

Gething, Thomas W. 1968. Structural Redundancy in Thai Semantics, Language: Journal of the Linguistic Society of America, 44:813 – 818, Los Angeles, CA.

Gething, Thomas W. 1979. The Thai Language as a Map of Thai Culture, Tai Studies in Honour of William J. Gedney, (Gething, T. W. ; Liem, Nguyen Dang. eds.), Papers in South – East Asian Linguistics No. 6, Dept, of Linguistics, School of Pacific Studies, the Australian National University,

Glazova, Marina. 1980. A Syntagmatic Characterization of the Segmental Phonemes of the Southeast Asian Languages Compared with Chinese, Papers from the Fourth Annual Meeting of the Atlantic Provinces Linguistic Association, (Kinloch A. M. (ed); House A. B. ed.), pp. 95 – 107, Fredericton, Can, : Univ, of New Brunswick.

Godden, Kurt Sterling. 1982. Montague Grammar and Machine Translation between Thai and English, (Dissertation Abstracts International, Ann Arbor, 1982 Jan. ,42:7,2907B 2908B).

Gohain, Aimya K. 1992. The Tai Language as Spoken by the Tai – Phakaes, Pan – Asiatic Linguistics, Proceedings of the Third International Symposium, Vol. 1, pp. 44 – 59, Chulalongkorn University Printing House.

Goral, Donald. 1986. Verb Concatenation in Southeast Asian Languages: a Cross – Linguistic Study, (PhD dissertation) University of California, Berkeley.

Goswami, Satyendranarayan. 1992. The Impact of the Tai – Ahom Speech on the Assamese Language, on Indo – Arayan Speech of Assam, India, Pan – Asiatic Linguistics, Proceedings of the Third International Symposium, Vol. 3, pp. 1351 – 1357, Chulalongkorn University Printing House.

Grima, John A. 1982. A Velar for Alveolar Substitution in Thai Child Language, Studies in Language: International Journal Sponsored by the Foundation "Foundations of Language", 6: 2, 175 – 192, Amsterdam, Netherlands (SLang).

Grima, John A. 1986. Discourse Factors Contributing to the Understanding of a Zero Pronoun in a Passage from the Phraraatchawicaan, Papers from a Conference on Thai Studies in Honor of William J. , Gedney, (Bickner Robert J. (ed) ; Hudak Thomas J. (ed) ; Peyasantiwong Patcharin (ed)) pp. 159 – 169, Ann Arbor: Center for South & Southeast Asian Studies, Univ, of Michigan.

Grima, John Anthony, Jr. 1979. Categories of Zero Nominal Reference and Clausal Structure in Thai, (Dissertation Abstracts International, Ann Arbor, 1979,39,6104A).

Haas, Mary. 1942. Beginning Thai: Introductory Lessons in the Pronunciation and Grammar of the Thai Language, American Council of Learned Societies, Washington D. C.

Haas, Mary. 1942. The Use of Numeral Classifiers in Thai, Language, 18, 3:201 – 205.

Haas, Mary. 1942. Types of Reduplication in Thai, Studies in Linguistics, 1,4:1 – 6.

Haas, Mary. 1945. Special Dictionary of the Thai Language, Army Specialized Training Program, UC Berkeley.

Haas, Mary. 1945. Thai Reader (in Phonetic Writing) , Army Specialized Training Program, UC Berkeley.

Haas, Mary. 1946. Techniques of Intensifying in Thai, Word, 2: 127 – 180.

Haas, Mary. 1951. Interlingual Word Taboos, American Anthropologist, 53:338 – 344.

Haas, Mary. 1951. The Use of Numeral Classifiers in Burmese, Semitic and Oriental Studies: a Volume Presented to William Popper on the Occasion of his Seventy – Fifth Birthday, (Fischel, Walter J. ; ed,) , pp. 191 – 200, University of California Publications in Semitic Philogy 11, UC Press, Berkeley.

Haas, Mary. 1956. Brief Description of Thai, with Sample Texts, Outline for Types of Linguistic Structure, Department of Linguistics, UC Berkeley.

Haas, Mary. 1956. The Thai System of Writing, American Council of Learned Societies, Washington D. C.

Haas, Mary. 1957. Thai Word Games, Journal of American Folklore, 70, 27:173 – 184.

Haas, Mary. 1958. Tones of Four Thai Dialects, Bulletin of the Institute of

History and Philology,29:817－826,Academia Sinica,Taipei.

Haas,Mary. 1964. Thai－English Student's Dictionary,Stanford University Press.

Haas,Mary. 1969. Burmese Disguised Speech,Bulletin of the Institute of History and Philology,39(2):277－286,Academia Sinica,Taipei.

Haas,Mary. 1969. Sibling Terms as Used by Marriage Partners,Southwestern Journal of Anthropology,25:228－235.

Haas,Mary R. 1989. First and Last in Thai:or,the Order of Oppositions,South East Asian Linguistics:Essays in Honour of Eugenie J. A. Henderson,Davidson Jeremy Hugh Chauncy.

Shane; Robins R. H. (biog,); Cordell Helen(bibliog),pp. 129－131,London:School of Oriental & Afr,Studies,Univ,of London.

Haas,Mary R. 1954. Thai Reader,American Council of Learned Societies,Washington D. C.

Hanna,William J. 1983. 700 Years of Thai Writing,Journal of Language and Culture,3:109－114.

Hanna,William J. 1988. Negated Adverbials in Tai Lue of Northern Thailand,Journal of Language and Culture,7(1):81－92.

Harris,Jimmy G. 1972. Phonetic Notes on Some Siamese Consonants,Tai Phonetics and Phonology,(Harris,Jimmy G. ; Noss,Richard B. ; eds),pp. 8－22,Central Institute of English Language,Office of State Universities,Faculty of Science,Mahidol University.

Harris,Jimmy G. 1992. The Consonant Sounds of 17th Century Siamese,Mon－Khmer Studies,21:1－17.

Harris,Jimmy G. ; Bachman,Lyle F. 1976. The Perception of Some Tai Consonant Sounds by Native Speakers of Siamese,PASAA:Notes and News about Language Teaching and Linguistics in Thailand,6:176－185.

Harris,Jimmy G. , Noss,Richard B. eds. 1972. Tai Phonetics and Phonology,Central Institute of English Language,Office of State Universities,Faculty of Science,Mahidol University.

Hartmann,John. 1976. The Waxing and Waning of Vowel Length in Tai Dialects,Tai Linguistics in Honor of Fang－Kuei Li,(Gething,Thomas; Harris,Jimmy; Kullavanijaya,Pranee. eds.),Chulalongkorn University Press,Bangkok.

Hartmann, John. 1996. Bioforms and Biophilia in Thai Poetry and the Extinction of Experience, Mon – Khmer Studies, 25:161 – 189.

Hartmann, John F. 1979. Style, Scope, and Rigor in Comparative Tai Research, Tai Studies in Honour of William J, Gedney, (Gething, T. W. ; Liem, Nguyen Dang, eds.), Papers in South – East Asian Linguistics No. 6, Dept, of Linguistics, School of Pacific Studies, the Australian National University.

Hartmann, John F. 1979. Syllabic Min Tai – Lue and Neighbouring Tai Dialects, Tai Studies in Honour of William J, Gedney, (Gething, T. W. ; Liem, Nguyen Dang; eds), Papers in South – East Asian Linguistics No. 6, Dept, of Linguistics, School of Pacific Studies, the Australian National University.

Hartmann, John F. 1986. Varieties of Tai Dam Script, Crossroads, 3, 1:97 – 103.

Hartmann, John F. 1997. When Bargaining Was in Bloom: Changing Language and Social Relationships in Thai Food Markets, Southeast Asian Linguistic Studies in Honour of Vichin.

Panupong, (Abramson, Arthur S, ed.), pp. 97 – 114, Chulalongkorn University Press, Bangkok.

Hatton, Howard Alexander. 1979. First Person Pronominal Realization in Thai Autobiographical Narrative: A Sociolinguistic Description, (Dissertation Abstracts International, Ann Arbor, 1979, 39, 6104A).

Haudricourt, Andre G. 1972. Two – Way and Three – Way Splitting of Tonal Systems in Some Far Eastern Languages (Translated by Christopher Court), Tai Phonetics and Phonology, (Harris, Jimmy G. ; Noss, Richard B, eds.), pp. 58 – 86, Central Institute of English Language, Office of State Universities, Faculty of Science, Mahidol University.

Henderson, Eugenie J. A. 1973. Prosodies in Siamese: A Study in Synthesis, Phonetics in Linguistics: A Book of Readings (Jones W. E. ; Laver J.), pp. 127 – 153, London: Longman.

Hinds, John. 1988. Conversational Interaction in Central Thai, International Symposium on Language and Linguistics (PAL II), (Cholticha, B, et al. eds.), pp. 150 – 162, Thammasat University, Bangkok.

Hinds, John. 1989. Left – Dislocation in Thai, Journal of Language and Linguistics, 7, 2, Thammasat University.

Hinds, Johns. 1988. Reflexives in Thai, Journal of Language and Linguistics, 7, 1, Thammasat University.

  Hiranburana, Samang. 1972. Changes in the Pitch Contours of Unaccented Syllables in Spoken Thai, Tai Phonetics and Phonology, (Harris, Jimmy G. ; Noss, Richard B. eds.) , pp. 23 - 27, Central Institute of English Language, Office of State Universities, Faculty of Science, Mahidol University.

  Hiranburana, Samang. The Role of Accent in Thai Grammar, (PhD dissertation) London University.

  Hiranvanichakorn, Pipat; Boonsuwam, Monlada. 1993. Recognition of Thai Characters, Proceedings of the Symposium on Natural Language Processing in Thailand 1993, (Luksaneeyanawin, S. et al. eds.) , pp. 123 - 166, Chulalongkorn University, Bangkok.

  Hogan, David W. 1978. Urak Lawoi', Malay and Thai: Some Syntactic Comparisons, Te Reo: Journal of the Linguistic Society of New Zealand, 21: 15 - 33, Auckland, New Zealand.

  Hogan, Lee C. 1993. A Comparison of Reconstructed Austronesian, Old Chinese and Austro - Thai, Linguistics of the Tibeto Burman Area, Fall, 16, 2: 1 - 55, Berkeley, CA(LTBA).

  Hongladarom, Krisadawan. 1997. Historical Development of the Tibetan Evidential tuu, Southeast Asian Linguistic Studies in Honour of Vichin Panupong, (Abramson, Arthur S. , ed,) , pp. 115 - 126, Chulalongkorn University Press, Bangkok.

  Hoonchamlong, Yuphaphann. 1990. Some Issues in Thai Anaphora: a Government and Binding Approach, (PhD dissertation) University of Wisconsin.

  Hoonchamlong, Yuphaphann. 1990. Tones in Thai: an Autosegmental View, Journal of Language and Linguistics, 9, 1, Thammasat University.

  Hor, Ding - chern. A Recognition System for Handwritten Thai Numerals, (MA thesis) AIT Thesis No. CA - 85 - 13, Bangkok: Asian Institute of Technology, 48pp.

  House, David; Svantesson, Jan - Olof. 1996. Tonal Timing and Vowel Onset Characteristics in Thai, Pan - Asiatic Linguistics, Proceedings of the Fourth International Symposium, Vol. 1, pp. 104 - 113, Mahidol University.

  Hudak, Thomas. 1986. Spelling Reforms of Field Marshall Pibul Sonkram, Crossroads, 3, 1: 123 - 133.

  Hudak, Thomas John. 1986. The Thai Corpus of Chan Meters, Journal of the American Oriental Society,106:4,707 – 723,Ann Arbor,MI(JAOS).

Huebner,Thomas G. 1976. Another Look at Sandhi in Tai Lue,PASAA:Notes and News about Language Teaching and Linguistics in Thailand,6:225 – 234.

Huffman, Franklin E. 1973. Thai and Cambodian: A Case of Syntactic Borrowing? JAOS,93,4:488 – 509.

Huffman, Franklin E. 1986. Bibliography and Index of Mainland Southeast Asian Languages and Linguistics,Yale University Press,New Haven.

Huffman, Franklin E. 1986. Khmer Loanwords in Thai, Tai Studies in Honour of William J. ,Gedney,(Gething,T. W. ; Liem,Nguyen Dang. eds), Papers in South – East Asian Linguistics No. 6,pp. 199 – 209,Dept, of Linguistics,School of Pacific Studies,the Australian National University.

Hundius,Harald; Kolver,Ulrike. 1983. Syntax and Semantics of Numeral Classifiers in Thai,Studies in Language:International Journal Sponsored by the Foundation "Foundations of Language",7:2,165 – 214,Amsterdam,Netherlands(SLang).

Indrambarya,Kitima. 1994. Are There Prepositions in Thai? SEALS III.

Indrambarya,Kitima. 1994. Subcategorization of Verbs in Thai:a Lexicase Dependency Approach,(PhD dissertation) U of Hawaii,(Dissertation Abstracts International, Ann Arbor, 1995 Aug. , 56: 2, 533A 34A DAI No. : DA9519450) Indrambarya, Kitima. 1994. The Status of Auxiliary Verbs in Thai,SEALS IV.

Indrambarya,Kitima. 1996. On Impersonal Verbs in Thai, Pan – Asiatic Linguistics,Proceedings of the Fourth International Symposium,Vol. 2,pp. 505 – 521,Mahidol University.

Ingkaphirom,Preeya; Iwasaki,Shoichi. 1996. Register and Pragmatic Particles in Thai Conversation, Pan – Asiatic Linguistics,Proceedings of the Fourth International Symposium, Vol. 4,pp. 1197 – 1205,Mahidol University.

Intaravitak,Pimprapai. 1997. Text Genre and Reading Strategies Used by Thai Readers of English Texts,(PhD dissertation) Indiana U,1996,(Dissertation Abstracts International, Ann Arbor, (DAIA), 1997 June,57: 12, 5086 DAI No:DA9716448).

Ioup,Georgette; Tansomboon,Amara. 1987. The Acquisition of Tone:A Maturational Perspective,Interlanguage Phonology:The Acquisition of a Second Language Sound System,(Ioup Georgette. ed); Weinberger Steven H,(ed)), pp. 333 – 349, Cambridge, MA: Newbury.

Iwasaki, Shoichi. 1989. Clausehood and Verb Serialization in Thai Narratives, Journal of Language and Linguistics, 7, 2, Thammasat University.

Iwasaki, Shoichi. 1996. The Syntactic and Functional Structures of Intonation Unit in Thai, Pan – Asiatic Linguistics, Proceedings of the Fourth International Symposium, Vol. 2, pp. 750 – 761, Mahidol University.

Iwasaki, Shoichi & Horie, Preeya. 1995. Creating the Middle Ground Register in Thai Conversation, Proceedings of the Twenty First Annual Meeting of the Berkeley Linguistics Society February 17 20, 1995: Special Session on Discourse in Southeast Asian Languages, (Bilmes Leela, Liang Anita C., Ostapirat Weera(ed,)), pp. 95 – 106, Berkeley, CA: Berkeley Ling, Soc.

Iwasaki, Shoichi; Horie, Preeya Ingkaphirom. 1998. The "Northridge Earthquake" Conversations: Conversational Patterns in Japanese and Thai and Their Cultural Significance, Discourse and Society: An International Journal for the Study of Discourse and Communication in Their Social, Political and Cultural Contexts, Oct., 9, 4: 501 – 529, Amsterdam, Netherlands (D&S).

Jacob, Judith M. 1965. Notes on the Numerals and Numeral Coefficients in Old, Middle, and Modern Khmer, Lingua, 15: 143 – 162.

Jacob, Judith M. 1968. Introduction to Cambodian, Oxford University Press, London.

Jacob, Judith M. 1986. The Deliberate Use of Foreign Vocabulary by the Khmer: Changing Fashions, Methods, and Sources, Context, Meaning, and Power in Southeast Asia, (Mark Hobart and Robert H, Taylor, eds,), pp. 115 – 130, Cornell University Southeast Asia Program, Studies on Southeast Asia.

Jacob, Judith M. 1992. Some Comments on the Relationship between Khmer Words Having Identical Vowel Nuclei and Final Consonants, Mon – Khmer Studies, XVII – XIX: 67 – 76.

Jagacinski, Ngampit. 1991. Waa and Complement – Taking Predicates, Papers from the First Annual Meeting of the Southeast Asian Linguistics Society, (Ratliff Martha. ed.); Schiller Eric(ed)) pp. 205 – 223, Tempe: Program for Southeast Asian Studies, Arizona State Univ.

Jataputra, Nuntika. 1981. Orthographic Reform in the Thai Language, (Dissertation Abstracts International, Ann Arbor, 1981 Nov., 42: 5, 2113A 2114A).

Jaturongkachoke, Ketkanda. 1996. Semantics of the Thai Classifier System, (PhD dissertation) Arizona State U, 1995, (Dissertation Abstracts International, Ann Arbor, 1996 June, 56:12, 4837A DAI No. :DA9611673).

Jerold A, Edmondson and Yang Quan. 1988. Preconsonants and the History of Kam – Sui Resonant Initials and Tones, In Edmondson/Solnit (eds,) Comparative Kadai: Linguistic Studies Beyond Tai, UTA/SIL Series in Linguistics 86, 143 – 166.

Jitapunkul, Somchai; Areepongsa, Saowaluck, Areepongsa. 1995. Speaker – Independent Thai Numeral Speech Recognition Using Hidden Markov Model and Vector Quantization, Second Symposium on Natural Language Processing, pp. 370 – 378.

Jones, Robert B. 1965. On the Reconstruction of Proto – Thai, Lingua: International Review of General Linguistics, 14: 194 – 229, 1000 BZ Amsterdam, Netherlands.

Juntanamalaga, Preecha. 1988. Social Issues in Thai Classifier Usage, Language Sciences, 10(2), Pergamon Press, Oxford.

Juntanamalaga, Preecha. 1988. Thai or Siam? Names: a Journal of Onomastics, Mar, June, 36:1 2, 69 – 84, New York, NY (Names).

Juntanamalaga, Preecha & Diller, Anthony V. , N. 1992. Thai Pragmatic Constructions: the Oey Paradigm, Journal of Pragmatics: an Interdisciplinary Monthly of Language Studies, Sept. , 18, 2 3: 289 – 301, Amsterdam, Netherlands (JPrag).

Kaewkhao, Uthai & Kiatboonyarit, Tawan. 1986. Central Southern Thai Dictionary, United States Peace Corps, Thailand.

Kajiwara, Kageaki. 1978. Ethnography of Greeting: an Analysis of Greeting Words, Bulletin, 4: 71 – 106, (Osaka Univ,).

Kam, Tak Him. 1980. Semantic – Tonal Processes in Cantonese, Taishanese, Bobai and Siamese, Journal of Chinese Linguistics, 8: 205 – 240, Berkeley, CA.

Kanchanawan, Nitaya. 1979. Expression for Time in the Thai Verb and its Application to Thai – English Machine Translation (Dissertation Abstracts International, Ann Arbor, 1979, 39, 6740A).

Kanittanan, Wilaiwan & Placzek, James. 1986. Historical and Contemporary Meanings of Thai Khwan: the Use of Lexical Meaning Change as an Indicator of Culture Change, Religion, Values and Development in Southeast Asia, (Bruce Matthews and Judith Nagata, eds,), pp. 146 – 168, Institute of Southeast Asian Studies, Singapore.

Kanlayanawat, Witoon; Prasitjutrakul, Somchai. 1997. Automatic Indexing for Thai Text with Unknown Words Using Trie Structure, Proceedings of the Natural Language Processing Pacific Rim Symposium, pp. 115 – 120, Linguistics and Knowledge Science Laboratory, NECTEC, Bangkok.

Kapper, James. 1992. English Borrowing in Thai as Reflected in Thai Journalistic Texts, Working Papers of the Summer Institute of Linguistics, University of North Dakota, 36:1 – 17.

Karavi, Premin. 1996. Khmer Loanwords: the Linguistics Alien Fossilized in the Southern Thai Dialect, Pan – Asiatic Linguistics, Proceedings of the Fourth International Symposium, Vol. 3, pp. 1037 – 1050, Mahidol University.

Karoonboonyanan, Theppitak. 1997. Sorting Thai Words with Punctuation Marks(in Thai), NECTEC Journal, Vol. 14 (Jan. – Feb. 1997), National Electronics and Computer Technology Center, NSTDA, Bangkok, Thailand.

Karoonboonyanan, Theppitak, Sornlertlamvanich, Virach & Meknavin, Surapant. 1997. A Thai Soundex System for Spelling Correction, Proceedings of the Natural Language Processing Pacific Rim Symposium, pp. 633 – 636, Linguistics and Knowledge Science Laboratory, NECTEC, Bangkok.

Kawtrakul, Asanee, Deemagarn, Amarin, Thumkanon, Chalathip, Khantonthong, Navapat & McFetridge, Paul. 1988. Backward Transliteration for Thai Document Retrieval, 1998 IEEE Asia Pacific Conference on Circuits and Systems, Chiangmai Thailand, pp. 563 – 566.

Kawtrakul, Asanee, Kumtanode, Supapas, Jamjanya, Thitima & Jewriyavech, Chanvit. 1995. A Lexibase Model for Writing Production Assistant System, Second Symposium on Natural Language Processing, pp. 226 – 236.

Kawtrakul, Asanee, Thumkanon, Chalathip & McFetridge, Paul. 1998. Towards Automatic Multilevel Indexing for Thai Text Information Retrieval, 1998 IEEE Asia Pacific Conference on Circuits and Systems, Chiangmai Thailand.

Kawtrakul, Asanee, Thumkanon, Chalathip & Seriburi, Sapon. 1995. A Statistical Approach to Thai Word Filtering, Second Symposium on Natural Language Processing, pp. 398 – 406.

Kawtrakul, Asanee, Thumkanon, Chalatip, Poovorawan, Yuen, Varasrai,

Patcharee & Suktarachan, Mukda. 1997. Automatic Thai Unknown Word Recognition, Proceedings of the Natural Language Processing Pacific Rim Symposium, pp. 341 – 348, Linguistics and Knowledge Science Laboratory, NECTEC, Bangkok.

Kayasit, Prakasit, Kijsirikul, Boonserm & Meknavin, Surapant. 1995. Handling Ill – Formed Input by Extended GLR Parser, Second Symposium on Natural Language Processing.

Kendall, Sue Ann & Yoon, James Hye Suk. 1986. Sentence Particles as Evidence for Morphosyntactic Interaction with Pragmatics, Studies in the Linguistic Sciences, Spring, 16, 1 : 53 – 77, Urbana, IL(SLSc).

Keretho, S, Wongchaisuwat, C. & Poovarawan, Y. 1993. Machine Translation Research and Development, Proceedings of the Symposium on Natural Language Processing in Thailand 1993, (Luksaneeyanawin, S. . et al. eds.), pp. 167 – 195, Chulalongkorn University, Bangkok.

Keyes, Charles F. 1979. Southeast Asian Research Tools: Thailand, Southeast Asia Paper No. 16, Part VI, Southeast Asian Studies, Asian Studies Program, University of Hawaii.

Khampang, Phon. 1974. Thai Difficulties in Using English Prepositions, Language Learning: A Journal of Applied Linguistics, 24 : 215 – 222, Brattleboro, VT.

Khanittanan, Wilaiwan. 1975. Saek Revisited, Tai Studies in Honor of William J. , Gedney, (Gething Thomas W. , Dang Liem Nguyen), pp. 109 – 117, Canberra: Research School of Pacific Studies, Australian Nat, Univ, 149 pp.

Khanittanan, Wilaiwan. 1988. Some Observations on Expressing Politeness in Thai, Language Sciences, 10, 2 : 353 – 362, Oxford, England(LangS).

Khanittanan, Wilaiwan. 1988. Thai Written Discourse: a Change to a More Autonomous Style? International Symposium on Language and Linguistics (PAL II), (Cholticha, B, et al. eds.), pp. 120 – 128, Thammasat University, Bangkok.

Kiat – arpakul, Rakchai, Fakcharoenphol, Jittat & Keretho, Somnuk. 1995. A Combined Phoneme – Based and Demisyllable – Based Approach for Thai Speech Synthesis, Second Symposium on Natural Language Processing, pp. 361 – 369.

Kiat – arpakul, Rakchai, Hemunnopjit, Panit & Keretho, Somnuk. 1995. A Phoneme – Based Isolated – Word Approach towards Thai Numeral Speech Recognition, Second Symposium on Natural Language Processing, pp. 354 – 360.

Kimpan, Chom & Walairacht, Somsak. 1993. Thai Characters Recognition, Proceedings of the Symposium on Natural Language Processing in Thailand 1993 (Luksaneeyanawin, S, et al. eds) pp. 196 – 260, Chulalongkorn University, Bangkok.

Kimsuvan, Anek. 1992. The Pragmatical Use of /yuu/, Pan – Asiatic Linguistics, Proceedings of the Third International Symposium, Vol. 1, pp. 169 – 186, Chulalongkorn University Printing House.

Koanantakool, Thaweesak. 1993. Thai Keyboard Layouts and Input Method of the Thai Language, Proceedings of the Symposium on Natural Language Processing in Thailand 1993, (Luksaneeyanawin, S. et al. eds), pp. 261 – 275, Chulalongkorn University, Bangkok.

Kobsiriphat, Wissanu. 1988. Empty Categories in Thai, (Dissertation Abstracts International, Ann Arbor, 1988 Dec. ,49:6,1444A).

Komolwanig, Kamol orn & Sawada, Naoko. 1993. A Contrastive Study of Copulative Sentences in Japanese and Thai – From the Viewpoint of Cognitive Pragmatics, Gengo Kenkyu: Journal of the Linguistic Society of Japan, Mar, 103:92 –116, Kyoto, Japan(GK).

Kosaka, Ryuichi. 1997. On the Loans of Vietnames Origin in the Saek Language, Southeast Asian Linguistic Studies in Honour of Vichin Panupong, (Abramson, Arthur S. ed), pp. 127 – 146, Chulalongkorn University Press, Bangkok.

Kruatrachue, Jutatip. 1983. The Perceptions of Thai Students in Thailand of the Study of English as a Foreign Language, (Dissertation Abstracts International, Ann Arbor, 1983. Jan. ,43:7,2335A 2336A).

Kullavanijaya, Pranee. 1968. A Study of Preverbs in Thai, (MA thesis) University of Hawaii.

Kullavanijaya, Pranee. 1974. Transitive Verbs in Thai, (PhD Dissertation) University of Hawaii.

Kullavanijaya, Pranee. 1990. Undoing Homonymy: Cases in Debao Zhuang and Thai, Proceedings of the 4th International Conference on Thai Studies, pp. 78 - 92.

Kullavanijaya, Pranee. 1991. Dictionary of Southern Zhuang - Thai, Bangkok: Chulalongkorn University Press.

Kullavanijaya, Pranee. 1992. A Study of Some Two - Syllabled Words in Thailand, Pan - Asiatic Linguistics, Proceedings of the Third International Symposium, Vol. 2, pp. 651 - 656, Chulalongkorn University Printing House.

Kullavanijaya, Pranee. 1993. Compound Words in Some Zhuang Dialects: Looking from Another Angle, Collection of Papers on the Relationship between the Zhuang and the Thai, pp. 93 - 119, Chulalongkorn University Press, Bangkok.

Kullavanijaya, Pranee. 1996. Review of Papers on Thai Languages, Linguistics and Literarures, Journal of South East Asia Studies, 272: 445 - 447.

Kullavanijaya, Pranee. 1996. Village Names in Guangxi Province and the Northeastern Part of Thailand, Collection of Papers on the Relationship between the Zhuang and the Thai, pp. 120 - 130, Chulalongkorn University Press, Bangkok.

Kullavanijaya, Pranee. 1997. Power and Intimacy: A Contradiction in a Thai Personal Pronoun, Festschrift in Honor of Stanley Starosta.

Kullavanijaya, Pranee. 1997. Verb Intensifying Devices in Bangkok Thai, Southeast Asian Linguistic Studies in Honour of Vichin Panupong, (Abramson, Arthur S., ed.), pp. 147 - 152, Chulalongkorn University Press, Bangkok.

Kullavanijaya, Pranee & Thepkanjana, Kingkarn. Devices of Forming Lexical Signs in Thai Sign Language, Tingsabadh, K, and A. S. Abramson, Essays in Tai Linguistics, Bangkok: Chulalongkorn University Press.

Kummer, Manfred. 1992. Politeness in Thai, Politeness in Language: Studies in Its History, Theory and Practice, (Watts Richard J. ed.); Ide Sachiko. ed.); Ehlich Konrad. ed.), pp. 325 - 336, Berlin: Mouton de Gruyter.

KuNo. Susumu & Wongkhomthong, Preeya. 1980. Two Copulative Verbs in Thai, Harvard Studies in Syntax Semantic, (Susumu KuNo. ed.), III: 243 - 315.

KuNo. Susumu & Wongkhomthong, Preeya. 1981. Relative Clauses in Thai, Studies in Language, 5:2, 195 - 226.

KuNo. Susumu & Wongkhomthong, Preya. 1981. Characterizational and Identificational Sentences in Thai, Studies in Language: International Journal

Sponsored by the Foundation "Foundations of Language",5,1:65 – 109, Amsterdam, Netherlands(SLang).

Lagsanaging, Dhirawit. 1991. The Syntax and Semantics of Anaphors in Thai, Journal of Language and Linguistics,9,2,Thammasat University.

Lagsanaging, Dhirawit. 1992. Pragmatics of Negation in Thai, Pan – Asiatic Linguistics, Proceedings of the Third International Symposium, Vol. 3, pp. 1427 – 1439, Chulalongkorn University Printing House.

Lai, Nguyen Tuong. 1992. Poong Language – the First Contact of Languages Between Viet and Thai, Pan – Asiatic Linguistics, Proceedings of the Third International Symposium, Vol. 1, pp. 98 – 107, Chulalongkorn University Printing House.

Lancker, Dianna Van & Fromkin, Victoria A. 1973. Hemispheric Specialization for Pitch and "Tone": Evidence from Thai, Journal of Phonetics,1:101 – 109, Colchester CO4 3SQ, England.

Leben,W. R. 1971. On the Segmental Nature of Tone in Thai, M, I, T, Research Lab, of Electronics, Progress Report,101:221 – 224.

Lee, Chotiros K. 1987. Heart Language, Coll, of Arts, and Essays,20:291 – 311(Hanuk Univ of Foreign Studies, Seoul).

Lee, Chotiros K. 1989. Negative Sentence Patterns in Thai, Journal: A Collection of Articles and Essays,22:373 – 408,(Hankuk Univ of Foreign Studies, Seoul).

Lee, Kyo choong. 1989. A Study of Common Similar Words in Thai – Chinese – Korean Language, *A Collection of Articles and Essays*,22:185 – 233 (Hankuk Univ of Foreign Studies, Seoul).

Leech, Geoffrey. 1992. Introducing English Grammar, Penguin.

Leenam, Wutti. 1993. The Role of Cultural Schemata on Oral Reading of Thai College Students Reading English as a Foreign Language,(PhD dissertation) U of Missouri, Columbia,(Dissertation Abstracts International, Ann Arbor,1993 Aug. ,54:2,471A DAI No. :DA9307428).

Lehman, F. K. 1985. On Quantifier Floating in Lushai and Burmese with Some Remarks on Thai; Papers Presented to Paul K, Benedict for His 71st Birthday, Linguistics of the Sino Tibetan Area: The State of the Art,(Thurgood Graham(ed.); Matisoff James A(ed.); Bradley David(ed.)), pp. 264 – 278, Canberra: Dept, of Ling,, Research School of Pacific Studies, Australian

National Univ.

Lehman, F. K. 1990. Outline of a Formal Syntax of Numerical Expressions with Especial Reference to the Phenomenon of Numeral Classifiers, Linguistics of the Tibeto Burman Area, Spring, 13, 1: 89 - 120, Berkeley, CA(LTBA).

Lehman, F. K. & Pingkarawat, Namtip. 1985. Missing Nominals, Non - Specificity and Related Matters, with Special Reference to Thai and Burmese, Studies in the Linguistic Sciences, Fall, 15, 2: 101 - 121, Urbana, IL(SLSc).

Lekawatana, Pongsri. 1970. Verb Phrases in Thai: a Study in Deep - Case Relationship, (PhD dissertation) University of Michigan.

Lekawatana, Pongsri. 1975. The So - Called Passive in Thai, A Tai Festschrift for William Gedney, (Gething, Thomas, ed.), pp. 1 - 12, University of Hawaii Press.

Lekawatana, Pongsri; Littell, Janet; Palmer, Joe; Scovel, Thomas; Spenser, Sharon. 1969. A Contrastive Study of English and Thai, Department of Lingusitics, University of Michigan.

Li, Fang Kuei. 1970. On Siamese Jaai, Working Papers in Linguistics, 2, 4: 103 - 108, University of Hawaii, Honolulu, HI.

Li, Fang Kuei. 1970. The Songs of T'Ien - Pao: with a Phonological Sketch, Bull, of the Inst, of Ethnology, 30: 1 - 21, (Academia Sinica, Taipei).

Li, Fang Kuei. 1977. A Handbook of Comparative Tai. UP of Hawaii.

Li, Fang Kuei. 1977. Siamese Khot, Monumenta Serica: Jour of Oriental Studies, 33, 403 - 406, St, Augustin, Germany.

Li, Fang Kuei. 1978. A Syntactic Change in Thai, (Jazayery Mohammed Ali(ed.); Polome Edgar C(ed.); Winter Werner(ed.), pp. 141 - 145, The Hague: Mouton, 374 pp.

Li, Fang Kueli. 1965. The Tai and the Kam - Sui Languages, Indo - Pacific Linguistic Studies, Vol. 1, (Milner, G, B,; Henderson, E. J. A.; eds.), 148 - 179, North Holland Publishing Co, Amsterdam.

Li, Fang Kueli. 1970. Some Tonal Irregularities in the Tai Languages, Studies in General and Oriental Linguistics, Presented to Shiro Hattori on the Occasion of His Sixtieth Birthday, (Jakobson Roman; Kawamoto Shigeo), pp. 415 - 422, Tokyo: TEC Co. .

Liddle, Scott. 1975. Sit and Think: In Thai, English, Majave, and Chinese, 8th International Conference on Sino - Tibetan Language and Linguistics.

Limtong, Pornpimol. 1988. A Case of a Contextualized Variety of English: English in the Thai Context, International Symposium on Language and Linguistics(PAL II), (Cholticha, B. et al. eds.), pp. 305 – 319, Thammasat University, Bangkok.

Lisker, Leigh; Abramson, Arthur S. 1967. The Voicing Dimension: Some Experiments in Comparative Phonetics, Proceedings of the Sixth International Congress of Phonetic Sciences, (Hala Bohuslav; Romportl Milan; Janota Premysl), pp. 563 – 567, Prague: Acad, Pub, House of the Czech, Acad, of Sciences, 1970.

Lodge, Ken. 1986. Allegro Rules in Colloquial Thai: Some Thoughts on Process Phonology, Journal of Linguistics, Sept. ,22 ,2 :331 – 354, Cambridge, England(JL).

Lodge, Ken. 1992. Assimilation, Deletion Paths and Underspecification, Journal of Linguistics, Mar, 28, 1 : 13 – 52, Cambridge, England(JL).

Loylom, Sriura. 1994. ESL Adult Thai Readers' Comprehending of Cohesive Ties in English and in Thai Texts, (PhD dissertation) U of New Mexico, (Dissertation Abstracts International, Ann Arbor, 1995 Jan. , 55 : 7, 1854A DAI No. : DA9429037).

Luangthongkum, Theraphan. 1977. Rhythm in Standard Thai, (PhD dissertation) University of Edinburgh.

Luksaneeyanawin, Sudaporn. 1976. Some Phonetic Observations on the Speech of Thai Children, Pasaa, 6, 1x2, Special Issue, A Festschrift for Richard B, Noss, pp. 120 – 125.

Luksaneeyanawin, Sudaporn. 1982. Euphonic Couplets: Another Aspect of Phonetics and Semantics in Thai, (In Thai), Journal of Letters, Faculty of Arts, Chulalongkorn University, 14, Jan, pp. 11 – 34.

Luksaneeyanawin, Sudaporn. 1982. The Meaning of the Word " khun " (up) and" long" (down) in Thai: the Theory of Opposition, (In Thai), The Science of Language, Department of Linguistics, Chulalongkorn University, 2, June, pp. 79 – 91.

Luksaneeyanawin, Sudaporn. 1983. Intonation in Thai, (PhD dissertation) University of Edinburgh.

Luksaneeyanawin, Sudaporn. 1984. Some Semantic Functions of Reduplicative in Thai, P, Tuajchareon, (et al.), Selected Papers from the International

Symposium on Language and Linguistics, Chiangmai University, Thailand, pp. 125 – 144.

Luksaneeyanawin, Sudaporn. 1984. Tonal Behaviours of One – Word Utterances in Thai: an Experimental Study of Intonation, Work in Progress, 17, Department of Linguistics, University of Edinburgh, pp. 16 – 30.

Luksaneeyanawin, Sudaporn. 1985. The Phonetic Correlates and the Functions of Speech Pause in Thai, 18th Sino – Tibetan Conference, Bangkok, Thailand.

Luksaneeyanawin, Sudaporn. 1986. Persian Loan – Words in Thai (In Thai), Journal of Thai Language and Literature, 3, 3, Department of Thai, Faculty of Arts, Chulalongkorn University, pp. 24 – 28.

Luksaneeyanawin, Sudaporn. 1988. Acoustic Characteristics and Functions of Speech Pause in Thai (In Thai), Research Monograph, Linguistics Research Unit, Chulalongkorn University.

Luksaneeyanawin, Sudaporn. 1989. A Thai Text – To – Speech System, Proceedings of the Regional Workshop an Computer Processing of Asian Languages (CPAL), Asian Institute of Technology, pp. 305 – 315.

Luksaneeyanawin, Sudaporn. 1989. A Transliteration System from Romanji to Thai and Thai to Romanji, Research in Collaboration with the Department of Eastern Languages and the Department of Thai.

Luksaneeyanawin, Sudaporn. 1990. Syllable and Demisyllable Based Thai Speech Synthesis, Proceedings of the Conference on Electronics and Computer Research and Development, NECTEC, Ministry of Science and Technology, Volume I, (In Thai).

Luksaneeyanawin, Sudaporn. 1991. Problems in Thai Text – To – Speech Systems, Proceedings of the Conference on Electronics and Computer Research and Development, 1991, NECTEC, Vol. I, Ministry of Science and Technology, Bangkok, pp. 41 – 62.

Luksaneeyanawin, Sudaporn. 1991. Twelve Decades of Thai Hand – Writing, Preservation of Thai Language and Literature, Literature and History Section, Department of Fine Arts, Ministry of Education (In Thai), pp. 155 – 177.

Luksaneeyanawin, Sudaporn. 1992. A Thai Text Reading System, (In Thai), Proceedings of the National Conference on Electronics and Computer Research and Development, 1992, NECTEC, Ministry of Science, Technology, and Environment, Bangkok, pp. 65 – 78.

Luksaneeyanawin, Sudaporn. 1992. Three – Domensional Phonology: a Historical Implication, Pan – Asiatic Linguistics, Proceedings of the Third International Symposium, Vol. 1, pp. 75 – 90, Chulalongkorn University Printing House.

Luksaneeyanawin, Sudaporn. 1993. Linguistics Research and Thai Speech Technology, 5th International Conference on Thai Studies, School of Oriental and African Studies, University of London, 5 – 10 July 1993.

Luksaneeyanawin, Sudaporn. 1993. Speech Computing and Speech Technology in Thailand, Proceedings of the Symposium on Natural Language Processing in Thailand 1993, (Luksaneeyanawin, S., et al.; eds.), pp. 276 – 321, Chulalongkorn University, Bangkok.

Luksaneeyanawin, Sudaporn. 1995. Perception of "r" and "l" Across Age Groups and Language Backgrounds, 22nd Annual Conference of Australian Experimental Psychology, The University of Queensland, Brisbane, 1995.

Luksaneeyanawin, Sudaporn. 1995. Speech, Speech Processing, and Speech Technology, Second Symposium on Natural Language Processing.

Luksaneeyanawin, Sudaporn. 1995. Tone Transformation, Second Symposium on Natural Language Processing, pp. 345 – 353.

Luksaneeyanawin, Sudaporn. 1996. Illformedness Revisited, Fourth International Symposium on Language and Linguistics: Pan Asiatic Linguistics, Mahidol University, Bangkok.

Luksaneeyanawin, Sudaporn. 1997. Intonation System in Thai, Daniel Hirst and A, Di Cristo(eds), In Memory of Dwight Bolinger, Survey of Intonation Systems across Languages, Cambridge University Press.

Luksaneeyanawin, Sudaporn, Burnham, D., Francis, E. & Pansottee, S. 1997. The Role of L1 Background and L2 Instruction in the Perception of Fricative Contrasts: Thai and English Children and Adults, Asia – Pacific Journal of Speech, Language and Hearing, pp. 25 – 42, Whurr Publishers, London.

Luksaneeyanawin, Sudaporn; Conkie, Alistair. 1993. Synthesis and Tone Transformation: Resynthesizing Thai Tones Using PSOLA Techniques, 9th Australian International Conference on Language and Speech, Sydney, 18 – 19 November, 1993.

Luo, Yongxian. 1996. Word Families in Tai: a Preliminary Account, Pan –

Asiatic Linguistics, Proceedings of the Fourth International Symposium, Vol. 3, pp. 850 – 882, Mahidol University.

Luong, Hoang. 1992. The Dialects of White Thai People in Vietnam, Pan – Asiatic Linguistics, Proceedings of the Third International Symposium, Vol. 1, pp. 91 – 93, Chulalongkorn University Printing House.

Ma, Qing; Isahara, Hitoshi. 1997. Part – of – Speech Tagging of Thai Corpus with the Logically Combined Neural Networks, Proceedings of the Natural Language Processing Pacific Rim Symposium, pp. 537 – 540, Linguistics and Knowledge Science Laboratory, NECTEC, Bangkok.

Makchuchit, Prapat. 1993. The Relationship between Connotative Acculturation and Reading Comprehension among Thai Graduate Students(PhD dissertation) U of Oklahoma, (Dissertation Abstracts International, Ann Arbor, 1993 Sept., 54:3,876A DAI No. :DA9320202).

Maneenoi, Ekkarit; Jitapunkul, Somchai; Ahkuputra, Visarut; Wutiwiwatchai, Chai. 1997. Modification of BP Algorithm for Thai Speech Recognition, Proceedings of the Natural Language Processing Pacific Rim Symposium, pp. 287 – 296, Linguistics and Knowledge Science Laboratory, NECTEC, Bangkok.

Manomaivibool, Prapin. 1976. A Study of Sino – Thai Lexical Correspondences, (Dissertation Abstracts International, Ann Arbor, 1976, 37:945A 46A).

Matisoff, James A. 1973. Tonogenesis in Southeast Asia, Consonant Types and Tone, Southern California Occasional Papers in Linguistics 1, (Hyman, Larry M, ed), University of California, Los Angeles.

Matisoff, James A. 1992. A Key Etymology, Linguistics of the Tibeto Burman Area, Spring, 15, 1:139 – 143, Berkeley, CA(LTBA).

Matisoff, James A. 1993. Review of Selected Papers on Comparative Tai Studies by William J., Gedney, Language, 69:178 – 182.

Matisoff, James A. 1997. Remembering Mary R, Haas's Work on Thai, Anthropological Linguistics, Winter, 39, 4:594 – 602, Bloomington, IN(AnL).

Meemeskul Martin, Ruchirawan. 1985. Towards a Descriptive Model of Thai – English Translation, (Dissertation Abstracts International, Ann Arbor, 1985 Nov. ,46,5:1266A).

Meepoe, Tanawan Amy. 1996. Imperfective Markers in Thai, Proceedings of the Sixth Meeting of the Southeast Asian Linguistics Society(SEALS VII).

Meepoe, Tanawan Amy. 1997. Establishing and Maintaining Temporal Frames in Thai Conversational Discourse, Proceedings of the Seventh Meeting of the Southeast Asian Linguistics Society(SEALS VII).

Meepoe, Tanawan Amy. 1997. How Thai Ties: A Discourse Analysis of Tying Techniques in Thai, Twenty-Third Annual Meeting of the Berkeley Linguistics Society, 23.

Meepoe, Tanawan Amy. 1998. Interaction between Lexical Aspect and Progressive - Imperfective in Thai: A Discourse Analysis of KAMLANG and YUU, Journal of Language and Linguistics, 16, 2.

Meknavin, Surapant. 1995. Thai Generation Rules, Linguistics and Knowledge Science Laboratory(LINKS), NECTEC, Bangkok, Thailand.

Meknavin, Surapant, Chareonpornsawat, Paisarn & Kijsirikul, Boonserm. 1997. Feature - Based Thai Word Segmentation, Proceedings of the Natural Language Processing Pacific Rim Symposium, pp. 41 - 48, Linguistics and Knowledge Science Laboratory, NECTEC, Bangkok.

Meknavin, Surapant & Karoonboonyanan, Theppitak. 1998. Thai Text Processing, International Conference on Multilingual Text Processing(ICMTP'98) Waseda University, Tokyo.

Meknavin, Surapant, Kijsirikul, Boonserm, Chotimongkol, Ananlada & Nuttee, Cholwit. 1998. Combining Trigram and Winnow in Thai OCR Error Correction, COLING - ACL'98 Montreal, Canada, pp. 836 - 842.

Meknavin, Surapant, Kijsirikul, Boonserm, Chotimongkol, Ananlada & Nuttee, Cholwit. 1998. Progress of Combining Trigram and Winnow in Thai OCR Error Correction, APCCAS'98 (1998 IEEE Asia Pacific Conference on Circuit and System), Chiang Mai.

Melamed, Judith Tamar. 1962. An Experiment in Sound Discrimination in English and Thai, (Dissertation Abstracts International, Ann Arbor, 1962, 23: 2128 - 2129).

Miller, Carolyn. 1994. Perceptions of Ethnolinguistic Identity, Language Shift and Language Use in Mon - Khmer Language Communities of Northeast Thailand, *Mon - Khmer Studies*, 23: 83 - 101.

Miller, John D. 1994. Evaluation of the Wordlist Used in a Mon - Khmer Research Project in Northeast Thailand, *Mon - Khmer Studies*, 23: 67 - 81.

Miller, Terry E. 1992. The Theory and Practice of Thai Musical Notations, Ethnomusicology: Journal of the Society for Ethnomusicology, Spring Summer, 36:2,197 – 221, Champaign, IL(Ethnomusicology).

Miyamoto, Tadao. 1992. Truncation of Sanskrit and Pali Loanwords in Thai, Pan – Asiatic Linguistics, Proceedings of the Third International Symposium, Vol. 2, pp. 869 – 882, Chulalongkorn University Printing House.

Morev, Lec, N. 1988. The Thai Language: Mono – or Polysyllabic? Linguistics: a Soviet Approach, (Andronov M. S. , Mallik Bhakti P, (ed)), pp. 272 – 275, Calcutta: Indian Journal of Linguistics Praci Bhasha Vijnan.

Morev, Lev. 1996. Reciprocal and Cooperative in Tai, Mon – Khmer Studies, 26:333 – 337.

Morev, Lev N. 1996. Diathesis in the Tai Languages, Pan – Asiatic Linguistics, Proceedings of the Fourth International Symposium, Vol. 3, pp. 1109 – 1117, Mahidol University.

Morev, Lev Nikolayevich. 1964. Taysko – Russkiy Slovar'(Thai – Russian Dictionary), Moscow: Izdatel'stvo Sovetskaya Entsiklopediya.

Muangnil, Samnieng. 1985. A New Analysis Concerning /b/, /d/, and /g/ in Thai, Dept of Treaties and Legal Affairs, Ministry of Foreign Affairs, Bangkok.

Mundhenk, Norman Arthur. 1967. Auxiliary Verbs in Myang of Northern Thailand, (MA thesis) Hartford Studies in Linguistics, No. 22, Hartford Seminary Foundation.

Myers Moro, Pamela A. 1970. Songs for Life: Leftist Thai Popular Music in the 1970s, Journal of Popular Culture, Winter, 20, 3:93 – 113, Bowling Green, OH(JPC).

Nacasakul, Karnchana. 1979. A Note on English Loanwords in Thai, Studies in Tai and Mon – Khmer Phonetics and Phonology in Honour of Eugenie J, A, Henderson, (Thongkum, Theraphan L. et al. eds.), Chulalongkorn University Press, Bangkok.

Nacaskul, Karnchana. 1976. Types of Elaboration in Some Southeast Asian Languages, Austroasiatic Studies, (Philip Jenner, Laurence Thompson, and Stanley Starosta; eds,), II:873 – 890, University of Hawaii Press.

NagaNo. Yasuhiko. 1997. Functions of a Written Tibetan Instrumental Particle, – kyis, Southeast Asian Linguistic Studies in Honour of Vichin Panupong, (Abramson, Arthur S. , ed,) , pp. 171 – 178, Chulalongkorn University Press, Bangkok.

Nagavajara, Chetana. 1991. Parody as Translation: the Case of Phaibun Wongthed, Crossroads: An Interdisciplinary Journal of Southeast Asian Studies, 6:2,1 – 16, DeKalb, IL.

Narang, Vaishna. 1981. Kinship Terms in Hindi and Thai Linguistic Systems: a Contrastive Analysis, Journal of the School of Languages, Monsoon Winter,8:1 2,35 – 48, New Delhi, India.

Narue – Domkul, Kanlaya, Sirinaovakun, Booncharoen & Tantisawetrat, Nuantip. 1992. A Generation System of KMITT's MT Project, Pan – Asiatic Linguistics, Proceedings of the Third International Symposium, Vol. 1, pp. 482 – 496, Chulalongkorn University Printing House.

Natesuwon, Damri. 1979. A Comp[on]ential Analysis of Southern – Thai Kinship Terminologies, Cognitive styles and cognitive studies, Research Papers of the Texas SIL at Dallas 7, Dallas: Summer Institute of Linguistics, pp. 102 – 124.

Neill, Catherine Ray. 1989. Sources of Meaning in Thai Narrative Discourse: Grammar, Rhetoric, and Socio – Cultural Knowledge (Volumes I and II), (Dissertation Abstracts International, Ann Arbor, 1989 Oct. , 50: 4, 939A).

Nguyen Dang Liem. 1974. Clauses and Cases in English and Southeast Asian Languages (Burmese, Cambodian, Cantonese, Lao, Thai, and Vietnamese) in Contrast, South East Asian Linguistic Studies, (Nguyen Dang Liem), pp. 129 – 155, Canberra: Pacific Ling, Australian Natl, Univ,213 pp.

Niyomhate, Pakkini. 1974. /i/vs/1: a Problem from Thai Speakers Learning English, *PASAA*: The Journal of Language Teaching and Learning in Thailand.

Nokaeo, Preeya. 1990. Central Thai and Northern Thai: Linguistic and Attitudinal Study, (Dissertation Abstracts International, Ann Arbor, 1990 Mar. , 50,9:2881A).

Noochoochai, Ponlasit. 1979. Temporal Aspect in Thai and English: a Contrastive Analysis, (Dissertation Abstracts International, Ann Arbor, 1979, 39:7200A).

Noss, Richard B. 1954. Outline of Siamese Grammar, (PhD dissertation)

Yale University, New Haven.

Noss, Richard B. 1964. Thai Reference Grammar, Foreign Service Institute, Washington D. C.

Noss, Richard B. 1972. Rhythm in Thai, Tai Phonetics and Phonology, (Harris, Jimmy G. ; Noss, Richard B. ; eds), pp. 33 - 42, Central Institute of English Language, Office of State Universities, Faculty of Science, Mahidol University.

Noss, Richard B. ed. 1984. An Overview of Language Issues in South - East Asia, Oxford University Press, Singapore.

Ongroongruang, Siriporn; Prongsirivattana, Rusavan; Jantarasukree, Vilavan. 1995. English to Thai Word Retrival Using Sound Index, Second Symposium on Natural Language Processing, pp. 407 - 413.

Orawan, Poo israkij. 1995. Comparison of Khmer Tae and Thai Te, Mon Khmer Studies: a Journal of Southeast Asian Languages, 24:93 - 103, Dallas, TX.

Osatananda, Varisa. 1996. An Analysis of Tonal Assignment on Japanese Loanwords in Thai, Pan - Asiatic Linguistics, Proceedings of the Fourth International Symposium, Vol. 1, pp. 198 - 210, Mahidol University.

Oshika, Beatrice T. 1973. On the Role of Discourse in the Teaching of Thai, Proceedings of the First Annual Meeting of the Amer, Council of Teachers of Uncommonly - Taught Asian Langs, Cultural Linguistic Aspects in Asian Language Teaching, (Dardjowidjojo Soenjono), pp. 28 - 32, Honolulu: Univ, of Hawaii Southeast Asian Studies Prog, 100 pp.

Oshika, Beatrice T. 1975. The Kam - Sui - Mak and Northern Tai Languages; on Occasion of His Fifth Cycle of Life Birthday Anniv, Apr. ,4 ,1975 ,Tai Studies in Honor of William J, Gedney, (Gething Thomas W. , Dang Liem Nguyen), pp. 125 - 141, Canberra: Research School of Pacific Studies, Australian Nat, Univ, 149 pp.

Oshika, Beatrice T. 1979. The Kam - Sui - Mak and Northern Tai Languages, Tai Studies in Honour of William J, Gedney, (Gething, T, W; Liem, Nguyen Dang; eds), Papers in South - East Asian Linguistics No. 6, Dept. ,of Linguistics, School of Pacific Studies, the Australian National University.

Osipov, Ju M. 1964. The Forming of Adverbs in Contemporary Thai(Siamese), Voprosy gramatiki jazykov stran Azii (Grammar Problems of Asiatic

Languages), pp. 47 – 56, Leningrad: Izdatel'stvo Leningradskogo Univ.

Palakornkul, Angkab. 1975. A Socio – Linguistic Study of Pronominal Usage in Spoken Bangkok Thai, Linguistics, 165: 11 – 41, The Hague, Netherlands.

Palakornkul, Angkab. 1976. Some Observations on Variation and Change in the Use of Classifiers in Thai, PASAA: Notes and News about Language Teaching and Linguistics in Thailand, 6: 186 – 199.

Palikupt, Deeyoo. 1984. Central Thai and Northeastern Thai: a Linguistic and Attitudinal Study, (Dissertation Abstracts International, Ann Arbor, 1984 Sept., 45, 3: 834A).

Panakul, Thanyarat. 1984. A Functional Analysis of English and Thai Passive Constructions, (Dissertation Abstracts International, Ann Arbor, 1984 May, 44, 11: 3375A).

Panich, Wicha; Jitapunkull, Somchai; Choruengwiwat, Prasert (1997) Segmentation of Connected Characters Using Distinctive Features of Thai Characters in Thai Character Recognition Systems, Proceedings of the Natural Language Processing Pacific Rim Symposium, pp. 235 – 238, Linguistics and Knowledge Science Laboratory, NECTEC, Bangkok.

Pankhuenkhat, Ruengdet. 1978. An Introduction to Thai Syntax, Southeast Asian Language Center, Mahidol University.

Pankhuenkhat, Ruengdet. 1996. A Comparative Phonology of Tai Phake and Tai Kanmueng, Pan – Asiatic Linguistics, Proceedings of the Fourth International Symposium, Vol. 5, pp. 1998 – 2006, Mahidol University.

Panlay, Suriyan. 1997. The Effect of English Loanwords on the Pronunciation of Thai, (MA thesis) Dept, of Linguistics and Germanic, Slavic, Asian and African Languages, Michigan State University.

Panpanich, Wilai. 1967. The Language Problem in Thailand, Philippine Journal of Language Teaching 1967, 5: 68 – 74, 114.

Panpothong, Natthaporn. 1996. A Pragmatic Study of Verbal Irony in Thai, (PhD dissertation) U of Hawaii, (Dissertation Abstracts International, Ann Arbor, 1996 Nov., 57, 5: 2021A DAI No.: DA9629847).

Panpothong, Natthaporn. 1998. Ironic Context – Free Ironies in Thai as Conventionalized Implicatures, Manusya Journal of Humanaties, 1, 1: 88 – 95.

Pantachat, Wantanee. 1995. Thai Analysis Rules, Linguistics and Knowledge Science Laboratory(LINKS), NECTEC, Bangkok, Thailand.

Pantachat, Wantanee. 1995. Thai Co – Occurence Dictionary, Linguistics and Knowledge Science Laboratory(LINKS), NECTEC, Bangkok, Thailand.

Pantong, Bang on. 1991. Crosslinguistic Influence in Reading: Miscues and Language Transfer in an English Text Read by Six Thai Speakers, (PhD dissertation) U of Missouri, Columbia, (Dissertation Abstracts International, Ann Arbor, 1991 May, 51, 11: 3688A DAI No.: DA9100220).

Pantupong, Woranoot. 1973. Pitch, Stress and Rhythm in Thai, PASAA: The Journal of Language Teaching and Learning in Thailand, 3, 2: 41 – 62.

Pantupong, Woranoot. 1976. Some Phonetic Notes on Tai Yuan, PASAA: Notes and News about Language Teaching and Linguistics in Thailand, 6, 126 – 143.

Panupong, Vichin. 1970. Inter – Sentence Relations in Modern Conversational Thai, The Siam Society, Bangkok.

Panupong, Vichin. 1978. Some Basic Problems of Semantics Concering Certain Types of Homophonic – Graphic Words in Thai, Proceedings of the Twelfth International Congress of Linguists, (Wofgang U., Dressler and Wolfgang Meid, eds,), pp. 217 – 221, Institut fur Sprachwissenschaft der Universitut Innsbruck.

Panupong, Vichin. 1982. Word Geography in Nakhon Ratchasima: A Pilot Project, Proceedings of the XIIIth International Congress of Linguists, (Hattori Shiro(ed); Inoue Kazuko(ed); Shimomiya Tadao(assoc, ed,); Nagashima Yoshio(assoc, ed)), pp. 986 – 989, Tokyo, Tokyo: Tokyo Press, 1983.

Patamapongse, Patamaka. 1972. A Tagmemic Approach to Certain Thai Clauses, (Dissertation Abstracts International, Ann Arbor, 1972, 32: 5213A (Pittsburgh)).

Pengpanich, Archara. 1991. Case Studies of the Production and Interpretation of Pronominal and Lexical Reference by Thai Learners of English, (PhD dissertation) U College, Cardiff, (Dissertation Abstracts International, Ann Arbor, 1991 Feb., 51: 8, 2667A 68A DAI No.: BRDX91025).

Person, Kirk R. 1996. Thailand's "Straight – Talking" Monk: a Discourse Anaysis of the Hortatory Speech of Phra Phayom KalayaNo. Pan – Asiatic Linguistics, Proceedings of the Fourth International Symposium, Vol. 2, pp. 767 – 792, Mahidol University.

Peyasantiwong, Patcharin. 1986. Stress in Thai, Papers from a Conference on Thai Studies in Honor of William J, Gedney, (Bickner RobertJ. (ed); Hudak Thomas J. (ed); Peyasantiwong Patcharin(ed)), pp. 211-230, Ann Arbor: Center for South & Southeast Asian Studies, Univ, of Michigan.

Peysantiwong, Patcharin. 1982. A Study of Final Particles in Conversational Thai, (Dissertation Abstracts International, Ann Arbor, 1982 Mar, 42, 9: 3986A).

Phinit Akson, Vinit. 1973. A Tagmemic Contrastive Analysis of Some English and Thai Question Constructions, (Dissertation Abstracts International, Ann Arbor, 1973, 33: 6896A(Pittsburgh)).

Phinthong, Preecha. 1932. Isan-Thai-English Dictionary, Siritham Press, Ubon, 1076 pp.

Phongsuwan, Pornpimon. 1997. A Study of English Language-Based Problems of Thai Students at Washington State University(PhD dissertation) Washington State U, 1996, (Dissertation Abstracts International, Ann Arbor, (DAIA), 1997 May, 57: 11, 4676 DAI No. : DA9711526).

Pingkarawat, Namthip. 1989. Empty Noun Phrases and the Theory of Control with Special Reference to Thai, (PhD dissertation) University of Illinois.

Pingkarawat, Namthip. 1990. Empty Noun Phrases and the Theory of Control, with Special Reference to Thai, (Dissertation Abstracts International, Ann Arbor, 1990 Jan., 50, 7: 2039A).

Pingkarawat, Namtip. 1996. "Not": an Example of Grammaticalization in English, Journal of Language and Linguistics, 14, 2, Thammasat University.

Pinkerd, Tuenjai. 1995. Oral and Silent Reading Strategies and Comprehension Processes Using Expository and Narrative Texts: Case Studies of Six Thai Native Speakers, (PhD dissertation) Ohio State U, 1995, (Dissertation Abstracts International, Ann Arbor, 1995 Oct., 56, 4: 1298A DAI No: DA9526073).

Placzek, James Anthony. 1986. Perceptual and Cultural Salience in Noun Classification: the Puzzling Case of Standard Thai Iem, (Dissertation Abstracts International, Ann Arbor, 1986 June, 46, 12: 3708A).

Plam, Y. Y. 1988. The Principles of the Establishment of Specific Grammatical Categories in Isolating Languages: on the Basis of Materials from Thai, Chinese, Burmese and Khmer, Linguistics: a Soviet Approach, (Andronov M.

S. (ed); Mallik Bhakti P. (ed)), pp. 67 – 76, Calcutta: Indian Journal of Linguistics Praci Bhasha Vijnan.

Pongpairoj, Wachira. 1994. Topicization in Thai, Journal of Language and Linguistics, 12, 2, Thammasat University.

Pornprasertsakul, Ampai. A Thai Syntactic Analyzer, (PhD dissertation) AIT Diss, No. CS – 94 – 1, Bangkok: Asian Institute of Technology.

Pornsukjantra, Wuthipong, Jitapunkul, Somchai & Ahkuputra, Visarut. 1997. Speaker – Independent Thai Numeral Speech Recognition Using LPC and the Back Propagation Neural Network, Proceedings of the Natural Language Processing Pacific Rim Symposium, pp. 585 – 588, Linguistics and Knowledge Science Laboratory, NECTEC, Bangkok.

Potipiti, Tanapong. 1998. Unsupervised Word Sense Disambiguation, ASTW '98 Hanoi, Vietnam.

Potisuk, S, Gandour, J. & Harper, M. 1996. Acoustic Correlates of Stress in Thai, Phonetica, 53, 200 – 220.

Potisuk, S, Harper, M. & Gandour, J. 1999. The Classification of Thai Tone Sequences in Syllable – Segmented Speech Using the Analysis – By – Synthesis Method, IEEE Transactions on Speech and Audio Processing, 7(1): 95 – 102.

Potisuk, Siripong, Gandour, Jack & Harper, Mary P. 1997. Contextual Variations in Trisyllabic Sequences of Thai Tones, Phonetica: International Journal of Speech Science, Jan., 54, 1: 22 – 42, Kiel, Germany (Phonetica).

Potisuk, Siripong, Gandour, Jackson T. & Harper, Mary P. 1994. F_0 Correlates of Stress in Thai, Linguistics of the Tibeto Burman Area, Berkeley, CA (LTBA), Fall, 17, 2: 1 – 27.

Potisuk, Siripong & Harper, Mary P. 1996. CDG: an Alternative Formulation for Parsing Written and Spoken Thai, Pan – Asiatic Linguistics, Proceedings of the Fourth International Symposium, Vol. 4, pp. 1177 – 1197, Mahidol University.

Prasithrasinth, Amara. 1983. The Thai Equivalents of the English Passives in Formal Writing: a Study of the Influence of Translation on the Target Language, 15, 1: 47 – 68, University of Hawaii Working Papers in Linguistics.

Prasithrasinth, Amara. 1985. Change in the Passive Construction in Written Thai During the Bangkok Period, (PhD dissertation) University of Hawai'i.

Prasithrathsint, Amara. 1988. Change in the Passive Constructions in Standard Thai from 1802 to 1982, Language Sciences, 10, 2.

Prasithrathsint, Amara. 1988. Sociolinguistic Research on Thailand Languages, Language Sciences, 10, 2.

Prasithrathsint, Amara. 1990. A Comparative Study of the Thai and Zhuang Kinship Systems, Proceedings of the International Conference on Thai Studies, Vol. I, Kunming, China: Institute of Southeast Asian Studies.

Prasithrathsint, Amara. 1992. The Adversative Passive in Tai Nuea: Evidence of Language Contact and Implications for a Theory of Language Change, Pan – Asiatic Linguistics, Proceedings of the Third International Symposium, Vol. 2, pp. 883 – 897, Chulalongkorn University Printing House.

Prasithrathsint, Amara. 1994. Borrowing and Nominalization of Technical Terms in Standard Thai, Language Reform: History and Future/La Reforme des langues: Histoire et avenir/Sprachreform: Geschichte und Zukunft, VI, (Fodor Istvan(ed); Hagege Claude(ed,)), pp. 9 – 24, Hamburg: Buske.

Prasithrathsint, Amara. 1994. Three Intrinsic Prepositions in Thai, Ramkhamhaeng Journal, 17, 2.

Prasithrathsint, Amara. 1996. Grey/Brown as a Category in the Universal Scale of Color Evolution, Collection of Papers on the Relationship between the Zhuang and the Thai, Chulalongkorn University Press, Bangkok.

Prasithrathsint, Amara. 1996. Stylistic Differentiation of /kaan/ and /khwaam/ Nominalization in Standard Thai, Pan – Asiatic Linguistics, Proceedings of the Fourth International Symposium, Vol. 4, pp. 1206 – 1216, Mahidol University.

Prasithrathsint, Amara. 1996. Zhuang and Thai Color Terminologies, Collection of Papers on the Relationship between the Zhuang and the Thai, Chulalongkorn University Press, Bangkok.

Prasithrathsint, Amara. 1997. Emergence and Development of Abstract Nominalization in Standard Thai, Southeast Asian Linguistic Studies in Honour of Vichin Panupong, (Abramson, Arthur S, ed), pp. 179 – 190, Chulalongkorn University Press, Bangkok.

Premsrirat, Suwilai. 1987. Khmu, A Minority Language of Thailand, Canberra: Dept, of Ling, Research School of Pacific Studies, Aus, National U.

Priwan, Krang. 1972. Thai: Its Role in Education in Thailand, Proceedings of the Conference on Language Policy and Language Development of Asian Countries,pp. 1 - 9,Pambansang Samahan Sa Linggwistikang PilipiNo. Manila.

Prunet,Jean Francois. 1989. Spreading and Locality Domains in Phonology,(Dissertation Abstracts International, Ann Arbor, 1989 June, 49, 12: 3703A).

Punyodyana,Tasaniya. 1977. The Thai Verb in a Tagmemic Framework, (Dissertation Abstracts International,Ann Arbor,1977,38,1364A).

Purnell,Herbert C. 1972. Toward Contrastive Analysis between Thai and Hill Tribe Languages:Some Phonetic Data,Tai Phonetics and Phonology,(Harris,Jimmy G. ; Noss, Richard B. ; eds.), pp. 113 - 130,Central Institute of English Language,Office of State Universities,Faculty of Science,Mahidol University.

Raksamani,Kusuma. 1979. Nandakaprakarana Attributed to Vasubhaga:a Comparative Study of Sanskrit,Lao and Thai Texts,(Dissertation Abstracts International,Ann Arbor,1979,39:4262A - 63A).

Raksaphet,Phongsak. 1992. A Study of English Loanwords in Thai Newspapers,(PhD dissertation) Indiana U,(Dissertation Abstracts International, Ann Arbor,1992 Mar,52,9:3266A DAI No. :DA9205911).

Ratanakul,Suriya, et al. , Languages and Cultures of the Kam - Tai (Zhuang - Dong) Group:a Word List,Institute of Language and Culture for Rural Development,Madihol University,Salaya.

Ratanakul, Suriya, Thomas, David & Premsirirat, Suwilai. eds. 1985. Southeast Asian Linguistic Studies Presented to Andre G,Haudricourt,Mahidol University,Bangkok.

Rawangking,Wissanu. 1974. The Use of Standard Thai in Schools,Papers from the Conference on the Standardisation of Asian Languages,Manila,Philippines, December 16 21, 1974, (Perez Alejandrino Q. ; Santiago Alfonso O, ; Liem Nguyen Dang; Marcos Ferdinand E) , pp. 219 - 223,Canberra:Dept,of Ling,Australian Nat,Univ,386 pp.

Richards,Jack. 1967. Pronunciation Features of Thai Speakers of English, Te Reo: Journal of the Linguistic Society of New Zealand, 10 11: 67 - 75, Auckland,New Zealand.

Rinswat, Pornpen. 1996. A Comparison between Thai Student Attitudes Toward English as a Foreign Language and Their English Proficiency at Four

Public (State) Universities in Bangkok, Thailand, (PhD dissertation) U of Southern California, (Dissertation Abstracts International, Ann Arbor, (DAIA) ,1997 Mar,57:9,3847 DAI No. :DA9705169).

Rischel, Jorgen. 1985. An Appraisal of Research in the Phonetics and Phonology of Thai, Annual Report of the Institute of Phonetics, 19:43 – 93, University of Copenhagen, Copenhagen, Denmark(ARIPUC).

Rischel, Jorgen. 1986. Can "The Great Tone Split" in Thai Be Phonetically Explained? Annual Report of the Institute of Phonetics, 20, 79 – 98, University of Copenhagen, Copenhagen, Denmark(ARIPUC).

Rischel, Jorgen. 1992. Isolation, Contact and Lexical Variation in a Tribal Setting, Language Contact: Theoretical and Empirical Studies, (Jahr Ernst Hakon(ed)), pp. 149 – 177, Berlin: Mouton de Gruyter, 234 pp.

Rischel, Jorgen; Thavisak, Amon. 1984. A Note on Work in Progress: Secondary Articulation in Thai Stops, Annual Report of the Institute of Phonetics, 18:243 – 254, University of Copenhagen, Copenhagen, Denmark(ARIPUC).

Roberson, Jack Forrest. 1982. Bangkok Thai Tones, (Dissertation Abstracts International, Ann Arbor, 1982 Sept. ,43,3:791A).

Rodman, Robert. 1977. Constraints on Coordination in Thai, Korean, and Mandarin Chinese, Linguistica Antverpiensia, 11:143 – 154, 2000 Antwerpen, Belgium.

Rodpothong, Sugree. 1986. The Optimum Size and Face of Thai Type for Grade Three Textbooks, (Dissertation Abstracts International, Ann Arbor, 1986 Sept, 47, 3:849A).

Ronnakiat. 1992. Evidence of the Thai Noi Alphabet Found in Inscriptions, Pan – Asiatic Linguistics, Proceedings of the Third International Symposium, Vol. 3 , pp. 1326 – 1334, Chulalongkorn University Printing House.

Rose, Phil. 1997. Seven – Tone Dialect in Southern Thai with Super – High, a: Pakphanang Tonal Acoustics and Physiological Inferences, Southeast Asian Linguistic Studies in Honour of Vichin Panupong, (Abramson, Arthur S, ed), pp. 191 – 208, Chulalongkorn University Press, Bangkok.

Ross, Elliott D. , Edmondson, Jerold A. & Seibert, G. Burton. 1986. The Effect of Affect on Various Acoustic Measures of Prosody in Tone and Non – Tone Languages: a Comparison Based on Computer Analysis of Voice, Journal of Phonetics, Apr. ,14,2:283 – 302, Footscray, Kent, England(JPhon).

Ross, Peter. 1996. Sound, Metaphor, and Shape in Thai, Pan – Asiatic Linguistics, Proceedings of the Fourth International Symposium, Vol. 5, pp. 1767 – 1779, Mahidol University.

Rudaravanija, Panninee. 1966. An Analysis of the Elements in Thai That Correspond to the Basic Intonation Patterns of English, (Dissertation Abstracts International, Ann Arbor, 1966, 27, 1048A 1049A).

Saengsuriya, Narong. 1990. Variations in Duration, Pitch and Amplitude of Thai Words in Different Utterance Conditions, (Dissertation Abstracts International, Ann Arbor, 1990 Oct. , 51:4, 1215A).

Sagart, Laurent. 1994. Discussion Note: Reply to James a, Matisoff's " A Key Etymology", Linguistics of the Tibeto Burman Area, Spring, 17, 1:167 – 168, Berkeley, CA(LTBA).

Sak – Humphry, Chhany; Indrambarya, Kitima; Starosta, Stanley. 1997. Flying "In" and "Out" in Khmer and Thai, Southeast Asian Linguistic Studies in Honour of Vichin Panupong, (Abramson, Arthur S, ed), pp. 209 – 220, Chulalongkorn University Press, Bangkok.

Sarat, KR Phukan. 1996. Tai – Elements in the Place Names of Assam, Pan – Asiatic Linguistics, Proceedings of the Fourth International Symposium, Vol. 3, pp. 1018 – 1036, Mahidol University.

Saravari, Chatchavalit; Imai, Satoshi. 1983. Perception of Tone and Short – Long Judgement of Vowel of Variants of a Thai Monosyllabic Sound, Journal of Phonetics, July, 11, 3:231 – 242, Footscray, Kent, England(JPhon).

Saravari, Chatchavalit; Imai, Satoshi. 1984. An Automatic Procedure for Extracting Demisyllables from Isolated Monosyllabic Source Words for Use in Speech Synthesis – By – Rule of Thai, Journal of the Acoustical Society of Japan, Apr. , 5, 2:71 – 83.

Sarawit, Mary. 1975. A Sketch of a Dialect of Mae Sot; on Occasion of His Fifth Cycle of Life Birthday Anniv, Apr. , 4, 1975, Tai Studies in Honor of William J. , Gedney, (Gething Thomas W, Dang Liem Nguyen), pp. 75 – 83, Canberra: Research School of Pacific Studies, Australian Nat, Univ, 149 pp.

Sarawit, Mary. 1979. A Sketch of a Dialect of Mae Sot, Tai Studies in Honour of William J. , Gedney, (Gething, T. W. ; Liem, Nguyen Dang; eds,), Papers in South – East Asian Linguistics No. 6, Dept, of Linguistics, School of Pacific Studies, the Australian National University.

Saurman, Mary E. 1996. Thai Speech Tones and Melodic Pitches: How They Work Together or Collide, EM News/Articles, 5(4):1 – 6.

Saurman, Todd. 1996. Exploring Thai Music in Bangkok, EM News, 5 (4):2 – 3.

Savetamalaya, Saranya. 1989. Thai Nouns and Noun Phrases: A Lexicase Analysis, (PhD dissertation) University of Hawaii.

Savetamalya, Saranya. 1987. The Analysis of Auxiliary Verbs in Thai, 19, 1:1 – 44, University of Hawaii Working Papers in Linguistics.

Savetamalya, Saranya. 1996. Verbal Relative Clauses and Adnomial Modifiers in Thai, Pan – Asiatic Linguistics, Proceedings of the Fourth International Symposium, Vol. 2, pp. 627 – 646, Mahidol University.

Savetamalya, Saranya; Reid, Lawrence A. 1997. An Explanation for Inconsistent Word Order Typologies in Some Southeast Asian Languages, Southeast Asian Linguistic Studies in Honour of Vichin Panupong, (Abramson, Arthur S, ed), pp. 221 – 236, Chulalongkorn University Press, Bangkok.

Savetmalaya, Saranya. 1992. Patient Subject Constructions in Thai, Pan – Asiatic Linguistics, Proceedings of the Third International Symposium, Vol. 1, pp. 244 – 250, Chulalongkorn University Printing House.

Sayankena, Lertdow. 1982. An Analysis of Some Verb Constructions in Phu Thai, 14, 3:25 – 42, University of Hawaii Working Papers in Linguistics.

Sayenkena, Lertdow. 1985. Verbs in Phu Thai: a Lexicase Analysis, (PhD dissertation) University of Hawaii.

Schiller, Eric. 1991. An Autolexical Account of Subordinating Serial Verb Constructions, (PhD dissertation) University of Chicago.

Schiller, Eric. 1992. Parts of Speech in Southeast Asian Languages: an Autolexical View, Pan – Asiatic Linguistics, Proceedings of the Third International Symposium, Vol. 2, pp. 777 – 790, Chulalongkorn University Printing House.

Schmidt, Todd P. 1992. A Non – Linear Analysis of Aspect in Thai Narrative Discourse, Papers from the Second Annual Meeting of the Southeast Asian Linguistics Society, (Adams Karen L. (ed,); Hudak Thomas John (ed,)), pp. 327 – 342, Tempe: Program for Southeast Asian Studies, Arizona State Univ.

Scovel, Thomas. 1967. Some Aspect Markers in Thai and Mandarin; Bucarest,28 Aout – 2 Septembre 1967,4 Vols,II:1015 20 IN Graur Alexandru, Actes du Xe Congres International des Linguistes,70,Bucarest:Ed,Acad,R. S. R.

Scovel, Thomas. 1975. Some Observations on Restricted Intensifiers in Northern Thai; on Occasion of His Fifth Cycle of Life Birthday Anniv, Apr. 4, 1975,Tai Studies in Honor of William J. ,Gedney,(Gething Thomas W. ; Dang Liem Nguyen),pp. 85 – 95,Canberra:Research School of Pacific Studies,Australian Nat,Univ,149 pp.

Scovel, Thomas. 1979. Some Observations on Restricted Intensifiers in Northern Thai,Tai Studies in Honour of William J. ,Gedney,(Gething,T. W. ; Liem,Nguyen Dang; eds,) ,Papers in South – East Asian Linguistics No. 6, Dept,of Linguistics,School of Pacific Studies,the Australian National University.

Scupin, Raymond. 1988. Language, Hierarchy and Hegemony:Thai Muslim Discourse Strategies,Language Sciences,10(2) ,Pergamon Press,Oxford.

Senawong, Pornpimol. 1992. Sociolinguistic Aspects of Phonological Transference from English to Thai, Pan – Asiatic Linguistics, Proceedings of the Third International Symposium,Vol. 2,pp. 972 – 985,Chulalongkorn University Printing House.

Sereechareonsatit,Tasanee. 1984. Conjunct Verbs and Verbs in Series in Thai,(PhD dissertation) University of Illinois at Urbana – Champaign,(Dissertation Abstracts International,Ann Arbor,1985 Jan. ,45,7:2085A).

Sethaputra,So. 1965. New Model Thai – English Dictionary,Thai Watana Panich,Bangkok.

Sethaputra,So. 1938. New Model English – Thai Dictionary,Thai Watana Panich,Bangkok.

Shorto,H,L; Judith Jacob; Simmonds,E. H. S. 1963. Bibliographies of Mon – Khmer and Tai Linguistics,London Oriental Bibliographies,Vol. 2,Oxford University Press,London.

Simpson,Rita Carol. 1997. Negotiating Identities in Thai Conversation:a Sociolinguistic Discourse Analysis of Person – Referring Expressions,(PhD dissertation) U of Michigan,(Dissertation Abstracts International,Ann Arbor, (DAIA) ,Apr. ,58:10,3908 DAI No. ;DA9811193).

Sindhavananda,Kanchana. 1970. The Verb in Modern Thai,(PhD dissertation) Georgetown University.

Siri – aksornsat, Pojanee. 1996. The Origin and Development of /kra – / and /ka – / Words in Siamese Thai, Pan – Asiatic Linguistics, Proceedings of the Fourth International Symposium, Vol. 5, pp. 1730 – 1742, Mahidol University.

Sirinaovakul, Booncharoen. 1997. Syntax Analysis of Thai Simple Sentences in HPSG by Using ALE, Proceedings of the Natural Language Processing Pacific Rim Symposium, pp. 533 – 536, Linguistics and Knowledge Science Laboratory, NECTEC, Bangkok.

Siriphan, Salakjit. 1989. An Investigation of Syntax, Semantics, and Rhetoric in the English Writing of Fifteen Thai Graduate Students(Dissertation Abstracts International, Ann Arbor, Oct. ,50:4,940A).

Sittachit, Kanda. 1972. Observations on Short and Long Vowels in Thai(in Thai), Tai Phonetics and Phonology, (Harris, Jimmy G. ; Noss, Richard B. ; eds), pp. 28 – 32, Central Institute of English Language, Office of State Universities, Faculty of Science, Mahidol University.

Smalley, William. 1994. Linguistic Diversity and National Unity: Language Ecology in Thailand, University of Chicago Press.

Smalley, William A. 1976. Phonemes and Orthography: Language Planning in Ten Minority Languages of Thailand, Canberra: Dept, of Ling, Australian National U.

Smalley, William A. 1976. Writing Systems in Thailand's Marginal Languages: History and Policy, Phonemes and Orthography: Language Planning in Ten Minority Languages of Thailand, Pacific Linguistics, Series C,43(Smalley, William A, ed,), pp. 1 – 24, Department of Linguistics, Research School of Pacific Studies, the Australian National University, Canberra.

Smalley, William A. 1988. Multilingualism in the Northern Khmer Pupulation of Thailand, Language Sciences,10(2), Pergamon Press, Oxford.

Smalley, William A. 1988. Thailand's Hierarchy of Multilingualism, Language Sciences,10(2), Pergamon Press, Oxford.

Smalley, William A. 1997. Early Protestant Missionaries and the Development of Thailand's Hierarchy of Multilingualism, Southeast Asian Linguistic Studies in Honour of Vichin Panupong(Abramson, Arthur S. , ed), pp. 237 – 252, Chulalongkorn University Press, Bangkok.

Smalley, William A. & Prasithrathsint, Amara. ed. 1988. Language Use in Thailand, Language Sciences, 10:2, Oxford, England(LangS).

Smith, Kenneth D. 1981. A Lexico – Statistical Study of 45 Mon – Khmer Languages, Linguistics across Continents: Studies in honor of Richard S, Pittman, Andrew Gonzalez; David Thomas(eds), Linguistic Society of the Philippines Monograph 2, pp. 180 – 205.

Smyth, David. 1987. Thai Speakers, Learner English: a Teacher's Guide to Interference and Other Problems, (Swan Michael & Smith Bernard, ed), pp. 252 – 263, Cambridge: Cambridge UP.

Solomon, James R. 1975. Two Propositions in Thai and English: an Investigation Using the Token Test, Papers from the 1975 Mid America Linguistics Conference(Ingemann Frances), pp. 339 – 352, Lawrence: Ling, Dept, Univ, of Kansas, 468 pp.

Somsonge, Burusphat. 1991. The Structure of Thai Narrative, Summer Institute of Linguistics and the University of Texas at Arlington Publications in Linguistics 98.

Somsonge, Burusphat. 1992. The Identification of Storyline in Thai Narrative Discourse, In Shin Ja J., Hwang & William R., Merrifield(eds.), Language in Context: Essays for Robert E, Longacre, Summer Institute of Linguistics and the University of Texas at Arlington Publications in Linguistics 107, pp. 419 – 433.

Song, Jae Jung. 1997. On the Development of MANNER from GIVE, The Linguistics of Giving, Newman John(ed, and preface), pp. 327 – 348, Amsterdam, Netherlands: Benjamins.

Sookgasem, Prapa. 1990. Morphology, Syntax and Semantics of Auxiliaries in Thai, (Dissertation Abstracts International, Ann Arbor, Dec., 51, 6:2005A 2006A).

Sookgasem, Prapa. 1992. A Verb – Subject Construction in Thai: an Analysis of the Existential Verb /mii/, Pan – Asiatic Linguistics, Proceedings of the Third International Symposium, Vol. 1, pp. 282 – 295, Chulalongkorn University Printing House.

Sookgasem, Prapa. 1996. The Predicative – Adjective Construction in Thai, Pan – Asiatic Linguistics, Proceedings of the Fourth International Symposium, Vol. 2, pp. 579 – 607, Mahidol University.

Sookgasem, Prapa. 1997. A Complicating Distortion of Syntactic Categories: the Case of Reduplication in Thai, Southeast Asian Linguistic Studies in Honour of Vichin Panupong(Abramson, Arthur S, ed), pp. 253 – 272, Chulalongkorn University Press, Bangkok.

Sornhiran, Pasinee. 1978. A Transformational Study of Relative Clauses in Thai, (PhD dissertation) University of Texas at Austin(Dissertation Abstracts International, Ann Arbor, 39, 4220A).

Sornlertlamvanich, Virach. 1994. Another Decade of Thai Language Processing Research, International Symposium on Multilingual Machine Translation (MMT'94), Tokyo, Japan, pp. 56 – 60.

Sornlertlamvanich, Virach(ed). 1995. Papers on Natural Language Processing: Multi – Lingual Machine Translation and Related Topics (1987 – 1994), Linguistics and Knowledge Science Laboratory (LINKS), NECTEC, Bangkok, Thailand.

Sornlertlamvanich, Virach(ed). 1995. Proceedings of the Symposium on Multilingual Machine Translation for Asian Languages, Linguistics and Knowledge Science Laboratory(LINKS), NECTEC, Bangkok, Thailand.

Sornlertlamvanich, Virach & Boriboon, Monthika. 1995. Thai Concept Classification, Linguistics and Knowledge Science Laboratory(LINKS), NECTEC, Bangkok, Thailand.

Sornlertlamvanich, Virach & Kayasit, Prakasit. 1995. Dictionary Editor for Thai Lexicon, Linguistics and Knowledge Science Laboratory(LINKS), NECTEC, Bangkok, Thailand.

Sornlertlamvanich, Virach & Kayasit, Prakasit. 1995. Key Word in Context for Thai Text, Linguistics and Knowledge Science Laboratory(LINKS), NECTEC, Bangkok, Thailand.

Sornlertlamvanich, Virach & Pantachat, Wantanee. 1995. Interlingual Expression for Thai Language, Linguistics and Knowledge Science Laboratory (LINKS), NECTEC, Bangkok, Thailand.

Sornlertlamvanich, Virach & Pantachat, Wantanee. 1995. Thai Part – of – Speech Tagged Corpus, Linguistics and Knowledge Science Laboratory (LINKS), NECTEC, Bangkok, Thailand.

Sornlertlamvanich, Virach, Pantachat, Wantanee & Meknavin, Surapant. 1994. Classifier Assignment by Corpus – Based Approach, Fifteenth Computational Linguistics Symposium (COLING - 94) Kyoto, Japan, Vol. 1, pp 556 - 561.

Sornlertlamvanich, Virach & Phantachat, Wantanee. 1992. Information - Based Language Analysis for Thai, Pan - Asiatic Linguistics, Proceedings of the Third International Symposium, Vol. 1, pp. 497 - 512, Chulalongkorn University Printing House.

Sornlertlamvanich, Virach & Tanaka, Hozumi. 1996. Automatic Extraction of Open Compounds from Text Corpora, 16th International Conference on Computational Linguistics (COLING - 96), Copenhagen, Denmark, Vol. 2, pp. 1143 - 1146.

Srinarawat, Deeyu. 1988. Language Use of the Chinese in Bangkok, International Symposium on Language and Linguistics (PAL II), (Cholticha, B, et al. , eds,) , pp. 275 - 283, Thammasat University, Bangkok.

Sriphen, Salee. 1982. The Thai Verb Phrase, (PhD dissertation) University of Michigan (Dissertation Abstracts International, Ann Arbor, Aug. , 43, 2: 438A).

Starosta, Stanley. 1993. Thai Word Classes, Fifth International Conference on Thai Studies, Centre of South East Asian Studies, School of Oriental and African Studies, University of London, 8 - 9 July.

Stein, Mark Jeffrey. 1981. Quantification in Thai (Dissertation Abstracts International, Ann Arbor, June, 41, 12: 5085A 5086A).

Stine, Philip C. 1969. The Instrumental Case in Thai: a Study of Syntax and Semantics in a Generative Model (Dissertation Abstracts International, Ann Arbor, 30, 710A).

Strecker, David. 1979. Absolute Vs, Relative Meaning: the Case of the Tai Pronouns, Papers from the 1979 Mid America Linguistics Conference (Haller Robert S.), pp. 259 - 268, University of Nebraska Lincoln, Lincoln: Area Studies Committee in Ling, , Univ, of Nebraska Lincoln, 421 pp.

Sueppha, Sutthiya & Maneewong, Napasri. 1986. Central - E - Saan Thai Dictionary, United States Peace Corps, Thailand.

Sugai, Hideaki. 1995. Skotai: a Winner - Take - All Group Perceptron for Distinguishing Sanskrit Loan Words from Native Thai Words, Second Symposium on Natural Language Processing, pp. 208 - 212.

Sugai, Hideaki. 1996. A Neural Network Application in Thai Text -

Speech Conversion Program, (PhD dissertation) U of Hawaii (Dissertation Abstracts International, Ann Arbor, (DAIA), Feb. , 57, 8: 3476 DAI No. : DA9700554).

Sukonthaman, Piyanat. 1990. A Comparison of Thai Second Person Pronominal Acquisition by Central Thai and Lahu Children (Dissertation Abstracts International, Ann Arbor, Jan. ,50,7:1971A).

Suktrakul, Suthinee. 1976. A Contrastive Analysis of Relative Clauses in Thai - English (Dissertation Abstracts International, Ann Arbor, 36, 6653A).

Sukwiwat, Mayuri & Fieg, John. 1987. Greeting and Leave - Taking, PASAA: A Journal of Language Teaching and Learning in Thailand, Dec. ,17, 2:1-12.

Supriya, Wilawan. 1995. Reanalysis of Serial Verb Constructions Proper, Mon Khmer Studies: A Journal of Southeast Asian Languages, 24:53-68, Dallas, TX.

Surintramont, Aporn. 1979. Some Deletion Phenomena in Thai (Dissertation Abstracts International, Ann Arbor, 40, 228A 29A).

Sussman, Harvey M. , Hoemeke, Kathryn A. & Ahmed, Farhan S. 1993. A Cross - Linguistic Investigation of Locus Equations as a Phonetic Descriptor for Place of Articulation, Journal of the Acoustical Society of America, Sept. ,94:3 pt,1,1256-1268, Woodbury, NY(JAS).

Sutadarat, Suntana Gungsadan. 1979. A Phonological Description of Standard Thai (Dissertation Abstracts International, Ann Arbor, 40:2640A).

Suthiwan, Titima. 1992. Malay Loanwords in Thai, Pan - Asiatic Linguistics, Proceedings of the Third International Symposium, Vol. 3, pp. 1358-1366, Chulalongkorn University Printing House.

Suthiwan, Titima. 1997. Malay Lexical Elements in Thai (PhD dissertation) U of Hawaii, (Dissertation Abstracts International, Ann Arbor, (DAIA), 1998 May, 58,11:4256 DAI No. : DA9816749).

Suwattee, Duangduen Yuvahongs. 1971. A Linguistic Analysis of Difficulties in the English Verbal System Encountered by Native Speakers of Thai, (Dissertation Abstracts International, Ann Arbor, 32:952A 53A(N, C, Chapel Hill).

Svastikula, M. L. , Katyanee. 1987. A Perceptual and Acoustic Study of the Effects of Speech Rate on Distinctive Vowel Length in Thai (Dissertation

Abstracts International, Ann Arbor, July, 48, 1:119A).

Syananondh, Kriengsukdi. 1984. An Investigation of Pronounciation and Learning Strategies: Factors in English Listening Comprehension of Thai - Speaking Graduate Students in the United States (Dissertation Abstracts International, Ann Arbor, Jan. ,44,7:2136A).

Tadmor, Uri. 1995. Language Contact and Systemic Restructuring: the Malay Dialect of Nonthaburi, Central Thailand, (PhD Dissertation) U of Hawaii, (Dissertation Abstracts International, Ann Arbor, July, 57, 1:197A DAI No.: DA9615555).

Tagong, Kanchit. 1992. Revising Strategies of Thai Students: Text - Level Changes in Essays Written in Thai and in English, (PhD Dissertation) Illinois State U (Dissertation Abstracts International, Ann Arbor, Feb. , 52, 8: 2849A DAI No. : DA9203037).

Takahashi, Kiyoko & Thepkanjana, Kingkarn. 1997. Negation in Thai Serial Verb Constructions: a Pragmatic Study, Southeast Asian Linguistic Studies in Honour of Vichin Panupong, (Abramson, Arthur S, ed,), pp. 273 - 282, Chulalongkorn University Press, Bangkok.

Tanese Ito, Yoko. 1988. The Relationship between Speech - Tones and Vocal Melody in Thai Court Song, Musica Asiatica, 5:109 - 139.

Tanprasert, Thitipong & Tanprasert, Chularat. 1995. Variable Simulated Light Sensitive Model for Handwritten Thai Digit Recognition, Second Symposium on Natural Language Processing, pp. 173 - 179.

Tantisawetrat, Nuantip & Sirinaovakul, Booncharoen. 1993. An Electronic Dictionary for Multilingual Machine Translation, Proceedings of the Symposium on Natural Language Processing in Thailand 1993, (Luksaneeyanawin, S; et al. ; eds,), pp. 377 - 411, Chulalongkorn University, Bangkok.

Terayanont, Vachira. 1989. Semantic Analysis of the Thai Language (Dissertation Abstracts International, Ann Arbor, 1989 Apr, , 49, 10: 3015A 3016A).

Thavisak, Amon. 1988. Malay Dialects in Thailand, International Symposium on Language and Linguistics (PAL II), (Cholticha, B, et al. ,eds), pp. 263 - 274, Thammasat University, Bangkok.

Thepkanjana, Kingkarn. 1992. Physicians' Language Use in Interviewing Patients (in Thai), Chulalongkorn University Press, Bangkok.

Thepkanjana, Kingkarn. 1992. Transitivity Continuum in Thai, Pan – Asiatic Linguistics, Proceedings of the Third International Symposium, Vol. 1, pp. 308 – 323, Chulalongkorn University Printing House.

Thepkanjana, Kingkarn. 1993. Research on Natural Language Understanding in Thailand, Proceedings of the Symposium on Natural Language Processing in Thailand 1993, (Luksaneeyanawin, S. ; et al. ; eds,) , pp. 412 – 445, Chulalongkorn University, Bangkok.

Thepkanjana, Kingkarn. 1998. Problems of the Thai Coinage" nuay Kham" for the English Word"morpheme", Journal of the Faculty of Arts, 27, 1:25 – 43, Chulalongkorn University, Bangkok.

Thepkanjana, Kingkarn. Lexical Causatives in Thai, Van der Leek, F, and Foolan, A, Constructions in Cognitive Linguistics, Amsterdam: John Benjamins.

Thepkanjana, Kingkarn, Vongvipanond, P. , Aroonmanakun, W. & Taveesin, P. 1989. A New Approach to Case Relations in Thai, Computer Processing of Asian Languages (CPAL) Asian Institute of Technology September 26 – 28, pp. 38 – 47.

Thepkarnchana, Kingkarn. 1986. Serial Verb Constructions in Thai, (PhD dissertation) Univerisity of Michigan.

Thomas, David. 1979. Coordinate Conjunctions in Thai, Studies in Tai and Mon – Khmer Phonetics and Phonology in Honour of Eugenie J. A. , Henderson, (Thongkum, Theraphan L. ; et al. eds) , pp. 286 – 289, Chulalongkorn University Press, Bangkok.

Thomas, David. 1988. Clause – Efficient Vs, Paragraph – Efficient Languages, International Symposium on Language and Linguistics (PAL II), (Cholticha, B, et al. , eds,) , pp. 52 – 56, Thammasat University, Bangkok.

Thomas, Dorothy M. 1989. Changing the Northern Khmer Orthography, Notes on Literacy, 57:47 – 59.

Thongkum, Theraphan L. 1976. Rhythm in Thai from Another View Point, PASAA: Notes and News about Language Teaching and Linguistics in Thailand, 6:144 – 158.

Thongkum, Theraphan L. 1976. Relative Durations of Syllables in Siamese Connected Speech, Tai Linguistics in Honor of Fang – Kuei Li, (Gething, Thomas; Harris, Jimmy; Kullavanijaya, Pranee (eds) , pp. 225 – 232, Chulalongkorn University Press, Bangkok.

Thongkum, Theraphan L. 1979. Iconicity of Vowel Qualities in Northeastern Thai Reduplicated Words, Studies in Tai and Mon – Khmer Phonetics and Phonology in Honour of Eugenie J, A, Henderson, (Thongkum, Theraphan L. ; et al. eds,), pp. 247 – 260, Chulalongkorn University Press, Bangkok.

Thongkum, Theraphan L. 1984. Bibliography of Minority Languages of Thailand, Report to the Research Division of the Faculty of Arts, Chulalongkorn University, Bangkok.

Thongkum, Theraphan L. 1985. Minority Languages of Thailand, Science of Language Papers, 5:29 – 74, Chulalongkorn University, Bangkok.

Thongkum, Theraphan L. 1992. The Raising and Lowering of Pitch Caused by a Voicing Distinction in Sonorants (Nasals and Approximants): an Epidemic Disease in SEA Languages, Pan – Asiatic Linguistics, Proceedings of the Third International Symposium, Vol. 3, pp. 1079 – 1088, Chulalongkorn University Printing House.

Thongkum, Theraphan L. 1994. The Lexicalization and Conceptualization of Some Noun Compounds in Tai – Kadai Languages, Octa Linguistica Hafniensia 27, part 2, pp. 353 – 358, Edited by Jens Elmegard Rasmussen et al. , Copenhagen: C. A.

Thongkum, Theraphan L. & Kullavanijaya, Pranee. 1991. Lexicography of the Thai Language, An International Encyclopedia of Lexicography, Edited by Franz Josef Hausmann et al. , Berlin: Walter de Gruyter, pp. 2576 – 2583.

Thongkum, Therephan L. 1997. Tone Change and Language Contact: a Case Study of Mien – Yao and Thai, Southeast Asian Linguistic Studies in Honour of Vichin Panupong, (Abramson, Arthur s, ed), pp. 153 – 160, Chulalongkorn University Press, Bangkok.

Thubthong, Nuttakorn. 1995. A Thai Tone Recognition System Based on Phonemic Distinctive Features, Second Symposium on Natural Language Processing, pp. 379 – 386.

Thurgood, Graham. 1997. Restructured Register in Haroi: Reconstructing its Historical Origins, Southeast Asian Linguistic Studies in Honour of Vichin Panupong, (Abramson, Arthur S. , ed,), pp. 283 – 297, Chulalongkorn University Press, Bangkok.

Tiancharoen, Supanee. 1989. A Comparative Study of Spoken and Written Thai: Linguistic and Sociolinguistic Perspectives (Dissertation Abstracts International,Ann Arbor,1989 Jan. ,49,7:1790A).

Tienmee,Wanna. 1992. Classification by Tone Shapes and by Patterns of Tonal Splits and Coalescences,Mon – Khmer Studies,21:229 – 236.

Tingsabadh,Kalaya M. R. & Deeprasert,Daranee. 1997. Tones in Standard Thai Connected Speech,Southeast Asian Linguistic Studies in Honour of Vichin Panupong(Abramson, Arthur S. ed) , pp. 297 – 308, Chulalongkorn University Press,Bangkok.

Tingsabadh, Kalaya M. R. 1976. A Phonetic Description of Tai Nong, PASAA:Notes and News about Language Teaching and Linguistics in Thailand,6:159 – 175.

Tingsabadh,Kalaya M. R. & Abramson, Arthur S. 1993. Illustrations of the IPA:Thai,Journal of the International Phonetic Association,June,23,1: 25 – 28,9PL,England(IPAJ).

Tingsabadh,Kalaya M. R. 1985. Some Accents of Central Thai, a Tonal Study,18th International Conference on Sino – Tibetan Languages and Linguistics,August 27 – 29,Bangkok.

Tingsabadh,Kalaya M. R. 1988. Loss of Preeminence of Citation Forms in the Study of Tones on Thai Dialects,International Symposium on Language and Linguistics(PAL II) (Cholticha, B. , et al. , eds) , pp. 224 – 227, Thammasat University,Bangkok.

Tingsabadh,Kalaya M. R. 1988. The Elusive Tones of Thai Dialects,First Hong Kong Conference on Language and Society,April 25 – 28,1988.

Tingsabadh, Kalaya M. R. 1993. Tone Geography in Thailand: the Tone Box Method,Methods VIII International Conference on Dialectology,University of Victoria,British Columbia,Canada,August 3 – 7,1993.

Tingsabadh,Kalaya M. R. A Phonological Study of the Thai Language of Suphanburi Province,(PhD dissertation) University of London.

Tingsabadh,Kalaya M. R. 1984. Thai Dialectology up to the Year,Science of Language Papers, Department of Linguistics, Faculty of Arts, Chulalongkorn University,5:75 – 102.

Tingsabadh,Kalaya M. R. & Krisnaphan, Daranee. 1992. Tonal Overlapping:An Instrumental Study of Suphanburi Thai,Pan – Asiatic Linguistics,Proceedings of the Third International Symposium, Vol. 2 , pp. 804 – 817, Chulalongkorn University Printing House.

Tingsabadh, Kalaya M. R. & Krisnaphan, Daranee. 1993. Acoustic - Based Tone Geography of Thailand: Dream or Reality, Fifth International Conference on Thai Studies, July 5 - 10, 1993, School of Oriental and African Studies, University of London, United Kingdom.

Tingsabadh, Kalaya M. R. & Prasithrathsint, Amara. 1989. The Use of Address Terms in Thai during the Bangkok Period, Passa, Vol. 19:2 pp. 136 - 145 December.

Tongkam, Theraphan L. 1975. A Note on the Meaning and the Origin of the Word /tfan - Wa/"Rhythm", PASAA: Notes and News about Language Teaching and Linguistics in Thailand, 5:2, 143 - 146.

Trongdee, Thananan. 1996. The Sound Symbolic System in Lao, Pan - Asiatic Linguistics, Proceedings of the Fourth International Symposium, Vol. 1, pp. 189 - 197, Mahidol University.

Truwichien, Aim on. 1986. Address and Reference in Thai: Socio Cultural Significance of Variation in Meaning Attribution(Dissertation Abstracts International, Ann Arbor, 1986 Apr., 46, 10:3020A).

Tuaycharoen, Pinthip. 1978. The Babbling of a Thai Baby: Echoes and Responses to the Sounds Made by Adults, The Development of Communication, (Waterson Natalie; Snow Catherine), pp. 111 - 125, New York: Wiley, 498 pp.

Tuaycharoen, Pinthip. 1995. Interactional Process and Adult Language Addressed to a Thai Child, Journal of Language and Linguistics, 13, 2, Thammasat University.

Tuaycharoen, Pintip. 1980. Concepts and Strategies of Tone Production for Thai Deaf Speakers, Proceedings of the First International Congress for the Study of Child Language, (Ingram David(ed); Peng Fred C. C., (ed); Dale Philip(ed)), pp. 448 - 454, Lanham, MD: Univ, Press of America.

Tumsorn, Maneewan & Chansiriyotin, Supaporn. 1986. Northern - Central Thai Dictionary, United States Peace Corps, Thailand.

Tumtavikul, Apiluck. 1993. FO - Induced VOT Variants in Thai, Journal of Language and Linguistics, 12, 1, Thammasat University.

Tumtavitikul, Apiluck. 1992. Consonant Onsets and Tones in Thai, University of Texas at Austin.

Tumtavitikul, Apiluck. 1994. Perhaps, the Tones Are in the Consonants?

Mon – Khmer Studies,23:11 – 41.

Tumtavitikul, Apiluck. 1995. Toward a Model of Tonal Recognition, Second Symposium on Natural Language Processing, pp. 387 – 395.

Tumtavitikul, Apiluck. 1996. The Mid Central Vowel [+] in Thai, Mon – Khmer Studies,26:65 – 77.

Tumtavitikul, Apiluck. 1997. Metrical Structure of Thai in a Non – Linear Perspective, Southeast Asian Linguistic Studies in Honour of Vichin Panupong, (Abramson, Arthur S. , ed,) , pp. 309 – 324, Chulalongkorn University Press, Bangkok.

Tumtavitikul, Apiluck. 1997. Reflection on the X? Category in Thai, Mon – Khmer Studies,27:307 – 316.

Vella, Walter F. 1978. Women Not to Marry: a Thai Father's Instructions to His Son, Asian Folklore Studies,37,1:97 – 99,466 Nagoya, Japan.

Vichit – Vadakan, Rasami. 1976. The Concept of Inadvertence in Thai Periphrastic Causative Constructions, Masayashi Shibatini(Ed) , Syntax and Semantics: The Grammar of Causative Constructions Vol. 6.

Vickery, Michael. 1991. Piltdown Skull: Installment 2, The Ram Khamhaeng Controversy, (Chamberlain, James R, ed) , pp. 333 – 418, Siam Society, Bangkok.

Vickery, Michael. 1991. The Ram Khamhaeng Inscription: a Piltdown Skull of Southeast Asian History? The Ram Khamhaeng Controversy, (Chamberlain, James R, ed) , pp. 3 – 52, Siam Society, Bangkok.

Vijchulata, Boosakorn Tanticharusthum. 1978. The Surface Syntactic Structure of the Simple Clause in Thai: a Stratificational Model with (Deep) Case Hypothesis, (Dissertation Abstracts International, Ann Arbor, 1978, 39: 2227A).

Vongvipanond, Peansiri. 1972. The Relevancy of Contrastive Analysis in the Teaching of Remedial English to Thai College Students, Bulletin of the Faculty of Arts,11,2.

Vongvipanond, Peansiri. 1979. An Internal Reconstruction of Auxiliaries in Thai, Supplement of the University of Hawall Working Pagpers1982 English in International Setting: Problems and their Causes.

Vongvipanond, Peansiri. 1986. The Thai Connections,1986 SEASSI Conference, Northern Illinois University.

Vongvipanond, Peansiri. 1988. Macro – and Micro – Cohesive Devices in Thai Expository Discourses, International Symposium on Language and Linguistics(PAL II) (Cholticha, B. et al. ,eds) , pp. 129 – 137, Thammasat University, Bangkok.

Vongvipanond, Peansiri. 1991. Survival Thai, Continuing Education Centre, Chulalongkorn University.

Vongvipanond, Peansiri E. 1993. Linguistic Problems in Computer Processing of the Thai Language, Proceedings of the Symposium on Natural Language Processing in Thailand 1993 (Luksaneeyanawin, S. et al. ; eds), pp. 519 – 545, Chulalongkorn University, Bangkok.

Vongvipanond, Peansiri & Suwattee, Duangdoen. 1978. A Comparison of the Use of Thai and English as the Medium of Instruction in the Teaching of Grammar and Writing Skill to Thai University Students.

Vongvipanond, Peansiri; Thepkarnjana, K. ; Aroonmanakun, W. & Taveesin, P. 1989. An Experimental Parser for Thai, Proceedings of the Regional Workshop on Computer Preocessing of Asian Languages(Cpal) , Asian Institute of Technology, September 26 – 28, pp. 190 – 199.

Vongvipanont, Peansiri E. 1992. A Model of a Discourse Grammar for the Analysis of Thai, Pan – Asiatic Linguistics, Proceedings of the Third International Symposium, Vol. 1, pp. 339 – 354, Chulalongkorn University Printing House.

Wannaruk, Anchalee. 1997. Back – Channel Behavior in Thai and American Casual Telephone Conversations, (PhD dissertation) U of Illinois, Urbana, (Dissertation Abstracts International, Ann Arbor, (DAIA) , 1998 Apr. ,58: 10,3866 DAI No. :DA9812803).

Warie, Pairat. 1977. Some Aspects of Code – Mixing in Thai, Studies in the Linguistic Sciences, Spring, 7, 1:21 – 40, Urbana, IL(SLSc).

Warie, Pairat. 1979. Some Sociolinguistic Aspects of Language Contact in Thailand(Dissertation Abstracts International, Ann Arbor, 40:229A).

Warotamasikkadhit, Udom. 1988. There Are No Prepositions in Thai, International Symposium on Language and Linguistics(PAL II) (Cholticha, B, et al. ,eds,) , pp. 70 – 76, Thammasat University, Bangkok.

Warotamasikkhadit, Udom. 1963. Thai Syntax: an Outline, (PhD dissertation) University of Texas.

Warotamasikkhadit, Udom. 1968. A Note on Internal Rhyme in Thai Poetry, Journal of the Siam Society, 56:269 - 272, Bangkok, Thailand.

Warotamasikkhadit, Udom. 1969. Verbless Sentences in Thai, Linguistics: an International Review, 47:74 - 79, Mouton, The Hague.

Warotamasikkhadit, Udom. 1986. Peculiarities of Instrumental Nouns in Thai, Papers from a Conference on Thai Studies in Honor of William J, Gedney, (Bickner Robert J. ed) ; Hudak Thomas J. ed) ; Peyasantiwong Patcharin (ed)), pp. 239 - 245, Ann Arbor: Center for South & Southeast Asian Studies, Univ, of Michigan.

Warotamasikkhadit, Udom. 1992. Is Hay Really a Benefactive - Causative in Thai? Papers from the Second Annual Meeting of the Southeast Asian Linguistics Society, (Adams Karen L. ed) ; Hudak Thomas John. ed)), pp. 383 - 388, Tempe: Program for Southeast Asian Studies, Arizona State Univ.

Warotamasikkhadit, Udom. 1997. Fronting and Backing Topicalization in Thai, Mon - Khmer Studies, 27:303 - 306.

Whitaker, Harry A. 1969. Stylistic Tone - Changing Rules in Thai, Glossa: an International Journal of Linguistics, 3:190 - 197, Burnaby, British Columbia V5A 1S6, Canada.

Wichiarajote, W. & Wilkins, Marilyn. 1969. Role Differentiation in Thai Social Structures in Terms of a Semantic Analysis of Thai Pronouns and Roles, Urbana: Group Effectiveness Research Lab, Univ, of Illinois.

Wienold, Gotz. 1992. Lexical Structures Concerning Movement and Space in Some Asian Languages, Pan - Asiatic Linguistics, Proceedings of the Third International Symposium, Vol. 3, pp. 1222 - 1236, Chulalongkorn University Printing House.

Wienold, Gotz. 1995. Lexical and Conceptual Structures in Expressions for Movement and Space with Reference to Japanese, Korean, Thai, and Indonesian as Compared to English and German, Lexical Knowledge in the Organization of Language, (Egli Urs. ed; Pause Peter E. ed; Schwarze Christoph. ed) ; Stechow Arnim von. ed; Wienold Gotz. ed, pp. 301 - 40, Amsterdam: Benjamins.

Wijeyewardene, Gehan. 1968. Address, Abuse and Animal Categories in Northern Thailand, Man: The Journal of the Royal Anthropological Institute, 3: 76 - 93, London W1M 9LA, England.

Wilawan, Supriya. 1990. Sentential Complements in Thai, 22:97 - 136,

University of Hawai'i Working Papers in Linguistics.

Wilawan, Supriya. 1991. Reflexive Pronouns in Thai, Journal of Language and Linguistics, 10, 1, Thammasat University.

Wilawan, Supriya. 1992. The So – Called Serial Verb Constructions, Pan – Asiatic Linguistics, Proceedings of the Third International Symposium, Vol. 3, pp. 1237 – 1254, Chulalongkorn University Printing House.

Wilawan, Supriya. 1993. A Reanalysis of So – Called Serial Verb Constructions in Thai, Khmer, Mandarin Chinese, and Yoruba, (PhD dissertation) University of Hawaii.

Wilawan, Supriya. 1994. Categorial Reanalysis: Deverbial Adverbs, Journal of Language and Linguistics, 12, 2, Thammasat University.

Williams, Gwyn. 1989. Tonal Variation in Lue and Yong of Northern Thailand, Journal of Language and Linguistics, 8, 1, Thammasat University.

Williams, Gwyn. 1990. An Application of Phonostatistics: Segmental Divergence in Tai, Journal of Language and Linguistics, 9, 1, Thammasat University.

Williams, Gwyn. 1992. Thai Pronunciation of English, Journal of Language and Linguistics, 11, 1, Thammasat University.

Williams, Gwyn. 1996. Practice of Voice: English Final Consonants, Journal of Language and Linguistics, 15, 1, Thammasat University.

Williams, Jeffrey P. 1991. A Note on Echo Word Morphology in Thai and the Languages of South and South – East Asia, Australian Journal of Linguistics: Journal of the Australian Linguistic Society, June, 11, 1: 107 – 111, Canberra, Australia (AJL).

Witayasakpan, Sompong. 1992. The Amazing Morphology of Thai, Pan – Asiatic Linguistics, Proceedings of the Third International Symposium, Vol. 1, pp. 355 – 372, Chulalongkorn University Printing House.

Woerner, Wolfgang. 1992. Tone Processing and the Brain, Pan – Asiatic Linguistics, Proceedings of the Third International Symposium, Vol. 1, pp. 588 – 603, Chulalongkorn University Printing House.

Wong Opasi, Uthaiwan. 1992. Lexical and Post Lexical Word Formation, Proceedings of the Eighteenth Annual Meeting of the Berkeley Linguistics Society, ed. Buszard Welcher Laura A. , Wee Lionel, Weigel William, pp. 467 – 482, General Session and Parasession on the Place of Morphology in a Grammar, Berkeley: Berkeley Ling, Soc.

Wong Opasi, Uthaiwan. 1993. On the Headedness of V + C Compounds; Sel, Papers from Ling, Symposium on Romance Langs, XXIII, Apr. , 1 – 4, 1993, Issues and Theory in Romance Linguistics, (Mazzola Michael L. ed), pp. 509 – 522, Washington, DC: Georgetown UP.

Wong, Deborah. 1989. Thai Cassettes and Their Covers: Two Case Histories, Asian Music: Journal of the Society for Asian Music, Fall Winter, 21, 1: 78 – 104, Ithaca, NY.

Wongbiasaj, Soranee. 1979. On the Passive in Thai, Studies in the Linguistic Sciences, Spring, 9, 1: 207 – 216, Urbana, IL(SLSc).

Wongbiasaj, Soranee. 1979. Quantifier Floating in Thai and the Notions Cardinality/Ordinality, Studies in the Linguistic Sciences, Fall, 9, 2: 189 – 199, Urbana, IL(SLSc).

Wongbiasaj, Soranee. 1981. On Movement Transformations in Thai(Dissertation Abstracts International, Ann Arbor, 1981 May, 41, 11: 4701A).

Wongkhomthong, Preya. 1986. A Preliminary Investigation of Thai and Japanese Formulaic Expressions(Dissertation Abstracts International, Ann Arbor, 1986 Mar, , 46, 9: 2682A).

Wong – opasi, Uthaiwan. 1996. The Interplay Between Tone, Stress, and Syllabification in Thai, Studies in the Linguistic Sciences, Vol. 23 (2), pp. 165 – 192.

Wuwongse, Vilas & Pornprasertsakul. 1993. Thai Syntax Parsing, Proceedings of the Symposium on Natural Language Processing in Thailand 1993 (Luksaneeyanawin, S, ; et al; eds,), pp. 446 – 467, Chulalongkorn University, Bangkok.

Yang, Quan; Edmondson, Jerold A. 1997. The Kam in Ancient Times, Southeast Asian Linguistic Studies in Honour of Vichin Panupong(Abramson, Arthur S. , ed), pp. 325 – 336, Chulalongkorn University Press, Bangkok.

Yip, Moira. 1982. Against a Segmental Analysis of Zahao and Thai: a Laryngeal Tier Proposal, Linguistic Analysis, Seattle, WA(LingA), Jan, 9, 1: 79 – 94.

Yongxian, Luo. 1996. Tonal Irregularities in Tai Revisited, Mon – Khmer Studies, 25: 69 – 102.

Yongxian, Luo. 1997. Expanding the Proto – Tai Lexicon + a Supplement to Li, Mon – Khmer Studies, 27: 271 – 98.

Zhou Guoyan, Somsonge Burusphat. 1996. Languages and Cultures of the Kam – Tai(Zhuang – Dong) Group: A Word List, Mahidol University, Thailand.

（韦学纯）

壮语言文字研究论著索引

《广西日报》评论员：《坚定不移，稳步前进（〈壮文方案〉全面推行）》，《广西日报》1987 年 11 月 30 日。

《广西壮族自治区人民政府公布和推行〈壮文方案（修订案）〉》，《文字改革》1982 年第 1 期。

《语文建设》，《广西壮族自治区人民政府公布和推行〈壮文方案（修订案）〉》，《语文建设》1982 年第 1 期。

［泰］芭妮·衮叻瓦尼：《为什么要懂得壮语》，房英译，《广西民族学院学报》1988 年第 1 期。

Margaret Milliken：《三种壮文的比较研究》，《广西民族研究》1999 年第 2 期。

艾克拜尔·米吉提：《文学与民族语言问题——兼谈壮文创作对于壮语发展的意义》，《三月三》1987 年第 10 期。

白润生：《壮文报纸的产生与发展》，《当代传播》2006 年第 2 期。

班弨：《大沙田和洞圩壮语底层词》，《民族语文》2004 年第 1 期。

班弨：《汉字在壮语中的一种特殊读法》，《民族语文》1991 年第 2 期。

班弨：《双语制对语言本身及社会生活的影响：以壮族地区为例》，《广西民族学院学报》2003 年第 1 期。

班弨：《邕宁壮语植物名称词探析》，《民族语文》2000 年第 3 期。

班弨：《壮语的村落差异》，《民族语文》1995 年第 4 期。

薄文泽：《壮语量词的语法双重性》，《民族语文》2003 年第 6 期。

薄文泽：《壮语泰语名量词的句法分布及性质异同》，《东方研究》2001 年卷。

蔡培康：《武鸣壮话的连续变调》，《民族语文》1987 年第 1 期。

曹广衢：《试谈壮语语法中的新词序》，《中国语文》1959 年第 5 期。

陈光伟：《壮语重迭词的英译》，《广西师院学报》1998 年第 3 期。

陈丽勤：《英壮语言三要素的异同》，《广西师范学院学报》2005年第2期。

陈竹林：《对壮文编译工作中处理汉语借词的一些看法》，《民族语文》1982年第4期。

陈竹林：《广西推行壮文的概况》，《贵州民族研究》1982年第3期。

陈竹林：《论壮族的文字》，《壮学论集》，南宁：广西民族出版社1995年版。

陈竹林：《壮文工作的回顾》，傅懋勣主编，中国民族语言学会编《中国民族语言论文集》，成都：四川民族出版社1986年版。

辞书研究：《广西壮族自治区语委编纂五部壮语词典》，《辞书研究》1986年第1期。

戴勇：《谈谈壮语文马土语 mei~6 的语义及用法》，《民族语文》1995年第6期。

邓绍昌：《闲话壮文》，《中国民族》1988年第12期。

发源（覃晓航）：《从壮语看古汉语见母复辅音及其演变轨迹和出现条件》，《中央民族大学学报》1999年第5期。

方仕伦：《从系统论看壮汉双语文教学》，《云南民族语文》1991年第2期。

广文：《云南壮族古籍工作会议在昆召开》，《民族工作》1992年第1期。

广西民族出版社：《龙州僮语与僮语标准语比较》，南宁：广西民族出版社1962年版。

广西民族出版社编辑：《僮语基本知识：试用本》，南宁：广西民族出版社1963年版。

广西民族出版社编辑：《壮语试用本》，南宁：广西民族出版社1964年版。

广西民族出版社编译：《广西壮族自治区机关团体企业名称选辑：壮汉对照》，南宁：广西民族出版社1958年版。

广西民族出版社编译：《农民读本第三册生词：壮汉对照》，南宁：广西民族出版社1965年版。

广西民族出版社编译：《农民读本第四册生词：壮汉对照》，南宁：广西民族出版社1965年版。

广西民族出版社编译：《农民识字课本第一、二、三册生词》，南宁：广西民族出版社 1958 年版。

广西民族出版社编译：《壮文注音注义汉文识字课本》（中册），南宁：广西民族出版社 1965 年版。

广西民族出版社编译：《壮语：干部读本试用本》（下册），南宁：广西民族出版社 1965 年版。

广西民族出版社著译：《学讲壮话：壮汉对照》，南宁：广西民族出版社 1958 年版。

广西壮族自治区语委研究室：《壮语方言土语音系》，南宁：广西民族出版社 1994 年版。

《广西日报》：《广西自治区党委决定恢复区少数民族语言文字工作委员会，继续搞好壮文的研究和推广工作》，《广西日报》1980 年 7 月 25 日。

《广西日报》：《欢呼壮文方案公布（社论）》，《广西日报》1958 年 1 月 22 日。

《广西日报》：《两年来壮文方案研究工作》，《广西日报》1958 年 1 月 23 日。

《广西日报》：《全区壮文工作会议作出规划，在全区范围逐步推行壮文》，《广西日报》1984 年 8 月 25 日。

《广西日报》：《在编译工作中贯彻壮文方案精神》，《广西日报》1958 年 12 月 4 日。

《广西日报》：《壮文方案（1957 年 11 月 29 日国务院全体会议第六十三次会议通过）》，《广西日报》1958 年 1 月 22 日。

广西壮文工作委员会研究室：《壮汉词汇》（初稿），南宁：广西民族出版社 1958 年版。

广西壮文工作委员会研究室，中国科学院少数民族语言调查第一工作队：《壮语语法概述》，南宁：广西民族出版社 1957 年版。

广西壮文学校：《东方红：壮汉对照歌曲选集》，南宁：广西民族出版社 1960 年版。

广西壮族自治区教委民族教育处：《广西壮汉双语文教学实验工作总结》，《双语教学与研究》（第一辑），北京：中央民族大学出版社 1998 年版。

广西壮族自治区民族语言文字工作委员会研究室，中国科学院少数民族语言研究所第一工作队：《壮语方言语法的几个问题》，南宁：广西民族出版社 1958 年版。

广西壮族自治区少数民族古籍整理出版规划领导小组主编：《古壮字字典》，南宁：广西民族出版社1989年版。

广西壮族自治区少数民族语言文字工作委员会：《壮文干部课本：语法》第三册（修订本），南宁：广西民族出版社1988年版。

广西壮族自治区少数民族语言文字工作委员会：《壮语常用词汇：壮汉对照》（修订本）南宁：广西民族出版社1982年版。

广西壮族自治区少数民族语言文字工作委员会，广西人民广播电台：《壮文广播讲座》（一），南宁：广西民族出版社1983年版。

广西壮族自治区少数民族语言文字工作委员会研究室：《德保人怎样学习壮语标准音》，南宁：广西民族出版社翻译，广西民族出版社1982年版。

广西壮族自治区少数民族语言文字工作委员会研究室：《武鸣壮语语法》（修订本），南宁：广西民族出版社1989年版。

广西壮族自治区少数民族语言文字工作委员会研究室：《壮汉词汇》第2版，南宁：广西民族出版社1984年版。

广西壮族自治区少数民族语言文字工作委员会研究室：《壮语常用词汇简编：壮汉对照》，南宁：广西民族出版社1959年版。

广西壮族自治区少数民族语言文字工作委员会研究室：《壮语词典》，南宁：广西民族出版社1991年版。

广西壮族自治区少数民族语言文字工作委员会研究室：《壮语量词》，南宁：广西民族出版社1988年版。

广西壮族自治区少数民族语言文字工作委员会研究室：《壮语通用词与方言代表点词汇对照汇编》，南宁：广西民族出版社1998年版。

广西壮族自治区少数民族语言文字工作委员会研究室编：《壮语虚词》，南宁：广西民族出版社1988年版。

广西壮族自治区少数民族语言文字工作委员会壮汉英词典编委会：《壮汉英词典》，北京：民族出版社2005年版。

广西壮族自治区语委业务处：《壮族地区壮文试点教学的体会》，《民族语文》1990年第1期。

广西壮族自治区语委壮语教材编写组：《翻译与写作》壮语教材（试用本），南宁：广西民族出版社1988年版。

广西壮族自治区壮文工作委员会研究室：《壮汉词汇》，南宁：广西民族出版社1960年版。

何福星：《致荣民族经济的一个必要前提：浅谈推广壮文的重要

性》,《广西日报》1984年12月13日。

何霜:《从壮语和泰语的亲属称谓看壮、泰两族的婚姻形态》,《广西民族学院学报》2003年第1期。

何霜:《壮语"kwa33"(过)的语法化》,《中央民族大学学报》2006年第2期。

贺大卫:《壮语稻作词汇及其文化内涵试析》,《广西民族研究》2004年第3期。

贺明辉:《谈壮文在开发壮族儿童智能中的作用》,《广西民族研究》1993年第2期。

红波:《柳州壮语地名考释》,《广西民族研究》1997年第2期。

红波:《壮语地名的缘起、内涵及其特点剖析》,《广西民族研究》1997年第3期。

侯志忠:《谈谈壮文借用外来词的问题》,《三月三》1986年第6期。

黄必庄:《古壮字和汉语音韵》,广西师范大学硕士论文,1992年。

黄必庄:《古壮字浅说》,覃乃昌主编《壮学论集》,南宁:广西民族出版社1995年版。

黄大族:《壮族学生学习汉语文受壮语影响的初步分析》,《河池师专学报》2003年增刊。

黄迪健:《"牡"字三个音读里壮语性文化揭微》,《广西右江民族师专学报》2006年第1期。

黄迪健:《浅谈壮语定语后置的历史成因》,《广西民族学院学报》1990年第1期。

黄迪健:《壮区双语对比教学刍议》,《中南民族大学学报》1988年第5期。

黄革:《方块壮字的产生及其作用》,《广西民族学院学报》1983年第2期。

黄革:《上林地区壮族方块字的构造》,《民族语文》1982年第2期。

黄革:《谈谈学习壮文》,《广西日报》1980年9月24日。

黄汉铁:《广西壮文扫盲工作评述》,《云南民族语文》1997年第4期。

黄平文:《论文化接触对语言的影响:壮语演变的阐释》,中央民族大学博士论文,2001年。

黄平文：《壮语连读变调探析》，《民族语文》2000年第5期。

黄绍清：《侬语族方块字的创造和运用》，《广西师范学院学报》1982年第3期。

黄史山：《浅论壮欢押韵》，《广西民族学院学报》1988年第4期。

黄笑山：《方块壮字的声旁和汉语中古韵母》，《中古近代汉语研究》，上海：上海教育出版社2000年版。

季永兴：《壮汉数词代词量词结构形式比较分析》，《民族语文》1993年第4期。

晋风：《对壮语量词研究中几个论点的商榷》，《中南民族学院学报》1982年第2期。

蓝利国：《从汉语、壮语看句法结构同类包含系统的构成》，《广西师院学报》1997年第3期。

蓝利国：《方块壮字探源》，《广西民族学院学报》1995年增刊。

蓝利国：《近现代方志运用训诂方法和体式记录壮语词语的若干材料》，《广西地方志》1998年第5期。

蓝利国：《现代汉语双宾语句在壮语中的对应表达形式》，《中南民族学院学报》1997年第2期。

蓝利国：《壮语拉寨话亲属词的语义成分分析》，《广西民族学院学报》1999年第2期。

蓝庆元：《白土壮语中的汉语山摄对应词的历史层次》，《民族语文》2000年第6期。

蓝庆元：《桂北壮语后中古层次汉语关系词与平话的渊源关系》，《桂林市教育学院学报》1999年第4期。

蓝庆元：《壮汉关系词的历史层次》，上海师范大学博士学位论文，1999年。

蓝庆元：《壮汉同源词借词研究》，北京：中央民族大学出版社2003年版。

蓝庆元：《壮语中古汉语借词及汉越语与平话的关系》，《民族语文》2001年第3期。

黎良军：《邵阳（南路）话的汉壮合璧词——湘语中的壮语底层现象研究系列论文之三》，《广西民族研究》2000年第3期。

黎良军：《邵阳（南路）话中的"那"文化成分——湘语中的壮语底层现象研究系列论文之二》，《广西民族研究》2000年第1期。

黎良军：《螳螂异名的理据——湘语中的壮语底层现象研究系列论

文之一》,《广西民族研究》1999年第4期。

李从式:《汉语"的字结构"在壮语中的表达形式》,《广西大学学报》1990年第1期。

李从式:《壮语歇后语的汉译浅见》,《广西大学学报》1990年第4期。

李方桂:《龙州土语》,中研院历史语言研究所专刊甲种之十六,上海:商务印书馆1940年版;北京:清华大学出版社2005年版。

李方桂:《天保土歌——附音系》,中研院民族学研究所集刊第30期,1970年。

李方桂:《武鸣僮语》,中研院史语所专刊,上海:商务印书馆1947年版;即《武鸣土语》,中央研究院历史语言研究所专刊甲种之十九,1956年;北京:清华大学出版社2005年版。

李方桂:《武鸣土语音系》,《"国立中央研究院"历史语言研究所集刊》第12本,1947年。

李富强:《壮族文字的产生、消亡与再造》,《广西民族研究》1996年第2期。

李锦芳:《西林壮语人称代词探析》,《民族语文》1995年第2期。

李锦芳:《壮语汉借词的词义和语法意义变异》,《中央民族大学学报》2001年第3期。

李锦芳:《壮语与越南侬语语法比较初识》,《贵州民族研究》1993年第4期。

李锦芳:《壮族姓氏起源初探》,《广西民族研究》1990年第4期。

李锦芳、莫轻业:《横县壮语AbA形容词重叠式的语义构成及语法功能》,《中央民族大学学报》1993年第6期。

李敬忠:《壮语的复辅音》,《贵州民族研究》1994年第1期。

李乐毅:《方块壮字与喃字的比较研究》,《民族语文》1987年第4期。

李连进:《"蛮"为古代壮族族称考》,《民族语文》1994年第4期。

李连进:《"蛮"为古代壮族族称再考》,《广西师院学报》1995年第1期。

李连进:《壮语老借词、汉越语和平话的历史源流关系》,《广西师院学报》2002年第4期。

李日森:《壮文重放光辉》,《中国民族》1982年第7期。

李树森：《谈丰富壮文词汇的途径》，《广西日报》1957年2月10日。

李旭练：《都安壮语 te：^{G1}字句初探》，《中国民族语言论丛》（2），昆明：云南民族出版社1997年版。

李旭练：《都安壮语趋向动词 o：k^7的介词化过程》，《民族语文》1998年第5期。

李旭练：《都安壮语形容词性相对比较句研究》，《民族语文》1998年第3期。

李旭练：《略具规模　有待繁荣——壮语类辞书的回顾与展望》，《辞书研究》1997年第4期。

李旭练：《壮语"彩虹"与古汉语"蝃蝀"》，《民族语文》1997年第3期。

李旭练、蓝利国：《都安壮语句法结构的同类包含现象》，《中央民族大学学报·增刊·壮侗学研究》1997年。

梁华新：《壮文的创制和推行》，《民族团结》1958年第4期。

梁敏：《壮语的同音词、多义词、同义词、近义词和反义词》，《民族语文》1982年第1期。

梁敏：《壮语话语材料》，《民族语文》1987年第2期。

梁敏、张均如：《广西壮族自治区各民族语言的互相影响》，《方言》1988年第2期；《民族语文》1988年第3期。

梁庭望：《古壮字及其文献新探》，中国民族古文字研究会编《中国民族古文字研究》第三辑，天津：天津古籍出版社1991年版。

梁庭望：《古壮字结出的硕果——对〈壮族麽经布洛陀影印译注〉的初步研究》，《广西民族研究》2005年第1期。

梁振仕：《略论壮语与汉语的亲属关系》，《广西大学学报》1984年第2期。

梁敏：《壮语形容词、名词、动词后附音节的研究》，《民族语文》编辑部《民族语文研究文集》，西宁：青海民族出版社1982年版。

林亦：《关于平话等的壮语借词》，《民族语文》2003年第2期。

林亦：《关于一些"壮语借词"的讨论》，赵嘉文、石锋、和少英主编《汉藏语言研究——第三十四届国际汉藏语言暨语言学会议论文集》，北京：民族出版社2006年版。

林亦：《谈利用古壮字研究广西粤语方音》，《民族语文》2004年第3期。

凌世朗：《怎样教壮族学生学习汉语》，《小学语文教学》1990 年第 4 期。

刘力坚：《语言接触中的连山壮语量词》，李锦芳主编《汉藏语系量词研究》，北京：中央民族大学出版社 2005 年版。

刘力坚：《壮语中的汉语借词研究》，南开大学博士论文，2002 年。

刘丽娜：《浅谈壮文对英语教学的促进作用》，《中国民族教育》1996 年第 5 期。

刘连芳：《古壮文操作系统和编辑排版系统》，《计算机应用研究》1993 年第 6 期。

刘叔新：《连山壮语述要》，北京：高等教育出版社 1998 年版。

刘叔新：《连山壮语元音系统与粤语的近似》，《广东民族学院学报》1995 年第 2 期。

刘叔新：《粤语壮语关系词的分类问题及类别例释》，《语言研究论丛》（第七辑），北京：语文出版社 1997 年版。

刘叔新：《粤语壮语关系词的分类问题及类别研究》，《第五届国际粤方言研讨会论集》，广州：暨南大学出版社 1997 年版。

刘益堂：《汉壮语线状量词词群的对比研究》，《三月三增刊——民族语文论坛》2000 年第 1 期。

龙智福：《壮语方言区普通话声母发言常见的错误》，《广西教育》1998 年第 11 期。

卢昌鼎：《侬语的简单介绍》，《语文知识》1955 年第 7 期。

陆登：《广西壮族自治区召开壮文工作会议》，《民族语文》1984 年第 5 期。

陆发圆（覃晓航）：《方块壮字的萌芽和发展》，《广西民族研究》1999 年第 3 期。

陆桂生：《关于壮文字母的修改意见》，《广西民族学院学报》1981 年第 4 期。

陆桂生：《试论壮语表达的丰富性》，《广西大学学报》1992 年第 4 期。

陆善采：《〈诗经〉"蝃蝀"、"复关"等是壮语词考》，《钦州师范高等专科学校学报》2002 年第 4 期。

陆天桥：《汉语"是"在壮语中的同源词》，《中央民族学院学报》1989 年第 1 期。

陆天桥：《壮语元音象义现象试析》，《民族语文》1988 年第 4 期。

陆瑛：《浅谈"方块壮字"》，《三月三》1984年第2期。

吕嵩松：《从靖西话拼音方案看桂西南南壮方言区学习普通话的声韵失误——桂西南南壮方言区学习普通话难点及对策分析之二》，《广西右江民族师专学报》2003年第1期。

吕嵩松、黄革：《田阳蔗园话与靖西壮话语词比较》（一），《广西右江民族师专学报》2004年第5期。

吕嵩松、黄革：《田阳蔗园话与靖西壮话语词比较》（二），《广西右江民族师专学报》2005年第1期。

罗炳正、张元生、梁庭望：《一个战略性的任务——在壮乡推行壮文》，《中央民族学院学报》1987年第3期。

罗长山：《古壮字与字喃的比较研究》，《东南亚纵横》1992年第3期。

罗起君：《谈壮语的可利用价值》，《河池师专学报》2002年第3期。

罗秋平：《阻碍壮文推广的成因及对策初探》，《广西大学梧州分校学报》2004年第1期。

罗滔：《略谈壮语的汉借词》，《龙岩师专学报》1985年第1期。

罗聿言：《"去"（汉语）与 pai[1]（壮语）演化情况试析》，赵嘉文、石锋、和少英主编《汉藏语言研究——第三十四届国际汉藏语言暨语言学会议论文集》，北京：民族出版社2006年版。

罗运通：《抢救壮族古籍弘扬民族文化》，《民族工作》1992年第1期。

蒙凤姣：《七百弄壮语表示性别的词》，《民族语文》2001年第6期。

蒙宪：《歌圩壮称的语言民族学探讨》，《民族研究》1988年第3期。

蒙元耀：《从 mo 一词看壮族经诗的书证作用》，《云南民族语文》1996年第1期。

蒙元耀：《壮语的后置状语》，《中央民族大学学报》1990年第5期。

蒙元耀：《壮语熟语》，北京：民族出版社2006年版。

慕朝京主编：《小学壮汉双语文教学法》，桂林：广西师范大学出版社2005年版。

农圃克：《略谈壮文韵母教学法》，《广西日报》1957年3月15日。

欧阳觉亚：《两广粤方言与壮语的种种关系》，《民族语文》1995年第6期。

潘立慧：《壮语动词词头 ta³ 的来源》，《中央民族大学学报》2006年第2期。

潘其旭：《〈麽经布洛陀〉与壮族观念文化体系》，《广西民族研究》2004年第1期。

潘其旭：《壮语词序顺行结构的 A + B 型思维模式与汉语词序逆行结构的 B + A 型思维模式的比较研究——壮族文化语言学研究系列论文之一》，《广西民族研究》2000年第2期。

潘其旭、通肯、黄英振、黄如猛等五人合写，潘其旭执笔：《从语言上看壮、老、泰的历史文化关系》，中文载《学术论坛》1990年第4期。英文收入《第四届泰学研究国际会议论文集》第三集。

覃德长：《谈壮语方言区的汉语拼音教学》，《广西教育》1999年第Z1期。

覃德民：《关于〈壮文方案〉（修订案）隔音符号的表述问题》，《广西民族研究》1997年第2期。

覃凤余：《壮语地名的分类——壮语地名语言文化研究之二》，《广西民族研究》2006年第1期。

覃凤余：《壮语地名汉译及其规范化的原则问题》，《广西社会科学》2002年第3期。

覃凤余：《壮语地名及其研究——壮语地名的语言文化研究之一》，《广西民族研究》2005年第4期。

覃凤余：《壮语方位词》，《民族语文》2005年第1期。

覃光恒：《广西推行壮文必须解决的几个问题——从内蒙古学习使用象古语文说起》，《广西民族研究》1987年第4期。

覃国生、韦达、卢勇斌：《壮汉双语教学研究报告——壮语电视教学片教材》，《广西民族学院学报》1997年增刊。

覃国生：《关于方块壮字》，《广西民族学院学报》1986年第4期。

覃国生：《论壮—老挝特殊的双语教学》，《广西民族学院学报》2001年第1期。

覃国生：《平乐县壮语调查报告》，《广西民族研究》1988年第4期。

覃国生：《壮语方言概论》，南宁：广西民族出版社1996年版。

覃国生：《壮语柳江话动词、形容词的后附成分》，《民族语文》

1981 年第 4 期。

覃国生主编：《壮语概论》，南宁：广西民族出版社 1998 年版。

覃海明、黄如猛：《我区推广使用壮语文工作有创新》，《广西日报》2003 年 02 月 10 日第 2 版。

覃华儒：《从江县壮语调查报告》，贵州省民族研究所：《贵州民族调查》（3）1985 年。

覃华儒：《贵州从江壮语语音系统》，《贵州民族研究》1984 年第 3 期。

覃华儒：《荔波壮语概况》，贵州省民族研究所，贵州省民族学会：《贵州民族调查》（5），1987 年。

覃华儒：《试论壮文生命力》，《贵州民族研究》1989 年第 3 期。

覃乃昌：《试论拼音壮文推行困难的基本原因——以广西武鸣县为例》，《广西民族研究》1995 年第 2 期。

覃晓航、韦文安：《壮族族称"僮"字来源与演变新探》，《广西民族学院学报》1994 年第 1 期。

覃晓航：《从壮—印关系动词看壮语动词词头的来源及其原始双音节动词的演变》，《中央民族大学学报》1998 年第 6 期。

覃晓航：《从壮语 ʔb 和 ʔd 的多元变体看语触音变规律》，《中央民族大学学报》2005 年第 3 期。

覃晓航：《关于壮语量词的词头化》，《民族语文》2005 年第 3 期。

覃晓航：《现代壮语》，北京：民族出版社 1995 年版。

覃晓航：《壮文教育史略》，《民族教育研究》2004 年第 3 期。

覃晓航：《壮语称谓系统中 $ta^6 \cdot tak^8$ 的特点和来源及其所反映的文化内容》，《广西民族研究》1988 年第 4 期。

覃晓航：《壮语词汇学》（英文版），北京：民族出版社 2004 年版。

覃晓航：《壮语和故汉语特殊语法现象比较》，戴庆厦主编《汉语与少数民族语言语法比较》，北京：民族出版社 2006 年版。

覃晓航：《壮语南部方言 p'、t'、k' 的来源》，《中央民族大学学报》1995 年第 4 期。

覃晓航：《壮语特殊语法现象研究》，北京：民族出版社 1995 年版。

覃晓航：《壮语特有补语类型研究》，《语言研究》2004 年第 2 期。

覃晓航：《壮语元音的长短在方言中与声、韵母的关系》，《贵州民族研究》1989 年第 1 期。

覃晓航：《壮语中的古汉语特殊语法现象》，《中央民族大学学报》

1991 年第 5 期。

覃晓航：《壮族古代汉文教育的源流》，《民族教育研究》2006 年第 2 期。

覃晓航：《壮族族称"僮"、"侬"、"狼"来源新探》，《民族研究》1990 年第 1 期。

覃耀庭：《积极推行使用壮文，促进壮族地区经济、文化教育事业的发展》，《三月三》1985 年第 3 期。

覃耀庭：《近年来广西推行使用壮文的情况及亟待解决的问题》，《中南民族大学学报》1985 年第 3 期。

覃耀庭：《让壮文之花开得更鲜艳》，《三月三》1983 年创刊号第 1 期。

覃耀庭：《让壮文重放光辉》，《民族语文》1981 年第 2 期。

覃耀庭：《新的历史时期壮文工作中的几个问题》，《民族语文》1989 年第 4 期。

覃耀庭：《壮语文在社会主义新时期中的重要作用》，《民族语文》1987 年第 2 期。

覃幼莲：《母语对广西壮族学生英语语音学习的干扰及其对策》，西南师范大学硕士论文，2002 年。

覃幼莲：《壮语语调和英语语调对比分析》，《玉林师范学院学报》2004 年第 1 期。

覃泽长：《蒙公乡"壮文讲校"实验效果显著》，《基础教育研究》1995 年第 2 期。

覃正：《桂东南壮语地名趣谈》，《广西民族研究》1999 年第 4 期。

染振仕：《壮族与壮语》，《语文园地》1982 年第 2 期。

尚东：《从壮语亲属称谓看原始壮人普那路亚婚的特点》，《中央民族大学学报·增刊·壮侗学研究》1997 年。

唐国富：《汉语古诗的壮译的探索——兼评蓝汉光对两首古诗的壮译》，《广西大学学报》1989 年第 1 期。

唐国富：《壮文的实用问题》，《广西大学学报》1986 年第 2 期。

陶红：《壮语与老挝语之异同》，《广西民族研究》1994 年第 3 期。

汪望珠：《浅析壮语在英语习得中的正迁移》，《中南民族学院学报》2000 年第 1 期。

王彩：《方块壮文构造法与理据性新探》，《湖州师范学院学报》2005 年第 6 期。

王均:《壮文创制和修订中的若干问题》,《民族语文》1982年第5期。

王均:《壮文工作漫话》,傅懋勣主编,中国民族语言学会编《中国民族语言论文集》,成都:四川民族出版社1986年版。

王均、韦庆稳、梁敏、覃国生:《壮语及壮汉人民怎样互学语》,北京:民族出版社1979年版。

王梅堂:《古壮字及其古籍之最》,《民族古籍》1992年第2期。

王梅堂:《古壮字与典籍》,《民族》1991年第11期。

王泽宏:《从附加成分看壮语的词类》,《中国语文》1957年第1期。

韦达:《对武鸣县庆乐小学办壮文班的调查》,《广西民族学院学报》1985年第1期。

韦达:《汉译壮中的语序调换法》,《中南民族学院学报》1994年第5期。

韦达:《汉壮语的词类活用》,《河池师专学报》2003年第1期。

韦达:《掌握壮、汉语法差异,搞好写作和翻译》,《广西民族学院学报》1987年第1期。

韦达:《壮话与白、客、闽话共同特征及其文化意蕴》,《云南民族学院学报》2002年第6期。

韦达:《壮话与白话、客家话、闽话的共同特征》,《广西民族学院学报》2002年第5期。

韦达:《壮语称谓与壮族精神文明》,《贵州民族学院学报》2002年第6期。

韦达:《壮语成语与自然、社会环境——壮语熟语文化系列研究之一》,《广西社会科学》2003年第8期。

韦达:《壮语地名的文化色彩——壮族语言文化系列研究之一》,《中南民族学院学报》2001年第4期。

韦达:《壮语词汇的文化色彩——壮族语言文化系列研究之二》,《中南民族大学学报》2002年第3期。

韦达:《壮语动词的前冠后附构词法》,《民族语文》1997年第4期。

韦达:《壮语汉借词及其文化心理透视》,《广西民族研究》1999年第2期。

韦达:《壮语连续变调》,《广西民族学院学报》1988年第4期。

韦达:《壮语物量词的类型和功能》,李锦芳主编《汉藏语系量词研究》,北京:中央民族大学出版社 2005 年版。

韦达:《壮语歇后语与壮族的幽默性格——壮语熟语文化系列研究之三》,《广西社会科学》2003 年第 10 期。

韦达:《壮语修辞及其表达效果》,《中南民族大学学报》2005 年第 1 期。

韦达:《壮族古壮字的文化色彩》,《广西师范大学学报》2002 年第 4 期。

韦达:《壮族谚语与人生经验——壮语熟语文化系列研究之二》,《广西社会科学》2003 年第 9 期。

韦达:《壮族族称音义探考》,《中央民族大学学报》1995 年第 4 期。

韦光化:《谈谈推行壮文的重要性和必要性》,《广西民族学院学报》1983 年第 3 期。

韦汉成:《壮语"ki^3"字浅说》,《广西大学学报》1990 年第 1 期。

韦景云:《那新壮语的描绘词》,《中央民族大学学报》1997 年第 4 期。

韦景云:《试论壮语动词的形态》,《中国民族语言论丛(3)——动词研究专辑》,《民族教育研究》1999 年增刊。

韦景云:《壮语坛幕话语音变异现象初探》,《民族语文》1998 年第 2 期。

韦景云、李旭练:《壮汉语序的差异研究——兼论壮族地区双语教学问题》,《广西民族学院学报》2004 年第 5 期。

韦景云、覃晓航:《壮语通论》,北京:中央民族大学出版社 2006 年版。

韦苗:《壮语"量名"结构中含数词"一"初探》,《广西民族学院学报》1985 年第 4 期。

韦庆稳:《〈越人歌〉与壮语的关系试探》,《民族语文》编辑部《民族语文论集》,北京:中国社会科学出版社 1981 年版。

韦庆稳:《广西壮族的方块文字》,《中国语文》1953 年 1 月号。

韦庆稳:《略谈壮文的优越性》,《广西日报》1958 年 1 月 22 日。

韦庆稳:《论壮语的量词》,《民族语文》编辑部《民族语文研究文集》,西宁:青海民族出版社 1982 年版。

韦庆稳:《壮文》,《文字改革》1963 年第 6 期。

韦庆稳:《壮语语法研究》,南宁:广西民族出版社1985年版。

韦庆稳、覃国生:《壮语简志》,北京:民族出版社1980年版。

韦庆稳等:《关于推行壮文的若干理论问题》,《三月三》1984年第5期。

韦尚辉:《桂西壮语中的古汉语积淀现象》,《贵州民族学院学报》1993年第3期。

韦士宾:《是"稔子"不是"稔子"(一个壮汉译名辨误)》,《广西民族研究》1987年第2期。

韦士宾:《一些壮语地名冠词的译解》,《地理知识》1957年第7期。

韦淑珍:《壮语信息处理系统亟待开发》,《中国文化报》2003年06月18日第7版。

韦树关:《略谈壮语构形法》,《广西民族学院学报》1997年增刊。

韦树关:《壮语与越南岱侬语词汇差异的成因》,《广西民族学院学报》2000年第3期。

韦树关:《壮族歌谣与越南越族歌谣韵律结构之比较》,《广西民族学院学报》2004年第1期。

韦树关:《壮族禁忌风俗探源》,《广西民族研究》1994年第3期。

韦星朗:《柳江壮语的后附加音节》,中央民族学院少数民族语言研究所编著《民族语文研究》,成都:四川民族出版社1984年版。

韦星朗:《论推广新方块壮文的必要性》,《广西民族研究》1995年第1期。

韦星朗、覃晓航:《壮语"N+V"短语歧义现象分析》,《中央民族学院学报》1989年第2期。

韦以强:《关于壮语文使用和发展的几个问题》,《中央民族学院学报》1988年第2期。

韦以强:《论统一一套壮文之可行》,《三月三》1993年第3期。

韦以强:《壮文论文集》,南宁:广西民族出版社1984年版。

韦艺:《发挥壮文优势 培养学生听、说、读、写能力》,《中国民族教育》1995年第1期。

韦永强:《试论新世纪的壮文推行使用工作》,《广西民族研究》2001年第2期。

吴超强:《沉积在壮语中的"社会投影"——论壮族习俗特点》,《云南民族语文》1993年第2期。

吴超强：《汉语、壮语结构不同的比较》，《广西民族学院学报》1984年第4期。

吴超强：《壮语地名初探》，《广西民族研究》1992年第2期。

吴超强：《壮语与壮族族源》，《广西民族学院学报》1986年第3期。

吴超强：《壮族的尊称谦称和昵称》，《民族语文》1990年第6期。

小航、文安：《壮语类属词头与壮语量词的关系》，《广西民族学院学报》1988年第4期。

贾晓航：《壮语形象性词语的形象色彩及结构特点》，《广西民族研究》1989年第4期。

谢尔久琴柯：《壮族文字同壮语的基础方言和标准音问题》，《中国语文》1955年7月号。

谢建猷：《广西陆西村壮族私塾所读汉字音》，《民族语文》1991年第1期。

谢建猷：《壮语陆西话和汉语平话、白话若干相似现象》，《民族语文》1994年第5期。

谢志民：《论壮语量词及其在文字上的处理》，《中南民族学院学报》1985年第3期。

熊远明：《人类自身价值的肯定——〈布洛陀〉价值观之一》，《民族文学研究》1994年第3期。

杨奔：《壮语地名的文化诠释》，《玉林师范学院学报》2005年第1期。

杨树喆：《试论壮族师公的"师"是壮语sae的音译——壮族师公文化研究之二》，《广西民族研究》2001年第2期。

袁家骅：《广西壮语方言分布概况和创制文字的途径》，《中国语文》1952年12月号。

袁家骅：《一九五二年僮族语文工作报告》，中国科学院，1953年。

袁家骅：《汉壮语的体词向心结构》，《民族语文》1979年第2期。

袁家骅：《壮语/r/的方音对应》，北京大学中文系汉语教研室语言学教研室编《语言学论丛》第五集，北京：商务印书馆1963年版。

袁家骅：《壮语方言的一些语法现象和规范问题》，北京大学中文系《语言学论丛》编委会编：《语言学论丛》第九集，北京：商务印书馆1982年版。

袁家骅：《壮族语文问题》，《中国语文》1954年5月号。

袁家骅、张元生：《武鸣僮语词法初步研究》，南宁：广西民族出版社 1958 年版。

早日：《壮语东庙话 $^?b$、$^?d$ 的特点及对应和演变趋向》，《中央民族大学学报》1997 年第 4 期。

曾广康：《壮族"影子语言"的初步研究》，《广西民族研究》2000 年第 3 期。

曾晓渝：《高田壮语的声调演变》，《民族语文》2001 年第 4 期。

曾晓渝：《释高田壮语的 $-^w-$ 介音》，刘叔新主编《语言学论辑》（第 4 辑），天津：南开大学出版社 2002 年版。

张均如：《广东连山壮语》，《民族文化研究》第二辑，南宁：广西民族出版社 1987 年版。

张均如：《广西平话中的壮语借词》，《语言研究》1987 年第 1 期。

张均如：《广西中南部地区壮语中的老借词源于汉语古"平话"考》，《语言研究》1982 年第 1 期。

张均如：《广西中南地区壮语中新借词读音的发展》，《民族语文》1985 年第 3 期。

张均如：《壮语文麻土语的音类变化》，《民族语文》1987 年第 5 期。

张均如：《壮语中 ^{w}、^{EW}、^{aW} 三个韵类的发展变化》，《民族语文》1986 年第 6 期。

张均如、梁敏、欧阳觉亚、郑贻青、李旭练、谢建猷：《壮语方言概论》，成都：四川民族出版社 1999 年版。

张声震：《〈古壮字字典〉序言》，《民族古籍》1992 年第 4 期。

张声震：《谈谈壮文的科学性与壮文推行的规律性》，《三月三》1988 年第 12 期。

张声震主编：《广西壮语地名选集》，南宁：广西民族出版社 1988 年版。

张元生：《方块壮字》，中国民族古文字研究会编《中国民族古文字》1982 年版。

张元生：《武鸣壮语的名量词》，《民族语文》1979 年第 3 期。

张元生：《武鸣壮语名量词新探》，《中央民族大学学报》1993 年第 4 期。

张元生：《壮汉语关系浅谈》，《中央民族大学学报》1980 年第 1 期。

张元生:《壮语连续变调规律及其与语法的关系》,转引自中央民族学院少数民族语言研究所编著《民族语文研究》,成都:四川民族出版社 1984 年版。

张元生:《壮族人民的文化遗产——方块壮字》,中国民族古文字研究会编《中国民族古文字研究》,北京:中国社会科学出版社 1984 年版。

张元生、韦景云:《壮语声母 ˀʔ、ˀb、ˀd 与双数调》,《广西民族研究》1991 年第 4 期。

张元生、覃晓航:《现代壮汉语比较语法》,北京:中央民族学院出版社 1993 年版。

张增业:《壮—汉语比较简论》,南宁:广西民族出版社 1998 年版。

郑贻青:《靖西方块壮字试析》,《民族语文》1988 年第 4 期。

郑贻青:《靖西壮语亲属称谓探究》,《民族语文》1994 年第 6 期。

郑贻青:《靖西壮语研究》,中国社会科学院民族研究所 1996 年版。

郑贻青:《原始台语声类在靖西壮语里的反映》,《民族语文》1987 年第 6 期。

郑贻青:《壮语德靖土语的否定方式》,《中央民族大学学报》1992 年第 2 期。

郑贻青:《壮族文化的宝贵遗产:〈古壮字字典〉读后》,《民族语文》1991 年第 1 期。

郑作广:《古壮字中的"古无轻唇音"遗迹及其成因》,《广西大学学报》1996 年第 1 期。

郑作广主编:《广西小学壮汉双语教学研究》,桂林:广西师范大学出版社 2004 年版。

郑作广主编:《广西壮汉双语文教学研究》,南宁:广西民族出版社 2002 年版。

中国科学院民族研究所少数民族语言研究组壮语小组,王均(执笔):《壮语中的汉语借词》,《中国语文》1962 年 6 月号。

中国科学院少数民族语言研究所壮语小组:《壮语概况》,《中国语文》1961 年第 10—11 期。

周耀文、方峰和:《壮语傣语名量词的差别及其缘由》,《民族语文》1984 年第 2 期。

Huang Yuanwei. 1997. The Interaction between Zhuang and the Yue (Cantonese) dialects, Jerold A. Edmondson and David B. Solnit (eds.), *Com-*

parative Kadai: The Tai branch, 57 – 76, Summer Institute of Linguistics and the University of Texas at Arlington Publications in Linguistics, 124, Dallas: Summer Institute of Linguistics and the University of Texas at Arlington.

Milliken, Stuart R. 1994. Text frequency statistics in Zhuang, Stuart R, Milliken(ed,), *SIL Occasional Papers on the Minority Languages of China*, 1:59 – 80:Summer Institute of Linguistics.

Milliken, Stuart R. editor. 1994. *SIL Occasional Papers on the Minority Languages of China*, Summer Institute of Linguistics, 80.

Pranee Kullavanijaya. 1997. Village names in Guangxi Province and northeastern Thailand, Jerold A, Edmondson and David B, Solnit(eds,), *Comparative Kadai: The Tai branch*, 97 – 106, Summer Institute of Linguistics and the University of Texas at Arlington Publications in Linguistics, 124, Dallas: Summer Institute of Linguistics and the University of Texas at Arlington.

Snyder, Wil C., and Lu Tianqiao. 1997. Wuming Zhuang Tone Sandhi: A Phonological, Syntactic, and Lexical Investigation, Jerold A, Edmondson and David B., Solnit(eds,), *Comparative Kadai: The Tai branch*, 107 – 37, Summer Institute of Linguistics and the University of Texas at Arlington Publications in Linguistics, 124, Dallas: Summer Institute of Linguistics and the University of Texas at Arlington.

Suriya Ratanakul. 1994. Review of: *The Thai dialect of Lungming—glossary, Texts, and Translations*, by William J., Gedney, Mon – Khmer Studies 23: 146 – 47.

Theraphan L. Thongkum. 1997. Implications of the Retention of Proto – voiced Plosives and Fricatives in the Dai Tho Language of Yunnan Province for a Theory of Tonal Development and Tai Language Classification, Jerold A, Edmondson and David B, Solnit(eds,), *Comparative Kadai: The Tai branch*, 191 – 219, Summer Institute of Linguistics and the University of Texas at Arlington Publications in Linguistics, 124, Dallas: Summer Institute of Linguistics and the University of Texas at Arlington.

Wei Feng and Jerold A., Edmondson. 1997. The Tonal Cylinder in Sanfang Zhuang, Jerold A., Edmondson and David B., Solnit(eds,), *Comparative Kadai: The Tai branch*, 35 – 55, Summer Institute of Linguistics and the University of Texas at Arlington Publications in Linguistics, 124, Dallas: Summer Institute of Linguistics and the University of Texas at Arlington.

Xiaohang, Qin. 1997. Evolution of the Initial Consonant Clusters 'pl', 'kl', 'ml' in the Hongshuihe Vernacular of Zhuang, *Mon - Khmer Studies*, 27:299 - 302.

Zhang Yuansheng and Wei Xingyun. 1997. Regional Variants and Vernaculars in Zhuang, Jerold A., Edmondson and David B., Solnit(eds,), *Comparative Kadai*:*The Tai branch*, 77 - 96, Summer Institute of Linguistics and the University of Texas at Arlington Publications in Linguistics, 124, Dallas:Summer Institute of Linguistics and the University of Texas at Arlington.

（韦学纯）

傣族语言文字研究论著索引

艾保等：《傣汉常用词对照手册》，昆明：云南民族出版社1990、1991、1993、1996年版。

蚌有荣：《德宏傣语文教学情况概述》，《云南民族语文》1993年第3期。

薄文泽：《傣语tsa："匠人"的动词化过程》，《民族语文》1997年第6期。

薄文泽：《傣语的短元音化现象分析》，《语言研究》1994年第1期。

保明所：《傣语谚语的文化透视》，《内蒙古民族大学学报》2005年第3期。

保明所：《南传上座部佛教对西双版纳傣语的影响》，《湖北民族学院学报》2005年第1期。

保明所：《西双版纳傣语中的巴利语借词研究》，中央民族大学博士论文，2005年。

边际：《傣文与巴利文》，《南亚研究》2003年第2期。

蔡荣男：《傣语的声调格局和元音格局》，南开大学博士论文，2003年。

蔡荣男：《德宏傣语的元音格局》，赵嘉文、石锋、和少英主编《汉藏语言研究——第三十四届国际汉藏语言暨语言学会议论文集》，北京：民族出版社2006年版。

陈森、张秋生：《云南金平傣文》，《民族学报》1981年第1期。

陈相木：《新平花腰傣文》，赵嘉文、石锋、和少英主编《汉藏语言研究——第三十四届国际汉藏语言暨语言学会议论文集》，北京：民族出版社2006年版。

戴红亮：《汉译"通名"统一规范化的原则及意义——以壮傣语支语言为例》，《语言文字应用》2005年第2期。

戴红亮：《试析傣族社会制度和土地制度对傣语地名命名影响》，《修辞学习》2005年第4期。

戴红亮：《西双版纳傣语低音组b、d属字分析》，《中央民族大学学报》2004年第6期。

戴红亮：《西双版纳傣语地名特征》，《广西民族研究》2005年第1期。

戴红亮：《西双版纳傣语地名研究》，中央民族大学博士论文，2004年。

戴红亮：《西双版纳傣语数词层次分析》，《民族语文》2004年第4期。

刀承华：《傣、泰民族的泰语词汇［vɛn'］的文化内涵及其演变》，《东南亚》2003年第2期。

刀承华：《傣语德宏方音中动词和形容词的双音节后附形式》，《民族语文》1984年第5期。

刀承华：《德宏傣族念诵体诗歌格律初探》，《云南民族语文》1997年第3期。

刀承华：《试论傣语间接表达形式》，《云南民族大学学报》2004年第4期。又载于赵嘉文、石锋、和少英主编《汉藏语言研究——第三十四届国际汉藏语言暨员学会议论文集》，北京：民族出版社2006年版。

刀承华等主编、云南民族学会傣族研究委员会编：《傣族文化研究论文集》，昆明：云南民族出版社2005年版。

刀洁：《傣语歧义结构分析》，《云南民族大学学报》2006年第2期。

刀洁：《金平傣语概况》，《民族语文》2005年第2期。

刀洁：《金平傣语语法研究》，南开大学博士论文，2003年。

刀洁：《金平傣语语音的演变》，赵嘉文、石锋、和少英主编《汉藏语言研究——第三十四届国际汉藏语言暨语言学会议论文集》，北京：民族出版社2006年版。

刀洁：《英语傣语定中结构对比研究》，《天津大学学报》2001年第

4 期。

刀金祥：《古傣语词语译释》，昆明：云南民族出版社 1994 年版。

刀丽芳：《傣汉双语文同步实施的实践与探索》，《云南民族语文》1999 年第 1 期。

刀世勋：《西双版纳老傣文声韵系统初探》，《民族学报》1982 年第 2 期。

刀世勋：《巴利语对傣语的影响》，《民族语文》1982 年第 6 期。又见于王巍之、杨世光编《贝叶文化论》，昆明：云南人民出版社 1990 年版。

刀世勋：《傣仂语情况介绍》，《中国语文》1956 年第 7 期。

刀世勋：《西双版纳傣文》，《民族语文》1980 年第 1 期。

刀有良：《西双版纳傣文改进和推行的经验体会》，《少数民族语文论集》第一集，北京：中华书局 1958 年版。

德宏傣族景颇族自治州人民委员会文教科、云南民族出版社编辑部编：《傣族学汉语》，昆明：云南民族出版社 1965 年版。

德宏州教育委员会民语编译室：《汉傣会话》，昆明：云南民族出版社 1999 年版。

方伯龙：《傣语量词和指示词在多重修饰语中的特殊作用》，《民族语文》1982 年第 3 期。

方伯龙：《谈谈傣语中的修饰语问题》，中央民族学院少数民族语言研究所编《民族语文研究》，成都：四川民族出版社 1984 年版。

方峰群：《德宏傣语异体诗初探》，《云南民族语文》1992 年第 3 期。

方吉龙等编译：《汉傣成语词典》，潞西：德宏民族出版社 1998 年版。

俸俊馨：《试论傣文对傣族民间文学繁荣发展的贡献》，《云南民族学院学报》2001 年第 6 期。

傅懋勣、刀世勋、童玮、刀忠强：《云南西双版纳允景洪傣语音位系统》，《科学通报》1955 年第 9 期。

傅懋勣、童玮、刀世勋、刀忠强：《云南省西双版纳允景洪傣语的音位系统》，《语言研究》1956 年第 1 期。

高立士：《傣语、巴利语序数、地名、称谓对照》，云南省民族研究所 1981 年版。

龚锦文：《傣文化研究》，昆明：云南民族出版社 2003 年版。

龚锦文：《德宏傣语四音格词的结构形式及其特点》，《民族语文》1992年第2期。

龚锦文：《德宏古傣文音系初探》，昆明：云南民族出版社1991年版。

龚锦文：《关于德宏古傣文的源流问题》，《云南民族学院学报》2001年第5期。

龚肃政：《傣语史籍翻译的一点体会》，《云南民族语文》1993年第3期。

郭玉萍：《傣语近义联用法》，《云南民族语文》1991年第4期。

郭玉萍：《傣族叙事长诗语言特点的翻译》，《民族语文翻译研究》，昆明：云南民族出版社1994年版。

韩黔玉等：《傣语汉语会话对照》，昆明：云南民族出版社1990年版。

胡阳全：《近十年国内傣族研究》，《云南民族学院学报》2002年第6期。

虎月放：《从傣语表"洗"的词看词义的抽象》，《民族语文》1991年第1期。

虎月放：《从声调的阴阳看傣语芒市话l、m的历史来源》，《中央民族大学学报》1991年第1期。

虎月放：《傣文文献〈谷魂〉与傣族的宗教信仰》，中国民族古文字研究会编《中国民族古文字研究》第四辑，天津：天津古籍出版社1994年版。

华林：《傣族历史档案研究》，北京：民族出版社2000年版。

华林：《谈傣族古文字历史档案》，《云南民族学院学报》1995年第4期。

李钊祥：《傣族和黎族的自称》，《民族研究》1985年第5期。

李钊祥：《石屏傣话的韵尾》，中国民族语言学会编《中国民族语言论文集》，成都：四川民族出版社1986年版。

刘江：《德宏傣语形容词的后附部分》，《云南民族语文》1990年第1期。

刘晓东：《傣语泰语成语比较》，《云南民族语言文学论文集》，昆明：云南民族出版社1990年版。

刘晓东：《德宏傣语文翻译的历史与现状》，《云南民族语文》1993年第3期。

刘晓荣:《傣语谚语的翻译》,《民族语文翻译研究》,昆明:云南民族出版社 1994 年版。

刘晓荣: 《论傣、泰语言的量词》,赵嘉文、石锋、和少英主编《汉藏语言研究——第三十四届国际汉藏语言暨语言学会议论文集》,北京:民族出版社 2006 年版。

刘以:《西双版纳傣文研究述评》,《思想战线》1991 年第 6 期。

卢开礤:《正音应是主攻方向——德宏州傣族学生学习汉语情况的调查》,《语言文字应用》1994 年第 4 期。

罗常培、邢庆兰:《莲山摆彝语文初探》,北京大学文科研究所 1950 年版。

罗美珍:《傣、泰词汇比较》,《民族语文》1988 年第 2 期。

罗美珍:《傣、泰语地名结构分析及地图上的音译汉字》,《民族语文》1999 年第 2 期。

罗美珍:《傣语长短元音和辅音韵尾的变化》,《民族语文》1984 年第 6 期。

罗美珍:《傣语的称谓法》,《民族语文》1989 年第 5 期。

罗美珍:《傣语动词的虚化》,《民族语文》1990 年第 3 期。

罗美珍:《汉、傣同源词辨》,北京市语言学会编《语言研究与应用》,北京:商务印书馆 1992 年版。

罗美珍:《试论我国傣文和东南亚几种文字的关系》,《民族语文》1981 年第 4 期。

孟尊贤:《傣语文教学漫谈》,《民族语文专业教学经验文集》,贵阳:贵州民族出版社 1990 年版。

孟尊贤:《傣语中汉语借词"比、难、先"对傣语语序的影响》,中央民族学院少数民族语言研究所编《民族语文研究》,成都:四川民族出版社 1984 年版。

孟尊贤:《也谈傣族名称》,《中央民族大学学报》1987 年第 3 期。

孟尊贤:《傣语成语》,昆明:云南民族出版社 1981 年版。

石云霄:《傣族使用的几种文字》,《西双版纳报》1980 年 1 月。

石梓:《傣族佛经"八万四千部"质疑》,《云南民族语文》1988 年第 3 期。

宋蜀华:《傣历概述》,《中央民族大学学报》1977 年第 4 期。

宋子皋:《勐勐土司世系(汉文、傣文对照)》,《云南省少数民族古籍译丛》(第 25 辑),昆明:云南民族出版社 1990 年版。

谭玉婷：《西双版纳传统傣文及改进文字的字型结构》，《云南民族语文》1999 年第 2 期。

童玮、刀孝忠：《西双版纳傣语的人称代词概述》，《少数民族语文论集》第一集，北京：中华书局 1958 年版。

王敬骝、陈相木：《傣语声调考》，《民族语言丛刊》1983 年第 4 期。

王敬骝、陈相木：《西双版纳老傣文五十六字母考释》，《民族学报》1988 年第 2 期。

王敬骝：《傣语干支考原》，《云南民族语文》1990 年第 2 期；《中国语言学报》1995 年第 6 期。

王军健：《关于西双版纳傣语文教学问题的思考》，《云南民族语文》1998 年第 1 期。

王巍之、杨世光编：《贝叶文化论》，昆明：云南人民出版社 1990 年版。

王渝光、单春樱、崔梅：《汉傣语言文化论》，昆明：云南教育出版社 1997 年版。

巫凌云、杨光远：《傣语语法》，昆明：云南民族出版社 1993 年版。

巫凌云、张秋生：《西双版纳傣语文概况》，昆明：云南民族出版社 1981 年版。

巫凌云：《论西双版纳傣文和老挝文同源词中的声母差异》，《民族学报》1981 年第 1 期。

巫凌云：《西双版纳古傣文塞音声母考》，《民族语文》1979 年第 4 期。

无忧：《谈谈我国的傣文佛典》，《现代佛学》1961 年第 3 期。

无忧：《我国傣族和布朗族僧阶名称语源》，《现代佛学》1962 年第 2 期。

吴安其：《汉傣地支字读音研究》，《贵州民族研究》1996 年第 2 期。

吴安其：《汉傣天干研究》，《民族语文》2005 年第 4 期。

吴东海：《傣语四音格研究》，中央民族大学博士论文，2005 年。

吴东海：《傣语中的水文化》，《湖北民族学院学报》2005 年第 1 期。

西双版纳傣语编译室翻译：《中国共产党十二届四中全会全国代表会议十二届五中全会文件选编》（西双版纳傣文），昆明：云南民族出版社 1986 年版。

西双版纳傣族自治州人民政府：《傣汉字典》，昆明：云南民族出版社 2002 年版。

邢公畹：《红河上游傣雅语》，北京：语文出版社 1989 年版。

徐世璇：《毕苏语中的傣语借词》，《民族语文》1995 年第 5 期。

徐作生：《"支那"源于古傣语考——从蜀身毒道诸种因素论梵语 cina 的由来》，《中国文化研究》1995 年第 1 期。

薛才德：《景洪汉语谓词的一个后附成分与傣语的关系》，《民族语文》1994 年第 3 期。

岩温龙：《漫谈西双版纳傣文的产生与完善》，赵嘉文、石锋、和少英主编《汉藏语言研究——第三十四届国际汉藏语言暨语言学会议论文集》，北京：民族出版社 2006 年版。

杨光远：《傣、泰语言动词、形容词的名物化问题》，赵嘉文、石锋、和少英主编《汉藏语言研究——第三十四届国际汉藏语言暨语言学会议论文集》，北京：民族出版社 2006 年版。

杨光远：《傣泰语言的早期声母系统及某些语音变化》，《云南民族大学学报》1991 年第 2 期。

杨光远：《傣语泰语动词谓语句中"时"和"体"的范畴》，《云南民族语言文学论文集》，昆明：云南民族出版社 1990 年版。

杨光远：《论十三世纪傣泰语言的语音系统》，南开大学博士论文，2003 年。

杨文学：《新平花腰傣语音位系统及历史音变述略》，《云南民族大学学报》2004 年第 2 期。

杨璋：《元谋傣语地名语音流失小考》，《今日民族》1994 年第 4 期。

喻翠容、罗美珍：《傣语简志》，北京：民族出版社 1980 年版。

喻翠容、罗美珍：《傣仂汉词典》，北京：民族出版社 2004 年版。

喻翠容：《傣拉话的语音特点》，《民族语文》1990 年第 1 期。

喻翠容：《傣拉话里的一些音变现象》，《民族语文》1986 年第 2 期。

喻翠容：《傣文》，《文字改革》1963 年第 3 期。

喻翠容：《傣语的双音并列式复合词》，《民族语文论文集》，北京：中央民族学院出版社 1993 年版。

喻翠容：《傣语动词的情貌系统》，《语言研究》1985 年第 2 期。

喻翠容：《说傣语的 ma^2（来）和 pai^1（去）》，《语言研究》1984年第 1 期。

喻翠容：《我国傣语文研究概况》，《民族研究动态》1983 年第 4 期。

岳小保：《帮助新脱盲生提高傣文水平的几种方法》，《云南民族语文》1999 年第 1 期。

云南人民广播电台德宏傣语组翻译：《中国共产党第十一届中央委员会第五次全体会议公报》，昆明：云南民族出版社 1980 年版。

云南人民广播电台德宏傣语组译：《中国共产党章程》，昆明：云南民族出版社 1982 年版。

云南人民广播电台民族部德宏傣语组翻译：《〈中华人民共和国民族区域自治法〉讲话》[德宏傣文]，昆明：云南民族出版社 1985 年版。

云南人民广播电台民族部德宏傣语组翻译：《中共中央关于经济体制改革的决定》，昆明：云南民族出版社 1985 年版。

云南省少数民族古籍译丛（第 9 辑）《孟连宣抚司法规（汉、傣对照）》，昆明：云南民族出版社 1986 年版。

云南省少数民族古籍整理出版规划办公室编：《傣族风俗歌（汉、傣对照）》，《云南省少数民族古籍译丛》第 21 辑，昆明：云南民族出版社 1988 年版。

云南省少数民族古籍整理出版规划办公室编：《档哈雅（汉、傣对照）》《云南省少数民族古籍译丛》（第 2 辑），昆明：云南民族出版社 1986 年版。

云南省少数民族古籍整理出版规划办公室编：《勐泐王族世系（汉、傣对照）》，刀国栋、刀永明翻译《云南省少数民族古籍译丛》第 10 辑，昆明：云南民族出版社 1987 年版。

云南省少数民族古籍整理出版规划办公室编：《厘俸（汉文、傣文对照）》，刀永明等翻译整理，《云南省少数民族古籍译丛》第 13 辑，昆明：云南民族出版社 1987 年版。

云南省少数民族语文指导工作委员会，德宏州少数民族语文指导工作委员会：《汉傣纳新词术语集》，昆明：云南民族出版社 1992 年版。

云南省少数民族古籍整理出版规划办公室编：《孟连宣抚史（汉文、傣文对照）》，昆明：云南民族出版社 1986 年版。

张公瑾、陈久金：《傣历研究》，王巍之、杨世光编《贝叶文化论》，昆明：云南人民出版社 1990 年版。

张公瑾、陈久金：《傣历中的干支及其与汉历的关系》，《中央民族大学学报》1977 年第 4 期。又载张公瑾《傣族文化研究》，昆明：云南民族出版社 1988 年版。

张公瑾、陈久金：《西双版纳大勐笼的傣文石碑和碑首的九曜位置图》，《中央民族大学学报》1977 年第 4 期。

张公瑾：《傣历中的纪元纪时法》，《中央民族大学学报》1979 年第 3 期。

张公瑾：《傣文〈维先达罗本生经〉中的巴利语借词——以〈十愿经〉第一节为例》，《民族语文》2003 年第 4 期。

张公瑾：《傣文》，中国民族古文字研究会编《中国民族古文字》1982 年。

张公瑾：《傣文古籍见知录》（四），《民族古籍》1990 年第 1 期。

张公瑾：《傣文及其文献》，《中国史研究动态》1981 年第 6 期。

张公瑾：《傣文文献》，张公瑾主编《民族古文献概览》，北京：民族出版社 1997 年版。

张公瑾：《傣文文献札记》，《民族文化》1982 年第 2 期。

张公瑾：《傣文渊源及其近亲文字》，中国民族古文字研究会编《中国民族古文字研究》第三辑，天津：天津古籍出版社 1991 年版。

张公瑾：《傣语德宏方言中动词和形容词的后附形式》，《民族语文》1979 年第 2 期。

张公瑾：《傣语动词 au 的来源和用法》，张公瑾《傣族文化研究》，昆明：云南民族出版社 1988 年版。

张公瑾：《傣语和汉语的一个语序问题》，《语言研究》1981 年创刊号。

张公瑾：《傣语两种方言词汇差异的历史文化背景》，《民族语文》1988 年第 5 期。

张公瑾：《傣语名词修饰语的基本语序》，《民族语文》编辑部《民族语文研究文集》，西宁：青海民族出版社 1982 年版，又载于张公瑾《傣族文化研究》，昆明：云南民族出版社 1988 年版。

张公瑾：《傣语与国境外的近亲语言》，戴庆厦主编《跨境语言研究》，北京：中央民族学院出版社 1993 年版。

张公瑾：《傣语指示词和汉语"者"字关系探源》，《民族语文》1983 年第 4 期。

张公瑾：《傣族的农业祭祀与村社文化》，《广西民族研究》1991 年第 3 期。

张公瑾：《傣族的文字和文献》，《中国民族古文字研究》，北京：中国社会科学出版社 1984 年版，又载张公瑾《傣族文化研究》，昆明：云南民族出版社 1988 年版。

张公瑾：《傣族的语言和文字》，王巍之、杨世光编《贝叶文化论》，昆明：云南人民出版社 1990 年版。

张公瑾：《傣族经典文字考源》，中国民族古文字研究会编《中国民族古文字研究》第二辑，天津：天津古籍出版社 1993 年版。

张公瑾：《傣族历法中年长度的四则运算》，《云南民族大学学报》1993 年第 1 期。

张公瑾：《傣族文化》，长春：吉林教育出版社 1986 年版。

张公瑾：《傣族文化研究》，昆明：云南民族出版社 1988 年版。

张公瑾：《傣族族称"tai^2"来源于越人的"越"字》，《汉语与少数民族语言关系研究》，北京：中央民族学院出版社 1990 年版。

张公瑾：《傣族族源问题的语言学依据》，张公瑾《傣族文化研究》，昆明：云南民族出版社 1988 年版。

张公瑾：《汉语中动宾结构的宾语带名词性修饰语在傣语中的翻译》，张公瑾《傣族文化研究》，昆明：云南民族出版社 1988 年版。

张公瑾：《汉语中动宾结构的宾语带名词性修饰语在傣语中的翻译方式》，中央民族学院少数民族语言研究所编《民族语文研究》，成都：四川民族出版社 1984 年版。

张公瑾：《西双版纳的傣文贝叶经》，《百科知识》1980 年第 10 期。

张公瑾：《小乘佛教述略——傣族佛教渊源谈》，《中央民族大学学报》1985 年第 1 期。

张公瑾：《在与汉语比较分析中看傣语动词ʔau^{33}来源和用法》，《少数民族语文论集》第一集，北京：中华书局 1958 年版。

张公瑾：《珍贵的老傣文文献》，《中国民族》1979 年第 3 期。

张公瑾、王锋：《傣族宗教与文化》，北京：中央民族大学出版社 2002 年版。

张公瑾等：《西双版纳傣语文述略》，《民族文化》1980 年第 2 期。

张云徽：《论缅语与傣语的间接表达形式》，《云南民族大学学报》2006 年第 5 期。

张振华：《傣语中的助词"了"》，《云南民族学院学报》1991 年第

2 期。

赵富荣：《佤语中的傣语和汉语借词》，《民族语文》2005 年第 4 期。

赵瑛：《试论傣语、汉语对布朗语的影响》，赵嘉文、石锋、和少英主编：《汉藏语言研究——第三十四届国际汉藏语言暨员学会议论文集》，北京：民族出版社 2006 年版。

召帕雅坦玛铁·卡章戛：《勐果占壁及勐卯古代诸王史（汉傣文对照）》，《云南省少数民族古籍译丛》（第 19 辑），昆明：云南民族出版社 1988 年版。

中国人民解放军云南省掐宏军分区政治部编：《汉、傣、景颇日常用语对照手册》（试用本），昆明：云南民族出版社 1979 年版。

中央民族学院语文系第六教研组傣语教学小组：《傣语傣仂方言语法讲义》（上），1957 年。

周庆生：《傣语亲属称谓变体》，《民族语文》1994 年第 4 期。

周庆生：《傣族人名的等级结构与社会功能》，《民族语文》1998 年第 2 期。

周庆生：《亲属称谓等级称与封建领主等级制——以傣族为例》，《语言教学与研究》1997 年第 3 期。

周庆生：《西双版纳傣语亲属称谓语义成分分析》，《民族语文》1990 年第 2 期。

周庆生：《语言交际变体模式——以傣语亲属称谓为例》，《民族语文》1996 年第 3 期。

周耀文、方伯龙、孟尊贤：《德宏傣文》，《民族语文》1981 年第 3 期。

周耀文、方峰和、郗卫宁：《德宏傣语同音词典》，孟尊贤审订，北京：民族出版社 2005 年版。

周耀文、方峰和：《汉族怎样学德宏傣语》，昆明：云南民族出版社 1983 年版。

周耀文、方峰和：《汉族怎样学德宏傣语》（修订本），昆明：云南民族出版社 1996 年版。

周耀文、方峰和：《壮语傣语名量词的差别及其缘由》，《民族语文》1984 年第 2 期。

周耀文、罗美珍：《傣语方言研究》，北京：民族出版社 2001 年版。

周耀文：《傣纳文字改进的经验教训》，《云南日报》1956 年 11 月

26 日。

周耀文:《傣语孟定方音及其文字》,《民族语文》1983 年第 6 期。

周耀文:《德宏傣文改进工作的回顾》,《民族语文》1979 年第 3 期。

周耀文等:《德宏傣文》,《民族语文》1981 年第 3 期。

朱德普:《神话传说人〈泐史〉之辨析》,《云南教育学院学报》1993 年第 4 期。

朱德普:《泐史研究》,昆明:云南人民出版社 1993 年版。

Robinson, Edward Raymond. 1994. *Further classification of Southwestern Tai "P" group languages*, M. A., thesis, Chulalongkorn University.

(韦学纯)

布依语言文字研究论著索引

曹广衢:《布依语"tai(从)+处所词(或词组)"易位的规律》,《民族语文》1986 年第 4 期。

曹广衢:《布依语的 dai31 和汉语的"得"》,《语言研究》1982 年第 2 期。

曹广衢:《布依语的反语》,《中国语文》1956 年 3 月号。

曹广衢:《布依语动词和趋向补语有关的语序问题》,《贵州民族研究》1988 年第 1 期。

曹广衢:《布依语指示代词的弱化用法和语法功能特点》,《贵州民族研究》1994 年第 2 期。

曹广衢:《从布依语的方音对比研究考察布依语声母和声调相互制约的关系》,《贵州民族研究》1984 年第 3 期。

曹广衢:《从布依语的汉语借词考察汉语调值的变化》,《贵州民族研究》1983 年第 3 期。

曹广衢:《从布依语的汉语借词探讨贵阳汉语阴平调值的历史变化》,《贵州大学学报》1985 年第 1 期。

岑树周:《惠水县布依文的推行和使用情况》,贵州省民委民族语文办公室编《民族语文论集》,贵阳:贵州民族出版社 1998 年版。

陈永康:《关于布依族文字问题的意见》,贵州民族语文指导委员会编《布依族语言文字问题科学讨论会丛刊》1957 年。

范朝康：《长顺县布依族说汉语的语音特点》，《贵州民族研究》2003年第3期。

傅懋勣：《布依语和僮语的关系及布依文字创制工作中的几个问题》，贵州民族语文指导委员会编《布依族语言文字问题科学讨论会丛刊》1957年。

贵州省布依学会等编：《布依学研究》（之八），贵阳：贵州民族出版社2005年版。

贵州省布依学会等编：《布依学研究》（之七），贵阳：贵州民族出版社2004年版。

贵州省民委民族语文办公室：《布依文试验推行调查总结》，《贵州民族研究》1996年第1期。

孙若兰主编《布依语文集》，贵阳：贵州民族出版社1993年版。

贵州省民族语文指导委员会研究室：《汉布依简明词典初稿》，贵阳：贵州民族出版社1960年版。

贵州省民族语文指导委员会研究室、中国科学院少数民族语言调查第二工作队：《布依语语法概要》，贵阳：贵州民族出版社1959年版。

贵州省民族语文指导委员会研究室编：《布依汉简明词典（初稿）》，贵阳：贵州民族出版社1962年版。

郭堂亮：《〈安王与祖王〉的语言特色》，贵州省布依学会、六盘水市民族事务委员会编《布依学研究》（之五），贵阳：贵州民族出版社1997年版。

郭堂亮：《浅议布依族古籍整理的几个问题》，贵州省布依学会、中共布依地区地委统战部编《布依学研究》（之六），贵阳：贵州民族出版社1998年版。

郭堂亮：《依法推行布依文教学，发展民族经济》，贵州省布依学会编《布依学研究》（之四），贵阳：贵州民族出版社1995年版。

郭堂亮等编著：《布依语常用词汇选编》，贵阳：贵州民族出版社1998年版。

黄伟：《布依族文化的语言透视》，贵州省布依学会、黔西南自治州民委编《布依学研究》（三），贵阳：贵州民族出版社1993年版。

黄伟：《试探布依族语言的文化价值》，《贵州民族研究》1992年第4期。

冀赭：《布依族文字采取了和壮族文字联盟的方针》，《光明日报》1956年12月21日。

黎庆开：《国家对布依文调查论证验收纪实》，贵州省民委民族语文办公室编《民族语文论集》，贵阳：贵州民族出版社1998年版。

黎汝标：《布依地名类型分析》，《贵州文史丛刊》1998年第6期。

黎汝标：《布依族天文历法探究》，《贵州民族研究》1993年第3期。

林艺：《近十年布依族研究综述》，《民族艺术研究》2003年第4期。

刘刚：《册亨：源为布依语音译》，《当代贵州》2005年第4期。

陆国器：《布依文"无用论"辨析》，《贵州双语教学论文集》，贵阳：贵州民族出版社1989年版。

陆国器：《布依文和汉文翻译的几个具体问题》，贵州省布依学会、黔南布依族苗族自治州民委编：《布依学研究》（二），贵阳：贵州民族出版社1991年版。

陆国器：《我看布依文的作用》，贵州省布依学会编《布依学研究》，贵阳：贵州民族出版社1989年版。

陆庆昌主编：《布依族短篇故事选［布依语汉语文本］》，贵阳：贵州民族出版社2001年版。

罗平先：《略谈布依文的实用性》，《贵州民族研究》1985年第3期。

罗平先：《抓紧推行布依文》，《贵州民族研究》1983年第3期。

罗儒林：《布依语动词au的用法》，《贵州民族语文研究集》，贵阳：贵州民族出版社1993年版。

罗儒林：《布依语形容词初探》，《贵州民族语文研究集》，贵阳：贵州民族出版社1993年版。

孙定朝：《布依族〈祭祀经〉初探》，《贵州民族研究》1988年第2期。

王邦容：《布依语口语的语音变化现象》，贵州省布依学会、黔南布依族苗族自治州民委编《布依学研究》（之二），贵阳：贵州民族出版社1991年版。

王邦容：《布依语新词创造方法》，《云南民族语文》1999年第3期。

王邦容：《布依语新词的创造方法》，贵州省民委民族语文办公室编《民族语文论集》，贵阳：贵州民族出版社1998年版。

王邦容：《布依族谚语的修辞手法》，贵州省民委民族语文办公室编《民族语文论集》，贵阳：贵州民族出版社1998年版。

王发杰：《布依文教学见成效》，贵州省民委民族语文办公室编《民族语文论集》，贵阳：贵州民族出版社1998年版。

王国宇、王伟：《从比较句看布依语与汉语的内在联系》，《汉语与少数民族语言关系研究》，北京：中央民族学院出版社1990年版。

王哈·阿·雍容：《布依文字需要进一步改革》，贵州省布依学会编《布依学研究》，贵阳：贵州民族出版社1989年版。

王哈·阿·雍容：《布依语后附成分的结构特点》，孙若兰主编《布依语文集》，贵阳：贵州民族出版社1993年版。

王哈·阿·雍容：《罗甸里王村布依语后附成分结构特点》，《贵州民族研究》1988年第3期。

王惠良：《布依语罗甸话数词初探》，《贵州民族研究》1987年第1期。

王惠良：《论布依族名称及其简称》，《贵州民族研究》1989年第3期。

王伟、周国炎：《布依语基础教程》，北京：中央民族大学出版社2005年版。

王伟：《布依语多义词浅谈》，孙若兰主编《布依语文集》，贵阳：贵州民族出版社1993年版。

王伟：《布依语文教学的回顾》，《民族语文专业教学经验文集》，贵阳：贵州民族出版社1990年版。

王伟：《布依语五个代表点语音比较》，孙若兰主编《布依语文集》，贵阳：贵州民族出版社1993年版。

王伟：《布依语谚语的思想内容和语言特点》，中央民族学院少数民族语言研究所编《民族语文研究》，成都：四川民族出版社1983年版。

王伟：《关于布依族语言文字问题》，贵州省布依学会编《布依学研究》，贵阳：贵州民族出版社1989年版。

王伟：《实事求是 因地制宜 充分发挥民族文字的作用》，贵州省布依学会、六盘水市民族事务委员会编《布依学研究》（5），贵阳：贵州民族出版社1997年版。

王伟：《语言与民族文化——布依语民俗语汇拾零》，贵州省布依学会、黔西南自治州民委编《布依学研究》（3），贵阳：贵州民族出版社1993年版。

王文艺：《杂居地区布依族习得汉语的语音偏误及分析》，《贵州民族学院学报》2002年第3期。

吴定川：《布依族地名初探》，贵州省布依学会编《布依学研究》（4），贵阳：贵州民族出版社1995年版。

吴定川：《民族语文教学小议》，贵州省布依学会、六盘水市民族事务委员会编《布依学研究》（5），贵阳：贵州民族出版社1997年版。

吴定川：《谈谈布依族谚语》，贵州省布依学会、中共布依地区地委统战部编《布依学研究》（6），贵阳：贵州民族出版社1998年版。

吴启禄：《布依文同音词例析》，孙若兰主编《布依语文集》，贵阳：贵州民族出版社1993年版。

吴启禄：《布依语、汉语的四音格结构及翻译》，《贵州民族学院学报》2002年第5期。

吴启禄：《布依语部分常用动词的虚化用法》，贵州省布依学会、六盘水市民族事务委员会编《布依学研究》（5），贵阳：贵州民族出版社1997年版。

吴启禄：《布依语代词的特点》，《贵州民族语文研究集》，贵阳：贵州民族出版社1993年版。

吴启禄：《布依语的"同义并用"结构》，贵州省布依学会编《布依学研究》（4），贵阳：贵州民族出版社1995年版。

吴启禄：《布依语动词虚化例》，《民族语文》1996年第1期。

吴启禄：《布依语量词概略》，《贵州民族研究》1983年第3期。

吴启禄：《布依语若干难句、特殊句析疑》，《贵州民族学院学报》1998年第1期。

吴启禄：《布依语数词"一"研究》，《贵州民族研究》1984年第3期。

吴启禄：《布依族古籍翻译中的方音处理》，贵州省布依学会编《布依学研究》，贵阳：贵州民族出版社1989年版。

吴启禄：《布依族古籍整理"三结合"的尝试》，《贵州民族研究》1989年第1期。

吴启禄：《布依族古籍中的方块布依字》，中国民族古文字研究会编《中国民族古文字研究》（第三辑），天津：天津古籍出版社1991年版。

吴启禄：《贵阳布依语》，贵阳：贵州民族出版社1992年版。

吴启禄：《论布依语动词虚化》，《贵州民族学院学报》1996年第

4 期。

吴启禄等：《布依汉词典》，北京：民族出版社 2002 年版。

伍德斌：《布依语"反话"概述与剖析》，孙若兰主编《布依语文集》，贵阳：贵州民族出版社 1993 年版。

伍启林：《荔波：县名源自布依语》，《当代贵州》2004 年第 19 期。

伍强力、辛维：《黔中八寨布依语的送气声母》，《云南民族语文》1997 年第 4 期。

伍文义、辛维、梁永梳等：《中国布依语对比研究》，贵阳：贵州人民出版社 2000 年版。

伍文义：《布依语与泰国语的语音比较研究》，《贵州民族研究》1999 年第 1 期。

伍文义：《布依族"莫家话"与土语及相关语言比较研究》，《贵州民族研究》2005 年第 5 期。

伍文义：《布依族谚语浅谈》，《贵州民族研究》1986 年第 2 期。

伍文义：《贵州高原布依语反映的地名及其稻作文化》，《贵州民族研究》1998 年第 2 期。

伍文义：《试论布依族〈赎买经·柔番沃番钱〉的初期国家观》，《贵州民族研究》1983 年第 4 期。

伍琪凯梦：《布依族古籍〈古谢经〉的语言特点》，《贵州民族语文研究集》，贵阳：贵州民族出版社 1993 年版。

肖沉冈：《布依语的文化价值》，《贵州社会科学》1991 年第 10 期。

肖月：《有关部门联合对苗文，布依文、侗文试验推行工作进行调查总结》，《民族语文》1995 年第 6 期。

谢尔久琴柯：《关于布依族文字和标准语问题》，贵州民族语文指导委员会编《布依族语言文字问题科学讨论会丛刊》1957 年。

邢公畹：《远羊寨仲歌记音》，南开大学文学院边疆人文研究室油印《语言人类学丛刊》乙集第一种，1942 年。

徐扬、王伟：《布依语的塞音韵尾》，《贵州民族研究》1983 年第 3 期。

徐义江：《布依文之花盛满贡村——满贡村推行布依文教学试点侧记》，贵州省民委民族语文办公室编《民族语文论集》，贵阳：贵州民族出版社 1998 年版。

杨函清：《布依族文化的语言透视》，贵州省布依学会、黔西南自治州民委编《布依学研究》（3），贵阳：贵州民族出版社 1993 年版。

喻翠容：《布依语简志》，北京：民族出版社1980年版。

喻世长：《布依文为什么和僮文"联盟"》，贵州民族语文指导委员会编《布依族语言文字问题科学讨论会丛刊》1957年；又载于《中国语文》1958年第3期。

喻世长：《布依语几个声母的方音对应研究》，《语言研究》1956年第1期。

喻世长：《布依语语法研究》，北京：科学出版社1956年版。

中国科学院少数民族语言调查第一工作队：《布依语调查汇报》，贵州民族语文指导委员会编《布依族语言文字问题科学讨论会丛刊》1957年。

中国科学院少数民族语言研究所：《布依语调查报告》，北京：科学出版社1959年版。

周国炎：《"方块布依字"及其在布依族宗教典籍传承过程中的作用》，《中央民族大学学报》2002年第5期。

周国炎：《"越、濮、僚、夷、仲"与现代布依族族称关系试析》，《贵州民族研究》1998年第1期。

周国炎：《布依语被动句研究》，《中央民族大学学报》2003年第5期。

周国炎：《布依语比较句的结构类型》，贵州省布依学会、中共布依地区地委统战部编：《布依学研究》（6），贵阳：贵州民族出版社1998年版。

周国炎：《布依语处置式的来源及其发展》，《中央民族大学学报》1999年第3期。

周国炎：《布依语、汉语被动结构对比研究》，戴庆厦主编《汉语与少数民族语言语法比较》，北京：民族出版社2006年版。

周国炎：《布依语动词重叠及其表达功能初探》，《民族教育研究》1999年增刊。

周国炎：《布依语人称代词中几种特殊的代称方式》，贵州省布依学会编《布依学研究》，贵阳：贵州民族出版社1989年版。

周国炎：《布依语与莫话声母比较研究》，贵州省布依学会、六盘水市民族事务委员会编《布依学研究》（5），贵阳：贵州民族出版社1997年版。

周国炎：《布依族摩经古词研究》，《贵州民族研究》1995年第2期。

周国炎：《布依族摩经中非口语词的电脑统计分析》，《电脑辅助汉藏语词汇和语音研究》，北京：中国藏学出版社1996年版。

周国炎：《布依族文字及其社会职能》，孙若兰主编《布依语文集》，贵阳：贵州民族出版社1993年版。

Fine, Cathryn. 2003. Extendibility in Bouyei Orthography Design: A Multilectal Approach, M, A, Graduate Institute of Applied Linguistics, 175 p.

Ni Dabai. 1997. Front /a/ and back /a/ in Biandan Mountain Bouyei, Jerold A, Edmondson and David B, Solnit(eds,), *Comparative Kadai: The Tai branch*, 141 - 45, Summer Institute of Linguistics and the University of Texas at Arlington Publications in Linguistics, 124, Dallas: Summer Institute of Linguistics and the University of Texas at Arlington.

Snyder, Donna Marie. 1995. Variation in Bouyei, M. A. Thesis, University of Texas at Arlington, xiii, 126 p.

Snyder, Donna. 1998. Folk Wisdom in Bouyei Proverbs and Songs, Proceedings: *The International Conference on Thai Studies*, July 29 - 31, 1998 p. 61 - 87, Bangkok, Thailand: Institute of Language and Culture for Rural Development, Mahidol University.

Snyder, Wil C. 1996. Libo Bouyei Songs: Keeping Tradition in the Midst of Social Change, *Proceedings of the 6th International Conference on Thai Studies*, *theme IV Traditions and changes at local/regional levels*, *volume II*, Chiang Mai, Thailand.

Snyder, Wil and Yu Jiongbiao. 1995. *Libo Buyi - Chinese - English glossary*, *Language Data*, *Asian - Pacific Series*, 18, Dallas: Summer Institute of Linguistics, xiv, 278 p.

Suriya Ratanakul. 1994. Review of: *The Yay language - glossary*, Texts, and Translations, by William J, Gedney, Mon - Khmer Studies 23: 144 - 45.

Wang Wei. 1997. The Sound System of the Bouyei Language and its Special Features, Jerold A, Edmondson and David B, Solnit(eds,), *Comparative Kadai: The Tai branch*, 147 - 60, Summer Institute of Linguistics and the University of Texas at Arlington Publications in Linguistics, 124, Dallas: Summer Institute of Linguistics and the University of Texas at Arlington.

Yu Jiong - Biao, Wil Snyder, and Donna Snyder. 1994. Two initial grammatical discoveries in the Fucun speech of Libo Buyi, Stuart R, Milliken(ed), *SIL Occasional Papers on the Minority Languages of China* 1, 1 - 11: Summer

Institute of Linguistics.

Zhou Guoyan, Somsonge Burusphat, et al. 2001. *Bouyei – Chinese – English – Thai Dictionary*(布依—汉—英—泰词典), Mahidol University, Salaya, Thailand, 2001.

（韦学纯）

侗语言文字研究论著索引

［法］欧德里古尔：《侗水语的浊塞音》，王辅世译，《民族译丛》1980年第4期。

［美］艾杰瑞：《侗语的声调分裂和浊呼气音变异》，中国社会科学院民族所语言室《民族语文研究情报资料集》1987年第9期。

薄文泽：《侗语和佯僙语的一个语序变化》，《民族语文》1997年第3期。

陈宗林：《三江侗语汉语借词的韵母系统研究》，《湛江师范学院学报》1999年第1期。

陈宗林：《三江侗语汉语借词声调的多层次性》，《湛江师范学院学报》2000年第2期。

陈宗林：《三江侗语汉语借词声母系统研究》，《湖北民族学院学报》2000年第3期。

陈宗林：《三江侗语早期汉借词来源于六甲话考》，《民族语文》1999年第5期。

冯祖贻、朱俊明、李双璧、潘年英、龙耀宏、李晓红：《侗族文化研究》，贵阳：贵州人民出版社1999年版。

贵州省民委民族语文办公室：《侗文试行工作调查总结报告》，《贵州民族研究》1996年第1期。

黄佩兴：《广西侗语语音说异》，《广西民族研究》1997年第2期。

黄勇：《辅音尾演变最快的侗语方言——新晃李树侗语》，《民族论坛》1994年第1期。

黄勇：《汉语侗语关系词研究》，天津：天津古籍出版社2002年版。

黄勇：《李树侗话辅音尾的演变规律》，《民族语文》1995年第2期。

姜莉芳：《新晃汉语中的侗语成分》，《中央民族大学学报》2004年第 2 期。

金美:《黔东南苗语侗语对汉语语音的影响》,《贵州民族研究》1998 年第 1 期。

李钊祥:《侗语和老挝语的声母比较研究》,《民族语文》1986 年第 2 期。

梁敏:《侗语简志》,北京:民族出版社 1980 年版。

刘汝才:《略论侗族谜语的比拟手法》,石锦宏主编《侗语文集》,贵阳:贵州民族出版社 1993 年版。

刘宗碧:《语义句法理论简介及其引入侗语研究的可能性》,《黔东南民族师范高等专科学校学报》1995 年第 1 期。

龙明耀:《侗文的创立与推行》,《贵州民族研究》1983 年第 3 期。

龙明耀:《那溪瑶语与侗语的关系》,《贵州民族研究》1984 年第 3 期。

龙启休:《提高侗文阅读能力一得》,石锦宏主编《侗语文集》,贵阳:贵州民族出版社 1993 年版。

龙耀宏:《从方音比较看古侗语中的喉复辅音声母》,石锦宏主编《侗语文集》,贵阳:贵州民族出版社 1993 年版。

龙耀宏:《侗语和阿眉斯语》,《贵州民族研究》1993 年第 1 期。

龙耀宏:《侗语和仡佬语的语音比较研究——兼谈侗族同仡佬族的历史关系》,《贵州民族研究》1992 年第 4 期。

龙耀宏:《侗语研究》,贵阳:贵州民族出版社 2003 年版。

龙耀宏:《侗语中的汉语古音举例》,《贵州民族研究》1987 年第 2 期。

龙耀宏:《侗族源于"干越"考》,《贵州民族研究》1987 年第 4 期。

龙玉成:《侗歌翻译浅谈》,石锦宏主编《侗语文集》,贵阳:贵州民族出版社 1993 年版。

龙玉成:《论侗族文学的翻译问题》,石锦宏主编《侗语文集》,贵阳:贵州民族出版社 1993 年版。

蒙元耀:《壮傣侗语言底层之比较》,《广西民族研究》1992 年第 2 期。

欧亨元:《侗汉词典》,北京:民族出版社 2004 年版。

潘永荣:《从侗语构词看侗族的文化》,《贵州民族研究》1998 年第 2 期。

潘永荣：《从侗语构词看侗族的文化迹象》，贵州省侗学研究会编《侗学研究》（三），贵阳：贵州民族出版社1998年版。

潘永荣：《侗文中现代汉语借词标调问题浅析与构想》，《贵州民族研究》1998年第4期。

潘永荣：《略谈各地侗语语音与标准语音的对应情况和教学中应注意的问题》，石锦宏主编《侗语文集》，贵阳：贵州民族出版社1993年版。

潘永荣：《平江侗语语音初探——兼与标准音点比较》，《贵州民族研究》1990年第1期。

潘永荣：《从江县下江镇六洞冲侗语调查报告》，贵州省民族研究所，贵州省民族学会：《贵州民族调查》（7）1990年。

潘永荣：《从江县宰河侗族语言调查报告》，贵州省民族研究所，贵州省民族学会：《贵州民族调查》（9）1992年。

彭巧燕：《从语言影响看新晃侗语语音的演变》，《南华大学学报》2004年第3期。

彭巧燕：《新晃汉语与侗语词汇的相互影响》，《衡阳师范学院学报》2004年第5期。

石锋等：《高坝侗语五个平调的实验分析》，《民族语文》1988年第5期。

石锦宏：《从侗族历史上没有文字的原因谈推行侗文的重要意义》，石锦宏主编《侗语文集》，贵阳：贵州民族出版社1993年版。

石锦宏：《试谈推行侗文的现实意义》，贵州省侗学研究会编《侗学研究》（三），贵阳：贵州民族出版社1998年版。

石锦宏主编：《侗语文集》，贵阳：贵州民族出版社1993年版。

石锋：《秀洞和启蒙的侗语声调的分析》，《语言研究论丛》（第七辑），北京：语文出版社1997年版。

石林：《报京侗语代词的词缀mjin6》，《民族语文》1985年第4期。

石林：《从m，n声母在侗语声调分布的特点看侗台语原始声母m，n的区别》，《民族学报》1983年第3期。

石林：《侗文的推行有利于普通话推广》，石锦宏主编《侗语文集》，贵阳：贵州民族出版社1993年版。

石林：《侗语m-、n-声母的声调分布与侗台语原始声母m-、n-的类别》，石林《侗台语比较研究》，天津：天津古籍出版社1997年版。

石林：《侗语代词分析》，《民族语文》1986 年第 5 期。

石林：《侗语的变音变调现象》，《民族语文》1983 年第 5 期。

石林：《侗语的形态学特征》，《民族语文》2005 年第 4 期。

石林：《侗语地名的得名、结构和汉译》，《贵州民族研究》1996 年第 2 期。

石林：《侗语地名的得名结构和汉译》，石林《侗台语比较研究》，天津：天津古籍出版社 1997 年版。

石林：《侗语方言土语的划分应作适当调整》，《民族语文》1990 年第 6 期。

石林：《侗语方言土语划分应作适当调整》，《民族语文》1990 年第 6 期。

石林：《侗语复辅音声母考》，石林《侗台语比较研究》，天津：天津古籍出版社 1997 年版。

石林：《侗语复辅音声母考》，《南开学报》1983 年第 2 期。

石林：《侗语汉语语法比较研究》，北京：中央民族大学出版社 1997 年版。

石林：《侗语声调的共时表现和历时演变》，《民族语文》1991 年第 5 期。

石林：《侗语声调的区别性特征》，《民族语文》1992 年第 3 期。

石林：《侗语与侗族研究》，石林《侗台语比较研究》，天津：天津古籍出版社 1997 年版。

石林：《侗语在东亚语言比较研究中的重要地位》，石林《侗台语比较研究》，天津：天津古籍出版社 1997 年版；又载于贵州省侗学研究会编《侗学研究》（3），贵阳：贵州民族出版社 1998 年版。

石林：《侗语中汉语新借词的读音》，《民族语文》1994 年第 5 期。

石林：《侗族北部民歌格律》，《中央民族大学学报》1986 年第 2 期。

石林：《侗族的三朵文化奇葩》，《百科知识》1995 年第 12 期。

石林：《侗族三大文化瑰宝》，《民族论坛》1995 年第 4 期。

石林：《论侗语形容词》，《贵州民族研究》1985 年第 4 期。

石少成：《湖南省试行苗文侗文情况述论》，《中南民族大学学报》1988 年第 5 期。

石少成：《苗侗民族发展繁荣的一项社会系统工程——湖南省试行苗文侗文情况概述》，《中国民族》1988 年第 9 期。

庶龙:《侗语形容词后缀的语法分析》,石锦宏主编《侗语文集》,贵阳:贵州民族出版社1993年版。

谭厚锋:《八十年代以来侗语文研究综述》,石锦宏主编《侗语文集》,贵阳:贵州民族出版社1993年版。

谭厚锋:《侗语北部方言石洞话亲属称谓初探》,《贵州民族学院学报》2004年第5期。

谭厚锋:《推行侗文社会效果论略》,《贵州民族学院学报》2003年第5期。

特克:《侗族文字的诞生》,《光明日报》1958年9月11日。

田铁:《侗、汉语词和词的构成浅析》,《贵州民族学院学报》1999年第3期。

田铁:《侗语、汉语词类用法浅较》,《贵州民族学院学报》2000年第1期。

田铁:《侗语和汉语的短语及句子语序浅析》,《贵州民族研究》2000年第1期。

田兴永:《汉诗侗译的几点看法》,石锦宏主编《侗语文集》,贵阳:贵州民族出版社1993年版。

王德温:《侗语半浊声母的历史演变》,《贵州民族研究》1984年第3期。

王德温:《侗语语法概要》,石锦宏主编《侗语文集》,贵阳:贵州民族出版社1993年版。

王贵生:《侗语语音与黔东南东部方言——兼谈通过音系对比描述方言状况的方法》,《黔东南民族师范高等专科学校学报》1996年第4期。

吴美莲:《浪泡侗语与标准语的语音对应规律》,石锦宏主编《侗语文集》,贵阳:贵州民族出版社1993年版。

吴世源:《侗汉"双语"教学点滴》,石锦宏主编《侗语文集》,贵阳:贵州民族出版社1993年版。

吴治德:《〈侗款〉的"款"字探源——兼谈"都"字》,《贵州民族研究》1992年第2期。

吴治德:《对侗文"Jul hus jiv gal"一语中"gal"字汉译的不同看法》,《贵州民族研究》1988年第2期。

向零:《一本珍贵的侗族古籍——〈东书少鬼〉》,《贵州民族研究》1990年第2期。

邢公畹：《三江侗语》，天津：南开大学出版社 1985 年版。

杨昌纲等：《略论侗文使用的局限性和可行性》，《中南民族学院学报》（哲社）1988 年第 5 期。

杨昌嗣：《略论侗文使用的局限性和可行性》，《中南民族大学学报》1988 年第 5 期。

杨汉基、张盛：《简明侗语语法》，贵阳：贵州民族出版社 1990 年版。

杨汉基：《侗台语族亲属关系漫谈》，石锦宏主编《侗语文集》，贵阳：贵州民族出版社 1993 年版。

杨汉甚：《试谈侗汉翻译》，石锦宏主编《侗语文集》，贵阳：贵州民族出版社 1993 年版。

杨权、吴治德：《侗文是侗族文化的忠实载体》，石锦宏主编《侗语文集》，贵阳：贵州民族出版社 1993 年版。

杨权：《略论明清及民国时期的侗族诗歌》，《中央民族学院学报》1986 年第 4 期。

杨权：《论侗语声调的发展及其在侗歌中的特点》，《中央民族学院学报》1992 年第 3 期。

杨权：《努力促进侗文发展》，《贵州民族研究》1983 年第 3 期。

杨通锦、杨锡：《侗语翻译琐议》，石锦宏主编《侗语文集》，贵阳：贵州民族出版社 1993 年版。

杨通银：《市场经济机制下的侗语文》，《贵州民族研究》1995 年第 3 期。

杨锡：《"注音识字，提前读写"与侗语文浅议》，石锦宏主编《侗语文集》，贵阳：贵州民族出版社 1993 年版。

杨锡：《湖南通道侗族诗歌中的汉语平话借词》，《民族语文》1993 年第 6 期。

杨秀斌：《试论侗语南北方言内文化的成因及其发展》，《贵州民族研究》1990 年第 1 期。

杨子仪：《〈古本誊录〉中的古侗字研读》，《民族语文》2000 年第 4 期。

杨曦：《传统文化保持的一种有效形式——贵州省榕江县宰荡小学侗汉双语教学实验计划项目考察》，《黔东南民族师范高等专科学校学报》2005 年第 1 期。

曾晓渝：《三江侗语中古汉语借词》，《民族语文》2006 年第 4 期。

张民：《试较侗语和越语的渊源关系》，《贵州民族研究》1989 年第 3 期。

张民：《试探〈越人歌〉与侗歌——兼证侗族族源》，《贵州民族研究》1986 年第 1 期。

赵丽明：《汉字侗文与方块侗字》，中国民族古文字研究会编《中国民族古文字研究》（第三辑），天津：天津古籍出版社 1991 年版。

张仁位：《基长侗族语言调查概况》，贵州省民族研究所、贵州省民族学会《贵州民族调查》（9）1992 年。

郑国乔、杨权：《侗语词的结构形式》，《贵州民族研究》1984 年第 3 期。

郑国乔：《侗汉翻译中词的问题》，石锦宏主编《侗语文集》，贵阳：贵州民族出版社 1993 年版。

郑国乔：《侗语声调》，《贵州民族研究》1983 年第 3 期。

郑国乔：《谈谈侗文的规范》，石锦宏主编《侗语文集》，贵阳：贵州民族出版社 1993 年版。

郑国乔：《榕江侗话的语音》，《贵州民族研究》1985 年第 2 期。

周昌武：《苗族、侗族语文史上的创举——〈汉苗侗语对话（草册）〉评介》，《贵州民族研究》1986 年第 3 期。

周琦瑛：《侗族谚语的语言艺术》，《贵州民族研究》1988 年第 2 期。

周琦瑛：《谈侗语文的使用及其发展》，石锦宏主编《侗语文集》，贵阳：贵州民族出版社 1993 年版。

朱柏仁：《侗语并列四音格结构初探》，《贵州民族研究》1984 年第 3 期。

邝萍：《双语及少数民族语言维护：以中国侗族语言为例》，西南师范大学硕士论文，2002 年。

Daniel Yang Tongyin. 2004. *Aspects of the Kam Language as Revealed in its Narrative Discourse*, PhD, dissertation, UTA, USA.

Edmondson, Jerold A., and Yang Quan. 1988. *Word Initial Preconsonants and the History of Kam - Sui Resonant Initials and Tones*, Jerold A, Edmondson and David B, Solnit(eds,), *Comparative Kadai: Linguistic Studies Beyond Tai*, 143 - 66, Summer Institute of Linguistics and the University of Texas at Arlington Publications in Linguistics, 86, Dallas: Summer Institute of Linguistics and the University of Texas at Arlington.

Geary, D. 2003. Norman and Ou Chaoquan, Long Yaohong, Jiang Daren, Wang Jiying, *The Kam People of China: Turning Nineteen*, London: Routledge Curzon.

Geary, D, Norman and Yongrong Pan. 2003. A Bilingual Education Pilot Project among the Kam People in Guizhou Province, China, Multilingual and Multicultural Development 24(4).

Geary, Norman, Ruth Geary and Long Yaohong. 2000. Kam Singing, Proceedings of the International Conference on Tai Studies, July 29 – 31, 1998, pp. 213 – 222, Bangkok: Mahidol University.

Jerold A, Edmondson (Editor), Somsonge Burusphat, Daniel Tongyin Yang, and Sumittra Suraratdecha (Compilers). 2000. *Kam – Chines – Thai – English Dictionry*, Bangkok: The Institute of Language and Culture for Rural Development.

Long Yaohong and D, Norman Geary. 2000. *The Kam orthography*, Proceedings of the International Conference on Tai Studies, July 29 – 31, 1998, pp. 165 – 171, Bangkok: Mahidol University.

Long Yaohong and Zheng Guoqiao. 1998. *The Dong Language in Guizhou Province, China*, Summer Institute of Linguistics and the University of Texas at Arlington Publications in Linguistics, 126, Dallas: Summer Institute of Linguistics and University of Texas at Arlington.

Somsonge Burusphat. 1996. Surface Indicators of Storyline in the Kam Origin Myth, *Mon – Khmer Studies* 26:339 – 55.

Strecker, David. 1988. Gedney's Puzzle in Kam – Sui, Jerold A., Edmondson and David B, Solnit (eds,), *Comparative Kadai: Linguistic studies beyond Tai*, 107 – 27, Summer Institute of Linguistics Publications in Linguistics, 86, Dallas: Summer Institute of Linguistics and the University of Texas at Arlington.

Thurgood, Graham. 1988. Notes on the Reconstruction of Proto – Kam – Sui, Jerold A., Edmondson and David B., Solnit (eds,), *Comparative Kadai: Linguistic Studies beyond Tai*, 179 – 218, Summer Institute of Linguistics Publications in Linguistics, 86, Dallas: Summer Institute of Linguistics and the University of Texas at Arlington.

Wang, Dewen. 1988. A Comparative Study of Kam and Sui Initial Consonants, Jerold A., Edmondson and David B., Solnit (eds,), *Comparative Ka-*

dai: *Linguistic Studies beyond Tai*, 129 – 41, Summer Institute of Linguistics Publications in Linguistics, 86, Dallas: Summer Institute of Linguistics and the University of Texas at Arlington.

Yang Quan. 1988. Developmental tendencies in Kam phonology, Jerold A, Edmondson and David B, Solnit(eds,), *Comparative Kadai*: *Linguistic studies beyond Tai*, 27 – 42, Summer Institute of Linguistics Publications in Linguistics, 86, Dallas: Summer Institute of Linguistics and the University of Texas at Arlington.

Zheng, Guoqiao and Yang Quan. 1988. The Sounds of Rongjiang Kam, Jerold A, Edmondson and David B., Solnit(eds,), *Comparative Kadai*: *Linguistic studies beyond Tai*, 43 – 58, Summer Institute of Linguistics Publications in Linguistics, 86, Dallas: Summer Institute of Linguistics and the University of Texas at Arlington.

（韦学纯）

水族语言文字研究论著索引

岑家梧：《水书与水家来源》，《西南民族文化论丛》1943 年；三都水族自治县文史研究组编《水族源流考》1985 年。

陈昌槐：《水族文字与〈水书〉》，《中央民族学院学报》1991 年第 3 期。

陈乐基、陆明臻、莫善余主编：《中国水书系列》，贵阳：贵州民族出版社 2005 年版。

邓章应：《水书造字机制探索》，《黔南民族师范学院学报》2005 年第 2 期。

董芳、周石匀、郑文瑾：《水书文字规范标准建设与信息化的研究》，《黔南民族师范学院学报》2005 年第 5 期。

范波：《试述贵州民族文献》，《贵州民族研究》2005 年第 5 期。

冯英：《水语构成的复合词》，《民族语文》2003 年第 5 期。

冯英：《水语的动结式》，《民族语文》2005 年第 1 期。

冯英：《水语复音词研究》，南开大学博士论文，2004 年。

冯英：《值得一读的〈中国水族文化研究〉》，《贵州民族学院学报》2006 年第 1 期。

高慧宜：《水文造字方法初探》，《中国文字研究》（第五辑），南宁：广西教育出版社2004年版。

黄润华、史金波：《少数民族古籍版本》，南京：江苏古籍出版社2002年版。

贾光杰：《水族古文字》，《民族团结》1991年第6期。

姜永兴：《漫话水族古文字——水书》，《民族文化》1983年第2期。

孔燕君：《水族的"百科全书"——评〈水书〉（正七卷、壬辰卷）》，《中国出版》1996年第6期。

孔燕君：《水族的百科全书——〈水书〉（正七卷、壬辰卷）评介》，李晋有等主编《中国少数民族古籍论》，成都：巴蜀书社1997年版。

雷广正、韦快：《〈水书〉古文字探析》，《贵州民族研究》1990年第3期。

雷广正、韦快：《古"百越"族团的陶文、水文、甲骨文对比分析》，《黔南民族》1995年第3期。

冷天放：《〈水书〉探源》，《贵州民族研究》1993年第1期。

黎汝标：《形象生动的水族古文字》，《黔南报》1991年11月30日。

黎汝标、韦忠仕：《水书研究述评》，贵州省水家学会编《水家学研究》（2），1993年。

李炳泽：《从水族传说论水族民间文字》，《采风》1985年第3期。

李炳泽：《神秘的水族文字——水书》，《百科知识》1996年第11期。

李方桂：《三种水语方言的初始比较》（Preliminary Comparison of Three Sui Dialects），Special Publication of the Institute of History and Philology in Memory of Director Fu Szu Nien, pp. 67 – 74, 1951.

李方桂：《水话研究》，《中央研究院历史语言所专刊》之七十三，台北，1977年。

李方桂：《水语声调的押韵系统》（Tones in the Riming System of the Sui Language）Word, 5：262 – 267, 1949.

李方桂：《水语声母和声调的分布》（The distribution of initials and tones in the Sui language），Language 24：160 – 197, 1948.

李旭练：《谈谈水族古文字》，《都匀文史资料选辑》1991年第

7辑。

刘凌：《"水书"文字性质探索》，华东师范大学硕士论文，1999年。

刘日荣：《〈水书〉中的干支初探》，《中央民族大学学报》1994年第6期。

刘日荣：《水书评述》，《中央民族大学学报》1995年第6期。

刘日荣：《水书研究——兼论水书中的汉语借词》，《中央民族大学学报》1990年增刊。

刘日荣：《水族文化史》，李德洙主编《中国少数民族文化史》，沈阳：辽宁人民出版社1994年版。

刘世彬：《莫友芝对水族古文字的研究》，《黔南民族师范学院学报》2006年第1期。

陆晓荔、零兴宁：《广西龙马水语音系》，《云南民族语文》1999年第4期。

罗春寒：《水书的抢救及存在问题浅议》，《贵州民族学院学报》2006年第1期。

罗燕：《〈水书〉探析》，《民族古籍》2002年第3期。

蒙爱军：《水家族水书阴阳五行观的认识结构》，《贵州民族学院学报》2002年第5期。

蒙爱军：《水书阴阳五行观的认识结构》，贵州省水家学会编《水家学研究》（四）（内部），2004年。

蒙爱军：《谈水族鬼神观与〈水书〉五行观中认识结构》，《贵州民族学院学报》1991年第4期。

蒙景村：《"水书"及其造字方法研究》，《黔南民族师范学院学报》2005年第1期。

蒙熙林：《贵州省荔波县档案局（馆）贵州省水家学会荔波中心组破译夏朝古都神秘符号纪实》，贵州省水家学会第七次学术讨论会，2004年10月。

莫定武：《内涵丰富的水书》，《中国民族》2002年第3期。

倪大白：《贵州阳安、瑶庆水语音韵系统》，北京市语言学会编《语言研究与应用》，北京：商务印书馆1992年版。

倪大白：《水语的声调别义》，《民族语文》1982年第6期。

倪大白：《水语中一类句法同形结构的生成分析》，《贵州民族研究》1983年第3期。

倪大白：《水族文化志》，《侗、水、毛南、仫佬、黎族文化志》，上海：上海人民出版社1998年版。

倪大白：《谈水语全浊声母 b 和 d 的来源》，《民族语文》1980年第2期。

倪大白：《侗台语概论》，北京：中央民族学院出版社1990年版。

[法] 欧德里古尔：《侗水语的浊塞音》，《世界民族》1980年第4期。

潘朝霖：《"水书"难以独立运用的死结何在?》，《贵州民族学院学报》2006年第1期。

潘朝霖：《关于水书研究若干问题的思考》，贵州省水家学会第七次学术讨论会论文，2004年10月。

潘朝霖：《水苗汉二十八宿比较研究》，《贵州民族研究》2001年第1期。

潘朝霖：《水族汉族二十八宿比较研究》，《贵州民族学院学报》2000年第2期。

潘朝霖、韦宗林主编：《中国水族文化研究》，贵阳：贵州人民出版社2004年版。

潘道益：《水族七元历制初探》，贵州省水家学会编《水家学研究》（三）（内部），1999年。

潘淘洁：《水书文字"酉、鸡"字形书写特色初探》，《贵州民族学院学报》2006年第1期。

石冬梅：《水族古文字档案——〈水书〉》，《贵州档案》2002年第5期。

石锋：《中和水语的声调分析》，《民族语文》1998年第2期。

石国义：《水族经典古籍〈水书〉的历史渊源及其文化价值》，《民族古籍》2002年第3期。

石尚昭：《〈水书〉通义——天文历法》，《都匀文史资料选辑》1991年第7辑，又《黔南教育学院学报》1991年第4期。

石尚昭、吴支贤：《水族文字研究》，中国民族古文字研究会编《中国民族古文字研究》，（第二辑），天津：天津古籍出版社1993年版。

孙易：《水字新论》，南开大学硕士论文，2003年。

唐泽荣：《试论水书与甲骨文相结合在生活中的运用》，黔南州民族宗教事务局古籍办公室编《黔南民族古籍》（2）（内部），2003年。

唐泽荣：《水族的水书》，《文史天地》2003 年第 3 期。

王锋：《从汉字到汉字系文字——汉字文化圈研究》，北京：民族出版社 2003 年版。

王锋：《试论水书的书写系统及其文化属性》，《贵州民族研究》2004 年第 2 期。

王国宇：《略论水书与二十八宿》，中国民族古文字研究会编《中国民族古文字研究》（第三辑），天津：天津古籍出版社 1991 年版。

王国宇：《水书与一份水书样品的释读》，《民族语文》1987 年第 6 期。

王国宇：《水语附加成分浅谈》，《贵州民族研究》1984 年第 3 期。

王国宇：《水族古文字考释》，中国民族古文字研究会编《中国民族古文字研究》（第二辑），天津：天津古籍出版社 1993 年版。

王国宇：《水族古文字考释》，中国民族文字研究会第七次学术讨论会，2004 年 10 月。

王基华：《努力把水文字融入先进的社会主义文化》，贵州省水家学会编《水家学研究》（四）（内部），2004 年。

王品魁：《〈水书〉探源》，《贵州文史丛刊》1991 年第 3 期。

王品魁：《〈水书〉二十八宿》，《贵州文史丛刊》1996 年第 2 期。

王品魁：《〈水书〉七元宿的天象历法》，《第二届中国少数民族科技史国际学术讨论会论文集》，北京：社会科学文献出版社 1994 年版；又《民族古籍》2002 年第 3 期。

王品魁：《〈水书〉探源》，《贵州文史丛刊》1991 年第 3 期；又载贵州省水家学会编《水家学研究》（一），贵阳：贵州民族出版社 1993 年版。

王品魁：《〈水书〉与其抢救》，《民族古籍》2002 年第 3 期。

王品魁：《拉下村水文字墓碑辨析》，《黔南民族》1998 年第 1—2 合期；又载贵州省水家学会编《水家学研究》（三）（内部），1999 年。

王品魁：《水书源流新探》，《黔南民族》1990 年第 1 期；又载贵州省水家学会编《水家学研究》（二）（内部），1993 年。

王品魁：《水族画像石葬和水文字石葬初探》，《黔南民族》1992 年第 2 期。

王品魁：《天文学四象与水书二十八宿》，黔南州民族宗教事务局古籍办公室编《黔南民族古籍》（2）（内部），2003 年；又载贵州省水家学会编《水家学研究》（4）（内部），2004 年。

王品魁、院潘朝霖译注：《水书》（丧葬卷），贵阳：贵州民族出版社2005年版。

王品魁译注：《水书》（壬辰卷、正七卷），贵阳：贵州民族出版社1994年版。

王思民：《水书图像与水族舞蹈关系浅析》，《贵州文化》1990年第10期；又载《民族艺术》1995年第2期。

王元鹿：《"水文"中的数目字与干支字研究》，《华东师范大学学报》2003年第4期。

韦庆稳：《水语概况》，《中国语文》1965年第5期。

韦仕方：《水书字典》，贵阳：贵州民族出版社2007年版。

韦学纯：《百年"水书"研究综述》，第二届语言接触与语言比较国际学术研讨会（上海大学），2006年5月。

韦学纯：《对水族新文字的几点看法》，《云南民族语文》1992年第4期。

韦学纯：《关于水族新文字方案的一些建议——兼论其重要性与可行性》，《水家学研究》（一），贵阳：贵州民族出版社1993年版。

韦学纯：《水语形容词后缀研究》，贵州省水家学会编《水家学研究》（3），1999年。

韦学纯：《谈谈水族早期婚姻形态》，《贵州民族研究》1991年第2期。

韦章炳：《解读华夏奇书——〈水书〉》，贵州省水家学会第七次学术讨论会，2004年。

韦正言：《泐虽——水族文字》，《贵州档案》1994年第2期。

韦忠仕：《古今水族历法考略》，《黔南民族》1992年第2期；又载贵州省水家学会编《水家学研究》（2）（内部），1993年。

韦忠仕：《水书研究概况》，《贵州文史丛刊》1992年第4期。

韦忠仕：《水族天文历法试探》，《黔南教育学院学报》1991年第4期。

韦忠仕、黎汝标：《五十年来〈水书〉研究述评》，贵州省水家学会编《水家学研究》（2）（内部），1993年。

韦忠仕、王品魁：《〈水书〉研究价值刍论》，《采风论坛》1991年第1辑，又载贵州省水家学会编《水家学研究》（1），贵阳：贵州民族出版社1993年版。

韦宗林：《水文字书法试探》，《贵州民族学院学报》1995年第

2 期。

韦宗林：《水族古文字"反书"成因简议》，贵州省水家学会编《水家学研究》（3）（内部），1999 年。

韦宗林：《水族古文字"反书"的成因》，《贵州民族学院学报》1999 年第 4 期。

韦宗林：《水族古文字计算机输入法》，《贵州民族学院学报》2000 年第 4 期。

韦宗林：《水族古文字探源》，《贵州民族研究》2002 年第 2 期。

韦宗林：《水族古文字与甲骨文的联系》，《贵州民族学院学报》2006 年第 1 期。

韦宗林：《水族古文字源头的几个问题》，贵州省水家学会编《水家学研究》（4）（内部），2004 年。

魏忠编著：《中国的多民族文字及文献》，北京：民族出版社 2004 年版。

吴承玉：《三都水族的语言文字》，《贵州文史丛刊》1995 年第 3 期。

吴端端、蒋国生：《中国水族文字档案的形成与特点》，《档案学研究》1999 年第 4 期。

吴贵飚：《水族经典：〈水书〉》，《民族古籍》1992 年第 3 期。

吴文贤、石尚昭：《水族文字浅谈》，《贵州社科通讯》1983 年第 7 期。

吴正彪：《〈水书〉翻译管窥》，《黔南民族》1998 年第 1—2 合期；又《民族古籍》2002 年第 3 期。

吴正彪：《三都县水族"水书"简介》，贵州民族学院少数民族语言文学系编《民族调查资料汇编》（第一集）（内部），1987 年。

吴支贤、石尚昭：《水书》，傅懋勣主编《中国民族古文字图录》，北京：中国社会科学出版社 1990 年版。

吴支贤、石尚昭：《水族文字浅谈》（内部），三都县民委，1985 年；又《贵州社科通讯》1983 年第 10 期。

西田龙雄：《水文字历的释译》，日本《言语》1980 年 8 月；又王云祥译载中国社会科学院民族所语言室编《民族语文研究情况资料集》1983 年第 2 期。

夏永良：《丹寨县高寨水语的语音特点》，张和平主编《贵州民族语文研究》，贵阳：贵州民族出版社 1994 年版。

夏永良：《都匀市潘洞水语语音调查报告》，贵州省民族研究所、贵州省民族学会《贵州民族调查》（5）（内部），1987 年。

夏永良：《独山县水语语音纪实》，贵州省民族研究所、贵州省民族学会《贵州民族调查》（8）（内部），1990 年。

夏永良：《高寨水语音系及其特点》，贵州省民族研究所、贵州省民族学会《贵州民族调查》（10）（内部），1992 年。

夏永良：《荔波县洞流水语调查报告》，贵州省民族研究所、贵州省民族学会《贵州民族调查》（6）（内部），1988 年。

夏永良：《三洞水语的音位和句法》，贵州省民族研究所、贵州省民族学会《贵州民族调查》（9）（内部），1992 年。

夏永良：《三都水族自治县廷牌乡水语语音浅探》，贵州省民族研究所、贵州省民族学会《贵州民族调查》（3）（内部），1985 年。

夏永良：《三都县甲王水语语音纪实》，贵州省民族研究所、贵州省民族学会《贵州民族调查》（7）（内部），1990 年。

夏永良：《潘洞水语声调与疑问句语调》，《贵州民族研究》1989 年第 2 期。

夏永良：《三洞水语的音系》，《贵州民族研究》1994 年第 3 期。

夏永良：《阳安水语的语音特点》，《贵州民族研究》1992 年第 3 期。

雅洪托夫：《侗—水语言词首辅音的构拟》，中国社会科学院民族所语言室《民族语文研究情报资料集》1988 年第 10 期。

姚炳泰：《水书》，《中国档案》2004 年第 2 期。

叶成勇：《水书起源时代试探》，《贵州民族学院学报》2006 年第 1 期。

曾晓渝：《共同水语声母构拟及汉水语"关系字"研究》，南开大学博士论文，1993 年。

曾晓渝：《汉语水语关系词研究》，重庆：重庆出版社 1994 年版。

曾晓渝：《汉语水语关系论——水语里汉语借词及同源词分层研究》，北京：商务印书馆 2004 年版。

曾晓渝：《论水语里的近、现代汉语借词》，《语言研究》2003 年第 2 期。

曾晓渝：《论水语声母 *s－>h－的历史音变》，《民族语文》2002 年第 2 期。

曾晓渝：《水语里汉语借词层次分析方法例释》，《南开语言学刊》

第 2 期，天津：南开大学出版社 2003 年版。

　　曾晓渝：《也谈水语全浊声母 mb－、nd－的来源》，《曾晓渝自选集》，天津：南开大学出版社 2004 年版。

　　曾晓渝：《曾晓渝自选集》，天津：南开大学出版社 2004 年版。

　　曾晓渝、孙易：《水族文字新探》，《民族语文》2004 年第 4 期。

　　曾晓渝、姚福祥：《汉水词典》，成都：四川民族出版社 1996 年版。

　　张公瑾主编：《民族古文献概览》，北京：民族出版社 1997 年版。

　　张均如：《水语简志》，北京：民族出版社 1980 年版。

　　张为纲：《水家来源试探》，《社会研究》1940 年第 36 期，又三都水族自治县文史研究组《水族源流考》1985 年。

　　中国科学院语言少数民族调查第一工作队：《水语调查报告初稿》（内部），中国科学院，1958 年。

　　周芙蓉：《活化石"水书"传承水族历史》，《记者观察》2004 年第 11 期。

　　周艳琼：《发现"水书"》，《民族》2005 年第 10 期。

　　周有光：《文字幼儿之一：水族的水书》，周有光：《世界文字发展史》，上海：上海教育出版社 1997、2003 年版。

　　朱建军：《水文常见字异体现象刍议》，《中国文字研究》（第六辑）南宁：广西教育出版社 2005 年版。

　　Edmondson, Jerold A., John H., Esling, Jimmy G., Harris, and James Xuecun Wei. 2004. A Phonetic Study of Sui Consonants and Vowels, Mon－Khmer Studies 34, 1－20.

　　Xuecun James and Jerold A. 2003. Edmondson, etc, *Sui, Chinese, Thai, English dictionary*, Bangkok: Mahidol University Press.

（韦学纯）

仫佬族语言文字研究论著索引

　　薄文泽：《仫佬语后腭化音声母在亲属语言中的对应》，马学良主编《民族语文研究新探》，成都：四川民族出版社 1992 年版。

　　戴庆厦、张弼弘：《仫佬族的语言观》，《中南民族学院学报》1990 年第 1 期。

　　王均、郑国乔：《仫佬语简志》，北京：民族出版社 1981 年版。

韦茂繁、雷晓臻：《仫佬族土俗字探源及其文化阐释》，《广西大学学报》2005 年第 4 期。

银云忠：《试谈仫佬语中的 hu3》，《中央民族大学学报》1999 年第 2 期。

银云忠：《仫佬语词尾塞音浅析及其与相应英语语音比较》，《河池学院学报》2004 年第 5 期。

银云忠：《仫佬语定中结构及名词修饰语语序简析》，《中央民族大学学报》2005 年第 6 期。

银云忠：《仫佬语几个音素发音异同》，《河池师专学报》2001 年第 1 期。

岳静：《仫佬语地名的语言学探索》，南开大学文学院、汉语言文化学院编《南开语言学刊》2005 年第 1 期总第 6 期，北京：商务印书馆。

岳静：《黄金镇仫佬语概况》，《民族语文》2004 年第 4 期。

岳静：《黄金镇仫佬语中古精章组汉借词的读音》，《民族语文》2006 年第 1 期。

郑国乔：《浅谈仫佬族的语言与社会关系》，《贵州民族研究》1990 年第 3 期。

郑国乔：《试论汉语对仫佬语的影响》，《中央民族大学学报》1980 年第 4 期。

Zheng, Guoqiao. 1988. The influences of Han on the Mulam language, Jerold A. , Edmondson and David B. , Solnit (eds,) , *Comparative Kadai : Linguistic studies beyond Tai* , 167 – 77 , Summer Institute of Linguistics Publications in Linguistics, 86 , Dallas : Summer Institute of Linguistics and the University of Texas at Arlington.

（韦学纯）

毛南族语言文字研究论著索引

戴庆厦、张景霓：《濒危语言与衰变语言——毛南语语言活力的类型分析》，《中央民族大学学报》2006 年第 1 期。

谭远扬：《毛南语的同义词》，《民族语文》1985 年第 2 期；又覃永绵、谭鹏星主编《毛南族研究文选》，南宁：广西民族出版社 1987

年版。

谭远扬：《〈毛南语简志〉读后》，《民族语文》1983年第5期；又覃永绵、谭鹏星主编《毛南族研究文选》，南宁：广西民族出版社1987年版。

梁敏：《毛南语简志》，北京：民族出版社1980年版。

张景霓：《毛南语的量词短语》，李锦芳主编《汉藏语系量词研究》，北京：中央民族大学出版社2005年版。

张景霓：《毛南语个体量词的语义语法特征分析》，《广西民族学院学报》2006年第3期。

张景霓：《毛南语动词研究》，北京：中央民族大学出版社2006年版。

（韦学纯）

拉珈语研究论著索引

蓝庆元：《拉珈语汉借词层次分析》，《民族语文》2005年第6期。

蓝庆元：《拉珈语中的汉语借词层次研究》，南开大学博士后出站报告，2004年。

刘保元：《论瑶族拉珈语的系属》，《中央民族大学学报》1988年第5期。

刘玉莲等：《拉珈语》，苏德富、刘玉莲主编《茶山瑶研究文集》，北京：中央民族大学出版社1992年版。

罗季光：《广西瑶语》，《中国语文》1953年3月号。

毛宗武、蒙朝吉、郑宗泽：《瑶族语言简志》，北京：民族出版社1982年版。

毛宗武、周祖瑶：《瑶族语言概况》，《中国语文》1962年3月号。

盘承乾：《国外瑶族使用瑶语的情况》，戴庆厦主编《跨境语言研究》，北京：中央民族学院出版社1993年版。

徐仁瑶：《茶山瑶语与侗语的比较研究》，苏德富、刘玉莲主编《茶山瑶研究文集》，北京：中央民族大学出版社1992年版。

徐仁瑶：《瑶族（拉珈）谚语》，苏德富、刘玉莲主编《茶山瑶研究文集》，北京：中央民族大学出版社1992年版。

张济民、徐志森、李珏伟：《贵州瑶族的语言》，《贵州民族研究》

1983年第3期。

张均如：《拉珈语的鼻化韵》，《民族语文》1992年第3期。

张均如：《瑶族拉伽语与壮侗语族语言的比较》，《民族语文》1990年第6期。

刘宝元编著：《汉瑶词典拉珈语》，成都：四川民族出版社1999年版。

（韦学纯）

黎语言文字研究论著索引

陈世民等：《海南保亭黎语音位系统》，《学术论坛》1958年第1期。

陈永青：《关于黎语"奥雅"的解释及其他》，《民族语文》1982年第2期。

陈瑾：《对黎语新词术语处理的几点意见》，《中国语文》1958年第1期。

符昌忠：《黎语坡春话概况》，《民族语文》2005年第6期。

符镇南：《黎语的方言岛——那斗话》，《民族语文》1990年第4期。

高泽强：《黎语"纹茂"含意考析》，《琼州大学学报》2001年第2期。

高泽强：《黎语地名初探》，《琼州大学学报》2001年第3期。

海南调查组：《海南黎族苗族自治州黎族语言文字使用情况的调查》，《民族研究动态》1985年第2期。

黄鉽：《从黎语词汇看黎族社会的发展》，《中央民族大学学报》1995年第5期。

黎伯言：《试谈帮助黎族学生学习汉语语法》，中国少数民族双语教学研究会编《中国少数民族双语研究论集》，北京：民族出版社1990年版。

刘剑三：《临高语黎语关系词的文化内涵》，《民族语文》2001年第3期。

刘援朝：《黎语方言声调的对应问题》，《语言科学》2004年第4期。

罗美珍：《黎语声调刍议》，《民族语文》1986年第3期。

马提索夫：《原始黎语的声母和声调——初步近似构拟》，中国社会科学院民族所语言室《民族语文研究情报资料集》1988年第10期。

欧阳觉亚、郑贻青：《黎语概况》，《中国语文》1963年第5期。

欧阳觉亚：《从词汇上看台湾原住民族语言与黎语的关系》，《寻根》2004年第2期。

欧阳觉亚：《海南岛民族语言研究概况》，《民族研究动态》1984年第2期。

欧阳觉亚、郑贻青：《黎语调查研究》，北京：中国社会科学出版社1983年版。

欧阳觉亚、郑贻青：《黎语简志》，北京：民族出版社1980年版。

王锦：《为海南岛黎族苗族人民创造文字》，《光明日报》1956年8月28日。

王均：《〈黎语调查研究〉评介》，《民族语文》1985年第3期。

文明英、马加林：《黎语方言数词表示法》，《中央民族学院学报》1984年第3期。

文明英、文京：《黎语基础教程》，北京：中央民族大学出版社2006年版。

文明英：《黎语㑊次方言保定话》，中央民族学院少数民族语言研究所编《民族语文研究》，成都：四川民族出版社1984年版。

文明英：《黎语方言数词表示法》，《中央民族学院学报》1984年第3期。

文明英：《黎语虚词的语法功能》，《中央民族学院学报》1993年第2期。

文明英：《黎语与同语族诸语言的声调对应》，《中央民族学院学报》1989年第5期。

文明英：《如何进行黎语语音教学》，《民族语文专业教学经验文集》，贵阳：贵州民族出版社1990年版。

文明英：《黎语的新增语序》，《汉语与少数民族语言关系研究》，北京：中央民族学院出版社1990年版。

吴安其：《黎语古音构拟》，《民族语文》2000年第5期。

徐菊芳：《一部具有科学价值的语言学专著——〈黎语调查研究〉》，《民族研究动态》1985年第1期。

严学宭：《黎文创制的经过》，《南方日报》1957年3月22日。

杨少强：《黎语的避讳辞格浅谈》，《广东技术师范学院学报》1992年第3期。

银题：《黎语方言形成原因撅谈》，《中央民族学院学报》1993年第5期。

苑中树：《黎语塞音韵尾的演变》，《中央民族学院学报》1990年第2期。

苑中树：《黎语语法纲要》，北京：中央民族大学出版社1994年版。

郑笑枫：《黎族人民有了文字》（上、下），《光明日报》1957年3月22日。

郑贻青、欧阳觉亚：《黎汉词典》，成都：四川民族出版社1992年版。

郑贻青：《黎语的形补词组》，《民族语文》1984年第1期。

郑贻青：《黎语话语材料》，《民族语文》1987年第1期。

郑贻青：《黎族的亲属称谓和人名》，《民族语文》1980年第3期。

郑贻青：《浅析黎语中的汉语借词及黎汉相同词》，《民族语文论文集》，北京：中央民族学院出版社1993年版。

中国科学院少数民族语言调查第一工作队海南分队：《关于划分黎语方言和创作黎文的意见》，黎族语言文字问题科学讨论会，1957年。

中国科学院少数民族语言调查第一工作队海南分队：《黎语调查报告初稿》，黎族语言文字问题科学讨论会，1957年。

Weera, Ostapirat. 1994. Evidences of Hlai dental and velar clusters from Savina's Dày variety, *Mon – Khmer Studies* 23：133 – 37.

Wen Mingying, Wen Ying, Somsonge Burusphat, *Hlai(Li) – Chinese – Thai – English Dictionary*, Bangkok：Mahidol University Press, 2003.

（韦学纯）

临高语、佯僙语、莫语、村语、标话、五色话、茶洞话研究论著索引

薄文泽：《佯僙语研究》，上海：上海远东出版社1997年版。

陈其光、张伟：《五色话初探》，《语言研究》1988年第2期。

符昌忠：《海南村话》，广州：华南理工大学出版社1996年版。

符昌忠：《村语与黎语词汇差异成因初探》，《广西民族学院学报》

2005年第3期。

符昌忠:《村语与黎语声调的比较——村语与侗台语族语言比较研究系列论文之一》,《广东技术师范学院学报》2003年第1期;又赵嘉文、石锋、和少英主编《汉藏语言研究——第三十四届国际汉藏语言暨员学会议论文集》,北京:民族出版社2006年版。

李锦芳:《茶洞话概况》,《民族语文》2001年第1期。

梁敏、张均如:《临高语研究》,上海:上海远东出版社1997年版。

梁敏、张均如:《标话研究》,北京:中央民族大学出版社2002年版。

罗美珍、邓卫荣:《广西五色话——一种发生质变的侗泰语言》,《民族语文》1998年第2期。

欧阳觉亚:《村语研究》,上海:上海远东出版社1998年版。

杨通银:《莫语研究》,北京:中央民族大学出版社2000年版。

(韦学纯)

苗瑶语族语言文字研究论著索引

苗瑶语族语言文字综合研究论著索引

陈保亚、何方：《略说汉藏语系的基本谱系结构》，《云南民族大学学报》2004年第1期。

陈其光：《古苗瑶语鼻冠闭塞音声母在现代方言中反映类型》，《民族语文》1984年第5期。

陈其光：《苗瑶语鼻闭塞音声母的构拟问题》，《民族语文》1998年第3期。

陈其光：《苗瑶语鼻音韵尾的演变》，《民族语文》1988年第6期。

陈其光：《苗瑶语词汇发展的一种方式》，《民族语文》2000年第3期。

陈其光：《苗瑶语前缀》，《民族语文》1993年第1期。

陈其光：《苗瑶语入声的发展》，《民族语文》1979年第1期。

陈其光：《苗瑶语族语言的几种调变》，《民族语文》1989年第5期。

陈其光、李永燧：《汉语苗瑶语同源词例证》，《民族语文》1981年第2期。

邓晓华、王士元：《苗瑶语族语言的亲缘关系的计量研究：词源统计分析方法》，《中国语文》2004年第2期。

邓晓华：《客家话跟苗瑶壮侗语的关系问题》，《民族语文》1999年第3期。

丁崇明：《汉语、藏缅语、侗台语、苗瑶语复合式合成词比较》，《思想战线》2002年第5期。

黄行：《苗瑶语方言亲疏关系的计量分析》，《民族语文》1999年第

3 期。

黄行：《语音对应规律的计量研究方法：苗瑶语方言语音对应规律示例》，《民族语文》1999 年第 6 期。

金理新：《构词前缀 * m-与苗瑶语的鼻冠音》，《语言研究》2003 年第 3 期。

乐赛月：《国外苗瑶语言研究介绍》，《民族语文》1996 年第 3 期。

李炳泽：《从苗瑶语和孟高棉语的关系词说濮人南迁》，《云南民族学院学报》1996 年第 1 期。

李炳泽：《苗瑶语辅音前缀的音节化和实词化及其变体研究》，《中央民族大学学报》1994 年第 5 期。

李永燧：《关于苗瑶语的自称：兼说"蛮"》，《民族语文》1983 年第 6 期。

李云兵：《论语言接触对苗瑶语语序类型的影响》，《民族语文》2005 年第 3 期。

李云兵：《苗瑶语语音的基本理论和现实研究》，《贵州民族研究》2000 年第 1 期。

罗美珍：《从语音演变看壮侗语言与汉、藏缅、苗瑶语言的关系》，黄布凡主编《彝缅语研究》，成都：四川民族出版社 1997 年版。

毛振林：《从现代苗瑶语共时差异看苗族与瑶族历史分化》，《贵州民族研究》1988 年第 3 期。

毛宗武：《我国苗瑶语族语言研究概况》，《民族研究动态》1985 年第 5 期。

王辅世、毛宗武：《苗瑶语古音构拟》，北京：中国社会科学出版社 1995 年版。

吴安其：《汉藏语同源研究》，北京：中央民族大学出版社 2002 年版。

袁明军：《汉语苗瑶语阳声韵深层对应试探》，《民族语文》2000 年第 2 期。

张琨：《古苗瑶语鼻音声母在现代苗语方言中的演变》，《民族语文》1995 年第 4 期。

张琨：《论苗瑶语和藏缅语比较语言学》，《青年月刊》第 40 卷，1973 年（On Miao – Yao and Tibeto – Burman Comparative Linguistics, Youth Monthly, Vol. 40, No. 6, 22 – 8,）。

张琨：《苗瑶语比较语言学》，《书目杂志》第 9 卷，1975 年第 3 期

(Miao – Yao Comparative Linguistics, Bibliography Quarterly, Vol. 9, No. 3, 57 – 73)。

张琨:《苗瑶语声调问题》,《"中央研究院"历史语言研究所集刊》第16本,1947年。

André G. , Haudricourt. 1954. Introduection à la phnonolosie des langues Miao – Yao, Bulletin de l'École Française d'Extrême Orient 44,2:555 – 576.

André G. , Haudricourt. 1961. Bipartition et Tripartition des Systémes de Tone dans Quelques d'Extrême Orient, Bulletin de la Société de linguistique de Paris 56:163 – 80.

André G. , Haudricourt. 1964. Notes sur les dialects de la rogion de Moncay, Bulletin de l'École Française d'Extrême Orient 50:161 – 171.

André G. , Haudricourt. 1971. Les langues Miao – Yao, Asie du sud – est et monde insulindien:où en est l'atlas ethno – linguistique? Fascicule 1:31 – 51, Bulletin du Centre de Documentation et de Recherche 2,4.

Barbara Niederer. 1998. Les langues Hmong – Mjen(Miáo – Yáo):Phonologie historique, Lincom Studies in Asian Linguistics 07, Lincom Europa.

Bonifacy, A. L. ,1905, Etude sur les langues parlée par les Populations de la haute Rivière Claire, Bulletin de l'École Française d'Extrême Orient 5:306 – 327.

David Strecker. 1986. The Hmong – Mien Language, Linguistics of the Tibeto – Burman Area, Vol. 10,2:1 – 11.

David Strecker. 1987. Some Comments on Benedict's "Miao – Yao Enigma:the na – e language", *Linguistics of the Tibeto – Burman Area*, *Vol.* 10,2:22 – 42.

David Strecker. 1987. Some Comments on Benedict's "Miao – Yao enigma:the na – e language", *Linguistics of the Tibeto – Burman Area*, *Vol.* 10,2:43 – 54.

Elovkov, D. I. 1977. Essais de lexicologie des langues de I'Ssie du Sud – est, – éd, de I'Université de léningrad.

Gordon B. , Downer. 1963. Chinese, Thai, and Miao – Yiao, In Linguistic Comparison in Southeast Asia and the Pacific, H. L. , Shorto, ed, London, School of Oriental and African Studies, University of London.

Gordon B. , Downer. 1971. The Further Relationship of the Miao – Yao

Languages.

Gordon B., Downer. 1991. The Relationship between the Yao and Miao Languages, Jacques.

Gordon B., Downer. 1963. Chinese, Thai and Miao – Yao, Linguistics Comparason in South East Asian and the Pacific, London.

Haudricourt, A. G. 1954. Introduction a la Phonologie Historique des Langues miao – yao, Bulletin de l'École Française de l'Extrême Orient 44, 2:555 – 576.

Haudricourt, A. G. 1961. Bipartition et Tripartition des Systémes de Tone dans Quelques Langues d'Extrême Orient, Bulletin de la Société Linguistique de Paris 65, 163 – 180.

Haudricourt, A. G. 1972. Two – Way and Three – Way Splitting of Tonal Systems in Some Far Eastern Languages, Tai Phonetics and Phonology, J, G, Harris and R. B., Noss, ed, pp. 58 – 86, Bangkok: Central Institute of English Language.

Herbert C., Purnell Jr, ed. 1972. Miao and Yao Linguistic Studies: Selected Articles in Chinese, translated by C., Yu – hung and C, Kwo – Ray, Southeast Asia Program Data Paper No. 88, ithaca, New York: Cornell University.

Herbert C., Purnell Jr. 1970. Toward a Reconstruction of Proto – Miao – Yao, PhD Dissertation, Cornell University.

Kun Chang. 1953. On the Tone System of the Miao – Yao Languages, Language, Vol. 29, No. 3, pp. 374 – 378.

Kun Chang with B., Shefts Chang. 1976. The Prenasalized Stop Initials of Miao – Yao, Tibeto – Burman, and Chinese: A Result of Diffusion or Evidence of a Genetic Relationship?《中央研究院历史语言研究所集刊》第 47 本。

Kun Chang. 1953. On the Tone System of the Miao – Yao Languages, Language, Vol. 29, No. 3, pp. 374 – 378.

Kun Chang. 1969. Sino – Tibetan Words for "Needle", Monumenta Serica Vol. 28, 320 – 45,

Kun Chang. 1972. Sino – Tibetan "iron": * qhleks, Journal of the American Oriental Society Vol. 92, 436 – 46.

Kun Chang. 1973. The reconstruction of Proto – Miao – Yao Tones:《中央研究院历史语言研究所集刊》第 44 本。

Kun Chang. 1976. Miao – Yao Initials.《中央研究院历史语言研究所集

刊》第 47 本。

Laurent Sagart. 2003. Sources of Middle Chinese Manner Types: Old Chinese Prenasalized Initials in Hmong – Mien and Sino – Tibetan Perspective, Language and Linguistics 4,4.

Martha Ratliff. 1994. Hmong – Mien Languages, The Encyclopedia of Language and Linguistics, Oxford: Pergamon Press.

Mortensen, David. 2002. Review of Les langues Hmong – Mjen (Miao – Yao): Phonologie historique by Barbara Niederer, Luistic of the Tibeto – Burman Area, Vol. 25, No. 2.

Paul B. , Denlinger. 1972. Miao – Yao Manuscript, Journal of the Tunghai University 13:1 – 66.

Paul K. , Benedict. 1947. Languages and Literatures of Indochina, Far Eastern Quarterly 6:379 – 389.

Paul K. , Benedict. 1986. Miao – Yao enigma: the Nà – é Language, Linguistic of the Tibeto – Burman Area, Vol. 9, No. 1.

Paul K. , Benedict. 1986. Miao – Yao enigma: the Nà – é language, Linguistics of the Tibeto – Burmen Area, Vol. 9,1:89 – 96.

Paul K. , Benedict. 1987. Early Y/TB Loan Relationships, Luistic of the Tibeto – Burman Area, Vol. 10, No. 2:12 – 21.

Robert B. , Jones. 1970. Classifier Constructions in Southeast Asia, Journal of the American Oriental Society 90,1:1 – 12.

Shafer, Robert. 1955. Classification of the Sino – Tibetan Languages, Word 11:94 – 111.

Shafer, Robert. 1964. Miao – Yao, Monumenta Serica 23:398 – 411.

（李云兵）

苗语言文字研究论著索引

毕节地区民委：《毕节地区"双语"教学情况和今后的工作意见》，张和平主编《贵州民族语文研究》，贵阳：贵州民族出版社 1993 年版。

毕节师专英语系第一科研课题组：《毕节地区少数民族学生母语影响英语学习情况调查》，《毕节师范高等专科学校学报》2003 年第 1 期。

毕节师专英语系第一科研课题组：《毕节地区少数民族学生母语影

响英语学习情况调查》,《毕节师范高等专科学校学报》2003年第1期。

毕晓玲:《多媒体技术在苗语教学中的应用》,《湖北民族学院学报》2003年第4期。

曹翠云:《〈楚辞〉特殊语句像苗语:兼释"扬云霓之蔼兮,鸣玉鸾之啾啾"》,《中央民族大学学报》2001年第5期。

曹翠云:《〈诗经〉特殊语句像苗语新解:兼释"明星煌煌"、"明星晢晢"等》,《中央民族大学学报》2002年第6期。

曹翠云:《从苗语看古代苗族历史文化的痕迹》,《中央民族学院学报》1982年第1期。

曹翠云:《从苗语看古汉语的状词:兼释"行道迟迟"、"夏屋渠渠"等语文》,《贵州民族研究》1984年第3期。

曹翠云:《从苗语看苗族历史和起源的痕迹》,《贵州民族研究》1983年第3期。

曹翠云:《汉、苗、瑶语第三人称代词的来源》,《民族语文》1988年第5期。

曹翠云:《论苗语方言现状及其形成》,《中央民族学院学报》1989年第3期。

曹翠云:《苗语动词的虚实兼用现象》,《中国民族语言论丛(3)·动词研究专辑》,《民族教育研究》1999年增刊。

曹翠云:《黔东苗语状词初探》,《中国语文》1961年第4期。

曹翠云:《研究苗语能解释古汉语难句》,戴庆厦主编《中国民族语言论丛》(二),昆明:云南民族出版社1997年版。

陈达明、杨继东:《雷山县双语教学的回顾与展望》,贵州省民委语文办编《贵州民族语文调查》,贵阳:贵州民族出版社1992年版。

陈其光:《凯棠苗语的诗词格律》,中国民族语言学会编《民族语文论集》,北京:中国社会科学出版社1981年版。

楚雄州民委:《云南规范苗文记事》,《云南民族语文》1995年第3期。

大方县复兴小学:《开展"双语"教学、提高民族文化素质》,张和平主编《贵州民族语文研究》,贵阳:贵州民族出版社1993年版。

戴庆厦、余金枝、杨再彪:《小陂流苗语概况》,《民族语文》2005年第3期。

邓永汉:《苗族地区数学教学中的苗语科学使用初探》,李显元主编《苗语文集》,贵阳:贵州民族出版社1993年版。

董川黔：《浅谈苗语和英语的正迁移现象》，《贵州民族学院学报》1995年第1期。

董川黔：《英语和苗语对照教学法》，《贵阳金筑大学学报》2001年第2期。

栋金：《黔东苗语的量词》，贵州省苗学会编《苗语文集》，贵阳：贵州民族出版社1993年版。

段金录：《做好苗族语言文字工作，促进民族团结进步繁荣：在全省苗族语言文字工作会议上的讲话》，《云南民族语文》1999年第4期。

高华年：《青苗语音概要》，《边疆人文》1947年第4期。

格桑顿珠：《认真学习贯彻中央民字工作会议精神，努力做好少数民族语言文字工作：在全省苗族语言文字工作会议上的讲话》，《云南民族语文》1999年第4期。

顾维君：《苗语规范化与苗文问题》，李显元编《苗语文集》，贵阳：贵州民族出版社1993年版。

关瑾：《清江苗语音韵》，《新清华学报》第9卷1971年。

关辛秋：《湘西苗语一组声母语音实验分析》，戴庆厦主编《电脑辅助汉藏语词汇和语音研究》，北京：中国藏学出版社1996年版。

规范苗文申报工作联合筹备组：《规范苗文试行情况和效果》，《云南民族语文》1995年第3期。

贺又宁：《汉苗语言里几类词的语法特点比较》，《贵州民族学院学报》1994年第3期。

贺又宁：《苗语汉语语序浅较》，《贵州民族学院学报》1998年第4期。

胡晓东：《黔东苗语［z］声母的演变》，贵州省苗学会编《苗语文集》，贵阳：贵州民族出版社1993年版。

黄行：《语素的计量分析与识别方法：以苗语语素识别为例》，《民族语文》2000年第6期。

姬安龙：《摆省苗语音系及其语音特点》，《贵州民族研究》1997年第4期。

姬安龙：《贵州苗区双语教学问题研究》，张和平主编《贵州民族语文研究》，贵阳：贵州民族出版社1993年版。

姬安龙：《苗语台江话的语音及其发展趋势》，《民族语文》1995年第5期。

姬安龙：《黔西县协和区苗语考察纪实》，李显元主编《贵州民族语文研究集》，贵阳：贵州民族出版社 1993 年版。

姬安龙：《浅谈苗语词汇中的文化迹象》，贵州省苗学会编《苗语文集》，贵阳：贵州民族出版社 1993 年版。

剑河县民委：《总结经验继续前进：剑河县民族语文工作情况汇报》，张和平主编《贵州民族语文研究》，贵阳：贵州民族出版社 1993 年版。

今旦：《革东话音系》，贵州省苗学会编《苗语文集》，贵阳：贵州民族出版社 1993 年版。

金美：《黔东南苗语侗语对汉语语音的影响》，《贵州民族研究》1998 年第 1 期。

孔江平：《紫云苗语五平调系统的声学及感知研究》，中国民族语言学会编《民族语文研究新探》，成都：四川民族出版社 1992 年版。

雷桂珍：《黔东苗语状词》，贵州省苗学会编《苗语文集》，贵阳：贵州民族出版社 1993 年版。

黎平县民委：《加强民族语文工作是促进少数民族地区较快发展的有效措施》，张和平主编《贵州民族语文研究》，贵阳：贵州民族出版社 1993 年版。

黎意：《苗语的述补结构：兼与汉语对比》，《中央民族大学学报》2005 年第 3 期。

李壁生：《苗语的重叠声母》，《贵州民族研究》1983 年第 1 期。

李炳泽：《从苗语词汇看苗族古代文化》，《贵州民族研究》1987 年第 3 期。

李炳泽：《从苗语的 11 看明清以来苗族文化的发展变化》，《贵州民族研究》1995 年第 2 期。

李炳泽：《关于滇东北苗文的几个问题：简介〈从神话到现实〉》，《云南民族语文》1995 年第 3 期。

李炳泽：《汉语对苗瑶语的影响》，戴庆厦主编《汉语与少数民族语言关系研究》，北京：中央民族学院出版社 1990 年版。

李炳泽：《汉语与苗瑶语的亲属关系》，戴庆厦主编《汉语与少数民族语言关系研究》，北京：中央民族学院出版社 1990 年版。

李炳泽：《苗语方言比较研究中寻找同源词的问题》，《贵州民族研究》1988 年第 3 期。

李炳泽：《苗语方言同源词：两千年前的文化交流》，《云南民族语文》1997 年第 2 期。

李炳泽：《苗语根周围语言的借词研究》，戴庆厦、顾阳主编《现代语言学理论与中国少数民族语言研究》，北京：民族出版社 2003 年版。

李炳泽：《苗语和彝语的"松"和"杉"的同源与异源比较》，《云南民族语文》2000 年第 1 期。

李炳泽：《苗语色彩词及其搭配》，《黔东南民族师专学报》1994 年第 3 期。

李炳泽：《黔东苗语 sh、h 声母产生的时间》，《民族语文》1994 年第 1 期。

李炳泽：《黔东苗语词的重叠》，《贵州民族研究》1984 年第 3 期。

李炳泽：《黔东苗语的前缀问题》，《中央民族大学学报》2003 年第 4 期。

李炳泽：《黔东苗语的天干地支》，《民族语文》2003 年第 4 期。

李炳泽：《黔东苗语的一小类动词》，贵州省苗学会编《苗语文集》，贵阳：贵州民族出版社 1993 年版。

李炳泽：《黔东苗语动词的音节形态》，《中国民族语言论丛（3）·动词研究专辑》，《民族教育研究》1999 年增刊。

李炳泽：《黔东苗语介词形成初探》，戴庆厦主编《中国民族语言论丛》（2），昆明：云南民族出版社 1997 年版。

李炳泽：《黔东苗语里的古汉语借词及其文化考察》，戴庆厦主编《中国民族语言文学研究论集》（4），北京：民族出版社 2004 年版。

李炳泽：《黔东苗语声母和声调关系的统计分析》，戴庆厦主编《电脑辅助汉藏语词汇和语音研究》，北京：中国藏学出版社 1996 年版。

李炳泽：《雷山苗语对汉语的反渗透》，戴庆厦主编《汉语与少数民族语言关系研究》，北京：中央民族学院出版社 1990 年版。

李德芳：《20 世纪初期滇东北苗语方言区的苗文》，《贵州民族研究》1981 年第 2 期。

李锦平：《从苗语词语看苗族农耕文化》，《贵州民族研究》2002 年第 4 期。

李锦平：《简论苗族文化对语言的影响》，《贵州民族学院学报》2000 年第 1 期。

李锦平：《论苗语和汉语之间的相互影响》，《贵州民族学院学报》2004 年第 1 期。

李锦平:《苗语地名与苗族历史文化》,《贵州文史丛刊》1998 年第 5 期。

李锦平:《苗语俗语的文化分析》,《贵州民族研究》2000 年第 4 期。

李锦平:《浅谈苗语和汉语的密切关系》,李显元主编《贵州民族语文研究集》,贵阳:贵州民族出版社 1993 年版。

李锦平:《浅谈黔东苗语修辞》,贵州省苗学会编《苗语文集》,贵阳:贵州民族出版社 1993 年版。

李珏伟:《贵州榕江八开摆赖苗语语音概述》,《贵州民族研究》1984 年第 3 期。

李联会:《在滇东北规范苗文申报工作会议上的讲话》,《云南民族语文》1995 年第 3 期。

李启群:《湘西州汉语方言两种特殊语序》,《方言》2004 年第 3 期。

李启群:《湘西州汉语与土家语苗语的相互影响》,《方言》2002 年第 1 期。

李义明:《苗语状词在苗族情歌中的抒情功能》,李显元主编《贵州民族语文研究集》,贵阳:贵州民族出版社 1993 年版。

李永燧、陈克迥、陈其光:《苗语声母和声调的几个问题》,《语言研究》1959 年第 4 期。

李永燧:《罗泊河苗语的音韵特点》,《民族语文》1987 年第 4 期。

李云兵、韩英:《威信 $\mathrm{mo\underaccent{\circ}{n}}^{43}\mathrm{\underaccent{\circ}{c}i}^{43}$ 话的语音及其在苗语研究中的价值》,《云南民族语文》1995 年第 2 期。

李云兵:《富宁 $\mathrm{mo\underaccent{\circ}{n}}^{54}\mathrm{\underaccent{\circ}{s}a}^{53}$ 苗语及其集团语语音研究》,《云南民族语文》1995 年第 3 期。

李云兵:《贵州省独山县新民苗语的方言归属》,戴庆厦主编《中国民族语言论丛》(2),昆明:云南民族出版社 1997 年版。

李云兵:《贵州省望谟县油迈瑶族所操语言的归属问题》,《语言研究》1997 年第 2 期。

李云兵:《花苗苗语方位结构的语义、句法及语序类型特征》,《语言科学》2004 年第 3 期。

李云兵:《论苗语动词的体貌》,戴庆厦主编《中国民族语言文学论文集》(2),北京:民族出版社 2002 年版。

李云兵:《苗瑶语非分析形态及其类型学特征》,《民族语文》2006

年第 2 期。

李云兵：《苗语川黔滇次方言的状词》，《民族语文》1995 年第 4 期。

李云兵：《苗语的形态及其语义语法范畴》，《民族语文》2003 年第 3 期。

李云兵：《苗语动词重叠式的语义及结构特征》，戴庆厦、顾阳主编《现代语言学理论与中国少数民族语言研究》，北京：民族出版社 2003 年版。

李云兵：《苗语方位结构的语序及其语义结构特征》，戴庆厦主编《中国民族语言文学研究论集》（4），北京：民族出版社 2004 年版。

李云兵：《苗语方言比较中的几个语音问题》，《贵州民族研究》2001 年第 1 期。

李云兵：《苗语历史语言学最新成果：〈苗语古音构拟〉述评》，《民族语文》1995 年第 6 期。

李云兵：《苗语重叠式的构成形式、语义和句法结构特征》，《语言科学》2006 年第 2 期。

李云兵：《黔西县铁石苗语语音研究》，《民族语文》1993 年第 6 期。

李云兵：《语言获得与语言变异：以苗语为例的词汇透视》，戴庆厦主编《双语学研究》（第 2 辑），北京：民族出版社 2004 年版。

刘锋：《〈苗语古音构拟〉补证——以甲定点为例》，《贵州民族研究》1998 年第 4 期。

刘援朝：《古苗语声类和韵类在贵州安顺大山脚苗话的反映形式》，《语言研究》1990 年第 1 期。

刘援朝：《威宁苗语古调值构拟》，《中央民族学院学报》1993 年第 3 期。

刘自齐：《苗语古汉语互通词浅说》，《吉首大学学报》1984 年第 1 期。

龙德义：《提高认识，再创辉煌》，《云南民族语文》1995 年第 3 期。

龙建华：《苗文推广普及必须处理好七个关系》，《毕节师专学报》1996 年第 3 期。

龙杰：《苗语吉卫话 qo35 的语法特点》，《贵州民族研究》1988 年第 4 期。

龙瑶云安:《展开双语教学实验,提高民族教育水平》,《云南民族语文》1995年第3期。

罗安源:《从量词看苗汉两种语言的关系》,《中央民族大学学报》2002年第5期。

罗安源:《苗语(湘西方言)的"谓—主"结构》,《语言研究》1983年第1期。

罗安源:《苗语句法成分的可移动性》,《民族语文》1987年第3期。

罗安源:《松桃苗语词的形态》,中国民族语言学会编《中国民族语言论文集》,成都:四川民族出版社1986年第1期。

罗兴贵:《贵州省普定县坪上区苗语语音系统》,《贵州民族研究》1987年第4期。

罗兴贵:《谈苗语川黔滇方言小哨口语中的量词》,《贵州民族研究》1990年第2期。

罗兴贵:《谈谈苗语新词术语的处理》,《云南民族语文》1995年第2期。

罗兴贵:《谈谈苗语中几个特殊的数词》,李显元主编《贵州民族语文研究集》,贵阳:贵州民族出版社1993年版。

罗艳飞:《浅谈苗族地区小学语文苗语辅助教学》,《民族论坛》2003年第12期。

罗有亮:《红河州苗文试行情况及几点思考》,《云南民族语文》1995年第3期。

麻树兰:《湘西苗语的多义词素 bad》,《中央民族学院学报·语言文学增刊》1986年。

马学良、邰昌厚:《贵州省东南部苗语语音初步比较》,戴庆厦主编《民族语言教学文集》,成都:四川民族出版社1988年版。

马学良:《中央民族学院黔东苗语组在凯棠乡实习近况》,马学良主编《民族语言教学文集》,成都:四川民族出版社1988年版。

蒙斯牧:《全省苗族语言文字工作会议在昆明召开》,《云南民族语文》1999年第4期。

莫启明:《苗文进学校,提高了汉语文教学质量》,《贵州民族研究》1983年第3期。

莫启明:《苗族地区双语教学调查》,《贵州民族教育调查》,北京:中央民族学院出版社1990年版。

莫启明:《浅谈苗族地区的双语教学》,中国少数民族双语教学研究会编《中国少数民族双语教学研究论集》,北京:民族出版社1990年版。

聂蒲生:《抗战时期语言学家对云南语言的调查研究》,《学术研究》2005年第9期。

潘元恩、曹翠云:《黔东苗语的并列四字格》,《少数民族语文论集》(第一集),北京:中华书局1988年版。

盘金祥、陆云春、祁德川:《滇东北苗族掀起学习苗文高潮》,《云南民族语文》1995年第3期。

屏边县民委:《屏边县九四年苗文扫盲小结和九五年工作安排》,《云南民族语文》1995年第3期。

黔东南州民委:《总结实行经验进一步做好民族语文工作》,张和平主编《贵州民族语文研究》,贵阳:贵州民族出版社1993年版。

黔南州民委:《开展民族语文工作促进民族进步繁荣》,张和平主编《贵州民族语文研究》,贵阳:贵州民族出版社1993年版。

秦国庆:《浅谈农村苗族学生的汉语口语训练》,《黔东南民族师专学报》2001年第2期。

山鹰:《黔东苗语韵母变化中的声母制约因素》,贵州省苗学会编《苗语文集》,贵阳:贵州民族出版社1993年版。

施秉县民委:《认真贯彻党的民族政策做好民族语文工作》,张和平主编《贵州民族语文研究》,贵阳:贵州民族出版社1993年版。

石德富:《汉借词与苗语固有词的语义变化》,《民族语文》2003年第5期。

石德富:《苗瑶民族的自成及其演变》,《民族语文》2004年第6期。

石德富:《排烧苗语的语音特点》,《贵州民族学院学报》2005年第6期。

石德富:《黔东苗语的语音特点与诗歌格律》,《民族文学研究》2005年第2期。

石德富:《黔东苗语动词的体范畴系统》,《中央民族大学学报》2003年第3期。

石德富:《黔东苗语动词虚化初探》,《中国民族语言论丛(3)·动词研究专辑》,《民族教育研究》1999年增刊。

石怀信:《再论苗语形态》,《贵州民族研究》1997年第3期。

石如金：《q 在苗语中的地位和作用》，《中央民族学院学报·语言文学增刊》1986 年。

石如金：《从苗语语音演变看上古汉语浊塞音送气与否》，《中央民族学院学报》1987 年第 2 期。

石如金：《谈苗语湘西话四音格中的同声谐韵》，《民族语文研究》，成都：四川民族出版社 1983 年版。

石宗仁：《谈苗语"仡"的构词功能与特点》，《贵州民族研究》1996 年第 3 期。

斯特列克：《黔东苗语中复合元音化，音节结构和"高舌位性"特征》，《民族语文》1987 年第 1 期。

松桃县民委：《松桃苗族自治县民族语文工作总结》，张和平主编《贵州民族语文研究》，贵阳：贵州民族出版社 1993 年版。

邰昌厚：《有关苗瑶语中几个音位问题》，《中央民族学院学报·语言文学增刊》（3），1986 年。

滕树立：《从苗语和英语的某些对比看跨文化的学习》，《贵阳金筑大学学报》2005 年第 1 期。

滕树立：《心理学在外语教学中的应用：苗语作为母语对英语学习的正负干扰》，《贵州民族学院学报》2005 年第 6 期。

田逢春：《苗语汉借词浅析》，《贵州双语教学论文集》，贵阳：贵州民族出版社 1989 年版。

田刚：《从外来词的分布特点看布努语的发展》，《中央民族学院学报》1989 年第 4 期。

田玉隆、丰城：《楚语和苗语词汇音义对照举隅》，《贵州民族研究》1983 年第 3 期。

王春德：《古苗语声母 * mbr 在黔东方言的演变》，《民族语文》1992 年第 1 期。

王春德：《苗语名词修饰物量词和名词补足形容词浅析》，中国民族语言学会编《中国民族语言论文集》，成都：四川民族出版社 1986 年版。

王春德：《苗语黔东方言清鼻音声类的口音化》，《民族语文》1984 年第 3 期。

王春德：《谈谈苗语构词法》，中国民族语言学会编《民族语文论集》，北京：中国社会科学出版社 1981 年版。

王辅世：《苗文中汉语借词的拼法问题》，《中国语文》1957 年第

5 期。

王辅世:《苗瑶语的系属问题初探》,《民族语文》1986 年第 1 期。

王辅世:《苗语补充调查中的新收获》,《民族语文》1989 年第 2 期。

王辅世:《苗语方言划分问题》,《民族语文》1983 年第 5 期。

王辅世:《苗语古音构拟》,东京:国立亚非语言文化研究所 1994 年版。

王辅世:《苗语古音构拟问题》,《民族语文》1988 年第 2 期。

王辅世:《苗语语音研究中理论和实践的结合》,《民族语文》1987 年第 1 期。

王辅世:《苗族文字改革问题》,中国语文杂志社编《国内少数民族语言文字的概况》,北京:中华书局 1954 年版。

王辅世:《谈谈在苗语方言声韵母比较中的几点体会》,《语言研究》1981 年第 1 期。

王辅世:《我对苗语语法上几个问题的看法》,《民族语文》杂志社编《民族语文研究文集》,西宁:青海民族出版社 1982 年版。

王辅世:《一个苗语字韵类归属的改正》,《民族语文》1991 年第 2 期。

王辅世、刘援朝:《贵州紫云界牌苗语的语音特点和方言归属》,《语言研究》1993 年第 1 期。

王辅世、王德光:《贵州威宁苗语带前加成分的双音节名词的形态变化》,《民族语文》1996 年第 1 期。

王辅世、王德光:《贵州威宁苗语的方位词》,《民族语文》1982 年第 4 期。

王辅世、王德光:《贵州威宁苗语的声调》,中国民族语言学会编《中国民族语言论文集》,成都:四川民族出版社 1986 年版。

王辅世、王德光:《贵州威宁苗语的状词》,《语言研究》1983 年第 2 期。

王辅世、王德光:《威宁苗语动词形容词的形态变化》,《中国语言学报》第 8 卷,北京:商务印书馆 1997 年版。

王辅世主编:《苗语简志》,北京:民族出版社 1985 年版。

王贵生:《从黔东南方言否定副词的混用看民族性在民族地区方言中的影响》,《黔东南民族师专学报》2001 年第 5 期。

王贵生:《黔东南西部方言普通话正音:兼谈黔东苗语的语音影

响》,《黔东南民族师专学报》1994年第3期。

王华祥、田彬:《湘西苗语的现状及其发展趋势》,《民族论坛》1996年第3期。

王家和:《黔东苗语与英语的异同对比分析》,《黔东南民族师专学报》1999年第5期。

王家和:《英语与苗语中修辞与联想之比较》,《黔东南民族师专学报》2000年第4期。

王盛英:《提高思想认识,做好苗文推行工作》,《云南民族语文》1995年第3期。

王秀盈:《试析黔东苗语词的结构》,《贵州民族研究》1984年第3期。

王应学:《多一双眼睛多一分为人民服务的本领》,《云南民族语文》1995年第3期。

王远新:《苗瑶语族语言词汇研究综述》,《云南民族语文》1992年第3期。

威宁县民委:《威宁自治县民族语文推行情况》,张和平主编《贵州民族语文研究》,贵阳:贵州民族出版社1993年版。

乌拉熙春:《敢于突破,勇于创新的一部新著:评〈现代湘西苗语语法〉》,《中央民族学院学报》1991年第3期。

吴安其:《苗瑶语核心词的词源关系》,《民族语文》2002年第4期。

吴河森:《从苗语语音的初步比较看都匀坝固〈苗文课本〉的规范问题》,张和平主编《民族语文论集》,贵阳:贵州民族出版社1998年版。

吴平:《苗语的情状量词初探》,《贵州民族研究》1983年第3期。

吴学达、唐芸:《从语音对比分析看毕节地区汉、彝、苗语诸方言对英语语音学习的影响》,《毕节师范高等专科学校学报》1999年第1期。

吴雪梅:《民族认同的象征:湖北苗族的语言使用特点》,《湖北民族学院学报》1999年第1期。

吴雪梅:《移民族群文化的固守与传承:以小茅坡营村保存苗语为例》,《中南民族大学学报》2005年第2期。

吴一文:《黔东南苗语地名与苗族历史文化研究》,《贵州民族学院学报》1995年第3期。

吴正彪：《苗汉翻译问题琐谈》，《云南民族语文》1995年第3期。

吴正彪：《苗语词义的理解及其含义问题浅探》，《黔东南民族师专学报》1994年第2期。

夏永良：《凯里市推行苗汉"双语文"教学及农村扫盲工作的考察报告》，张和平主编《贵州民族语文研究》，贵阳：贵州民族出版社1993年版。

夏永良：《榕江高同苗语语音初探》，《贵州民族研究》1984年第3期。

鲜松奎：《贵州境内苗语方言土语再认识》，《语言研究》1996年第2期。

鲜松奎：《贵州紫云水井坪苗语和望谟新寨的连读变调》，《民族语文》1990年第3期。

鲜松奎：《苗语西部方言次方言及土语的划分》（二），《云南民族语文》1997年第2期。

鲜松奎：《苗语西部方言次方言及土语的划分》（三），《云南民族语文》1997年第3期。

鲜松奎：《苗语西部方言次方言及土语的划分》（四），《云南民族语文》1997年第4期。

鲜松奎：《苗语西部方言次方言及土语的划分》（一），《云南民族语文》1997年第1期。

向日征：《苗语湘西方言的词头 tɕi^{44}》，《民族语文》1980年第3期。

向日征：《湘西苗语的四字并列结构》，《民族语文》1983年第3期。

向日征：《湘西苗语助词的语法特点》，《民族语文》1987年第2期。

项朝宗：《提高认识，加强领导，认真做好苗族的语言文字工作：在全省苗族语言文字工作会议上的讲话》，《云南民族语文》1999年第4期。

邢公畹：《汉苗语语义学比较法试探研究》《民族语文》1995年第6期。

邢公畹：《论汉台苗语调类的分化和再分化》，《语言研究》2003年第1期。

熊玉有：《跨国苗语比较研究》，戴庆厦主编《跨境语言研究》，北京：中央民族学院出版社 1993 年版。

熊玉有：《美法泰三国苗语现状考察》，《云南民族学院学报》1996 年第 2 期。

熊玉有：《谈谈苗语词汇的处理问题》，《云南民族语文》1990 年第 2 期。

许士仁：《从〈南风〉的几首译诗谈起：兼谈苗汉诗歌的互译问题》，《云南民族语文》2000 年第 1 期。

严素骆：《苗语状词词组使用情况初探》，贵州省苗学会编《苗语文集》，贵阳：贵州民族出版社 1993 年版。

严素铭：《黔东苗语助词述略》，《贵州民族学院学报》1991 年第 4 期。

燕宝：《黔东苗语中新出现的音变现象》，《民族语文》1994 年第 1 期。

杨昌盛：《贵州三都苗语语音系统及其与苗语中部方言标准音的对应规律》，《西南民族学院学报》（哲学社会科学版）1999 年第 5 期。

杨凤华：《谈谈云南苗族读物的出版问题》，《云南民族语文》1995 年第 3 期。

杨光汉：《挑起历史重任，搞好苗族文化工作》，《云南民族语文》1995 年第 3 期。

杨勤盛：《苗语川黔滇方言的指示词 puat》，张和平主编《贵州民族语文研究集》，贵阳：贵州民族出版社 1993 年版。

杨勤盛：《试析川黔滇苗语四音格的结构及其变调规律》，《贵州民族研究》1990 年第 4 期。

杨通华：《我对苗文工作的回顾与体会》，张和平主编《贵州民族语文研究》，贵阳：贵州民族出版社 1993 年版。

杨献才：《普及苗文是提高苗族文化素质的重要步骤》，《云南民族语文》1995 年第 3 期。

杨再彪、龙兴武：《湘西苗语研究五十年（1949—1999）》，《湖北民族学院学报》2001 年第 2 期。

杨再彪、龙银佑：《根据不同的声调对应类型划分苗语借词的历史层次》，戴庆厦主编《双语学研究》第 2 辑，北京：民族出版社 2004 年版。

杨再彪、罗红源：《关于湘西苗语方言的土语划分问题》，《怀化师专学报》1999 年第 6 期。

杨再彪：《关于〈苗语句法成分的可移动性〉及其补正》，《民族语文》1993 年第 3 期。

杨再彪：《湖南龙山苗族的苗汉中介语》，戴庆厦主编《中国民族语言文学研究论集》（4），北京：民族出版社 2004 年版。

杨再彪：《现代湘西苗语方言声调演变的几个规律》，《贵州民族研究》1999 年第 4 期。

杨再彪：《湘西苗语东部次方言与西部次方言相异词质疑》，《吉首大学学报》1999 年第 2 期。

杨再彪：《湘西苗语声母颚化、卷舌、清化成分的来源及演变》，《吉首大学学报》1998 年第 3 期。

杨再彪：《语言接触与语音的不稳定性：蹬上苗语音位变体个案分析》，《中央民族大学学报》2004 年第 1 期。

杨再彪、毕晓玲、吴雪梅等：《小茅坡营苗语音系与董马库、吉卫苗语的比较》，《湖北民族学院学报》2004 年第 1 期。

杨照飞：《"半"在苗语中的读法和用法》，《云南民族语文》1993 年第 4 期。

杨照飞：《偏见与现实》，《云南民族语文》1995 年第 3 期。

易先培：《论湘西苗语名词的类别范畴》，《中国语文》1961 年第 3 期。

应琳：《苗语中的汉语借词》，《中国语文》1962 年第 5 期。

余金枝：《矮寨苗语形容词修饰名词语序的类型学特征》，《中央民族大学学报》2004 年第 1 期。

余金枝：《吉首矮寨苗语并列复合名词的结构和声调特征》，《民族语文》2004 年第 1 期。

余金枝：《语言影响与语法的地域共性：吉首矮寨苗汉语 VAVB 是分析》，戴庆厦主编《双语学研究》（第 2 辑），北京：民族出版社 2004 年版。

张宝三：《民族语文工作要更好地为建设有中国特色社会主义事业服务：在全省苗族语言文字工作会议上的讲话》，《云南民族语文》1999 年第 4 期。

张济民：《从语音特点和词义生成看仡佬语与苗语的关系》，《贵州民族研究》1984 年第 3 期。

张济民：《苗语川黔滇方言的指示词》，《贵州民族研究》1987 年第 4 期。

张济民：《苗语方位词的归类问题》，《贵州民族研究》1998 年第 1 期。

张济民：《泸溪县达勒寨苗语中的异源词》，马学连主编《民族语文论文集》，北京：中央民族学院出版社 1993 年版。

张金文：《双语双文双丰收》，《民族论坛》2000 年第 1 期。

张树荣、熊玉有：《贯彻民族语文政策，做好苗文推行工作》，《云南民族语文》1995 年第 3 期。

张永祥、曹翠云：《黔东苗语 ɬiəu⁴ 的类属》，《贵州民族研究》1999 年第 2 期。

张永祥、曹翠云：《黔东苗语的量名结构》，《中央民族大学学报》1996 年第 2 期。

张永祥、曹翠云：《黔东苗语的谓$_2$_体结构》，《语言研究》1984 年第 2 期。

张永祥：《黔东苗语的谓词》，《贵州民族研究》1984 年第 3 期。

张元奇：《苗语偏正式合成词中心位置的新特点》，《云南民族语文》1997 年第 2 期。

赵丽明：《湘西苗语中的隐婉语》，《民族语文》1990 年第 5 期。

赵杨：《小茅坡营村苗语现状与变迁透析》，《湖北民族学院学报》2005 年第 2 期。

周纯禄：《立足实际，语是距今，不断改进湘西苗区双语教学》，戴庆厦主编《双语学研究》（第 2 辑），北京：民族出版社 2004 年版。

朱兰：《苗族要发展离不开苗文》，《云南民族语文》1995 年第 3 期。

朱文光：《推行滇东北次方言苗文之我见》，《云南民族语文》1995 年第 3 期。

Barney, G. 1950. Llinwood, Hmong Njua Material, Xieng Khouang, Laos.

Bertrais Charrier, Yves. 1964. Dictionnaire Hmong (Mèo Blanc) – Français, Vietiane, Laos: Mission Catholique.

Cassandre Creswell, Kieran Snyder. 2000. Passive and Passive – like Constructions in Hmong. Proceedings of the 19th West Coast Conference on Formal Linguistics, ed, Billerey and Lillehaugen, pp. 71 – 82. Somerville, MA: Cascadilla Press.

Chris Golston & Phong Yang. 2001. White Hmong Loanword Phonology, Holland Institute for Generative Linguistics Phonology Concerence 5, Potsdam,

Germany.

David B. ,Solnil. 1987. Review of Grammar of Mong Njua(Green Miao) : A Descriptive Linguistic Study, Journal of the American Oriental Society, Vol. 107, No. 4, (Oct, - Dec,1987) , pp. 844 - 845.

Eatay, W. 1943. Alphabet et écriture Lao, Vientiane, Imprimerie du Gouvernement.

Elizabeth M. 1995. Riddle, Review of Meaningful Tone: A Study of Tonal Morphology in Compounds, Form Classes, and Expressive Phrases in White Hmong, Language, Vol. 71, No. 1, (Mar, ,1995) , p. 209.

Ernest E. 1969. Heimbach, White Meo - Engiish Dictionary, NY: Department of Asian Studies, Cornell University, Southeast Asian Program data Paper No. 75.

Esquirol, Joseph. 1931. Dictionnaire' KaNao - Français et Français - KaNao, Hongkong.

Fuller, Judith Wheaton. 1987. Topic markers in Hmong, Linguistic of the Tibeto - Burman Area, Vol. 10, No. 2.

G, Linwood Barney. 1973. *Review of White Meo - English Dictionary*, American Anthropologist, New Series, Vol. 75, No. 4, pp. 1096 - 1097.

Gordon B. ,Downer. 1967. Tone - change and Tone - shift in White Miao, Bullitin of the School of Oriental and African Studies 30:589 - 99.

Gordon B. ,Downer. 1971. Tone - change and Tone - Shift in White Miao, Bulletin of the School of Oriental and African Studies, University of London, Vol. 30, No. 3, pp. 589,599.

Graham, David Crockett. 1938. Vocabulsry of the Ch'uan Miao, Journal of the West China Border Research Society, Vol. 10,55 - 143.

Jaisser, Annie. 1984. The complementizer(hais) tias' that' in Hmong, Linguistic of the Tibeto - Burman Area, Vol. 8, No. 1.

Jaisser, Annie. 1987. Hmong classifiers: a problem set, Linguistic of the Tibeto - Burman Area, Vol. 10, No. 2.

Jaisser, Annie. 1990. DeLIVERing an introduction to psychocollocations with SIAB in Hmong, Linguistic of the Tibeto - Burman Area, Vol. 13, No. 1.

Jarkey, Nerida. 1987. An investigation of two alveolar stop consonants in White Hmong, Linguistic of the Tibeto - Burman Area, Vol. 10, No. 2.

Johns, Brenda and David Strecker. 1987. Lexical and Phonological

Sources of Hmong Elaborate Expressions, Linguistic of the Tibeto - Burman Area, Vol. 10, No. 2.

Kun Chang, The Phonemic System of the Yi Miao Dialect:《"中央研究院"历史语言研究所集刊》第 29 本, 1957 年。

Kun Chang, Review of E. E. . 1971. , Heimbach's A white Meo - English Dictionary, Journal of Asian Studies Vol. 30, 503 - 4.

Kun Chang. 1977. Review of Thomas Amis Lyman's Dictionary of Mong Njua: A Miao(Meo) Language of Southeast Asia, Journal of the American Oriental Society, Vol. 97, No. 3. 347. 1977.

Kwan, J. , C. . 1896. A Phonology of a Black Miao Dialect, University of Washington, Logan, R. J. . Dialects of the Mau - tze and Chong - tze: Their Affinity to that of Siamese, Notes and Queries, Ch, J, pp. 61 - 62, 1966.

Lyman, T. . 1970. English - Meo Pocket Dictionary, Bangkok, Thailand: The German Cultural Institute.

Lyman, T. A. 1969. Green Miao (Meo) Proverbs, Asia Aakhanee: Southeast Asian Survey 192:30 - 32.

Lyman, Thomas Amis. 1987. The word nzǐ in Green Hmong, Linguistic of the Tibeto - Burman Area, Vol. 10, No. 2.

Martha Ratliff. 1991. Cov, the Underspecified Noun, and Syntactic Flexibility in Hmong, Journal of the American Oriental Society, Vol. 111, No. 4, (Oct, - Dec 1991) pp. 694 - 703.

Martha Ratliff. 1992. Meaningful Tone: A Study of Tonal Morphology in Compounds, form Classes, and Expressive Phrases in White Hmong, Monograph Series on Southeast Asia, Special report No. 27, DeKalb: Center for Southeast Asian Studies, Northern Illinois University.

Oshima, Shoji. 1971. Preliminary Study on a Black Miao Dialect: Phonology, The annual Report on Cultural Science 28:27 - 48.

Ratliff, Martha. 1986. An Analysis of Some Tonally Differentiated Doublets in White Hmong (Miao), Linguistic of the Tibeto - Burman Area, Vol. 9, No. 2.

Ratliff, Martha. 1987. Tone Sandhi Compounding in White Hmong, Linguistic of the Tibeto - Burman Area, Vol. 10, No. 2.

Riddle, Elizabeth M. 1993. The Relative Marker uas in Hmong, Linguistic of the Tibeto - Burman Area, Vol. 16, No. 2.

Riddle, Elizabeth M. 1989. Serial verbs and Propositions in White Hmong, Linguistic of the Tibeto – Burman Area, Vol. 12, No. 2.

Savina, F. M. 1916. Dictionnaire Miao – Tseu – Français; Vocabulaire français – Miao – Tseu, Bulletin de l'École Française d'Extrême Orient 16,2:1 – 246.

Scott DeLancey. 1989. Review of A Grammar of Mong Njua(Green Miao): A Descriptive Linguistic Study, Language, Vol. 65, No. 3, (Sep, 1989), pp. 669 – 669.

Thomas Amis Lyman. 1974. Dictionary of Mong Njua: A Miao(Meo) Language of Southeast Asia, Janua Linguarum Studia Memoriae Nicolai van Wijk Dedicate, Series Practica 123, The Hague and Paris: Mouton.

Thomas Amis Lyman. 1971. Green Meo Pocket Dictionary, Bangkok German Cultural Institute.

Thomas Amis Lyman. 1974. Dictionary of Mong Njua: A Miao(meo) Language of Southeast Asia, Janu Linguarum Srudia Memoriae van wijk Dedicata, Series Practica 123, The Hague and Paris.

Thomas Amis Lyman. 1979. *Grammar of Mong Njua(Green Miao) : a descriptive linguistic study*, Belgium.

Thomas Amis Lyman. 1979. A Grammar of Mong Njua(Green Miao): a descriptive linguistic study, Sattley, CA: Blue Oak Press.

Walter Bisang. 1993. Classifiers, Quantifiers and Class Nouns in Hmong, Studies of Language, Vol. 17, No. 1.

Worthington, H. R. 1969. A Sampling of Loan Words in Green Miao, Asia Aakhanee: Southeast Asian Survey, 1(2):15 – 17.

（李云兵）

瑶语（勉语）言文字研究论著索引

陈其光：《五岭方言和女书》，《民族语文》2004年第5期。

陈其光：《瑶语浊声母的演变》，《语言研究》1985年第2期。

黄行：《龙胜勉语的语音变异》，《民族语文》1990年第1期。

黄权贵：《广南那烘村瑶族门话的语音系统》，郭大烈、黄贵权、李清毅编《瑶族文化研究》，昆明：云南人民出版社1996年版。

黄权贵：《瑶族的书面语及其文字初探》，郭大烈、黄贵权、李清毅编《瑶族文化研究》，昆明：云南人民出版社 1996 年版。

黄锡凌：《油岭瑶语的音韵》，《岭南学报》第 18 卷，1939 年。

胡起望：《盘瓠语的"巧话"》，《中国语文》1957 年。

胡性初：《对乳源瑶族自治县部分中小学师生使用双语双方言教学的调查研究》，《广东教育学院学报》1996 年第 1 期。

李敬忠：《八排瑶语的数词》，《贵州民族研究》1987 年第 1 期。

李星辉：《湘南土话与相南瑶族语言的关系问题初探》，戴庆厦主编《双语学研究》（第 2 辑），北京：民族出版社 2004 年版。

李炳泽：《瑶语复合词前音节的前缀化倾向》，《语言研究》1999 年第 1 期。

李增贵：《〈瑶文方案〉（草案）中几个问题的探讨》，《民族研究集刊》1985 年第 1 期。

李增贵：《中外瑶语音系比较》，《广西民族学院学报》1983 年第 3 期。

李增贵：《中外瑶语的前加成分》，《广西民族学院学报》1985 年第 1 期。

李增贵：《瑶语数词综述》，广西民族学院科研处编《广西民族学院建院三十周年论文集》，北京：民族出版社 1982 年版。

李增贵：《试探瑶文的词儿连写问题》，广西瑶学会编《瑶族研究论文集》，南宁：广西民族出版社 1987 年版。

李增贵：《试说瑶语的"勉"》，《民族语文》1981 年第 1 期。

李增贵：《试论瑶文的词儿连写问题》，广西瑶学会编《瑶族研究论文集》，南宁：广西民族出版社 1987 年版。

龙明耀：《那溪瑶语与侗语的关系》，《贵州民族研究》1984 年第 3 期。

周祖瑶：《瑶族勉语的复辅音 [pl、kl]》，《广西民族研究》1986 年第 1 期。

蒋军凤：《榴星勉话的语音系统及归属》，《株洲师范高等专科学校学报》2004 年第 6 期。

卓小清：《瑶语的"$ta:i^2$（来）"和"$miŋ^2$（去）"》，《中国民族语言论丛（3）·动词研究专辑》，《民族教育研究》1999 年增刊。

竹村卓二：《瑶语中汉字古音的遗留和声母的对应》，广西瑶学会编《瑶族研究论文集》，南宁：广西民族出版社 1992 年版。

中国科学院少数民族语言研究所：《汉语在瑶族语言发展中的作用》，《中国语文》1961年第10—11期。

提拉潘：《瑶（勉）语对于色彩的称呼》，广西瑶学会编《瑶族研究》（第3辑），南宁：广西民族出版社1993年版。

提拉潘：《语言接触与声调变化：泰语与勉瑶语的个案研究》，《云南民族语文》1997年第3期。

田口善久：《勉语边音的来源及演变》，广西瑶学会编《瑶学研究》，南宁：广西民族出版社1997年版。

唐永亮：《瑶族勉语六冲标漫话语音特点和声调实验研究》，《民族语文》1994年第5期。

方炳翰：《云南金平红头瑶语几组声母的历史演变初探》，《民族语文》1992年第2期。

房亚水：《浅谈八排瑶语变调问题》，《广西民族学院学报》1988年第1期。

毛宗武：《瑶族标敏话词语重叠的语法功能和语法意义》，《民族语文》1989年第6期。

毛宗武、周祖瑶：《瑶族语言概况》，《中国语文》1962年第3期。

毛宗武、蒙朝吉、郑宗泽：《瑶族语言简志》，北京：民族出版社1982年版。

毛振林：《平地瑶话"见、溪、群"三母的分化》《中央民族学院学报》1988年第6期。

蒙朝吉：《五十年代的瑶语大普查》，《广西民族研究》1999年第1期。

余伟文、巢宗祺：《油岭瑶话概述》，《中山大学学报》1984年第3期。

舒肖：《也谈瑶语的"勉"》，《民族语文》1982年第1期。

舒化龙、肖淑琴：《略谈瑶族的语言称谓》，广西瑶学会编《瑶族研究》（第3辑），南宁：广西民族出版社1993年版。

舒化龙、肖淑琴：《瑶语数词初探》，《广西民族学院学报》1984年第2期。

舒化龙、肖淑琴：《盘瑶语构词法》，广西瑶学会编《瑶族研究论文集》，南宁：广西民族出版社1987年版。

舒化龙、肖淑琴：《论瑶文的创新与推行》，广西瑶学会编《瑶族研究论文集》，南宁：广西民族出版社1992年版。

舒化龙、肖淑琴：《论瑶语语音的发展》，广西瑶学会编《瑶族研究》（第2辑），南宁：广西民族出版社1993年版。

珀内尔：《泰国瑶语音系：〈瑶英词典〉导言》，李增贵译，《民族研究集刊》1985年第2期。

珀内尔：《瑶语的数字》，李增贵译，《广西民族学院学报》1982年第4期。

珀纳尔：《"优勉"瑶民间歌谣的韵律结构》，广西瑶学会编《瑶族研究论文集》，南宁：广西民族出版社1987年版。

盖兴之、盘金祥：《瑶汉双语教学研究》，云南省语委编《云南少数民族双语教学研究》，昆明：云南民族出版社1995年版。

卢诒常：《海南岛苗族的语言及其系属》，《民族语文》1987年第3期。

卢诒常：《瑶族标敏方言构词变调与构形变调》，《民族语文》1985年第6期。

张济民、徐志森、李珏伟：《贵州瑶族的语言》，《贵州民族研究》1983年第3期。

张琨：《瑶语入声字》，《民族语文》1992年第3期。

盘金祥：《云南瑶族勉话发展变化的特点》，郭大烈、黄贵权、李清毅编《瑶族文化研究》，昆明：云南人民出版社1996年版。

盘金祥：《云南瑶族语言和称谓的几个问题》，《今日民族》1994年第8期。

盘金祥：《云南瑶语门话与勉话之异同》，《云南民族语文》1997年第1期。

盘金祥：《泰国瑶族语言文字简介》，《云南民族语文》1994年第3期。

盘承乾：《国外瑶族使用瑶语的情况》，戴庆厦主编《跨境语言研究》，北京：中央民族学院出版社1993年版。

盘承乾：《瑶语语音初步比较》，广西瑶学会编《瑶族研究论文集》，南宁：广西民族出版社1992年版。

盘承乾：《论瑶语方言》，乔健、谢剑、胡起望编《瑶族研究论文集》，北京：民族出版社1987年版。

盘承乾、邓方贵：《瑶语构词中的几个特点》，《广西民族学院学报》1985年第1期。

盘美花：《也谈瑶语复辅音声母的演变》，广西瑶学会编《瑶族研究》（第 2 辑），南宁：广西民族出版社 1993 年版。

罗季光：《广西瑶语》，《中国语文》1953 年第 3 期。

罗昕如：《湘南土话中的底层语言现象》，《民族语文》2004 年第 1 期。

徐新建：《语言的裂变与文化的整合：瑶族多语文现象的时代特征》，《贵州民字研究》1994 年第 3 期。

徐祖祥：《汉词与古瑶文》，《华夏文化》2003 年第 3 期。

赵建伟：《中国瑶语研究述评》，广西瑶学会编《瑶族研究论文集》，南宁：广西民族出版社 1987 年版。

赵春金：《瑶族勉语复辅音的演变》，中国民族语言学会编《民族语文研究新探》，成都：四川民族出版社 1992 年版。

赵春金：《瑶语与汉语的底层关系》，广西瑶学会编《瑶族研究》（第 3 辑），南宁：广西民族出版社 1993 年版。

赵春金：《论瑶文对繁荣瑶族文化的作用》，广西瑶学会编《瑶族研究论文集》，南宁：广西民族出版社 1987 年版。

赵敏兰：《柘山勉话概况》，《民族语文》2004 年第 1 期。

赵有理：《瑶族使用汉字及改造、创制的文字》，广西瑶学会编《瑶族研究》（第 3 辑），南宁：广西民族出版社 1993 年版。

邓方贵：《瑶语标敏方言动词的特点》，戴庆厦主编《中国民族语言论丛》（3）·动词研究专辑》，《民族教育研究》1999 年增刊。

邓方贵：《瑶语标敏话的形名词和形动词》，广西瑶学会编《瑶族研究论文集》，南宁：广西民族出版社 1987 年版。

邓方贵：《现代瑶语浊声母的来源》，马学良主编《民族语文研究》，成都：四川民族出版社 1983 年版。

邓方贵、盘承乾：《从瑶语论证上古汉语复辅音问题》，戴庆厦主编《汉语与少数民族语言关系研究》，北京：中央民族学院出版社 1990 年版。

郑宗泽：《蒲姑国的族属》，《民族研究》2004 年第 6 期。

郑宗泽：《大坪江勉话边音和边擦音来源》，《民族语文》1990 年第 5 期。

郑宗泽：《勉语的全浊声母与阴调》，广西瑶学会编《瑶族研究论文集》，南宁：广西民族出版社 1987 年版。

Caron, Bruce R. 1987. A Comparative Look at Yao Numerical Classifiers, Linguistic of the Tibeto – Burman Area, Vol. 10, No. 2.

Court, Christopher. 1987. Some Classes of Classifier in Iu Mien (Yao), Linguistic of the Tibeto – Burman Area, Vol. 10, No. 2.

David B. . 1985. Solnit Introduction to the Biao Min Yao Language, Cahiers de Linguistique Asie Orientale 14, 2:175 – 191.

G. , B. , Downer. 1961. *Phonology of the word in Highland Yao*, Bulletin of the School of Oriental and African Studies, University of London, Vol. 24, No. 3, pp. 531 – 541.

G. , B. , Downer. 1973. Strata of Chinese Loan Words in the Mien Dialect of Yao, Asian Major, Vol. 18, part 1:1 – 33.

Herbert C. , Purnell, Jr. 1965. Phonology of A Yao Dialect, Hartford Studies in Linguistics, No. 15.

Kun Chang. 1966. A comparative Study of the Yao Tone System, Language, Vol. 42:303 – 310.

Kun Chang. 1969. Review of S, Lombard's A Yao – English Dictionary, Journal of Asian Studies Vol. 28, 441 – 443.

Lemoine and Chiao Chien (ed.) , The Yao of South China: Recent International Studies:39 – 45, Paris: Pangu.

Mary R. , Haas. 1969. Review of Yao – English Dictionary, American Anthropologist, New Series, Vol. 71, No. 2, (Apr. , 1969) pp. 367 – 368.

Naichan, Rangsiyananda and Luang Bamrung Nauvakarana. 1925. The Yao of Siam, Journal of Siam Society, 19:113 – 128.

Pan Chengqian, Yao Dialectology, Jacques Lemoine and Chiao Chien (ed.). 1991. The Yao of South China: Recent International Studies:47 – 70, Paris: pangu.

Purnell, Herbert C. 1987. Developing Practical Orthographies for the Iu Mien (Yao), 1932 – 1986: A Case Study, Linguistic of the Tibeto – Burman Area, Vol. 10, No. 2.

Savina, F. M. 1926. Dictionnaire Français – man, Bulletin de l'École Française d'Extrême Orient 26:11 – 255.

Solnit, David B. 1987. A Note on the Phonemic Status of [ə] in Biao Min Yao, Linguistic of the Tibeto – Burman Area, Vol. 10, No. 2.

Solnit, David B. 1996. Some evidence from Biao Min on the Initials of Proto – Mienic (Yao) and Proto – Hmong – Mien (Miao – Yao), Luistic of the Tibeto – Burman Area, Vol. 19, No. 2

Sylvia J. , Lombard, Herbert C. , Purnell, Jr. 1968. Yao – English Dictionary, Linguistics Series, 2; Southeast Asia Program Data Paper 69, Ithaca: Department of Asian Studies, Cornell University.

Theraphan L. 1993. Thongkum A view on Proto – mjuenic(Yao), Mon – Khmer Studies, Vol. 22:163 – 230.

（李云兵）

布努语研究论著索引

李玉伟：《贵州瑶麓瑶语音位系统》，《贵州民族研究》1983 年第 3 期。

蒙朝吉：《从语言来探讨桂西瑶族的历史迁徙路线》，韦标亮主编《布努瑶历史文化研究文集》，贵阳：贵州民族出版社 2003 年版。

蒙朝吉：《苗族瑶族畲族的"人"字试析》，《民族语文》1987 年第 6 期。

蒙朝吉：《瑶族布努话连读变调问题初探》，《语言研究》1985 年第 1 期。

蒙朝吉：《瑶族布努语 1' 至 4' 调的形成和发展》，《民族语文》1983 年第 2 期。

蒙朝吉：《瑶族布努语方言研究》，北京：民族出版社 2001 年版。

蒙朝吉：《瑶语"努"字解》，《广西民族研究》1997 年第 2 期。

盘金祥、黄贵权：《云南瑶族"布努 [pu55/a11]"语研究》，《云南民族语文》1991 年第 2 期。

周祖瑶：《瑶族布努话的量词》，《贵州民族研究》1984 年第 3 期。

（李云兵）

巴哼语、炯奈语、优诺语、坝那语研究论著索引

陈其光：《巴哼语》，《民族语文》1996 年第 2 期。

陈其光：《巴那语概况》，《民族语文》2001 年第 2 期。

陈其光：《炯奈话在苗瑶语族中的特殊地位》，《中央民族学院学报·语言文学增刊》（3），1986 年。

李云兵：《炯奈语的方言划分问题》，《民族语文》1998年第1期。

李云兵：《论苗语名词前缀的功能》，《民族语文》2002年第3期。

毛宗武、李云兵：《巴哼语研究》，上海：上海远东出版社1997年版。

毛宗武、李云兵：《炯奈语研究》，北京：中央民族大学出版社2002年版。

毛宗武、李云兵：《优诺语研究》，北京：民族出版社2007年版。

王均：《广西龙胜红瑶的优念话》，傅懋勣、陆定一等主编《罗常培纪念文集》，北京：商务印书馆1984年版。

Barbarra Niederer. 1997. Notes Comparatives Sur Le Pa－hng, Cahiers de Linguistique Asie Orientale, 26, 1: 71－130.

Bonifacy, A. L. 1905. Étude sur les langues parlée par les populations de la haute rivèire claire, Bulletin de l'École Française d'Extrême Orient, 5: 306－327.

Mortensen, David. 2003. Review of Baheng－yu Yanjiu〔Research on the Pahng language〕by Mao Zongwu and Li Yunbing, Linguistic of the Tibeto－Burman Area, Vol. 26, No. 1.

Ratliff, Martha. 2003. Review of Jiǒngnàiyǔ Yánjiū〔A study of Jiongnai〕by Mao Zongwu and Li Yunbing, Linguistic of the Tibeto－Burman Area, Vol. 26, No. 1.

（李云兵）

畲语研究论著索引

陈其光：《畲语和客家话》，北京语言学会编《语言论文集》，北京：商务印书馆1985年版。

陈其光：《畲语在苗瑶语族中的地位》，《语言研究》1984年第1期。

谌华玉：《畲族语言研究的现状及其发展趋势》，《汕头大学学报》2004年第4期。

甘春妍：《博罗畲语的前缀变调》，《民族语文》2005年第6期。

李云兵：《现代畲语有鼻冠音声母》，《民族语文》1997年第1期。

练春招：《客家方言与南方少数民族语言共同词语考略》，《嘉应大学学报》2001年第2期。

毛宗武、蒙朝吉:《博罗畲语概述》,《民族语文》1982 年第 1 期。

毛宗武、蒙朝吉:《试论畲语的系属问题》,《中国语言学报》1984 年第 2 期。

毛宗武、蒙朝吉:《博罗畲语概况》,《中国语文》。

毛宗武、蒙朝吉:《畲语简志》,北京:民族出版社 1985 年版。

蒙朝吉:《畲语属苗语支补证》,《民族语文》1993 年第 2 期。

中西裕树:《畲语海丰方言基本词汇集》,日本京都大学人文科学研究所《言语史集刊》第一册,2003 年。

中西裕树:《畲语中的汉字音层次初探》,《东方学报》2005 年第 77 册,日本京都。

Martha Ratliff. 1998. Ho Ne(She) is Hmongic: One Final Argument, Linguistics of the Tibeto-Burman Area, Vol. 21, 2: 97-109.

仡央语群语言研究论著索引

陈其光：《普标语概况》，《中央民族学院学报》1984年第4期。
陈其光：《中国语文概要》，北京：中央民族学院出版社1991年版。
贺嘉善：《仡佬语的系属》，《民族语文》1982年第5期。
贺嘉善：《仡佬语概况》，《民族语文》1980年第4期。
贺嘉善：《仡佬语简志》，北京：民族出版社1985年版。
贺嘉善《仡佬语动词谓语句的否定形式》，《民族语文》编辑部编《民族语文研究文集》，西宁：青海民族出版社1982年版。
李锦芳：《巴哈布央语概况》，《民族语文》2003年第4期。
李锦芳：《布央语辅音韵尾演变初探》，戴庆厦主编《中国民族语言论丛》（2），昆明：云南民族出版社1997年版。
李锦芳：《布央语概况》，《中央民族大学学报》1996年第1期。
李锦芳：《布央语前缀》，《语言研究》1998年第2期。
李锦芳：《从复辅音声母的对应看仡佬语和侗台诸语言的发生学关系》，《民族语文》1997年第3期。
李锦芳：《从语言学角度探讨仡央语族群的历史来源》，《云南民族大学学报》2000年第2期。
李锦芳：《峨村布央语语音系统及其特点》，《云南民族语文》1999年第1期。
李锦芳：《富宁布央语调查研究》，《中央民族大学学报》2002年第1期。
李锦芳：《中越红仡佬语比较》，《民族语文》2007年第3期。
李锦芳、艾杰瑞：《越南恩语与布央语的初步比较》，《语言研究》2006年第2期。
李锦芳、徐晓丽：《比贡仡佬语概况》，《民族语文》2004年第3期。
李锦芳、周国炎：《仡央语言探索》，北京：中央民族大学出版社

1999 年版。

李云兵：《拉基语研究》，北京：中央民族大学出版社 2000 年版。

梁敏：《拉基语》，《云南民族语文》1989 年第 4 期。

梁敏：《仡央语群的系属问题》，《民族语文》1990 年第 6 期。

梁敏、张均如：《侗台语族概论》，北京：中国社会科学出版社 1996 年版。

林少棉：《拉基语的系属问题》，《语言研究》1991 年第 2 期。

龙耀宏：《侗语和仡佬语的语音比较研究——兼谈侗族同仡佬族的历史关系》，《贵州民族研究》1992 年第 4 期。

倪大白：《侗台语概论》，北京：中央民族学院出版社 1990 年版。

王怀榕、李霞：《三冲仡佬语概况》，《民族语文》2007 年第 2 期。

小坂隆一、周国炎、李锦芳编：《仡央语言词汇集》，贵阳：贵州民族出版社 1998 年版。

张济民：《贵州六枝仡佬语的发语词》，《民族语文》1986 年第 3 期。

张济民：《贵州普定仡佬语的否定副词》，《民族语文》1982 年第 3 期。

张济民：《贵州遵义地区仡佬语概述》，《贵州民族研究》1993 第 3 期。

张济民：《仡佬语研究》，贵州：贵州民族出版社 1993 年版。

张济民：《仡佬语在民族学研究中的重要地位》，《贵州民族研究》1986 年第 2 期。

张济民：《遵义县仡佬语的否定副词和发语词》，《贵州民族研究》1994 年第 1 期。

张济民：《从语音特点和词义生成看仡佬语与苗语的关系》，《贵州民族研究》1984 年第 3 期。

张济民：《古僚人语词今论》，《民族语文》1990 年第 2 期。

张济民：《贵州木佬语与仡佬语的关系》，《贵州民族研究》1990 年第 1 期。

张济民：《拉基语与仡佬语的关系》，《民族语文》1992 年第 3 期。

张均如：《普标语》，《云南民族语文》1990 年第 1 期。

周国炎：《近现代散居地区仡佬族的双语现象研究》，《贵州民族研究》2003 年第 1 期。

周国炎：《仡佬族母语的发展趋势以及应对仡佬族母语危机的基本

措施》,《贵州民族研究》2005年第1期。

周国炎:《仡央语群语言中的借词》,《民族语文》1999年第1期。

周国炎:《贞丰坡帽村仡佬族双语类型转换个案研究》,《中央民族大学学报》2005年第1期。

Bonifacy, A. L. M. 1908. Étude sur les coutumes et des la langue des Lolos et des la – qua du haut Tonkin, Bulletin de l'École Française d'Extrême Orient, 8:531 – 588.

Jerold A. , Edmondson. 2003. Review of Lajiyu Yanjiu by Li Yunbing, Linguistic of the Tibeto – Burman Area, Vol. 26, No. 1.

Li Jinfang, Zhou Guoyan. 1998. Diachronic Evolution of Initial Consonants in Buyang, Mon – Khmer Studies, Vol. 28.

Li Jinfang. 1996. The System of Baha Buyang, Pan – Asiatic Linguistics: Proceedings of the International Symposium on Languages and Linguistics, Vol. 1, Bangkok.

Liang Min. 1990. The Buyang Language, Kadai, Vol. 2.

Lunet de Lajonquiére, É. 1906. Ethnographie du Tonkin septentrional, Paris.

Weera Ostapirat. 2000. Proto – Kra, Linguistics of the Tibeto – Burman Area, Vol. 23, No. 1.

Zhang junru. 1990. The Pubiao Language, Kadai, Vol. 2.

(李云兵)

南亚语系语言文字研究论著索引

安晓红：《佤语骈俪语的语言特点》，《云南民族语言文学论文集》，昆明：云南民族出版社 1990 年版。

鲍怀翘、周植志：《佤语浊送气声学特征分析》，《民族语文》1990 年第 2 期。

陈保亚：《侗台语和南亚语的语源关系——兼说古代越、濮的族源关系》，《云南民族学院学报》1997 年第 1 期。

陈保亚：《台佤关系词的相对有阶分析》，《语言研究》1997 年第 1 期。

陈国庆：《柬埔寨语佤语前置音演变初探》，《民族语文》1999 年第 4 期。

陈国庆：《柬埔寨语与佤语的构词形态》，《民族语文》2000 年第 6 期。

陈国庆：《克蔑语概况》，《民族语文》2003 年第 2 期。

陈国庆：《克蔑语研究》，北京：民族出版社 2005 年版。

陈国庆：《克木语概况》，《民族语文》2001 年第 3 期。

陈国庆：《克木语研究》，北京：民族出版社 2002 年版。

陈国庆：《孟高棉语人称代词的形态特征》，《民族语文》2005 年第 6 期。

陈卫东：《沧源佤族自治县佤汉双语文教学综述》，《云南民族语文》1992 年第 4 期。

陈相木、王敬骝、赖永良：《德昂语简志》，北京：民族出版社 1986 年版。

陈相木、赵福和、赵岩社：《佤语巴饶方言与阿佤方言比较研究》，《云南民族语言文学论文集》，昆明：云南民族出版社 1990 年版。

陈相木：《佤文拼音法》，云南民族研究所《民族调查研究》1985 年第 3 期。

陈相木：《总结佤文试行经验，促进佤文健康发展——〈佤文方案〉试行三十六年》，《云南民族语文》1994年第1期。

程方：《京语及其形成过程》，《民族研究集刊》1985年第1期。

程方：《京族双语制考察记实》，《民族语文》1982年第6期。

戴庆厦、刘岩：《从藏缅语、孟高棉语看亚洲语言声调的起源及演变》，《中国民族语言论丛》（2），昆明：云南民族出版社1997年版。

戴庆厦、刘岩：《中国德昂语广卡话声调分析》，《语言研究》1997年第1期。

刀洁：《布芒语概况》，《民族语文》2006年第2期。

刀洁：《布芒语研究》，北京：民族出版社2006年版。

冯嘉曙：《佤语寨名的一般规律及其特点》，《云南民族语文》1994年第1期。

傅成劼：《汉语和越南语名量词用法比较》，《民族语文》1985年第5期。

高永奇：《布兴语的次要音节》，《语言科学》2004年第4期。

高永奇：《布兴语的构词方式说略》，《语言研究》2002年第3期。

高永奇：《布兴语概况》，《民族语文》2002年第5期。

高永奇：《几种南亚语的词源统计分析》，《民族语文》2005年第1期。

高永奇：《莽语概况》，《民族语文》2001年第4期。

高永奇：《莽语研究》，北京：民族出版社2003年版。

高永奇：《布兴语研究》，北京：民族出版社2004年版。

黄才贞：《俫语简况》，《中央民族学院学报》1983年第2期。

黄同元：《佤语的数词、量词和数量词组》，《云南民族语文》1991年第2期。

李道勇、聂锡珍、邱锷锋：《布朗语简志》，北京：民族出版社1986年版。

李道勇：《释"窝郎"》，《中央民族学院学报》1978年第3期。

李道勇：《我国南亚语系诸语言纪略》，《民族研究论文集》（5），北京：民族出版社1985年版。

李道勇：《我国南亚语系诸语言特征初探》，《中央民族学院学报》1984年第4期。

李道勇：《中国的孟—高棉语族概略》，《云南民族学院学报》1984年第3期。

李锦芳：《布干语概况》，《民族语文》1996年第6期。

李锦芳：《布干语和佤语关系初探》，《语言研究》1997年第1期。

李锦芳：《户语概况》，《民族语文》2004年第5期。

李向荣：《民族语地名翻译与地名国际标准化——由佤语地名翻译引起的思考》，《民族语文翻译研究》，昆明：云南民族出版社1994年版。

李旭练：《佤语研究》，北京：民族出版社2003年版。

李云兵：《布干语人称代词的格范畴》，《民族语文》1999年第3期。

李云兵：《布赓语研究》，北京：民族出版社2005年版。

李云兵：《中国南亚语系语言构词形态的类型学意义》，《中央民族大学学报》（哲学社会科学版）2007年第5期。

利国：《河内语音音位系统的确定》，《东方研究论文集》，北京：北京大学出版社1987年版。

梁敏：《关于佤语的系属问题》，《广西民族研究》1990年第3期。

梁敏：《关于佤语的系属问题》，《亚非语言的计数问题》（英文版）1986年第26期。

梁敏：《佤语概况》，《民族语文》1984年第4期。

梁敏：《佤语元音的长短》，《语言研究》1984年第2期。

刘岩、杨波：《德昂语广卡话声调实验分析》，《民族语文》2006年第2期。

刘岩：《布朗语关双话声调初探》，《民族语文》1997年第2期。

刘岩：《德昂语广卡话的双音节名词》，《民族语文》2002年第2期。

刘岩：《佤语量词来源初探》，《中国民族语言论丛》（2），昆明：云南民族出版社1997年版。

刘岩：《孟高棉语声调的发展》，《中央民族大学学报》1998年第2期。

刘岩：《孟高棉语声调研究》，北京：中央民族大学出版社2006年版。

罗常培：《云南之语言》，《云南史地辑要》，1944年。

罗季光：《岩帅卡佤语音位系统》，1957年，油印稿。

欧阳觉亚、程方、喻翠容：《京语简志》，北京：民族出版社1984年版。

邱锷锋、李道勇、聂锡珍：《佤语概况》，《民族语文》1980 年第 1 期。

邱锷锋、聂锡珍：《谈谈布朗语的形态变化》，《云南省语言学会会刊》第 2 集，1985 年。

邱锷锋等：《佤汉学生词典》，昆明：云南民族出版社 1987 年版。

田明跃：《佤语的"洗"》，《云南民族语文》1995 年第 4 期。

王敬骝、陈相木：《我国的孟高棉语及其研究情况》，《云南民族学院学术论文集》1981 年。

王敬骝、陈相木：《论孟高棉语与侗台语的"村寨""姓氏""家"的同源关系》，《民族语文》1982 年第 3 期。

王敬骝、陈相木：《傣语声调考》，云南民族研究所《民族语文丛刊》1983 年第 4 期。

王敬骝、陈相木：《佤语词的形态变化》，云南民族研究所《民族调查研究》1984 年第 1 期。

王敬骝、陈相木：《佤语岩帅话的音位系统》，云南民族研究所《民族学报》1988 年第 1 期。

王敬骝、陈相木：《西双版纳老傣文五十六字母考释》，云南民族研究所《民族学报》1988 年第 2 期。

王敬骝、石锋：《俫语调查报告》，云南民族研究所《民族调查研究》1989 年第 5 期。

王敬骝：《"沽茶""黑国""沙·锡尼"考释》，《民族语文》1990 年第 6 期。

王敬骝：《中国孟高棉语研究概况》，云南民族研究所《民族调查研究》1985 年第 4 期。

王敬骝：《佤语"安占"与汉语"阇黎"同源考》，《云南民族语文》1989 年第 2 期。

王敬骝：《佤语的反语》，云南民族研究所《民族调查研究》1983 年第 1 期。

王敬骝：《佤语研究》，昆明：云南民族出版社 1994 年版。

王敬骝：《关于佤语人名 toi 和 njā 的释义》，《云南民族语文》1986 年第 1 期 。

王敬骝：《论越语》（一），《云南民族语文》1997 年第 2 期。

王敬骝：《克木语调查报告》，《布朗族社会历史调查》（三），昆明：云南民族出版社 1986 年版。

王敬骝：《说"血"——汉语记号考原之一》，《云南民族语文》1999年第2期。

王敬骝：《莽语调查报告》，云南民族研究所《民族调查研究》1986年第4期。

王敬骝：《傣语干支考原》，《中国语言学报》1995年第6期。

王敬骝：《释"苏"、"荏"》，《民族语文论文集》，北京：中央民族学院出版社1993年版。

王敬骝：《释"黄"——汉语词考源之一》，《云南民族语文》1996年第4期。

王敬骝：《释"鼎"》，《民族语文》1992年第3期。

王敬骝等：《佤语熟语汇释》，昆明：云南民族出版社1994年版。

王力：《汉越语研究》，《岭南学报》1948年第9卷第1期。

王连清：《京语概况》，《民族语文》1983年第1期。

王连清：《京语和越南语虚词的比较》，《民族语文》1983年第6期。

王连清：《三岛京语和河内京语语音初步比较》，《语言研究》1984年第2期。

王有明：《浅谈佤汉互译中的借词处理》，《云南民族语文》1987年第3期。

王育弘：《佤语的介词》，《云南民族语文》1994年第2期。

魏其祥：《关于沧源佤族自治县的几个民族语地名》，《云南民族语文》1988年第2期。

武自立：《本甘语初探》，《云南民族语文》1992年第2期。

习之：《汉佤语文翻译中借词的处理》，《民族语文翻译研究》，昆明：云南民族出版社1994年版。

肖玉芬、陈愚：《佤语"烟草"语源考》，《民族语文》1994年第4期。

肖玉芬、王敬骝：《佤族口头文学作品中杂用外来语的情况研究》，《云南民族语文》1992年第2期。

肖则贡：《佤语中的主语和谓语的语序》，《民族语文》1981年第2期。

颜其香、周植志：《格木语元音的长短与松紧、声调的关系》，《民族语文论文集》，北京：中央民族学院出版社1993年版。

颜其香、周植志：《佤语动词的时貌系统》，《云南民族语文》1994

年第 1 期。

颜其香、周植志：《佤语简志》，北京：民族出版社 1984 年版。

颜其香、周植志：《中国孟高棉语族语言与南亚语系》，北京：中央民族大学出版社 1995 年版。

颜其香：《崩龙语概况》，《民族语文》1983 年第 5 期。

颜其香：《格木语形态词法浅说》，《云南民族语文》1994 年第 4 期。

颜其香：《关于佤语词序问题》，《语言研究》1987 年第 1 期。

颜其香：《佤文》，《民族语文》1981 年第 1 期。

颜其香：《佤文工作的回顾与展望》，《云南民族语文》1994 年第 1 期。

颜其香：《佤语数词的构成和特点》，《中国民族语言论文集》，成都：四川民族出版社 1986 年版。

颜其香等：《佤、拉丁、汉对照的动植物名称》，北京：中国社会科学院民族研究所 1981 年版。

颜其香等：《佤汉简明词典》，昆明：云南民族出版社 1981 年版。

云南省少数民族语文指导工作委员会编：《汉佤新词术语集》，昆明：云南民族出版社 1990 年版。

曾人科：《浅析越语修饰成分的两个问题》，《广西民族学院学报》1986 年第 1 期。

赵福和、陈相木、赵岩社：《佤汉双语教学研究》，《云南少数民族双语教学研究》，昆明：云南民族出版社 1995 年版。

赵福荣：《汉语对孟高棉语的影响》，《汉语与少数民族语言关系概论》，北京：中央民族学院出版社 1992 年版。

赵富荣、陈国庆：《佤语基础教程》，北京：中央民族大学出版社 2006 年版。

赵富荣、蓝庆元：《佤语中的傣语和汉语借词》，《民族语文》2005 年第 4 期。

赵富荣：《佤语的"洗""砍"小议》，《民族语文》2002 年第 4 期。

赵金萍：《德昂语借词的变化》，《云南民族大学学报》2005 年第 5 期。

赵岩社、赵福和：《佤语语法》，昆明：云南民族出版社 1998 年版。

赵岩社：《关于佤族姓名、地名汉译用文的若干问题》，《云南民族语文》1994 年第 4 期。

赵岩社：《佤语的前置音》，《中央民族大学学报》2001 年第 4 期。

赵岩社：《佤语的音节》，《云南民族语言文学论文集》，昆明：云南民族出版社 1990 年版。

赵岩社：《佤语概论》，昆明：云南大学出版社 2006 年版。

赵岩社：《佤语修辞研究》（三），《云南民族语文》1996 年第 1 期。

赵岩社：《佤语修辞研究》（四），《云南民族语文》1996 年第 2 期。

赵岩社：《佤语音节的配合规律》，《云南民族大学学报》2005 年第 5 期。

赵岩社：《中国孟高棉语研究的现状与展望》，《云南民族大学学报》2000 年第 3 期。

周植志、颜其香、陈国庆：《佤语方言研究》，北京：民族出版社 2005 年版。

周植志、颜其香：《布朗语概况》，《民族语文》1983 年第 2 期。

周植志、颜其香：《从现代佤语的方音对应看古代佤语的辅音系统》，《语言研究》1983 年第 1 期。

周植志、颜其香：《论古代佤语的元音系统》，《语言研究》1985 年第 1 期。

周植志：《关于云南民族语言中新词术语的规范问题》，《云南民族语文》1990 年第 1 期。

周植志：《佤语细允话声调起源初探》，《民族语文》1988 年第 3 期。

周植志：《佤语与佤语方言》，《云南民族语文》1994 年第 2 期。

周植志：《佤语语音比较中的几个问题》，《云南民族语文》1992 年第 3 期。

（陈国庆）

中国南岛语系语言研究论著索引

李方桂、陈奇禄、唐美君：《绍语记略》，《台湾大学考古人类学刊》1956年第7期。

董同龢：《邹语研究》，《中研院历史语言研究所专刊》之四十八，1964年。

凌纯声：《东南亚古代文化研究发凡》，《中国边疆民族与环太平洋文化》，台北：联经出版事业公司1979年版。

凌纯声：《南洋土著与中国古代百越民族》，《中国边疆民族与环太平洋文化》，台北：联经出版事业公司1979年版。

凌纯声：《中国台湾与东亚的巴图石匕兵器及其在太平洋与美洲的分布》，《中国古代几种玉石兵器及其在太平洋区的种类》，《中国边疆民族与环太平洋文化》，台北：联经出版事业公司1979年版。

丁邦新：《古卑南语的拟测》，《中研院历史语言研究所集刊》第四十九本第三分册，1978年。

李壬癸：《台湾南岛民族的族群与迁移》，台北：常民文化事业股份有限公司1997年版。

何大安：《论鲁凯语的亲属关系》，《中研院历史语言研究所集刊》第五十四本，1983年。

何大安、杨秀芳：《南岛语与台湾南岛语》，台北：远流出版有限公司2000年版。

陈康：《台湾高山族语言》，北京：中央民族学院出版社1992年版。

陈康、马荣生：《高山族语言简志（排湾语）》，北京：民族出版社1986年版。

何汝芬、曾思奇等：《高山族语言简志（布嫩语）》，北京：民族出版社1986年版。

何汝芬、曾思奇等：《高山族语言简志（阿眉斯语）》，北京：民族出版社1986年版。

陈康、许进来：《台湾赛德克语》，北京：华文出版社 2001 年版。

郑贻青：《回辉话研究》，上海：上海远东出版社 1997 年版。

钟礼强：《昙石山文化研究》，长沙：岳麓书社 2005 年版。

陈叔倬、许木柱：《台湾原乡论的震撼——族群遗传基因资料的评析》，Paul Jen-kuei Li，Some Remarks on Austronesian Origins：《语言暨语言学》第二卷第 1 期。

中央研究院语言学研究所（筹备处）：《台湾南岛民族的扩散图说明》，《语言暨语言学》第二卷第 1 期。

中央研究院语言学研究所（筹备处）：《南岛民族的前身》地图说明：《语言暨语言学》第二卷第 1 期。

林妈利：《从 DNA 的研究看台湾原住民的来源》，《语言暨语言学》第二卷第 1 期。

臧振华：《谈南岛民族的起源和扩散问题》，《语言暨语言学》第二卷第 1 期。

吴春明：《粤闽台沿海的彩陶及相关问题》，《中国考古学会第九次年会论文集》，北京：文物出版社 1997 年版。

杨式挺：《广东新石器时代文化与毗邻原始文化的关系》，《中国考古学会第七次年会论文集》，北京：文物出版社 1992 年版。

傅宪国：《论有段石锛和有肩石器》，《考古学报》1988 年第 1 期。

凌纯声：《东南亚古代文化研究发凡》，《中国边疆民族与环太平洋文化》，台北：联经出版事业公司 1979 年版。

郑贻青：《回辉话研究》，上海：上海远东出版社 1997 年版。

吴安其：《侗台语中的南岛语词》，《南开大学语言学刊（庆祝邢公畹先生九十华诞）》，No.4，2004 年。

吴安其：《论朝鲜语中的南岛语基本成分》，《民族语文》1994 年第 1 期。

吴安其：《从汉印尼几组词的对应看汉南岛语的关系》，《民族语文》1995 年第 4 期。

吴安其：《台湾原住民的语言及其历史——兼论南岛语数词反映的南岛语史》，《世界民族》2004 年第 5 期。

Campbell, Rev, William. 1913. A Dictionary of the Amoy Vernacular Spoken throughout the Prefectures of Chin-chiu, Chang-chiu and Formosa.

Raleigh Ferrell. 1970. The Pazah-kahabu Language, Bulletin of the Department of Archaeology and Anthropology, National Taiwan University.

Paul Jen-kuei Li, Thao Phonology,《中研院历史语言研究所集刊》第47本第二分册,1976年。

Paul Jen-kuei Li, Reconstruction of Proto-Atayalic Phonology,《中央研究院历史语言语研究所集刊》第五十二本第二分册,1981年。

Barbara F., Grimes. 1988. hnologue Language of the World, Eleventh Edition, Summer Institute of Linguistics, Dllas, Texas.

Darrell T., Tryon. 1995. The Austronesian, Comparative Austronesian Dictionary, An Introducton to Austronesian Study, Berlin, New York.

Otto Christian Dahl. 1977. Proto-Astronesian, Studentlitteratur Curzon Press.

Isidore Dyen. 1953. The Proto-Malayo-Polynesian, Yale University.

Blust, Darrell T., Tryon. 1979. The Austronesian, Comparative Austronesian Dictionary, An Introducton to Austronesian Study.

C. D., McFarland 1980. 1983. M, Ruhlen 1987, Darrell T, Tryon, The Austronesian, Comparative Austronesian Dictionary, An Introducton to Austronesian Study.

Robert Blust. 1999. Subgrouping, Circularity and Extinction: Some Issues in Austronesian Comparative Linguistics, Selected Paper from the Eighth International Conference on Austronesian Linguistics, Taipei.

Rev, W. G., Lawes, F, R, G. S.. 1888. Grammar and Vocabulary of Language Spoken. Motu Tribe.

Andrew Pawley. 1999. Chasing Rainbows: Implications for the Rapid Dispersal of Austronesian Languages for Subgroup and Reconstruction, Selected Paper from the Eighth International Conference on Austronesian Linguistics, Taipei.

（吴安其）